KB122510

浦項漢詩

포항을 노래한 한시 휘편

일러두기

1. 원문은 역문 오른쪽에 실어 대조하며 읽기 편리하도록 했고, 원문에 주석을 달아 해당 내용을 살펴볼 수 있게 했다.
2. 역문은 원문에 충실하게 번역하고자 했으나, 난해한 구절은 독자의 이해를 위해 알기 쉽게 풀어 놓기도 했다.
3. 수록된 한시의 원문은 주로 고전번역원DB, 한국학종합DB, 남명학고문헌시스템, 한동대 김윤규 교수 소장 포항지역 출신 문인들의 문집, 《일월향지(日月鄕誌)》 등에서 발췌했다.
4. 번역과정에서 고전번역원DB에 올라와 있는 번역문과 주석, 한동대 김윤규 교수의 입암(立巖) 관련 시 번역문과 주석 등을 주로 참고했다.
5. 시 제목은 [ ]로, 서명과 문집명은 《 》로, 편명일 경우는 〈 〉로 표기했다.

浦項漢詩

포항을 노래한 한시 휘편

권용호 편역

도서출판 나루

序

포항 관련 자료를 검색하다가 우연히 《옛 지도로 보는 포항》이라는 신간이 나온 걸 알게 되었다. 누가 썼을까. 기대와 궁금증으로 주문하고도 조급증이 났다. 고지도로부터 근대에 이르기까지 포항지역의 변천 과정을 쉽고도 자세하게 서술한 꽤 유익한 책이었다. 저자는 포항출생으로 중국 난징대학교 중문과에서 박사학위를 취득했다고 소개되어 있었다. 중국문학 전공인데 포항을 지도로 읽어냈다는 게 반갑고도 신기했다. '포항 토박이로서 포항의 역사와 문화에도 큰 관심을 갖고 있다'는 설명에도 고개가 끄덕여졌다. 기회가 되면 저자를 만나볼 수 있으면 좋겠다는 생각을 했으나 또 그렇게 잊혀졌다. 그러던 어느 날 초등학교 동기 모임이었다. 평소 포항 관련 서적에 관심이 많은 나에게 친구가 책을 한 권 보여주었다. 우리 동기 중 한 명이 책을 발간하였다는 설명과 함께 건네준 책이 바로 《옛 지도로 보는 포항》이 아닌가.

저자와는 그렇게 만나게 되었다. 40년 전 같은 초등학교를 다녔지만 서로 모르고 지내다가 둘을 만나게 해준 공통분모는 포항이었다. 포항은 어떤 도시였는가.

몇 해 전 포항시 승격 70주년으로 떠들썩했다. 그리고 우리나라 산업을 이끈 포항제철이 50주년을 맞이한 해도 언론에 소개되었다. 그러면 70년 전, 50년 전 그때가 포항의 시작인가. 행정구역이 시로 승격되기 이전에도, 또한 포항제철이 설립되기 이전에도 포항지역에는 사람이 살고 있었고 문화가 싹텄다. 오히려 자연과 가까웠던 그 시절, 당시 이곳에 살던 사람들은 포항의 자연환경과 더 밀착되어 있었다.

산과 바다가 있으며 바다로 만나는 강줄기들이 여럿이었다. 당연히 비옥한 농토도 있었고 사람들은 그곳에 모여서 살기 시작했다. 산길, 바닷길, 강물길, 그리고 사람이 다니는 길에는 이야기가 자리한다.

이러한 이야기들을 놓치고 싶지 않아서 기록으로 남기기 시작한 것이 포항지역학연구총서 시리즈이다. 동네의 이야기에 관심을 기울였고(용흥동, 중앙동, 두호동), 포항의 특정 시기(일제강점기와 6·25전쟁) 자료들을 총망라하였다.

자료들 중에서 사진 한 장이 담고 있는 이야기는 실로 컸다. 포항의 옛 모습은 물론 당시 사람들의 문화도 파악할 수 있었다. 하지만 사진이 이야기해주는 시대는 길어야 100년 안팎이다.

사진 이전 시대의 포항을 알 수 있는 또 다른 자료, 고지도는 보물 지도였다. 저자는 옛 지도의 중요성을 알았다. 1872년에 제작된 〈포항진지도〉는 그림으로 그려진 지도이다. 마을에 집들이 그려져 있고, 강물에는 배들이 그려져 있다. 심지어 비석까지 지도에 나타나 있다. 친구는 마을에 그려진 집채 수까지 꼼꼼히 세어 마을의 발전 정도를 비교하는 세심함을 보이기도 하였다.

더욱 놀라운 것은 친구의 관심은 지도에서 그치지 않았다. 친구는 계획이 있었다. 바로 한시였다.

고래가 뛰어놀던 포항 앞바다, 지금보다 더 황홀했을 영일땅의 해돋이, 지금은 사라지고 없는 읍성들과 여러 누각들의 모습, 바닷가이면서도 다른 지역 못지않은 빼어난 산 그리고 산사들.

지도가 터전이라면 한시는 그 안에 담긴 소중한 기록들이다.

한시로 펼쳐진 포항의 이야기들은 그 자체로 하나의 역사이며, 한시로 쓴 역사에 비하면 오히려 사진으로 확인되는 100여 년의 역사와 포항시 승격 이후와 포항제철 설립 이후의 기간이 짧게만 느껴진다.

이 책에 수록된 한시들은 1,300수가 넘는다. 가문에서 내려오는 개인 문집까지 샅샅이 뒤져야 그 정도 한시를 발굴해낼 수 있을 터이다. 사실 한글로 쓰인 시도 그 정도 분량이 쉽지 않은데, 한시를 한곳에 모으는 작업[彙: 모을 휘]은 물론 한문으로 적힌 시들을 한글로 번역하고 유사한 것들로 엮는 작업[編: 엮을 편]은 여간 공력이 아니고는 힘든 일이다. 책 부제에 쓰인 '휘편(彙編)'이란 말뜻은 '모아서 엮는다'를 의미한다. 이런 의미 있는 큰 작업을 해준 친구이자 저자인 권용호 박사는 이미 《초사(楚辭)》, 《한비자(韓非子)》, 《수서(隋書)》 등의 굵직한 중국 고전들을 번역 발간하였고, 그의 연구욕심은 이제 포항의 문화에까지 확장되고 있다. 여기 실린 한시들이 문학을 전공하든, 포항을 연구하는 사람이든 모두에게 큰 도움이 될 뿐만 아니라 포항의 인문학적 가치를 높이는데 크게 기여했다고 믿는다. 혼신의 노력을 기울이는 저자의 포항 연구의 업적을 즐거운 마음으로 기대, 응원한다.

포항지역학연구회 대표 이재원

한시로 읽는 포항의 역사

《포항한시》는 원래 《한시로 보는 포항》을 쓰려고 우리 지역의 한시를 수집하는 과정에서 나오게 되었다. 당초 필자의 생각은 한시 100수 정도를 모아서 책을 쓰려고 했다. 이 과정에서 우리 지역을 소재로 한 한시를 수집하는 것이 먼저라는 생각이 들었고, 또 한시들을 모으면 의미 있는 작업이 될 것이라고 여겼다. 이에 《한시로 보는 포항》 작업은 일단 접어두고 우리 지역을 소재로 한 한시들을 수집하기 시작했다.

작년 8월부터 고전번역원DB·한국학종합DB·남명학고문헌시스템·국립중앙도서관을 우선 검색하여 우리 지역 관련 시를 찾아 입력하면서 번역해나갔다. 11월에는 한동대 김윤규 교수님께서 소장하신 우리 지역 출신 문인들의 문집을 열람할 수 있게 되어 지역 문인들의 한시들을 상당수 추가할 수 있었다. 검색과정에서 제목만 확인되는 시들은 필자가 중고서점에서 해당 문인의 문집을 구매하거나 종친회에 문집을 부탁하여 시의 원문을 찾기도 하였다. 시를 번역하는 과정에서 작은 성과도 있었다. [해월루팔경(海月樓八景)]의 출처와 저자를 확인한 것이다. [해월루팔경] 시는 《일월향지(日月鄕誌)》에 수록되어있는데, 작가를 밝히지 않아 누구의 작품인지 알 수 없었다. 필자가 해월루 관련 시를 찾다가 전의이씨지법공파화수회에 청하현감으로 왔던 이징복(李徵復; 1685~1755)의 《송암유고(松菴遺稿)》를 보고 싶다는 부탁을 드렸다. 전의이씨지법공파화수회에서는 필자에게 지금 문중에 남아 있는 문집이 없다고 하시면서 필자를 위해 꼭 찾아서 보내드리겠다는 회신을 주셨다. 얼마 후 필자는 《송암유고》를 받고 해월루 관련 시를 살펴보던 중에 이 문집에 [해월루팔경] 시가 수록된 것을 보고, 저자가 이징복이라는 것을 확인할 수 있었다.

《포항한시》는 이러한 과정을 거쳐 1,350여 편에 가까운 시를 수록할 수 있었다. 시들은 우리 지역 관련 명칭이 들어간 작품을 우선하여 수록했고, 지역 관련 명칭이 들어가 있지 않지만 우리 지역을 노래한 시들도 수록했다. 다만 송도(松島)·죽도(竹島)·곡강(曲江)·입암(立巖)처럼 다른 지역에도 보이는 명칭은 우리 지역을 분명하게 노래한 것이 아니면 수록하지 않았다. 본문에는 원문과 역문 및 출처뿐만 아니라 시의 소재가 된 지역과 명소에 대한 설명을 곁들였고, 특정 시에 대한 이해를 돕고자 기문(記文)도 몇 편 수록했다. 시의 작가와 시에 인용된 전고(典故)나 난해한 구절 등은 주석으로 처리하여 독자들의 이해를 돕고자 하였다.

시는 찾기 쉽도록 포항시의 현행 행정구역(포항시·4읍·10면)에 따라 나누어 수록했다. 지역 안에서는 각 명소나 유적지에 따라 시를 분류하고, 이를 작가의 출생연도에 따라 배열하였다. 출생연도가 분명치 않은 작가의 작품은 해당 지역의 가장 마지막에 배열하였다. 수록된 지역과 시의 수량은 다음과 같다.

행정구역	수량(수)	행정구역	수량(수)
포항시	86	연일읍	44
청하면	341	오천읍	46
송라면	12	구룡포읍	15
흥해읍	295	장기면	154
신광면	33	호미곶면	7
기계면	46	대송면	4
기북면	18	동해면	1
죽장면	257	총계	1359

수록된 시를 보면 조선 시대의 큰 고을 위주로 시가 많이 지어졌음을 알 수 있는데, 청하·흥해·죽장·장기 관련 시들이 월등히 많다. 청하 관련 시는 내연산과 보경사 비중이 압도적으로 높고, 흥해 관련 시는 명소마다 시가 골고루 지어졌으나 시에서 노래한 곳이 대부분 사라진 것이 아쉬운 점이다. 죽장면은 입암 28경으로 많이 지어진 것이 특징이다. 장기 관련 시는 무엇보다 유배를 당한 문인들이 겪는 고초와 그 가족들이 느끼는 고통에 관한 것이 많다. 포항 관련 시는 86수 정도 보이는데, 주로 조선 후기에 많이 지어졌다. 옛 포항의 모습과 역사를 이해할 수 있는 내용이 많아, 시로 쓴 포항의 역사라고 할 만하다. 어떤 지역은 시가 상당히 적은 것을 볼 수 있는데, 이는 조선 시대 행정구역과 현 행정구역이 달라 초래된 것이다. 이를테면 송라면의 경우, 조선 시대에는 청하현에 속했기 때문에 이 일대에서 지어진 시도 청하현에 포함되어 그 수량이 적어진 경우다. 송라면 관련 시는 청하면의 시와 함께 분류하였다. 마찬가지로 호미곶면과 구룡포읍 관련 시는 장기 관련 시들과 함께 다뤄져야 할 것이고, 대송면과 동해면은 오천이나 연일 관련 시와 함께 다루어져야 할 것이다.

시가 지어진 시기도 고려 말부터 일제강점기 때까지인 14세기 후반에서 20세기 초반까지 꾸준히 지어졌다. 특히 조선 중·후기부터 지어진 시가 많이 보인다. 작가들이 우리 지역에 오게 된 경우도 다양하게 나타나는데, 관리로 오거나 유배를 당하여 온 경우, 이 지역을 지나가거나 친구나 친지를 방문한 경우, 이 지역에 정착하여 활동한 경우 등이 있다. 그중에는 익히 잘 알려진 정몽주(鄭夢周)·송시열(宋時烈)·정약용(丁若鏞)·이언적(李彦迪)·조경(趙絅)·신유한(申維翰) 등의 대가들도 있다.

시의 내용은 대부분 우리 지역의 아름다운 경관과 풍속을 노래한 것, 경관을 보면서 개인의 소회와 고뇌를 담은 것, 지역의 풍속과 지역민의 생활 모습을 노래한 것, 옛사람을 회고한 것 등이 주류를 이룬다. 작품을 읽으면 시 자체의 빼어남 뿐만 아니라 우리 지역 곳곳이 수많은 문인의 아픔과 고뇌를 풀어주고 품어준 곳임을 알게 된다. 그들이 시를 남긴 곳은 그 자체로 유적지이자 문화라고 할 수 있다.

시는 문인 개인의 정신세계뿐만 아니라 주위 경물에 대한 핵심적인 의미를 부여하고 보여준다. 이러한 점에서 《포항한시》에 수록된 시들은 실로 포항지역의 생생한 역사이자 귀중한 재부라고 할 수 있다. 한편으로는 문화의 불모지라고 알려진 우리 지역에 이렇게 많은 주옥같은 시편들이 있었다는 사실에 새삼 놀라게 된다. 방대한 문헌 속에 잠자고 있던 한시들이 이렇게 모여서 우리 눈앞에 나타나게 된 것이다.

인문학에서 기본 문헌을 정리하는 작업의 중요성은 더 이상 거론할 필요가 없을 것이다. 《논어(論語)》 한 권만 보더라도 수천 종에 달하는 저술이 나왔고, 지금도 끊임없이 확대 재생산되고 있다. 《포항한시》도 《논어》의 경우처럼 우리 지역의 역사와 문화를 끊임없이 확대 재생산하여 다양한 저술과 활동으로 이어졌으면 한다. 그런 점에서 이 책은 필자 개인의 책이 아니고 우리 지역 모두의 책인 셈이다. 《포항한시》가 우리 지역에서 이러한 역할을 담당하여 지역의 문화를 풍요롭게 할 수 있다면, 필자로서 이번 작업에 큰 행복과 보람을 느낄 것이다.

물론 이 1,350여 편에 가까운 작품이 우리 지역을 노래한 전부는 아님을 잘 알고 있기에 한시를 발굴하는 작업은 앞으로도 게을리하지 않을 것이다. 돌이켜 보면 매일 밤 어려운 문장과 씨름하는 수고로움보다 조상들의 고뇌와 우리 고장의 멋진 모습이 담긴 작품들을 볼 수 있었다는 것에 정말 감사하고 행복했던 것 같다. 이제 《포항한시》라는 서명으로 상재함에 실로 "호랑이 꼬리를 밟고, 봄날의 살얼음을 지나는(若蹈虎尾, 涉于春冰)" 것처럼 조심스럽고 두려운 마음뿐이다. 제현들의 많은 질정을 바라는 바이다.

《포항한시》를 엮으며 참 많은 분의 도움과 지지를 받았다. 진복규 선생님께서는 원문입력 과정에서 판독이 어려운 이체자를 묻는 필자에게 귀찮은 내색을 하시지 않고 일일이 바로잡아주고 원고를 가장 먼저 교정해주셨다. 포항지역학연구회의 박창원 선생님, 이상준 선생님, 김진홍 선생님, 민석규 선생님, 이재원 대표님께서는 본서를 꼼꼼하게 교정봐주셔서 책의 오류를 크게 줄일 수 있었다. 특히 이재원 대표님께서는 본서의 출간을 물심양면으로 힘써주시고 편집과정에서 좋은 자료와 정보를 알려주셨다. 그가 아니었더라면 이 책의 출간은 더욱 오랜 시간을 기다려야 했을 것이다. 한동대 김윤규 교수님께서는 소장하고 계신 포항지역 출신 문인들의 문집을 흔쾌히 제공해주셔서 본서의 내용을 더욱 알차게 해주셨다. 이상의 한 분 한 분은 모두 포항의 보배로운 분들이시다. 진심으로 머리 숙여 감사의 말씀을 드린다.

소티재에서 권용호

목
차

一

포항시(浦項市)

포항(浦項) 관련 시

형산강과 형강 관련 시

二

청하면(淸河面) · 송라면(松羅面)

청하(淸河) 관련 시

육청헌(六淸軒) 관련 시

임명각(臨溟閣)과 해월루(海月樓) 관련 시

조경대(釣鯨臺) 관련 시

월포(月浦) 관련 시

내연산(內延山) 관련 시

보경사(寶鏡寺) 관련 시

봉송정(鳳松亭) 관련 시

용산(龍山) 관련 시

회학사지(回鶴師池) 관련 시

상태사(常泰寺) 관련 시

성현(星峴) 관련 시

임영각(臨瀛閣) 관련 시

학산서원(鶴山書院) 관련 시

三
흥해읍(興海邑)

흥해(興海) 또는 곡강(曲江) 관련 시

도음산(禱陰山) 관련 시

망창산(望昌山) 관련 시

북천(北川)과 북천수(北川藪) 관련 시

제남헌(齊南軒) 관련 시

차군루(此君樓) 관련 시

사의정(四宜亭) 관련 시

천곡사(泉谷寺) 관련 시

오도(烏島) 관련 시

부용정(芙蓉亭) 관련 시

칠인정(七印亭) 관련 시

백련사(白蓮寺) 또는 백련암(白蓮庵) 관련 시

四
신광면(神光面)

신광(神光) 관련 시

비학산(飛鶴山) 관련 시

법광사(法廣寺) 관련 시

五
기계면(杞溪面)

기계(杞溪) 관련 시

운주산(雲住山) 관련 시

안국사(安國寺) 관련 시

학남정(鶴南亭) 관련 시

七

죽장면(竹長面)

죽장(竹長) 관련 시

입암(立巖) 관련 시

입암서원(立巖書院) 관련 시

일제당(日躋堂) 관련 시

만활당(萬活堂) 관련 시

인빈당(寅賓堂) 관련 시

九
오천읍(烏川邑)

오천(烏川) 관련 시

오어사(吾魚寺) 관련 시

일월지(日月池) 관련 시

오천서원(烏川書院) 관련 시

十
구룡포읍(九龍浦邑)

구룡포(九龍浦) 관련 시

삼정리(三政里) 관련 시

석병리(石屛里) 관련 시

광남서원(廣南書院) 관련 시

十一
장기면(長鬐面)

장기(長鬐) 관련 시

장기읍성(長鬐邑城) 관련 시

장기동헌(長鬐東軒) 관련 시

장기객관(長鬐客館) 관련 시

조해루(朝海樓) 관련 시

학삼서원(鶴三書院) 관련 시

고석암(古石菴) 내지 고석사(古石寺) 관련 시

석남사(石南寺) 관련 시

관암(冠岩) 관련 시

十二
호미곶면(虎尾串面)

대동배(大冬背) 관련 시

구룡소(九龍沼)와 선유암(仙遊巖) 관련 시

해봉사(海蓬寺)와 명월암(明月庵) 관련 시

발산(發山) 관련 시

十三
대송면(大松面) · 동해면(東海面)

남성재(南城齋) 관련 시

대송역(大松驛) 관련 시

부록

浦項漢詩

포항을 노래한 한시 휘편

一

포항시(浦項市)

포항(浦項) 관련 시

포항의 역사는 1731년 국가적인 식량창고였던 포항창(浦項倉)이 세워지면서 비롯되었다. 포항은 이전까지 연일현과 흥해군에 속한 황량한 땅이었기 때문에 1700년대 중반 이전까지 이곳을 소재로 한 시들을 찾아보기 어렵다. 포항을 노래한 시들은 대부분 1750년대 중반 이후부터 지어지기 시작하고, 1800년대에는 관련 시가 더욱 많아진다. 이러한 추세는 1900년대 초중반까지 계속 이어진다.

1750년대 중반 이후에 나온 시들은 대부분 이 지역을 지나가던 문인이나 이곳에 연고가 있었던 문인들에 의해 지어졌다. 그들은 영일만 앞바다의 광활한 모습, 생선 가게의 활기찬 모습, 염전을 일구는 모습, 포항에서 바라본 바다와 일출 등의 귀한 장면들을 시에 담았다. 매산(梅山) 정중기(鄭重器)의 [포항촌(浦項村)]은 '근 천 세대의 어촌', '백 여 척의 상선'이라고 노래했는데, 이를 통해 당시 포항에 어느 정도의 인구가 형성되었고, 영일만으로 얼마나 많은 선박이 오갔음을 엿볼 수 있다. 또 다천(茶泉) 사공억(司空檍)의 [소금의 섬(鹽島)]은 염전을 일구는 우리 지역민의 활기찬 모습을 잘 보여준다. 이외에도 본편에서는 포항지역의 다양한 모습을 담은 시들을 만나 볼 수 있다. 이러한 시들은 기존 사료 외에 간접적으로 옛 포항의 모습을 이해하는 귀한 자료가 된다. 가히 시로 쓴 포항의 역사라고 할 수 있다.

1 포항의 누에머리처럼 솟은 배를 타고 [浦項蠶頭船遊]

김희조(金喜祖; 1680~1752)[1] 《방호집(放湖集)》

창해의 새벽바람에 외로운 돛 올리니,	碧海孤帆掛曉風,
둥근 붉은 해는 이미 동녘에 걸렸네.	一輪紅旭已懸東.
두보(杜甫)를 이곳에 노닐게 한다면,	若令杜老[2]遊於此,
분명 부상을 다 읊지 못해 원망하리.	肯恨扶桑[3]不得窮.

2 포항촌 [浦項村]

정중기(鄭重器; 1685~1757)[4] 《매산선생문집(梅山先生文集)》(권1)

말 타고 형강의 물가까지 오니,	走馬兄江江水湄,
이어진 모래 십 리엔 석양 질 때네.	平沙十里夕陽時.
오천의 빼어난 모습은 서라벌을 누르고,	烏川形勝控徐伐[5],
동해의 바람과 물결 오랑캐 섬까지 출렁이네.	鰈海[6]風濤漾島夷.
근 천 세대의 어촌은 흰 비단 입은 벽 같고,	漁屋近千紈被壁,

1 金喜祖(김희조): 조선 중기의 문신이다. 자는 경선(慶先), 호는 방호(放湖)이다. 김순(金洵; 1654~1709)의 아들이다. 문장이 뛰어났고, 시를 잘 지었다. 영조 39년(1713)에 과거에 급제했다. 성균관에 있을 때, 무신란(戊申亂)이 일어나 모든 유생이 다투어 도피하자 뜻을 같이하는 다섯 명의 유생들과 역할을 분담하여 성묘(聖廟)를 수호했다. 이로 인해 다섯 명의 유생들과 함께 충신이라는 찬사를 받았다.

2 杜老(두로): 당(唐)나라의 대시인이자 시성(詩聖)으로 불리는 두보(杜甫; 701~770)를 말한다.

3 扶桑(부상): 신화에서 동해에 있다고 전하는 신목(神木)을 말한다. 그 아래서 해가 떠오른다고 하여, 보통 해가 뜨는 곳이나 해를 가리키는 말로 쓰인다.

4 鄭重器(정중기): 본관은 영일(迎日)이다. 자는 도옹(道翁), 호는 매산(梅山)이다. 정호례(鄭好禮)의 증손으로, 조부는 정시심(鄭時諶)이고 부친은 정석달(鄭碩達)이다. 영조 3년(1727), 생원으로 증광문과에 병과로 급제했다. 1731년 승정원주서가 되고, 이어 결성현감(結城縣監)으로 나가 이도(吏道)를 바로잡았으며 향속의 순화에 노력했다. 사간원정언을 거쳐 1753년 사헌부지평이 되었으며 형조참의에 이르렀다. 이인좌(李麟佐)의 난 이후 조정에서 영남 인사를 정권에서 소외시키자 연명상소를 하여 그 시정을 진정한 바 있다. 경사(經史)에 통달했으며 전고(典故)와 예제(禮制)에도 밝았다. 저서로는 《매산집(梅山集)》이 있고, 편저로는 《포은속집(圃隱續集)》·《가례집요(家禮輯要)》·《주서절요집해(朱書節要集解)》 등이 있다.

5 徐伐(서벌): 신라의 옛 이름이다.

6 鰈海(첩해): 우리나라 바다에 첩어(鰈魚), 즉 가자미가 난다 하여 첩해(鰈海) 또는 첩역(鰈域)이라고 한다. 이곳에서는 동해를 가리킨다.

백여 척의 상선은 삼으로 밧줄을 삼았네. 商船餘百枲爲維.
큰길은 서쪽으로 장안 가는 길까지 뚫리고, 通衢西徹長安道,
구름처럼 떠돌다 주막의 깃발 바라보네. 行旅如雲望酒旗.

3~5 포항에 배를 대고, 함께 두보(杜甫)의 시운을 땄는데, 내가 세 수를 짓고 [舟下浦項, 共拈杜韻, 余賦三首]

남경희(南景羲; 1748~1812) 《치암선생문집(癡庵先生文集)》(권2)

오랜만에 만나면 좋은 만남 되고, 邂逅[7]成佳會,
눈의 호수와 산은 모두 푸르네. 湖山眼共青.
평생 술은 전혀 못 마시지만, 平生不解飮,
오늘은 깨는 것 마땅치 않네. 今日未宜醒.
보리는 강가에서 일렁이고, 大麥江邊浪,
물 위 정자는 높이 떠 있네. 高水上亭.
고래 고기는 회 뜰 만하니, 鯨魚堪斫膾,
바다 바라보며 부평초 만지네. 望海撫青萍.

이어진 뱃머리엔 여러 명 앉을 수 있어, 連艫容衆坐,
하인들까지 자리를 다투네. 爭席及樵靑[8].
북을 쳐서 함께 즐기는 것 보고, 奏皷看同樂,
술잔 들며 홀로 깨어있음 비웃네. 含盃笑獨醒.
천천히 들판의 나루터 지나니, 徐徐穿野渡,
소금밭의 정자 또렷이 보이네. 歷歷[9]見塩亭.
모래 위 갈매기와 짝 되어 가니, 却伴沙鷗去,

7 邂逅(해후): 오랫동안 헤어졌다가 만나는 것을 말한다.

8 樵靑(초청): 당(唐)나라 숙종(肅宗) 때의 시인 장지화(張志和)의 하인 이름으로 보인다. 장지화는 말단관리로 있다가 유배를 당하자, 이로 관직에서 사퇴했다. 이때 조정은 그에게 남녀 하인 한 명씩 내려주었다. 장지화는 이들을 부부로 짝지어 주고 어동(漁童)과 초정(樵靑)이라는 이름을 주었다고 한다. 본 역문에서는 '하인'으로 풀이했다.

9 歷歷(역력): 또렷하거나 분명한 것을 말한다.

이 몸은 푸른 부평초 같네. 將身比綠萍.

바다의 산이 천 겹으로 막아주고, 海山千疊屛,
차례대로 단청이 펼쳐지네. 次第[10]展丹靑.
하늘과 강물은 어슴푸레 합해지고, 天水微茫[11]合,
영혼을 깨끗이 씻어 깨어나게 하네. 神魂滌濯醒.
저녁연기는 물가 나무 흐릿하게 만들고, 暝烟迷浦樹,
불빛에 보니 나루터 정자임을 알겠네. 候火覺津亭.
노를 맞이하려 숨은 물고기들 춤추고, 迎棹潛魚舞,
중류에서는 불쑥 부평초가 보이네. 中流見闖萍.

6 9월 27일 장사하는 왜인 11명이 두무진까지 표류하여 [九月二十七日商倭十一人漂泊豆毛津[12]]

이효상(李孝相; 1774~)[13] 《일재유고(逸齋遺稿)》

어디서 온 야만인의 배인가, 何來蠻子舶,
동해 나루터까지 표류했네. 漂泊到東津.
일월의 가장자리에 있는 나라의, 日月之邊國,
임진왜란 이후의 사람들이네. 龍蛇[14]以後人.
하늘은 길어 배의 노 멀리 젓고, 天長舟楫遠,
땅이 달라 말과 소리 낯서네. 地別語音新.

10 次第(차제): 차례(次例)를 말한다.

11 微茫(미망): 어슴푸레함을 말한다.

12 豆毛津(두모진): 지금의 포항시 북구 두호동을 말한다. 두모진 또는 두모포(豆毛浦)에서 '두모' 또는 '두무치'로 불리다가 '두호'로 불렸다는 설이 있다.

13 李孝相(이효상): 본관은 청안(淸安)이다. 자는 규년(奎年)이고, 호는 일재(逸齋)이다. 부친은 이학해(李學海)이고, 동생은 이교상(李敎相)이다. 순조(純祖) 3년(1803)에 증광시(增廣試)에서 3등으로 진사 급제했다. 학행이 뛰어났고 경전에 밝았다. 저서로는 《일재유고(逸齋遺稿)》가 전한다.

14 龍蛇(용사): 임진왜란(壬辰倭亂)을 말한다. 임진년(1592)과 다음 해인 계사년(1593)에 왜구가 쳐들어왔는데, 이때 임진년은 용의 해이고, 계사년은 뱀의 해이기 때문에 이 두 해에 일어난 난리를 '용사(龍蛇)의 난'이라고 부른다.

국법이 이웃과 돈독한 것 좋아하니, 邦典敦隣好,
관리와 백성이 음식으로 위로하러 오네. 犒粮走吏民.

7 포촌에서 죽림서당을 지나며 [浦村[15]過竹林書塾]

이효상(李孝相; 1774~?)《일재유고(逸齋遺稿)》

개오동나무 아래 그늘진 길 또렷하고, 歷歷楸陰路,
대나무 우거진 곳에 마을 어렴풋하네. 依依竹藪村.
아는 사람 오길 꿈에서도 그리다, 故人來夢寐,
오늘 서로 안부 나누네. 今日叙寒暄.
드넓은 허무의 경지에 임하려, 浩蕩臨虛境,
맑고 서늘한 별원에 앉아보네. 淸冷坐別園.
시 짓고 한 번 웃으면 그만이려니, 題詩一笑罷,
세상사 말해 뭐하나. 世事不須言.

8 용담동 개오동나무 아래를 지나서 죽림서당에 묵으며 [自龍潭[16]楸下過宿竹林村塾]

이효상(李孝相; 1774~?)《일재유고(逸齋遺稿)》

백발노인 유유자적 짧은 대지팡이 짚고, 飄然白髮短笻枝,
한식날 동풍에 가는 길 더디네. 寒食東風道路遲.
아침부터 술 취하니 소티재 오르기 귀찮고, 牛峴[17]倦登朝醉後,
용담에 겨우 도착하니 밥 짓는 저녁때네. 龍潭纔到夕炊時.

---

15 浦村(포촌): 원의는 물가의 마을이란 의미이나 이곳에서는 포항을 말한다.

16 龍潭(용담): 지금의 포항시 북구 용흥동을 말한다. 용당(龍堂)이라고도 한다. 지금의 남부초등학교 자리에 있던 용소(龍沼)에서 용이 하늘로 올라갔다 하여 당을 세우고 제사를 지냈던 곳이다.

17 牛峴(우현): 지금의 소티재를 말한다. 포항시 북구 우현동에서 흥해로 넘어가는 고개 이름이다.

젖은 논두렁길의 비와 이슬 해마다 고맙고,　　瀧阡雨露經年感,
강가 가게 꾀꼬리와 꽃은 세대 건너 기약하네.　　江店鶯花隔世期.
죽림 사는 어떤 선비의 집을 지나니,　　行過竹林居士屋,
문 열고 웃으며 새로 지은 시를 말씀하네.　　開門一笑話新詩.

9 비에 막혀 포항에 묵으며 [宿浦項阻雨]

사공억(司空檍; 1805~1841)[18] 《다천집(茶泉集)》(권3)

아득한 해 뜨는 동쪽에서 서성이니,　　扶桑東畔渺徘徊,
역량은 다하기 어려운데 바다는 드넓네.　　力量難窮滄海恢.
거대한 산이 우뚝 오르는 것 같다가,　　突兀[19]有時騰鉅嶽,
온종일 쿵쾅하며 미친 벼락 소릴 내네.　　砰訇[20]終日起狂雷.
고래 거품과 섞인 비바람 쏴 지나가면,　　雨和鯨沫颼颼[21]過,
생선 비린내 머금은 바람 차례로 오네.　　風帶魚腥陣陣來.
잠자다 갑자기 소금 섬 사라진 것 놀라고,　　睡覺忽驚鹽島[22]沒,
오천의 멀리 가는 배 뉘께 몰아 달라 하나.　　烏川征棹倩誰開.

18 司空檍(사공억): 조선 후기의 유학자이다. 본관은 효령(孝令)이고, 호는 다천(茶泉)이다. 조부는 사공준(司空焌), 부친은 사공수(司空洙)이다. 헌종 6년(1840)에 식년시(式年試)에서 진사로 급제했다. 이때 응와(凝窩) 이원조(李源祚)가 축하의 글을 써주었다고 전한다. 평소 몸이 약하여 집안일을 아우들에게 맡기고 자신은 삶에 초연했다. 1841년 37세로 세상을 떠났다. 저서로는 《다천선생문집(茶泉先生文集)》 2책이 있다.

19 突兀(돌올): 우뚝한 것을 말한다.

20 砰訇(팽굉): 의성어이다. '쿵쾅'과 같은 큰 소리를 형용하는 말이다.

21 颼颼(수수): 바람이 쏴 하고 부는 것을 말한다.

22 鹽島(염도): 해도와 송도에서 염전을 일군 것을 말한다.

10 포항의 물가를 지나며 [過浦洲]

사공억(司空檍; 1805~1841) 《다천집(茶泉集)》(권2)

몇 냥에 맛난 살찐 고기 먹을 수 있으니,	數錢猶可饜芳腴,
청주에 붉은 해산물 모두 노비에게 주네.	白酒紅鮮摠與奴.
머리 돌려 아득한 형산강 길을 보니,	回首兄山江路永,
깨진 얼음 걸친 곳에 오리 두 마리 노니네.	斷冰橫處浴雙鳧.

11~12 포항에서 서 대아 형제에게 장난삼아 주며 [浦項戱贈徐大雅[23]昆弟]

사공억(司空檍; 1805~1841) 《다천집(茶泉集)》(권2)

차가운 바닷가 마을에 바람은 갈대 흔들고,	海國[24]天寒風撼蘆,
깊은 담 안 따뜻한 집엔 화려한 그림 붙었네.	深屛暖屋帖華圖.
푸른 옷깃의 연륜 있는 어르신들 줄지었고,	翠襟白晳森成列,
손바닥 위의 묵은 진주처럼 둥글게 자랐네.	掌上團圓老蚌珠[25].
북해의 물고기 잡은 큰 배 매일 정박하고,	高舟我日泊北溟魚[26],
문밖 바닷가 나루는 만 리 멀리 트였네.	門外滄津[27]萬里餘.
두 자제의 글자 첩을 갑자기 보니,	忽見二郎書字帖,
분명 세연지에 있다 날아든 것이겠네.	分明飛入硯池[28]居.

23 大雅(대아): 서로 나이가 비슷한 친구 사이에 또는 문인에게 편지를 쓸 때, 편지 겉봉의 이름 밑에 존경한다는 뜻으로 상대를 높여 쓰는 말이다.

24 海國(해국): 원래 의미는 섬으로 이뤄진 나라를 말한다. 이곳에서는 섬이 많은 마을을 의미하는데, 즉 포항을 말한다. 당시 포항지역에는 해도·죽도·상도·하도·분도 다섯 개의 섬이 있었다.

25 蚌珠(방주): 말조개나 진주조개 따위에서 나오는 진주를 말하는데, 보통 훌륭한 인물에 비유할 때 사용한다.

26 北溟魚(북명어): 북해(北海)에 있다는 물고기로, 이름은 곤(鯀)이다. 이것이 변하면 붕새가 된다고 한다. 《장자(莊子)·소요유(逍遙遊)》에 자세히 보인다,

27 滄津(창진): 바닷가의 큰 나루를 말한다.

28 硯池(연지): 세연지(洗硯池)를 말하는 것으로, 서성(書聖) 왕희지(王羲之; 321~379)가 어린 시절 이곳에서 글씨 연습을 하고 벼루를 씻었다고 한다.

13 밥을 먹음에 생선이 없어 [食無魚]

사공억(司空檍; 1805~1841) 《다천집(茶泉集)》(권2)

포항 나루의 상인 객주(客主)와 중도아(中都兒)들,	浦項津頭估客兒[29],
손에 국과 과자 들고 시로 갚아 주길 구하네.	手持湯餅乞清[30]詩.
닻줄로 어선을 정박시킨 것은,	自言纜着探魚艦,
바다에 차가운 북풍 불기 때문이라고.	滄海欲冰風北吹.

14 소금의 섬 [鹽島]

사공억(司空檍; 1805~1841) 《다천집(茶泉集)》(권2)

언덕 같은 소금 모래와 연못 같은 솥,	鹹沙如臯鼎如池,
흰 나무와 긴 바가지로 눈을 싹 털어내네.	白木長匏斗雪澌.
연기 가에 서서 손으로 그을음 묻은 옷 털고,	手拂煤衣烟際立,
일꾼들 서둘러 맑아진 바다로 달려가네.	倩人[31]忙趁海晴時.

29 客兒(객아): 조선 시기 한양과 지방 장시를 무대로 활동한 사상인(私商人) 계층으로, 객주(客主)와 중도아(中都兒)를 말한다. 객주는 전국의 교통 및 상업 중심지에서 생산자 혹은 상인들로부터 상품을 위탁받아 판매하거나 매매를 알선하거나 물품을 보관·운송하거나 상인들에게 숙식(宿食)을 제공하고 일정한 수수료를 취득한 중간상인 계층이다. 중도아는 생산자 및 물품 소유주와 소매상인의 중간에서 도매업(都賣業)을 전문으로 한 상인 계층이다.

30 清(청): '갚다'의 의미이다.

31 倩人(청인): 임금을 받고 임시로 고용된 사람을 말한다.

15 죽도에 정박하며 [泊竹島]

허훈(許薰; 1836~1907)[32] 《방산선생문집(舫山先生文集)》(권3)

언덕에 붙은 집엔 배가 문에 매였고,	著岸家家舟繫門,
사공은 이곳이 식량창고였던 마을이라 하네.	篙師報道是倉村.
조수의 끝은 드넓어 땅이 없는 듯하고,	潮頭澔淼疑無地,
섬의 모습 아득하여 구름이 되려 하네.	島勢蒼茫欲化雲.
일곱 마을의 관리들 화물 싣는 배로 모이고,	七邑吏人漕船集,
세 섬에서 피어오른 연기는 땅을 나누네.	三洲煙火群疆分.
어찌 이곳에서 오래 살 수 있겠는가,	那能此處長年住,
기러기 백로 물고기 새우가 함께 무리 이루는데.	鷗鷺魚鰕共作群.

16 죽도의 배에서 [竹島舟中]

허훈(許薰; 1836~1907) 《방산선생문집(舫山先生文集)》(권4)

뱃전에 기대 소식(蘇軾)의 《대강동거》 크게 부르고,	憑舷一唱大江東[33],
연무 서린 아득한 물가는 먼 하늘과 이어졌네.	煙渚茫茫接遠空.
일곱 마을 사람들 생선과 게시장에서 요란스럽고,	七郡人喧魚蟹市,
무수한 돛단배의 등불은 용궁을 비추네.	百帆燈照蛟龍宮[34].
하늘까지 이어진 비에 나무 구분하기 어렵고,	連天雨色難分樹,

32 許薰(허훈): 본관은 김해(金海)이다. 자는 순가(舜歌)이고, 호는 방산(舫山)이다. 부친은 증 참찬 허조(許祚)이다. 29세에 성호학파의 실학을 계승한 허전(許傳)의 집지문인(執贄門人)이 되었다. 《사칠관견(四七管見)》과 《심설(心說)》에서 이이(李珥)의 성리설이 이황(李滉)의 견해와 다른 문제들을 비판했고, 이황의 학문적 정통성을 계승했다. 저서로는 《방산집(舫山集)》이 있다.

33 大江東(대강동): 북송(北宋)의 대문장인 소식(蘇軾; 1037~1101)의 시 《적벽회고(赤壁懷故)》를 말한다. 이 시는 앞부분이 "대강동거(大江東去)"로 시작하기 때문에 《대강동거(大江東去)》라고도 한다.

34 蛟龍宮(교룡궁): 교룡이 사는 곳의 의미로, 용궁을 의미한다. 교룡은 모양이 뱀과 같고 몸의 길이가 한 길이 넘으며 넓적한 네 발이 있다는 상상의 동물이다.

온 땅의 파도 소리를 바람으로 오인하네.	滿地潮聲錯認風.
언덕 위의 사람들 응당 부러워하겠지,	岸上諸君應羨我,
오늘 저녁 배 안에서 걱정 없이 편히 노니는 나를.	淸遊今夜在舟中.

17 오천의 여러 벗과 포항에서 뱃놀이하고, 포장의 동주헌 시에 차운하며 [與烏川諸益爲浦項舟遊, 用浦將銅鞋軒韻]

이관영(李觀永; 1839~?) 《소우재문집(疎迂齋文集)》(권1)

형산강 한 줄기 해문으로 내려가고,	兄江一道海門[35]沿,
동쪽 가리키는 부상엔 몇 줄기 연기 피네.	東指扶桑幾點烟.
드넓은 소금밭에서 흰 흙을 일구고,	斥鹵鹽疇耕白壤,
세찬 푸른 파도는 청천과 닿아있네.	蒼莊濤勢接靑天.
식량창고는 만 리 먼 남쪽 섬과 통하고,	漕倉[36]萬里通南島,
어부의 집은 세 철 동안 북쪽에 배 묶어두네.	漁戶三時[37]繫北船.
어기여차 노래 끝나면 산수는 저물고,	欸乃[38]歌終山水暮,
거울에서 고개 돌려 하늘 걸린 북두와 견우성을 보네.	鏡中回看斗牛[39]懸.

---

35 海門(해문): 육지와 육지 사이에 끼인 바다로 이어지는 통로를 말한다.

36 漕倉(조창): 고려와 조선 시대에 배로 실어 나를 곡식을 쌓아 두는 곳간으로 이용하기 위하여 지은 집을 말한다.

37 三時(삼시): 농사에 중요한 세 시절을 말하는데, 논밭을 갈고 씨를 뿌리는 봄, 김매는 여름, 곡식을 거두어들이는 가을 세 철을 말한다.

38 欸乃(애내): 어부가 노를 젓거나 고기를 잡으며 부르는 노랫소리를 말한다.

39 斗牛(두우): 북두성과 견우성을 말한다.

18 포항에서 바다를 보며 [浦項觀海]

권상현(權象鉉; 1851~1929)[40] 《만와선생문집(晩窩先生文集)》(권3)

포항은 바다 동쪽 땅끝에 있으니,	浦在海東地盡頭,
하늘과 땅 실로 이곳에 떠 있구나.	乾坤眞箇此中浮.
언제 개항을 했는지 알 수 없으나,	未知何代初開港,
그 물가 보고자 다시 누대 오르네.	欲見其涯復上樓.
용이 바른 무늬 숨기니 시운이 오르고,	龍藏端彩升時運,
방자하고 음흉한 고래는 굴 빌려 노네.	鯨肆凶腸借窟遊.
이 사람 외세를 물리치려는 뜻 가졌는데,	老夫自有平洋意,
마침 큰 파도가 일거에 씻어주네.	正是傾波一洗秋.

19 연일 포항 [延日浦港[41]]

이현구(李鉉九; 1856~1944)[42] 《웅계유집(熊溪遺集)》(권2)

번화한 바다 마을 동쪽에서 땅 다하고,	海巷繁華地盡東,
순간 열자처럼 긴 바람 타고 하늘 나네.	冷然[43]列子駕長風[44].

40 權象鉉(권상현): 조선 말기의 학자이다. 본관은 안동이다. 자는 태형(泰亨)이고, 호는 면와(俛窩)이다. 부친은 돈녕도정(敦寧都正)을 지낸 치선(致宣)이고, 모친은 옥산(玉山) 장씨(張氏)로 유령(有齡)의 딸이다. 고종 13년(1876)에 대구 향시에 장원했으나 과거를 포기한 뒤 학문에 열중했다. 효행이 지극했고 성품이 강직했다. 1893년 관찰사의 뇌물요구를 항의하다가 옥고를 치른 일이 있다. 또 지역의 향교를 훼철하려 할 때는 결사반대하여 유학의 근거지를 보존했고, 윤용선(尹容善)의 추천으로 희릉참봉(禧陵參奉)이 되었다. 저서로는 《만와선생문집(晩窩先生文集)》이 있다.

41 浦港(포항): 이곳의 '항'자는 '항(項)'이 되어야 하지 않을까 싶다. 작가가 포항이 바다와 접해 있어 '항구'의 의미인 '항(港)'로 쓴 것이 아닌가 싶다.

42 李鉉九(이현구): 조선 말기의 유생이다. 본관은 연안(延安)이다. 자는 우건(禹建)이고, 호는 웅계(熊溪)이다. 조부는 이유영(李有土+英)이고, 부친은 경회당(景晦堂) 이준형(李浚馨)이다. 어려서 종숙 병와(病窩) 이종신(李宗臣)에게 수학했다. 후에 연재(淵齋) 송병선(宋秉璿; 1836~1905)을 찾아가 심석(心石) 송병순(宋秉珣: 1839~1912)을 만나 교유했다. 이후 나라가 어지러워지자 세상을 유람하고 성현(聖賢)들의 자취를 찾아 시를 읊는 것으로 생을 보냈다.

43 冷然(냉연): '갑자기'의 의미이다.

44 列子駕長風(열자가장풍): 열자(列子)가 바람을 탔다는 의미이다. 이 이야기는 《장자(莊子)·소요유(逍遙遊)》에 "열자가 바람을 타고 갔다(夫列子禦風而行)"에 유래했다. 이 문장은 작가 자신이 이곳에서 마치 하늘을 나는 신선이 된 것 같음을 말한다. 열자는 중국 전국(戰國) 시기의

조수는 배를 치고 하늘은 벽해와 이어졌고, 潮衝畵舶天連碧,
새벽엔 맑은 구름 헤치고 붉은 해 나오네. 曉拂晴雲日出紅.

20 포항 [浦項]

정해영(鄭海榮; 1868~1946)[45] 《해산집(海山集)》(권2)

만 리 해 뜨는 부상 지척에 보이건만, 萬里扶桑咫尺看,
이곳에서 보니 물이 난처하게 만드네. 看於此者水爲難.
내 목숨 창해의 좁쌀 한 알과 같음을 슬프고, 渺然一粟[46]哀吾命,
깊고 튼튼한 술통에 마음 절로 가벼워지네. 彊强[47]深樽意自寬.

21 포항에서 바다를 보며 [浦項觀海]

김재형(金在瀅; 1869~1939)[48] 《남정유고(南汀遺稿)》(권1)

산과 강 끝나는 바다 동쪽 해 나오는 곳, 山窮水盡海東陽,
굽이굽이 파도 쳐서 돌은 언덕 되었네. 曲曲波濤石作岡.
대의만 생각하고 공자 나라 노나라 따르니, 大義偏思高蹈魯[49],

사상가인 열어구(列禦寇)를 말한다. 노자·장자와 더불어 도가의 기본사상을 확립시킨 세 명의 철학가 가운데 한 사람이다. 도가 경전인 《열자(列子)》를 지었다.

45 鄭海榮(정해영): 일제강점기 때의 유학자이다. 본관은 진양(晉陽)이다. 자는 치일(致一)이고, 호는 해산(海山)이다. 조부는 정재환(鄭載煥)이고, 부친은 정원휘(鄭元暉)이다. 광무 6년(1902)에 의릉참봉(義陵參奉)에 제수(除授)되었다. 면우(俛宇) 곽종석(郭鍾錫; 1846~1919)의 문인이다. 시문집으로 《해산집》이 있다.

46 一粟(일속): 창해일속(滄海一粟)의 줄임말이다. 넓은 바다 가운데 한 알의 좁쌀이라는 뜻으로, 매우 많거나 넓은 것 가운데 섞여 있는 보잘것없는 것을 비유적으로 이르는 말이다.

47 彊强(강강): 굳고 강함을 의미한다. 본 역문은 이 말이 뒤의 (깊은 술동이의 의미인) 심준(深樽)을 꾸며주는 말로 보고, 원래 의미인 '굳고 강한'에서 한 발짝 더 나아가 아주 튼튼한 술동이로 풀이했다.

48 金在瀅(김재형): 본관은 김녕(金寧)이다. 자는 성극(聖極)이고, 호는 남정(南汀)이다. 돈와(遯窩) 김동권(金東權)의 손자이다.

49 蹈魯(답로): 원의는 노(魯)나라를 따른다는 의미이다. 공자가 태어난 나라가 노나라이므로, 이곳에서는 공자의 이념인 유가 사상을 충실히 따르겠다는 의미를 담고 있다.

여러 영역의 기괴한 것들 너무 황당하네. 百方多怪太荒唐.
물 위에선 붉은 깃발의 수많은 돛단배 오고, 紅旗水上來千帆,
푸른 바다 파도 가에는 집 한 채 있네. 碧海波頭有一堂.
아득한 하늘가 궁구할 수 없고, 漠漠天涯究未得,
배 한 척 떠다니는 곳의 정취 그윽하네. 片舟浮處意茫茫.

22 연일 지곡에 묵으며 [宿延日芝谷]

류시봉(柳時鳳; 1869~1951)[50] 《외산문집(畏山文集)》(권1)

영지 자라는 골짜기에서 은자를 찾다가, 靈芝洞裏訪荷衣,
그윽한 향기 따다가 돌아갈 것도 몰랐네. 採採幽香不記歸.
진경과 인연이 있어 오늘 오니, 眞境有緣今日到,
먼 곳의 나그네 되어 친구 드무네. 遠方爲客故人稀.
갇힌 새가 숲에 묵음을 불쌍히 여기고, 自憐羈鳥投林宿,
해룡 옆의 한가한 갈매기 깊이 부러워하네. 深羨閑鷗傍海龍.
다음에 또 어느 곳에서 만날까, 此後相逢更何地,
덧없는 인생은 분명히 본심과 어긋났네. 浮生歷歷素心違.

50 柳時鳳(류시봉): 일제강점기 때의 유학자이다. 본관은 풍산(豊山)이다. 자는 우약(禹若)이고, 호는 외산(畏山)이다. 부친은 유명기(柳命夔)이고, 모친 월성(月城) 이씨(李氏)는 이벽운(李璧運)의 딸이다. 어려서부터 총명하여 한 번 들은 것은 곧 기억했다. 7세에 천자문을 배우기 시작했는데 불과 며칠 사이에 모두 암기했다. 15세에 시문을 짓기 시작했다. 시는 막힘없이 써내면서도 의미가 오묘하고 문맥이 잘 통했다고 한다. 학행으로 천거되어 평리원주사(平理院主事)를 지냈다. 이후 통훈대부(通訓大夫)가 되었으나 일제에 의하여 조선이 합병되자 통곡하며 벼슬을 버리고 귀향한 후, 성리학 연구에 몰두하면서 후학을 양성했다. 문집으로 《외산집(畏山集)》 4권이 전한다.

23 포항에 머물며 [泊浦項]

권석찬(權錫瓚; 1873~1957)[51] 《시암집(是巖集)》(권1)

강의 남쪽과 북쪽으로 민가 흩어져 있고, 江南江北散人家,
지팡이 던져놓고 앉아 호탕한 노래 불러보네. 坐擲遊笻發浩歌[52].
서쪽 가는 연기와 구름은 산봉우리 만들고, 西走烟雲能作峀,
동쪽으로 흐르는 파도는 절로 꽃을 키우네. 東流波浪自生花.
하늘과 땅이 여기 오면 그 큼에 난처하고, 乾坤到此難爲大,
산악은 그 앞에서는 많다고 할 수 없네. 山嶽當前不足多.
은둔하는 내 벗에게 궁금한 것이 있다면, 吾友隱倫[53]應有問,
가없는 큰 세상 말해보는 것이 어떠하리. 茫洋大界說如何.

24 포항으로 돌아와 묵으며 [歸泊浦項]

권석찬(權錫瓚; 1873~1957) 《시암집(是巖集)》(권1)

노니는 사람 저녁 무렵에 돌아와 묵어도, 遊笻還泊夕陽天,
시야엔 여전히 내연산이 아른아른. 眼界依依尙內延.
천 리 안개 속 먼지는 가벼운 수레 보내고, 塵送輕車千里霧,
구름에 잠긴 먼 나무 사이로 민가 연기 오르네. 雲沉遠樹萬家烟.
죽산은 읍하듯 수시로 손님 맞이하고, 竹山如揖頻迎客,
봉도가 눈에 들어오니 신선을 얼마나 만날까. 蓬島入望幾遇仙.
돌아와 외진 오두막집에서 종일 틀어박히니, 歸棲窮廬跧伏[54]日,
신령한 곳 집착함은 고치기 어려울 것 같네. 靈區膏癖恐難痊.

---

51 權錫瓚(권석찬): 본관은 안동이고, 포항과 영천에서 거주했다. 자는 종서(宗瑞)이고, 호는 시암(是巖)이다. 졸수재(拙修齋) 류정호(柳廷鎬; 1834~1907)의 문인으로 문명을 떨쳤다. 운오서당(雲塢書堂)을 세워 많은 제자를 길러냈다. 문집으로는《시암집(是巖集)》이 있다.

52 浩歌(호가): 큰소리로 노래를 부르는 것을 말한다.

53 隱倫(은륜): 사람들을 피해 은둔하며 사는 것을 말한다. 이곳의 '륜'은 '무리'를 말한다.

54 跧伏(전복): 자기 처소에 들어가 틀어박히는 것을 말한다.

25~34 포항 10경 시에 차운하며 [次浦項十景韻]

권석찬(權錫瓚; 1873~1957) 《시암집(是巖集)》(권2)

학산의 맑은 구름 [鶴峀晴雲]

높고 험한 학산의 새벽안개를 가르고,	鶴峀嵯峨破霧昏,
창공의 먼 윤곽은 아득하여 흔적 없네.	蒼空遙廓杳無痕.
긴 하늘 일색은 자욱한 구름 가에 있고,	長天一色迷雲際,
만 리 앞엔 바다로 통하는 문만 열렸네.	萬里前開只海門.

모갈산의 앵두 [茅葛山[55]櫻]

한 철 따라 무성히 꽃을 피우고,	拔彙敷榮趁一時,
환한 산의 빛은 푸른 물가 비추네.	山輝燁燁暎蒼湄.
성장과 쇠락은 철 따라 다하니,	滋長傾覆隨期盡,
조화의 오묘한 이치 과연 누가 알까.	造化玄機果孰知.

죽림의 새벽 종소리 [竹林曉鍾]

꽉 막힌 아득한 밤기운 아직 열리지 않았건만,	夜氣蒼茫鬱未開,
멀리 새벽을 재촉하는 종소리 들리네.	踈鍾催曉一聲來.
이 땅의 동포들 멈추지 않고,	大地同胞靡定止,
얼마나 많은 사람들 망향대에 올라 근심할까.	幾人愁上望鄕臺.

죽도의 저녁연기 [竹島暮烟]

먼 숲의 가라앉은 연기는 저녁에 낮게 깔리고,	遠樹沉烟向夕低,
지친 새들은 사람을 좇아와 돌아옴을 아네.	知還倦鳥逐人來.
어느 곳이 몸 편히 둘 곳인지 모르겠으니,	不知何處安身地,
파유로 흩어지고 오계로 내려가는 것 같네.	同是巴渝下五溪[56].

55 茅葛山(모갈산): 포항 북구에 있는 수도산을 말한다. 조선 시대 모갈거사(茅葛居士)가 세조의 왕위찬탈에 항거해 이곳에서 은둔하다가 순절하였는데, 그의 충절을 기리기 위해 이 산을 모갈산(茅葛山)이라 했다고 전한다. 일제강점기부터 수도산이라 이름했다.

56 巴渝下五溪(파유하오계): 이 구절은 두보(杜甫)의 《야망(野望)》 넷째 구절에 그대로 보인다. 넷째 구절을 보면 "물은 파유로 흩어지고 오계로 내려가네(水散巴渝下五溪)"라고 했는데, 작

형산강의 어부 [兄江漁父]

동쪽엔 돛단배가 서쪽엔 큰 배 끊임없이 오가고, 東檣[57]西舶往來憧,
생애의 반을 이 강에서 다 보내네. 半世生涯盡此江.
창랑의 노래 부르며 발과 갓끈 씻고, 濯足濯纓滄浪曲[58],
어기여차 하는 일성에 선창이 들썩이네. 一聲欸乃[59]動船窓.

남빈의 갈대와 달 [南濱蘆月]

갈대 가득 핀 곳의 달 아래 노닐고, 蘆花滿地月中遊,
한 굽이진 남빈은 온통 모래섬이네. 一曲南濱是十州[60].
잠깐의 즐거움은 잠깐의 요행이니, 須臾遣興須臾倖,
세속의 깊은 시름 조금이나마 물리치네. 些却塵寰萬斛[61]愁.

해도의 자염 [海島煮鹽]

나는 소금 농사는 서리 두려워하지 않음 알고, 我識鹽農不怕霜,
진양같이 마을을 뒤덮는 공업 이룬 사람 몇이던가. 蓋州功業幾秦陽[62].
만일 이 방법을 우리나라에 옮긴다면, 若將玆法移於國,
사람들 부유한 고을로 가는 것 근심하지 않으리. 不患人歸富貴鄕.

가는 이 구절을 인용하여 물처럼 한 곳에 정착하지 못하고 이리저리 떠도는 본인의 처지를 빗대어 표현했다. 이곳의 '파유'와 '오계'는 모두 지명이다. '파유'는 지금의 중경(重慶) 일대를 가리키는 말이고, '오계'는 그보다 아래의 호남성(湖南省) 서부에 있다. 원주(原註)는 "'파유'는 두보(杜甫)의 시에 보이는데, 세태에 마음 아파해하고 세상을 걱정하는 것을 말한다(巴渝見杜詩, 言傷時憂世也)."라고 했다.

57 墻(장): 이곳의 장(墻)자는 '돛대'를 의미하는 '장(檣)'이 되어야 할 것으로 보인다.

58 滄浪曲(창랑곡): 중국 전국(戰國) 시대 초(楚)나라의 시인 굴원(屈原)이 《어부사(漁父辭)》에서 "창랑의 물이 맑으면 내 갓끈을 씻을 수 있고, 창랑의 물이 탁하면 내 발을 씻을 수 있네(滄浪之水淸兮, 可以濯吾纓. 滄浪之水濁兮, 可以濁吾足)"라고 한 것을 말한다. 세상이 태평하면 벼슬하고, 혼란하면 은둔해야 한다는 내용을 담고 있다.

59 欸乃(애내): 어부가 노를 젓거나 고기를 잡으며 부르는 노랫소리를 말한다.

60 十州(십주): 원주(原注)는 "'주'는 '주(洲)'와 통용된다. 《유원》에 보인다(十州州與洲通用見類苑)"라고 했다.

61 萬斛(만곡): 아주 많은 분량을 말한다. '곡'은 10말에 해당하는 단위이다.

62 秦陽(진양): 원주(原注)는 "진양은 사람 이름이다. 《사기(史記)·화식전》에 보인다(秦陽, 人名. 見《貨殖傳》)"라고 했다.

송도의 해수욕장 [松島海浴]

먼지 씻어주니 요지가 내려온 것 같이 황홀하여, 滌塵恍若降瑤池[63],
병을 피할 수 있고 마음을 크게 가질 수 있네. 病可移之心可移.
기우제 지낸 송도는 여유로운 세계와 같고, 舞雩[64]松島同閑界,
신선한 바람 맞고 돌아와 시를 지어보네. 風浴歸來咏以詩.

동빈의 돌아오는 돛단배 [東濱歸帆]

순간 왔다 갔다 다시 가까워지고 멀어지며, 乍前忽後近乍遙,
땅끝에서 출발하여 뱃길 끝까지 나아가네. 發自地頭卽港腰.
정해짐이 없이 위아래로 따라 떠다니니, 從遊上下罔攸定,
이 돛단배는 화살 깃털 가진 수리임을 알겠네. 知是風帆箭羽鵰.

서산의 낙조 [西山落照]

외출하여 공허한 큰 강에서 한번 웃어보고, 出門一笑大江空,
햇빛 비스듬히 드는 나무 너머 온통 붉네. 隔樹斜暉滿地紅.
산의 반은 아직도 예나 지금이나 같으니, 半山尙矣同今古,
괜히 제왕에게 울면서 궁궐 지키게 하네. 謾使齊王泣守宮.

35 포항으로 돌아오는 길에 최 참봉, 안소석과 함께 읊으며 [浦項歸路與崔參奉、安小石共吟]

권석찬(權錫瓚; 1873~1957) 《시암집(是巖集)》(권2)

세상살이에는 비와 바람 늘 가득하고, 恒雨恒風滿世間,
돌아갈 줄 모르는 지친 새 가련하네. 堪憐倦鳥不知還.
화살 늘어놓고 바다 자주 위협함이 두렵고, 可怕席箭多劫海,

63 瑤池(요지): 주(周)나라 목왕(穆王)이 서왕모(西王母)와 만났다는 선경[仙境]으로, 곤륜산[崑崙山]에 있다고 전한다.

64 舞雩(무우): 노(魯)나라 군주가 하늘에 기우제를 지냈던 곳을 말한다. 공자가 일찍이 제자들에게 각자의 포부를 물은 적이 있었다. 모두 정치에 뜻을 두었으나 증점(曾點)만은 "봄에 여러 친구와 기수에서 목욕하고 무우에서 바람을 쐬겠습니다(浴乎沂風乎舞雩)."라고 했다.

그저 문밖에 아름다운 산 있음은 다행이네.	只倖門外有昌山.
아득해라 붉은 악기 세 번 탄식하고,	邈矣朱紘[65]三嘆息.
괴로워라 낭원에 오르기 어려움이.	苦哉閬苑[66]一躋攀.
촉 땅 가는 길과 구당협은 눈 번쩍이게 하니,	蜀道[67]瞿塘[68]閃眼界,
어찌 귀신과 사람의 관문을 초탈하리.	何由超脫鬼人關.

36 저녁에 포항 나루터를 건너면서 읊으며 [暮渡浦項津口號]

송기식(宋基植; 1878~1949)[69] 《해창문집(海窓文集)》(권1)

모래는 빛나고 물의 성질은 온유하며,	沙明水性柔,
풀 푸르고 들판은 넉넉함을 받아들이네.	草綠野容優.
솜 씻는 사람들 돌아가니,	洴澼[70]人歸去,
저녁 섬에선 엷은 연기 피어오르네.	薄烟生暮洲.

65 朱紘(주현): 종묘의 제향에 쓰이는 금슬(琴瑟) 등의 악기를 일컫는 말로, 왕업을 도울 기량이 있는 훌륭한 신하를 뜻한다.

66 閬苑(낭원): 곤륜산(崑崙山)의 꼭대기에 있다는 신선이 산다는 곳을 말한다.

67 蜀道(촉도): 중국 사천성(四川省)으로 통하는 매우 험한 길을 말한다. 이백(李白)의 《촉도난(蜀道難)》이라는 시로 유명하다.

68 瞿塘(구당): 중국 사천성(四川省)의 양자강(揚子江) 상류에 있는 아주 험준한 협곡 이름이다.

69 宋基植(송기식): 일제강점기 때의 독립 운동가이다. 본관은 진천(鎭川)이다. 자는 공필(鞏弼)이고, 호는 해창(海窓)이다. 김흥락(金興洛)의 문하에서 수학했다. 1910년 경술국치를 당하자 이상룡(李相龍)과 함께 만주로 망명을 갔다가 귀국했다. 1913년에 세워진 봉양서숙(鳳陽書塾)에서 교사로 활동했다. 1919년 3월 18일 안동면(安東面) 2차 만세운동을 이끌었고, 이때 체포되어 징역 2년형을 선고받고 6개월을 수감생활을 하였다. 출옥 후 인곡서당(麟谷書堂)을 세우고 후진 양성에 전념했다. 저서로는 《국문사서(國文四書)》·《유교유신론(儒教維新論)》 등이 있고, 유고로는 《해창문집(海窓文集)》이 전한다.

70 洴澼(병벽): 면이나 견사를 물에 헹구는 것을 말한다. '병'은 '솜을 씻다'의 의미이고, '벽'은 '빨다'의 의미이다.

37 포항 [浦項]

신봉래(申鳳來; 1878~1947)[71] 《봉산문집(鳳山文集)》(권1)

나는 남쪽에서 와 많은 날을 얻었으니,	我自南來得日多,
나그네의 시상 그대가 더해주길 바라네.	客中詩思賴君加.
짙고 엷은 산 아지랑이 흐릿하게 비를 머금고,	山濃淡靄迷含雨,
파도는 약한 바람에 붙어 물보라 일으키네.	浪貼微風漾起花.
양쪽 언덕의 돛단배는 십 리 백사장에 펼쳐지고,	挾岸帆檣沙十里,
이어진 알록달록한 창이 마을에서 천 세대라네.	連窓珠翠邑千家.
미련하게도 스스로 포부 크다는 것 알아,	自知痴腹便便[72]大,
푸른 풀에 앉아 바람과 연무 실컷 만끽하네.	飽得風煙坐碧莎.

38 저녁에 포항에 도착하여 [暮抵浦項]

배병한(裵炳翰; 1882~1948)[73] 《의암문집(宜庵文集)》(권2)

산은 낙조를 머금고 해는 하늘을 품으며,	山含落照海涵天,
땅은 동쪽 끝에서 다하고 길도 이어지지 않네.	地盡東頭路莫緣.
흰 기러기 서리 맞고 저녁에 이곳에 오고,	白雁經霜來此夕,
그 옛날 황금빛 새가 해를 받든지 언제였나.	金烏捧日昔何年.

---

71 申鳳來(신봉래): 일제강점기 때의 유학자이다. 본관은 평산(平山)이고, 경상북도 영덕군(盈德郡) 화개리(華開里) 출신이다. 자는 순소(舜韶) 또는 천우(天佑)이고, 호는 봉산(鳳山)이다. 조부는 상고당(尙古堂) 신두석(申斗錫)이고, 부친은 용암(龍巖) 신태호(申泰浩)이다. 20세 전에 사서삼경(四書三經)을 익혔으며, 문장(文章)에 뛰어났다. 방산(舫山) 허훈(許薰; 1836~1907)의 문하에서 수학했다. 영덕군의 여러 정자와 재실(齋室)에 그의 기문(記文)이 전한다. 문집으로는 《봉산집(鳳山集)》이 있다.

72 便便(편편): '뚱뚱하다' 또는 '미련하다'의 의미이다.

73 裵炳翰(배병한): 일제강점기 때의 유학자이다. 본관은 성주(星州)이고, 경상북도 고령군(高靈郡) 학동(鶴洞)에서 출생했다. 자는 여란(汝鸞)이고, 호는 의암(宜庵)이다. 조부는 배한동(裵漢東)이고, 부친은 충훈부도사(忠勳府都事) 배영근(裵榮根)이다. 면우(俛宇) 곽종석(郭鍾錫)의 문하에서 수학했다. 동향(同鄕) 출신 홍와(弘窩) 이두훈(李斗勳)·송강(松岡) 김성하(金聲下)·만송(晩松) 한남교(韓南敎) 등과 교유했다. 사서(四書)를 곁에 두고 연구에 전념하면서, 학문은 마음과 성품을 다스리기 위해 하는 것이지 사장(詞章)에 힘쓰기 위해 하는 것이 아니라고 생각했다. 문집으로는 《의암문집(宜庵文集)》이 있다.

열 개 주 선경은 먼지 더미 밖에 있고,　　十洲仙境千塵外,
만국의 사람과 연무 바로 눈앞에 있네.　　萬國人煙一眼前.
누가 이 중에 기묘한 절경 있음을 알리오,　　誰識箇中奇絶景,
시로 나타냄도 어렵고 모두 전함도 어렵네.　　詩難摹寫盡難傳.

39 포항 [浦項]

홍재하(洪載夏; 1882~1949)[74] 《우석문집(愚石文集)》(권1)

빽빽이 모인 배들은 위아래로 많고,　　簇簇[75]群船下上多,
밤낮으로 성대하게 창파를 떠다니네.　　繽粉[76]日夜泛滄波.
백만 창생 바야흐로 땅에서 가라앉으니,　　蒼生百萬方沈陸,
사공의 힘으로 어찌 억울함 풀 수 있으리.　　欲借梢工[77]竟枉何.

40 포항에서 벗들과 밤에 읊으며 [與諸友夜吟浦項]

김진종(金振鍾; 1883~1951)[78] 《만사문집(晩沙文集)》(권1)

바다 동쪽의 형세를 두루 살펴보니,　　周觀形勢海之東,

---

74 洪載夏(홍재하): 일제강점기 때의 유학자이다. 본관은 남양(南陽)이고, 경상북도 부림현(缶林縣), 즉 지금의 군위군(軍威郡) 부계면(缶溪面)에서 태어났다. 자는 경우(敬禹)이고, 호는 우석(愚石) 또는 석헌(石軒)이다. 조부는 홍기석(洪祺錫)이고, 부친은 홍봉기(洪鳳夔)이다. 면우(俛宇) 곽종석(郭鍾錫)의 문인으로, 산수 유람을 좋아하여 다니지 않은 곳이 없었다. 중년 이후로 가세가 기울었음에도 개의치 않고 남들보다 먼저 의연금을 내었고, 벗들 가운데 가난해서 잔치를 열 수 없는 사람을 위해 직접 음식을 차려 대접하기도 하였다. 문집으로는《우석선생문집(愚石先生文集)》이 있다.

75 簇簇(족족): 빽빽하게 많이 모여 있는 것을 말한다.

76 繽粉(빈분): 많아서 기세가 성대함을 말한다.

77 梢工(초공): 배로 사람이나 짐을 실어 나르는 일을 업으로 하는 사람을 말한다.

78 金振鍾(김진종): 일제강점기 때의 유학자이다. 본관은 안동(安東)이다. 자는 성언(聲彦)이고, 호는 만사(晩沙)이다. 운산(雲山) 김상종(金象鍾)을 사사했다. 경사(經史)에 밝았고 율시를 잘 지었다. 전국의 명승지를 유람하며 많은 선비들과 교유했다. 문집으로는《만사문집(晩沙文集)》이 전한다.

푸른 옷깃과 패옥이 낭풍으로 향하듯 살랑이네.　衿佩[79]飄如向閬風[80].
한밤의 기적 소리 큰 천둥소리 같고,　半夜雷轟汽笛裏,
별처럼 늘어선 일천 집 전등 속에 있네.　千家星列電燈中.
저녁 길의 회포는 연나라 협객처럼 호탕하고,　暮道情懷燕俠[81]是,
온 성의 말굽 자취는 월나라 왕처럼 기세 있네.　滿城蹄跡越人[82]同.
다행히 지음을 만나 거문고 같이 타니,　幸得知音琴共和,
이번엔 괜한 걸음 한 것 아니라고 말해보네.　今行自謂不虛空.

41 포항에서 달밤에 바다를 보며 [浦項月夜觀海]

박곤복(朴坤復; 1896~1948)[83] 《고암문집(古庵文集)》(권1)

하늘과 땅 사이에 숨을 쉬고 떠다니니,　呼吸中間天地浮,
먼 끝의 위아래는 형언할 길이 없네.　端倪上下莫由朮.
비바람과 천둥의 기운이 뿜어져 솟구치고,　噴騰風雨雷霆氣,
장강·회하·황하·한수의 파도를 받아들이네.　容納江淮河漢[84]波.
줄지어 돌아오는 기러기는 오 땅 사람의 달,　一行歸雁吳人月[85],

---

79 衿佩(금패): 푸른 옷깃과 푸른 패옥을 말한다.

80 閬風(낭풍): 곤륜산(崑崙山)의 꼭대기 이름으로, 이곳에 선녀 서왕모(西王母)가 산다는 전설이 전해온다.

81 燕俠(연협): 전국(戰國) 시대 연(燕)나라의 협객 고점리(高漸離)를 말한다. 기원전 227년, 연나라의 태자 단(丹)이 형가(荊軻)에게 진(秦)나라로 가서 진시황(秦始皇)을 죽일 것을 명했다. 태자 단은 형가를 이수(易水)의 물가까지 바래다주었다. 이때 고점리가 그에게 축(筑)이라는 악기를 불어주었다고 한다.

82 越人(월인): 전국(戰國) 시대 월(越)나라의 군주 구천(句踐)을 말하는 것으로 보인다. 기원전 473년에 오(吳)나라를 물리치고 북상하여 중원의 제후들과 회맹하며 중원을 차지하려는 야망을 가졌다. 기원전 306년 초(楚)나라에 패하여 남방으로 패주하였다.

83 朴坤復(박곤복): 일제강점기 때의 유학자이다. 본관은 밀양(密陽)이고, 경상북도 봉화군(奉化郡) 화천리(花川里)에서 출생했다. 자는 원뢰(元雷)이고, 호는 고암(古庵)이다. 부친은 박인회(朴仁檜)이고, 모친은 영양(永陽) 이씨(李氏)이다. 어려서부터 용모가 단아했고 행동거지가 남달랐다. 학문에 뜻을 두고 성실히 임하여 큰 성취를 거두었다. 광복(光復) 후에는 한학(漢學)의 맥이 끊기는 것을 우려하여 직접 강학하기도 하였다. 문집으로 《고암문집(古庵文集)》 4권이 전한다.

84 江淮河漢(강회하한): 장강(長江)·회하(淮河)·황하(黃河)·한수(漢水)로, 모두 중국에서 이름난 강들이다.

85 吳人月(오인월): 부유하고 경치 좋은 곳의 달이란 의미이다. '오'는 지명으로 지금의 양자강 하

만 리 외로운 돛단배는 초 땅 나그네의 시름. 萬里孤帆楚客秋[86].
아득하고 망망한 이러한 곳에서, 浩渺茫洋如許[87]裏,
내 유람 따라 마음속 생각을 나타내보네. 爲將胸次[88]借吾遊.

42 포항에서 글벗들과 함께 [於浦項同詞伯[89]]

이종각(李鍾珏; 1896~1972)《기초유고(杞樵遺稿)》

맹교와 가도 같은 분들 구름처럼 모이고, 賈瘦孟寒[90]集似雲,
속세 따르지 않음은 고을 전체가 같네. 不從塵世與同郡.
강의 음산한 비는 어두운 하늘과 이어지고, 一江陰雨連天瞑,
반도는 세찬 조수로 땅이 나눠지누나. 半島狂潮裂境分.
누가 일찍이 큰 은자를 진솔하게 기다렸나, 眞率候誰曾大隱[91],
게으른 나만 듣지 못한 것이 부끄럽네. 踈慵愧我獨無聞.
시상은 일찍이 이와 같이 지극함을 알았는데, 詩情早識如斯至,
초년에 그대를 자주 찾아보지 못한 것 한스럽네. 恨未初年數訪君.

류에 해당하는 지역으로, 예로부터 물자가 풍부하고 부유한 곳이다. 줄지어 오는 기러기는 좋은 소식을 전해주기에 부유하고 경치 좋은 오 땅의 달에 비유했다.

86 楚客秋(초객수): 초 땅의 나그네 시름이란 의미이다. '초'는 지명으로 양자강(揚子江) 이남 지역을 말한다. 이곳은 예로부터 유배지로 유명했는데. 이곳에 유배를 당한 사람들은 늘 자신과 가족 그리고 임금을 걱정했기 때문에 그들의 시에는 근심과 시름의 정서가 가득하다. 앞의 외로운 돛단배는 작가의 떠도는 심정을 보여주는 것인데, 이를 초 땅을 떠도는 나그네에 비유했다.

87 如許(여허): 이와 같음을 말한다.

88 胸次(흉차): 겉으로 드러내지 않고 마음속에 품은 생각을 말한다.

89 詞伯(사백): 시문에 뛰어난 사람을 높여 이르는 말이다.

90 賈瘦孟寒(가수맹한): 이곳의 '가'와 '맹'은 당(唐)나라의 시인 가도(賈島)와 맹교(孟郊)를 말한다. 이들은 평생을 뜻을 이루지 못하고 궁핍한 삶을 살면서 처량한 정서의 시를 많이 지었다.

91 大隱(대은): 크게 깨달아 번뇌와 의혹을 모두 떨쳐 버린 은자를 말한다.

43 포항에서 글벗들과 함께 또 [又]

이종각(李鍾珏; 1896~1972) 《기초유고(杞樵遺稿)》

학림의 신선 신발이 강가 성에 내려오고,	鶴林仙舃下江城,
다해가는 등에 술 데우니 자리 가볍지 않네.	酒煖燈殘座不輕.
음이 다하고 양이 다시 시작됨을 알고,	有識窮陰陽復始,
옛 거울 닦으니 밤에 아직도 밝네.	磨來古鏡夜猶明.
서툰 계획 가련하고 일은 아직 많은데,	自憐拙計還多事,
크게 읊조려 멀리 소리가 있길 알리네.	爲詑高唫遠有聲.
내 유람 길이 적막하다 말 마시게,	休說吾遊長寂寞,
지척의 저자에는 생황소리 요란하다오.	市門咫尺亂歌笙.

44 포항에서 글벗들과 함께 또 [又]

이종각(李鍾珏; 1896~1972) 《기초유고(杞樵遺稿)》

북풍에 비까지 내리니 주렴에는 물결 일고,	北風吹雨箔生波,
밤새 둘러앉아 기울어진 초 심지 자르네.	環坐終宵剪燭[92]斜.
학 울음 하늘에서 들릴 때 신선의 꿈은 커지고,	鳴鶴聞天仙夢大,
쓸쓸한 기러기 관문 넘을 때 나그네 시름 깊어지네.	酸鴻度塞客愁多.
취기에 머리 근처의 눈을 쓸어내니,	酒醺氣掃頭邊雪,
허리에 단 난초 향기 금상첨화네.	蘭佩[93]香添錦上花.
무슨 일로 나와 그대가 이 모임을 이끄는 것일까,	底事[94]吾儂延此會,
예로부터 연나라 조나라에 슬픈 노래 많았음 알겠네.	從知燕趙摠悲歌[95].

92 剪燭(전촉): 초의 심지를 자른다는 의미로, 친구와 만나 지난 추억을 오래도록 이야기 나누는 것을 말한다.

93 蘭佩(난패): 난초를 허리에 차 장신구로 삼은 것을 말한다. 보통 처신이 고결함을 비유적으로 말할 때 쓴다.

94 底事(저사): '어떤 일' 내지 '무슨 일'의 의미이다. 이곳의 '저'는 '어찌'의 의미이다.

95 燕趙摠悲歌(연조총비가): 중국(中國) 춘추전국시대(春秋戰國時代) 연(燕)나라와 조(趙)나라

45 포항 가는 길에서 느낌이 일어 [浦項路上感懷吟]

이종각(李鍾珏; 1896~1972) 《기초유고(杞樵遺稿)》

부자 사이 천륜임은 예나 지금이나 같고, 父子天倫古猶今,
세속의 기준과 유행은 옛날과 지금이 다르네. 俗態時潮昨異今.
부모님께 혼정신성 못하고 아들도 슬하에 없어, 父不晨昏[96]兒不膝,
지금 어버이 떠나고 자식 보내니 부끄러워지네. 離親送子愧吾今.

46 포항의 여러 벗이 찾아주며 [浦項諸益[97]見訪]

이종각(李鍾珏; 1896~1972) 《기초유고(杞樵遺稿)》

마침 바다의 신선 오니 모두 말을 잘하고, 海仙適至摠能言,
성 아래 맑은 강과 강 위엔 마을이. 城下清江江上村.
전과를 근거로 삼으면 입 닫는 것 마땅하고, 戰果憑來宜閉口,
사납게 떠들고 치러가니 다시 혼비백산하네. 匈騷打去更飛魂,
천 갈래 새의 길은 얇은 얼음 같고, 千岐鳥道如氷薄,
한 점 서등은 밤에도 어둡지 않네. 一點書燈不夜昏.
늙어버린 남아들 이르니 장대한 기상 따르고, 抵老男兒從壯氣,
머리 긁적이며 서로 웃고 술독 기울이네. 搔頭相笑故傾樽.

에 세상(世上)을 비관하여 슬픈 노래를 부른 사람이 많았다는 뜻으로, 우국(憂國)의 선비를 이르는 말로도 쓰인다.

96 晨昏(신혼): 혼정신성(昏定晨省)을 말한다. 밤에는 부모의 잠자리를 보아 드리고 이른 아침에는 부모의 밤새 안부를 묻는다는 말로, 부모를 잘 섬기고 효성을 다함을 이르는 말이다.

97 諸益(제익): 여러 벗을 말한다.

47 대항에서 바다를 보며 [大項觀海]

이종각(李鍾珏; 1896~1972) 《기초유고(杞樵遺稿)》

땅이 끝난 일색의 구름 하늘 아득하고,	地盡雲空一色遙,
굽이진 물가 보니 몹시 쓸쓸하네.	看來紆渚十分消.
배는 바람을 일으키며 먼 길 가고,	船風獵獵[98]長驅路,
나무 겹겹이 우거진 섬엔 가지들 베지 않았네.	島樹重重不剪梢.
내 지금의 한 알 좁쌀 같은 덧없는 인생과,	一粟[99]浮生吾此日,
무수히 지나간 세월 속에서 그대를 어이 만날까.	三桑往惻爾何朝.
눈 닿는 곳까지 봐도 도무지 끝이 없으니,	欲窮目力都無際,
만 리 멀리 고요한 푸른 밤 함께 하길.	萬里平鋪共碧宵.

48 연일 포항 [延日浦港][100]

권택용(權宅容; 1903~1987) 《척와유고(惕窩遺稿)》(권1)

푸른 파도 가에는 큰 배가 자주 보이고,	驟看巨舶碧波頭,
아침 되자 각 항구의 구석으로 내달리네.	待旦將奔各港陬.
공자는 뗏목을 타면서 따라주길 바라나,	夫子乘桴[101]期欲遂,
중유 같은 제자 없으니 어이 따라가리.	仲由[102]不在亦何由.

---

98 獵獵(엽렵): 바람 소리를 말한다.

99 一粟(일속): 한 알의 좁쌀이라는 의미로, 아주 보잘것없음을 말한다.

100 이 시는 《후강좌기행(後江左紀行)》 제16수에서 발췌했다. 제목에서 포항(浦港)은 포항(浦項)이 되어야 하지 않을까 싶다.

101 夫子乘桴(부자승부): 공자가 뗏목을 타는 의미인데, 이 말은 《논어(論語)·공야장(公冶長)》에서 "도가 행해지지 않아, 내가 뗏목을 타고 바다로 나가면, 나를 따르는 사람은 아마도 중유일 것이다(道不行, 乘桴浮于海. 從我者, 其由與)."라고 한 것에서 유래했다.

102 仲由(중유): 공자의 유력한 제자인 자로(子路)의 이름이다. 자로는 그의 자(字)이다.

49 봄날에 포항을 유람하며 [春日遊浦項]

이승태(李承台; 1911~1985) 《운석문고(雲石文稿)》

포항은 동쪽으로 바다에 임하고,	浦項東臨海,
구름이 열리니 하늘은 푸르네.	雲開碧太空.
송도에는 원숭이와 학이 모이고,	松島盟猿鶴,
죽림에서는 주인이 하례하네.	竹林賀主翁.
배는 변방 밖을 떠다니고,	船泛邊方外,
맑은 모래는 햇빛을 되 비추네.	沙明返照中.
눈을 들어 구경하고 서 있으니,	擧目觀光立,
산들산들 바람 옷깃에 불어오네.	襟前習習[103]風.

50 포항에서 형제를 만나 [浦項相逢兄弟]

하정식(河禎植; 1912~1990) 《근재유고(謹齋遺稿)》(권1)

어려서 고향 떠난 세월이 오랜데,	少小移鄕歲月深,
서로 생각하며 몇 번이나 꿈에서 찾았던가.	相思幾度夢中尋.
객지에서 만나 다정히 이야기하니,	幸逢旅枕多情話,
전보다 많아진 정다운 말로 마음 위로하네.	情話倍前爲賀心.

103 習習(습습): 바람이 산들산들 부는 모양을 말한다.

51~53 바다를 보고 돌아와 포항에 묵으며, 원효형칠우회 시에 차운하며 [觀海歸路宿浦項, 次原孝衡七偶懷韻]

을묘년 3월(乙卯三月)

조병하(曺秉夏; 미상) 《민암문집(敏菴文集)》(권1)

온갖 험난한 길을,	百險千艱路,
어찌 이날에 가는가.	胡爲此日行.
오랜 세월 죽지 못해 의지하고,	長年無死賴,
시름에 겨운 나그네는 멀리 떠도네.	楚客遠遊情.
아, 나는 아들과 마음이 같고,	嗟我同心子,
옷깃 나란히 하고 앞서거니 뒤서거니.	聯襟後先行.
가없는 동해에서,	茫茫東海上,
노중련의 마음을 느끼네.	偏感魯連情[104].
아득한 답답함은 언제 끝날까.	幽鬱何時已,
두 아들 감에 매달리기 어려워라.	難攀二子行.
머뭇거리며 옛집 생각하니,	逡巡懷故宇,
헤어지는 각자의 감정 끝이 없네.	無限各分情.

104 魯連情(노련정): 노중련(魯仲連)의 마음이란 의미이다. 노중련은 중국 전국(戰國) 시기 제(齊)나라 사람이다. 일찍이 그가 조(趙)나라에 머물 때 위(魏)나라에서 진(秦)나라 왕을 천자로 추대하여 조나라에 있던 진나라 군사들을 철수시키려 하자, 노중련은 평원군(平原君)에게 진나라가 무도한 나라임을 역설하면서 진나라가 칭제한다면 자신은 동해에 빠져 죽을 것이라고 했다. 《사기(史記)·노중련열전(魯仲連列傳)》에 자세히 보인다.

형산강(兄山江) 또는 형강(兄江) 관련 시

포항의 젖줄 형산강(兄山江)은 하류 지역 포항과 경주의 접경에 형산(兄山)과 제산(弟山)이 있어 조선 때는 형강(兄江)으로도 불렸다. 한반도의 강물은 대체로 동쪽에서 서쪽으로 흐르고 북쪽이나 동쪽으로 흐르는 경우는 드물다. 이중 유일하게 북쪽으로 흐르는 강이 바로 형산강이다.

형산강은 낙동정맥이 남하하는 울주의 백운산에 못 미치는 삼강봉(三江峰)에서 발원한다. 이곳에서 낙동강·태화강·형산강 물줄기가 나뉘진다. 이후 형산강 물줄기는 도도한 흐름을 타고 경주를 지나고, 여기에 회재(晦齋) 이언적(李彦迪)의 학덕(學德)이 서린 안강 옥산(玉山)의 자계(紫溪)·기북과 기계의 기계천(杞溪川)이 양동마을을 거쳐 합류한 후 함께 영일만으로 흘러간다.

형산강의 역사는 사실 포항의 형성보다 훨씬 이전부터 시작되었다고 볼 수 있다. 그것은 천년 신라·고려·조선에서 지금까지 우리 지역의 모든 역사와 함께 한 역사라고 할 수 있다. 형산강 관련 시문만으로도 우리는 형산강의 역사적 인문학적 의의를 엿볼 수 있다. 형산강 관련 시는 문헌상으로 1500년대 이후부터 나오기 시작하여 1900년 초반까지 꾸준히 지어졌음을 확인할 수 있다. 읊은 내용은 형산강에서의 뱃놀이, 유배지로 가면서 본 강 주변의 모습, 형산강을 지나거나 유람하면서 느꼈던 감회를 읊은 시들이 주류를 이루고 있다. 시를 통해 우리는 형산강이 수많은 문인의 눈물과 고뇌를 듣고 받아주었던 큰 그릇이었음을 알 수 있다.

1 형산강에서 [兄山江上]

이언적(李彦迪; 1491~1553)[105] 《회재집(晦齋集)》(권2)

깊고 그윽한 형산강은 본래 맑았건만, 湛湛[106]江水本來淸,
비 그친 오늘은 경수(涇水)처럼 탁하네. 雨歇今朝濁似涇[107].
만고에 청탁 따라 변하지 않는 것은, 萬古不隨淸濁變,
높다랗게 강가에 선 푸른 산봉우리들. 巍然江上數峯靑.

2~4 형강에서 술 마시며 우연히 읊고, 자리에 계신 분들에게 보여주며 [江上對酌偶吟, 示座中諸君]

이언적(李彦迪; 1491~1553) 《회재집(晦齋集)》(권2)

물 맑고 모래 희며 바람 연기 드넓은, 水淸沙白浩風煙,
강에서 술잔 잡고 아득함을 생각하네. 把酒臨江思渺然.
자리에 가득히 앉은 반백의 친구들, 滿座親交俱半百,
함께 노닐며 이십 년 전을 추억하네. 同遊追憶卄年前.

---

105 李彦迪(이언적): 조선 중기의 문신이자 학자이다. 본관은 여강(驪江)이다. 자는 복고(復古)이고, 호는 회재(晦齋) 또는 자계옹(紫溪翁)이다. 조부는 참군 이수회(李壽會)이고, 부친은 생원 이번(李蕃)이다. 중종 9년(1514) 문과에 급제하여 이조정랑·사헌부장령·밀양부사를 거쳐 1530년에 사간이 되었다. 이때 김안로(金安老)의 등용을 반대하다가 관직에서 쫓겨나 경주의 자옥산에 들어가서 성리학 연구에 전념했다. 1537년 김안로 일당이 몰락하자 종부시첨정으로 부름을 받아 홍문관교리·응교·직제학이 되었고, 전주부윤으로 나가 선정을 베풀어 송덕비가 세워졌다. 이조·예조·형조의 판서를 거쳐 명종 원년(1545)에 좌찬성이 되었다. 이때 윤원형(尹元衡) 등이 을사사화를 일으키자 선비들을 심문하는 추관(推官)에 임명되었으나 스스로 관직에서 물러났다. 명종 2년(1547) 윤원형 일당이 조작한 양재역벽서사건(良才驛壁書事件)에 무고하게 연루되어 강계로 유배되었고, 그곳에서 많은 저술을 남긴 후 세상을 떠났다. 조선 시대 성리학의 정립에 선구적인 인물로서 성리학의 방향과 성격을 밝히는 데 중요한 역할을 하였고, 주희(朱熹)의 주리론적 입장을 정통으로 확립하여 이황(李滉)에게 전해주었다. 저술로는 《구인록(求仁錄)》(1550)·《대학장구보유(大學章句補遺)》(1549)·《중용구경연의(中庸九經衍義)》(1553)·《봉선잡의(奉先雜儀)》(1550) 등이 있다.

106 湛湛(잠잠): 물이 깊고 가득한 모양을 말한다.

107 涇(경): 강 이름으로, 경수(涇水)를 말한다. 감숙성(甘肅省)에서 발원하여 섬서성(陝西省)을 지나 고릉현(高陵縣)에서 위수(渭水)로 흘러 들어간다. 후에 위수는 황하 본류와 합류하여 물이 혼탁해진다.

맑은 강엔 마침 낙엽 어지러이 날리고, 淸江落葉正紛紛,
들국화는 서리를 이기며 홀로 향기롭네. 野菊凌霜獨自芬.
흥미는 응당 분수 따라 즐겨야 하건만, 得趣只應隨分樂,
세인들 취한 듯 깬 듯 분간되지 않네. 世間醒醉不須分.

만년에 모래 가에서 향기로운 술 대하고, 沙頭歲晩對芳樽,
만물의 흥망은 본시 하나의 근원이라네. 萬類榮枯本一元.
눈의 구름과 산은 모두 세상 밖에 있고, 入眼雲山俱物外,
온 강의 바람과 달도 그대의 은택이라네. 滿江風月亦君恩.

5 북형강 입구에서 배를 띄우며 [泛舟北兄江口]

구사맹(具思孟; 1531~1604)[108] 《팔곡선생문집(八谷先生文集)》(권2)

형강은 경주·영일·흥해 세 읍의 경계에 있다. 흥해 판관 목전과 그의 아들 성용이 함께 배를 띄우러 갔다. 흥해의 정연과 영일의 이광악도 모임에 왔는데, 이전에 약속한 것이다(虢江在慶州興海迎日三邑之界. 興判官睦詮及兒宬容輩, 同往泛舟. 丁興海淵, 李迎日光岳亦來會, 曾有約也).

형강 깊은 곳에 배를 띄워 놀고 돌아가다, 兄江深處逗歸舟,
양쪽 언덕의 붉은 꽃을 푸른 물에 담가보네. 兩岸紅花蘸碧流.
정처 없이 떠돌다 오랜 언약 이루지 못하니, 雲水未成終老約,
저 생선 가게가 방주를 차지한 것이 부럽네. 羨他漁店占芳洲.

108 具思孟(구사맹): 조선 중기의 문신이다. 본관은 능성(綾城)이다. 자는 경시(景時)이고, 호는 팔곡(八谷)이다. 부친은 영의정 구순(具淳)이고, 딸이 인헌왕후이다. 류희춘(柳希春)·이황(李滉)의 문인이다. 명종 13년(1558) 식년 문과에 급제했고, 이조좌랑·황해도관찰사·이조판서 등을 지냈다. 1592년 임진왜란 때 왕자를 호종하여 의주로 갔고, 1597년 정유재란 때는 왕자와 후궁을 따라 성천에 피난했다. 1602년 아들 구성(具宬)이 유배되자 사직했다. 신진사류들의 뜻을 따르지 않아 자주 탄핵을 당했으나, 청렴하고 시문에 뛰어났다. 문집으로는 《팔곡선생문집(八谷先生文集)》이 있다.

6 형강의 배에서 [兄江舟中]

이의온(李宜溫; 1577~1636)[109] 《오의정선생문집(五宜亭先生文集)》(권1)

구름 다한 강 하늘에는 물이 아득하고,	雲盡江天水渺茫,
둥실둥실 떠다니는 배는 흥으로 가득.	扁舟泛泛興顚狂.
뱃노래가 다하자 시로 다시 화답하니,	唱罷櫂歌詩更和,
붉은 해가 부상에서 떠올랐음을 몰랐네.	不知紅旭上扶桑.

7 형강의 배 안에서 주윤 권태일의 시에 차운하며 [兄江舟中次州尹權公泰一[110]韻]

이의온(李宜溫; 1577~1636) 《오의정선생문집(五宜亭先生文集)》(권1)

구월의 맑은 가을에 신선놀음 배우려,	淸秋九月學仙遊,
백 리 긴 강에 두둥실 배 띄웠네.	百里長江汎汎舟.
관청에선 종일 일 한 건 없어,	永日梅陰無一事,
마침 거문고와 학으로 잠든 갈매기 놀리네.	好將琴鶴[111]戲眠鷗.

109 李宜溫(이의온): 조선 중기의 무신이다. 본관은 여주(驪州)이다. 자는 율연(栗然)이고, 호는 오의정(五宜亭)이다. 조부는 영의정(領議政)으로 추증된 회재(晦齋) 이언적(李彦迪)이고, 부친은 승지(承旨)로 추증된 수암(守庵) 이응인(李應仁)이다. 어려서 효성과 우애가 독실했고 행실이 올바르고 곧았다. 평소 그의 인품과 성실함을 인정한 경주부윤(慶州府尹) 박의장(朴毅長)은 그를 충무공 이순신(李舜臣)에게 추천했다. 한산도로 간 그는 이순신 장군을 보좌하여 큰 공을 세웠다. 이에 이순신이 그의 인물됨과 실력을 매우 귀중하게 여겨 조정에 보고하자, 군자감직장(軍資監直長)에 제수 되었다. 그러나 이순신이 순국하고 왜구와 화의(和議)가 성사되자, 초연히 고향으로 돌아와 오의정(五宜亭)이라는 작은 정자를 집 뒤에 짓고 여생을 보냈다. 문집으로 《오의정집(五宜亭集)》이 있다.

110 權公泰一(권공태일): 권태일(權泰一; 1569~1631)을 말한다. 조선 중기의 문신이다. 본관은 안동(安東)이다. 자는 수지(守之)이고, 호는 장곡(藏谷)이다. 구봉령(具鳳齡)의 문인이다. 선조 24년(1591)에 사마시에 합격하고, 1599년에는 별시 문과에 병과로 급제했다. 이조좌랑·홍문관교리·경주부윤 등을 지냈다. 저서로는 《장곡집(藏谷集)》이 있다.

111 琴鶴(금학): 거문고와 학이란 의미로, 관리의 청렴함을 비유적으로 이르는 말이다. 중국 송(宋)나라의 조변(趙抃)이 관리가 되어 부임할 때 거문고와 학만 싣고 갔다는 고사에서 유래했다.

8 형산강에서 봄을 보내면서 주인 어르신에게 주며 [兄江送春, 贈主人翁]

1652년(壬辰)

정극후(鄭克後; 1577~1658)[112] 《쌍봉선생문집(雙峯先生文集)》(권1)

강물은 서 형산 지나 북 형산으로 들어가고,	水過西兄宗北兄,
갖은 갈래로 세차게 흘러 이곳에서 가득 차네.	奔流衆派此盈盈.
주인은 홀로 천년의 명승을 차지하고,	主人獨擅千年勝,
온 사람은 응당 만고에 이름을 남기네.	來者應留萬古名.
나눠진 섬의 백로는 난간 밖으로 가고,	白鷺洲分檻外逝,
청천의 그림자 맑은 거울에 떨어지네.	靑天影落鏡中明.
풍광이 떠나려는 나를 작별해주니,	風光別我將歸去,
마주하고 술 마심에 어찌 새벽 마다하리.	對酌何辭到五更[113].

9 형강에서 배를 띄우고, 상공 김존경 좌하께 올리며 [兄江泛舟, 奉呈金相公存敬座下[114]]

정극후(鄭克後; 1577~1658) 《쌍봉선생문집(雙峯先生文集)》(권1)

임술년(1622) 가을 열엿샛날 달밤,	壬戌新秋月旣望,
원님께서 형강에 놀러 오셨네.	使君[115]來作兄江遊.
형강의 강물 드넓고 파도는 바다에 이어지며,	兄江水濶波連海,

112 鄭克後(정극후): 본관은 영일(迎日)이다. 자는 효익(孝翼)이고, 호는 쌍봉(雙峯)이다. 고려의 명신 정습명(鄭襲明)의 후손이다. 부친은 군자감주부 정삼외(鄭三畏)이다. 장현광(張顯光)으로부터 학문을 배웠는데, 장현광은 그의 비범함에 감탄하여 붕우의 예로 대했다. 인조 12년(1634)에 60세 가까운 나이에 학행(學行)으로 천거 받아 동몽교관(童蒙敎官)에 임명되었으나 부임하지 않았다. 1636년에 선릉참봉(宣陵參奉)이 되었다. 이듬해 금정도찰방(金井道察訪)을 제수받았으나 부임하지 않았으며, 1643년에 왕자사부(王子師傅)가 되었으나 수개월 후 노환으로 사직했다. 이후로 벼슬에 나가지 않고 삼성산(三聖山) 아래에 집을 짓고 산천과 벗하며 유유자적하면서 경사(經史)를 강론하고, 후학을 양성했다. 저서로는 《문묘사향지(文廟祀享志)》·《역년통고(歷年通攷)》·《서악지(西岳志)》 등이 있다.

113 五更(오경): 하룻밤을 다섯으로 나눴을 때의 다섯째 부분으로, 지금의 오전 3시에서 5시까지에 해당한다. 시간이 이미 새벽에 가까워졌음을 말한다.

114 좌하(座下): 편지에서 상대방을 높여 그의 이름 아래에 쓰는 말이다.

115 使君(사군): 주(州)와 군(郡)의 장관에 대한 존칭이다.

한밤의 하늘은 맑고 달빛은 배에 가득하네. 子夜[116]天清月滿舟.
한 줄기 엷은 구름은 먼 물가에 걸쳐있고, 一抹輕雲橫遠浦,
몇 가락 젓대 소리 수시로 방주에 떨어지네. 數聲長笛落芳洲.
지금 동방의 적벽이 이러하니, 東韓赤壁今如此,
소식(蘇軾)만 이름 남길 필요 없으리. 不必蘇仙[117]名獨留.

10~12 가을 형강에서 노닐며 [九秋[118]遊兄江]

이주천(李柱天; 1600~1654)[119] 《습와집(習窩集)》(권1)

영웅은 파도의 신과 다툴 수 있고, 英雄可與波神爭,
동생은 내 몸이고 강은 형이라네. 弟是吾身江是兄.
덧없는 세상에 어찌 외물에 집착하나, 浮世何須形役物,
강가 저녁 비에 새로운 언약 찾네. 滄洲[120]暮雨訪新盟.

길은 동쪽의 끊어진 골짜기와 통하고, 一路線通絶峽東,
석양은 큰 강의 바람을 취한 듯 붙잡네. 夕陽扶醉大江風.
노한 파도와 거친 돌은 차가운 눈을 뿜고, 怒濤激石噴寒雪,
아지랑이와 파도는 먼 하늘과 이어졌네. 浮靄點波接遠空.
서쪽 숲에 가을 해가 졌는지도 모르고, 不覺西林秋日殘,

116 子夜(자야): 자시(子時) 무렵의 한밤중을 말한다.

117 蘇仙(소선): 북송(北宋)의 대문장가 소식(蘇軾; 1036~1101)을 말한다. 소식은 7월 기망(旣望)에 적벽(赤壁) 아래서 배를 띄우고 《적벽부(赤壁賦)》를 지었다.

118 九秋(구추): 음력 9월을 가을이라는 뜻에서 비유적으로 이르는 말이다.

119 李柱天(이주천): 조선 중기의 무신. 본관은 청안(淸安)이다. 자는 응천(應天)이고, 호는 습와(習窩)이다. 부친은 선무일등공신(宣武一等功臣) 낙의재(樂義齋) 이눌(李訥)이고, 모친은 경주(慶州) 김씨(金氏)로 참봉(參奉) 김유정(金有定)의 딸이다. 오개절(吳慨節)의 문하에서 수학했고, 인조 6년(1628) 무과에 급제했다. 서북 국경지방 등에서 방어사(防禦使)로 근무한 후 만기가 되자 고향에 돌아왔다. 인조 20년(1642) 청나라가 명나라를 치기 위해 요청해온 원병(援兵)에 선발되었는데, 존주대의(尊周大義)로써 참전을 반대하다가 형벌을 받고 그 여독으로 세상을 떠났다. 시문에 능했고, 저서로는 1910년에 9세손 이용구(李容球) 등이 편집하고 간행한 《습와유집(習窩遺集)》이 있다.

120 滄洲(창주): 물가에 있는 은자(隱者)의 거처를 비유적으로 말한다. 남조(南朝)의 시인 사조(謝朓; 464~499)가 선성태수(宣城太守)에 부임하여 창주의 풍류를 즐겼다는 고사에서 유래했다.

어부의 노래 몇 곡은 또 즐거움이 되네. 漁歌數曲又成懽.
강가의 돌 빛은 천년이나 오래되었고, 江頭石色千年古,
개인 후의 물가엔 구월의 차가운 소리. 霽後灘聲九月寒.

13 영일 형산강 다리에서 덕회 최계훈에게 보여주며 [迎日荊山江[121]橋, 示崔德會繼勳]

김홍욱(金弘郁; 1602~1654)[122] 《학주선생문집(鶴洲先生文集)》(권2)

긴 다리는 큰 강 앞을 가로로 끊고, 長橋橫截大江前,
길 나오니 형산의 지세 확 트이네. 路出荊山[123]勢豁然.
섬의 맑은 아지랑이에는 신기루 피고, 島嶼晴嵐生蜃氣,
모래톱 붉은 나무 너머로는 짠 연무라네. 汀洲[124]紅樹隔鹺烟.
하늘가 먼 봉우리는 동쪽 경계로 이어지고, 天邊遠岫關東界,
바다의 외로운 돛단배는 일본사람 배라네. 海上孤帆日本船.
선성의 훌륭하신 태수님 만나니 기쁘고, 喜遇宣城賢太守[125],
말 멈추니 먼저 《기행편》을 보내주시네. 停驂先寄記行篇.

---

121 荊山江(형산강): 이곳의 형산강은 형산강(兄山江)이 되어야 할 것으로 보인다.

122 金弘郁(김홍욱): 본관은 경주(慶州)이다. 자는 문숙(文叔)이고, 호는 학주(鶴洲)이다. 부친은 찰방 김적(金積)이다. 인조 13년(1635) 증광 문과에 을과로 급제하였다. 당진현감·대교(待敎)·전적·지평·부수찬·정언 등을 역임했다. 1654년 황해도관찰사로 재임할 때, 천재(天災)로 효종이 구언(求言)하자, 8년 전 사사된 민회빈강씨(愍懷嬪姜氏)의 억울함을 풀어줄 것을 상소했다. 이에 격노한 효종에 의해 하옥되었고, 결국 친국을 받던 중 장살되었다. 경종 1년(1721) 서산의 성암서원(聖巖書院)에 제향 되었다. 저서로는 후손의 노력으로 연보 등이 추보(追補)된 《학주집(鶴洲集)》이 있다.

123 荊山(형산): 이곳의 '형'은 '형(兄)'이 아닌가 싶다.

124 汀洲(정주): 강·바다·호수·늪 등에서 물이 얕고 흙이나 모래가 드러난 곳을 말한다.

125 宣城賢太守(선성현태수): 선성(宣城)의 어진 태수라는 의미이다. 이곳에서는 남조(南齊)의 시인 사조(謝朓; 464~499)를 말한다. 남제 명제(明帝) 건무(建武) 2년(495) 선성태수(宣城太守)로 나갔다. 이곳에서 산 남쪽에 누대를 짓고 산의 경치를 감상하며 유유자적했다고 한다.

14 형강에서 뱃놀이하는 시에 차운해서 영장에게 주며 [贈營將[126]兄江船遊韻]

이지한(李之翰; 1604~?)[127] 《행정문집(杏亭文集)》(권1)

봄날 가는 버들은 대장의 단에서 한가롭고,	細柳春閒大將壇,
형강에 와서 조대에서 낚싯대 잡네.	兄湖來把釣臺竿.
용 깃발은 비에 젖고 물속 물고기 장난치는데,	龍旗雨濕游魚戲,
호랑이 자고 바람 이니 찬 해오라기 깃드네.	虎睡風生宿鷺寒.
바다 위의 이층 배들은 정벌을 쉬고,	海上樓船休戰伐,
산 정상의 봉화는 평안함을 알리네.	山頭峯火報平安.
천 년 적벽의 소식(蘇軾)처럼 흥이 일고,	千秋赤壁蘇仙興,
사람 가득 실은 조각배 돌 물가로 내려가네.	滿載扁舟下石灘.

15 형산강에서 배를 타며 [兄江登舟]

이지한(李之翰; 1604~?) 《행정문집(杏亭文集)》(권1)

굶주린 말은 진흙 물고 빗속에 서 있고,	飢馬銜泥立雨中,
출항 준비 중인 배는 강동을 건널 면목 없어라.	艤船無面渡江東.
파도 거센 채석강에서 고래 타고 달로 가고,	波危采石騎鯨月[128],
길 광활한 남창에서 바람에 돛단배 보내누나.	路闊南昌[129]送帆風.

---

126 營將(영장): 조선 후기 속오군(束伍軍)의 가장 높은 단위인 영의 책임자를 말한다.

127 李之翰(이지한): 본관은 강음(江陰)이다. 자는 자번(子藩)이고, 호는 행정(杏亭)이다. 부친은 절충장군(折衝將軍)을 지낸 이경남(李敬男)이다. 인조 13년(1635) 증광시(增廣試)에 생원(生員)으로 급제했다. 문집으로는 《행정문집(杏亭文集)》이 전한다.

128 騎鯨(기경): 당(唐)나라의 시인 이백(李白)이 술에 취한 채 채석강(采石江)에서 노닐다 물속의 달을 잡으려다 빠져 죽은 뒤 고래를 타고 하늘로 올라갔다는 고사를 인용한 것처럼 보인다. 당나라의 시인 마존(馬存)의 시 《연사정(燕思亭)》에 "이백이 고래 타고 하늘로 올라가니, 강남 땅 풍월이 한가해진 지 여러 해라(李白騎鯨飛上天, 江南風月閑多年)."라고 했다.

129 南昌(남창): 중국 강서성(江西省)의 성도(省都)이다. 이곳에는 등왕각(滕王閣)이라는 당나라 때 세워진 유명한 누대가 있다. 당 고조(高祖) 영휘(永徽) 4년(653)에 당태종(唐太宗) 이세민(李世民)의 동생인 등왕(滕王) 이원영(李元嬰)이 홍주도독(洪州都督)으로 있을 때 세웠다. 675년, 이곳의 도독(都督)으로 있던 염백서(閻伯嶼)가 누각을 중수하고 빈객들을 청해 크게 잔치를 열었다. 이때 마침 심전기(沈佺期)·송지문(宋之問)·노조린(盧照隣) 등과 함께 초당사

이룬 것 없는 노년에 큰 뜻 노래하니, 白首未成題柱志,
누가 알리, 소박한 마음으로 냇가를 건넌 공을. 素心誰識涉川功.
모래사장에 맺힌 이슬은 놀라 날아가고, 平沙宿露驚飛去,
찬 물가에서 홀로 낚시하는 늙은이에 부끄럽네. 羞殺寒磯獨釣翁.

16 형산강 [兄山江]

박기봉(朴岐鳳; 1653~)[130] 《해은유고(海隱遺稿)》(권1)

신라 도읍의 빼어난 경치는 우리 동쪽이 으뜸, 羅都形勝冠吾東,
그중에 형산의 기세가 가장 웅장하다네. 最是兄山氣勢雄.
큰 용은 잠긴 땅 위의 집들을 돌아 오르고, 大龍盤廻坤戶鎖,
굽이진 긴 강은 바다로 통하였네. 長江屈曲海門通.
천년의 굳센 큰 공업 일찍이 들었으나, 曾聞宏業千年壯,
번창함은 한낮 공허한 꿈이란 걸 누가 알리. 誰識繁華一夢空.
아득한 지난 일을 어디에서 물어볼까나, 往事茫茫何處問,
예나 지금이나 같은 풍경 보니 괴로워지네. 惱看風景古今同.

걸(初唐四傑)의 일인으로 유명했던 왕발(王勃)이 남쪽 교지(交趾)에서 벼슬하고 있던 아버지를 찾았다가 이곳에 들러서 시를 쓰고 그 서문을 썼는데, 바로 유명한 《등왕각서(滕王閣序)》이다. 이 작품은 등왕각 일대의 형세와 경치 및 연회의 성대함을 묘사했는데, "떨어지는 놀은 외로운 물오리와 나란히 하늘을 날고, 가을 강물은 하늘과 한빛이로다(落霞與孤鶩齊飛, 秋水共長天一色)"이란 명구를 남겼다.

130 朴岐鳳(박기봉): 본관은 무안(務安)이다. 자는 주서(周瑞)이고, 호는 해은(海隱)이다. 퇴계(退溪) 이황(李滉)의 문인이다.

17 형산강의 배에서 유생(儒生) 남석로에게 주며 [兄山江舟中贈南生碩老[131]]

신유한(申維翰; 1681~1752)[132] 《청천집(靑泉集)》(권2)

난주의 옥녀는 금 술잔을 따르고,	蘭舟玉女酌金巵,
해지는 맑은 강은 모든 것이 어우러지네.	落日清江事事宜.
취한 후의 호방한 마음은 바다와 산을 넘고,	醉後狂心凌海嶽,
소년의 패기처럼 새로운 시를 다투누나.	新詩爭似少年奇.

18 배로 형강을 건널 때, 폄적지 대송을 바라보며 [舟渡兄江, 望大松謫所]

권만(權萬; 1688~1749)[133] 《강좌선생문집(江左先生文集)》(권1)

형강 동쪽의 쑥 들어간 깊은 곳으로 움직이니,	兄江東蹙動深坤,
석양에 달리는 배는 해문을 지나가네.	斜日揚舲渡海門.
건너편 물가엔 연기 일고 느티나무 푸르니,	隔浦煙生槐樹綠,

131 南碩老(남석로; 1729~1774): 조선 후기의 문신이다. 본관은 영양(英陽)이다. 자는 백휘(伯輝)이고, 호는 예연(禮淵)이다. 조부는 남천한(南天翰)이고, 부친은 남명신(南命新)이다. 최흥원(崔興遠)의 문하에서 수학했다. 영조 29년(1753) 식년시 진사 3등 19위에 합격했고, 영조 30년(1754) 증광시 병과 19위로 급제했다. 관직으로 만경현령(萬頃縣令)·봉상시주부(封賞侍主簿) 등을 지냈다. 사도세자(思悼世子)를 뒤주에 가두는 조치를 반대하다가 영조의 노여움을 사자 관직을 그만두고 낙향했다. 이후 관직에 나아가지 않고 고향에서 후학양성에 전념했다. 문집으로는 《예연집(禮淵集)》이 있다.

132 申維翰(신유한): 조선 후기의 문신이자 문장가이다. 본관은 영해(寧海)이다. 자는 주백(周伯)이고, 호는 청천(靑泉)이다. 부친은 신태래(申泰來)이고, 모친은 김석현(金碩玄)의 딸이다. 신태시(申泰始)에게 입양되었다. 숙종 31년(1705) 진사시에 합격하고, 1713년 증광문과에 병과로 급제했다. 1719년 제술관(製述官)으로서 통신사 홍치중(洪致中)을 따라 일본에 다녀왔으며, 봉상시첨정에 이르렀다. 문장으로 이름이 났는데, 특히 시에 뛰어났다. 저서로는 《해유록(海游綠)》·《청천집(靑泉集)》 등이 있다.

133 權萬(권만): 조선 후기의 문신이다. 본관은 안동(安東)이다. 자는 일보(一甫)이고, 호는 강좌(江左)이다. 조부는 권유(權濡)이고, 부친은 권두굉(權斗紘)이다. 경종 1년(1721) 사마시에 합격했고, 영조 1년(1725) 증광 문과에 병과로 급제했다. 1728년 정자로 재직 시 이인좌(李麟佐)의 난이 일어나자 의병장 유승현(柳升鉉)을 도와 반역을 꾀한 무리들을 진압하는데 큰 공을 세웠다. 1746년 병조좌랑으로 문과중시에 을과로 급제했고, 병조정랑이 되었다. 정조 때 창의의 공으로 이조참의에 추증되었다. 문집으로는 《강좌집(江左集)》이 있다.

뱃사공은 그곳이 대송 마을이라 하네. 舟人說是大松村.

19 형산강에서 큰 형이 귀양 가는 것을 전송하며 [兄山江送別伯兄謫行]

조선적(曺善迪; 1697~1756)[134] 《치재선생문집(恥齋先生文集)》(권1)

이 밤은 얼마나 빠른지, 此夜何遄邁,
내일 아침 먼 길 떠나야 하네. 明朝卽遠征.
가장 마음 아픈 것은, 最是傷心處,
강산에도 형이 있음이네. 江山亦有兄.

20 형강을 건너며 '서' 자를 얻어서 [渡兄江得西字]

이상정(李象靖; 1711~1781)[135] 《대산집(大山集)》(제2권)

가벼운 배 일렁이고 노 젓는 소리 고른데, 輕舟搖蕩櫓聲齊,
강은 동쪽으로 흐르나 객은 서쪽 바라보네. 江水東流客向西.

---

134 曺善迪(조선적): 조선 중기의 성리학자이다. 본관은 창녕(昌寧)이고 출생지는 영천(永川)이다. 자는 중길(仲吉)이고, 호는 치재(恥齋)이다. 지산(芝山) 조호익(曺好益)의 후손으로, 부친은 증좌승지(贈左承旨) 조익천(曺翼天)이다. 병와(甁窩) 이형상(李衡祥)의 문하에서 수학했다. 벼슬에 뜻이 없어 과거에 응시하지 않고 학문에만 전념했다. 성리학 서적들을 탐독하며 태극(太極)과 음양오행(陰陽五行)으로 세상만물의 이치를 설명했으며, 이러한 천리(天理) 속에서 인간의 사단(四端)과 오륜(五倫)이 도출되었다고 설명했다. 아들 조덕신(曺德臣)과 선조 조호익의 시문집 《지산집(芝山集)》을 간행했고, 유고로 《치재선생문집(恥齋先生文集)》이 전한다.

135 李象靖(이상정): 조선 후기의 학자이다. 본관은 한산(韓山)이고, 안동 출신이다. 자는 경문(景文)이고, 호는 대산(大山)이다. 부친은 이태화(李泰和)이다. 영조 11년(1735) 사마시와 대과에 급제하여 가주서가 되었으나 곧 사직하고 학문에 전념했다. 1739년 연원찰방(連原察訪)에 임명되었으나, 이듬해 9월 관직을 버리고 고향으로 돌아와 대산서당(大山書堂)을 짓고 제자 교육과 학문 연구에 힘썼다. 1753년 연일현감이 되어 민폐를 제거하고 교육을 진흥하는 데 진력했다. 2년 2개월 만에 사직하려 하였으나 허락되지 않자, 그대로 벼슬을 버리고 돌아와 고신(告身)을 박탈당했다. 이후로 오직 학문에만 힘을 쏟아 사우들과 강론하고, 제자 양성에 힘썼다. 정조가 왕위에 오른 뒤 병조참지·예조참의 등에 임명되었으나 부임하지 않았다. 저서로는 《사례상변통고(四禮常變通攷)》·《퇴도서절요(退陶書節要)》·《심동정도(心動靜圖)》 등이 있다.

세상만사 귀향길보다 더 좋은 것 없으련만, 萬事爭如歸去好,
청산은 그 어디인들 살기 적당치 않겠는가. 靑山何處不宜棲.

21 형산강에서 배를 띄워 바다로 향하며 [泛舟兄江向海門]

권사윤(權思潤; 1732~1803)[136] 《신천재문집(信天齋文集)》(권1)

십 리 이어진 평평한 호수의 배 하나, 十里平湖一片舟,
표연히 바다로 날 듯 흘러가네. 飄然飛向海門流.
멀리서 물빛이 푸른 하늘과 이어짐을 보니, 遙看水色連空碧,
뗏목 타고 두우성(斗牛星) 찾은 듯하네. 疑是乘槎訪斗牛.

22 형강 [兄江]

동래로 향하면서 삼가 연로하신 선생의 청량산 시에 차운하여, 글 쓰는 모임의 벗들에게 보여주었다(將向東萊謹次老先生淸凉山韻, 示文會諸友)

정경(鄭炅; 1741~1807)[137] 《호와집(好窩集)》(권2)

동틀 무렵 형산강 강물 위의 배, 曉日兄江江水船,
돛 앞 쉬는 갈매기와 백로는 한가로이 자네. 帆前鷗鷺罷閒眠.
신하들의 알현을 받던 천년 고국의 땅, 千年故國朝宗[138]地,

136 權思潤(권사윤): 조선 후기의 학자이다. 본관은 안동이다. 자는 덕이(德以)이고, 호는 신천재(信天齋)이다. 부친은 권정운(權正運)이다. 대산(大山) 이상정(李象靖)의 문하에서 수학했다. 영조 15년(1791) 높은 학문과 덕행으로 천거되어 돈녕부참봉(敦寧府參奉)에 제수되었으나 나아가지 않자, 정조가 관찰사를 시켜 말까지 태워 한양으로 보내도록 하였으나 그래도 나아가지 않았다. 정조 16년(1792) 정조가 다시 공릉랑(恭陵郞)·후릉참봉(厚陵參奉)·동몽교관(童蒙教官) 등을 차례로 제수했으나 끝까지 나아가지 않았다. 경사자집(經史子集)의 연구에 전념했고, 만년에는 서수가숙(西水家塾)에서 후학을 양성했다. 유고로 《신천재집(信天齋集)》이 전한다.

137 鄭炅(정경): 본관은 영일(迎日)이다. 자는 회이(晦而)이다. 부친은 정상정(鄭相鼎)이다. 정조 7년(1783)에 증광시에 생원으로 급제했다. 문집으로는 《호와집(好窩集)》이 있다.

138 朝宗(조종): 옛날 중국에서 제후가 봄과 여름에 천자를 알현하던 일을 말한다. 이곳에서는 신하가 군주를 찾아 인사드리는 일을 말한다.

일대의 맑은 파도는 위아래가 하늘이네. 一帶澄波上下天.
안개에 잠긴 어부의 집은 나무에 흐릿하고, 霧鎖漁家迷綠樹,
맑은 바람 부는 염호는 푸른 연무를 끄네. 風淸鹽戶曳靑烟.
신선 산다는 봉래산도 동해 밖에 있으니, 萊州亦在東溟外,
이번에 가면 나는 신선들을 찾아보리. 此去吾將訪列仙.

23 경주부윤 송계담, 자인현감 백능 박효성과 뱃놀이 하기로 약속한 형강으로 가다가, 길에서 두보(杜甫)의 시운을 따서 함께 지으며 [與宋府尹季澹、朴慈仁[139]伯能孝成, 赴兄江舟游之約, 途中拈杜韻共賦]

남경희(南景羲; 1748~1812)[140] 《치암선생문집(癡庵先生文集)》(권2)

가고 가다 숲의 끝에서 나와, 行行出林杪,
동쪽 가리키니 바다 구름이 이네. 東指海雲生.
이미 연무 기운에 가까우니, 已逼烟霞氣,
나팔 소리를 다투지 말 길. 休煩皷角聲.
강산은 절로 아름답고, 江山自佳麗,
바람 부는 날 점점 청명해지네. 風日稍淸明.

139 慈仁(자인): 경상북도 경산 지역의 옛 지명이다. 원래는 신라의 노사화현(奴斯火縣)이었다가, 경덕왕 16년(757)에 자인으로 고쳤다. 조선 시대 현종 9년(1018)에 경주부(慶州府)의 속현이 되었고, 인조 15년(1637)에 현감을 두었다. 1914년 행정구역 개편 때 경산군 자인면이 되었다. 1995년에는 경산군과 경산시가 통합되어 경산시가 되었다. 이곳에서는 자인현감(慈仁縣監)을 말하는 것으로 보인다.

140 南景羲(남경희): 조선 후기의 문신이다. 본관은 영양(英陽)이다. 자는 중은(仲殷)이고, 호는 치암(癡菴)이다. 조부는 남국선(南國先)이고, 부친은 남용만(南龍萬)이다. 정조 1년(1777) 국왕의 즉위기념 증광시(增廣試)에 합격하여 진사가 되고, 동시에 문과에 병과(丙科)로 급제했다. 1788년경부터 승문원박사·성균관전적·사헌부감찰·병조좌랑을 거쳐 사간원정언에 이르렀다. 1791년 사직하고 고향인 경상도 경주 보문리로 돌아왔다. 이후로 정범조(丁範祖)·이익운(李益運) 등의 정치참여 권유를 뿌리치고 스스로 은거했다. 자신을 소강절(邵康節)에 비유하여 영호(影湖)에 지연계당(止淵溪堂)을 지어 생도들을 가르치고, 봄과 가을에는 사우(士友)들과 강회(講會)를 열면서 유유자적했다. 저서로 《치암문집(癡菴文集)》이 전한다.

도연명과 사령운이 함께 노닌 것 좋고, 陶謝[141]同遊好,
물결이 넘실대니 붓이 흔들리네. 波瀾撼管城[142].

24 경주의 형산강에서 배를 타고 물고기를 잡고, 글을 써서 부윤 이덕현에게 주며 [慶州兄山江, 乘舟獵魚, 書贈李府尹德賢]

정원용(鄭元容; 1783~1873)[143] 《경산집(經山集)》(권1)

자정(紫亭)에서 자고 일어나니 녹음은 옮겨가고, 紫亭眠起綠陰移,
또 푸른 물가에는 오리 한 쌍이 서로 좇네. 又逐雙鳧碧水湄.
어부가 낚싯대 거두니 옥 같은 비늘 솟고, 漁子收竿鱗迸玉,
멋진 사람은 소매 걷고 실처럼 회를 날리네. 佳人捲袖膾飛絲.
지초(芝草) 언덕엔 연무 사라지고 난초 핀 물가는 먼데, 烟消芷岸蘭汀逈,
바람 따뜻하니 상아 돛대와 비단 닻줄은 더디기만 하네. 風暵牙檣錦纜遲.
남쪽 황량한 파도 흔적은 나그네 피로 잊게 하고, 浪跡南荒忘旅倦,
이어진 길의 배에 기대니 이 여정 각별하네. 倚船連道此遊奇.

141 陶謝(도사): 동진(東晉)의 시인 도연명(陶淵明; 365~427)과 유송(劉宋)의 시인 사령운(謝靈運; 385~433)을 말한다. 두 사람은 만년에 관직에서 물러나 산수 전원에서 유유자적하면서 전원시(田園詩)와 산수시(山水詩)라는 새로운 영역을 개척했다.

142 管城(관성): 관성자(管城子)로, 붓의 또 다른 명칭이다. 이 말은 당(唐)나라의 문인 한유(韓愈)의 《모영전(毛穎傳)》에 보인다.

143 鄭元容(정원용): 조선 후기의 문신이다. 본관은 동래(東萊)이다. 자는 선지(善之)이고, 호는 경산(經山)이다. 조부는 정계순(鄭啓淳)이고, 부친은 돈녕부도정 정동만(鄭東晩)이다. 순조 2년(1802) 정시문과(庭試文科)에 을과로 급제했다. 대사간·영의정 등을 역임했다. 임술민란이 일어나자 궤장(几杖)을 받은 노령임에도 불구하고 삼정이정청(三政釐正廳)의 총재관(總裁官)이 되어 다시 정계에 나섰다. 1863년 철종이 죽자, 원상(院相)이 되어 고종이 즉위하기까지 국정을 관장했다. 이듬해에는 실록청의 총재관이 되어 《철종실록》의 편찬을 주관했다. 권문세가 출신으로 늘 청렴결백했다. 저서로 《경산집(經山集)》·《황각장주(黃閣章奏)》·《북정록(北征錄)》 등이 있다.

25 형산강 [兄山江]

손영광(孫永光; 1795~1859)[144] 《설송당일고(雪松堂逸稿)》(권1)

명승지 찾으러 걸어서 성 동쪽 나가보니,	探勝步步出城東,
십 리 형산강은 기수와 같네.	十里兄江沂水[145]同.
보리 물결 하늘에 닿고 좋은 비가 지나가며,	麥氣連天過好雨,
온 땅의 버들 그늘에는 시원한 바람이 불어오네.	柳陰滿地動淸風.
나무꾼의 노래는 청산 밖에서 끊겼다 이어지고,	樵歌斷續青山外,
어부의 피리는 간간이 붉은 여뀌에서 불려지네.	漁笛有無紅蓼中.
술통 열고 일절 사심 없이 앉아 담소하니,	開樽談笑忘機坐,
세속의 모든 잡념 없어지고 흥 무한히 일어나네.	塵念都消興不窮.

26 저녁에 형산강을 가면서 [暮行兄山江上]

류치호(柳致皜; 1800~1862)[146] 《동림집(東林集)》

이름난 마을의 봄 경치 마침 무성하고,	名鄕春物正繁菲,

144 孫永光(손영광): 조선 후기의 문신이다. 본관은 경주이고, 경주 양좌촌(良佐村)에서 태어났다. 자는 일부(逸夫)이고, 호는 설송당(雪松堂) 또는 한산(寒山)이다. 조부는 손성보(孫星輔)이고, 부친은 손국용(孫鍾台)이다. 용와(龍窩) 이언순(李彥淳)의 문인이다. 순조 10년(1810) 도시(道試) 별과(別科)에 급제하여 동몽교관(童蒙敎官)과 의빈부도사(儀賓府都事)를 지냈다. 헌종 3년(1837) 영돈녕부사(領敦寧府事) 조만영(趙萬永)의 추천으로 돈녕부첨정(敦寧府僉正)에 올랐다. 이후 통정대부(通政大夫)와 돈녕부도정(敦寧府都正)을 역임했다. 문집으로 《설송당문집(雪松堂文集)》이 있다.

145 沂水(기수): 노(魯)나라의 몽(蒙) 땅을 흐르는 강 이름이다. 공자의 고향인 곡부(曲阜)의 남쪽에 있다. 기하(沂河)라고도 한다. 《논어·선진(先進)》에 자신을 알아주는 사람이 있으면 어떻게 하겠느냐는 공자의 질문에 제자인 증점(曾點)이 "늦봄에 봄옷이 다 지어지면 관을 쓴 어른 대여섯 명과 아이 예닐곱 명과 함께 기수에서 목욕하고 무우에서 바람 쐬고 노래하며 돌아오겠습니다(莫春者, 春服旣成, 冠者五六人, 童子六七人, 浴乎沂, 風乎舞雩, 詠而歸)"라고 하며 자연과 동화된 무욕(無慾)의 삶을 포부로 밝힌 것이 있다.

146 柳致皜(류치호): 조선 후기의 학자이다. 본관은 전주(全州)이고, 안동(安東)에서 태어났다. 자는 탁수(濯叟)이고, 호는 동림(東林)이다. 부친은 류후문(柳後文)이다. 정재(定齋) 유치명(柳致明)의 문하에서 수학했다. 성리학을 깊이 연구했고, 천문(天文)과 율력(律曆) 등에 정통했다. 헌종 11년(1845) 학문과 덕행으로 천거되어 태릉참봉(泰陵參奉)이 되었으나 바로 사직했다. 성리학 관련 저서를 많이 남겼다. 저서로는 《태극혹문(太極或問)》과 《경재잠집해(敬齋箴集解)》 등이 있고, 유고로 시문집인 《동림집(東林集)》이 전한다.

들 보리는 푸릇푸릇 버들은 물가 스치네. 郊麥青青柳拂磯.
지는 해 강에 스미어 붉은 물결 출렁이고, 落日浸江紅蕩漾,
바다에 걸친 길고 푸른 구름 낮게 떠도네. 長雲橫海碧低迷.
하늘 아래 누가 내 길이 먼 것 알리, 天下孰知吾道遠,
세상에선 이 몸 미천한 것을 깨닫지 못하네. 寰中未覺此身微.
차마 고개 돌려 돌아갈 곳 생각하지 못하는데, 不堪回首思歸處,
연무 낀 겹겹의 산에는 한줄기 비가 날리네. 千疊烟山片雨飛.

27 형산강 입구에서 [兄山江口]

류치호(柳致皜; 1800~1862) 《동림집(東林集)》

강가 마을의 저녁 빛 맑고 푸르며, 江鄕暮色發蒼璃,
서쪽 해지는 봉우리는 가려져 반쯤 보이네. 西日峯頭隱半窺.
저녁에 어부들과 붉은 여귀 언덕에서 약속하고, 晩約漁人紅蓼岸,
먼 연기 속 잔잔한 물가에서 홀로 천천히 돌아오네. 水平烟遠獨歸遲.

28 형강의 배 안에서 [兄江舟中]

남고(南皐; 1807~1879)[147] 《시암선생문집(時庵先生文集)》(권1)

바람과 물결이 작은 배 흔드니, 風濤搖漾小舟輕,
안위가 절박해 경계하고 두려운 맘 생기네. 一髮安危戒懼情.
평지에서도 늘 험한 급류에 임하는 것처럼, 平地常如臨險瀨,
내 삶 살아갈 것 맹세해보네. 誓將斯念度吾生.

147 南皐(남고): 조선 후기의 학자이다. 본관은 영양(英陽)이다. 자는 중원(仲元)이고, 호는 시암(時庵)이다. 부친은 남유로(南有魯)이다. 헌종 6년(1840) 식년시(式年試)에 생원(生員)으로 급제했다. 문집으로는 《시암선생문집(時庵先生文集)》이 있다.

29 형산강에 도착하여 [到兄山江]

구연해(具然海; 1836~1895)[148] 《강초유고(江樵遺稿)》(권1)

길은 위태로운 돌과 통하고,	道路通危石,
강과 호수는 끊어진 산으로 들어가네.	江湖入斷山.
바다 시장의 생선 소금 가게에서 쉬고,	海市魚鹽歇,
정자에서 풍월 감상하며 여유 부리네.	仙亭風月閒.
봄의 차가운 연무 속 나무는 멀고,	春寒烟樹遠,
저녁의 광활한 들판엔 기러기 돌아가네.	野闊暮鴻還.
나그네는 해지는 곳에 서서,	客立斜陽處,
천지간을 구슬프게 노래하네.	悲歌天地間.

30 형산강 길에서 [兄江途中]

최훈(崔勳; 1837~1911)[149] 《국농집(菊農集)》(권1)

하루 종일 청산엔 맑은 물이 흐르고,	盡日青山綠水流,
갈대 한 굽이 이슬진 물가에 이어졌네.	蒹葭[150]一曲露橫洲.
시인이 넋 나감은 원래의 일이고,	詩人落魄[151]元來事,
지사의 슬픈 노래는 시름이 아니라네.	志士悲歌不是愁.

---

148 具然海(구연해): 조선 후기의 학자이다. 본관은 능성(綾城)이다. 자는 문협(文協)이고, 호는 강초(江樵)이다. 부친은 구경로(具景魯)이다. 서찬규(徐贊奎)의 문인이다. 어려서 시문에 뛰어난 자질을 보여주었다. 20세에 동료들을 이끌고 동화사(桐華寺)에 들어가 시서(詩書)를 읽고 성리학 연구에 전념했다. 철종 6년(1855) 하양(河陽)의 금호(琴湖)로 집을 옮기고 고향 사우(士友)와 함께 난정계(蘭亭稧)를 닦고, 향약을 만들어 풍속의 순화에 노력했다. 1858년 불국사에 들어가 《주역》을 읽고 《연역설(演易說)》 2책을 지었고, 고종 2년(1865)에는 향음례(鄕飮禮)를 행했다. 이후 후진양성에 힘썼다. 양산(梁山) 충렬사(忠烈祠)에 봉향되었다. 저서로 《연역설》과 《강초유고(江樵遺稿)》 2책이 있다.

149 崔勳(최훈): 조선 후기의 유학자이다. 본관은 강릉(江陵)이다. 자는 요경(堯卿)이고, 호는 국농(菊農)이다. 5세 때 경서와 사서를 읽기 시작했다. 18세 때 서울과 충청도 지역을 유람하며 많은 선비와 교유했다. 고종 26년(1889) 이천(伊川)으로 유배를 갔다. 유배지에서 풀려나 산천유람과 저술에 몰두했다. 저작으로는 《국농집(菊農集)》이 있다.

150 蒹葭(겸가): 갈대를 말한다.

151 落魄(낙백): 넋이 떨어지는 의미로, 뜻을 얻지 못하고 실의에 빠져있음을 비유하는 말이다.

아득한 구름과 연무에 역로를 잃고,	漠漠雲烟迷驛路,
처량한 바람과 비에 강가 누대에서 누워보네.	凄凄風雨臥江樓.
지금 나는 그대의 누런 귤에 취했으니,	今我得君黃橘醉,
어떻게 학을 타고 양주로 내려갈까.	何如騎鶴下楊州[152].

31 형산강의 낙화 [兄江落花]

이진구(李震久; 1840~1911) 《석송당유고(石松堂遺稿)》(권1)

청산에는 봄기운 가득 강엔 강물 가득,	春滿青山水滿江,
청명한 밤에 배 띄워 병의 꽃 뿌려보네.	淸宵泛夜散花缸[153].
풍이는 보라색 꽃 주어 비늘 굴로 숨고,	馮夷[154]拾紫藏鱗窟,
하백은 붉은 꽃 엿보고 조개 무늬 배 보내네.	河伯窺紅送貝艭.
태액지의 부용은 점점이 날리고,	太液[155]芙蓉飛點點,
은하의 뭇별은 쌍쌍이 늘어섰네.	銀河星宿列雙雙.
이번에 가면 거의 봉래로 가는 것인데,	此行幾近蓬萊去,
창밖 깊은 구름 속에선 삽살개가 짖네.	窓外雲深吠一狵.

32 형산강의 물고기 잡는 배의 불빛 [兄江魚火]

최재휘(崔在翬; 1843~1920) 《회와유고(悔窩遺稿)》(권1)

모으면 횃불 같고 흩어지면 반딧불이 같이,	收如爝火散如螢,
십 리 강과 나루터엔 낚시하는 멍석이 걸렸네.	十里江津掛釣笭.

152 騎鶴下楊州(기학하양주): 학을 타고 양주로 놀러 간다는 의미로, 보통 실현 불가능한 생각이나 지나친 소망을 비유하는 말이다.

153 花缸(화항): 꽃을 꽂아놓기 위해 만든 병을 말한다.

154 馮夷(풍이): 중국의 신화 전설 속에 나오는 황하의 수신(水神)이다.

155 太液(태액): 태액지(太液池)를 말한다. 한(漢) 무제(無題)가 건장궁(建章宮)을 짓고 그 북쪽에 대지(大池)와 점대(漸臺)를 만들고 이를 태액지라고 했다. 그 가운데 봉래(蓬萊)·방장(方丈)·영주(瀛洲) 세 산을 쌓아 삼신산(三神山)을 형상화했다고 전한다.

적막한 하늘에선 별이 흩어져 떨어지고, 寂寞波天星散落,
한들거리는 나무 빛깔에서 다시 푸름을 보네. 依依樹色更看青.

33 형산강의 돌아오는 돛단배 [兄江歸帆][156]

이집로(李集魯; 1846~1920)[157] 《삼소유고(三素遺稿)》(권1)

굽이진 형산강 십 리 길엔 빗소리 빗기고, 兄江十里雨聲斜,
언덕 모래사장엔 흰 개구리밥과 붉은 여귀. 白蘋紅蓼岸岸沙.
저물녘에 나그네는 쓸쓸히 시름에 잠기고, 楚客蕭蕭天日暮,
연무 낀 물가 아래엔 미풍에 노가 흔들리네. 輕風搖櫓下烟涯.

156 이 시는 《계초 팔경 시에 차운하며(次桂樵八景韻)》에서 발췌했다.

157 李集魯(이집로): 조선 후기의 유학자이다. 본관은 경주(慶州)이다. 자는 회원(晦元)이고, 호는 삼소(三素)이다. 조부는 이방진(李邦鎭)이고, 부친은 이원백(李源百)이다. 타고난 성품이 영민하여 어려서 경사자집(經史子集)을 숙독했다. 항상 스스로 경계하는 데 힘썼으며, 형제와 우애하고 부모에게 효를 다했다. 문집으로는 《삼소선생문집(三素先生文集)》이 있다.

二

청하면(淸河面)·송라면(松羅面)

청하(淸河) 관련 시

청하(淸河)는 조선 시대 흥해와 더불어 우리 지역에서 가장 큰 마을이었다. 청하는 서쪽에서 발원한 청하천과 서정천이 동해로 빠져나가며 만든 넓은 평지에 자리하고 있다. 현재 청하는 포항시 북구에 속해있다. 북쪽으로는 송라면, 서쪽으로는 신광면, 남쪽으로는 흥해읍, 동쪽으로는 동해와 접해 있다.

청하면의 유래는 고구려 때로 거슬러 올라간다. 고구려 때는 아혜현(阿兮縣)의 영역이었다가 신라 때 해아현(海阿縣)으로 명칭이 바뀌었다. 고려에 들어와 청하현(淸河縣)으로 고쳐 현종 9년(1018) 경주부에 예속되었다. 조선 태조 원년(1392)에는 감무(監務; 후에 종6품인 현감)를 두어 경주부의 영현이 되었다. 고종 때인 1895년 5월 26일에 청하군(淸河郡)으로 명칭이 바뀌어 동래부(東萊府)에 속했다가, 1896년 8월 4일 13도제 실시 때 경상북도의 관할이 되었다. 일제 강점기인 1914년 3월 1일 흥해·연일·청하·장기 4군·현을 영일군으로 통폐합할 때 옛 청하현 지역을 청하면과 송라면으로 나누어 지금에 이르고 있다.

'청하'라는 명칭에 대해 《일월향지(日月鄕誌)》는 청계리(淸溪里)와 하방리(河芳里)(현 고현2리)의 머리글자를 따서 청하라 했을 것으로 보았다. 이는 경주와 상주의 머리글자를 따서 경상도라 하고, 전주와 나주를 조합하여 전라도라고 한 것처럼 두 곳의 명칭을 조합하여 지명을 정했던 것으로 보이는데, '청하'라는 명칭을 이해하는데 참고할 만하다.

청하면은 동쪽으로는 동해가, 북쪽으로 내연산과 보경사가 있어 조선 시기 시인묵객들의 발길이 끊이지 않았다. 그래서 포항지역에서 관련 시들이 가장 많이 전해온다. 청하 관련 시는 고려 말기부터 보이기 시작하고, 1900년대 초반까지 꾸준히 지어졌다. 익히 잘 알려진 김시습(金時習)·어득강(魚得江)·주세붕(周世鵬) 같은 유명 문인들도 이곳을 지나면서 많은 시문을 남겼다. 청하읍성만 해도 벗과 작별하는 시, 청하의 동헌·서헌·객관·해월루(海月樓)에서 노래한 시, 청하읍성에서 일출과 바다를 바라본 시 등으로 다양하게 나타난다. 시를 통해 청하면이 역사가 유구한 고을임을 알 수 있고, 그곳에서 희로애락을 함께 했던 옛사람들의 정취를 느낄 수 있다.

---

1 청하를 노래하며 [題淸河]

박효수(朴孝修; ?~1377)[1]

큰 태풍 일어 바다를 뒤엎으니,	颶風飆起飜滄溟,
하늘과 물이 서로 캄캄구나.	天水相兼晦且暝.
흰 산 만 봉우리 낮았다 솟고,	銀山萬朶低復屹,
백 천 번개는 한 소리일세.	百千雷鼓同一聲.
부상이 무너지고 지축 흔들리니,	扶桑將煙地軸動,
수고래와 암고래 누가 한 것인가?	誰之所爲鯢與鯨.
(나머지 두 구는 보이지 않음)	

1 朴孝修(박효수): 고려 후기의 문신이다. 본관은 죽산(竹山)이다. 호는 석재(石齋)이다. 고려 충숙왕 4년(1317)에 고시관(考試官)을 지냈고, 1321년에는 밀직부사(密直副使)가 되었다. 원나라에 상서(上書)하여 상왕(上王)을 환국하게 하려고 노력했다. 평소에 지조가 있고 청렴하여 사람들의 칭송을 받았다. 관직은 대언에 이르렀다.

2 청하현 [淸河縣]

영주(榮州) 사람 민인(1390~?)이 당시 청하현감으로 있을 때, 읍성을 쌓고 의창을 두었다(榮川人閔寅[2]時爲淸河倅, 築邑城設義倉)

이행(李行; 1352~1432)[3] 《기우선생문집(騎牛先生文集)》(권1)

청하군은	淸河之爲縣,
동해 바닷가에 치우쳐 있네.	僻在滄海傍.
전답과 세대는,	田疇與戶口,
부유하고 번창함이 뒤지지 않았네.	蓋不下富昌.
왜구가 몰래 도발하자,	一自倭竊發,
물자 부족한 날에도 서로를 도왔네.	喪耗日相將.
마을과 우물 그리고 구릉은,	閭井與丘壟,
오랫동안 고라니와 사슴의 고향 되었네.	久爲麋鹿鄕.
현관이 성과 저자를 쌓고,	縣官築城市,
만호는 부절(符節)을 두었네.	萬戶置符章.
배를 만들어 개포에 두니,	製船泊介浦[4],
수륙으로 군사들 위엄을 떨치네.	水陸軍威張.
사방을 떠돌던 비둘기 모이고,	流亡四鳩集,
밭 갈고 우물 파니 평시처럼 편안해졌네.	耕鑿安其常.
민(閔) 현감은 내가 잘 아는 사람으로,	閔侯[5]吾故人,
사무를 본 지 2년이 더 되었네.	視事年二强.

2 閔寅(민인): 조선 전기의 문신이다. 태종 17년(1417)에 식년시에 급제했다. 이후 승문원저작랑·청하현감·청송부사 등을 지냈다. 청하현감 시절 토성인 청하읍성을 석성으로 개축하고, 하천 주변의 홍수를 예방했으며, 관덕동에 송림을 조성하는 등 큰 치적을 남겼다. 《신증동국여지승람(新增東國輿地勝覽)》에 '명환(名宦)'으로 소개되어있다.

3 李行(이행): 고려 후기의 문신이다. 본관은 여주(驪州)이다. 자는 주도(周道)이고, 호는 기우자(騎牛子)·백암거사(白巖居士)·일가도인(一可道人)이다. 충주목사 이천백(李天白)의 아들이다. 고려 공민왕 20년(1371) 과거에 급제하고 한림수찬이 되었다. 경연참찬관(經筵參贊官)·예문관대제학 등을 지냈다. 1392년에는 이조판서로 정몽주(鄭夢周)를 살해한 조영규(趙英珪)를 탄핵했다. 고려가 망하자 예천동(禮泉洞)에 은거했다.

4 介浦(개포): 월포(月浦)의 옛 이름이다.

5 閔侯(민후): 원주(原注)에서 말한 민인(閔寅)를 말한다. 원주에 의하면, 당시 영주(榮州) 사람으로 청하현감으로 왔다. 민인에 관해서는 159번 주석에 자세히 나와 있다.

한시도 잊지 않고 백성들 생각하여, 服膺恤民隱,
의연히 의창을 다시 세웠네. 慨然復義倉[6].
또 관아를 세우고, 又從立廨宇[7],
얼마 후에는 청당을 갖추었네. 稍稍備廳堂.
빈객들은 편안히 누워서 쉬고, 賓客安寢息,
관리와 백성들은 기아를 면했네. 吏民免飢荒.
그 이유는 직무를 잘 수행한 것이지, 由來守令識,
다른 방책이 있어서가 아니라네. 只此無他方.

3 **경상도 청하현에서 처음으로 살구꽃을 보았다. 강원도 삼척의 산촌에 이르니 가지는 차갑고 생기가 없었다. 정선에 도착하니 다시 살구꽃이 피어나는 것이 보였다. [慶尙淸河縣, 初見杏花. 至江原三陟山村, 寒梢蕭索[8]. 到旌善, 復見杏花初發]**

김시습(金時習; 1435~1493)[9] 《매월당시집(梅月堂詩集)》(권12)

청하현에서 처음으로 살구꽃 핀 것 보았는데, 淸河初見杏花開,
궐령의 가지 차가워 아직 싹 띄우지 못했네. 蕨嶺枝寒尙未胚.
정선에서 또 꽃이 크게 핀 것을 보니, 旌善又看花爛熳[10],
하나의 근원에 두 가지 재주 갖고 있네. 一元猶有兩般才.

6 義倉(의창): 조선 시대 흉년이나 재해가 발생했을 때 가난한 백성들을 구제하기 위해 곡식을 저장하여 둔 기관을 말한다.

7 廨宇(해우): 관아를 말한다.

8 蕭索(소색): 생기가 없거나 활기가 없음을 말한다.

9 金時習(김시습): 조선 전기의 문신이자 학자이다. 본관은 강릉(江陵)이다. 자는 열경(悅卿), 호는 매월당(梅月堂)·청한자(淸寒子)·동봉(東峰) 등이다. 생육신의 일인으로도 유명하다. 어려서 경전과 제자백가를 공부했다. 어머니의 죽음으로 인간의 무상함을 깨닫 송광사에서 불교에 입문했다. 21세 때인 세조 1년(1455) 수양대군(首陽大君)의 왕위찬탈 소식을 듣고, 3일간 통곡을 하고 보던 책들을 모두 모아 불사른 뒤 스스로 머리를 깎고 승려가 되어 산사를 떠나 전국 각지를 유랑했다. 성종 24년(1493) 59세의 나이로 세상을 떠났다. 저서로는 《매월당집(梅月堂集)》·《금오신화(金鰲新話)》 등이 있다.

10 爛熳(난만): 꽃이 흐드러지게 피어 있는 모양을 말한다.

4~5 청하 서헌을 노래하며 [題淸河西軒]

현감 김자연이 다시 지었는데 전망이 탁 트여 있다(縣監金自淵重新, 極爲敞豁)

어득강(魚得江; 1470~1550)[11] 《관포선생시집(灌圃先生詩集)》

폐하지 않으면 어찌 흥하겠고 헐어야 새로워지리, 不廢何興毁可新,
관직은 높고 낮음에 상관없이 사람에게 있다네. 官無大小在於人.
집이 지어지자 제비와 참새 서로 축하해주니, 屋成燕雀皆相賀,
나는 으리으리한 집을 어떻게 노래할까나. 如我何辭頌奐輪[12].

동각에서 마냥 뜨지 않은 해를 기다리니, 東閣直須未曙紅,
거울 빛 속 신기루는 일어났다 사라지고. 蜃樓起滅鏡光中.
주인은 유독 서쪽에 가만히 앉는 것 좋아하여, 主人獨愛西淸坐,
호학봉(呼鶴峯) 대하며 머리 싸매고 읊기만. 只爲吟頭對鶴峯[13].

6 감회를 서술함에 청하 동헌 시에 차운하며 [述懷, 用淸河東軒韻]

김극성(金克成; 1474~1540)[14] 《우정집(憂亭集)》(권3)

새벽에 꿈에서 깨니 등촉은 가물거리고, 五更歸夢燭花殘,

---

11 魚得江(어득강); 조선 전기의 문신이다. 본관은 함종(咸從)이다. 자는 자순(子舜)이고, 호는 자유(子游)·관포당(灌圃堂)·혼돈산인(渾沌山人)이다. 조부는 어효원(魚孝源)이고, 부친은 어문손(魚文孫)이다. 성종 23년(1492) 진사가 되었다. 연산군 2년(1496) 식년문과에 병과로 급제하여 곡강군수(曲江郡守) 등의 외관직을 거쳐 1529년에는 대사간이 되었다. 문명(文名)이 있고, 특히 농담을 잘한 것으로 유명했다. 문집으로는 《동주집(東洲集)》이 있다.

12 奐輪(환륜): 집의 규모가 큼을 말한다. 진(晉)나라 문자(文子)의 집이 완공되었을 때, 대부(大夫)인 장로(張老)가 그 집의 으리으리한 규모를 보고 "아름답다 높고 크며, 멋있다 없는 게 없네(美哉輪焉, 美哉奐焉)."라고 했다. 이 이야기는 《예기(禮記)·단궁하(檀弓下)》에 보인다.

13 鶴峯(학봉): 청하 고을의 진산인 호학봉(呼鶴峯)을 말한다.

14 金克成(김극성): 조선 전기의 문신이다. 본관은 광산(光山)이다. 자는 성지(成之)이고, 호는 청라(靑蘿)·우정(憂亭)이다. 조부는 김중로(金仲老)이고, 아버지는 진사 김맹권(金孟權)이다. 연산군 2년(1496) 생원시에 장원하고, 1498년 별시 문과에 장원으로 급제했다. 경상도관찰사·대사헌·이조판서·우의정 등을 역임했다. 한미한 집안 출신으로서 매사에 신중하고 꼼꼼했으며, 세 번이나 예조판서를 지낼 만큼 문장에 뛰어났다. 저서로 《우정집(憂亭集)》이 있다.

어찌 타향에서 높고 중요한 벼슬을 하리오. 安用他鄕作好官[15].
하늘 밖 저녁 남기(嵐氣) 속 나는 새들 지치고, 天外夕嵐飛鳥倦,
말 머리의 새로 내리는 눈에 봉우리들 차가워지네. 馬頭新雪數峯寒.
대장부의 지절은 부질없이 위태하고 쓰라리니, 男兒志節空危苦,
관가에서 이는 파도는 더욱 아득하고 끝없네. 宦海波瀾更淼漫[16].
안연(顔淵)과 소강절(邵康節)처럼
한가한 세월 보내니, 顔巷[17]邵窩[18]閒日月,
세상 사람 중에 누가 이 속의 여유로움 알까나. 世人誰識此中寬.

7 청하를 노래하며 [題淸河][19]

김안국(金安國; 1478~1543)[20]

읍이 되어 작은 것 마음 안 차나, 爲邑雖嫌十室殘,
학교의 예교는 자못 볼만하구나. 黌庠[21]禮敎頗堪觀.
더욱더 소학에 힘을 쓴다면, 須將小學加工力,
성인이나 현인도 안 될 리 없겠지. 布聖布賢未足難.

---

15 好官(호관): 높고 중요한 벼슬자리를 말한다.

16 淼漫(묘만): 강이나 바다 따위가 끝없이 넓음을 말한다.

17 顔巷(안항): 안자누항(顔子陋巷)의 줄임말로, 궁벽한 시골살이를 의미한다. 공자(孔子)의 수제자인 안연(顔淵)은 벼슬하지 않고 시골에 있어 집이 매우 가난했으므로 빈궁한 것을 가리킨다.

18 邵窩(소와): 송나라 사람 소강절(邵康節)이 거처한 안락와(安樂窩)를 말한다. 그는 이곳에서 일생동안 부귀공명을 초월하여 유유자적한 삶을 살았다고 한다.

19 이 시는 박일천(朴一天)의 《일월향지(日月鄕志)》에서 발췌했는데, 출전이 분명하지 않다. 저자는 조선 전기의 문신이자 학자였던 김안국(金安國)으로 되어있다. 그러나 원저자인 김안국의 문집 《모재집(慕齋集)》에는 이 시가 보이지 않는다.

20 金安國(김안국); 조선 전기의 문신이자 학자이다. 본관은 의성(義城)이다. 자는 국경(國卿)이고, 호는 모재(慕齋)이다. 참봉 김연(金璉)의 아들이고, 김정국(金正國)의 형이다. 연산군 7년(1501) 생진과에 합격했고, 1503년에 별시문과에 을과로 급제하여 승문원(承文院)에 등용되었다. 중종 2년(1507)에는 문과중시에 병과로 급제했다. 1517년 경상도관찰사로 파견되어 각 향교에 《소학》을 권하고, 《농서언해(農書諺解)》·《잠서언해(蠶書諺解)》 등의 언해서와 《벽온방(辟瘟方)》·《창진방(瘡疹方)》 등을 간행하여 널리 보급했다. 이후 예조판서·대사헌·병조판서 등을 역임했다. 사대부 출신 관료로서 성리학적 이념에 의한 통치의 강화에 힘썼으며, 중국문화를 수용하고 이해하기 위한 노력에 평생 동안 심혈을 기울였다. 시문으로도 명성이 있었다. 저서로는 《모재집(慕齋集)》·《모재가훈(慕齋家訓)》·《동몽선습(童蒙先習)》 등이 있다.

21 黌庠(횡상): 학교를 말한다. '횡'과 '상'은 모두 '학교'의 의미이다.

8 청하현에서 박효수 선생 시에 차운하며 [淸河縣, 次朴先生孝修韻]

박효수 공은 고려 충숙왕 때의 사람으로, 역사에서는 그를 청백리로 부른다(朴公, 高麗忠肅王時人, 史稱淸白)

권벌(權橃; 1478~1548)[22] 《충재선생문집(冲齋先生文集)》(권1)

갑술년(1514)에서 병자년(1516)까지 큰바람으로 인한 재해가 일어나 백성들은 크게 식량난에 허덕였다. 올해 7월 그믐에 또 큰바람이 불고 비가 내렸다. 박 선생의 시를 읽고 느낌이 있어 계속 그의 시를 차운했다(自甲戌至丙子, 有大風災, 民甚艱食. 今年七月晦, 又大風雨. 讀朴先生詩, 意有所感, 仍次其韻)

해마다 폭풍이 동해를 뒤엎고,	颶風連歲飜東溟,
가까이 오면 천도는 얼마나 어두컴컴한가.	邇來天道何冥冥.
영민한 군주는 올해 애태우고 근면하신데,	聖主憂勤今一紀,
어떻게 다른 목소리에 호응하실까.	如何相應非同聲.
벼가 쓰러지고 나무가 뽑힌 것은 누구의 짓인가,	偃禾拔木是誰使,
검 빌려 베려 하니 고래 옆 지느러미 솟구치네.	借劍欲斬掀鬣鯨[23].

22 權橃(권벌): 조선 전기의 문신이자 학자이다. 안동 출신으로, 본관은 안동(安東)이다. 자는 중허(仲虛)이고, 호는 충재(冲齋)·훤정(萱亭)·송정(松亭)이다. 조부는 부호조(副護早) 권곤(權琨)이고, 부친은 성균생원 증영의정 권사빈(權士彬)이다. 연산군 2년(1496) 생원시에 합격하고, 중종 2년(1507) 문과에 급제했다. 홍문관수찬·승정원동부승지·예조참판·경상도관찰사 등을 역임했다. 재직기간 동안 경연시독관(經筵侍讀官)·참찬관(參贊官) 등을 역임하며 왕에게 경전을 강론하기도 했고, 중종 대에는 조광조·김정국(金正國) 등의 기호사림파가 중심이 되어 추진된 개혁 정치에 영남사림파의 한 사람으로 참여했다. 저서로는 《충재문집(冲齋文集)》이 있다.

23 鬣鯨(엽경): 고래의 옆 지느러미를 말한다.

9 청하 시에 차운하며 [次淸河韻]

김정국(金正國; 1485~1541)[24] 《사재집(思齋集)》(권2)

쓸쓸한 현 건물에서 올리는 것 시원찮으니, 縣宇蕭條供奉殘,
지금 비단옷 입은 관리 된 것 잊히네. 却忘今作繡衣官.
처마 밖 세찬 바람과 파도 소릴 듣고 놀라고, 驚聞簷外風濤壯,
뜰 앞 차가운 달빛 감상하는 것 좋아하네. 愛賞庭前月色寒.
나그네 속으로 고향 생각하니 하늘은 아득하고, 客裏思歸天杳杳,
베갯머리에서 잠은 안 오니 밤은 길고 더디네. 枕邊無睡夜漫漫.
이 신세 해마다 남쪽으로 가는 기러기 좇다가, 年年身逐南翔雁,
늙어가니 떠도는 마음 편치만은 않다네. 老去羈懷不自寬.

10 청하를 노래하며 [題淸河][25]

정사룡(鄭士龍; 1491~1570)[26]

처량한 나그네는 저무는 한 해 같은데, 悲凉客況歲空殘,
저녁 무렵 옛 고을 관아에 몸을 던지네. 薄晩方投古縣官.

24 金正國(김정국): 조선 전기의 문신이자 학자이다. 본관은 의성(義城)이다. 자는 국필(國弼)이고, 호는 사재(思齋)·은휴(恩休)이다. 부친은 예빈시참봉(禮賓寺參奉) 김연(金璉)이다. 김안국(金安國)의 동생이자, 김굉필(金宏弼)의 문인이다. 중종 4년(1509)에 별시문과에 장원으로 급제했다. 황해도관찰사·공조참의·경상도관찰사를 역임했다. 성리학과 역사 및 의학 등에 밝았다. 장단(長湍)의 임강서원(臨江書院), 용강(龍岡)의 오산서원(鰲山書院), 고양의 문봉서원(文峰書院) 등에 제향되었다. 저서로는 시문집인 《사재집(思齋集)》·《성리대전절요(性理大全節要)》·《역대수수승통지도(歷代授受承統之圖)》 등이 있다.

25 이 시는 박일천(朴一天)의 《일월향지(日月鄕志)》에서 발췌했는데, 출전이 분명하지 않다. 저자는 조선 전기의 문신이자 문인이었던 정사룡(鄭士龍)으로 되어있다. 그러나 원저자인 정사룡의 문집 《호음잡고(湖陰雜稿)》에는 이 시가 보이지 않는다.

26 鄭士龍(정사룡): 조선 전기의 문신이자 문인이다. 본관은 동래(東萊)이다. 자는 운경(雲卿)이고, 호는 호음(湖陰)이다. 부친은 부사 정광보(鄭光輔)이다. 중종 2년(1507) 진사가 됐고, 중종 4년(1509) 별시문과에 병과 4위로 급제했다. 예조판서·대제학 등을 역임했다. 일찍이 중국에 사신으로 가서 문명을 떨쳤고, 중국에 다녀와서 《조천록(朝天錄)》을 남겼다. 말을 치밀하게 다듬었고 호방하고 기이한 문구를 즐겨 사용했다. 특히 칠언율시에 뛰어나 당시 문단에서 신광한(申光漢)과 더불어 한시의 쌍벽으로 꼽았다. 저서로는 《호음잡고(湖陰雜稿)》·《조천록》 등이 있다.

서리 맞은 수목들 빽빽이 남아있고, 樹木鎭留霜后密,
바람과 연기 일지 않아도 차가운 독기 오네. 風煙不作瘴來寒.
큰바람 맞은 성의 누대는 앞으로 기울고, 城遭颶簸樓前側,
먼지 시에 스며드니 글자는 거의 흐려지네. 詩被塵侵字半漫.
오랑캐 술 한 잔에 시름은 얼마이던가, 蠻酒一盃愁幾許[27],
늙은 마귀 고집 세서 관대하지 않다네. 老魔[28]强項[29]不能寬.

11 청하성에서 바다를 보며 [清河城觀海]

박세정(朴世貞; 1492~1552)[30] 《한와와문집(閒臥窩文集)》(권1)

넓고 무궁한 창명을 끝까지 보니, 滄溟極目浩無窮,
도량이 넓은 대장부와 같아지네. 較似丈夫局量洪.
〈추수〉와 〈소요〉편 골라 읊을 만하니, 秋水[31]逍遙[32]差可誦,
남화노인 장자(莊子)의 필력 대단하네. 南華老仙[33]筆力雄.

27 幾許(기허): '얼마나'의 의미이다.

28 老魔(노마): 늙은 마귀라는 의미이다. 이곳에서는 작가 자신을 말한다.

29 强項(강항): 굳센 목이란 의미로, 남에게 굴복하지 않고 강직한 것을 말한다.

30 朴世貞(박세정): 조선 중기의 학자이다. 본관은 밀양(密陽)이다. 호는 한와와(閒臥窩)이다. 중종(中宗) 때 사헌부집의(司憲府執義)를 역임했다. 시문집으로는 《한와와문집(閒臥窩文集)》이 있다.

31 秋水(추수): 《장자(莊子)》 외편(外篇)에 나오는 편명이다. 본편은 하백(河伯)이 황하가 범람하는 가을 홍수를 본 뒤 북해약(北海若)과 나누는 문답으로 시작하는데, 귀천(貴賤)과 대소(大小)의 차이를 떠나고 스스로의 작은 지견(知見)을 버려야 함을 강조한다.

32 逍遙(소요): 《소요유(逍遙遊)》를 말하는 것으로, 《장자(莊子)》 내편(內篇)에 나오는 편명이다. 본편은 구속이 없는 절대의 자유로운 경지에서 노닐 것을 강조한다.

33 南華老仙(남화노선): 중국 전국(戰國) 시기 송(宋)나라의 사상가인 장자(莊子)를 말한다. 장자는 이름이 주(周)이다. 그가 지은 《장자》는 당나라 현종(玄宗)이 천보(天寶) 원년(742)에 이를 숭상한다는 의미로 책 이름을 《남화진경 南華眞經》 또는 《장자남화경 莊子南華經》으로 바꾸었다. 이때 장주에게도 남화진인(南華眞人)이라는 존호(尊號)를 붙였다.

12 청하 동헌 시에 차운하며 [次淸河東軒韻]

송순(宋純; 1493~1582)[34] 《면앙집(俛仰集)》(권1)

오래된 나무 우거진 황량한 성 주민들 해 당함에,	城荒樹老邑居殘,
흥망이 서로 이어짐에도 관리 몇 명 돌보았던가.	興廢相因閱幾官.
성심을 귀히 여겨 몇 글자 남겨 위무하다,	珍重聖心留字撫,
때 놓쳐 백성들을 굶주림과 추위에 빠뜨리네.	蹉跎[35]民命轉飢寒.
근심 나눔에 물방울 같은 작은 도움 부족하니,	分憂曾乏涓涘補,
병을 안고 먼 길과 마을에서 부질없이 탄식하네.	抱病空嗟道里漫.
사람의 일이 참되지 않아 하늘이 비를 아끼니,	人事未孚天惜雨,
석 달 봄의 가련한 뜻을 누구에게 풀어보나.	三春[36]閔意賴誰寬.

13 청하에서 영덕에 도착할 무렵, 바다와 나란히 하고 동쪽을 보았다. 긴 들판에 이르러 수레를 멈추고 쉬면서, 작은 돌에 시를 지어 바위틈 사이에 넣었다 [自淸河將抵盈德, 竝海而東, 至長原卸憩, 題詩小石, 納之巖隙]

긴 들판은 바다 위에 비스듬한 들판에서 가장 긴 것이다. 계묘년(1543) 3월 29일(長原, 海上迤原之最長者, 癸卯三月二十九日)

주세붕(周世鵬; 1495~1554)[37] 《무릉잡고별집(武陵雜稿別集)》(권5)

34 宋純(송순): 조선 전기 때의 문신이다. 본관은 신평(新平)이다. 자는 수초(遂初) 또는 성지(誠之)이고, 호는 기촌(企村) 또는 면앙정(俛仰亭)이다. 증 이조판서 송태(宋泰)의 아들이다. 중종 14년(1519) 별시 문과에 을과로 급제했다. 승문원권지부정자를 시작으로 경상도관찰사·사간원대사간 등을 역임했다. 인품이 너그럽고, 음률에 밝아 가야금을 잘 타서 풍류를 아는 재상으로 불렸다. 문집으로는《면앙집(俛仰集)》이 있다.

35 蹉跎(차타): 시기를 놓친 것을 말한다.

36 三春(삼춘): 봄의 석 달을 의미하는데, 맹춘(孟春)·중춘(仲春)·계춘(季春)을 이른다.

37 周世鵬(주세붕): 조선 전기의 문신이자 학자이다. 본관은 상주(尙州)이다. 자는 경유(景游), 호는 신재(愼齋)·무릉도인(武陵道人)·손옹(巽翁) 등이다. 조부는 주장손(周長孫)이고, 부친은 주문보(周文俌)이다. 종종 17년(1522) 생원시에 합격하고, 같은 해 별시문과에 을과로 급제하여 승문원권지부정자로 관직을 시작했다. 이후 공조좌랑·병조좌랑·강원도도사를 거쳐 사간원헌납을 지냈다. 1541년 풍기 군수가 되어 풍기 지방의 교화를 위하여 향교를 이전했다. 1543년에는 사림 및 그들의 자제를 위한 교육기관으로 우리나라 서원의 시초가 되는 백운동서원(白雲洞書院)을 건립했다. 이후 내직으로 들어와 성균관사성·호조참판·대사성 등을 역임하다 병으로 사직을 요청했다, 저서로는《죽계지(竹溪誌)》·《해동명신언행록(海東名臣言行錄)》 등이

동쪽 길 일찍이 24년을 다녔고, 東路曾過廿四秋,
이날 다시 오니 눈처럼 온통 흰머리 되었네. 重來此日雪渾頭.
요상한 구름 겨우 걷히니 하늘은 씻은 듯하고, 妖雲纔淨天如洗,
거대한 파도 길게 솟구치니 땅이 허공에 뜨네. 巨浪長掀地欲浮.
유월의 바람은 구만리까지 치고, 六月風摶九萬里,
차가운 물 한 잔에 고금의 시름 사라지네. 一杯氷泮古今愁.
깎아지는 벼랑을 벼루로, 바다를 먹물 삼아, 磨崖爲硯溟爲沘,
작은 돌에 시를 지으니 의미는 그윽하네. 小石題詩意悠悠.

14 청하현에서 시에 차운하며 [清河縣次韻]

황응규(黃應奎; 1518~1598)[38] 《송간선생문집(松澗先生文集)》(권1)

석 달 봄에 나그넷길은 이제 막바지로 향하고, 客路三春已向殘,
곳곳 유력하다 보니 어느덧 바닷가 산이라네. 淸遊歷盡海邊山.
붕새 파도와 고래 물결이 하늘 멀리 붙고, 鵬波鯨浪粘天遠,
이무기 비와 오랑캐 바람이 차갑게 얼굴 스치네. 蜃雨蠻風拂面寒.
형형색색의 괴이한 꽃 핀 포구는 적막하고, 色色怪花浦寂寂,
향기로운 풀들 무성하고 길은 아득하네. 萋萋芳草路漫漫.
저녁에 채찍 내렸어도 객관엔 사람 없으니, 垂鞭晩到無人館,
얼마간의 나그네 시름 누구와 풀어보나. 多少羈愁誰與寬.

있고, 문집으로는 철종 10년(1859) 후손들이 편집한 《무릉잡고(武陵雜稿)》가 있다.

38 黃應奎(황응규): 조선 중기의 문신이다. 본관은 창원(昌原)이다. 자는 중문(仲文)이고, 호는 송간(松澗)이다. 조부는 황희성(黃希星)이고, 부친은 우찬성 황사우(黃士祐)이다 주세붕(周世鵬)·이황(李滉)의 문인이다. 중종 38년(1543) 사마시에 합격하여 생원이 되고, 성균관에 입학하여 여러 차례 과거에 응시했으나 실패했다. 선조 2년(1569) 52세로 알성 문과에 급제하여 전생서주부(典牲署主簿)에 제수되었다, 호조·형조·공조의 정랑과 좌랑 등을 역임했다. 1588년 사직하고 고향으로 돌아가 은거했다. 1592년 임진왜란이 일어나자 양곡을 군량으로 바쳐 절충장군(折衝將軍)에 올랐고, 1594년 동지돈녕부사가 되었다. 초서(草書)를 잘 썼다. 저서로 《송간고(松澗稿)》가 있다.

15 덕성 남헌에서 조카의 시에 차운하며 [德城[39]南軒次姪韻]

황응청(黃應淸; 1524~1605)[40] 《대해선생문집(大海先生文集)》(권1)

말에서 내려 가을의 남헌(南軒)에 앉으니,	下馬坐秋軒,
시원한 바람이 수시로 대나무를 치네.	淸風時動竹.
오늘 밤은 아는 이의 술이고,	今宵故人酒,
내일은 청산의 폭포라네.	明日靑山瀑.
짚신과 지팡이,	芒鞋與靑藜[41],
함께 하여 밝은 달과 노니네.	相携弄月白.
노승은 먼저 약속 있어,	老僧先有約,
시내 아래에서 흰 돌을 굽네.	澗底煮白石[42].

16 청하 공관에서 호남으로 귀성 가는 최삼계를 보내며 [德城公館送崔三溪歸省湖南]

황응청(黃應淸; 1524~1605) 《대해선생문집(大海先生文集)》(권1)

돌아갈 뜻 급히 고하니,	將諗歸意忙,
흰 구름 속 향사당은 멀어지네.	白雲鄕社[43]遙.

---

39 德城(덕성): 청하(淸河)의 별칭이다.

40 黃應淸(황응청): 조선 중기의 문신이다. 본관은 평해(平海)이다. 자는 청지(淸之)이고, 호는 대해(大海)이다. 부친은 황우(黃瑀)이다. 임진왜란 때 권율(權慄)의 종사관으로 공을 세우고 참판(參判)에 오른 황여일(黃汝一)이 조카이고, 병자호란 때 의병으로 활동한 황중신(黃中信)이 손자다. 명종 7년(1552) 임자(壬子) 식년시(式年試)에 진사(進士) 2등 12위로 합격했다. 선조 27년(1594) 장원서별좌(掌苑署別坐)에 제수되었을 때 4가지 시폐를 개진하자, 왕이 가납하여 진보현감(眞寶縣監)을 제수하였다. 문집으로는 《대해집(大海集)》이 있다. 현종 12년(1671) 평해의 명계서원(明溪書院)에 제향되었다.

41 靑藜(청려): 명아주의 줄기로 만든 지팡이를 말한다.

42 煮白石(자백석): 신선이 먹는다는 흰 돌을 삶는 것을 말한다. 《포박자(抱朴子)·내편(內篇)》에는 흰 돌 한 말에 물을 붓고 삶으면 고구마처럼 익어서 먹을 수 있게 된다는 이야기에서 유래했다.

43 鄕社(향사): 향사당(鄕社堂)으로, 향당(鄕黨)의 나이 많은 어른들이 모여서 향중(鄕中)의 여러 일들을 의논하거나 향사(鄕射: 향원들이 서로 편을 갈라 활쏘기 재주를 겨루는 의식)·독법(讀法: 향민을 모아 놓고 법령을 읽어 알리는 의식)을 하며 향안(鄕案)을 보관하고 삼향임(三鄕任: 좌수·좌별감·우별감)이 상시 근무한 청사를 말한다.

그대 다시 만날 날 언제일 런지, 逢君更何夕,
말을 매어놓고 오늘 아침만이라도. 縶馬永今朝.
북쪽 바다는 가을 달 장엄하고, 北海莊秋月,
남쪽 강에선 밤의 조수를 보네. 南江看夜潮.
길 떠나는 나그네와 이별하는데도, 欲行客中別,
정벌의 깃발은 쓸쓸히 펄럭거리네. 征節動飄蕭.

17 청하에서 바다를 보며 [淸河觀海]

홍성민(洪聖民; 1536~1594)[44] 《졸옹집(拙翁集)》(권3)

지척의 봉래는 운해를 사이에 두고, 蓬萊咫尺隔雲海,
끝까지 보고자 좇아갈 생각 하네. 眼欲窮時意欲追.
병 많은 인생에 절개를 지키며 지나가니, 抱病殘生持節過,
신선이 나의 두서없음을 웃으며 호응하네. 神仙應笑我支離.

18 청하 가는 길에서 [淸河途中]

황여일(黃汝一; 1556~1622)[45] 《해월선생문집(海月先生文集)》(권1)

청하현을 가리키니, 指點淸河縣,
아득한 구름바다 끝이라네. 蒼蒼雲海涯.
사람들 청학동을 찾으나, 人尋靑鶴洞,

44 홍성민(洪聖民): 조선 선조(宣祖) 때의 문신이다. 자는 시가(時可), 호는 졸옹(拙翁)이다. 명종 16년(1561)에 진사가 되고, 1564년 식년문과에 병과로 급제하여 정자와 교리 등을 지냈다. 선조 8년(1575)에 호조참판이 되어 명나라에 사은사로 건너가기도 했다. 이후 부제학·예조판서·대사헌·경상감사 등을 역임했다. 당시 신진 사류의 지도급 인사인 윤두수(尹斗壽)와 함께 서인으로 유능한 선비로 알려져 있다. 저서로는 《졸옹집(拙翁集)》이 있다.

45 黃汝一(황여일): 조선 중기의 문신이다. 본관은 평해(平海)이다. 자는 회원(會元)이고, 호는 해월헌(海月軒)·매월헌(梅月軒)이다. 조부는 황연(黃璉)이고, 부친은 유학(幼學) 황응징(黃應澄)이다. 선조 9년(1576)에 진사가 되고, 1585년 개종계별시문과(改宗系別試文科)에 을과로 급제했다. 형조정랑·장악원정·예천군수 등을 역임했다. 저서로는 《조천록(朝天錄)》·《해월집(海月集)》 등이 있다.

길은 흰 갈매기 나는 모래밭으로 나 있네. 路出白鷗沙.
바윗가 생선 가게는 오래되었고, 漁店巖邊古,
대나무 밖 산촌은 멀기만 하네. 山村竹外賖.
평생 산수에 뜻을 두었기에, 平生丘壑志,
이런 모습 보니 집 옮기고 싶어지네. 見此欲移家.

19 청하 객관 시에 차운하며 [次淸河客館韻]

이춘영(李春英; 1563~1606)[46] 《체소집(體素集)》

기운 문루에 허물어진 성가퀴, 譙櫓[47]欹傾雉堞殘,
누대에 올라 그저 소나무 대할 뿐. 上樓相對但蒼官[48].
앞산에 비 지나가 연무 빛 희미하고, 前山過雨煙光薄,
바람 많은 포구엔 바다 기운 차갑네. 別浦多風海氣寒.
수시로 술잔 부르니 술통의 술 다하고, 頻喚酒杯樽醁盡,
시를 지으려니 벽 속 먼저 흩어지네. 試題詩句壁塵漫.
동쪽으로 오니 울적해 두서없이 근심하니, 東來惘惘愁無緖,
오늘 나그네 회포 반이나 풀었으려나. 今日羈懷一半寬.

46 李春英(이춘영): 조선 중기의 문신이자 문장가이다. 본관은 전주(全州)이다. 자는 실지(實之)이고, 호는 체소재(體素齋)이다. 조부는 이미수(李眉壽)이고, 부친은 이윤조(李胤祖)이다. 성혼(成渾)의 문인이다. 선조 23년(1590) 증광문과(增廣文科)에 병과로 급제했다. 검열과호조좌랑·예천군수 등을 지냈다. 시문에 능했고, 《해동사부(海東辭賦)》에 그의 작품이 실려 있다. 저서로는 《체소집(體素集)》이 있다.

47 譙櫓(초로): 문루(門樓)를 말한다.

48 蒼官(창관): 소나무나 측백나무의 별칭이다.

20 계해년(1623) 9월에 청하현에 도착했는데, 역리의 집에 머물다가 장난삼아 읊으며 [癸亥九月, 始至淸河縣, 寓驛吏家戲吟]

류숙(柳潚; 1564~1636)[49] 《취흘집(醉吃集)》(권3)

외로운 성 동쪽 가에 독기 서린 구름 날고,	孤城東畔瘴雲飛,
아득한 산과 바다가 사방에서 둘러쌌네.	山海蒼茫四面圍.
생선과 채소로 양식 채워 사람들 농사짓지 않고,	鮭菜[50]充糧民不稼,
오리털로 그물 꿰매니 나그네는 옷이 없네.	鵝毛縫罽客無衣.
두보가 집을 이루려는 계획 도모하기 어렵고,	難圖杜子[51]成堂計,
소식이 집을 세 들었다고 조롱할까 두렵네.	恐被蘇仙僦屋[52]譏.
대나무를 보니 주인에게 물을 필요 없고,	看竹不須兼問主,
귀양 온 곳 언젠가는 사심을 잊기 좋다네.	居停[53]他日好忘機.

21 청하 벽의 시에 차운하며 [次淸河壁上韻]

김중청(金中淸; 1566~1629)[54] 《구전선생문집(苟全先生文集)》(권3)

비 온 후의 먼 여정에 해는 저물고,	雨後長程日欲殘,

49 柳潚(류숙): 조선 중기의 문신이다. 본관은 고흥(高興)이다. 자는 연숙(淵叔)이고, 호는 취흘(醉吃)이다. 조부는 유탱(柳樘)이고, 부친은 유몽표(柳夢彪)이다. 선조 30년(1597) 정시 문과에 병과로 급제했다. 1598년 승문원정자로 있을 때 영의정 류성룡(柳成龍)을 크게 비판했다. 예문관검열·장흥판관·예조참의·부제학 등을 역임했다. 1623년 인조반정이 일어났을 때 숙부 류몽인(柳夢寅)이 4개월 뒤에 광해군 복위를 도모했다는 모함으로 사형을 당하자, 조카였던 류숙도 역적으로 몰려 청하로 유배되었다. 문집으로는《취흘집(醉吃集)》이 전한다.

50 鮭菜(규채): 생선과 채소 반찬을 말한다.

51 杜子(두자): 당(唐)나라의 대시인 두보(杜甫; 712~770)를 말한다. 두보는 한평생 가족을 이끌고 각지를 전전하는데, 뒤 구절의 "집을 만들려는 계책(成堂計)"은 이를 두고 하는 말이 아닌가 싶다.

52 僦屋(추옥): 세 들어 사는 집을 말한다.

53 居停(거정): 귀양 간 사람이 머무는 곳을 말한다.

54 金中淸(김중청): 조선 중기의 문신이다. 본관은 안동(安東)이다. 자는 이화(而和)이고, 호는 만퇴헌(晩退軒) 또는 구전(苟全)이다. 조부는 김정헌(金廷憲)이고, 부친은 절충첨지중추부사(折衝僉知中樞府事) 김몽호(金夢虎)이다. 조목(趙穆)의 문인으로 학문이 뛰어났다. 광해군 2년(1610) 식년 문과에 갑과로 급제했다. 예조좌랑·신안현감(新安縣監)·승정원승지 등을 역임했다. 이후 산직(散職)에 머물렀으며 인조반정 후에는 조정에 나가지 않았다. 문집으로는《구전선생문집(苟全先生文集)》이 있다.

근심 품은 나그네는 마음 괴롭네. 抱愁行客惱心官.
연무와 나무에 숨은 고을 단청 오래되고, 縣藏烟樹丹靑古,
바람 부는 대숲의 집 모습 쓸쓸하네. 軒帶風篁韻象寒.
강은 언제 성세의 운세를 차지하고, 河到幾時占運泰,
만 리 이어진 바다는 가없는 하늘과 이어지네. 溟橫萬里接天漫.
병 안고 아침에 와서 누대 올라 바라보니, 朝來扶病登樓望,
드넓은 도성 밖 황량한 논이 원망스럽네. 堪恨荒田郭外寬.

22 청하현에서 내연산을 바라보며 [淸河縣望內延山]

조형도(趙亨道; 1567~1637)[55] 《동계집(東溪集)》(권1)

비단 수놓은 가을 풍광 눈에 들어오고, 錦繡秋光入眼邊,
몇 층의 바위 아래에는 학들이 춤추네. 幾層巖下鶴蹁躚[56].
누대에서 신발 날릴 수 없음 바라보니 슬퍼지고, 樓中悵望難飛舃[57],
학 깃털 단 신선 해마다 오지 않음이 한스럽네. 恨不年來鶴羽仙.

55 趙亨道(조형도): 조선 중기의 무신이다. 본관은 함안(咸安)이다. 자는 대이(大而) 또는 경달(景達)이고, 호는 동계(東溪)이다. 생육신 조여(趙旅)의 5대손이다. 부친은 동지중추부사 조지(趙址)이다. 1587년 정구(鄭逑)를 사사한 뒤 3년간 향시에 연이어 장원했다. 1592년 임진왜란이 일어나자 화왕산성(火旺山城)에서 많은 전공을 세워 훈련원주부에 임명되었다. 임진왜란을 계기로 무과를 지원해 1594년 무과에 합격했다. 통정대부·고성현령·가선대부 등을 역임했다. 정조 때 편찬된 《충렬록(忠烈錄)》에 기록되었다. 저서로는 《동계집(東溪集)》이 있다.

56 蹁躚(편천): 너울너울 춤추는 모양을 말한다.

57 飛舃(비석): 동한(東漢) 때, 섭현령(葉縣令)이 된 왕교(王喬)는 매월 삭망(朔望) 때마다 조회에 왔다. 임금은 그가 거가(車駕)도 없이 그 먼 곳에서 자주 오는 것을 괴이하게 여겼다. 이에 사람을 시켜 그가 오는 것을 지켜보게 하였다. 그가 올 때 오리 두 마리가 동남쪽에서 날아오자, 사람들이 그물을 쳐서 잡아보니 신 한 짝만이 걸렸다고 한다. 《후한서(後漢書)·방술전(方術傳)》에 보인다. 이 말은 작가 자신도 왕교(王喬)처럼 빨리 조정으로 돌아가고 싶으나 그렇게 할 수 없음을 나타낸다.

23 청하로 가는 길에 우연히 읊으며 [清河途中偶吟]

목대흠(睦大欽; 1575~1638)[58] 《다산집(茶山集)》(권1)

시골 마을의 나무껍질로 만든 집, 里巷[59]木皮屋,
성 해자는 탱자나무 가시나무 숲이네. 城壕枳棘林.
주민들 모두 새 지저귀는 소리 내니, 居民皆鳥語,
절로 타향에 왔다는 생각 들게 하네. 自覺異鄉心.

24 청하에서 낙중 정중휘에게 부치며 [清河, 寄洛中丁仲徽]

심동구(沈東龜; 1594~1660)[60] 《청봉집(晴峯集)》(권2)

오랫동안 하늘가 떠들다 병 얻었는데, 久抱天涯病,
황량한 성만 문이 닫혔네. 荒城獨閉門.
조수 소리는 밤에 집을 흔들고, 潮聲夜撼屋,
바다 기운은 낮에 마을로 이어지네. 海氣晝連村.
만사 부질없어 아무런 말하지 않고, 萬事空捫舌[61],
외로운 마음에 애간장만 끊어지네. 孤懷只斷魂.
은근히 종이 한 장에 글 써서, 慇懃書一紙,
양쪽 눈물의 흔적을 봉하여 보내네. 封寄淚雙痕.

---

58 睦大欽(목대흠): 조선 중기의 문신이다. 본관은 사천(泗川)이다. 자는 탕경(湯卿)이고, 호는 다산(茶山) 또는 죽오(竹塢)이다. 조부는 목세칭(睦世秤)이고, 부친은 이조참판 목첨(睦詹)이다. 선조 34년(1601) 진사가 되고, 1605년 별시 문과에 병과로 급제했다. 성균관직강(成均館直講)·세자시강원(世子侍講院)·공조참판 등을 역임했다. 인조 2년(1624) 이괄(李适)의 난이 일어나자 영의정 이원익(李元翼)의 종사관으로 종군하여 난을 평정하는 데 공을 세웠다. 1632년 예조참의가 되고 이듬해 강릉부사가 되었다. 천성이 고결하고 시문에 뛰어났다. 저서로는 《다산집(茶山集)》이 있다.

59 里巷(이항): 주로 시골에서 여러 집이 모여 사는 곳을 말한다.

60 沈東龜(심동구): 조선 중기의 문신이다. 본관은 청송(青松)이다. 자는 문징(文徵)이고, 호는 청봉(晴峰)이다. 개국공신 심덕부(沈德符)의 후손이다. 조부는 목사 심우정(沈友正)이고, 부친은 판서 심집(沈諿)이다. 광해군 7년(1615) 진사가 되고, 인조 2년(1624) 증광문과에 병과로 급제했다. 교리(校理)·종부시정 등을 역임했다. 언관 재임 때는 곧은 신하로 이름을 떨쳤고, 병자호란 때는 절의를 지켰다. 시문을 뛰어났다. 문집으로는 《청봉집(晴峯集)》이 있다.

61 捫舌(문설): 원의는 혀를 비트는 것이다. 보통 말을 하지 않는 의미로 사용된다.

25 청하 동헌을 노래하며 [題淸河東軒]

심동구(沈東龜; 1594~1660) 《청봉집(晴峯集)》(권2)

미약한 공로는 보잘것없고,	五斗[62]功名薄,
황량한 성은 풀과 나무 사이에 있네.	荒城草樹間.
시고 찬 것은 말하기에도 부족하고,	酸寒不足道,
적절히 대응하느라 한가할 겨를이 없네.	策應[63]未全閑.
바다 맛은 오래도록 코를 비리게 하고,	海味長腥鼻,
고향 걱정에 점차 얼굴을 떨구네.	鄕愁漸損顔.
하늘가 세 명절 차례로 오니,	天涯三節序,
언제 이 궁벽한 곳을 벗어날까.	何日出荊蠻[64].

26~27 청하 벽의 시에 차운하며 [次淸河壁上韻]

심동구(沈東龜; 1594~1660) 《청봉집(晴峯集)》(권3)

구름 어두운 외로운 성 구석은 허물어지고,	孤城雲暝角初殘,
차가운 관아의 담요 깔린 평상에 쓸쓸히 자네.	氈榻蕭然睡冷官.
북쪽 낙수의 봄 풍광 수시로 꿈에 나타나고,	北洛春光頻入夢,
봄바람의 꽃 소식이 갑자기 추위를 재촉하네.	東風花信[65]乍催寒.
힘든 여정은 마치 험산 산길 가는 것 같고,	窮途正似陽山[66]險,
먼 지역은 아득한 발해까지 통하네.	絶域遙通渤海漫.

62 五斗(오두): 동진(東晉)의 대시인 도연명(陶淵明)이 "나는 다섯 말의 쌀 때문에 고을의 작은 관리에게 내 허리를 굽힐 수 없다(我不能爲五斗米折腰向鄕吏小人)"라고 한 것에서 유래했다. 후에 '오두'는 얼마 안 되는 봉록을 이르는 말로 쓰인다.

63 策應(책응): 벌어진 일이나 사태에 대하여 알맞게 헤아려 대응함을 말한다.

64 荊蠻(형만): 예전에 중국에서 한족(漢族)의 문명을 받지 못한 민족들이 살던 양쯔강 이남의 땅을 이르던 말이다.

65 花信(화신): 꽃이 피는 것을 알리는 소식을 말한다.

66 陽山(양산): 두 개의 산이 있을 때, 험한 쪽의 산을 말한다.

오랫동안 천 리 멀리 떠나 백발 성성이 내렸으니, 千里久違霍鶴髮[67],
삼 년 동안 어찌 하찮은 마음 넓어지리. 三年那得寸心寬.

사조(謝朓)처럼 청산과 가까워지고자, 靑山欲近謝宣城[68],
누대 올라보니 철 따라 나는 산물에 놀라네. 登眺還堪節物[69]驚.
끝없는 나그네 시름 천만 갈래로 어지러우니, 無限客愁千緖亂,
관아의 술 여러 잔 기울여도 무방하리. 不妨官酒數盃傾.
어촌 마을엔 여남은 세대 열 집이 있고, 漁村十室餘殘戶,
변방에서 삼 년 사니 세속의 정에 익숙해지네. 邊地三年慣俗情.
남쪽에 와서는 임금의 명만 중하니, 只是南來恩命[70]重,
고향 돌아갈 계획 세운 도연명 저버리네. 故園歸計[71]負淵明[72].

28 청하에서 현판의 용재 시에 차운하며 [淸河次板上容齋[73]韻]

심동구(沈東龜; 1594~1660) 《청봉집(晴峯集)》(권5)

나라 떠나 아득히 먼 길 가고, 去國邈迢遰,
삼 년 동안 호수와 고개 옆에 있었네. 三年湖嶺傍.
평화로울 땐 오랫동안 쫓겨나고, 明時久見黜,
빈자리 채울 땐 성세가 아니라고 말하네. 補闕言非昌.

67 鶴髮(학발): 학의 머리처럼 하얀 머리털이란 뜻으로, 노인의 백발을 비유적으로 이르는 말이다.
68 謝宣城(사선성): 남조(南朝) 제(齊)나라의 시인 사조(謝朓; 464~499)가 선성태수(宣城太守)를 지냈기 때문에 이렇게 이름한 것이다. 사조는 건무(建武) 2년(495) 선성태수로 부임했는데, 이곳에서 험악한 중앙정치를 벗어나 유유자적하는 생활을 하면서 주옥같은 시편들을 써냈다.
69 節物(절물): 철에 따라 나는 산물을 말한다.
70 恩命(은명): 예전에 죄를 용서하거나 관직에 임명하는 임금의 명령을 이르던 말이다.
71 歸計(귀계): 고향으로 돌아가거나 돌아올 계획을 말한다.
72 淵明(연명): 동진(東晉)의 대시인 도연명(陶淵明)을 말한다. 이름은 잠(潛)이고, 호는 오류선생(五柳先生)이다. 연명은 자이다. 의희(義熙) 원년(405) 41세 때 10여 년에 걸친 관료생활을 마감하고 은둔생활에 들어갔다. 4언시 9수, 5언시 115수, 산문 11편을 남겼다. 이중 대표작으로는 《귀거래사(歸去來辭)》·《귀전원거歸田園居》 5수 등이 있다.
73 容齋(용재): 조선 전기에 우찬성·이조판서·우의정 등을 지낸 문신인 이행(李荇; 1478~1534)의 호이다. 앞쪽에 이행(李荇)의 시 《청하현(淸河縣)》이 보인다.

세상 길 이리저리 고부라진 길처럼 어렵고,	世路九折[74]難,
고립되어 위태로운 나를 누가 지켜줄까.	孤危誰我將.
눈물을 떨구며 임금과 가족 그리고,	揮涕戀君親,
황량한 마을에서 답답해하고 슬퍼하네.	鬱悒愁蠻鄕.
시를 읊으며 감회를 쓰고자,	吟詩欲寫懷,
괴롭게 읊어도 글은 되지 않네.	吟苦不成章.
힘든 사람 구해도 지치고 병들 것 걱정되고,	蘇殘悶凋瘵[75],
폐단 많은 정치는 융통성이 적다네.	弊政稍弛張.
윗사람의 명은 엄하고 다급하며,	上司令嚴急,
대부분 이치를 떠나 소리치고 분노하네.	嗔怒多非常.
일을 해도 빈번히 서로 맞지 않고,	遇事輒枘鑿[76],
혀와 목은 그래도 빳빳하고 강하네.	舌項猶堅强.
백성들의 집엔 모두 경쇠만 달렸고,	民居盡懸罄,
관아의 곳집은 텅 비었네.	官廩但空倉.
물고기에 이어 한 말의 좁쌀도 거두고,	征魚繼斗粟,
풀을 엮어 공당을 덮네.	編草覆公堂.
사방 십 리 안에,	四境十里內,
쑥과 억새만 쓸쓸히 땅을 덮네.	蕭然蒿荻荒.
마음을 집중하며 혼자 수고하니,	兀兀[77]心獨勞,
구제할 방법을 어찌 알 수 있으리.	救濟知何方.

74 九折(구절): 양의 창자처럼 이리저리 꼬부라지고 험한 산길을 말한다.

75 凋瘵(조채): 지치고 병드는 것을 말한다.

76 枘鑿(예착): 각이 진 자루는 둥근 구멍에 끼우지 못한다는 뜻으로, 사물이 서로 맞지 아니함을 비유적으로 이르는 말이다.

77 兀兀(올올): 꼼짝도 하지 않고 마음을 한곳에 집중하여 똑바로 앉아 있는 모양을 나타내는 말이다.

29 청하 벽의 박효수 시에 차운하며 [清河壁上次朴孝修[78]韻]

심동구(沈東龜; 1594~1660) 《청봉집(晴峯集)》(권5)

천 균의 필력으로 큰 바다 깨뜨리고,	千勻[79]筆力破滄溟,
한바탕의 뇌우를 먼 하늘에 드리우네.	一壁雷雨垂冥冥[80].
한유(韓愈) 두보와만 하늘을 비상하고,	直與韓杜[81]參翺翔,
글은 능숙하고 빼어나 낭랑한 소리 나네.	語老句奇鏗鏘聲.
돌아와서 오늘 시선 이백(李白)에게 묻고,	歸來今日問詩仙,
긴 고래 타고 만 리 먼 푸른 하늘로 가네.	碧空萬里騎長鯨.

30 청하현에서 현판의 시에 차운하며 [清河縣次板上韻]

김홍욱(金弘郁; 1602~1654) 《학주선생전집(鶴洲先生全集)》(권2)

백 척의 높은 누대와 수 길의 성,	百尺高樓數仞[82]城,
올라보니 가을 달이 나그네 마음 놀라게 하네.	登臨秋月客心驚.
하늘은 북극에 가까워 별 모습 가깝고,	天低北極星文近,
동해는 광활하고 지세는 기울었네.	水闊東溟地勢傾.
노년에 나라 걱정으로 흐르는 눈물 막기 어렵고,	白髮難禁憂國淚,
청산이 막지 않으니 구름 바라보며 그리워하네.	靑山不隔望雲情.
돌아와 평상에 누워도 여전히 잠 오지 않고,	歸來旅榻仍無寐,
말없이 앉아 밤새니 날은 또 밝아오네.	默坐連宵又徹明.

---

78 朴孝修(박효수): 고려 후기에 밀직부사·대언 등을 역임한 문신이다. 앞쪽에 그의 시 《청하를 노래하며(題淸河)》가 보인다.

79 千勻(천균): 천균(千鈞)을 말하는 것이 아닌가 싶다. '균(鈞)'은 무게의 단위로, 1균은 30근에 해당한다. 춘추전국(春秋戰國) 시기에는 1근이 359g이었으므로, 1균은 약 10kg에 해당한다. 따라서 천균은 10톤의 무게가 된다. 이는 무게가 아주 많이 나감을 형용하는 한 말이다.

80 冥冥(명명): 높고 아득한 하늘을 말한다.

81 韓杜(한두): 당나라의 대문장가 한유(韓愈; 768~824)와 대시인 두보(杜甫: 712~770)를 말한다.

82 仞(인): 높이나 길이를 재는 단위인 길을 말한다. 1인(仞)은 보통 8척 정도이다.

31 청하 현판 시에 차운하며 [次淸河板上韻]

정창주(鄭昌胄; 1606~1664)[83] 《만주선생집(晩洲先生集)》(권2)

남쪽의 70개 성을 모두 도니,	行盡炎方[84]七十城,
오랑캐의 말과 얼굴 모두 놀라게 하네.	鳥言夷面[85]摠堪驚.
북으로 막힌 봉우리에 제왕의 궁문 멀고,	羣岑北阻天閽[86]遠,
큰 파도 너머 동쪽 오랑캐의 지축 기울었네.	大浪東舂地軸傾.
장독 막지 못해 뼈까지 스며들어 병 되고,	瘴毒不禁侵病骨,
풍광은 더 이상 시상을 불러오지 않네.	風光無復引詩情.
정신은 점차 희미해지고 얼굴 초췌해져도,	精神漸減容顔改,
일편단심만은 밝은 해를 향하네.	只有丹心向日明.

32 청하현으로 갈 때 길에서 읊으며 [赴淸河縣時, 路上口占]

조비(趙備; 1616~1659)[87] 《계와집(桂窩集)》(권3)

17년 전의 일로,	十七年前事,
공연히 마음 아파했음을 아네.	傷心謾自知.
어르신께서 고을 원님 되시던 날,	家君作宰[88]日,

83 鄭昌胄(정창주): 조선 중기의 문신이다. 본관은 초계(草溪)이다. 자는 사흥(士興)이고, 호는 만사(晩沙)·만주(晩洲)·묵헌(默軒)이다. 조부는 정문명(鄭文明)이고, 부친은 정시망(鄭時望)이다. 인조 15년(1637) 문과에 급제했고, 지평·지제교(知製敎)·헌납·전라도관찰사 등을 역임했다. 문장이 뛰어나 당대의 제일인자로 일컬어졌다. 문집으로는《만주집(晩洲集)》이 있다.

84 炎方(염방): 더운 곳이라는 뜻으로, 남쪽 지방을 이르는 말이다.

85 鳥言夷面(조언이면): 선비가 오랑캐의 땅으로 유배가 그들의 언어를 배우고 얼굴을 닮는 것을 말한다.

86 天閽(천혼): 제왕의 궁문을 말한다.

87 趙備(조비): 조선 후기의 문신이다. 본관은 한양(漢陽)이다. 자는 사구(士求)이고, 호는 총계와(叢桂窩)이다. 조부는 조양정(趙揚庭)이고, 부친은 좌승지 조찬한(趙纘韓)이다. 인조 13년(1635) 진사시에 합격했으나 이듬해 병자호란으로 영남으로 갔다가 전라도 장성으로 피란했다. 몇 해 뒤에 세자익위사(世子翊衛司)의 위솔(衛率)을 지냈고, 청하현감을 역임했다. 효종 2년(1651) 알성문과에 병과로 급제하여 겸춘추관이 되어《인조실록(仁祖實錄)》의 편찬에 참여했다. 경사(經史)에 밝았고, 풍채가 좋았으며 언변과 문장에도 뛰어났다. 사부(詞賦)와 변려문(騈儷文)을 잘 지은 것으로 이름이 높았다. 문집으로는《계와집(桂窩集)》이 있다.

88 作宰(작재): 고을의 원님이 되는 것을 말한다.

어린 아들은 뿔 송곳 찼네. 童子佩觿時.
위와 아래를 봐도 슬프고 기쁜 조짐, 俛仰悲歡緖,
갈림길에서 천천히 돌아온 듯하네. 遲回歧路疑.
괴죄죄한 두 소매에 눈물이 흐름은, 龍鍾[89]雙袖淚,
이별 때문만은 아니라네. 不獨爲分離.

33 저녁에 청하현에 묵었는데 식량이 다하여 주수 이준악에게 절구 한 수를 몰래 보냈다. 이렇게 한 것은 임금이 제비뽑기해서 내려보낸 것이 아니기 때문이다 [暮宿淸河因糧盡, 潛寄一絶于主守李公峻岳 蓋非抽栍[90]故也]

남용익(南龍翼; 1628~1692)[91] 《호곡집(壺谷集)》(권6)

천 리 동남쪽의 고개는 바다와 나눠지고, 千里東南嶺海分,
꿈속의 넋은 오래도록 북으로 돌아가는 구름에 있네. 夢魂長在北歸雲.
허기져 청하 원님에게 양식 꾸러 왔건만, 飢來貸粟淸河守,
법에 따라 위엄 부리니 유생은 부끄러워지네. 按法威風愧孺文.

89 龍鍾(용종): 모습이 꾀죄죄한 것을 말한다.

90 抽栍(추생): 제비를 뽑아 선택하는 것을 말한다. 임금이 암행어사가 내려가 살필 고을을 정할 때 추생을 하였다. 둥근 통에 전국 군현의 이름이 적힌 종이를 접어서 넣고 이를 제비뽑기하듯이 뽑았다.

91 南龍翼(남용익): 조선 후기 문신이자 학자이다. 본관은 의령(宜寧)이다. 자는 운경(雲卿)이고, 호는 호곡(壺谷)이다. 조부는 남진(南鎭)이고, 부친은 부사 남득명(南得明)이다. 인조 24년(1646) 진사가 되고, 1648년 정시 문과에 병과로 급제했다. 병조좌랑·홍문관부수찬·형조판서 등을 역임했다. 1689년 소의(昭儀) 장씨(張氏)가 왕자를 낳아 숙종이 그를 원자로 삼으려 하자, 여기에 극언으로 반대하다가 명천으로 유배되어 3년 뒤 그곳에서 세상을 떠났다. 문장에 능했고 글씨에도 뛰어났다. 효종·현종·숙종 3대에 걸쳐 요직을 역임하고 문명을 날렸다. 저서로는 신라 시대부터 조선 인조대까지의 명인 497인의 시를 모아 엮은 《기아(箕雅)》·《부상록(扶桑錄)》을 비롯하여 자신의 시문집인 《호곡집(壺谷集)》이 있다.

34 암행하라는 명을 받들고 청하의 역리 집에 묵었다. 집에는 동파의 책이 한 권이 있었다 '오주에 이르러'라는 시에 차운하여 책 말미에 쓰고 갔다 [承暗行命, 暮投淸河驛吏家 家有東坡一卷, 走次至梧州韻, 書卷末而去]

남용익(南龍翼; 1628~1692) 《호곡집(壺谷集)》(권9)

먼 길 가는 나그네 남쪽 돌다 소상을 지나고,	遠客南遊過瀟湘[92],
가고 가다 날이 다해 남쪽에 이르렀네,	行行盡日窮炎方[93].
작은 현의 성은 창해를 굽어보고,	縣城如斗[94]俯滄海,
하늘빛과 물빛은 모두 아득하네.	天光水色俱茫茫.
이제야 천하에서 바다가 큼을 알겠고,	始知天下海爲鉅,
해와 달이 나오면 교룡은 숨는다네.	日月所出蛟龍藏.
누가 바다 밖에 다른 세상이 있음을 말했나,	誰言海外更有天,
이 물은 하늘과 함께 영원하리.	此水應與天共長.
석양은 거울 같고 신기루는 피어오르니,	夕陽如鏡蜃氣浮,
지척의 부상은 바라볼 수 있을 것만 같네.	只尺扶桑如可望.
나는 이 때문에 신선이 사는 세 산 찾았으나,	我欲因之訪三山,
애석히도 여섯 자라는 지금 이미 사라졌네.	可惜六鰲今已亡.
천년의 뽕나무밭도 한때이니,	千載桑田亦一時,
신라의 옛 도읍은 연무 낀 황량한 풀 속에 있네.	新羅故都煙草荒.
바다를 기울여 봄 술로 삼는 것만 못하니,	不如傾海作春酒,
번민 없는 곳에서 한 잔 마시고 취해 누우려네.	一飮醉臥無何鄕[95].

92 瀟湘(소상): 중국 호남성(湖南省) 동정호(洞庭湖) 남쪽에 있는 소수(瀟水)와 상수(湘水)를 합쳐서 부른 이름이다.

93 炎方(염방): 더운 곳이라는 뜻으로, 남쪽 지방을 이르는 말이다.

94 縣城如斗(현성여두): 한 말 정도의 작은 마을의 성이란 의미이다. '여두'는 보통 아주 작은 마을을 비유적으로 이를 때 사용하는 말이다.

95 無何鄕(무하향): 무하유지향(無何有之鄕)의 줄임말이다. 아무것도 없는 시골이라는 의미로, 세상의 번거로운 일이 없는 허무 자연의 낙토(樂土)를 말한다.

35 몰래 청하 경내를 지나면서 사실을 기록하고, 장난삼아 읊으며 [以暗行過淸河界, 記實戱吟]

남용익(南龍翼; 1628~1692) 《호곡집(壺谷集)》(권8)

무녀가 남자 되어 절하며,	巫女作男拜,
사내에게 어디서 왔냐 묻네.	問郞何處來.
모래바람 세차니,	沙頭風色惡,
굿판의 잔에 취할만하네.	可醉賽神[96]杯.

36 덕성 가는 길에서 [德城道中]

박기봉(朴岐鳳; 1653~?) 《해은유고(海隱遺稿)》(권1)

해 저문 바닷가의 산에는 짧고 긴 길 있는데,	海山斜日短長程,
여생에 일을 마치려고 이번 길 나섰네.	底事殘年[97]有此行.
향기로운 물가 갈대는 근심 속의 빛이요,	芳渚蘆花愁裏色,
새벽바람과 고래의 물결은 꿈속 소리네.	曉風鯨浪夢邊聲.
좋은 시절 또 중추절에 가까워지니,	佳辰且近中秋節,
밝은 달 어찌 멀리 있는 나그네 마음에 맞겠는가.	良月何宜遠客情.
적막하고 차가운 집에 누가 술 가져주리,	寂寞寒堂誰送酒,
괜히 시나 지으며 불평이나 노래하네.	謾題詩句不平鳴.

96 賽神(새신): 굿이나 푸닥거리를 하는 일을 말한다.
97 殘年(잔): 죽기 전까지의 남은 생애를 말한다.

37 나는 남쪽에 와서 한 해를 보냈는데, 당시 재상의 배척으로 연이어 글을 올려 면직되길 청하느라 여러 읍을 순행할 기회가 없었다. 이제 벼슬을 내려놓고 돌아가려 할 적에 부질없이 칠언 절구를 지어, 한 도의 산천과 풍속을 낱낱이 적어 유람에 대체하고자 한다
[余來南經年, 而以時宰之斥, 連章乞免, 不得巡行列邑 今將遞歸, 漫賦七絶, 歷敍一路山川風俗以替遊覽][98]

이의현(李宜顯; 1669~1745)[99] 《도곡집(陶谷集)》(권1)

너른 창해 곧장 압도하는 곳 바로 해아이니, 直壓滄瀛卽海阿,
봉송정 아래 만 그루 소나무 무성하구나. 鳳松亭下萬松多.
여러 최씨 주의 명족이란 말 듣지 못했는데, 諸崔未見稱州望,
태수는 어찌 법망에 옭아 넣었는가. 太守何曾罥法科.

청하를 해아라고 한다. 봉송정은 고을의 동쪽에 있다(淸河號海阿. 鳳松亭在縣東)

38 청하 가는 길에 일출을 보며 [淸河途中, 見日出]

조태억(趙泰億; 1675~1728)[100] 《겸재집(謙齋集)》(권15)

청산이 끊긴 곳에 바다 구름 사라지고, 靑山斷處海雲消,
지척의 금 바퀴가 붉은 하늘 위로 오르네. 咫尺金輪上絳霄.

---

98 이 시는 총 92수가 수록되어 있는데, 그중에 43번째인 청하(淸河) 부분만 발췌하여 수록했다.

99 李宜顯(이의현): 조선 후기의 문신이다. 본관은 용인(龍仁)이다. 자는 덕재(德哉)이고, 호는 도곡(陶谷)이다. 부친은 좌의정 이세백(李世白)이다. 김창협(金昌協)의 문인으로, 문학(文學)에 뛰어나, 숙종 때 대제학(大提學) 송상기(宋相琦)에 의해 당대 명문장가로 천거되었다. 숙종 20년(1694) 별시 문과에 병과로 급제했다. 대사간·형조판서·영의정 등을 역임했다. 문집으로는 《도곡집(陶谷集)》이 있다.

100 조태억(趙泰億): 조선 후기의 문신이다. 본관은 양주(楊州)이다. 자는 대년(大年)이고, 호는 겸재(謙齋)·태록당(胎祿堂)이다. 조부는 형조판서 조계원(趙啓遠)이고, 부친은 이조참의 조가석(趙嘉錫)이다. 숙종 19년(1693) 진사가 되고, 1702년 식년문과에 을과로 급제했으며, 1707년 문과중시에 병과로 급제했다. 우부승지·대제학·우의정 등을 역임했다. 초서(草書)와 예서를 잘 썼다. 문집으로 《겸재집(謙齋集)》이 있다.

지난날 부상이 만 리 멀리까지 이르렀어도, 夙昔扶桑[101]窮萬里,
멋진 모습 어찌 오늘 아침만큼이나 할까. 奇觀那得似今朝.

39 청하 [淸河]

채구장(蔡九章; 1684~1743)[102] 《운와집(耘窩集)》(권2)

한 말 정도의 작은 외로운 성 마을, 一片孤城縣如斗,
하늘가 땅은 얼마나 치우쳐졌나. 天將涯處地何偏.
신라 때의 아홀은 증명할 곳이 없고, 羅時阿忽[103]徵無地,
강 맑은 태평성세는 언제였나. 聖世河淸問幾年.
해 뜨는 곳의 닭 그림자 밖을 가리키고, 指點扶桑鷄影外,
서시의 노 젓는 소리 애타게 기다리네. 眼穿[104]徐市[105]櫓聲邊.
그중에 달리 신선 세계 있다면, 箇中別有神仙境,
봉래산이 아니고 내연산이겠지. 不是蓬萊是內延.

101 扶桑(부상): 중국의 전설에서 동쪽 바다의 해가 뜨는 곳에 있다는 신성한 나무를 말한다.

102 蔡九章(채구장): 조선 중기의 유학자이다. 본관은 인천(仁川)이다. 자는 천칙(天則)이고, 호는 운와(耘窩)이다. 출신지는 경상북도 흥해(興海)이다. 조부는 채호(蔡灝)이고, 부친은 통정대부(通政大夫) 채세징(蔡世徵)이다. 숙종 39년(1713) 향시에 합격했으나 회시(會試)에는 낙방했다. 이후 향시에 다시 응시하여 수석으로 합격했다. 어려서부터 효성이 지극했다. 이후 백부(伯父)의 권고로 다시 과거 공부를 시작하여 경종 3년(1723) 증광시 생원 3등 1위로 합격했다. 조부의 뜻을 이어받아 고을의 풍속교화에 힘썼다. 만년에는 정사(精舍)를 짓고 학문 연구와 후학 양성에 매진했다. 유고로 시문집 《운와문집(耘窩文集)》이 전한다.

103 아홀(阿忽): 단군조선의 23세 왕이다. 아홀왕은 기원전 1237년에 동생 고불가에게 낙랑홀(樂浪忽)군을 다스리게 했다. 후에 신라는 바로 낙랑홀은 계승하였으므로, 신라 입장에서 아홀은 먼 조상이 된다.

104 眼穿(안천): 눈이 빠지게 기다리는 것을 말한다.

105 徐市(서시): 진(秦)나라 때의 사람이다. 진시황의 명으로 동남(童男)과 동녀(童女) 3,000명을 데리고 불사약(不死藥)을 구하러 바다 끝 신산(神山)으로 배를 타고 떠났으나 다시 돌아오지 않았다고 한다.

40 청하에서 아침에 야성 영덕으로 출발하며 [淸河, 早發向野城[106]盈德]

1742년(壬戌)

윤봉오(尹鳳五; 1688~1769)[107] 《석문집(石門集)》(권1)

구불구불한 물 언덕에 역로가 가로 놓였는데,	水岸逶迤驛路橫,
이른 아침에 약간 취한 채로 성을 내려가네.	平朝微醉下孤城.
봄 그늘의 바다 기운은 산 기운과 이어지고,	春陰海氣連山氣,
먼 포구의 바람 소리는 파도 소리와 섞이네.	浦濶風聲雜浪聲.
돌에 붙어 떠다니니 전복 채취함을 알 수 있고,	繞石浮瓢知採鰒,
눈 날리는 너른 바다에 유영하는 고래 보네.	滿洋飛雪看游鯨.
길 따라 빼어나고 즐거운 일은 이것이 으뜸이니,	沿途奇快玆爲最,
새해의 이번 여정 헛된 것이 아니리.	不枉新年作此行.

106 野城(야성): 영덕(盈德)의 신라 때 명칭이다. 고구려 때 야시홀군(也尸忽郡)이었다가 신라 경덕왕 때 차지한 후 야성군(野城郡)으로 고쳤다. 고려 때 경상도에 속하면서 지금의 이름인 영덕군으로 고쳤다.

107 尹鳳五(윤봉오): 조선 후기의 문신이다. 본관은 파평(坡平)이다. 자는 계장(季章)이고, 호는 석문(石門)이다. 조부는 할아버지는 호조참판 윤비경(尹飛卿)이고, 부친은 윤명운(尹明運)이다. 숙종 40년(1714) 생원시와 진사시 두 시험에 합격하여 왕세제(王世弟)를 측근에서 보필했다. 영조 22년(1746) 정시문과에 병과로 급제한 뒤 필선이 되었다. 이후 부수찬·교리·대사헌 등을 역임했다. 문집으로는 《석문집(石門集)》이 있다.

41 **청하현에 묵었다. 현의 끝인 동해에서는 일출을 볼 수 있다. 현리를 불러 때가 되면 알려달라고 했다. 다음날 새벽 현리가 동쪽에서 날이 밝아 해가 나오려 한다고 했다. 몇 명의 사람들과 성에 올라 바닷가 쪽 하늘을 바라보았다. 한쪽은 끝이 없고, 푸른 산이 바다 위에 서 있었다. 무슨 산이냐고 물으니, 관리가 산이 아니라 구름이라고 말했다. 이 구름이 나오자 일출을 볼 수 없었다. 우두커니 실망하다가 돌아왔다.**
[宿淸河縣. 縣濱東海, 可以觀日出, 招縣吏候時來告. 翌曉吏白東方欲曙. 日將出矣. 與數人步上城頭, 遙望海天. 寥廓一面, 蒼山立于海上. 問是何山, 則吏曰非山而雲也. 此雲一出, 則不可以觀日出, 延佇悵望而歸]

심사주(沈師周; 1691~1757) 《한송재집(寒松齋集)》(권1)

현리가 창 앞에서 날이 밝았음을 알리고, 縣吏窓前報曙光,
푸른 하늘 한쪽엔 긴 성이 동쪽으로 이어졌네. 靑天一面郭東長.
멀리서 하얀 섬 나눠지며 모래 가에 서고, 遙分白島沙邊立,
해가 바닷가에서 비상함을 기다리네. 直待陽烏[108]海際翔.
어디서 구름이 와서 신선 사는 봉도 막고, 何處雲來斷蓬島[109],
갑자기 산이 나와 부상을 덮어버리네. 忽然山出翳扶桑.
배회하며 슬피 바라보니 정말 넋이 나간 듯, 裵徊[110]悵望眞如失,
옷과 갓엔 소슬한 바람 불고 흰 서리 떨어지네. 巾服[111]凄凄落素霜.

108 陽烏(양오): 태양을 말한다. 태양 속에는 다리 셋을 가진 까마귀가 있다는 전설에서 유래했다.
109 蓬島(봉도): 영주산·방장산과 함께 중국 신화 전설에 나오는 삼신산(三神山)의 하나이다.
110 裵徊(배회): 배회하는 것을 말한다. '배회(徘徊)'와 같은 말이다.
111 巾服(건복): 옷과 갓을 아울러 이르는 말이다.

42 청하에서 경주로 갈 무렵, 찰진 조로 담근 술을 마시며 [淸河將之慶州, 飮朮酒]

안석경(安錫儆; 1718~1774)[112] 《삽교집(霅橋集)》(권2)

청하관 안에 살구꽃 피고,	淸河館裏杏花開,
출주 한 잔 가득 따라 마시네.	朮酒[113]盈盈飮一盃.
양곡의 아침노을 입 따라 들어오고,	暘谷[114]朝霞從口入,
반도의 봄 빛깔에 눈썹이 올라가네.	蟠桃[115]春色上眉來.
왕렬(王烈)의 석수는 무슨 힘이 되었고,	王生[116]石髓[117]曾何力,
한 무제의 금경은 재주 없음에 괴로워했네.	漢帝金莖[118]苦不才.
취한 후 계림으로 말 쏜살같이 몰아가니,	醉後鷄林馳馬去,
천년의 성과 궁궐에는 누런 먼지 이네.	千年城闕起黃埃.

112 安錫儆(안석경): 조선 후기의 학자이다. 본관은 순흥(順興)이다. 자는 숙화(淑華)이고, 호는 완양(完陽)·삽교(霅橋)이다. 부친은 안중관(安重觀)이다. 세 차례 과거에 응했지만 모두 낙방했다. 영조 28년(1752) 부친이 세상을 떠날 때까지 부친의 임지를 따라 생활했다. 부친이 세상을 떠나자, 강원도 두메산골인 횡성 삽교(霅橋)에 은거했다. 저서로는 《삽교집(霅橋集)》·《삽교만록(霅橋漫錄)》이 있다.

113 朮酒(출주): 한약재인 삽주의 뿌리로 빚은 술을 말한다.

114 暘谷(양곡): 해가 처음 돋는 골짜기라는 뜻으로, 해가 돋는 곳을 이르는 말이다.

115 蟠桃(반도): 도교 신화에 나오는 복숭아 이름이다. 서왕모(西王母)의 정원에서 자라는데 3,000년마다 1번씩 열매가 열리고 이것을 먹으면 영원한 생명을 얻는다고 한다.

116 王生(왕생): 한(漢)나라 때의 처사(處士)로, 일찍이 황로(黃老)의 도를 닦았다. 또한 기발한 계책으로 죽임을 당하게 된 정위(廷尉) 장석지(張釋之)를 구해주기도 했다. 《한서(漢書)》(권50)에 보인다.

117 石髓(석수): 삼국(三國) 시기 위(魏)나라 사람 왕렬(王烈)이 태항산(太行山)에 갔을 때 산이 쪼개지며 그 속에서 골수 같은 푸른 진액이 나왔다. 왕렬은 이것을 환약으로 만들어 복용하여 장생했다고 전한다.

118 金莖(금경): 동주(銅柱)를 말한다. 한 무제(武帝)가 20장(丈)의 동주를 세우고 그 위에다 이슬을 받는 선인장(仙人掌) 모양의 승로반(承露盤)을 설치하여 이슬을 받아 마시며 신선이 되길 구하였다고 한다.

43 덕성으로 돌아가는 길에 [德城途中]

이효상(李孝相; 1774~?) 《일재유고(逸齋遺稿)》

용추의 돌을 모두 밟아보고,	踏遍龍湫石,
해월루에 와서 기대보네.	來憑海月樓.
이번 여정엔 모두 연로하신 분들이니,	此行皆老叟,
어딘들 저문 가을이지 않겠는가.	何處不殘秋[119].
단풍 진 해는 산의 차가움을 머금었고,	楓日含山冷,
떠도는 구름은 떠도는 말을 감싸네.	蓬雲擁馬浮.
내일 아침 바다로 들어가서,	明朝將入海,
큰 거북에게 소식 물어보려네.	消息問鰲頭.

44. 덕성으로 돌아가는 길에 [德城歸路]

이효상(李孝相; 1774~?) 《일재유고(逸齋遺稿)》

동해의 바다 산들 겹겹이 에워싸고,	東海海山還疊疊,
서쪽 구름 속 나무 보니 더욱 아득하네.	西瞻雲樹更依依.
이름난 곳은 깊은 근원으로 들어갈 필요 없으니,	名區未必窮源入,
길 가다 나는 돌아갈 곳 깨달을 수 있다네.	半道[120]吾能領略[121]歸.

119 殘秋(잔추): 가을이 끝나갈 무렵을 말한다.
120 半道(반도): '도중에'의 의미이다.
121 領略(영략): 대충 짐작하여 아는 것을 말한다.

45 청하현감 류도종과 성루에 올라 일출을 보며 [與清河柳使君道宗[122]同登城樓觀日出]

권뢰(權埰; 1800~1873)[123] 《용이와집(龍耳窩集)》(권1)

성각에는 높고 당당한 누대가 세워졌고, 城角岑樓以勢成,
동쪽 끝의 창해는 손바닥처럼 평평하네. 東頭滄海掌如平.
오묘한 모습은 찰나에 선천적으로 알 길 없고, 玄儀俄莫先天辨,
붉은 무리는 이러한 곳에서 생겨나네. 紅暈微從恁地生.
먼지 닦은 거울처럼 바야흐로 색을 비추고, 疑鏡塵磨初透色,
연무 속 수레바퀴는 고요히 소리 없이 올라오네. 似輪烟軋寂無聲,
쓸쓸하게도 해진 신발은 붉은 인끈을 따르고, 蕭然敝屩隨朱紱,
천에 하나 있는 맑은 강에서 대명천지 우러러보네. 千一河清仰大明.

46 청하현에서 집으로 돌아가는 김춘담과 작별하며 [清河縣別金春潭還家]

심규택(沈奎澤; 1812~1871)[124] 《서호선생문집(西湖先生文集)》(권6)

그대는 화산에 나는 봉양에, 君在花山我鳳陽,
어찌 부평초처럼 만날 곳 있음 기약하리. 那期萍水[125]有逢場.
오늘 헤어짐이 너무 아쉬운 것 아니니, 欲知今日相分恨,
그저 만 리 먼바다 바라볼 뿐. 直看滄溟萬里長.

---

122 柳道宗(류도종): 조선 후기의 문신이다. 본관은 풍산(豊山)이다. 자는 주응(周應)이다. 부친은 류사목(柳思睦)이다. 순조(純祖) 14년(1814) 갑술(甲戌) 식년시(式年試)에서 생원 3등(三等)으로 급제했다.

123 權埰(권뢰): 조선 후기의 학자이다. 본관은 안동(安東)이다. 자는 경중(敬中)이고, 호는 용이와(龍耳窩)이다. 부친은 권방렬(權邦烈)이다. 순조(純祖) 28년(1828) 식년시(式年試)에서 진사에 급제했다. 문집으로는 《용이와집(龍耳窩集)》이 있다.

124 沈奎澤(심규택): 조선 후기의 학자이다. 본관은 청송(青松)이다. 자는 치문(穉文)이고, 호는 서호(西湖)이다. 부친은 심의생(沈宜生)이다. 오희상(吳熙常)·송치규(宋穉圭)·홍직필(洪直弼) 등의 문하에서 수학했다. 경학에 힘써 《태극명의설(太極名義說)》·《중용기의(中庸記疑)》·《대학서문분절(大學序文分節)》 등을 지었고, 문집으로는 《서호문집(西湖文集)》이 있다.

125 萍水(평수): 물 위에 뜬 개구리밥이라는 뜻으로, 이리저리 떠돌아다님을 비유적으로 이르는 말이다.

47 해운루를 노래하며 [題海雲樓]

청하현 경내에 있다(在淸河縣內)

심규택(沈奎澤; 1812~1871) 《서호선생문집(西湖先生文集)》(권6)

곱고 아름다운 청하현, 佳麗淸河縣,
높은 누대가 성 전체를 압도하네. 高樓鎭一城.
난간 밖에 드리운 벽운의 그림자, 碧雲欄外影,
베개 가에서 들려오는 바닷소리. 滄海枕邊聲.
길 가는 나그네의 마음 지칠 무렵, 行役心初倦,
누대 오르니 갑자기 눈이 밝아지네. 登臨眼忽明.
긴 모래사장 앞에서 하룻밤 묵고, 長沙前夜宿,
머리 돌리니 정이 넘쳐나네. 回首有餘情.

기문(記文)

해운루기 [海雲樓記]

성대중(成大中; 1732~1809) 《청성집(靑城集)》(권6)

바다에 구름이 있는 것은 관직에 승(丞)이 있는 것과 같다. 해와 달이 기운을 뿜고 마시면 빛이 생겨나고, 비와 바람이 흔들려 움직이면 변화가 드러난다. 이 네 가지는 모두 바다에 쓸모가 있지만 구름은 더불어 할 것이 없다. 그러나 구름이 없으면 바다의 특이하고 눈부신 광경은 약해지는데, 해와 달의 출현과 비와 바람의 변화에 앞서 인도하는 것이 없기 때문이다. 이런 점에서 구름의 역할은 아주 크다. 승도 관직에서 그러하다. 밖으로는 백성과 사직의 책무가 없고, 안으로는 처자식을 봉양하지 않는다. 군주와 장관 사이에 처해있으니 억지로 관리라고 할 뿐이다. 그러나 승이 있어야 나라의 명이 잘 돌아간다. 백성과 사직의 직무는 폐할 수 없기에 공자는 "덕이 퍼져 나가는 것이 파발마로 명령을 전달하는 것보다 빠르다."[126]에 비유했다. 그러니 승이 관직이 되는 것이 중하지 않겠는가.

이군(李君) 휘지(徽之)는 일찍이 명륜과에 급제하고 여러 번 중앙관직의 시험에 응시하여 큰 명성을 얻었다. 지방으로 나와서 상운승(祥雲丞)이 되었는데, 상운은 동해의 작은 역참이다. 군은 이곳에 와서 일을 묻고 문서를 살피고서, 기뻐하며 "이곳도 족히 다스릴 만하다."라고 했다. 이에 무너진 곳을 일으키고 부족한 것을 구휼했다. 또 뜻을 수리하고 보충함에 두니 다스림의 효과가 날로 새로워졌다. 그러자 백성들이 서로 흥성함을 칭찬하였다. 다만 당시의 관아가 협소하여 관공서들이 있기에는 맞지 않았다. 이에 군은 그 규모를 넓히고 누대를 지었다. 한가할 때면 손님이나 현자들과 잔치를 하며 노닐곤 했는데, 이 누대를 해운루라고 한다. 대략 그 먼 풍경에서 이름을 취한 것이다.

나는 이렇게 생각했다. 구름은 큰 동해에서 생겨나는 한 점 하찮은 것에 불과하지만 그 움직임은 해와 달을 뒤덮고 비와 바람을 일으키니, 천지사방에 두루 미침에 남음이 있고 동해는 크다고 하기에 부족하다. 그래서 《주역(周易)·둔괘(屯卦)》에 "검은 구름과 천둥소리가 뒤섞여 어지러움은 처음 생성됨을 상징하니, 군자는 그것을 보고 험난한 초창기에 대사를 경영하고 다스림에 힘쓴다."라고 하였다. 지금 군이 세상에서 한 점 하찮은 구름이 바다에 있는 것과 무엇이 다르겠는가. 그대의 재주를 다하여 역참 하나를 다스리면, 역참 하나가 그 은택을 받을 것이다. 주와 현으로 등용되면 주와 현이 그 은택을 입을 것이다. 관직은 비록 낮지만, 높은 직위처럼 대할 수 있고, 다스림은 작지만 큰 다스림에 비교할 수 있다. 후에 이곳보다 더 높이 나아가더라도, 이는 실로 그 조짐이 되는 것이다. 그러니 승은 구름 같고 그대의 승이 이와 같아야 하지 않겠는가. 쓸모없음에 쓰이는 것이 절묘한 쓰임이니, (사람이 처세함에) 잘되고 못됨과 나아가고 물러남에 줄곧

126 이 말은 《맹자(孟子)·공손추상(公孫丑上)》에 보이는데, "덕이 퍼져 나가는 것은 파발마를 달려서 명령을 전하는 것보다 빠르다(德之流行, 速於置郵而傳命)."라고 했다.

마음을 비운다면, 쓰임과 쓸모없음은 말할 것이 없을 것이다. 이 또한 군자가 구름에서 취한 것이니, 그대는 자신을 갈고 닦으시라.

(海之有雲, 猶官之有丞也. 日月吐納而光輝生, 風雨震盪而變化見. 是四物者, 皆於海有用, 而雲則無所與也. 然無雲則海之詭異眩耀之觀淺, 而日月之出, 風雨之變, 無爲之先導者, 雲之爲用大哉. 丞之於官亦然. 外無民社之責, 內無妻孥之養, 寄寓乎君牧之間, 强而謂之官耳. 然有丞而後, 國之命令通. 而民社之職不廢, 故孔子以德之流行比之. 丞之爲官, 顧不重耶. 李君徽之, 夙以明經擧, 歷試京職, 蔚有名譽. 出乃爲祥雲丞, 祥雲東海之薄郵也. 君旣至, 詢事按籍. 喜曰是亦足以爲政矣. 乃起廢振乏, 專意脩學, 治效日新, 民譽胥興. 而舊時館門偏隘, 不稱官府之居. 君乃拓其制而樓之. 暇則與賓客之賢者宴遊, 而名之曰海雲樓, 蓋取其遠景也. 余惟東海之大而雲生乎中, 直一點之微耳, 及其行也, 籠盖日月, 鼓起風雨, 彌六合而有餘, 而東海不足大也. 故易曰: “雲雷, 屯. 君子以經綸.” 今君之於世, 何異於點雲之在海哉. 然盡子之才, 以治一郵, 則一郵受其惠. 進諸州縣則州縣受其惠. 官雖卑, 可以敵尊. 治雖小, 可以喩大. 後雖有進於此者, 此實爲之兆也. 然則非丞之猶雲, 獨子之丞猶之也. 夫用於不用, 乃爲妙用, 而卷舒行藏, 一於無心, 則用不用不足言也. 是又君子之取諸雲也, 子其勉之.)

육청헌(六淸軒) 관련 시

육청헌(六淸軒)은 청하읍성 내에 있었던 관아이다. 현재 육청헌과 관련 기록은 남아 있지 않아 자세한 상황은 알지 못한다. 다만 관아를 육청헌이라고 명명한 이유에 대해서는 청하현감(淸河縣監)을 지낸 안석전(安錫佺; 1715~1785)[127]의 기문(記文)을 통해서 알 수 있다. 기문은 다음과 같다.

나는 재주가 없음에도 태평시절을 맞이하여 청하읍을 돕고 지켰다. 일이 간단하여 하루 종일 한가했다. 공당의 편액은 원래 칠정이었는데, 내가 육청으로 명명했다. 손님이 이를 보고 나에게 물었다. 내가 "시대가 맑으면 강이 맑고, 관리가 청렴하면 마음이 맑고, 바람이 맑으면 잠을 잘 자오."라고 하자, 손님은 "제가 경내에 들어와 보니 정치가 깨끗함을 알 수 있었습니다. 그러니 이 여섯 가지는 일곱 가지 일로 헤아려야 되지 않겠습니까?"라고 했다. 내가 "이것이 어찌 제가 할 수 있는 것이겠습니까?"라고 말했다. 손님이 돌아가자, 나무에는 매미 소리로 가득했고, 작은 관사는 약간 쌀쌀해졌다. 베개를 베고 누우니, 정원이 언제 어두워졌는지 몰랐다(余以不才遭遇昇平, 助守淸河邑. 小事簡, 終日寂如也. 公堂之額舊以七政. 余又名曰六淸. 客有遇余者問之. 余曰時淸而河淸, 官淸而心淸, 風淸而睡淸. 客曰吾入境知政淸也, 幷於此六以擬七事之數可乎? 余曰是則吾何能也? 客去而蟬聲滿樹, 小軒微凉. 枕凡而臥, 不知庭陰之改也.)

이상에서 '육청'은 여섯 가지 깨끗함 즉, '시청(時淸)'·'하청(河淸)'·'관청(官淸)'·'심청(心淸)'·'풍청(風淸)'·'수청(睡淸)'을 말함을 알 수 있다. 이후 육청헌은 일제 강점기인 경술국치 때 철거되었다고 전한다.

육청헌 관련 시는 몇 수 남아 있지 않지만 청하읍성에 육청헌이라는 관아가 존재했다는 점에서 주의 깊게 봐야 할 시이고, 안석전의 기문과 함께 보면 더욱 좋을 듯하다. 다만 현재 시의 저자인 이정간(李正幹)·이정규(李正規)·이정복(李正腹)의 생몰연대와 시들의 출전을 정확하게 파악할 수 없다는 점은 아쉬움으로 남는다.

---

127 安錫佺(안석전): 조선 후기의 문신이다. 본관은 순흥(順興)이다. 자는 여화(汝華)이고, 호는 사오당(四吾堂)이다. 영조 26년(1750)에 식년시에 합격했고, 청하현감·호조좌랑·공조좌랑 등을 지냈다. 《승정원일기》에 의하면, 영조 49년(1773) 12월 22일에 청하현감으로 부임했다.

1~3 육청헌정당을 노래하며 [題六淸軒政堂][128]

이정간(李正幹; 미상)

매화 핀 고개 밖의 길은 그대로이고,	梅花嶺外路依依,
전년에 눈을 안고 돌아왔음을 기억하네.	記得前年擁雪歸.
누가 남쪽 고을과의 큰 인연을 알리오,	誰識南州緣太重,
지금 청하는 옛날 수군의 위엄이 있다네.	今淸河是舊軍威.
부절 찬 원님과 같이 살핀 것도 영광인데,	竹符[129]同省亦感榮,
하물며 타향에서 형제까지 만났으니.	何况他鄕遇弟兄.
현 이름과 가풍은 서로 어긋나지 않고,	縣號家風相不負,
산과 강은 광활하고 맑게 나눠졌네.	山河分得一盤淸.
대나무 겹겹이 둘러싼 아문은 옛 모습과 같고,	重茸衙軒舊制同,
근심과 슬픔은 하늘에 달려있음을 이제야 아네.	始知感毁屬天公.
이번엔 백성들 어지럽히지 않겠다고 말하지 마오,	莫言此役民無擾,
강릉에 불 바람 되려 닥침을 부끄러워할 것이오.	終愧江陵反火風.

4~5 육청헌에서 현감 이정간에게 드리며 [六淸軒贈李使君正幹]

이효상(李孝相; 1774~?)《일재유고(逸齋遺稿)》

백 리 복사꽃 펼쳐진 마을과,	百里桃花縣,
오래도록 버들 핀 고을.	三年柳柳州.
영남의 칠십 관청 중에,	山南七十館,
해월루만 이름이 있네.	海月獨名樓.

128 이 시는 이정간(李正幹)이 저자로 되어있는데, 시의 정확한 출처를 알 길이 없다. 본편의 시는 박일천(朴一天)의《일월향지(日月鄕誌)》〈육청헌정당(六淸軒政堂)〉조에서 인용한 것이다.

129 竹符(죽부): 죽사부(竹使符)의 줄임말이다. 지방관으로 나가는 사람이 차는 부절(符節)을 말한다. 이는 고을의 수령이 되었음을 말한다.

열 집이 작다 하나,	十室雖云小,
순박한 풍습 덕 있는 옛 마을.	淳風古德州.
소 잡는 칼은 일이 없고,	牛刀無一事,
산새들 관가의 건물에 내려앉네.	山鳥下官樓.

6 육청헌정당을 노래하며 [題六淸軒政堂][130]

이정규(李正規; 미상)

내 조부께서 노래하신 땅에,	吾祖絃歌地,
그 닮은 후손이 다시 수레에서 내리네.	肖孫復下車.
백 년의 남은 사랑 그대로,	百年遺愛在,
바지 다섯 벌 입게 한 일 지금도 칭송되네.	五袴[131]至今譽.
선인의 음덕이 없었다면,	不有先人蔭,
어째서 길한 경사가 생겼을까.	何由吉慶餘.
그대가 잘 계승해줌이 기쁘니,	喜君能善繼,
그 뛰어난 치적은 처음과 같다네.	嘉績一如初.

130 이 시는 이정규(李正規)가 저자로 되어있는데, 시의 정확한 출처를 알 길이 없다. 본편은 박일천(朴一天)의 《일월향지(日月鄕誌)》 〈육청헌정당(六淸軒政堂)〉조에서 인용한 것이다.

131 오고(五袴): 다섯 벌의 바지라는 의미로, 고을 수령이 정사를 잘하여 백성들이 부유해진 것을 말한다.

7~10 육청헌정당을 노래하며 [題六淸軒政堂][132]

이정복(李正腹; 미상)

느티나무의 푸른 그늘은 육청헌 덮고,	槐陰淸覆六淸軒,
구리 관인 만지니 감개무량하네.	手撫銅章[133]感慨存.
어쩌다 재관이 되었다 말하지 마소,	莫道宰官[134]身偶爾,
백 년을 전해진 은택이 후손에게 드러났다오.	百年流澤見諸孫.
산과 바다 주민들은 그 내력을 알고,	山氓海戶得因依,
얼음과 움 같이 맑은 가풍 함께 따를만하네.	氷櫱家風可共歸.
풀 뽑으며 도적 잡은 공수의 노래 듣고,	拔薤已聞歌龔遂[135],
외우기만 하니 어찌 소위를 압도할 수 있으리.	誦敎那復壓蘇威[136].
멀리 전장의 창에 임하여 선영 책임질 것을,	遙臨棨戰荷先榮,
서신으로 우리 집 두 형제에게 말하네.	書道吾家兩兄弟.
그해 고기 잡음에 방자하지 않음을 들으니,	聞說同年魚不恣,
옥 같은 인자함은 푸른 바다 파도에 버금가네.	玉仁單及海波淸.
작은 현의 관아는 옛 큰집 같고,	小縣衙成舊廈同,
백성의 힘 소모하지 않음은 공 때문이네.	不擾民力是爲公.
서툴고 부족한 이 사람에겐 좋은 계책 없으니,	區區[137]拙毁無長策,
타일에 영 땅의 돌 바람에 의지해야 하네.	他日須資郢石風.

132 이 시는 이정복(李正腹)이 저자로 되어있는데, 시의 정확한 출처를 알 길이 없다. 본편은 박일천(朴一天)의 《일월향지(日月鄕誌)》 〈육청헌정당(六淸軒政堂)〉조에서 발췌했다.

133 銅章(동장): 지방 수령이 차는 구리로 된 관인(官印)을 말한다. 동부(銅符)라고도 한다.

134 宰官(재관): 관직에 있는 사람을 말한다.

135 龔遂(습수): 공수(龔遂)로 의심된다. 한(漢)나라 선제(宣帝) 때의 발해태수(渤海太守)를 지냈다. 흉년이 들었을 때 부임하여 백성들을 기아에서 구해내고, 칼을 차고 다니는 사람을 만나면 그 칼을 팔아서 소를 사게 했다고 전한다.

136 蘇威(소위): 수(隋)나라 때의 대신이다. 수 문제(文帝) 때 대리경(大理卿)·어사대부(御史大夫) 등을 지냈다. 수 양제(煬帝) 때도 중용되어 한때 양제와 함께 고구려 원정에도 나서기도 하였다.

137 區區(구구): 겸양어로, 자기 자신을 지칭할 때 쓰는 말이다.

임명각(臨溟閣)과 해월루(海月樓) 관련 시

해월루는 조선 시기 청하를 대표한 누대이다. 중종(中宗) 23년(1528)에 청하읍성 동헌(東軒) 부근에 세워졌다. 당시 이름은 임명각(臨溟閣)이었다. 임명각은 부실공사로 몇 년 후 무너졌다. 10년 후 청하현감으로 온 이고(李股)가 다시 누대를 지었다. 당시 이고는 인근 고을의 병사들을 차출하여 제대로 된 공사를 진행했다. 건물을 튼튼하게 짓고 처마와 난간에 단청을 입혔다. 면모가 일신된 임명각은 편액을 해월루로 바꾸었다. 이때부터 해월루의 역사가 시작된다.

이고는 이렇게 다시 지은 해월루를 기념하려고 친구이자 문인인 이해(李瀣; 1496~1550)에게 해월루로 시 한 편 지어달라고 부탁한다. 이때 이해가 지은 시가 바로 [청하현 해월루를 노래하며(題淸河縣海月樓)]라는 시이다. 해월루로 편액을 내건 후 지어진 첫 번째 시이다.

이고는 또 해월루가 다시 지어진 것을 기념하려고 당대의 학자인 회재(晦齋) 이언적(李彦迪)에게 기문(記文)을 부탁한다. 이 기문이 바로 해월루의 이력을 알 수 있는 중요한 자료인 [해월루기(海月樓記)]이다. 기문에는 해월루에서 바라본 주위의 멋진 풍경이 잘 나타나 있다. 그 일부를 인용해본다.

……난간에 기대어 시야가 닿는 곳까지 한껏 바라보면, 가지가지 경치가 눈 앞에 펼쳐진다. 가까이 녹색 들판과 접하고, 멀리 하늘빛과 섞여 울창하게 북쪽에 우뚝이 솟은 것은 내연산이고, 높다랗게 서쪽에 빼어난 것은 회학봉이다. 소나무 숲이 원근에 있어 짙푸른 산색을 감상할 만하고, 연무와 아지랑이가 아침저녁으로 만 가지 자태와 형상을 빚어낸다……(……凭欄縱目, 萬景森羅, 邇延野綠, 遠混天碧, 鬱然而峙於北者, 內延山也; 巍然而秀於西者, 回鶴峯也. 松林遠近, 蔥翠可玩; 煙嵐朝暮, 變態萬狀……)

겸재 정선의 《청하성읍도》(1733~1735)에는 청하읍성에서 홀로 우뚝 서 있는 해월루의 모습을 볼 수 있는데, 이로 누대의 규모를 짐작할 수 있다.

누대 이름인 '해월'은 단순히 바다와 달을 뜻하지 않았다. '해'는 '바다'를 의미하는데 바다처럼 넓은 마음을, '월'은 '달'을 의미하는데 달처럼 맑은 마음을 의미한다. 해월루에는 바다처럼 넓고 달처럼 맑은 마음을 가지고자 했던 옛 선비들의 마음이 담겨있다.

그러나 이렇게 멋진 의미를 가진 해월루는 을사조약이 맺어진 1905년 이후에 철거되어 역사 속으로 사라졌다.

해월루 관련 시에서 해월루 이전의 누대인 임명각 관련 시가 2수 보이는데 해월루 이전의 역사를 이해할 수 있는 귀한 시들이다. 나머지 시들은 모두 해월루 관련 시로, 이해의 시를 시작으로 1800년대 말과 1900년대 초까지 시가 계속 지어졌다. 해월루는 청하읍성에 바다와 달을 볼 수 있는 최적의 장소였기에 청하에 온 문인들은 꼭 해월루에 올라 주위의 경관을 보면서 자신의 감정을 기탁했다. 해월루 관련 시는 청하에서 내연산과 보경사 다음으로 많이 지어졌기 때문에 청하현의 역사에서 빠뜨릴 수 없는 역사적 자원이라고 할 수 있겠다.

또 해월루는 시뿐만 아니라 기문(記文)도 많이 지어졌다. 이언적의 [해월루기(海月樓記)], 류명천(柳命天; 1633~1705)의 [해월루중건기(海月樓重建記)], 신유한(申維翰; 1681~1752)의 [해월루기], 이징복(李徵復; 1658~1755)의 [해월루중성기(海月樓重成記)]가 있다. 하나의 누대에 이렇게 많은 기문이 지어진 것도 드문 일이지만, 이 기문들은 하나 같이 명문이어서, 당시 해월루의 위상이 어느 정도였는지 충분히 엿볼 수 있다. 본편에서는 이 기문들을 실어놓아 관련 시들과 함께 볼 수 있게 하였다.

---

1 청하 임명각을 노래하며 [題淸河臨溟閣]

강원도사(江原都事) 주세붕의 시운을 썼고, 김 현감이 화창해주길 바랬다(用周都事世鵬韻, 縣守金侯索和)

어득강(魚得江; 1470~1550) 《관포시집(灌圃詩集)》

동쪽 고을 풍물에 내 머리 희어지고,	東州風物白吾頭,
오늘 고을 떠나니 누워서 여행하는 것 같네.	去郡今猶作臥遊.
어진 원님께서 잘 가꾸었다는 말을 들으니,	聞道賢侯增賁飾,
멀리서도 뭘 쓰든 일일이 나눠 보답하리.	遙題百不[138]一分酬.

138 百不(백불): "~를 불문하고"의 의미이다.

2 청하 임명각을 노래하며 [題清河臨溟閣]

주세붕(周世鵬; 1495~1554) 《무릉잡고별집(武陵雜稿別集)》(권20)

만 리 빼어난 경관 보고자 높은 누대 오르고,	奇觀萬里登高閣,
부역에 지친 나그네 3년을 먼 곳 떠돌았네.	倦客三年賦遠遊.
동해를 뒤집고 북두를 뜨는 것 같으니,	若倒東溟斞北斗,
누대의 풍경은 서로 시문을 주고받을 수 있네.	樓中風景可相酬.

기문(記文)

임명각기 [臨溟閣記]

주세붕(周世鵬; 1495~1554) 《무릉잡고(武陵雜稿)》(권8)

청하는 작은 고을이다. 영남의 70개 주 중에서 청하가 가장 고을도 작고 백성들도 드물다. 백성들의 생계는 농사짓는 것이 아니면 물고기를 잡는 것이다. 그래서 백성들은 더욱 야위고 관리들은 더욱 나약하다. 이런 까닭에 사람이 이 고을 현감으로 내정되면 위로를 받고 축하하는 것은 없다. 이 고을을 다스리는 사람도 걱정하고 즐거워하지 않으며 다스리기에 부족하다고 말한다. 대체로 모두가 손을 놓고 어찌할 바를 모르고 시간만 보낸다. 그러니 누가 농사짓거나 건물을 수리하길 권하겠는가.

나는 젊었을 때 이 고을을 지나간 적이 있었다. 그때 보니 적막한 관아에 무너지고 빠진 것이 반이나 되었고, 고을이 되기에 부족하여 나는 아주 흉하다고 생각했다. 작년 여름, 나는 관동 막부의 일원으로 충당되어 칠원(漆原)에서 업무차 돌아가는 길에 청하의 서헌을 지나다 이곳에서 쉬게 되었다. 새로이 아주 높은 건물을 올리고, 단청이 햇빛에 빛났다. 서헌에는 대나무를 빙 둘러 심어 상쾌하고 한적하여 세상 밖에 있다는 생각이 들었다. 내가 주인에게 장난삼아 이렇게 말했다. "대나무를 봐도 주인의 고상한 정취를 알 수 있구려." 이에 주인과는 우연히 만나 서로 친구가 되었다. 주인이 말했다. "저는 부임한 후로 백성들을 이끌고 열심히 농사를 짓고, 물을 막아 몇 경(頃)의 논에 물을 대주었습니다. 또 물자들을 아껴 쓰고 백성들을 때에 맞게 인도하였습니다. 이렇게 5년의 시간이 쌓이니 백성들은 식량이 충분해졌고, 관리들도 부유해졌습니다. 옛날에 있던 현감의 관사는 무너져서, 현감이 거주할 수 없어 간혹 관리나 백성들의 집에 머물렀습니다. 낡고 비용이 없어, 먼저 현감의 관사를 지었고, 이어서 관창을 손보았습니다. 또 이어서 관아를 수리하고, 그런 다음 서쪽 행랑을 고치고 동헌을 넓혔습니다. 공사를 끝내니, 동헌 동쪽에 매죽루가 옛날부터 무너진 채로 있었습니다. 무너지지 않은 부분도 아주 낮게 눌려 있어서 바다와 산을 바라볼 수 없었습니다. 제가 다시 옛터에 높은 들보를 올려서 앞으로는 바다에 임하고 뒤로는 호학봉과 마주하게 하여, '해학(海鶴)'으로 이름할까 합니다. 선생께서 저를 위해 기문을 한 편 지어주십시오."

나는 급히 가느라 기문을 쓸 겨를이 없었다. 올해 4월, 또 칠원에서 청하를 지나면서 멀리서 높은 누각이 이미 높은 하늘 위로 비상하고 있음을 보았다. 이에 말에서 내려 계단을 올라가 난간에 기대어 길게 휘파람을 불었다. 가없는 큰 바다가 이미 해가 저물었음에도 내 눈 아래로 들어왔다. 실로 하늘 밖을 두루 바라보는 것 같고, 아득하여 의지할 곳 없는 것 같았다. 또 누각의 북쪽에는 못을 파서 연꽃을 심었다. 연잎들이 막 떠올라 엽전처럼 수면을 뒤덮었는데, 이 역시 좋아할 만했다. 이리저리 둘러보며 살피다가 창방 사이에 '임명각'이라는 큰 세 글자의 편액을 쳐다보았다. 내가 주인에게 말했다. "전에는 '해학'으로 세우려고 하셨는데, 지금은 '임명'으로 세우신 것은 왜이신지요?" 주인이 말했다. "이것은 영해부사이신 공서린(孔瑞麟) 나리께서 지으신 것입니다. 선생께서는 어찌 기문을 지어 주시지 않으신지요?"

내가 이렇게 말했다: "알겠습니다. 누대가 바다에 임하니, 바다에 오르면 산이 그 가운데에 있다. 공 나리께서 명명한 뜻이 여기에 있지 않겠는가? 옛날에 자로(子路)가 포(蒲) 땅을 다스릴 때 공자가 이곳을

지나가며 자로의 선정을 세 번 칭찬하였다. 자공(子貢)이 묻자, 공자는 이렇게 대답했다. '그 경내에 들어가니, 전답이 아주 간결하게 구획되었고, 황무지가 잘 개간되어있으며, 도랑이 잘 정비되어 있었다. 이것은 공경하고 신용이 있어 백성들이 힘을 다하기 때문이다. 그 마을에 들어가니, 담과 가옥이 완전하고 견고하며, 수목들이 울창했다. 이것은 충직하고 관대하기에 그 백성들이 도둑질하지 않는 것이다. 그 뜰에 가니, 뜰이 아주 깔끔하고 아랫사람들이 명을 잘 따랐다. 이것은 잘 살피고 분명하게 일을 처리하는 것이다. 그래서 그 다스림이 혼란해지지 않은 것이나.' 이로 보면, (공자는) 비록 그 잘한 것을 세 번 칭찬했지만, 어찌 그 (고을의) 아름다움까지 다한 것이겠는가? 내가 김 현감이 다스리는 것을 보니, 먼저 농사에 힘써 백성들의 양식을 충분하게 하고, 다음에 그 식량창고·관아·연못 등을 보수하여 그 고을을 완전하게 하였다. 마지막에 결국 누각을 중수하여 관리들이 올라가서 울적함을 푸는 곳으로 삼았다. 시야를 바꾸고 풍경을 고쳤으니, 옛날의 청하가 아닌 것이다. 실로 공경하고 충직하며 명찰한 군자가 아니라면 이렇게 할 수 있겠는가? 공자가 이곳을 지나간다면, 분명히 그 선정을 크게 칭찬할 것이다. 작은 나라인 정(鄭)나라를 자산(子産)이 다스리자, 정나라 사람들은 자신의 나라가 작다는 것을 잊었다. 만일 김 현감처럼 청하를 다스린다면, 나는 고을이 작아서 다스릴 수 없다고 하는 것을 보지 못할 것이다. 아, 그에게 청하를 다스리는 것처럼 큰 고을로 옮겨 다스리게 해도 (그가 큰 고을을 잘 다스릴 것이라는 것을) 미루어 알 수 있다. 이는 실로 기록하지 않을 수 없는 것이다. 이 누각의 산과 바다의 빼어남과 올라가서 감상하는 아름다움은 여기서는 간략히 서술하여 우리 시대의 글 잘 쓰는 이들을 기다린다. 김 현감의 이름은 모모이고, 자는 모모이다." 명 가정 9년(1530) 5월 16일, 봉훈랑 강원도사 상산 주세붕이 쓰다.

(淸河, 小縣也. 嶺之南七十州, 邑褊而民鮮, 淸爲最. 民之謀生者, 不于農而于漁, 故民益瘠而官益孱. 由是, 凡人之拜是邑也, 有弔而無賀. 宰是邑者, 亦戚戚不樂, 謂不足爲治. 率皆束手無策, 以遣歲月. 夫孰有稼穡之勸而館宇之修者哉. 余少時, 嘗過是縣, 觀其公廨蕭條, 壞缺居半, 不足以成邑, 余甚陋焉. 去年夏, 余補關東幕員之闕, 歸覲于漆原, 歷憩清之西軒. 新構崢嶸, 丹雘耀日. 遶軒植竹, 爽豁蕭散, 洒然有物外之思. 余戲謂主人曰: "觀竹, 亦知主人之不俗矣." 自是與主人托以傾蓋之交. 主人曰: "吾自下車, 率民力穡, 堰水以爲灌, 得水田幾頃. 用財以節, 使民以時, 積五歲矣而民旣足, 官亦有裕. 古有太守之宮頹弊, 太守不堪居, 或流寓吏民之家. 弊且不貲, 乃先營其宮, 次繕官倉, 次修公廚, 次改西廂, 次廣東軒. 功役已畢, 獨於東軒之東, 古有梅竹樓, 皆傾圮. 雖不傾圮, 亦甚低壓, 不足以望海與山. 吾欲仍舊址駕高樑, 前可以臨海, 後可以挹呼鶴峯, 以海鶴爲名. 子爲我記之." 余以奔走未暇也. 今年四月, 又自漆歷清, 遙望高閣已翔翥於層霄之上. 卸馬攀梯, 倚欄長嘯. 無涯大溟, 已落吾眼底. 信乎若遊目於天表, 似無依而洋洋者也. 又於閣北, 鑿池種蓮. 荷葉初浮, 田田如錢, 亦可愛也. 徘徊瞻眺, 仰見楣間有臨溟閣三大字爲扁. 余謂主人曰: "前日欲揭以海鶴, 而今者獨以臨溟爲揭者, 何也?" 曰: "此寧海伯孔公瑞麟所名也.子盍記之?" 余曰: "諾, 夫閣旣臨溟, 則擧海而山在中矣. 孔公命名之義, 其不在斯乎. 昔子路治蒲, 孔子過之, 三稱善政. 子貢問之, 夫子曰: 入其境, 田疇甚易, 草萊甚闢, 溝洫甚治. 此其恭敬以信, 故其民盡力也. 入其邑, 墻屋完固, 樹木甚茂. 此其忠信以寬, 故其民不偸也. 至其庭, 庭甚淸簡, 諸下用命. 此其明察以斷, 故其政不擾也. 以此觀之, 雖三稱其善, 庸盡其美乎. 余觀金侯爲政, 先力穡以足其民, 次繕其倉廩館宇城池之制, 以完其邑, 卒乃重修樓閣, 以爲皇華登覽宣鬱之所. 易視改觀, 非復曩時之淸矣. 苟非恭敬忠信明察之君子, 能若是乎? 雖使夫子過之, 亦必稱其善政不已. 鄭, 小國也而子産爲政, 鄭人忘其小也. 若金侯之治淸, 吾未見邑小而無能爲也. 嗚呼, 使之移撫鉅邑則其可量也哉. 是固不可以無記. 若夫玆閣山海之勝, 登賞之美則姑略之, 以俟夫當世之能言者. 金侯名某, 字某." 嘉靖九年五月旣望, 奉訓郎江原都事商山周世鵬記.)

3 청하현 해월루를 노래하며 [題淸河縣海月樓]

이해(李瀣; 1496~1550)[139] 《온계선생일고(溫溪先生逸稿)》(권1)

현의 객관 동쪽에 옛날에 '죽월루'라는 누대가 있었다. 후에 한 읍재가 다시 지어 임명각이라고 했다. 또 오래지 않아 기울고 무너졌다. 내 친구 철성 이 현감이 힘을 빌려 철거하고 새롭게 지었다. 그 옛날의 모습을 증축함에 백성들의 힘을 귀찮게 하지 않고 지었다. 이에 그 편액을 해월이라고 하였다. 나를 잡고 오르니, 속이 후련한 것이 세속 밖을 나가고 싶은 생각이 들었다. 이에 나에게 글을 한 편 써주길 간곡하게 요청하니, 차마 사양하지 못하고 두터운 호의에 보답하고자 삼가 이 글을 쓰게 되었다(縣客館東, 古有樓, 名竹月. 其後有一邑宰改構, 名之曰臨溟. 又未久傾圮. 吾友鐵城[140]李君子輔撤而新之. 增其舊制, 不煩民力而成之. 乃改其扁曰海月. 拉余登臨, 則洒然有出塵之想焉. 因要余留題甚堅, 辭不獲, 錄奉以塞厚意)

12년 전 이곳을 지나며 노닐었고,	十二年前過此遊,
지금 오니 멋진 누대 다시 지음에 기뻐하네.	今來傑構喜重修.
천장은 바다의 해 머금어 푸른빛을 발하고,	囱含海旭淸光發,
동헌을 마주한 산엔 비취색 떠다니네.	軒對山嵐翠色浮.
고죽은 점점 말라 편액을 꺼리고,	苦竹漸枯嫌扁額,
바다는 갑자기 숨어 이름난 누대를 잃네.	滄溟乍隔失名樓.
새로 바다와 달을 읊으니 좋은 생각 많아지고,	新題海月多思藻,
이로 풍류는 바다 끝에 가까워지네.	從此風流薄海陬.

139 李瀣(이해): 조선 전기의 문신이다. 본관은 진보(眞寶)이다. 자는 경명(景明)이고, 호는 온계(溫溪)이다. 조부는 진사 이계양(李繼陽)이고, 부친은 식진사 이식(李埴)이다. 중종 20년(1525) 진사가 되었고, 1528년 식년 문과에 급제했다. 사간·도승지·강원도관찰사·한성부윤 등을 지냈다. 예서(隸書)에 뛰어났다. 영주의 삼봉서원(三峰書院), 예안의 청계서원(淸溪書院)에 제향되었다. 문집으로는 《온계선생일고(溫溪先生逸稿)》가 있다.

140 鐵城(철성): 지금의 경상남도 고성(固城)을 말한다. 이곳에서는 당시 청하현감으로 있던 이고(李股)의 본관을 말한다.

4 해월루 시에 차운하며 [次海月樓]

청하에 있다. 옛날에는 '임명'이라고 했는데, '해월'로 편액을 바꾸었다(淸河. 舊名臨溟, 改扁海月)

황준량(黃俊良; 1517~1563)[141] 《금계집(錦溪集)·외집(外集)》(권4)

임명각에서 10년 전에 노닌 것을 기억하니, 臨溟曾記十年遊,
옥도끼로 중수하니 달 가득한 누대 되었네. 玉斧重修月滿樓.
맑은 날에도 숨은 우레 소리가 땅을 뒤흔들고, 晴隱雷霆聲撼地,
차갑게 드리운 북두성은 가을 기운 머금었네. 寒垂星斗氣涵秋.
왕발(王勃)이 노래한 노을 속의 따오기 못 따르고, 未攀霞鶩[142]王公[143]詠,
범중엄(范仲淹)이 근심했던 임금의 백성이 되었네. 謾作君民范老[144]憂.
우습구나, 고루한 선비가 한 치도 본받지 못하고, 自笑腐儒微寸效,
봄바람에 병이 많아 돌아가 쉬지도 못하는 것이. 春風多病未歸休.

141 黃俊良(황준량): 조선 전기의 문신이다. 본관은 평해(平海)이다. 자는 중거(仲擧)이고, 호는 금계(錦溪)이다. 조부는 황효동(黃孝童)이고, 부친은 황치(黃觶)이다. 어려서부터 재주가 뛰어나 신동으로 불렸으며 문명(文名)이 자자했다. 중종 32년(1537) 생원이 되고, 1540년 식년문과에 을과로 급제했다. 경상도감군어사·신녕현감·단양군수 등을 지냈다. 임지마다 백성들을 구휼하고 지방교육에 힘을 쏟아 큰 치적을 쌓았다. 풍기의 욱양서원(郁陽書院), 신녕의 백학서원에 제향되었다. 문집으로는 《금계집(錦溪集)》이 있다.

142 霞鶩(하목): 낙하고목(落霞孤鶩)의 줄임말이다. '낙하'는 지는 놀을 말하고, '고목'은 외로운 따오기를 말한다. 당(唐)나라의 문장가 왕발(王勃)의 《등왕각서(滕王閣序)》에 "지는 놀은 외로운 따오기와 나란히 날고, 가을 강물은 긴 하늘과 함께 한 빛이네(落霞與孤鶩齊飛, 秋水共長天一色)."라고 했다.

143 王公(왕공): 당(唐)나라의 유명한 문장가 왕발(王勃)을 말한다. 양형(楊炯)·노조린(盧照隣)·낙빈왕(駱賓王)과 함께 시문으로 명성을 떨쳐 초당사걸(初唐四傑)로 불렸다. 그는 노조린 등과 함께 지나치게 화려함을 추구하던 당시의 시풍을 개혁하려고 했다. 대표작으로는 《등왕각서(滕王閣序)》가 있다.

144 范老(범로): 북송(北宋)의 문신이자 학자인 범중엄(范仲淹)을 말한다. 그의 대표작인 《악양루기(岳陽樓記)》에서 "천하의 근심을 먼저 후에 개인의 근심을 생각하고, 천하의 즐거움을 이룬 후에 자신의 즐거움을 구해야 한다(先天下之憂而憂, 後天下之樂而樂)."라는 명문을 남겼다.

5 해월루에서 벽의 시에 차운하며 [海月樓, 次壁上韻]

조정(趙靖; 1555~1636)[145] 《검간선생문집(黔澗先生文集)》(권1)

병이 많아진 이래로 먼 길 사양하고,	多病年來謝遠遊,
쇠잔한 몸을 억지로 이끌고 이 누대 올랐네.	强扶衰朽此登樓.
새벽에 길한 아침 해와 붉은 구름 허공을 오르고,	騰空瑞旭紅雲曉,
푸른 가을 나무의 맑은 매미 소리 귓가에 울리네.	咽耳淸蟬碧樹秋.
자리에 기대어 나는 새 배우려 했음이 부끄럽고,	倚席自慚飛鳥習,
고요한 바다 뒤집히니 괴물과 고래로 근심하네.	偃溟翻起猰[146]鯨憂.
옆 사람들 막지 못해 깊이깊이 술 따르고,	傍人莫拒深深酌,
암만 생각하고 기대도 취해야 잠시 멈출 뿐.	百慮全憑醉暫休.

공은 계림에서 공부할 때 청하현의 유자들에게 돌아가며 강학했는데, 마침 해구들이 침입했다는 소식을 들었다. 그래서 여섯 번째 구에서 이를 언급했다(公在雞林學時巡講淸河縣儒, 適聞海寇之報, 故第六句及之)

6 해월루 시에 차운하며 [次海月樓韻]

황여일(黃汝一; 1556~1596) 《해월선생문집(海月先生文集)》(권1)

남쪽에 온 것은 원래 학산을 둘러보기 위함인데,	南來本爲鶴山遊,
북쪽 바라보려고 해월루에 먼저 올랐네.	北望先登海月樓.
술 한 동이로 밤새다 새벽의 긴 젓대 소리 듣고,	長篴殘星一樽夕,
붉은 연꽃과 푸른 대나무 연못은 온통 가을빛이네.	紅蕖翠篠滿塘秋.

145 趙靖(조정): 조선 중기의 문신이다. 본관은 풍양(豊壤)이다. 자는 안중(安中)이고, 호는 검간(黔澗)이다. 조부는 조희(趙禧)이고, 부친은 조광헌(趙光憲)이다. 김성일(金誠一)의 문인이다. 선조 25년(1592) 임진왜란 때 의병을 일으켜 활약했고, 1599년에는 천거를 받아 참봉이 되었다. 1603년 사마시에 합격한 뒤 1605년 좌랑으로 증광문과에 병과로 급제했다. 이후 봉상시정에 이르렀다. 상주의 속수서원(涑水書院)에 봉향되었다. 저서로는 《검간문집(黔澗文集)》과 《진사일록(辰巳日錄)》이 있다.

146 猰(알): 전설 속의 짐승 이름이다.

정치가 잘 될 땐 난간에 기대 울 필요 없고, 清時不用憑軒涕,
한가한 날에는 잠시 고향 걱정이 사라지네. 暇日聊消懷土[147]憂.
내일 아침 다시 양을 치러 가야 하니, 更擬明朝牧羊去,
오늘 숲 아래서 진정으로 쉬었다네. 于今林下有眞休.

7 해월루 시에 차운하며 [次題海月樓]

이춘영(李春英; 1563~1606) 《체소집(體素集)》

평생 아득한 곳 떠돌아 보려면, 欲試平生汗漫[148]遊,
반드시 성 위의 가장 높은 누대 올라야 하리. 須登城上最高樓.
진리 찾은 상망은 세 가지 세계를 뒤덮고, 玄珠象罔[149]籠三界[150],
서늘한 대자연의 기운은 가을에 걸리네. 灝氣[151]滄涼倒九秋.
난새와 봉황이 세상 제도함에 힘쓴다면, 倘有鸞凰[152]供度世,
앵무새들 근심 해소에 방해하지 않을 것이네. 未妨鸚鵡解消憂.
흐르는 세월에 자식 많이 없음이 애석하고, 流光苦惜無多子,
달은 서쪽으로 옮겨감에 잠시도 쉬지 않네. 桂魄[153]西飛不暫休.

147 懷土(회토): 고향을 생각함을 말한다.

148 汗漫(한만): 물이 아득히 넓은 모양을 말한다.

149 玄珠象罔(현주상망): 이와 관련된 내용은 《장자(莊子)·천지(天地)》에 보인다. 상고 시기 황제(皇帝)가 적수(赤水) 북쪽의 곤륜산 언덕에 올라 남쪽을 바라보고 돌아오는 길에 현주(玄珠)을 잃어버렸다. 황제는 지혜로운 지(知)를 보내 찾도록 하였으나 찾지 못했고, 눈이 밝은 이주(離朱)를 시켜 찾도록 했으나 찾지 못했으며, 언변이 뛰어난 끽후(喫詬)를 시켜 찾도록 했으나 그 역시 찾지 못했다. 이에 아무런 생각이 없는 상망(象罔)을 시켜 찾아보게 하였더니 곧 찾아내는 것이었다. 이에 황제는 "기이하도다! 상망만이 이를 찾아냄이"라고 했다. 이곳의 '현주'는 '진리'를 의미한다.

150 三界(삼계): 천계(天界)·지계(地界)·인계(人界) 세 가지 세계를 말한다.

151 灝氣(호기): 대자연의 기운을 말한다.

152 鸞鳳(난봉): 난새와 봉황을 말하는데, 보통 훌륭한 인재를 가리키는 말로 비유적으로 쓰인다.

153 桂魄(계백): 계수나무가 있는 달이라는 뜻으로, 달을 달리 이르는 말이다.

8 해월루를 중건하여 율시 한 수 지으며 [重建海月樓一律]

이징복(李徵復; 1685~1755)[154] 《송암유고(松菴遺稿)》

일찍이 편액에는 두 자의 이름 있었는데,	華額曾留二字名,
건곤 다시 보니 하나의 누각 세웠다네.	乾坤重見一樓成.
맑은 가을의 호기가 동남으로 트였는데,	秋淸灝氣東南豁,
초야의 둥근 달 위아래를 밝힌다네.	初夜圓光上下明.
안개 낀 봉도에 자라 그림자 있고,	蓬島煙浮鰲影泛,
월궁에 서리 내리니 졸던 토끼 놀라네.	桂宮霜重兎眠驚.
봉송정(鳳松亭)의 아름다운 빛 용산의 정경인데,	鳳松[155]秀色龍山景,
천고의 달을 회재(晦齋) 노인이 평했다네.	千古長輪晦老評[156].

9 여겸이 읊은 중수한 해월루 시에 차운하며 [次汝謙詠重修海月樓韻]

이징복(李徵復; 1685~1755) 《송암유고(松菴遺稿)》

봉해의 신령한 부상에 달이 떠오르니,	蓬海仙桑月上初,
해월루의 풍경을 무엇이라 물을까.	海樓風景問何如.
교인의 굴 평평하게 만 길이나 열렸고,	平開萬丈蛟人窟,
옥녀의 수레는 삼청으로 전출하였네.	轉出三淸[157]玉女車.
노 젓는 소리 외에 바람은 상쾌한데,	風檻爽凉鳴櫓外,
달빛의 밤 창에 거문고 여운을 들어보네.	夜窓虛白聽琴餘.
화려하게 얽은 중수한 뜻 알려면,	欲知華搆重修意,

154 李徵復(이징복): 조선 후기의 문신이다. 자는 도심(道心)이고, 호는 송암(松菴)이다. 경종 원년(1721) 진사에 급제했다. 호조좌랑·당진현감·청하현감 등을 지냈다. 청하현감 시절 당대의 문장가였던 청천(靑泉) 신유한(申維翰; 1681~1752)과도 교유했다. 시문집으로는 《송암유고(松菴遺稿)》가 있다.

155 鳳松(봉송): 청하현 동쪽에 있던 정자 이름이다.

156 晦老評(회로평): 회재(晦齋) 이언적(李彦迪; 1491~1553)이 《해월루기(海月樓記)》를 쓴 것을 말한다. '회로'는 회재 이언적을 말한다.

157 三淸(삼청): 도교(道敎)에서 신선이 산다는 옥청(玉淸)·상청(上淸)·태청(太淸) 세 궁전을 아울러 이르는 말이다.

청천이 이은 말미의 글 봐야 하리. 須見靑泉[158]續尾書[159].

10 해월루에서 진연(賑宴)이 끝나고 이상채의 시에 차운하며 [罷賑宴[160]次李相采[161]韻於海月樓]

이징복(李徵復; 1685~1755)《송암유고(松菴遺稿)》

청하읍성 서쪽에 다시 쌓은 높은 누대에, 城西重築一高樓,
관가의 술 차고 맛난 음식 놓여있네. 官酒盈盈錯美羞.
해국에 머문 시간 동안 몇 번이나 놀랐고, 歲月幾驚淹海國,
강산은 공후가 바뀜을 바라지 않네. 江山不願換公侯.
삼추의 달그림자는 맑은 밤의 빛이고, 三秋桂影淸宵色,
만 리의 큰 파도에 하얀 해를 보네. 萬里鯨波白日眸.
진연(賑宴)이 끝나고 동쪽 누대 유람도 끝나니, 賑罷游東樓又訖,
늦은 바람에 노래 부르며 술잔을 권하네. 晩風歌管勸花籌.

158 靑泉(청천): 조선 후기의 문신이자 문장가인 신유한(申維翰)의 호이다. 《해월루기(海月樓記)》를 지은 적이 있다.

159 尾書(미서): '책의 말미'라는 의미인데, 이곳의 '책'은 신유한(申維翰; 1681~1752)이 1723년에 쓴 《해월루기(海月樓記)》를 말한다. 이 기문은 신유한의 문집 《청천집(靑泉集)》(권5)에 수록되어있다.

160 賑宴(진연): 기근이나 흉년 등에서 백성들을 적극적으로 구휼한 것을 축하하기 위해 여는 잔치를 말한다.

161 李相采(이상채): 조선 후기의 유학자이다. 자는 숙량(叔亮)이고, 호는 수졸재(守拙齋)이다. 어려서 당숙부 반와(盤窩) 이광진(李光震)의 문하에서 수학했다. 역학(易學)·주자서(朱子書)·초사(楚辭) 등을 탐독했고, 후진 양성에 힘썼다. 저술로는 《수졸재집(守拙齋集)》이 있다.

11~18 해월루 팔경 [海月樓八景]

이징복(李徵復; 1685~1755) 《송암유고(松菴遺稿)》

봉송림의 새벽달 [鳳松曉月]

푸른 비늘과 붉은 껍질은 긴 둑 두르고,	蒼鱗赤甲匝長隄,
단혈의 봉황의 기이한 털 밤마다 깃드네.	丹穴[162]奇毛夜夜棲.
구름 그림자처럼 한 번 가면 천년이니,	一去千年雲影宛,
새벽하늘 맑은 달은 절로 높아지고 낮아지네.	曉天晴月自高低.

용산의 저녁 물안개 [龍峀晚霞]

가을 산은 적막하고 국화는 시드는데,	秋山寂瀝菊兮凋,
외로운 집오리 지는 놀이 저문 하늘에 비치네.	孤鶩殘霞暎晚霄.
석양이 붉게 물든 강의 성을 날아지나,	飛過江城斜日紫,
꽃이 핀 골짜기에 내리니 그림자 나부끼네.	落來花谷影飄飖.

조경대의 성난 파도 [釣鯨怒濤]

달콤한 미끼로 언제 큰 고래를 낚았던가,	香餌何年釣巨鯨,
옛 누대의 사람은 가도 노한 파도 소리 그대로네.	古臺人去怒濤聲.
맑은 가을 말갈기가 높이 들려 움직이니,	淸秋鬐鬣如掀動,
포구에 정박한 배들이 몸을 떨며 놀라네.	竄浦帆檣辟易驚.

호학봉(呼鶴峯)의 돌아오는 구름 [鶴峰歸雲]

호학봉의 높음은 고상한 사람 같고,	鶴峰偃蹇高人如,
강북 쪽의 처사는 지금 부질없이 걱정하네.	水北今空處士慮.
그저 홀로 유유자적 흐르는 백운이 있고,	但有白雲閑自在,
하늘의 달그림자 보니 말렸다가 펴지네.	慕天歸影捲還舒.

162 丹穴(단혈): 《산해경(山海經)·남산경(南山經)》에 나오는 산 이름이다. 금과 옥이 널려있고, 오색의 무늬를 가진 봉황새가 산다고 전한다.

상대리 들판의 목동의 피리소리 [上坪牧笛]

성 밖의 풀색은 비단 같이 푸르고,	長郊草色綠如紗,
어젯밤엔 약간의 비에 차가운 바람 지나갔네.	微雨凍風昨夜過.
어딘 가의 피리 소리는 관문으로 날려가고,	何處笛聲飄一關,
목동은 소등을 타고 도롱이 반만 걸쳤네.	牧童牛背半披簑.

월포(月浦)의 고기잡이 노래 [介浦[163]漁謠]

단풍나무 잎이 떨어지고 갈대는 시드는데,	霜楓葉脫露蒹枯,
깜박깜박 마을의 등불이 한밤중에 외롭네.	明滅村燈半夜孤.
늦은 가을빛에 어부 노래 바람에 실려가고,	風送漁歌秋色晚,
모래 포구 긴 물가에 달이 환히 비치네.	沙浦長渚月彎弧.

도리산의 저녁 봉수 [桃山夕烽]

북과 북채 밤에 일 없고 돼지는 가만히,	桴鼓夜閑豕不奔,
차가운 날 먼지 사라지고 기러기는 울지 않네.	寒天塵霽雁無喧.
평소 변경의 방비를 걱정할 필요 없으니,	平時未必憂邊警,
환한 횃불 하나 바다 언덕 계속 지키네.	一炬猶明海防塔.

송라 역촌의 저녁밥 짓는 연기 [松郵暮烟]

푸른 소나무 우거진 마을엔 역참의 연기 감싸고,	蒼松村落繞郵烟,
봄꽃 핀 들판엔 역마 타는 소리로 소란스럽네.	春草郊原馹騎暄.
푸른 이 일대의 저녁 숲의 외로운 연기를,	夕林孤煙青一帶,
저녁 바람이 황혼 가로 불어가네.	晚風吹散到黃昏.

163 介浦(개포): 개포진(介浦津)으로, 지금의 월포(月浦) 일대에 왜구의 침략을 막기 위해 설치된 수군진(水軍鎭)이다.

19~25 청하현에서 해월루 시에 차운하며 [淸河縣, 次海月樓韻]

심사주(沈師周; 1691~1757)[164] 《한송재집(寒松齋集)》(권2)

봉송림의 새벽달 [鳳松曉月]

고현의 동쪽은 큰 둑에 이르고,	古縣東頭亘大堤,
천 그루의 노송은 엷은 구름 속에 깃들었네.	千株松老淡雲棲.
봉황이 떠나자 창해는 비고,	鳳凰一去空滄海,
찬 소리 서늘하고 달 작고 나지막이 떴네.	寒籟翛翛[165]小月低.

조경대의 성난 파도 [鯨臺怒濤]

거센 물결은 큰 물고기를 잠기게 하고,	怒濤掀動汩鯤鯨,
만 리 창명은 천둥소리를 내네.	萬里滄溟霹靂聲.
옥루 설산은 잇따라 오르락내리락,	玉壘[166]雪山紛起伏,
수신 풍이는 집에만 있고 축용은 놀라네.	馮夷[167]徙宅祝融[168]驚.

호학봉(呼鶴峯)으로 올라가는 구름 [鶴峰歸雲]

처음에는 푸른 개 같다가 다시 옷과 같아서,	初如蒼狗復衣如[169],
처사가 사는 오두막의 울타리가 되기도 하네.	或作藩籬處士廬.
봉래로 가니 다섯 가지 색에 호응하고,	去向蓬萊應五色,
크고 긴 섬돌이 길한 빛과 함께 펼쳐지네.	泰堦長與瑞暉舒.

164 沈師周(심사주): 조선 후기의 문신이다. 본관은 청송(靑松)이다. 자는 성욱(聖郁)이고, 호는 한송재(寒松齋)이다. 부친은 상의원첨정(尙衣院僉正) 심정협(沈廷恊)이고, 효종의 외증손이다. 여러 번 과거에 실패하여 영조 15년(1739) 49세에 음보(蔭補)로 의릉참봉이 되었다. 이후 의금부도사·호조좌랑·전주부사 등을 역임했다. 일찍이 영덕에 큰 기근이 들었을 때 전심전력으로 수많은 백성을 구휼했다. 문집으로는 《한송재집(寒松齋集)》이 있다.

165 翛翛(소소): 서늘함을 형용하는 말이다.

166 玉壘(옥루): 중국 사천성(四川省) 성도(成都) 서북쪽에 있는 설산(雪山)을 말한다.

167 馮夷(풍이): 전설 속에 나오는 황하[黃河]의 신 하백(河伯)을 가리키기도 하고, 수신(水神)을 총칭하기도 한다.

168 祝融(축융): 중국 신화 전설에 나오는 불의 신이자 남쪽의 신이다.

169 蒼狗復衣如(창구): 구름이 빠르게 변화함을 나타내는 말이다. 이 구절은 두보(杜甫)의 시 [가탄(可歎)]에서 "하늘의 뜬구름 흰옷 같았는데, 잠시 뒤 변하여 푸른 개 되었네(天上浮雲似白衣, 斯須改變成蒼狗)"라고 한 것에서 유래했다.

상대리의 목동의 피리 소리 [上坪牧笛]

느릿느릿 송아지 타고 모래 언덕에서 내려오니, 騎犢閒閒下岸沙,
가까운 갈매기와 해오라기도 놀라 지나가지 않네. 相親鷗鷺不驚過.
외로운 피리 소리 한 가락 석양에 떨어지고, 一聲孤笛斜陽落,
모락모락 피는 연기 사이로 짧은 도롱이가 보이네. 煙際依依見短蓑.

월포의 고기잡이 노래 [介浦漁謠]

차가운 물가에 바람 일면 갈대는 마르고, 寒汀風起荻蘆枯,
저녁 무렵 외로운 배는 둥실둥실 떠다니네. 泛泛漁舟落日孤.
맞은편 언덕에서 부르는 노래에 서로 답하고, 隔岸淸謠相與答,
물고기 묶은 허리 줄은 쳐진 활과 같네. 帶魚腰索[170]似垂弧.

도리산의 저녁 봉수 [桃山夕烽]

아득한 지평선 가의 해는 서쪽으로 지고, 悠悠邊日自西奔,
환한 봉화 차가워지니 바다는 시끄럽지 않네. 耿耿寒烽海不喧.
백 년 동안 적막하고 요상한 기운은 멀어지니, 寥廓百年氛祲遠,
수자리 서는 아이 황량한 돈대에 기대 피리 부네. 戍兒吹笛倚荒墩.

송라 역촌의 마을 연기 [松郵村煙]

소나무 아래의 연기 옛 역 마을에 오르고, 松下煙生古驛村,
적막한 옛터엔 시끄러운 사람의 소리 끊겼네. 寂寥墟落絶人喧.
차가운 시내 위를 어둑어둑 낮게 날고, 低飛曖曖[171]滄溪上,
산의 구름과 섞이어 저녁을 만드네. 仍雜山霏作夕昏.

170 腰索(요삭): 물체의 허리 부분을 묶거나 동이거나 하는 데 쓰는 새끼나 끈을 말한다.
171 曖曖(애애): 날이 어둑어둑한 것을 한 것을 말한다.

26 해월루에서 노이 윤지증과 작별의 말을 나누며 [海月樓與尹魯以之曾敍別]

1782년(壬寅)

이학해(李學海; 1748~1814)[172] 《나천가헌(羅泉家獻)》(권1)

검은 말 길 재촉하니 수시로 술을 따르고,	驪駒[173]催發酒頻斟,
밤 깊어지면 이 이별의 근심을 어찌할까나.	其奈離愁抵夜深.
천 리 길 가다 우연히 창해 가에서 만나,	千里偶逢滄海畔,
5년 동안 친한 벗 되었네.	五年相得故人心.
즐겁게 모여 책 읽고 그림 평했으며,	繙書[174]評畫團樂會,
강물을 대하고 산을 보며 자유로이 읊었네.	臨水看山漫浪[175]吟.
오주의 달은 옛날 그대로이겠고,	依舊吳州[176]猶有月,
흉금 털어놓은 그대의 순수한 뜻 생각하네.	憶君淸範好開襟[177].

27 청하현감 사능 이정간이 해월루에서 자리를 마련해 한 잔 하며 '등'자를 얻어 [淸河李使君事能正幹設小酌于海月樓得燈字]

이효상(李孝相; 1774~?) 《일재유고(逸齋遺稿)》

어찌 등을 오래도록 다 태우지 못하나,	安得長煎不盡燈,
일 없어 그대와 한가로이 여길 오르네.	與君無事此閒登.
창해에 임한 누대는 풍도가 생기고,	樓臨滄海達風度,

172 李學海(이학해): 조선 후기의 학자이다. 본관은 안산(安山)이다. 자는 지중(至仲)이고, 호는 나천(羅泉)이다. 부친은 훈련원주부(訓鍊院主簿)를 역임한 이태희(李泰禧)이고, 아들로는 이효상(李孝相)과 이교상(李敎相)이 있다. 문집으로는 《나천가헌(羅泉家獻)》이 있다.

173 驪駒(여구): 털빛이 검은 말을 말한다.

174 繙書(번서): 책을 펼쳐서 읽는 것을 말한다.

175 漫浪(만랑): 자기 마음대로 함을 말한다.

176 吳州(오주): 원래는 중국 강소성(江蘇省) 양주(揚州)를 말한다. 이곳은 중국 강남(江南) 문화의 중심지로, 풍경이 아름답고 유구한 역사를 갖고 있다. 이곳에서는 두 사람이 만난 곳을 아름다운 오주에 비유한 것으로 보인다.

177 開襟(개금): 가슴 속에 품은 생각을 털어놓음을 말한다.

곡강에서 온 나그네는 밝은 달빛을 타네. 客自曲江明月乘.
사람 사는 세상은 종이처럼 얇고, 人世居諸薄如紙,
관가에서 따르는 술 얼음보다 차갑네. 官家杯酌冷於氷.
취한 후 순간 세속의 꿈을 깨달으니, 醉後遽然[178]塵夢覺,
몸은 층층 벽운 속에 있는 것 같네. 却疑身在碧雲層.

28 해월루 시에 차운하며 [次海月樓韻]

김재윤(金在琄; 1808~1893)[179] 《운고집(雲皐集)》(권2)

아주 작은 읍성의 서쪽에는 누대가 있고, 斗如之邑城西樓,
천추의 성쇠는 훌륭한 정치와 함께하네. 興廢千秋與政修.
누대에 오르니 만곡의 창명은 광활하고, 萬斛滄溟登額闊,
둥근 맑은 그림자가 주렴 위로 떠오르네. 一輪淸影上簾浮.
군자는 공허한 세계를 밝게 빛내고, 曜明君子虛靈界,
시인은 처량한 가을과 소통하네. 疏暢詩人氣色秋.
이를 따라 나라를 위하면 뭣이 필요하리, 緣此爲邦何足有,
동헌에서 즐거이 보내니 공무의 근심 물러가네. 臨軒快遣退公愁.

178 遽然(거연): 깊이 생각하거나 느낄 겨를도 없이 갑작스러운 것을 말한다.

179 金在琄(김재윤): 조선 후기의 학자이다. 본관은 김해이고, 청하면 소동리에서 출생했다. 자는 우홍(宇洪)이고, 호는 운고(雲皐)이다. 어려서 영민했고 경사(經史)와 제자서(諸子書)들을 두루 탐독했다. 정재(定齋) 선생의 문하에 들어가 견문을 넓혔고, 과거시험에 미련을 두지 않았다. 한때 청송 진보에 살았으나 만년에 고향에 돌아와 살면서 시문을 지으며 후학 교육에 전념했다. 저술로는 《운고문집(雲皐文集)》이 있다.

29 덕성 해월루 벽의 시에 차운하며 [德城海月樓板上韻]

김재찬(金在燦; 1811~1888)[180] 《서계문집(西谿文集)》(권1)

동쪽 가에 의지한 작은 누대,	大海東頭倚小樓,
훌륭한 이들 남긴 글을 더 늘여 갖추네.	玉山[181]遺筆[182]備增修.
울창한 솔의 느긋한 관원은 처마에 기대 자고,	官閒松盎依簷睡,
적막한 땅의 구름은 난간 가까이 떠다니네.	地闃[183]蓬雲近檻浮.
고요한 밤하늘은 온통 물이고,	靜夜一天渾是水,
오월의 맑은 바람은 가을처럼 상쾌하네.	淸風五月爽如秋.
원님은 보고 노는 일을 해서는 안 되니,	使君不是遊觀役,
백성들과 소통하고 매일 근심해야 하리.	疏暢民間溢目愁.

30 해월루 중수 시에 차운하며 [次海月樓重修韻]

류진성(柳晉成; 1826~1894)[184] 《동계문집(東溪文集)》(권1)

바다의 달 사람에 머물러 바다의 누대 가깝고,	海月留人近海樓,
새 난간을 하고 옛 모습 다시 더 꾸몄네.	新欄舊制更增修.
연무와 빛은 고금에 오래도록 남아 있고,	煙光今古長留在,

180 金在燦(김재찬): 조선 후기의 유학자이다. 본관은 광산(光山)이다. 자는 찬옥(贊玉)이고, 호는 서계(西谿)이다. 조부는 김성열(金星說)이고, 부친은 김도진(金道振)이다. 젊어서 유심춘(柳尋春)의 문하에서 공부했다. 문장으로 명성이 있었으나 과거에 실패하자 학문에만 뜻을 두었다. 경전(經傳)과 성리서(性理書)를 탐독하면서 후진 양성에 힘을 다했다. 향년 78세로 세상을 떠났다. 저서로는 《태극도(太極圖)》·《태극서명연주(太極西銘演註)》·《서계집(西谿集)》 등이 있다.

181 玉山(옥산): 외모와 풍채가 빼어나게 아름다운 사람을 비유적으로 이르는 말이다.

182 遺筆(유필): 죽은 사람이 생전에 써서 남겨 놓은 글씨를 말한다.

183 地闃(지격): 땅이 고요한 것을 말한다.

184 柳晉成(류진성): 조선 후기의 유학자이다. 본관은 문화(文化)이다. 자는 응휴(應休)이고, 호는 동계(東溪)이다. 경상북도 영덕(盈德) 삼계리(三溪里)에서 태어났다. 조부는 유종인(柳宗仁)이고, 부친은 류치목(柳致穆)이다. 당시 이름난 선비들과 교유하면서 학문에 힘썼고, 인척 중에 가난한 사람이 있으면 솔선수범하여 도와주었다. 후에 수직(壽職)으로 가선대부(嘉善大夫) 동지중추부사(同知中樞府事)에 제수되었으나 사양했다. 문집으로는 《동계선생문집(東溪先生文集)》이 있다.

동남의 산세 반을 차지했네. 山勢東南半落浮.
술기운 깼을 때 새벽을 맞이하고, 酒力醒時迎素夕,
시가 조화로운 곳에서 밝은 가을을 노래하네. 詩歌和處誦明秋.
얼마나 많은 훌륭한 이들 직접 글을 지었던가, 幾多美人文章手,
항아로 하여금 밤마다 걱정하지 말게 하여라. 莫使姮娥[185]夜夜愁.

31 청하 해월루 중수 시에 차운하며 [次淸河海月樓重修韻]

이규일(李圭日; 1826~1904)[186] 《사류재선생문집(四留齋先生文集)》(권1)

동해 큰 바다의 작은 누대 하나, 大海東頭一小樓,
전인들이 짓고 후인들이 돌보네. 前人經紀[187]後人修.
낮은 처마는 마침 석양빛 잘 통하고, 低簷恰受斜光徹,
짧은 난간은 떠다니는 먼 경관 받아들이네. 短檻能容遠景浮.
앉아서 300척의 해 뜨는 부상을 보고, 坐看扶桑三百尺,
만 천추의 계백을 불러오네. 呼來桂魄[188]萬千秋.
안목이 넓어질 때 정치의 교화가 통하니, 眼界[189]通時通政化,
백성에 임함에 어찌 눈앞 근심을 살핌이 있으리. 臨民何有察眉愁.

185 姮娥(항아): 중국 고대 신화에서 달 속에 있다는 선녀를 말한다. 여기서는 달을 말한다.

186 李圭日(이규일): 대한제국 시기의 관료이다. 본관은 경주(慶州)이다. 자는 경장(暻長)이고, 호는 사류재(四留齋)이다. 경상북도 경주 출생이다. 부친은 이작우(李作雨)이다. 철종 1년(1850) 증광시에 병과로 급제하여 승문원부정자가 되었다. 사간원정언·황산현령·사헌부장령 등을 역임했다. 만년에는 향리에서 후진 양성에 힘썼다. 저서로는 《사류재집(四留齋集)》이 있다.

187 經紀(경기): '돌보다' 또는 '가꾸다'의 의미이다.

188 桂魄(계백): 계수나무가 있는 달이라는 뜻으로, 달을 달리 이르는 말이다.

189 眼界(안계): 눈으로 바라볼 수 있는 범위를 말한다.

32 덕성의 해월루에 올라 [登德城海月樓]

류시봉(柳時鳳; 1869~1951) 《외산문집(畏山文集)》(권1)

지난번에 이 누대를 몇 번이나 말했고,	前度幾言此一樓,
난간에 기대니 긴 여정을 잊네.	倚欄忘却道途修.
가슴으론 거친 파도 일으키는 동해 고래 삼키고,	胸呑東海鯨波闊,
머리로는 달이 떠다니는 중천을 이네.	頭戴中天兎影[190]浮.
유약한 자손들 사월에 옴에 느낌 있고,	有感孱孫[191]來四月,
가없는 구름 빛깔은 천추에서 말미암네.	無邊雲物自千秋.
저물녘에 홀로 연꽃 핀 저수지를 대하고,	斜陽獨對蓮塘水,
옛날 지은 시구 속의 근심을 환기해보네.	喚起當年句裏愁.

33 해월루를 노래하며 [題海月樓][192]

작가 미상

아득한 성 서쪽의 작은 누대 하나,	縹緲城西小一樓,
백 년의 오늘에 중수함을 기뻐하네.	百年今日喜重修.
날듯한 처마는 봉산을 곧장 마주하여 돌고,	飛簷直對蓬山廻,
굽은 난간은 기둥 세운 전에 임해 떠 있네.	曲檻平臨柱殿浮.
천 리나 머물다 돌아와 멀리 바라보고,	千里淹留還望遠,
한번 가서 좇으니 다시 가을이라네.	一遵從倚更逢秋.
밤이 오니 물이 넘치고 은빛 파도가 일어,	夜來瀲灎銀波漲,
하늘 끝 지친 나그네 시름을 모두 씻어주네.	洗盡天涯倦客愁.

190 兎影(토영): 달을 말한다.

191 孱孫(잔손): 가냘프고 약한 자손을 말한다.

192 이 시는 《일월향지(日月鄕誌)》 〈해월루(海月樓)〉조에서 발췌하였다. 시의 저자를 밝히지 않아 누구의 시인지 알 수 없다.

34 해월루에서 달을 보며 [海月樓看月]

석천인(釋天因; 미상) 《동문선(東文選)》(제6권)

서쪽 바람이 쓸쓸하여 기운은 찬데,	西風蕭蕭天氣涼,
남쪽 누각에 홀로 앉았으매 마음이 슬퍼지도다.	南樓獨坐心悠然.
문득 보니 바다 달이 아로새긴 난간에 떠올라,	忽看海月上雕檻,
사방 허공이 빛나고 밝아 음침한 연기를 걷도다.	四虛晃朗開陰煙.
처음에는 내가 은빛깔 세계에 앉았나 싶더니,	初疑坐我銀色界,
다음에는 옥호천에 날아올랐나 싶었네.	又恐飛上玉壺天[193].
차갑고 산뜻하여 맑은 기운이 뼛속에 드니,	泠泠沆瀣清入骨,
이 세상 백 가지 티끌 인연을 씻는다.	一洗百慮塵勞緣.
이 누대가 달을 얻은 지 얼마인지 모르지만,	此樓得月都幾時,
네 철의 달이 어찌 다르게 비치랴마는.	四時月照何曾偏.
달빛은 가을에 더욱 좋다 모두 말하네,	皆言月色秋更好,
바람이 갈고 이슬이 씻어 더욱 맑고 고와라.	風磨露洗添清姸.
누가 알랴 계수 넋은 원래 죽지 않아서,	誰知桂魄元不死,
비춰 오고 비춰 가기 무궁한 세월일세.	照來照去無窮年.
그대는 보았는가,	君看,
바다와 달은 천고에 오직 한 빛인 것을,	海月千古唯一色,
맑고 깨끗함은 본시 우리 집에서 전하는 것.	清白本是吾家傳[194].

193 玉壺天(옥호천): 동한(東漢) 사람 비장방(費長房)이 약을 파는 한 노인을 따라 병 속으로 들어가자 별천지(別天地)가 있었다는 고사에서 유래했다.

194 清白本是吾家傳(청백본시오가전): 한(漢)나라 사람 양진(楊震)이 말하기를, "내가 자손에게 재물을 주지 않는 대신 청백리(清白吏)의 자손이란 명예를 전하여 주리라." 하였다. 대대로 청백한 것을 청백전가(清白傳家)라 한다. 여기서는 달의 청백함을 사람의 청백에 비유하였다.

기문(記文) 1

해월루기 [海月樓記]

이언적(李彦迪; 1491~1553) 《회재집(晦齋集)》(권6)

고을에 누관(樓觀)이 있는 것은 다스림과는 무관한 것 같지만, 기분을 풀어주고 마음을 맑게 해주니, 정무를 수행하는 근본으로 삼는 것도 반드시 여기서 얻어진다. 대체로 마음이 답답하면 생각이 갈피를 잡지 못하고, 시야가 막히면 뜻도 막히게 되는 것이다. 그래서 군자는 반드시 유람할 수 있는 장소와 멀리 조망할 수 있는 누대를 두어, 원대하고 겸허한 덕을 기른다. 다스림은 바로 이로 나오는 것이니, 어찌 그 연관됨이 크다 하지 않겠는가.

청하현(淸河縣)은 바닷가 한구석에 치우쳐 있는 고을이다. 객관(客館) 동쪽에 오래전부터 있었던 작은 누대는 좁고 낮으며 성첩(城堞) 사이에 가려있어 사방을 둘러봐도 전망이 나오지 않아, 막히고 답답한 마음을 후련히 뚫어주고 맑고 탁 트인 경치를 접할 수 없다. 이로 인하여 아득히 끝없이 펼쳐진 바다의 장관을 지척에서 막혀 볼 수 없고, 보이는 것이라곤 반 이랑 정도의 네모난 못과 매화와 대나무 몇 무더기뿐이다.

명(明) 가정(嘉靖) 무자년(1528, 중종 23) 겨울, 현감 김자연(金自淵)이 처음으로 다시 지으려고 하였다. 그가 원래의 누대를 증축하여 높이 올리고 넓히니, 아득히 펼쳐진 푸른 바다가 눈을 들면 바로 보였다. 이 누대에 오른 사람은 누대가 높은 줄 모르고, 놀라면서 하늘과 땅이 열린 듯이 광활하게 펼쳐진 바다 전경을 볼 수 있다. 마침내 이를 임명각(臨溟閣)이라고 불렀다. 다만 좋은 목수를 얻지 못한 탓에 기초 공사가 부실하고 건축이 잘못되어, 몇 년 지나지 않아 기울어지고 말았다. 이후, 후임 현감으로 온 류무빈(柳茂繽)이 지탱시키고 일으켜 세웠으나 얼마 지나지 않아 다시 기울어졌다. 청하현에 온 빈객들이 여름에 찌는 듯한 더위에도 둘러보다 누대에 서기를 멈추고 올라가지 않으려는 지가 거의 10년이 되었다.

정유년(1537, 중종 32) 가을, 철성(鐵城) (이씨인) 이고(李股) 현감께서 연로한 어버이를 봉양한다는 이유로 고을 수령으로 나가길 청하여 청하현에 부임하였다. 그는 능숙하게 고을을 다스리는 여가에, 이 누대를 중수하려는 뜻을 가졌다. 그렇지만 고을은 쇠락하고 재정은 부족한 상황에서 피로한 백성들을 거듭 괴롭히게 될 것을 염려하였다. 이에 아전과 백성들이 미납한 조세를 찾아내어, 밀린 조세의 많고 적음에 따라 부담할 부역의 양을 책정하였다. 또 수사(水使) 이몽린(李夢麟) 공에게 도움을 요청하여, 인근 고을 수졸(戍卒)들 가운데 병역의 의무를 다하지 않아 처벌을 받아야 할 사람 100명을 확보하고, 이들의 벌을 면제해 주는 대신에 그 힘을 쓰니, 백성들을 번거롭게 하지 않고도 공사를 할 수 있었다. 흙을 쌓고 토대를 다진 뒤, 건물을 정교하게 짓고 처마와 난간에 단청을 입히니, 영롱하고 우아한 자태를 드러냈다. 옛 목재들을 그대로 썼음에도 면모가 완전히 일신되었다. 이에 편액을 해월루로 고치고, 나에게 기문을 청했다.
내 고향은 청하현에서 얼마 떨어져 있지 않아, 한 번 가서 누대에 올라 경관을 바라보며 세상의 번뇌를 씻어버리고 싶었지만, 조정에 얽매인 몸이라 바람을 이루지 못했다. 그러나 누대의 아름답고 장엄한 경관은 그 이름으로 생각해도 몇 가지는 알 수 있다. 난간에 기대어 시야가 닿는 곳까지 바라보면, 가지가지 경치가 눈 앞에 펼쳐진다. 가까이로는 녹색 들판과 이어지고, 멀리 하늘빛과 섞여 울창하게 북쪽에 우뚝이 솟은 것은 내연산(內延山)이며, 높다랗게 서쪽에 빼어난 것은 회학봉(回鶴峯)이다. 소나무 숲이 원근에 있어 짙푸른 산색은 감상할 만하고, 연무와 아지랑이가 아침저녁으로 만 가지 자태와 형상을 빚어낸다. 그럼에도 (바다와 달) 두 가지만을 취해 (해월루로) 이름한 까닭은, 누대에서 보는 것 중에서 가장 큰 것을 기록해서이다. 그 큰 것을 보고 마음에 얻는 것이 있으니, 어찌 눈을 즐겁게 하고 경치를 감상할 뿐이겠는가.
아침 해가 물결에 비치고 자욱한 해무가 걷히면, 아득히 펼쳐진 물이 하늘과 맞닿아 만 리 밖까지 푸른빛을 띤다. 넘실대고 철썩이는 파도가 하늘의 해를 삼킬 듯하고, 한없이 깊고 넓은 바다는 그 끝이 보이지 않는다. 이때 높은 누대에 기대어 시야가 닿는 곳까지 바라보면, 아득하기가 하늘로 올라가서 바람을 타고 은하수에 다다른 것 같아, 사람의 마음을 넓고 화평하게 탁 트이게 해주는데, 호연지기를 천지간에 가득 차게 해준다. 이는 바다를 잘 보게 하는 것이다.

대지에 날씨가 개면 하늘가에 구름이 흩어지고, 푸른 하늘에 달은 떠가고 저녁 흰 연무가 비낄 때면, 물빛과 하늘빛은 하나가 된다. 또 별들은 빛을 숨기고 갠 하늘은 더할 수 없이 아름다워, 맑고 깨끗한 빛을 띤다. 사람이 높은 누대에 있으면 이를 사랑하고 감상할 것이고, 밝고 높은 곳에 몸을 맡기고 끝없고 공허한 곳에 눈을 붙인다면, 아득히 세속을 버리고 신선이 사는 봉래산(蓬萊山)과 영주산(瀛洲山)에 오른 것과 같아서, 사람의 마음을 상쾌하고 시원하게 해주어 가슴속 찌꺼기가 모두 씻기고 본연의 천성이 가슴에 넘치도록 할 것이다. 이는 달을 잘 보게 하는 것이다.

아! 군자가 사물을 보는 것은 세속의 안목과 다르다. 사물을 보면 반드시 그 이치를 깨달아 마음에 체득한다. 그래서 하늘의 운행을 살피느라 편히 쉴 겨를이 없고, 땅의 형세를 보고 그 덕을 두터이 함을 생각한다. 이 현감이 해월루로 이름한 것이 어찌 괜히 명명한 것이겠는가. 바다에서 그 너그러움을 취하고, 달에서 그 밝음을 취하고자 함이다. 너그러움으로 나의 도량을 넓히고, 밝음으로 나의 덕을 밝힌다면, 천하라도 다스릴 수 있을 것인데, 한 고을이야 더 말해서 무엇하겠는가. 누대에 오른 자가 편액을 보고 그 의미를 생각한다면, 안목이 좁다고 평가받는 일은 없을 것이다.

명 가정 계묘년(1543년, 중종 38) 3월 하순, 자헌대부·의정부우참찬 여강 이언적 쓰다.

(邑之有樓觀, 若無關於爲政, 而其所以暢神氣,淸襟懷, 以爲施政之本者, 亦必於是而得之. 蓋氣煩則慮亂, 視壅則志滯. 君子必有遊覽之所, 高明之具, 以養其弘遠淸虛之德. 而政由是出, 其所關顧不大哉? 淸之爲縣, 僻在海隅. 客館之東, 古有小樓, 陋隘低微, 隱在雉堞中, 四顧無眼界, 無以宣暢湮鬱,導迎淸曠. 至使浩渺無涯之壯觀, 礙於咫尺而莫收, 所見者半畝方塘,數叢梅竹而已. 嘉靖戊子冬, 縣宰金侯自淵始欲改構, 增其舊制, 峻而寬之, 滄溟浩汗, 擧眼斯得. 人之登斯樓者, 不知樓之高, 而怳然如天開地闢而敞豁也. 遂名爲臨溟閣. 第以匠不得良, 築址不牢, 營構失宜, 不數年而傾側. 厥後 柳茂繽繼之, 支撑起正, 未久旋頹. 賓客之至縣者, 雖當夏月, 困於炎蒸, 而徘徊却立, 不敢登者, 殆將十年矣. 歲丁酉秋, 鐵城李侯股, 以親老出紐縣章. 游刃之餘, 慨然有志於重修, 尙慮邑殘力薄, 重勞疲氓. 乃搜吏民之欠科納者, 隨其多少而稱其役之輕重. 又求助於水使李公夢麟, 得隣境戍卒之闕防應罰者百名, 除其罰而用其力, 不煩民而事集. 累土築基, 結構精緻, 碧簷丹檻, 玲瓏宛轉, 材頗仍舊, 而制作一新. 乃改扁爲海月樓, 屬余記之. 余惟吾鄕距縣纔數程, 庶幾一往登覽, 以滌塵煩, 而繫官于朝, 願莫之遂. 然玆樓之勝狀, 因其名而求之, 亦可得其一二矣. 凭欄縱目, 萬景森羅. 邇延野綠, 遠混天碧, 鬱然而峙於北者, 內延山也. 巍然而秀於西者, 回鶴峯也. 松林遠近, 蔥翠可玩. 煙嵐朝暮, 變態萬狀. 而獨取二物以爲名者, 志其所見之大者也. 見其大而有得於懷, 豈但快目玩物而已哉? 若乃桑暾照波, 煙霧初消, 淼淼漫空, 一碧萬里. 湫漭瀲灩, 浮天浴日, 沖瀜滉瀁, 不見涯岸, 憑高而極目, 渺茫邈乎如凌虛御風而臨河漢, 使人心境廓然廣大寬平, 而浩然之氣, 充塞於兩間. 此則觀海之善者也. 至若氣霽坤倪, 雲斂乾端, 氷輪輾碧, 暮靄橫白, 水天混光, 星河韜映, 霽色嬋娟, 澄輝皎潔. 人在危樓, 愛而玩之, 寄身於淸高之域而寓目於虛明無盡之境, 杳然如離世絶俗而登蓬瀛, 使人胸次洒落, 査滓淨盡, 而本然之天, 浩浩於襟靈. 此則玩月之善者也. 嗚呼！君子之觀物, 異於俗眼. 觀其物, 必悟其理而體于心. 故觀天行而不遑寧息, 察地勢而思厚其德. 侯之以海月名樓, 夫豈徒然哉? 海以取其寬, 月以取其明. 寬以弘吾量, 明以昭吾德, 雖以之治天下可也. 而況於爲一邑乎? 登斯樓者, 目其額而思其義, 則庶免於俗眼矣.嘉靖癸卯三月下澣, 資憲大夫,議政府右參贊驪江李彦迪記.)

기문(記文) 2

해월루기 [海月樓記]

신유한(申維翰; 1681~1752) 《청천집(青天集)》(권5)

전주(全州) (이씨인) 이징복(李徵復)[195] 현감께서 청하를 다스린 지 1년이 되었다. 그가 나에게 편지를 보내 이렇게 말했다.

"청하는 푸른 바다 언덕에 자리하고, 그 언덕을 빙 돌아 성이 됩니다. 성안에 둔 공관과 관사는 바둑알을 놓은 것처럼 다닥다닥 붙어 있습니다. 관아에서 잔치하고 쉬거나 자고 밥 먹고 말하고 웃을 때는 매일 바다와 함께 합니다. 다만 금빛의 물결에 달이 뜨는 경관을 볼 수 없는 것은 관아가 성에 가려져서 시야가 지척에서 그치기 때문입니다. 지난날 한두 분의 훌륭한 현감이 달리 누대를 여러 번 세웠습니다. 동쪽에 있던 임명각(臨溟閣)이란 누대는 무너졌고, 서북쪽 모퉁이에 옮겨 세운 것은 해월루라고 하는데, 명나라 가정(嘉靖) 계묘년(1543) 회재(晦齋) 이언적(李彦迪) 선생의 기문이 아직 있습니다. 이들은 모두 성보다 높으나 아주 위태하게 허공에 걸쳐있습니다. 그 용마루는 수시로 세찬 바닷바람을 맞아 부서지고, 지붕을 이어도 무너져서 폐허가 된 지 100년이 되었습니다. 저는 고을에 부임하여 지난날 아름다운 누대가 황폐해지고 무너진 것을 안타깝게 여겨서 새롭게 지어 볼 생각을 하였습니다. 해월루의 옛터에 와서 마당 한 이랑을 정비하니 지세가 조금 높아져 앞의 바다를 내려다볼 수 있었습니다. 이에 조금 쌓아 올리니 성보다 높지도 않고 허공도 가로지르지 않아, 바람과 비에도 거의 손상되지 않았습니다. 마침내 재물을 내고 인부를 모아 공사를 시작했는데, 열 달 만에 완성하였습니다. 반듯한 기둥에 굽어진 난간을 하고, 왼쪽은 침실, 오른쪽은 방으로 하였습니다. 앉아서 조망할 수 있고, 기대어서도 마음껏 즐길 수 있습니다. 기와로 지붕을 이고 채색으로 그리니 각

195 《영일읍지(迎日邑誌)》에는 이징복 현감이 "해월루를 새로 세웠다(新建海月樓)."라고 기록되어 있다.

자 그 빼어남을 보여주었습니다. 이것은 연못의 하찮은 참새가 간 것으로 붕새의 큰 세상을 보는 시야를 얻었다고[196] 할 수 있습니다. 제가 지금 이 누대에서 지내보니, 비록 그 마룻대와 들보의 높이가 옛 누대의 3분의 1에 미치지 않고, 서북쪽의 산들도 온전히 드러나지 않지만, 저 푸르고 넓은 바다가 아득히 하늘에 닿아서 해가 물결 위로 솟고 달이 하늘에 떠갑니다. 이로 우리의 시야와 안석 사이로 문득 광한궁(廣寒宮) 같은 선계를 만듭니다. 그러니 원근에서 보는 사람들 가운데 누가 감히 우리의 누대가 작다고 할 수 있겠습니까? 얼른 먼지 속에 있는 상서(尙書) 성세창(成世昌)의 옛 편액과 이언적 선생의 기문을 적은 현판을 찾아 털고 닦아서 누대 앞에 높이 걸었습니다. 이 기문을 읽으니 계묘년(癸卯年)으로 된 것이 세 차례입니다. 선생님께서 지금 저를 위해 기록해주시길 바랍니다."

나 유한(維翰)은 [청하에서] 가까운 곳에서 벼슬하다, 현감의 편지를 받고 매우 기뻐 달려가서 보고 서서 탄식하며 말했다. 고을은 탄알같이 작고, 곳간은 현경(懸磬) 같이 비었다. 또 밭 가는 사람은 부역이 있음을 알지 못하고, 생선 파는 사람은 세금이 있는 줄을 모른다. 그런데도 이 누대가 어찌하여 세워질 수 있었는가? 곧 현감의 청백(淸白)함이 만물을 비추어, 이미 바다와 달과 빛을 나누었기 때문이다. 밤에 누대에서 묵어보니, 이경(二更)에 하얀 달이 바다에서 나오자, 누대의 위아래가 아름다운 구슬로 이루어진 굴(窟)이 되었다. 여종에게 거문고를 타고 술잔을 돌리게 했다. 취기가 오르자 나는 이렇게 노래했다: 가없는 바다와 광활한 하늘, 밝은 달은 나오니 산하가 빛나네. 후가 누대에 올라 난간에 기대니, 허공에서 바람을 타고 나는 신선들 함께 하는 듯하네. 백성들 기뻐하며 웃음을 짓고, 후의 덕을 칭송하니 달이 와서 비추네. 달 속의 항아는 비파를 타고 수신(水神) 풍이가 춤을 추니, 누대는 오래도록 평안하고 즐거움은 영원하리. 누대에서 몇 보 떨어진 곳에는

196 이 구절은 적은 노력으로 큰일을 했음을 비유하는 말이다. 이 구절은 《장자(莊子)·소요유(逍遙遊)》에서 유래했다. "……작은 연못에 사는 참새가 (붕새를) 비웃으며 말했다. '너는 어디로 가는 것이냐? 난 펄쩍 날아오르면, 몇 길을 못가 내려오지. 그럴 땐 쑥 사이를 자유롭게 날아다니며 노닐지. 이 또한 진정으로 나는 것이지. 그런데도 너는 어디를 가는 것이냐'……"라고 했다. 원문의 척안(斥晏)은 '척안(斥鷃)'으로, 작은 연못에 사는 참새를 말한다.

새로이 물을 모아두고 연꽃을 심은 연못이 있다. 이는 현감의 노력이고, 옛 기문에는 없어 함께 기록으로 남겨둘 만하다.

(全城李侯徵復宰淸河一年, 致書言淸之邑, 踞滄海之岸, 環岸而城. 城中設公館衙舍, 纍纍如布棋. 是其官居燕息, 寢飯言笑, 日與海吐吸. 而獨亡以縱目於金波浴月之觀者, 廨宇之隱於城, 而視窮於咫尺故也. 往昔一二良宰, 屢起別榭, 在東曰: 臨溟閣而圮, 徙築於西北隅曰海月樓. 嘉靖癸卯, 晦齋李先生記文具在. 然斯皆壓城而架虛岌岌. 其棟輒被海飆撞碎, 葺而壞壞而墟者, 曠百年矣. 及吾莅縣, 而惜往美之荒墜, 謀所以新之. 迺於海月樓故址, 滌場一畝, 地勢差高, 可以俯瞰前洋. 斯焉小築, 不壓城不架虛, 庶幾風雨無缺. 遂捐財募工而治之. 旬月而告成者. 方楹曲檻, 左寢右堂. 可坐而眺望, 可憑而嘯傲. 覆以瓦繪以采, 各致其精. 夫是之謂斥晏之適, 而得大鵬之觀也. 吾自今偃仰於斯, 雖其棟樑之高, 不及故樓三之一, 而西北諸山未全露, 然彼一碧萬頃, 浩渺黏天, 火傘騰波, 氷輪輾空, 使吾目境與几案之間, 便作廣寒宮神仙界. 遠近觀者, 孰敢曰吾樓之小. 亟取遺塵中成尙書舊額與李先生記板而拂拭之, 揭諸眉. 讀是記而爲癸卯者三易矣. 子今爲我志之. 不佞維翰忝官比壤, 得侯書驩甚, 馳往觀之, 立而歎曰: 邑如彈丸, 廩如懸罄, 而耕田者不知有役, 市魚者不聞有征. 此樓從何而起. 卽侯之淸白照物, 已與海月分光矣. 夜宿于樓, 二更銀蟾出海.樓上下爲瓊瑤窟. 命丫鬟鼓絃而佐觴. 酒酣而歌曰: 海漫漫兮天蒼蒼, 月出皎兮山河光. 侯登樓兮倚闌干, 若憑虛御風兮夾飛僊. 氓欣欣兮色笑, 頌侯之德兮如月來照. 使姮娥絙瑟兮馮夷舞, 樓永寧兮樂終古. 樓前數步, 方塘新貯水, 且蒔芙蓉, 是侯之力, 舊記所無, 可倂書.)

기문(記文) 3

해월루중성기 [海月樓重成記]

이징복(李徵復; 1658~1755) 《송암유고(松菴遺稿)》

아! 청하는 외진 곳의 강 위에 있어 산수가 빼어나지 않음이 없다. 그곳에 누대를 짓게 된 것은 원래 읊조릴 곳이 없어서였다. 여러 번 어르신들에게 묻고, 그곳의 읍지를 찾아보니, 옛날 명 가정(嘉靖) 무자년(戊子年; 1528)에 임영각(臨瀛閣)이 있었는데, 오래지 않아서 무너졌다. 이후 정유년(1537) 가을, 현성(縣城)의 서쪽에 누각 하나를 개축하여 편액을 '해월(海月)'이라 했다. 대략 동해의 동쪽이자 부상(扶桑)의 위에서 새벽 안개가 막 걷히고, 달이 날아오르면, 맑은 빛이 이미 누각의 위를 두루 비추니, 해월(海月)이란 편액은 실로 이로 말미암은 것이다. 산의 허리에 걸터앉고 높이 성 위로 나오는데, 가운데서 바라보면 그 모습이 탁 트이고 거침이 없다. 누대의 기문은 회재 이언적 선생이 짓고, 누대의 편액은 성세창 선생이 썼다. 누각의 빼어남, 기문의 자세함, 글씨의 오묘함은 실로 일세의 삼절(三絶)이다.

세월이 흐르면서 세찬 비바람에 불행히도 누대가 기울고 무너져서 이곳에 기거할 수 없게 되었다. 후인들이 그 재목과 기와를 옮겨서 옛터 아래의 다소 평평한 땅에 다시 지었다. 시간이 오래되어 누대가 또 파손되고 부서지자, 서까래는 마을의 아궁이에 돌아갔고 주춧돌은 쓸쓸한 절로 옮겨졌다. 누대 터는 텅 비고 잡초만 우거져서, 지나가는 나그네는 탄식하고, 마을 사람들도 애석하게 여기니, 이를 어찌할 것인가! 가장 안타까운 것은 앞 현사들이 남긴 기문과 해동의 명필이 먼지 속을 전전하다 사라져서 전하지 않는 것이니, 어찌 문인과 문장들이 크게 한탄하지 않겠는가.

나는 이 읍에 부임한 지 한 해를 넘겼다. 나는 어렵게 재물과 곡식을 모아 다시 새롭게 지으려고 하였다. 그러나 마침 흉년을 만나서 백성들의 노동력을 쓰기가 부담스러웠다. 농한기를 틈타 눈앞에 우뚝 서게 하고, 회재의 기문과 성공(成公)의 편액을 쌓인 먼저 더미 속에서 찾아, 누대 문미의 위에 걸었다. 이는 누대를 다시 세운 것이니, 이 역시 오늘날에 갖추는 바가 있는 것이다. 다만 누대의 모습이 하늘로 솟지 않고, 단청(丹靑)도 사치스럽지 않은 것은 후인들에게 허름하다는 비난을 받을지언정 검소해야 할 때 낭비했다는 책임은 면하려 했기 때문이다.

비록 그러하나 해무가 막 걷힌 후에 달이 떠오르면, 푸른 파도가 금빛을 일렁이고 맑은 빛이 가정에 들어온다. 이 무렵, 사람들은 높은 누대에서 즐겁게 구경하면서 맑고 고상한 곳에 몸을 맡기고, 눈은 밝고 아무것도 없는 경지에 맡긴다. 이는 아득히 세속을 떠난 것이 봉래산과 영주산을 오른 것과 같아서, 사람의 마음속 번뇌가 모조리 깨끗해지고, 본연의 천성이 마음을 넓게 만들어 준다. 이러하다면 회재의 옛 기문이 실로 자랑만은 아닐 것이다.

뒤에 오는 이들 중에 누각이 높지 않다고 조롱하거나 단청이 아름답지 않다고 비난하는 사람이 있을 것이나, □---□, 황강(黃岡)의 죽루(竹樓)의 빼어난 광경과 저양(滁陽)의 취옹(醉翁)의 풍치와 비교하면, 실로 조금도 뒤지지 않을 것이다. 그래서 뒤에 이 누대에 올라 바다와 달을 바라보는 사람은 이 글을 읽고 그 졸렬함을 양해해주길 바란다.

정묘년(1747) 계동(季冬) 상완(上浣) 덕성주인(德城主人)이 쓰다.

(吁, 淸之爲邑, 僻處河上, 不無山水之勝. 其至於樓亭之築 元無嘯詠之所. 幾問諸故老, 考其邑誌, 則昔在嘉靖戊子年間有臨瀛閣, 未久旋頹. 而厥後丁酉秋, 於縣城之西, 改築一樓, 扁之以海月. 蓋東海之東, 扶桑之上, 曉靄初收, 桂魄飛上, 而澄光已遍於樓上, 則海月之扁良以此也. 跨踞山腰, 高出城頭, 中面通望, 制度爽凱. 樓記則李晦齋製之, 樓額則成相國書之. 樓之勝, 記之詳, 筆之妙, 眞所爲一世之三絶也. 歲月荏冉, 風雨溢霈, 不幸至於傾圮, 而不堪起居於斯. 故後之人, 移其材瓦, 改構於舊址之下稍平之地矣. 年旣久而樓又破碎, 則椽桷歸於村爨, 石楚移於蕭寺. 坮址空虛, 衰箪蕪沒, 過客之咨嗟, 邑人之歎惜, 當如何也. 最可惜者先正之遺記, 海東之名筆, 飄零於塵土, 湮沒而不傳 豈非文人筆士之所可深恨者耶. 不佞莅玆邑, 越明年, 鳩財穀, 更謀新構, 而適値歉歲, 恐煩民力. 乘其農隙, 突兀眼前, 而晦齋之記, 成公之額, 得之於緇塵之間, 懸之於樓楣之上, 則樓之重成. 其亦似有待於今日者也. 而第其制度之不欲穹崇, 丹艧之務從不侈者, 寧受後人拙陋之譏, 而要免儉歲濫費之責故也. 雖然海霧新霽月輪纔升, 而碧波湧金, 淸輝入戶. 則于斯時也, 人在危樓, 愛而玩之, 奇身於淸高之域, 寓目於虛明之境, 渺然離世絶俗, 如登蓬瀛, 使人胸次灑落査滓淨盡, 而本然之天浩浩於襟靈, 則晦齋昔日之記, 諒非夸語也. 後來之人雖有樓成未高之嘲 丹雘不佳之譏, □---□, 較諸黃岡竹樓之勝景. 滁陽醉翁之風致, 實無讓於一頭地矣. 然則後之登玆樓而望海月者, 庶幾覽斯文而恕其拙矣 歲在赤免 季冬上浣 德城主人記.)

기문(記文) 4

해월루중건기 [海月樓重建記]

류명천(柳命天; 1633~1705) 《퇴당선생문집(退堂先生文集)》(권5)

역산(嶧山) 남쪽의 오동나무가 부뚜막에서 태워지자 채백개(蔡伯喈)만이 (귀한 나무임을) 알아봤고, 풍성(豊城)의 보검이 감옥 바닥에 묻혀 있었지만 장화(張華)만이 (보검임을 알고) 이를 발굴했다. 사물의 흥망과 성쇠는 반드시 사람을 기다려야 한다는 것이 이런 것이다.

계묘년(1543), 회재 선생이 청하현감 이고(李股)를 위해 [해월루기]를 써주었고, 이를 창방 사이에 걸어둔 지 몇 해가 되었다. 이후 누대는 어느 때에 무너지고, 현판은 어디로 가버렸다. 사람이 바뀌고 시간이 지나면서, 옛 자취를 찾기 어려워졌다. 선생의 문집에만 있어 유자들이 읽고 감탄할 뿐이었다. 정(鄭) 태수 기윤(岐胤)씨가 고을에 온 이듬해, 태수에게 "어느 집인지는 모르겠으나 계림의 마을에 밥상으로 올려놓은 판자 하나에 글자들이 보였는데, [해월루기]인 것 같았습니다."라는 보고가 있었다. 정 태수가 처음에 듣고 의심하다가 급히 가서 찾아와 보니, 과연 해월루의 옛 현판으로, 이 선생이 쓴 것이었다. 상(商)나라의 제기와 주(周)나라의 솥처럼 시대가 흘러도 살아남고, 그 모습이 완연하며 새긴 글자들이 없어지지 않은 것은 실로 천고의 기이한 일이다. 정 태수가 결국 고을의 어르신을 모아 해월루의 옛터를 물으니, 누구는 언덕으로 변했다 하고, 누구는 큰 나무에 빙 둘러싸여 있다고 했다. 정황상 지을 수 없어 자성(子城) 동남쪽 구석으로 위치를 약간 옮겨서 서까래가 세 개 되는 작은 누대를 지었는데, 해월루의 옛 모습을 얼추 본떴다. 이에 옛 현판을 걸고, 그 주변의 난간을 새로이 했으며, 단청과 회를 칠했다. 아울러 누대의 편액을 다시 걸어 누대의 면모를 일신했다. 마을 사람들 모두 다투어 보는 것으로 즐거움으로 삼았다.

기문은 선생이 이 누대를 기록한 것으로 153년이 지났다. 견고하고 높은 누대라도 자신을 지키기 어려운데, 하물며 누대 안의 현판이야 더 말할 것도 없을 것이다. 이것이 전쟁의 소용돌이 속에서 부서지지 않고 나무꾼의 손에 태워지지 않은 것은 역산 남쪽의 오동나무와 풍성의 보검들이 재와 흙에 매몰되어 사람들이 알아보지 못하게 된 것에 비하면, 기적에 가까운 일이다.

아! 사물이 드러나고 숨는 것은 때가 있으니, 귀신이 사물을 각별히 여기고 선생의 생각을 몰래 지키고자 하여 훼손되지 않게 하려 했던 것이 아니겠는가. 사물은 실로 사람을 기다려 흥하는 것이니, 정 태수의 정신과 기상도 이와 서로 느끼는 바가 있어 그랬던 것이다. 정 태수는 동계 선생의 손자로, 가학의 연원이 있는 집안 출신이다. 그가 선생의 남은 필적을 힘써 찾고 누대의 면모를 일신한 것은 확실한 것이다. 사람과 사물이 서로 기다린 것이 서로에 이끌림이 있는 것 같으니, 이 또한 기이한 일이다.

해월루의 빼어남은 선생의 기문에서 모두 말했으니, 어찌 후생의 붓과 혀로 더 말할 것이 있겠는가. 기문에서 "바다에서 그 너그러움을 취하고, 달에서 그 밝음을 취하며, 너그러움으로 나의 도량을 넓히고, 밝음으로 나의 덕을 밝힌다."라는 편액을 보며 그 의미만 생각해도 시야가 좁다는 평가는 받지 않을 것이다. 후에 이곳을 오르내리는 사람이 어찌 이 가르침을 마음 깊이 새기고 소중히 여기지 않겠는가.

(嶧陽之桐, 焦於爨下, 惟伯喈識之; 豐城之釰, 埋於獄底, 惟茂先發之. 物之興廢成毁, 必有待於人者, 有如是夫. 歲黑兔, 晦齋李先生爲淸河李知縣題海月樓記, 掛在楣間凡幾年所. 其後樓廢於何時, 板歸於烏有. 人代漸苒, 陳跡難尋. 獨於先生遺集之中, 咏歎斯文而已. 鄭侯岐胤氏至縣之明年, 有復於侯者曰: 鷄林村間, 所不知何家, 有一板子, 庋以爲床, 就視其板中文字, 似是海月樓記云. 鄭侯始聞以疑之, 亟取以觀之, 果海月樓之舊板, 李先生之所著也. 有若商彛周鼎, 閱世猶存, 制作宛然, 刻畫不滅, 誠千古之奇遇也. 鄭侯遂聚縣父老, 詢其海月樓舊址, 而曰: 丘陵變遷也, 而曰: 喬木合抱也. 勢不可結搆, 稍移子城東南隅, 作小樓三椽, 略倣海月之舊制. 仍取其舊板, 新其邊欄, 易其丹堊, 復揭樓之顔, 樓之顔色, 噲然一新. 邑人皆爭觀之爲. 記先生之記玆樓也, 百五十有三年之久. 樓之堅峙, 猶不足以自保, 而况樓中之一板乎. 其不摧折於兵燹之際, 亦不燒燼於樵牧之手, 嶧陽之桐,豊城之釰, 埋沒於灰土, 而人莫之識, 斯亦奇哉. 噫! 物之顯晦有時, 則鬼神異物, 陰護先生之咳唾, 而欲毋毁傷而然耶. 物固待人而興.則鄭侯之精神氣味, 亦有所相感而然歟. 鄭侯乃桐溪先生之孫, 家學淵源有自來. 其力求先生之遺筆, 潤色之尊閣之固也. 人物之相待, 若有機緘者存焉. 斯又奇哉. 海月樓之勝槩, 先生之記文盡之矣. 奚容後生之筆舌. 惟記文中有曰: "海以取其寬, 月以取其明, 寬以弘吾量, 明以昭吾德." 目其額而思其義, 則庶免於俗眼矣. 後之陟降於此者, 盍服膺斯訓而拳拳之哉.)

조경대(釣鯨臺) 관련 시

조경대는 조선 시대 월포의 아름다운 바다를 조망하기 위해 세운 누대이다. 《경상도도읍지》·《영남읍지》(1871)·《해동지도》(1872) 등에도 명칭이 보인다.

누대의 원래 이름은 '거울같이 맑다'는 의미로 조경대(照鏡臺)라고 했다. 후에 인조 2년(1624) 조정에서 부제학을 지낸 류숙(柳潚; 1564~1636)이 청하로 유배를 왔다. 류숙은 경주부윤, 청하현감 등과 이곳에서 유흥을 겸해서 시를 지었다. 저 멀리 바다에서 한 어부가 고래를 잡는 모습을 보고 누대 이름을 지금의 ('고래를 낚는다'는 의미의) 조경대로 바꾸었다.

현재 누대는 사라지고 누대 터·석축·백자편 등만 발견될 뿐이다. 문헌을 통해 조경대의 웅장하고 아름다운 모습들을 엿볼 수 있다. 조선 중기 울진 출신의 문신 황여일(黃汝一; 1556~1622)은 《유내영산록(遊內迎山錄)》에서 조경대의 아름다운 풍광을 이렇게 기록했다.

5일 임술일 비가 내렸다……옅은 안개가 끼고 이슬비가 내리는데 그대로 그림 같았다. 마침내 조경대에 올라 바라보니, 멀리 북쪽 바다 위는 하늘이 광활하고 서쪽 산에는 구름이 우거졌으며, 가까이에는 기이한 바위가 빽빽하게 서 있었다. 짙푸른 거울 같은 수면에 침을 뱉을 수 있겠으며, 물 위에 떠 있는 갈매기와 나는 백로가 한가로이 오갔다. 작은 배 수십 척이 저물녘에 다투어 고기를 잡고, 곁에 배 한 척이 있어서 노래를 부르며 남쪽으로 노 저어 갔다……붉은 등불의 푸른 미녀가 요대(瑤臺)처럼 빛났으나 조경대의 웅장한 경치에 비하면 아지랑이고 티끌이었다……(五日壬戌雨……淡烟疎雨, 依然如畫. 遂登臺以望, 遠而北洋天濶, 西山雲矗, 近而奇巖森立. 綠鏡可唾, 浮鷗翔鷺, 悠然往來. 舴數十, 日暮爭漁, 傍有一舟, 歌款乃而南去……紅燭青娥, 逈若瑤臺, 然比鯨臺雄致則野馬也塵埃也……).

또 《일월향지》에 의하면 동해의 일출, 좌우 양안의 예쁜 꽃과, 세찬 바람이 바위를 쳐서 튀어 오르는 모습, 파도가 번개처럼 포효하며 흰 거품으로 흩어지는 모습은 조경대에서만 볼 수 있는 절경이었다고 하였다.

조경대 관련 시는 현재 몇 편이 남아 있는데, 빼어난 전망을 고려하면 의외라는 생각이 든다. 시의 내용은 조경대에서 바라온 바다와 주위 풍광 그리고 일출을 노래하면서 자신의 소회를 기탁한 것이 대부분이다. 이중 류숙의 [일출을 보면서(觀日出)]는 청하 지역에서 바라본 일출을 노래한 시로 의미가 있을 뿐만 아니라 작가의 놀라운 상상력에 감탄을 금치 못하게 만드는 명작이라고 할 수 있다.

---

1 조경대에서 조카의 시에 차운하며 [釣鯨臺次姪韻]

황응청(黃應淸; 1524~1605) 《대해선생문집(大海先生文集)》(권1)

청하읍성 동쪽 밖에는, 清邑東城外,
바다 파도로 들어간 누대 있네. 有臺入海濤.
나란히 방장봉에 임하니, 平臨方丈峯,
이를 차지하려 여섯 자라가 오르네. 得之登六鰲[197].
별과 은하수 희미하고, 淡漠星與漢,
멀지도 않고 높지도 않다네. 非遠亦非高.
바다로 들어간 경쇠 치는 양은 무엇 했나, 磬襄[198]竟何爲,
나는 방숙과 짝이 되려네. 區區方叔[199]曹.

197 六鰲(육오): 다섯 선산(仙山)을 떠받치고 있다는 여섯 마리의 큰 자라를 말한다. 발해(渤海)의 동쪽 깊은 골짜기에는 대여(岱輿)·원교(圓嶠)·방호(方壺)·영주(瀛洲)·봉래(蓬萊) 다섯 선산이 있다. 이들은 모두 바다에 떠 있었으므로 항상 조수를 따라 오르락내리락했다. 상제가 떠내려갈까 걱정하여 열다섯 마리의 자라로 하여금 머리를 들어 떠받치게 하였는데, 3교대로 6만년마다 1번 교대하게 했다. 그런데 용백국(龍伯國)의 한 거인이 여섯 마리의 자라를 낚아 이를 짊어지고 자기 나라로 돌아가자, 대여와 원교 두 산은 북극으로 흘러가서 큰 바다 아래로 가라앉았다고 한다. 《열자(列子)·탕문(湯問)》에 자세히 보인다.

198 襄(양): 주(周)나라 때의 악공 이름이다. 주나라의 도가 쇠미해지자 세상을 피해 숨었다. 《논어(論語)·미자(微子)》에는 "북을 치는 방숙(方叔)은 하내(河內)로 들어가고, 경쇠를 치는 양은 바다로 들어갔다."라고 했다.

199 方叔(방숙): 주(周)나라 때의 악공 이름이다. 위의 주석 참고.

2 조경대에서 노닐며 [遊釣鯨臺]

황여일(黃汝一; 1556~1622) 《해월선생문집(海月先生文集)》(권1)

푸른 산은 멀리 날아가는 듯하고,	翠嶠迴如翺,
창해는 잔잔하여 물결 일지 않네.	滄溟平不濤.
하늘이 열리니 만 리의 거울이고,	天開萬里鏡,
돌이 드러나니 자라 머리 위의 세 산이네.	石露三山鰲.
조물주는 기이함과 장엄함을 모으고,	造化鍾奇壯,
귀신은 높고 낮음을 나누었네.	鬼神分下高.
사람들이 이곳을 아끼니,	人間愛此地,
나는 흰 갈매기와 짝이 되려네.	吾與白鷗曹.

3 조경대에서 절구 한 수를 또 읊으며 [又短絶]

황여일(黃汝一; 1556~1622) 《해월선생문집(海月先生文集)》(권1)

반은 푸른 물결에 들고 반은 짙푸른 창공에 드니,	半入滄波半太淸,
긴 바람이 물결을 부수고 소리가 방울처럼 흐른다.	長風破浪韻流鈴.
십 년이나 임공자처럼 고래 낚시를 하지 못하다가,	十年不試任公手,
오늘에야 남녘 바다의 조경대에 오르네.	今日南溟始釣鯨.

4 일출을 보면서 [觀日出]

류숙(柳潚; 1564~1636) 《취흘집(醉吃集)》(권3)

이곳 동쪽 구석에 유배 옴이 어찌 우연이랴,	謫此東隅豈偶然,
조경대 앞의 빼어난 풍경 보기 위해서지.	要看形勝鏡臺前.
용이 구름을 내뿜으며 푸른 바닷가로 지르고,	龍噓霱暈橫滄海,
자라는 금 쟁반 이고 푸른 하늘을 보내네.	鼇戴金盤送碧天.
해 뜨는 양곡이 눈앞에서 멀지 않음을 알겠고,	暘谷眼中知不遠,

임금님 계신 장안은 태양 아래 어디에 있나. 長安日下在何邊.
누명 쓰고 의지할 곳 없음에도 밝은 빛은 비추니, 覆盆[200]無賴明光照,
누대에 올라 저무는 한 해를 달래볼 뿐. 只費登臨慰暮年.

5~9 단오절에 청하현감 류사경과 조경대에서 노닐며, 현감의 아들 수재 류관지 명에게 주며 [端午日, 與淸河柳使君思璟, 遊照鏡臺, 贈柳秀才觀之, 名蓂, 太守之子]

류숙(柳潚; 1564~1636)《취흘집(醉吃集)》(권3)

바닷가 산에 올라 바라보며 이리저리 읊으니, 浪吟登眺海山阿,
태수는 또 기쁘게 술을 싣고 지나가네. 又喜遨頭[201]載酒過.
만 리의 서늘한 바람이 해 가까이 있음을 보고, 萬里蒼涼看日近,
신선 된 것처럼 가볍게 날리며 많은 바람을 타네. 半仙飄拂[202]馭風多.
죽지 옛 노래가 형과 초 땅에 전해지고, 竹枝[203]舊曲傳荊楚[204],
용마루에서 떡을 새로 싸서 멱라에 던지네. 棟糉[205]新包贈汨羅.
술 취해 돌아오다 비단 버선 버려둔 것 비웃지 마소, 莫笑醉歸遺錦襪,
선녀 강비가 수습해 잔잔한 파도 속으로 걸어갔다오. 江妃[206]收拾步微波.

---

200 覆盆(복분): 원의는 동이가 엎어지는 것을 말하는데, 억울한 누명을 뒤집어쓴 것을 빗대어 쓰기도 한다.

201 遨頭(오두): 태수를 지칭하는 말이다. 그 유래에 대해서《성도기(成都記)》에는 "태수가 두자미(杜子美)의 초당(草堂)에 나와서 놀고 잔치할 때 사녀(士女)들이 목상(木牀)에서 관람하는 것을 오상(遨牀)이라 하고, 태수는 놀이의 우두머리라는 의미에서 오두(遨頭)라고 하였다"라고 했다.

202 飄拂(표불): 가볍게 휘날리는 것을 말한다.

203 竹枝(죽지): 죽지사(竹枝詞)를 말한다. 당(唐)나라 시인 유우석(劉禹錫; 772년~842)이 낭주(朗州)에 귀양 가서 지은 시로, 그 지방의 풍속과 남녀 간의 연정을 노래하고 있다.

204 荊楚(형초): 중국의 옛 지명으로, 지금의 호북성(湖北省)과 그 일대에 해당한다. 보통 중국에서는 남방문화의 발원지로 알려져 있다. 이곳에서는 우리나라의 동남쪽에 위치한 청하현에 비유했다.

205 糉(종): 종(粽)과 같은 글자이다. 떡의 한 종류로, 찹쌀과 대추를 넣어 만들며 대나무 잎으로 삼각뿔 모양으로 감싼 것이 특징이다. 쫀득하고 약간 단맛이 난다. 중국인들은 단오절에 멱라강(汨羅江)에 빠져 죽은 전국(戰國) 시기의 충신 굴원(屈原)을 기념하기 위해 먹는다고 알려져 있다.

206 江妃(강비): 전설 속의 신녀(神女)이다. 한(漢)나라의 유향(劉向)이 지은《열선전(列仙傳)·강비이녀(江妃二女)》에 "강비 두 여인은 어느 곳에 사는 여인인지 모른다. 강수(江水)와 한수

방장산은 푸른 바다 굽이로 떠내려오고, 方丈浮來碧海灣,
늘린 자라 머리는 땅을 굳게 묶고 있네. 鼇頭猶壓地維頑.
두 세 곳 소금 굽는 움막이 맑은 모래 위에 있고, 兩三鹽竈晴沙上,
여기저기의 어선은 석양 속에 돌아오네. 遠近漁舟返照間.
큰 조개를 쟁반에 담으니 진주가 껍질에 가득하고, 老蚌落盤珠滿殼,
고래를 회 뜨니 눈이 산처럼 쌓인 것 같네. 長鯨飛膾雪堆山.
누가 타향에서는 고생이라고 잘못 말하나, 何人錯道他鄉苦,
만 리 펼쳐진 누대 오르니 얼굴이 확 풀리는 것을. 萬里登臨始解顏.

난초 탕에서 목욕하고 연잎 옷을 털어 입고, 浴蘭初罷振荷衣,
조경대 앞에 기대니 날이 저무네. 照鏡臺前倚落暉.
이날 우연히 만나서 창포 술에 취하지만, 此日偶逢蒲酒醉,
지난 가을에 국화를 머리에 꽂고 돌아갔지. 去秋曾揷菊花歸.
꿈속의 진적은 기러기 발자국처럼 남아있고, 夢中眞跡鴻泥[207]在,
이별 후의 맑은 바람엔 계절풍이 드무네. 別後淸風舶趠[208]稀.
바닷가에 있던 노인은 그림자만 남기고, 秖有海翁猶滯影,
온 물가의 갈매기 해오라기는 선명하네. 滿汀鷗鷺亦依依.

천금마다 않고 배운 재주로 표주박 하나 메고, 不惜千金繫一瓠,
호탕한 물결 따라 가벼운 오리처럼 잠기네. 隨波浩蕩沒輕鳧.
배 저으며 물을 잊고 어부의 노래 소리 들으며, 操舟忘水聞漁子,
머리 풀어헤치고 양(梁) 땅에서 놀며 장부를 보네. 被髮遊梁[209]見丈夫.

(漢水) 가에서 나와 놀다가 정교보(鄭交甫)를 만났다. 정교보는 그녀들을 보고 기뻐하다가 그들이 신인(神人)인지 몰랐다."라고 했다.

207 鴻泥(홍니): 설니홍조(雪泥鴻爪)의 줄임말로, 진흙에 남긴 기러기 발자국이란 의미이다. 이 말은 보통 정처 없는 종적을 형용하는 의미로 사용된다. 소식(蘇軾; 1037~1101)의 시 《아우 자유의 시 '민지에서의 옛일을 회상하며'에 화답하며(和子由澠池懷舊)》에서 "우리 인생 가는 곳마다 어떠한가. 응당 나는 기러기 눈 속 진흙 밟은 것과 같겠지. 진흙에 우연히 발자국 남기지만, 기러기 날아감에 어찌 동서를 따지랴(人生到處知何似, 應似飛鴻踏雪泥. 泥上偶然留指爪, 鴻飛那復計東西)"라고 한 것에서 유래했다.

208 舶趠(박초): 박초풍(舶趠風)으로, 계절풍을 말한다. 초여름에 장맛비가 내릴 때 반드시 큰 바람이 며칠 동안 쉬지 않고 부는 것을 말한다.

209 遊梁(유양): 양 땅을 노닐었다는 의미이다. 이와 관련해서 한(漢)나라 경제(景帝)의 아우 양효

사수(泗水)에서 우 임금의 솥을 찾는 것 같고,	疑是泗中搜禹鼎[210],
연못 바닥에서 여의주를 찾게 하는 것 같네.	錯敎淵底探龍珠.
고금의 슬픔에 빠진 것이 얼마였는지 알지만,	古今哀溺知何限,
홀로 제왕의 띠를 판 어리석은 영릉왕을 비웃네.	獨笑零陵[211]帶貨愚.

바닷가 단구의 가장 높은 곳을,	海上丹丘第一層,
노옹은 이제 소년과 오르네.	老翁今與少年登.
남전의 날이 따스하니 밝은 옥을 머금었고,	藍田日暖含明玉,
화악의 봉우리가 날카로워 보라매가 앉았네.	華岳峯尖立俊鷹.
스스로 웃는 얼굴 나는 늙어 쇠약하였고,	自笑形容吾潦倒,
뒤쫓아 가고자 하나 자네는 날아오르네.	欲將追逐子飛騰.
남겨 놓은 물색은 누구와 함께할지를 알겠으니,	分留物色知誰共,
삼절의 빼어난 재능은 세상에서 칭찬하는 바이네.	三絶奇才世所稱.

왕(梁孝王)이 문사들을 우대하여 화려한 정원을 꾸며놓고, 사마상여(司馬相如)·추양(鄒陽)·매승(枚乘)·엄기(嚴忌) 등의 뛰어난 문인들을 초대하여 노닐었다는 고사가 전한다. 《한서(漢書)·사마상여전(司馬相如傳)》에 보인다.

210 禹鼎(우정): 옛날 하우씨(夏禹氏)가 구주(九州)의 동(銅)을 모아 주조한 아홉 개의 정(鼎)을 말한다. 이 정에 온갖 물상을 새겨 넣어 사람들로 하여금 간물(奸物)을 식별해 해를 입지 않게 했다고 한다. 《춘추좌씨전(春秋左氏傳)·선공(宣公) 3년》에 보인다.

211 零陵(영릉): 동진(東晉) 공제(恭帝)를 말한다. 유유(劉裕)가 원희(元熙) 원년(419)에 공제를 폐하여 영릉왕(零陵王)으로 삼았다가, 다음해에 공제를 시해하고 제위를 찬탈하여 국호를 송(宋)으로 바꾸었다.

월포(月浦) 관련 시

월포는 청하면 동쪽에 월포만을 끼고 있는 마을로, 월포해수욕장으로 유명하다. 월포해수욕장 남단에는 조경대(釣鯨臺)가 있다.

이곳은 신라 때 개포(介浦)로 불렸다. 왜구의 침략을 막기 위해 수군기지인 수군만호진을 설치했다고 전한다. 이곳의 지형은 해안이 U자 모양으로 육지 안쪽으로 들어가 있고 가장 깊숙한 안쪽은 조금 높은 평지를 이루어 성과 진을 설치하기에 천혜의 입지를 갖고 있었다. 후에 바다가 너무 트여있고 해풍이 거센 점 때문에 영일현의 통양포(通洋浦; 지금의 두호동 일대)로 이전하였다.

월포는 청하면 동쪽의 바닷가에 있었기에 청하현을 들렀던 문인들은 그대로 지나쳐 흥해나 영덕으로 가는 경우가 많았던 것 같다. 그래서인지 이곳을 읊은 시는 상대적으로 많이 보이지 않는다. 그중에서도 일제 강점기 때의 유학자 권석찬(權錫瓚; 1873~1957)의 [월포 바다(月浦海)]는 광활한 월포 바다와 자신의 감개를 잘 어우러지게 읊은 시여서, 월포를 대표할 수 있는 시로 손색이 없다.

---

1 중양절 다음 날, 태수가 개포에서 물고기를 보고자 나를 불렀으나, 병으로 사양하며 [重陽翌日, 太守招我, 觀魚于介浦, 以病辭]

류숙(柳潚; 1564~1636) 《취흘집(醉吃集)》(권4)

앞 시냇가에는 가을 물소리 떨어지고,	前溪秋水落,
거울 안에는 물고기 몇 마리가 보이네.	鏡裏數魚頭.
생선가게로 가는 국화 길,	漁店黃花路,
호수 위 다리 가엔 백로들의 모래톱.	濠梁白鷺洲.
산공은 말을 탈 수 있고,	山公[212]能上馬,

212 산공(山公): 동진(東晉) 때 죽림칠현(竹林七賢)의 한 사람인 산도(山濤)의 아들 산간(山簡)을 말한다. 술을 몹시 좋아하여 양양(襄陽)의 고양지(高陽池)에 늘 나가 노닐면서 빈번히 대취하여 사람 등에 업혀 오곤 하였다는 고사가 전한다.

선려는 함께 배를 타길 바라네. 仙侶[213]幾同舟.
병 많은 이 몸이 원망스러울 뿐, 只恨身多病,
손으로 턱 괴고 홀로 누대에 기대네. 支頤[214]獨倚樓.

2 월포의 배에서 읊으며 [月浦舟中吟]

권위(權煒; 1708~1766)[215] 《상계집(霜溪集)》(권2)

해가 나와 배 타고 월포 나루터로 가니, 日出乘船月浦津,
마침 바위의 꽃과 제방의 버들의 맑은 봄이네. 巖花堤柳屬晴春.
하늘까지 이어진 큰 파도에 땅은 없는 듯하고, 接天洪浪疑無地,
돌아가는 돛단배에 길한 바람 부니 신이 있는 듯. 送帆祥飆覺有神.
남쪽 기러기 돌아가는 곳에는 백월이 호응하고, 南鴈歸邊應百粵[216],
서쪽 구름 낮은 곳은 삼진 지역이겠지. 西雲低處是三秦[217].
언제 급히 먼저 언덕에 오르지 못했던가, 急先登岸何年少,
멀리서도 자식들 연로한 부모 기다림을 알겠네. 遙認家兒候老親.

---

213 仙侶(선려): 동행하거나 같이 노는 사람을 칭찬하여 이르는 말이다.

214 支頤(지이): 손으로 턱을 괴는 것을 말한다.

215 權煒(권위): 조선 후기의 학자이다. 본관은 안동(安東)이다. 자는 상중(象仲)이고, 호는 상계(霜溪)이다. 부친은 권필수(權必隨)이다. 영조 26년(1750) 식년 진사시에 2등 10위로 합격했다. 교와(僑窩) 성섭(成涉)과는 지기(知己)로서 교유했다. 특히 번암(樊巖) 채제공(蔡濟恭)과는 채제공의 부친 채응일(蔡膺一)이 고을 현감으로 왔을 때 4년 남짓 함께 공부하며 두텁게 사귀었다. 어사(御史)의 추천으로 육품에 등용되었으나, 반대하는 자들로 인해 끝내 등용되지는 못했다.

216 百粵(백월): 중국의 남부지방을 가리키는 말이다. 고대의 강절(江浙), 즉 지금의 강소성(江蘇省)과 절강성(浙江省) 일대와 민월(閩粵), 즉 지금의 복건성(福建省)과 광동성(廣東省) 일대이다.

217 三秦(삼진): 중국의 서부지역을 말한다. 항우(項羽)는 진(秦)나라를 멸하고, 그 땅을 옹(雍)·색(塞)·적(翟)으로 삼분하여 다스렸다. 함양(咸陽) 이서의 섬서성과 감숙성 동부는 장한(章邯)에게 맡겨 옹왕(雍王)에, 함양 이동 지역은 사마흔(司馬欣)에게 맡겨 색왕(塞王)에, 섬서성 북쪽은 동예(董翳)에게 맡겨 적왕(翟王)에 봉했다. 후에 이들 지역은 한신(韓信)의 공격으로 한왕(漢王) 유방(劉邦)의 소유가 되어 항우와의 전쟁에서 후방보급기지 역할을 했다.

3 월포에 묵으며 [宿月浦]

권위(權煒; 1708~1766) 《상계집(霜溪集)》(권1)

여윈 말 타고 들판의 다리를 건너니,	羸驂渡野杠,
저녁 물가는 숙대로 얽은 창문에 가려있네.	昏浦掩蓬窓.
차가운 조수 물러간 것도 모르고,	不識寒潮退,
누워서 내일의 강물을 근심하네.	臥愁明日江.

4 월포 바다 [月浦海]

권석찬(權錫瓚; 1873~1957) 《시암집(是巖集)》(권1)

하늘은 해저와 접하고 땅은 머리를 드는데,	天接尾閭[218]地擧頭,
드넓은 망망 세계에는 오히려 물가가 없네.	茫茫浩界却無洲.
지대함을 머금고 모든 뭍을 두르며,	包含至大環全陸,
더욱 깊음을 간직하고 천추를 아우르네.	藏蓄愈深閱千秋.
천지는 이처럼 그 가운데서 나오고,	兩儀[219]猶是從中出,
만물은 원래 밖으로 떠다니지 않는다네.	萬物元無自外浮.
멀리 봉래와 영주 바라보고 내연 폭포 찾아,	遙望蓬瀛尋內瀑,
이번 여정에서 신선의 놀음 배워보리.	今行便做學仙遊.

218 尾閭(미려): 바다의 깊은 곳에 있어 물이 끊임없이 새어 든다는 곳을 말한다.
219 兩儀(양의): 역학에서 양과 음 또는 하늘과 땅을 아울러 이르는 말이다.

내연산(內延山) 관련 시

내연산은 영덕군 남정면과 포항시 송라면과 죽장면에 걸쳐있는 산이다. 보경사가 위치한 산으로도 유명하다. 내연산은 원래 종남산(終南山)으로 불렸으나 신라 진성여왕이 이 산에서 견훤(甄萱)의 난을 피한 뒤로는 내연산 또는 내영산으로 부르게 되었다. 산록을 흐르는 광천(廣川)의 상류에는 협곡의 기암괴석과 그 사이로 흐르는 폭포가 많아 자연풍광이 수려하다. 병풍암(屛風巖)·문수암(文殊巖)·삼구석(三龜石)·삼동석·견성대(見性臺)·향문대(鄕文臺)·사득대(捨得臺)·승암(僧巖)·선일암(仙逸巖)·비하대(飛下臺)·어룡대(魚龍臺)·연산암(延山巖)·기화대(妓花臺)·학소대(鶴巢臺) 등의 기암과, 용추폭포(龍湫瀑布)·상생폭(相生瀑)·삼보폭(三步瀑)·보현폭(普賢瀑)·무봉폭(舞鳳瀑)·관음폭(觀音瀑) 등의 12폭포가 있어, 예로부터 '작은 금강산'이라는 의미에서 소금강(小金剛)이라 불렸다. 남쪽으로 2.5㎞ 떨어진 곳에는 천년고찰 보경사(寶鏡寺)와 그 주위로 문수암(文殊庵)과 서운암(瑞雲庵) 같은 암자들이 있다.

조선 시기에는 빼어난 풍광으로 시인묵객들의 발걸음이 끊이지 않았다. 황여일(黃汝一)의 숙부 황응청(黃應淸), 청하의 유생 김득경(金得鏡), 보경사의 시승(詩僧) 학연(學衍) 스님, 노애(蘆厓) 유도원(柳道源), 청성(靑城) 성대중(成大中), 경상관찰사 이병모(李秉模) 등 명망 있는 인사들이 이곳을 다녀가면서 많은 시와 기문들을 남겼다. 특히 청하현감으로 온 겸재(謙齋) 정선(鄭敾)은 삼용추와 이곳을 찾은 선비들의 모습을 그린 《내연삼용추도(內延三龍湫圖)》 2점, 선비가 월영대의 노송을 짚고 남산을 바라보는 모습을 그린 《고사의송관란도(高士倚松觀瀾圖)》, 삼용추의 모습을 부감하며 그린 소묘화인 《청하내연산폭포(淸河內延山瀑布)》 1점을 남겨 내연산의 실제 모습을 남겼다.

내연산 관련 시는 우리 지역에서 가장 많이 보이고 뛰어난 시작들이 많다. 내연산 관련 시는 1500년대 중반부터 1800년대 말과 1900년대 초까지 꾸준히 지어졌다. 시의 종류도 다양한데, 내연산 자체의 아름다움을 노래한 시, 내연산의 유명한 암자나 폭포 등을 노래한 시가 있다. 시의 내용도 철학적 깊이가 있는 시들이 많아 상당한 문학성을 갖고 있다. 내연산 관련 시들은 특히 불교와 연관하여 풍경과 깊은 철학적 사유를 짧은 시속에 함축적으로 담아낸 특징을 갖고 있다. 이 시들을 읽으면 묘한 느낌과 작가의 깊은 철학적 사유와 고민이 느껴져 큰 감동을 받는다.

1 내영산을 지나며 [過內迎山[220]]

청하에 있다(在淸河)

이정(李楨; 1512~1571)[221] 《구암선생문집(龜巖先生文集)·속집(續集)》(권1)

동굴 문엔 얼음과 눈 쌓여,	洞門積氷雪,
병든 나그네 다시 찾기 어렵네.	病客難重尋.
다른 날 나를 받아준다면,	他日如容我,
수원 찾음에 깊음을 싫어하지 않으리.	窮源不厭深.

2 내영산에서 노닐며 [遊內迎山]

이정(李楨; 1512~1571) 《구암선생문집(龜巖先生文集)》(권1)

오늘 아침 드리운 구름 그늘 활짝 열리고,	今朝雲翳豁然開,
종일 근원에 이르고자 푸른 이끼 밟네.	盡日窮源踏翠苔.
온 산의 꽃과 버드나무 누가 그 뜻 깨달을까,	花柳滿山誰會意,
냇가 바람과 달 아래서 홀로 배회하네.	一川風月獨徘徊.

3 내영산에서 노닐며 [遊內迎山]

이정(李楨; 1512~1571) 《구암선생문집(龜巖先生文集)》(권1)

냇가와 골짜기 돌고 층층 길 지나,	川回谷轉路層層,

220 內迎山(내영산): 내연산(內延山)의 또 다른 명칭이다. 영일(迎日)이 연일(延日)이 되었듯이 '영' 자와 '연' 자는 글꼴과 소리가 비슷하여 통용되었다.

221 李楨(이정): 조선 전기의 문신이다. 본관은 사천(泗川)이다. 자는 강이(剛而)이고, 호는 구암(龜巖)이다. 조부는 이이번(李以蕃)이고, 부친은 증 호조참판 이담(李湛)이다. 중종 31년(1536) 진사로 별시 문과에 장원급제하여 성균관전적에 임명되었다. 이후 선산부사·청주목사·좌부승지·경주부윤 등을 역임했다. 선조 1년(1568) 홍문관부제학에 임명되었으나 거절하고 고향에 구암정사(龜巖精舍)를 지어 후진 양성에 힘썼다. 이황(李滉)과 교유했고, 성리학에 밝았다 한다. 사천의 구계서원(龜溪書院)에 제향되었다. 저서로는 《구암문집》·《성리유편(性理遺編)》 등이 있다.

힘껏 높은 곳 당겨 순서대로 오르네. 盡力躋扳次第登.
열두 폭포는 쉼 없이 흐르고, 十二瀑流流不息,
한 줄기 근원의 샘물 본래 맑다네. 源泉一脈本淸澄.

4~5 조카 여일이 내영산에 놀러 가자고 청한 시에 차운하며 [次姪子汝一請遊內迎山韻]

황응청(黃應淸; 1524~1605) 《대해선생문집(大海先生文集)》(권1)

맑고 어여쁨이 넘치니 얼굴은 싫어지고, 淸婉飜爲可憎顔,
근심과 걱정이 쌓이니 한가로울 수 없네. 憂愁成陣不能閒.
크게 물리치면 모두 사라져 없어질 것이니, 謝元破却渾消散,
학이 우는 산에 함께 가려네. 便欲携遊鶴唳山.

봄에 머리 희어지고 괴로운 근심 오는데, 白髮春來困瘦憂,
이 생애에 어디서 한가로이 노닐어 보나. 此生何處作閒遊.
눈앞 경색은 모두 시들어 가는데, 眼前物色皆將老,
60여 년 세월은 또 반 가을쯤 된다네. 六十年餘又半秋.

6 문수대에서 조카의 시에 차운하며 [文殊臺次姪韻]

황응청(黃應淸; 1524~1605) 《대해선생문집(大海先生文集)》(권1)

맑은 시냇가 거울 같고, 淸溪淨如鏡,
일선으로 돌길 열렸네. 一線開石逕.
누가 말했나 인연 이루기 어렵다고, 孰云難因緣,
끝까지 오니 바로 진경인 것을. 到頭卽眞境.
돌벽에선 걸린 샘물 떨어지고, 石壁落懸泉,
귀 씻으니 청량한 소리 울리네. 洗耳淸冷響.
이곳에선 담박함이 나오고, 玆焉淡泊生,

빔과 무결의 세상 즐거이 감상하네. 情虛欣素賞.
조물주를 만날 수 있으니, 可以覯天宗,
천태산(天台山)에는 오를 필요 없네. 不須天台[222]上.
만상의 자취가 모두 모였으니, 合跡萬像渾,
그윽한 바위 넓고 도량은 크네. 幽嵒自夷曠[223].

7 적멸암에서 조카의 시에 차운하며 [寂滅庵次姪韻]

황응청(黃應淸; 1524~1605) 《대해선생문집(大海先生文集)》(권1)

한걸음에 산에 들어오니, 一步入山來,
갑자기 세상과 천 리 멀어지고. 人間忽千里.
가을 하늘에 해는 중천에, 天秋日正中,
맨발로 시냇물 밟네. 赤足踏澗水.
맑은 숲엔 신이 깃들만하고, 森爽可神棲,
점점 절벽 안으로 들어가 보네. 漸入丹崖裏.
구름밖엔 학 울음 멀리까지 들리고, 雲外鶴寥亮[224],
바윗가에는 도토리 떨어지네. 巖邊落松子.
모든 초월한 적멸의 참된 경계, 寂滅[225]眞境界,
지극한 사람은 전답을 좋아하네. 至人好田地.
밤 창가엔 부처님 말씀 분명하고, 夜窓禪語定,
빈 하늘엔 기러기 남으로 날아가네. 天空雁南字.
누가 이르지 못할 것이라 말하나, 誰云自不達,
날렵함은 허공으로 날개짓 하는 듯. 翩若飛空翅.

222 天台(천태): 천태산(天台山)을 말한다. 중국 절강성(浙江省) 천태현(天台縣)에 있는 천태종(天台宗)의 불교 성지이다. 불교 전성기 때는 130여 개의 사찰과 도교 사원이 있었다고 전한다. 아미산(峨眉山)·오대산(五台山)과 더불어 중국 불교의 3대 영장의 하나로 손꼽힌다.

223 夷曠(이광): 너그럽고 도량이 큼을 말한다.

224 寥亮(요량): 음성이 맑고 멀리까지 들리는 것을 말한다.

225 寂滅(적멸): 번뇌의 세상을 완전히 벗어난 높은 경지를 말한다.

절을 지키는 응진은 따라갈 만하니,	可追應眞[226]錫[227],
크나큰 놀 거리에 옷을 걷어붙이네.	灝灝[228]褰遊氣.

8 계조암에서 조카의 시에 차운하며 [繼祖庵次姪韻]

황응청(黃應淸; 1524~1605) 《대해선생문집(大海先生文集)》(권1)

푸른 절벽과 붉은 벼랑 사방의 병풍 되고,	翠壁丹崖作四屛,
현학이 그윽한 하늘에서 사뿐히 내려오네.	翩然[229]玄鶴下天冥.
세속의 일 잊으니 모두 넉넉한 말이고,	坐忘塵事渾閒話,
운문에 이르러서야 마음 맑아지네.	纔到雲門意已淸.

9 내연산 [內延山][230]

구봉령(具鳳齡; 1526~1586)[231] 《백담선생속집(栢潭先生續集)》(권3)

동해 물가의 빼어난 곳 찾아볼 만하고,	勝遊東溢足探尋,
다시 신선의 산으로 가니 볼거리 많았다네.	又向仙山眺賞深.
구름에 닿은 천 길 절벽 바다 어귀에 달리고,	千丈雲崖懸海口,
얼음 같은 한 줄기 폭포 하늘 가운데 걸렸네.	一條氷瀑掛天心.

226 應眞(응진): 여래(如來)의 열 가지 칭호 중 하나이다. 생사를 이미 초월하여 배울만한 법도가 없게 된 경지의 부처를 말한다.

227 錫(석): 불교 용어인 주석(駐錫)의 의미로, 승려가 입산하여 안주하는 일을 말한다.

228 灝灝(호호): 넓고 큰 모양을 말한다.

229 翩然(편연): 재빠른 모양을 말한다.

230 이 시는《권언회가 당시 영해로 가면서 여러 명승지를 둘러보는 것에 부쳐(寄權彦晦, 時往寧海, 將歷遊諸勝)》에서《내연산(內延山)》부분만 발췌했다.

231 具鳳齡(구봉령): 조선 전기의 문신이다. 본관은 능성(綾城)이다. 자는 경서(景瑞)이고, 호는 백담(栢潭)이다. 조부는 중좌승지 구중련(具仲連)이고, 부친은 증 이조참판 구겸(具謙)이다. 1545년 이황(李滉)의 문하에서 수학했다. 명종 1년(1546) 사마시(司馬試)에 합격하고, 1560년 별시 문과에 을과로 급제했다. 대사헌·병조참판·형조참판 등을 역임했다. 시문에 뛰어나 기대승(奇大升)과 비견되었고,《혼천의기(渾天儀記)》를 짓는 등 천문학에도 조예가 깊었다. 만년에 정사(精舍)를 세워 후학들과 경사(經史)를 토론했다. 세상을 떠난 후 용산서원(龍山書院)에 제향되었다. 저서로는《백담문집(栢潭文集)》등이 있다.

텅 빈 하늘 차가운 달 삼경에 그림자 드리우고, 寒蟾寥廓三宵影,
맑은 하늘엔 흰 학 울음 만 리에 흐르네. 皓鶴空明萬里音.
십 년 속세의 회포 말끔히 씻어버리고, 十載塵襟都濯盡,
언제쯤 신선의 산에 들어가 시를 읊을까. 蓬瀛何許入長吟.

10 내영산을 노닐다가 관어대를 노래하며 [遊內迎山題觀魚臺]

구사맹(具思孟; 1531~1604) 《팔곡선생문집(八谷先生文集)》(권2)

골짜기 안 깊은 곳은 소유천을 간직하고, 洞裏深藏小有天[232],
바위 하나 물 하나 모두 어여쁘네. 一巖一水摠堪憐.
단풍 숲은 사람 마음을 그윽하게 풀어주고, 楓林似解幽人意,
검은빛 감도는 붉은 색 남겨 개울가 비추네. 留得猩紅[233]照澗邊.

11 용추 폭포에서 정자 황여일의 시에 차운하며 [龍湫瀑布次黃正字[234]汝一韻]

구사맹(具思孟; 1531~1604) 《팔곡선생문집(八谷先生文集)》(권2)

구름 지나는 푸른 돌로 지팡이를 따라가니, 穿雲緣石一笻隨,
청련거사(靑蓮居士) 만고의 시와 화창하는 듯. 擬和靑蓮[235]萬古詞.
오래 앉으니 나는 샘물이 옷소매에 스미고, 坐久飛泉襲衣袂,
뼈까지 서늘함 들어오니 시는 이미 잊었네. 淸寒入髓已忘詩.

232 小有天(소유천): 도가(道家)에서 전하는 동부(洞府) 이름이다. 대천(大天) 안에 36개의 동(洞)이 있는데, 주위가 만 리나 되는 제일의 왕옥산동(王屋山洞)을 말한다.
233 猩紅(성홍): 검은빛이 도는 붉은색을 말한다.
234 正字(정자): 조선 시대 홍문관·승문원·교서관에 두었던 정9품직을 말한다. 전적이나 문장의 교정을 맡아보았다. 정원은 각 관청에 2명씩으로, 모두 문관이었다.
235 靑蓮(청련): 당(唐)나라의 대시인 이백(李白; 701~762)의 호이다.

12 계묘년(1603) 9월 가을, 내연산에서 노닐며 선친의 자취를 찾았으나 보지 못하고 지으며 [癸卯九月之秋, 遊內延, 尋先人遺跡, 不見而作]

서사원(徐思遠; 1550~1615)[236] 《낙재선생문집(樂齋先生文集)》(권1)

신미년 가을에 작고하신 부친께서,	杪秋[237]辛未先君子[238],
채송탄 어르신과 함께 이 산을 지났네.	偕蔡松灘[239]過此山.
이틀 동안 남긴 시 찾을 길 없으니,	兩日留題尋不得,
아들은 줄줄 흐르는 눈물 주체할 수 없네.	小兒難禁涕汍瀾[240].

13~15 청하 내연산에서 노닐고, 학연 스님의 시를 적은 두루마기에 차운해서 적으며 [遊清河內延山, 次題僧學衍詩軸]

서사원(徐思遠; 1550~1615) 《낙재선생문집(樂齋先生文集)》(권1)

마음이 뜬구름 같은 인생에 얽매여,	浮生心事繫人間,
바쁜 가운데 산 찾은 것은 한가해서가 아니네.	忙裏尋山不是閒.
내일 돌아갈 길 생각하니 괜히 슬퍼지고,	明日歸途空悵望,
앞으로 꿈속에서 얼마나 이 산 찾을지.	他年幾作夢中山.

나는 추축군에서 이곳 내연산에 이르렀는데, 중도에 비를 만났다. 산사에서 잠시 머물며 산을 오르려고 하였다. 하용추까지 오르니 스님께서 "날이 저물기 전에 내려가야 합니다."라고 하셨다. 그래서 상용추는 다 볼 수 없었다. 스님도 우리들이 세상사

236 徐思遠(서사원): 조선 중기의 학자이다. 본관은 달성(達城)이다. 자는 행보(行甫)이고, 호는 미락재(彌樂齋) 또는 악재(樂齋)이다. 조부는 서응기(徐應期)이고, 부친은 전교 서흡(徐洽)이다. 정구(鄭逑)의 문인이다. 감역·찰방·청안현감(清安縣監) 등을 지냈다. 주자학과 이황(李滉)의 문집을 깊이 연구했으며, 후진 양성에도 힘을 쏟았다. 대구의 이강서원(伊江書院), 청안(菁安)의 구계서원(龜溪書院)에 제향되었다. 저서로는 《악재집(樂齋集)》이 있다.

237 杪秋(초추): 가을의 의미이다. '초'는 나뭇가지의 끝이란 의미로, 음력 9월을 달리 이르는 말이다.

238 先君子(선군자): 남에게 돌아가신 자기 아버지를 이르는 말이다.

239 蔡松灘(채송탄): 조선 후기의 문신 채응린(蔡應麟)을 말한다. '송탄'은 그의 호이다. 아래 주석에 자세히 보인다.

240 汍瀾(환란): 눈물을 줄줄 흘리며 우는 모양을 말한다.

에 이끌려 빨리 돌아가려는 뜻을 알고, 이렇게 말한 것이다. 신미년(1571) 늦가을 초하루에 달성 연정이 쓰다(余自追竹郡到此, 中途値雨. 到寺乍止, 作意登山. 探入下龍湫, 師言日暮當及下歸.故不得盡見上龍湫. 是師亦知我輩牽俗速歸之意也, 故及之. 辛未季秋初吉, 達城蓮亭稿)

청하 내연산에서 노닐고, 학연 스님의 시를 적은 두루마기에 차운해서 적으며 [遊淸河內延山, 次題僧學衍詩軸]

송탄(松灘; 1529~1584)[241]

절은 푸른 아지랑이 내린 노을 속에 있고, 寺在靑嵐杳靄間,
동쪽으로 온 나그네 한가로이 누웠네. 東遊客子臥來閒.
절경을 찾고자 하였으나 갈 길 헤매고, 欲尋絶境迷前路,
저물녘 종소리 어느 산에서 울리는 것일까. 薄暮鐘鳴何處山.

241 松灘(송탄): 조선 후기의 문신 채응린(蔡應麟)을 말한다. 본관은 인천(仁川)이다. 자는 군서(君瑞)이고, 호는 송담(松潭) 또는 탄은(灘隱)이다. 퇴계(退溪) 이황(李滉)의 문인인 계동(溪東) 전경창(全慶昌)에게서 학문을 배웠다. 명종 10년(1555) 을묘(乙卯) 식년시(式年試) 생원(生員) 1등 4위로 합격했다. 을사사화(乙巳士禍)를 보고 더 이상 과거에 뜻을 두지 않고 경학과 성리학 연구에 전념했다.

청하 내연산에서 노닐고, 학연 스님의 시를 적은 두루마기에 차운해서 적으며 [遊淸河內延山, 次題僧學衍詩軸]

남간(南澗; 1530~1593)[242]

좁은 길 바위틈 사이로 기어 올라오니, 攀緣微路石牙間,
비로소 암자의 스님을 만났네. 始見庵僧住着閒.
제일봉에서 꼭대기 폭포 바라보니, 第一峯頭看瀑布,
훌륭한 명성 여산에만 있는 것 아니었네. 佳名不獨擅廬山[243].

후서(後序)[244]

연정은 내 선친이고, 남간은 내 중부이며, 송탄은 내 고향의 어른 채 진사이시다. 지난 신미년(1571) 가을에 바다와 산을 함께 유람하였다. 선친께서는 산을 노닐었던 것을 모두 기록으로 남기셨다. 무진년(戊辰年; 1568)과 기사년(己巳年; 1569)에 전쟁으로 불타 없어졌다. 후에 33년이 되는 계묘년(1603)에 불초가 선친을 이어 내연산을 유람했다. 이틀 동안 선친이 유람한 흔적을 찾았지만 끝내 선친이 남긴 고증할만한 시의 자취를 찾지 못했다. 해가 저물어 하산할 때는 자신도 모르게 눈물이 흘렀고 보경사 벽에 짧은 시를 남겼다. 을사년(1605) 가을에, 청하 사람 윤락이 가야를 유람하고 돌아와서, 나의 미락재를 방문했다. 그는 계묘년 가을에 나와 함께 내연산을 유람하였다. 그가 소매에서 신미년 선친이 내연산을 유람할 때의 유묵을 꺼내주었다. 나는 절하며 받고 무릎을 꿇고 읽었는데, 눈물이 줄줄 흐르는 것을 금할 수 없었다. 곧 눈물을

242 南澗(남간): 임진왜란과 정유재란 때의 의병장인 서식(徐湜)을 말한다. 본관은 달성(達城)이다. 자는 청지(淸之)이고, 호는 명암(銘巖)이다. 부친은 봉사(奉事) 서충립(徐忠立)이다. 선조 25년(1592) 임진왜란이 일어나자 의병장 김천일(金千鎰)·고경명(高敬命)과 함께 의병을 일으키려 하였으나 병으로 나서지 못했다. 1597년 정유재란이 일어나자 운봉현감(雲峯縣監) 남간(南侃)을 찾아가 의병활동을 주장하자 남간이 의병장으로 삼았다. 격문을 돌리고 의병 수천 명을 모아 황산(荒山)에서 큰 전공을 세웠다. 1624년 이괄(李适)의 난이 일어나자, 다시 천안에서 의병을 일으켰다. 연속되는 국난으로 고을의 풍기가 문란해지자 마을의 뜻있는 노인들과 향약 7조를 제정하고 사재를 털어서 향토부흥에 헌신했다. 운봉(雲峰)의 용암서원(龍巖書院)과 엄계서원(嚴溪書院)에 제향되었다.

243 廬山(여산): 중국 강서성(江西省) 구강시(九江市) 남쪽에 있는 명산이다. 전설에 의하면, 주(周)나라 때 광씨(匡氏) 7형제가 이곳에서 오두막을 짓고 은거한 데서 붙여진 이름이라고 한다. 이백(李白)의 《여산 폭포를 바라보며(望廬山瀑布)》와 소식(蘇軾)의 "여산진면목(廬山眞面目)"으로도 유명하다.

244 이 후서는 13~15번 시에 대한 것으로 서사원이 지었다. 14번, 15번 시는 원래 서사원의 13번 시 아래에 수록 되었으며, 후서 부분이 가장 뒤에 위치한다.

거두고 우러러 시를 지어서 훗날 나를 닦는 자료로 삼고자 한다(蓮亭乃吾先君子也, 南澗乃吾仲父也, 松灘乃吾鄕長蔡上庠也. 去辛未秋, 同遊海山. 先君子乃有遊山錄, 備記之矣. 辰巳[245]兵火失之. 後三十三年癸卯 ,不肖孤繼作內延之遊. 兩日探討山中, 終不得見先人留題可考之跡. 下山之夕, 不禁涕出, 而留小詩于壁間矣. 歲乙巳杪秋, 淸河人尹洛遊伽倻而還 ,訪余于彌樂齋. 乃癸卯秋同作內延之遊者也. 袖出辛未年先君子遊內延遺跡, 拜受而跪閱之. 殆不任其涕淚之橫迸也. 仍收泣而仰賡, 以爲後日修己之資也)

16~17 을사년(1605)에 부친의 내연산에 노닐며 시를 보고, 울며 피를 토하고 삼가 시에 차운하며 [乙巳拜見先君子遊內延韻, 泣血伏次]

서사원(徐思遠; 1550~1615) 《낙재선생문집(樂齋先生文集)》(권1)

돌아가신 어르신 여러 해 전 세상에 계실 때,	見背[246]多年住世間,
바쁜 중에 동쪽 바다 깊은 골짝 들러 보셨네.	東溟霞洞昔偸閒.
근원에 이르러도 선친의 유묵 보지 못하여,	窮源未見先遺墨,
만 겹의 산에 슬픈 눈물 부질없이 뿌렸네.	哀淚空揮萬疊山.
손꼽아보니 계묘년(1603)에 선경에서 노닐었고,	屈指仙遊癸卯間,
근래는 물과 구름 사이가 꿈에 떠오르네.	邇來飛夢水雲間.
어찌 알았겠나 이날 소나무 움집 안에서,	那知此日松窩裏,
울면서 선친의 시 보고 바닷가 산을 떠날 줄을.	泣見先詩出海山.

245 辰巳(진사): 무진년(戊辰年; 1568)과 기사년(己巳年; 1569)을 말하는 것으로 보인다.
246 見背(견해): 어버이를 여위는 것을 말한다.

18 한여름에 박 영해와 류 순상을 모시고 내연산에서 노닐며 [孟夏, 與朴寧海陪柳巡相遊內延山]

하수일(河受一; 1553~1612)[247] 《송정선생문집(松亭先生文集)》(권1)

울창한 내연산,	內廷何蒼蒼,
바로 청하 북쪽에 있네.	乃在淸河北.
동으로는 바닷가와 접하고,	東臨滄海水,
바라보면 아득히 가없네.	一望渺無極.
골짜기 입구엔 사찰이 있고,	谷口有琳宮[248],
문의 길에는 이끼 색 짙네.	門逕苔蘚色.
십여 리 가다 보면,	行行十里餘,
푸른 벽이 특히 빼어나네.	蒼壁尤絶特.
좌우로 병풍 쳐진 듯하고,	左右若屛障,
또 단풍나무와 녹나무 많이 심어졌네.	又多楓楠植.
그 가운데 두 개의 큰 폭포 있으니,	中有雙天紳[249],
상하로 천 척이나 뻗었다네.	上下千尺直.
천둥과 바람이 밤낮으로 몰아치고,	雷風薄日夜,
눈과 싸라기눈이 삽시간에 쌓이네.	雪霰集頃刻.
나는 향로봉을 보지 못했으나,	香爐吾不見,
이 빼어난 경관을 누가 얻겠는가.	形勝誰有得.
맑은 물 흘러 제각기 못이 되고,	澄流各成潭,
검푸르고 깊어 헤아릴 수 없네.	黝深不可測.
누구는 흑룡이 숨어 있다 하니,	或疑驪龍[250]潛,

247 河受一(하수일): 조선 중기의 문신이다. 본관은 진주(晋州)이다. 자는 태이(太易)이고, 호는 송정(松亭)이다. 조부는 생원 하희서(河希瑞)이고, 부친은 하면(河沔)이다. 선조 22년(1589) 사마시에 합격하여 생원이 되었다. 선조 24년(1591) 식년문과에 병과로 급제했다. 형조좌랑·형조정랑·현감 등을 지냈다. 문장(文章)과 사장(詞章)이 뛰어났다. 문집으로 《송정문집(松亭文集)》이 그의 6세손 달중(達中) 등의 주선으로 정조 9년(1785)에 간행되었다. 진주의 대각사우(大覺祠宇)에 제향되었다.

248 琳宮(임궁): 불교의 사찰을 말한다.

249 天紳(천신): 하늘에서 내려오는 띠라는 의미로, 폭포를 의미한다.

250 驪龍(여용): 몸의 빛이 검은 용을 말한다.

갖은 괴이한 설 사람을 미혹시키네.	萬怪令人惑.
또 검은 머리카락의 늙은이라 하니,	又疑綠髮[251]翁,
구름 속에 누워도 사람이 알지 못하네.	雲臥人不識.
상국은 아주 호탕하고,	相國豪氣多,
원님은 날 듯이 산길 오르네.	鳧舃[252]飛登陟.
두 손님은 짚신에 몸을 맡기고,	二客任芒鞋[253],
열 걸음마다 쉬네.	十步再三息.
마침내는 돌에 기대고 앉아,	終據石頭坐,
각자 맛난 음식을 들고 먹네.	各把瓊漿[254]食.
선인 안기생(安期生)과 선문처럼,	安期[255]與羨門[256],
서로 말없이 멍하니 있네.	恍若相語默.
잠깐 사이에 갑자기 헤어지니,	須臾[257]忽分手,
마음은 슬프고 비통해지네.	黯然[258]情惻惻.
땀 흘리며 이리저리 노닌 것 읊으려니,	欲述汗漫遊[259],
시 쓰는 재주 없는 것 부끄럽네.	自愧無詩力.
응당 알겠네 산속을 나가면,	應知出山中,
꿈속에서 부질없이 서로 생각할 것을.	夢裏空相憶.

251 綠髮(녹발): 젊은 사람의 검은 머리카락을 말한다.
252 鳧舃(부석): 오리 모양의 신발로, 지방 수령을 고상하게 부르는 칭호이다.
253 芒鞋(망혜): 짚신을 말한다.
254 瓊漿(경장): 좋은 음식을 말한다.
255 安期(안기): 옛 선인(仙人)으로, 해변에서 약을 팔며 장수하여 천세옹(千歲翁)으로 불린다. 진시황(秦始皇)이 동쪽을 순시할 때 그와 사흘 밤낮 이야기하고 금옥(金玉)을 내렸으나 받지않고 떠나며 "뒷날 봉래산(蓬萊山)에서 찾아달라."하고는 자취를 감추었다고 한다.
256 羨門(선문): 옛 선인(仙人)으로, 이름은 자고(子高)이다. 진시황(秦始皇)이 천하를 순시하다 갈석(碣石)에 이르자 노생(盧生)을 시켜 선문(羨門)과 고서(高誓)라는 신인을 찾았다는 고사가 있다.
257 須臾(수유): 아주 짧은 시간을 말한다.
258 黯然(암연): 시름에 겨워하거나 이별해서 슬프고 침울한 것을 말한다.
259 漫遊(만유): 한가로이 이곳저곳을 돌아다니며 구경하고 노니는 것을 말한다.

19~20 내연산에서 노닐고, 출발하는 전날에 대해 숙부님을 조촐하게 모시며 [遊內延山, 發行前一日, 簡奉大海叔父[260]]

황여일(黃汝一; 1556~1596) 《해월선생문집(海月先生文集)》(권1)

늙어서 가니 그때의 얼굴이 되시기 어렵고, 老去難爲時世顔,
태평할 땐 오히려 이 몸 한가함 좋아하시네. 昇平却喜此身閒.
천지의 어디서 호탕한 기운을 펼치실까나, 乾坤何處伸豪氣,
오로지 동남의 으뜸가는 내연산이겠지. 只有東南第一山.

강호에도 근심이 있다던데, 聽說江湖亦有憂,
근심 오면 예로부터 산에 들어와 노닐었네. 憂來故作入山遊.
기름 바른 수레와 밀랍 신은 아직 할 일 많고, 膏車蠟屐猶多事,
지팡이 짚고 짚신 신으니 가을이라네. 竹杖芒鞋可素秋[261].

21~22 적멸암 [寂滅庵]

황여일(黃汝一; 1556~1622) 《해월선생문집(海月先生文集)》(권1)

밤이 되니 푸른 바위에 묵고, 夜到翠巖宿,
산에 들어온 지 이미 십 리네. 入山已十里.
어떻게 적멸암의 경내까지 왔을까, 如何寂滅境,
자리에 베개 베니 바람과 물소리 울리네. 枕席響風水.
처음에는 풍이의 궁전에 온 것 같아, 初疑馮夷[262]宮,
몸이 푸른 바다 안에 있는 듯. 身在碧海裏.

---

260 大海叔父(대해숙부): '대해'는 황응청(黃應淸; 1524~1605)의 호이다. 이 시의 저자 황여일의 숙부이다. 황응청은 본관이 평해(平海)이다. 진보현감(眞寶縣監)을 지냈고, 월천(月川) 조목(趙穆: 1524~1605)·대암(大庵) 박성(朴惺: 1549~1606)등과 교유했다. 문집으로 《대해집(大海集)》이 있다. 현종 12년(1671) 평해의 명계서원(明溪書院)에 제향되었다.

261 素秋(소추): '가을철'을 달리 이르는 말이다. 오행설에서 흰빛은 가을에 해당하는 것에서 유래했다.

262 馮夷(풍이): 전설 속에 나오는 황하[黃河]의 신 하백[河伯]을 가리키기도 하고, 수신(水神)을 총칭하기도 한다.

또 광한전에 온 것 같아, 復訝廣寒殿[263],
가을 소리 계수나무에서 생겨나네. 秋聲生桂子.

끝없이 아득한 만고의 마음, 寥廓[264]萬古心,
망연히 천지에 전해지네. 嗒然遺天地.
우연히 만난 네모난 눈동자의 노인, 偶値方瞳[265]翁,
나에게 녹운 두 글자를 물려주네. 留我綠雲[266]字.
읽어보니 맑은 뜻 폭풍처럼 일고, 讀之淸飆發,
몸은 채색 봉황의 날개처럼 가벼워지네. 身輕彩鳳翅.
아득히 무궁의 문으로 들어가니, 杳入無窮門,
빈산엔 자색 빛 기운만 남았네. 空山餘紫氣.

23 계조암 [繼祖庵]

황여일(黃汝一; 1556~1622) 《해월선생문집(海月先生文集)》(권1)

아름다운 빛깔의 집 창문과 백옥 병풍, 金碧[267]軒窓白玉屛,
인간 세상과 끊어지고 바다 아득하네. 人間消息海冥冥.
소보와 허유가 평생 많은 일 했던가, 平生巢許[268]曾多事,
누워서 시냇물 소리 들으니 귀가 맑아지네. 臥聽溪聲耳已淸.

263 廣寒殿(광한전): 달 속에 있다는 상상 속의 궁전을 말한다.
264 寥廓(요곽): 텅 비고 끝없이 넓음을 말한다.
265 方瞳(방동): 네모난 눈동자라는 의미로, 장수(長壽)의 징조라고 알려져 있다.
266 綠雲(녹운): 푸른빛을 띠는 구름을 말한다.
267 金碧(금벽): 금빛과 푸른빛이라는 뜻으로, 아름다운 빛깔을 이르는 말이다.
268 巢許(소허): 중국 상고 시기의 고상한 선비인 허유(許由)와 소보(巢父)를 말한다. 요(堯) 임금이 허유에게 천하를 양보하자, 허유는 더러운 소리를 들었다고 시냇물 가에서 귀를 씻었다. 그 물에서 소에게 물을 먹이던 소보가 이 말을 듣고 또 다른 곳으로 가서 소에게 물을 먹였다고 한다.

24 상용추 [上龍湫]

황여일(黃汝一; 1556~1622) 《해월선생문집(海月先生文集)》(권1)

서쪽에서 상용추로 들어가니,	西入上龍湫,
못에 담긴 물은 아침 해에 빛나네.	湫涵朝日光.
날아서 개인 하늘의 성한 우박 되고,	飛爲晴雹壯,
걸리면 긴 채색 무지개 같네.	掛若彩虹長.
어지러운 돌은 돌아가며 깨끗이 깔려있고,	亂石鋪還淨,
뭇 봉우리는 미친 듯 춤추려 하네.	羣峯舞欲狂.
길 따라 대비암 찾으니,	因尋大悲院,
단풍과 국화 향기 옷에 묻네.	楓菊着衣香.

25~26 내연산에서 숙평의 시에 차운하며 [內延山, 次叔平]

병신년(1596) 가을에 사령장을 따라 전근하는 길에 청하에 이르렀다. 숙평은 도사로 이곳에서 재난을 보았고, 상사 손엽과 상사 최흥국과 함께 내연산을 유람했다. 나는 그들의 뒤를 좇아와서 가까스로 보경사에 도착했다. 숙평이 먼저 황회원의 시운으로 칠언율시 한 수를 짓자, 나 역시 이를 차운했다(丙申秋, 沿牒到淸河. 叔平以都事看灾傷于此, 與孫上舍曄崔上舍興國同遊內延. 余追趕及之, 纔到寶鏡寺. 叔平首以黃會元韻題七言律, 余亦次之]

손기양(孫起陽; 1559~1617)[269] 《오한선생문집(聱漢先生文集)》(권1)

우연히 신선이 사는 세상에서 노닐고,	偶借壼中[270]境界遊,

269 孫起陽(손기양): 조선 중기의 문신이다. 본관은 밀양(密陽)이다. 자는 경징(景徵)이고, 호는 오한(聱漢) 또는 송간(松磵)이다. 조부는 군자감정(軍資監正) 손응(孫凝)이고, 부친은 생원 손겸제(孫兼濟)이다. 약관의 나이로 백가(百家)의 책을 탐독하여 학식이 깊었다. 선조 18년(1585)에 사마시에 합격했고, 1588년 식년 문과에 병과로 급제했다. 성균관전적·울주판관·영천군수 등을 역임했다. 광해군 4년(1612) 정치가 어지러워지자 벼슬을 버리고 낙향했다. 만년에는 역학(易學)에 전념했고, 평일에 독서할 때는 《논어(論語)》만 읽는 성벽이 있었다. 저서로는 《배민록(排悶錄)》·《철조록(輟釣錄)》 등이 있다.

270 壼中(호중): 신선이 사는 세상을 말한다.

진심으로 사찰에 기대니 마음은 즐겁네. 披襟[271]快倚梵王樓[272].
이름난 곳의 맑은 샘물 흐르는 흰 돌 길, 名區白石淸泉路,
가을 단풍 지고 국화 자주빛 띠는 좋은 계절. 令節[273]丹楓紫菊秋.
나보다 먼저 채찍질하여 절경 찾았으니, 先我著鞭探絶勝,
그대와 함께 술 마련해 그윽한 근심 풀어보네. 共君謀酒瀉幽憂.
진실 되게 다시 산신령님과 약속하건대, 丁寧[274]更與山靈約,
사공 기다리지 않고 늙어서 귀 어두우면 쉬리. 不待司空[275]老聵休.

부록. 원래 운(韻)으로 지은 시 [附 原韻]

세상 밖에서 그대와 땀 흘리며 만유하고, 物外同君汗漫遊,
하늘 바람 불어 높은 층층 누대와 통하네. 天風吹徹聳重樓.
저녁에 옷은 삼화수의 이슬에 젖고, 羽衣[276]暮濕三花[277]露,
비단 울타리는 갖은 낙엽의 푸른 가을에 걸렸네. 錦障晴懸萬葉秋.
오랫동안 역로의 먼지 일으키는 나그네 되고, 驛路塵埃長作客,
자라봉의 연무 낀 달은 근심 삭일만 하니. 鼇岑烟月可銷憂.
모든 행적을 뜬구름 밖에 내던지고, 行藏[278]盡付浮雲外,
홀로 붉은 절벽 대하며 쉼 없이 웃어보네. 獨對丹崖笑不休.

271 披襟(피금): 진심을 다하는 것을 말한다.
272 梵王樓(범왕루): 불교 사찰을 말한다.
273 令節(영절): 좋은 시절이나 계절을 말한다.
274 丁寧(정녕): 거짓 없고 진실함을 말한다.
275 司空(사공): 관직명이다. 삼공(三公)의 하나로 사도(司徒)·사마(司馬)와 더불어 삼공(三公)이라 불렸다.
276 羽衣(우의): 도사나 신선이 입는다는 새의 깃으로 만든 옷을 말한다.
277 三花(삼화): 삼화수(三花樹)를 말하는데, 1년에 꽃이 세 번 핀다 하여 붙여진 이름이다.
278 行藏(행장): 진퇴나 행적을 말한다.

27 내연산에서 노닐다가 황회원의 시를 차운하여, 함께 온 벗들에게 보여주며 [遊內迎山, 次黃會元韻示同來諸契]

이준(李埈; 1560~1635)[279] 《창석선생문집(蒼石先生文集)》(권1)

꿈에서 몇 번이나 명산에 누워 여행하려 했던가, 夢想名山幾臥遊,
그대와 함께 오늘 밤 사찰에 머무네. 共君今夜宿僧樓.
허공 가로지르는 푸른 벽 맑아 낮을 속이고, 橫空翠壁晴欺晝,
골짜기의 단풍 숲 비추니 일찍 가을이 왔네. 映壑紅林早得秋.
잠시 빼어난 곳에 올라보는 즐거움 이루고, 勝界暫成登眺樂,
속세로 돌아가려니 이별 때문에 근심되네. 塵區還抱別離愁.
연무와 노을이 공공연히 평생의 애호가 되니, 烟霞謾有平生癖,
역로를 내달림에 쉬지 않음이 부끄럽네. 驛路驅馳愧未休.

28 늦봄에 내연산에서 노닐다 옛 문수암에 묵고, 설희 스님과 《황정경》을 토론하고 시를 지어 그에게 주며 [暮春遊內延山, 宿古文殊, 與雪熙上人討論《黃庭經》[280], 仍以詩贈之]

류숙(柳潚; 1564~1636) 《취흘집(醉吃集)》(권3)

삐걱대는 가마 타고 반 허공으로 들어가니, 伊軋[281]藍輿[282]入半空,
하늘은 멀리 저녁 구름 속에 있네. 諸天遙在暮雲中.

---

279 李埈(이준): 조선 중기의 문신이다. 본관은 흥양(興陽)이다. 자는 숙평(叔平)이고, 호는 창석(蒼石)이다. 조부는 이탁(李琢)이고, 부친은 이수인(李守仁)이다. 류성룡(柳成龍)의 문인이다. 선조 15년(1582) 생원시를 거쳐 선조 24년(1591) 별시 문과에 병과로 급제했다. 첨지중추부사·승지·부제학 등을 지냈다. 선조대에서 인조대에 이르는 복잡한 현실에서 국방과 외교를 비롯한 국정에 대해 많은 시무책(時務策)을 제시했고, 정경세와 더불어 류성룡의 학통을 이어받아 학계에 중요한 역할을 했다. 상주의 옥성서원(玉城書院)과 풍기의 우곡서원(愚谷書院)에 제향되었다. 문집으로는 《창석집(蒼石集)》이 있다.

280 黃庭經(황정경): 칠언가결(七言歌訣) 형식으로 쓰인 초기 도교 경전으로, 원래 명칭은 《태상황정외경옥경(太上黃庭外景玉經)》 내지 《태상황정내경옥경 太上黃庭內景玉經》이다. 황정(黃庭)은 인간의 성(性)과 명(命)의 근본을 가리키는 말이다. 명리(名利)를 탐내는 마음이 없는 담박한 상태와 무욕(無欲)과 허무자연(虛無自然)에 경지에 이르게 하는 내용을 담고 있다.

281 伊軋(이알): 수레가 가면서 삐걱삐걱 나는 소리를 말한다.

282 藍輿(남여): 뚜껑이 없고 의자와 비슷하게 생긴 작은 가마의 하나를 말한다.

산은 신선 사는 봉도를 숨기고 연꽃은 희며, 山藏蓬島[283]蓮華白,
땅은 무릉도원 감추고 비단 같은 물결은 붉네. 地祕桃源錦浪紅.
이에 고승들은 도의 기운이 넉넉하고, 自是高僧多道氣,
유배당한 나그네도 선옹임을 누가 알리. 誰知謫客亦仙翁.
《황정경》 강론이 끝나자 향 연기 일고, 黃庭講罷香煙起,
학 두 마리 저녁 바람에 휘돌며 춤추네. 雙鶴蹁躚[284]舞晩風.

29 문수대 [文殊臺]

류숙(柳潚; 1564~1636) 《취흘집(醉吃集)》(권3)

골짜기 문의 나는 폭포가 바위굴에 떨어지니, 洞門飛瀑落嵌空,
쨍쨍한 하늘에 우레가 일만 골을 울린다. 白日驚雷萬壑中.
절의 나무 그늘 온통 짙푸르지만, 野寺樹陰渾遍綠,
산골에 화색은 온전히 붉지 않구나. 峽天花色未全紅.
사는 스님도 늘 오는 나그네에 익숙하지만, 居僧亦慣頻來客,
산 귀신은 응당 한 대머리 늙은이 가련히 여기리. 山鬼應憐一禿翁.
천년의 구름사다리 있어도 인간 세상은 변하고, 千載雲梯人世變,
옥 퉁소는 어디서 맑은 바람을 놀리는가. 玉簫何處弄清風.

30 계조암 [繼祖菴]

류숙(柳潚; 1564~1636) 《취흘집(醉吃集)》(권3)

큰 스님에게 의지하러 오니 세상 인연 부질없고, 來依老宿[285]世緣空,
빙 둘러싼 뭇 봉우리 가운데에 앉아 즐기네. 列岫屛圍宴坐中.
대 아래 천 길에는 푸른 노송나무 자라고, 臺下千尋仙檜翠,

283 蓬島(봉도): 영주산·방장산과 함께 중국 전설상에 나오는 삼신산의 하나이다.
284 蹁躚(편선): 휘돌며 춤추는 모양을 나타낸다.
285 老宿(노숙): 오랫동안 불가에서 수행하여 불도의 지식을 많이 쌓은 승려를 말한다.

열 장의 담 가에는 수련이 붉네. 墻邊十丈木蓮紅.
서역의 능엄경을 깊이 따지고, 研窮西域楞嚴[286]語,
낙양에 있던 태사공(太史公)처럼 오래도록 머무네. 留滯南周太史翁[287].
산새들은 그윽한 정취 이는 것 근심하지 않고, 山鳥莫愁幽興熟,
나그네 마음의 오묘한 참선 맛은 바람과 같네. 客心禪味自同風.

31 명월대 [明月臺]

계조암의 서쪽에 있는 대이다(繼祖庵西臺)

류숙(柳潚; 1564~1636) 《취흘집(醉吃集)》(권3)

이끼 쓸고 나니 옛 제단은 비고, 莓苔掃罷古壇空,
돌베개하고 누우니 명월이 구름 헤치고 나온다. 枕石披雲明月中.
늠실대는 달빛이 흘러 바다가 희고, 蕩漾蟾波流海白,
너울대는 계수나무 그림자 비치어 숲이 붉다. 婆娑桂影映林紅.
세 산은 곧바로 선경에 접해 있고, 三山直接鼇頭路,
만 리 학 타고 온 신선은 때맞춰 온다. 萬里時來鶴背翁.
신선은 바둑 한판 두는 것 보고자 하니, 欲看仙棋爭一局,
도끼자루 썩고 세상 티끌 바람 불어오네. 樵柯休引世塵風.

286 楞嚴(능엄): 능엄경(楞嚴經)을 말하는데, 선종(禪宗)의 주요 경전의 하나이다.

287 留滯南周太史翁(유체남주태사옹): 한(漢)나라 때의 사관(史官)인 태사공(太史公) 사마담(司馬談)이 주남, 즉 낙양에 머문 것을 말한다. 이곳의 '남주'는 '주남'으로, 지금의 낙양(洛陽)이다. 한 무제가 태산(泰山)에 봉선 의식을 거행할 때 사마천(司馬遷)의 부친인 태사공 사마담이 주남에 체류하고 있었기 때문에 이 일에 참여하지 못한 것을 유감으로 여긴 것을 말한다. 《사기(史記)·태사공자서(太史公自序)》에 보인다.

32 한밤에 계조암에 머무는데, 번개가 크게 치고 비가 쏟아지자, 앞의 운자를 사용하여 이를 기록하며 [宿繼祖庵夜半, 雷電大作, 雨下如注, 用前韻記之]

류숙(柳潚; 1564~1636) 《취흘집(醉吃集)》(권3)

못 속 용이 자다 일어나니 막힌 산은 공허하고,	湫龍睡起霿山空,
구름의 신이 매섭게 몰아치며 지휘하는 중이네.	叱咤雲師指顧[288]中.
번개가 쿵쾅하고 치니 음기가 어두워지고,	雷鼓砰訇[289]陰氣黑,
신의 깃발이 번뜩이니 번개 빛 붉어지네.	神旗閃鑠電光紅.
마귀를 쫓아내 참선하는 노인 지키려 하고,	驅魔欲護參禪老,
기둥 깨도 시구 찾는 늙은이 놀라게 하지 못하네.	破柱難驚覓句翁.
누가 천지의 열고 닫음을 주재할 수 있나,	誰是主張能闔闢[290],
큰비는 장맛비가 되고 총채는 바람이 되네.	霈爲霖雨拂爲風.

33 성도암에서 공양하는데, 밤새도록 떠들썩하여 잠을 못 자고, 앞의 시운을 쓰며 [成道菴設齋[291], 徹夜喧鬧, 仍達夜不寐, 遂用前韻]

류숙(柳潚; 1564~1636) 《취흘집(醉吃集)》(권3)

높고 높은 불가에서 색은 공이고,	佛界嵬嵬色是空,
새로 둔 법석에는 꽃비가 내리네.	法筵新設雨花中.
징과 북소리 하늘을 흔들고 금 사자는 포효하며,	震天鉦鼓金獅吼,
깃발들 땅을 덮고 채색 봉황은 붉네.	帀地幢幡彩鳳紅.
시식 제단 두어 귀신 무리를 부르고,	施食設壇招鬼隊,
향로 머리에 이고 촌 늙은이는 가네.	香盆戴頂走村翁.

288 指顧(지고): 지휘하는 것을 말한다.
289 砰訇(팽굉): 쿵쾅하고 벼락이 치는 소리를 말한다.
290 闔闢(합벽): 닫고 열고 하는 것을 말한다.
291 設齋(설재): 불공을 위하여 음식물을 마련하여 승려에게 공양하는 일을 말한다.

내 생애의 묵은 빚 아직도 있어, 吾生宿債今猶在,
선방에 오래 머물며 자신을 낮춰 절하네. 久滯禪房托下風[292].

34 동석암에 묵으며 [宿動石庵]

류숙(柳潚; 1564~1636) 《취흘집(醉吃集)》(권3)

높고 낮은 나무꾼들의 길이 맑은 계곡물 둘러싸고, 高低樵路繞淸泉,
절은 단풍 비단 숲 가에 있네. 寺在丹楓錦繡邊.
스님과 뜬구름은 날이 지니 돌아가고, 僧與浮雲歸落日,
나그네는 호학산을 따라 신선의 세계로 들어가네. 客從呼鶴[293]入諸天.
천년의 삼동석이 새로운 얼굴을 만나고, 千年動石[294]逢新面,
하룻밤 등잔불 아래 숙세의 인연을 아네. 一夜懸燈認夙緣.
몇 번의 종소리 어디서 일어나는가, 鐘磬數聲何處起,
지척의 앞 봉우리에는 신선이 있다네. 前峯咫尺有眞仙.

35 용추에서 취한 후에 청사에게 삼가 올리며 [龍湫醉後, 奉呈晴沙[295]]

류숙(柳潚; 1564~1636) 《취흘집(醉吃集)》(권3)

내연의 산색은 푸르고 높고, 內延山色碧嵯峨,

292 下風(하풍): 감배하풍(甘拜下風)의 줄임말이다. 바람이 불어가는 쪽으로 자신을 낮춰 기꺼이 절을 함을 말한다.

293 呼鶴(호학): 청하의 진산(鎭山)으로 알려진 호학산(呼鶴山)을 말한다.

294 動石(동석): 삼동석(三動石)을 말하는 것으로 보인다. 《신증동국여지승람(新增東國輿地勝覽)》에는 "내연산에는 대·중·소 세 개의 바위가 솥발처럼 벌어져 있는데, 사람들이 삼동석(三動石)이라고 한다. 손가락으로 건드리면 조금 움직이지만 두 손으로 흔들면 움직이지 않는다."라고 했다.

295 晴沙(청사): 조선 중기의 문신 고용후(高用厚; 1577~1652)를 말한다. 본관은 장흥(長興)이다. 자는 선행(善行)이고, 호는 청사(晴沙)이다. 선조 38년(1605) 진사시에 합격했고, 1606년 증광문과에 을과로 급제했다. 병조좌랑·남원부사 등을 지냈다. 저서로는 《청사집》·《정기록(正氣錄)》 등이 있다.

원근의 연무와 노을은 지나오면서 알았네. 遠近煙霞領略[296]過.
신이 만든 물색이 어찌 얕고 좁은 곳에 있으리, 神物豈宜居淺狹,
피라미는 떠들썩한 생황의 노랠 싫어하네. 鯈魚應厭聒笙歌.
원류의 정맥은 궁구하여 얻기 어렵고, 源頭正脈難窮得,
유파와 곁가지는 원래 많이 차지하는 법. 派末餘流自占多.
아주 높은 꼭대기의 삼동석을 알아차려, 看取[297]絶頂三動石,
고금에 몇 사람이나 어루만졌겠는가. 幾人今古手摩挲[298].

36 맹 종사가 내연산을 유람한다는 것을 듣고, 지난날을 추억하고 읊으며 [聞孟從事遊內延山, 追述]

류숙(柳潚; 1564~1636) 《취흘집(醉吃集)》(권4)

병이 오랫동안 낫지 않으니 만사 그만이고, 一病沈綿[299]萬事休,
향로봉이 지척임에도 맑은 가을 저버리네. 香爐咫尺負淸秋.
산의 정령은 응당 빈정대며 놀리겠고, 山精應發揶揄[300]笑,
바다의 달은 하필이면 적막한 근심 더해주네. 海月偏添寂寞愁.
고찰엔 승려 드물어 누런 잎만 쌓이고, 古寺僧稀黃葉積,
그윽한 시내의 돌아오는 나무꾼은 백운에 머무네. 幽蹊樵返白雲留.
뭇 봉우리의 물색 어찌 이리도 같은지 알겠으니, 千峯物色知何似,
시인들을 실어다가 마음껏 돌아볼 수 있게 하네. 輸與詞人漫浪[301]遊.

296 領略(영략): 대강 짐작하여 안다는 말이다.
297 看取(간취): 속에 담긴 본질이나 내용을 보아서 알아차리는 것을 말한다.
298 摩挲(마사): 어루만지는 것을 말한다.
299 沈綿(침면): 병이 오랫동안 낫지 않음을 말한다.
300 揶揄(야유): 남을 빈정대며 놀리는 것을 말한다.
301 漫浪(만랑): 제 마음대로 하는 것을 말한다.

37 문수대에서 사냥한 후에 돌아오는 길에서 짓고, 시냇가 돌에 쓰면서 [文殊臺獵後歸路作, 書于溪石上]

류숙(柳潚; 1564~1636) 《취흘집(醉吃集)》(권4)

층층의 산봉우리는 대낮처럼 밝고,	層巒明似晝,
스산한 골짝은 가을처럼 서늘하네.	哀壑爽如秋.
세 폭포는 하늘에서 떨어지고,	三瀑從天落,
물고기 떼는 물에 나와 노니네.	群魚出水游.
못의 용은 크게 사냥함을 걱정하고,	湫龍愁大獵,
산 귀신은 모두 잡을까 두려워하네.	山鬼怕窮搜.
돌아오는 길은 아직도 무척 덥고,	歸路猶多暑,
서로 늘어서 나무 그늘 밑에서 쉬네.	相隨樾下休.

38 내연산의 망선대에서 읊으며 [內迎山, 望仙臺口號]

고용후(高用厚; 1577~1652)[302] 《청사집(晴沙集)》(권1)

흰 파도와 푸른 벽엔 그림 펼쳐지고,	白波蒼壁畫圖開,
원래 명산 좋아하여 다시 잔 드네.	自愛名山更擧杯.
봉소에게 다른 곡 타게 하지 말라,	莫遣鳳簫[303]吹別曲,
망선대가 바로 도성 바라보는 망경대네.	望仙臺是望京臺.

302 高用厚(고용후): 조선 중기의 문신이다. 본관은 장흥(長興)이다. 자는 선행(善行)이고, 호는 청사(晴沙)이다. 조부는 참의 고맹영(高孟英)이고, 부친은 의병장 고경명(高敬命)이다. 선조 38년(1605) 진사시에 합격했고, 1606년 증광문과에 을과로 급제했다. 병조정랑·남원부사·고성군수 등을 역임했다. 1631년에는 동지사로 명나라에 다녀왔다. 판결사(判決事)를 마지막으로 관직에서 물러났다. 저서로는 《청사집(晴沙集)》·《정기록(正氣錄)》 등이 있다.

303 鳳簫(봉소): 아악에서 쓰는 관악기의 일종이다.

39~40 내연산에서 김방백의 시에 차운하며 [內延山, 次金方伯韻]

조정립(曺挺立; 1583~1660)[304] 《오계선생문집(梧溪先生文集)》(권1)

걸어서 비에 젖은 꽃 담 나와 步出雨花垣,
옷 걷고 골짜기 문 거슬러 올라가네. 搴衣遡洞門.
숲 너머에는 봉황이 부는 소리 들리고, 隔林聞鳳吹,
길 따라 지팡이 흔적 보이네. 沿逕見笻痕.

푸른 이끼 낀 길엔 신발 미끄럽고, 屨滑蒼苔逕,
계단은 떨어지는 푸른 길로 통하네. 梯通碧落衢.
차가운 바람 나를 끼고 부니, 冷風吹挾我,
몸은 날개 달린 여윈 신선 같아라. 身似羽仙癯.

41 내연산 용추 [內延山龍湫]

조경(趙絅; 1586~1669)[305] 《용주유고(龍洲遺稿)》(권3)

깎아 세운 듯 가파른 절벽 만 길 솟고, 峭壁削成恒萬丈,
벼락 치는 듯 날리는 폭포 천 길 걸렸네. 飛流霆擊挂千尋.
골짜기 입구의 물색은 인간 세상 아니요, 洞門物色非人世,
호로 속 누대는 오랜 세월 갇혀 있었네. 壺裏樓臺鎖古今.

304 曺挺立(조정립): 조선 중기의 문신이다. 본관은 창녕(昌寧)이다. 자는 이정(以正)이고, 호는 오계(梧溪)이다. 부친은 남명(南冥) 조식(曺植)의 제자인 도촌(陶村) 조응인(曺應仁)이다. 선조 38년(1605) 증광시에서 생원 3등 5위로 합격했고, 광해군 1년(1609) 증광시에 병과 19위로 급제했다. 이후 사헌부(司憲府)와 사간원(司諫院)의 정언(正言)·홍문관(弘文館) 교리(校理)·영덕현령(盈德縣令) 등을 지냈다. 병자호란이 일어나자 의병을 일으켰다. 관직에서 물러난 후에는 덕천서원(德川書院) 원장을 지냈고, 합천에 봉서정(鳳棲亭)을 지어 후학 양성에 힘썼다. 문집으로는 《오계선생문집(梧溪先生文集)》이 있다.

305 趙絅(조경): 조선 중기의 문신이다. 본관은 한양(漢陽)이다. 자는 일장(日章)이고, 호는 용주(龍洲) 또는 주봉(柱峯)이다. 조부는 공조좌랑 조현(趙玹)이고, 부친은 봉사(奉事) 조익남(趙翼男)이다. 광해군 4년(1612) 사마시(司馬試)에 합격했다. 대제학·형조판서·회양부사 등을 역임했다. 포천의 용연서원(龍淵書院), 흥해의 곡강서원(曲江書院), 춘천의 문암서원(文巖書院)에 각각 제향되었다. 저서로 《용주집》·《동사록(東槎錄)》이 있다.

눈 들어보니 구름은 높이 나는 학 그림자 따르고, 抉眥雲隨高鶴影,
연못 열리자 바람은 늙은 용의 울음소리 보내네. 劈潭風送老龍吟.
이번 유람은 천태산 꿈보다 분명 낫고, 茲遊定勝天台[306]夢,
흥이 난 분의 아름다운 글 도리어 우습다네. 顧笑興公擲地金[307].

42 영해와 영덕의 두 태수와 함께 내연산에서 노닐며 [同寧盈二太守, 遊內延山]

심동구(沈東龜; 1594~1660) 《청봉집(晴峯集)》(권1)

용연의 돌에 바르게 기대니, 鼎踞龍淵石,
세 사람 신선 세상에 있는 것 같네. 三人壺裡天.
빈산엔 바다의 달 솟고, 山空海月湧,
뭇 숲에선 온갖 소리 나오네. 萬籟[308]千林絃.

306 天台(천태): 천태산(天台山)을 말한다. 중국 절강성(浙江省) 천대(天台)의 북쪽 지역에 있는 천태종의 발상지로 유명한 산이다. 아미산(峨眉山)·오대산(五台山)과 더불어 중국 불교의 3대 영장(靈場) 중의 한 곳이다.

307 擲地金(척지금): 척지금성(擲地金聲)의 줄임말로, 땅에 던지면 종과 경쇠 소리가 날 정도로 아름다운 글을 비유하는 말이다. 진(晉)나라 사람 손작(孫綽)은 어려서 글솜씨가 뛰어났는데, 절강(浙江)의 회계(會稽)에서 10여 년을 머물며 절강의 모든 산수를 유람했다. 손작이 천태산의 풍광을 노래한 《천대산부(天臺山賦)》를 지은 후 친구인 범영기(范榮期)에게 읽어보라고 주면서 "시험 삼아 땅에 던져 보게나. 금석(金石)의 소리가 날 걸세."라고 했다. 그러자 범영기는 "그대가 말한 금석의 소리라는 것이 음률에 맞지 않는 것은 아니겠지?"라고 하며, 손작의 작품을 읽기 시작했다. 범영기는 구절마다 너무 아름다운 표현이라고 생각하여 "정말 우리들의 말이로군."라고 하며 찬탄을 금치 못했다고 한다. 《진서(晉書)·손작전(孫綽傳)》에 보인다.

308 萬籟(만뢰): 자연 속에서 만물이 내는 온갖 소리를 말한다.

43 내연산에 우연히 절구 한 수 읊어, 동행한 제 군자들에게 보여주며 [將內延山偶吟一絶, 示同行諸君子]

이채(李埰; 1616~1684)[309] 《몽암집(蒙庵集)》(권2)

산신령은 티끌의 자취 누르지 않으니, 山靈不是壓塵蹤,
세상사에 뜻있는 사람 절로 숨은 용 되네. 世故關人自蟄龍.
기름칠 한 나막신의 행장은 이로 시작되고, 蠟屐[310]行裝從此始,
시를 짓는 마음에 먼저 옥 부용을 돌아보네. 詩魂先繞玉芙蓉.

44 내연산 골짜기에 들어가서 [入洞]

이채(李埰; 1616~1684) 《몽암집(蒙庵集)》(권2)

옥을 깎은 듯한 뭇 바위 서 있고, 玉削千巖立,
거문고 소리 계곡의 시내를 도네. 琴鳴一澗回.
남은 놀은 새벽에도 그대로이고, 殘霞曉仍在,
머무는 안개는 낮에도 묻혀있네. 宿霧晝猶埋.
가마의 편안함을 버리기도 하고, 或捨籃輿[311]穩,
돌 잔도를 따라 빙빙 돌기도 하네. 時緣石棧廻.
오르고 올라 신선의 흥취 넉넉하니, 登登仙興足,
내 신세가 신선 홍애 된 거 같네. 身世訝洪崖[312].

309 李埰(이채): 조선 중기의 문신이다. 본관은 여주(驪州)이다. 자는 석오(錫吾)이고, 호는 몽암(夢庵)이다. 조부는 양졸당(養拙堂) 이의징(李宜澄)이고, 부친은 종사랑(從仕郎) 이교(李皦)이다. 현종 7년(1666) 사마시(司馬試)에 진사(進士) 2등으로 합격했다. 이후에 여러 차례 향시(鄕試)에 응하였으나 번번이 낙방하다 현종 6년(1665) 상사(上舍)에 뽑혔다. 숙종 2년(1676)에 유일(遺逸)로 천거되어 영릉참봉(英陵參奉)과 빙고별검(氷庫別檢)에 제수되었으나 부임하지 않았다. 현종 10년(1669) 경주부윤 민주면(閔周冕) 등과 《동경잡기(東京雜記)》를 편찬했다. 저서로는 《몽암선생집(夢菴先生集)》이 있다.

310 蠟屐(납극): 나무가 말라 터지는 것을 방지하기 위하여 겉에 밀랍을 녹여 칠한 나막신을 말한다.

311 籃輿(남여): 주로 산길에서 쓰는 간단하게 대나무로 만든 가마를 말한다.

312 洪崖(홍애): 신화 전설 속의 신선 이름이다. 홍애(洪涯)라고도 한다. 장형(張衡)의 《서경부(西京賦)》에 보인다.

45 용추 [龍湫]

이채(李埰; 1616~1684) 《몽암집(蒙庵集)》(권2)

백 척의 비류 아래서는 못이 되고, 百尺飛流下作潭,
천추의 신령한 동굴엔 늙은 용 서렸네. 千秋靈窟老龍潛.
지금의 대지는 모두 타들어 가니, 卽今大地將焦盡,
신의 권력 잡고 은택이 미치길 바라네. 願把神權惠澤覃.

46 문수암 [文殊庵]

이채(李埰; 1616~1684) 《몽암집(蒙庵集)》(권2)

절은 구름 낀 숲의 몇 층에 있을까, 寺在雲林第幾層,
이끼 낀 황량한 돌길엔 나무 그늘 짙네. 苔荒石路樹陰凝.
넓고 큰 바다를 끝까지 바라보니, 滄溟萬里窮遐矚,
한 점 외롭게 빛난 곳은 울릉도라네. 一點孤炯是鬱陵[313].

47 적멸폐암 [寂滅廢庵]

이채(李埰; 1616~1684) 《몽암집(蒙庵集)》(권2)

적멸암 언제 없어졌는가, 寂滅何年廢,
암자 이름 없어진 것 실로 마땅하네. 庵名廢固宜.
우리 유생에게는 정말 다행이니. 吾儒眞一幸,
불도는 쇠락했다고 부를 만하네. 禪道可占衰.

313 鬱陵(울릉): 원의는 울창한 언덕이란 의미이나, 이곳에서는 문맥상 봤을 때 울릉도(鬱陵島)를 말하는 것으로 보인다.

48 대비암 [大悲庵]

이채(李埰; 1616~1684) 《몽암집(蒙庵集)》(권2)

우뚝한 처마에는 담장이와 등나무 나오고,	飛簷突兀出蘿藤,
돌 밟고 숲 지나 천천히 걸어 오르네.	踏石穿林緩步登.
구름 자욱한 산은 온 눈에 모두 즐길만한데,	滿目雲山俱可樂,
암자 이름을 '대비'라고 한 것 기이하네.	庵名怪底大悲稱.

49 계조암 [繼祖庵]

이채(李埰; 1616~1684) 《몽암집(蒙庵集)》(권2)

아주 높은 봉우리에 예부터 깃들어,	絶巘巖棲古,
식량 끊고 사는 한 연로한 선사 있네.	休糧一老禪.
용 비늘이 기이한 돌 되었다고,	龍鱗徵異石,
헛된 전설이 거짓으로 전해지네.	誕說謾流傳.

50 내연산을 나가며 [出山]

이채(李埰; 1616~1684) 《몽암집(蒙庵集)》(권2)

천 겹 돌길과 만 겹 구름,	千重石路萬重雲,
신선의 영역을 모두 보니 해가 졌네.	看盡仙區至日曛.
붓 아래의 바람과 연무가 걷힌 뒤,	筆下風烟收拾後,
몸은 시냇물 따라 산문에서 내려오네.	身隨流水下山門.

51 내연산에서 노닐다, 익승의 시에 차운하며 [遊內延山, 次翼昇韻]

이휘일(李徽逸; 1619~1672)[314] 《존재선생문집(存齋先生文集)》(권1)

겉은 보잘것없으나 안에 아름다움 숨기고,	外陋中藏美,
실로 덕이 있음에도 내세우지 않네.	眞同德不誇.
가파르고 기이한 바위 떨어지려 하고,	奇巖危欲落,
그윽한 좁은 길은 가늘어 아득하네.	幽逕細還賒.
글 쓰는 사람을 아직 뽑지 않았는데,	未閱文章手,
부질없이 불가의 사람 되었네.	徒成釋老家.
소나무 끝에 매달린 반달은,	松梢半輪月,
청초하고 가없어 천하지 않네.	淸淑浩無淫.

52 내연산에서 새벽에 일어나 하산하면서 지으며 [內延山, 曉起下山作]

이휘일(李徽逸; 1619~1672) 《존재선생문집(存齋先生文集)》(권1)

달빛 내리는 황혼 녘에 산사 찾았네,	黃昏帶月尋山寺,
대나무 섬돌의 찬 서리에 밤기운은 맑네.	竹砌霜寒夜氣淸.
그윽한 절 창문의 조용한 스님들의 말,	戶牖深深僧語靜,
밝은 재방에는 불등이 훤하네,	齋房瑩瑩佛燈明.
먼 골짜기의 이는 바람에 차가운 소나무 울리고,	風生遠壑寒松響,
물처럼 맑은 허공에선 외로운 기러기 소리 들리네.	水泊長空獨雁聲.
몸이 뒤척거려 꿈을 꿀 수 없으니,	輾轉[315]不能成一夢,
새벽에 돌아가는 길 찾아 얼음 밟으며 가네.	曉尋歸路踏氷行.

---

314 李徽逸(이휘일): 조선 후기의 학자이다. 본관은 재령(載寧)이다. 자는 익문(翼文)이고, 호는 존재(存齋)이다. 부친은 참봉 이시명(李時明)이다. 현종 2년(1661) 수석(水石)을 찾아 저곡(楮谷)에 옮겨 살면서 학문에 전념했다. 《근사록》·《성리대전》·《주자절요》 등을 연구하여 성리학에서 일가를 이루었다. 후에 학행으로 천거되어 참봉에 임명되었으나 부임하지 않았다. 영해의 인산서원(仁山書院)에 제향되었다. 저서로는 《존재집(存齋集)》·《구인략(求仁略)》·《홍범연의(洪範衍義)》 등이 있다.

315 輾轉(전전): 누워서 몸을 이리저리 뒤척이는 것을 말한다.

53 내연산에 노닐며 중씨의 시에 차운하며 [遊內延山, 次仲氏韻]

이현일(李玄逸; 1627~1704)[316] 《갈암집(葛庵集)》(권1)

씩씩하고 경쾌한 발걸음으로 산마루에 오르니,	絶頂登臨步武輕,
저녁 알리는 종소리에 기운 온통 맑아지네.	戒昏鐘報氣全淸.
벼랑의 소나무는 물 건너서 바람 없이 울고,	崖松隔水無風響,
고개의 달은 창에 깃들어 밤새워 밝구나.	嶺月棲牕盡夜明.
대나무 섬돌의 찬 서리는 시구 밖 자태요,	竹砌寒霜吟外態,
바다 하늘을 나는 기러기 베갯머리서 울도다.	海天歸雁枕邊聲.
꿈 깨니 황홀하여 이 몸 신선이 된 듯,	夢回怳覺身全蛻,
일어나 시냇가로 가서 눈 밟으며 거니노라.	起向幽溪踏雪行.

54 송라 독우 이자유와 진사 채정칙과 함께 내연산 용추를 감상하며 [與松羅督郵[317]李子柔及蔡進士正則同賞內延龍湫]

이시항(李時沆; 1630~1689)[318] 《팔회당유고(八懷堂遺稿)》(권1)

구멍 난 돌이 하늘처럼 푸른 파도 소리 내니,	石竇鳴波碧似天,
지금까지 전한 사람들은 용연이라 말하네.	至今傳者說龍淵.
층층의 깎아지른 선 바위 깊어 바닥 없으니,	層巖削立深無地,
금방이라도 천 년 동안의 변화 알 수 있네.	想得千年變化權.

316 李玄逸(이현일): 조선 후기의 문신이자 학자이다. 본관은 재영(載寧)이다. 자는 익승(翼昇)이고, 호는 갈암(葛庵)이다. 부친은 참봉 이시명(李時明)이고, 이휘일(李徽逸)의 아우이다. 인조 24년(1646)과 1648년에 초시에 모두 합격했으나 벼슬에 뜻이 없어 복시를 단념했다. 사헌부 장령·이조참판·대사헌 등을 역임했다. 영남학파(嶺南學派)의 거두로 이황(李滉)의 학통을 계승해 이황의 이기호발설(理氣互發說)을 지지하고 이이(李珥)의 학설을 반대했다. 저서로는 《갈암집(葛庵集)》·《홍범연의(洪範衍義)》가 있다.

317 督郵(독우): 지방 감찰관으로, 속현(屬縣)을 순찰하면서 관리의 치적을 조사하는 관리를 말한다. 찰방(察訪)의 별칭이다.

318 李時沆(이시항): 조선 중기의 문신이다. 본관은 고성(固城)이고, 자는 일초(一初)이다. 조부는 이분(李賁)이고, 부친은 이후식(李後植)이다. 타고난 자질이 근면하고 형제간에 우애가 돈독했다. 경종 1년(1721) 식년시 병과 18위로 문과 급제했다. 장녕전별검(長寧殿別檢)·성균전적(成均典籍)·마전군수(麻田郡守) 등을 역임했다. 마전군수 시절 고을 백성들이 궁핍하게 생활하고 거듭된 흉년으로 굶주리자 백성들의 구휼에 힘써 편히 살게 해주었다.

55 내연산에 들어와 친구의 시에 차운하며 [入內延山, 次友人韻]

이지걸(李志傑; 1632~1702)[319] 《금호유고(琴湖遺稿)》(권4)

절에 이르니 산이 깊지 않은 것 같은데,	到寺疑山淺,
벼랑 따라가니 깊은 동굴 있음을 깨닫네.	緣崖覺洞深.
용연의 절경이 서린 곳,	龍淵奇勝處,
마침 노닐고 감상하는 마음 즐거워지네.	正愜賞遊心.

56 내연산 [內延山]

청하에 있다. 친필이 보이지 않아 원작인지 의심스럽다(在淸河. 未見親筆, 可疑)

김창흡(金昌翕; 1653~1722)[320] 《삼연집습유(三淵集拾遺)》(권11)

직녀의 베틀로 만장의 비단 뽑고,	織女機頭萬丈紗,
밤에 밝은 달로 은하에서 씻네.	夜乘明月洗銀河.
긴 바람 불어 천마의 북쪽에 떨어지니,	長風吹落天磨北,
각자 용왕의 위와 아랫집 되네.	分作龍王上下家.

319 이지걸(李志傑): 조선 중기의 문신이다. 본관은 벽진(碧珍)이다. 자는 수천(秀天)이고, 호는 금호(琴湖)이다. 부친은 이연(李埏)이다. 23세 때인 효종 5년(1654) 갑오(甲午) 식년시(式年試) 생원(生員) 3등 49위로 합격했다. 영덕현감(盈德縣監)·통정대부(通政大夫)·첨지중추부사(僉知中樞府事) 등을 지냈다. 문장에 통달했고, 한시(漢詩)를 잘 지어 많은 사람이 그의 시를 전송(傳誦)했다. 문집으로 《금호유고(琴湖遺稿)》가 있다.

320 金昌翕(김창흡): 조선 후기의 학자이다. 본관은 안동(安東)이다. 자는 자익(子益)이고, 호는 삼연(三淵)이다. 좌의정 김상헌(金尙憲)의 증손자이고, 부친은 영의정 김수항(金壽恒)이다. 현종 14년(1673) 진사시에 합격한 뒤 과장에 발을 끊고 백악(白岳) 기슭에 낙송루(洛誦樓)를 짓고 동지들과 글을 읽으며 산수를 즐겼다. 《장자(莊子)》와 《사기(史記)》』를 탐독했고, 시도(詩道)에 힘썼다. 이후에는 주자의 글을 읽고 깨달은 바가 있어 유학에 전념했다. 저서로는 《삼연집(三淵集)》·《심양일기(瀋陽日記)》 등이 있다.

57 내연산 계조암에 묵으며 [宿內延山繼祖菴]

정식(鄭栻; 1664~1719)《명암집(明庵集)》(권1)

온 방엔 저녁의 운기 떠나지 않고,	滿室宿雲[321]留不去,
돌 위의 삼나무 늘 기울어져 있네.	石頭杉木老斜斜.
암자 스님 연일 굶주리며 앉아있는 날 불쌍히 여겨,	庵僧憐我連飢坐,
웃으며 주머니 속 소나무 잎차 올려주시네.	笑進囊中松葉茶.

58 청하 내연산 상용추 [淸河內延山上龍湫]

정식(鄭栻; 1664~1719)[322] 《명암집(明庵集)》(권3)

내연산을 우리나라의 명산이라 하니,	左海[323]名山說內延,
신룡의 기이한 자취를 구연에 물어보네.	神龍異迹問龜淵.
천길 폭포는 무지개 드리운 굴에서 떨어지고,	千尋瀑落虹垂洞,
만 장 바위는 옥이 꽂힌 하늘보다 높네.	萬丈巖高玉揷天.
나는 진경에 우연히 한가로이 앉으니,	眞境偶然閑坐我,
어찌 적송자만 신선이라 부르겠는가.	赤松[324]何必獨稱仙.
신령한 곳에 이렇게 오는 사람 적으니,	靈區若此人來小,
일 많은 세상사 참으로 보잘것없다네.	世事悠悠實可憐.

321 宿雲(숙운): 저녁의 운기(雲氣)를 말한다.

322 鄭栻(정식): 조선 후기의 문신이다. 본관은 연일(延日)이다. 자는 경숙(敬叔)이고, 호는 명암(明庵)이다. 조부는 정암(鄭淹)이고, 부친은 정언(正言) 정성도(鄭成道)이다. 숙종 13년(1687) 진사가 되고, 1699년에 정시 문과에 장원했다. 수찬·교리·승지 등을 역임했다. 1719년 현신(賢臣)들을 무고한 혐의로 원주에 귀양 갔다가 적소에서 세상을 떠났다. 문집으로는《명암집(明庵集)》이 있다.

323 左海(좌해): 중국에서 볼 때 바다의 동쪽을 의미하는 말로, 우리나라를 달리 일컫는 말이다.

324 赤松(적송): 중국 신화 전설 속의 선인(仙人)인 적송자(赤松子)를 말한다. 신농(神農) 때의 우사(雨師)로서, 후에 곤륜산(崑崙山)에 입산하여 선인이 되었다고 한다.

59 내연산 폭포에서 독우 최계회의 시에 차운하며 [內延山瀑布, 次崔督郵季晦韻]

조태억(趙泰億; 1675~1728) 《겸재집(謙齋集)》(권15)

빼어난 풍광 모두 몹시 험하다고 불리니, 奇勝兼將險絶稱,
거마 모두 버려두고 구름 피어오르는 곳 들어가네. 盡抛車馬入雲藤.
비류가 날리는 골짜기는 천 척인데, 飛流歕壑應千尺,
하늘을 떠받치는 선 벽은 몇 층인가. 立壁撑天問幾層.
지친 나그네 여기 오니 바야흐로 즐거운데, 倦客此來方一快,
조물주는 무슨 뜻으로 많은 재주 부렸을까. 化翁何意費多能.
서서히 시상이 떠오르나 정말 부끄럽고, 徐凝惡句眞堪愧,
시 잘 짓는다는 명성 잠시 박릉 사람에게 양보하네. 且把詩名讓博陵[325].

60 내연산 [內延]

채구장(蔡九章; 1684~1743) 《운와집(耘窩集)》(권1)

술꾼과 문객들은 흥미가 같고, 酒豪詞客趣相同,
신선 사는 곳 찾아오니 길은 하나로 통하네. 來訪仙區一路通.
몸은 두루 둘러봐도 혼은 꿈속에 있는 듯하고, 身歷還疑魂夢裏,
눈으로 끝까지 보니 그림 속에 있는 듯하네. 眼窮渾似畫圖中.
지극 정성으로 연무 따르느라 지팡이 다급히 울리고, 赤誠霞逐飛笻響,
현포에 구름 걷히니 취한 소매엔 바람이 이네. 玄圃[326]雲開醉袖風.
선궁을 향해 때를 기록하려니, 欲向禪宮[327]記時月,
국화 떨기 노랗게 핀 곳에 단풍 붉게 익었네. 菊叢黃處晩楓紅.

---

325 博陵(박릉): 지금의 하북성(河北省) 정주(定州) 일대이다. 이곳에서는 당(唐)나라 때의 시인이자 박릉(博陵) 사람이었던 최흥종(崔興宗)을 말하는 것이 아닌가 싶다. 일찍이 종남산(終南山)에 은거하며 시불(詩佛) 왕유(王維)·배적(裴迪) 등과 많은 시를 주고받으며 교유했다.

326 玄圃(현포): 곤륜산(崑崙山)에 있는 서왕모[西王母]의 거처를 말한다.

327 禪宮(선궁): 승려들이 불상을 모시고 불도(佛道)를 닦는 집을 말한다.

61~64 새벽에 문수암에 들어가서 [曉入文殊庵]

채구장(蔡九章; 1684~1743) 《운와집(耘窩集)》(권1)

피리 소리 구름 지나고 새벽에 산에 들어오니,	短笛穿雲曉入山,
갖은 꽃 사이로 스님이 절하며 맞이해주시네.	高僧迎拜百花間.
삼라만상의 모습을 생각해보니,	思將萬象森羅[328]景,
이공린(李公麟)의 그림을 옮겨와 속에서 보는 듯.	輸得龍眠[329]畫裏看.
알록달록한 꽃과 나무 핀 골짜기 하늘엔,	樹綠花紅洞裏天,
만 장이나 비류하는 용연이 포효하네.	飛流萬丈吼龍淵.
이곳엔 그윽한 이치 말하는 부처님 계신 듯,	此間若有談玄釋,
천지조화의 권능 하심을 말하려 하시네.	欲話乾坤造化權,
빼어난 절경 찾음에 더 남은 것 없고,	探奇探勝更無餘,
높고 당당한 기상은 날개 달린 신선 같네.	氣岸軒然[330]羽化如.
나는 이곳에 사는 큰 소나무에게 말하네,	我謂松喬於此住,
오두막집 세워 진경을 함께 나누자고.	請分眞境架茅廬.
스님께서 청운의 선비를 맞이해주시고,	青衫客接青雲士,
산과 바다의 풍광은 맑고 화창함 속에 있네.	山海風光淡蕩中.
거문고 들고 작별할 때의 노래 연주하려니,	携琴欲奏臨分曲,
다음에는 어느 곳에서 만날 것인지 묻네.	爲問他辰底處[331]逢.

---

328 森羅(삼라): 숲의 나무처럼 벌여 있는 많은 사물을 말한다.

329 龍眠(용면): 북송(北宋) 때의 유명한 화가인 이공린(李公麟)의 별호이다. 벼슬에서 물러난 뒤 용면산(龍眠山)으로 들어가 은거하면서 자신을 용면거사(龍眠居士)라고 했다. 박학했고, 시(詩)·서(書)·화(畵)에 뛰어났다.

330 軒然(헌연): 높고 당당한 모습을 말한다.

331 底處(저처): 어느 곳의 의미이다. 이곳의 '저'는 '어찌'의 의미이다.

65~68 대비암을 노래하며 [題大悲棲]

채구장(蔡九章; 1684~1743) 《운와집(耘窩集)》(권2)

층층 암벽의 아득한 천 길 절벽 오름에,	層巖陟絶千尋[332]逈,
잡고 오를 수 있는 건 푸른 등나무뿐.	只賴攀躋有碧藤.
흥미가 끝없이 흘러넘치는 곳이건만,	興味滔滔無限處,
암자 이름은 '대비'라서 웃음 나오네.	庵名堪笑大悲稱.
오래되고 높은 나무에 봄은 도래하고,	木德[333]由來老樹高,
높은 누대 천 길의 나뭇가지 위에 있네.	千尋梢上一樓高.
아득한 세상 밖의 봉도를 내려다보니,	俯臨蓬島[334]茫茫外,
누가 마침 이 높은 곳의 속객을 따라올까.	俗客誰追此會高.
바위 아래 깊은 못의 물고기를 부러워하며,	巖下深潭只羨魚,
돌아와서 그물 엮으면 더욱 어찌 되겠는가.	歸來結網更何如.
스님은 또 냇가가 깨끗해지지 않음 걱정하니,	居僧且苦川難淨,
신선의 구역에서 낚시하는 것 좋아하지 말라.	莫向仙區喜釣魚.
보배로운 계곡 깊은 곳은 한 길로 통하니,	寶溪深處一路通,
푸른 바위와 맑은 물은 비단 병풍 안에 있네.	蒼巖碧水錦屛中.
지팡이 소리 내며 걷다가 냇가에 앉아,	鳴筇步步溪邊坐,
술잔 기울이니 흥이 진하게 올라오네.	盃酒傾來趣味濃.

332 千尋(천심): 천 길이라는 뜻으로, 매우 높거나 깊음을 이르는 말이다.
333 木德(목덕): 목(木)은 방위상 동쪽에 해당하여, 보통 봄을 가리키는 말로 사용된다.
334 蓬島(봉도): 영주산, 방장산과 함께 중국 전설상에 나오는 삼신산의 하나이다.

69 돌길을 지나며 [過石逕]

채구장(蔡九章; 1684~1743) 《운와집(耘窩集)》(권2)

옛날 가마 타고 돌아봤던 곳인데,	昔日肩輿遊歷地,
지금 짚신 신고 와서는 오르기 어렵네.	今來芒屩[335]且難躋.
내가 알기로 승려들 유독 속세 싫어해서,	吾知釋輩偏嫌俗,
일부러 가파른 길에 사다리 두지 않음을.	故向危磴不設梯.

70 옛날 내연산에서 노닐었던 것을 돌이켜 생각하며 [追思內延舊遊]

채구장(蔡九章; 1684~1743) 《운와집(耘窩集)》(권2)

10여 년 전에 놀러 온 것 생각하니,	前遊却憶十年餘,
마치 봄날 밤의 꿈 같네.	彷佛春宵一夢如.
산은 무릉의 신선이 사는 집 같고,	山似武陵仙子宅,
암자에는 모두 천축의 다른 무리 사네.	庵皆天竺異流居.
비류 뿜어대는 폭포는 늘 노함이 많고,	飛噴瀑布常多怒,
명멸하는 뜬구름은 모두 비움을 배우네.	生滅浮雲儘學虛.
신선 세계에서 배우면 속세 근심 줄어드니,	所取洞天[336]塵慮小,
우리 유생들 여기 오면 학문에 힘쓸 수 있네.	吾儒來此可劬書.

71 내연산에 놀러 가는 아들을 보내며 [送家兒遊內延]

채구장(蔡九章; 1684~1743) 《운와집(耘窩集)》(권2)

내연산을 금강산에 버금간다고 일컫는 것은,	延山喚作金剛亞,
대략 우리 동쪽의 첫 번째 가는 곳임을 말한다.	蓋謂吾東第一區.

335 芒屩(망교): 짚신을 말한다.
336 洞天(동천): 신선이 사는 세계를 말한다.

백 리의 높은 산봉우리에서 땅이 갈라지니,	百里高崗中裂地,
천 길의 노한 폭포 아래서 용추를 보라.	千尋怒瀑下看湫.
경물은 꽃과 달을 따르고 구름과 연무 좋으며,	景隨花月雲烟好,
사물은 춘하추동을 따라 모두 바뀐다.	物逐秋冬春夏殊.
네가 가면 마음의 트임을 구해야 할 것이니,	爾往須求胸次豁,
사마천이 천하를 유력하며 들은 것처럼 말이다.	倘聞司馬子長[337]遊.

72~74 주서 윤여선과 내연산에서 노닐며 [與尹注書[338]汝先遊內延]

채구장(蔡九章; 1684~1743) 《운와집(耘窩集)》(권2)

내연산의 반쪽에 석양 드리워진 길에서,	延山半面斜陽路,
백마와 노새가 옛 암자를 묻네.	白馬靑騾問古庵.
노승께서 경치 빼어난 곳을 말씀하심에,	老釋爲言奇絶處,
학소대와 용혈에 사암까지 있네.	鶴臺龍穴又獅巖.

헤어진 후로 삼 년 만에 해후하고,	邂逅三年別後顏,
지팡이 짚고 멀리 내연산으로 향하네.	理筇遙向內延山.
단풍 진 계수나무 숲에 이르러 가을빛 저무니,	楓林桂薄秋光晚,
이공린(李公麟)의 그림 속에서 보는 듯하네.	却訝龍眠畵裏看.

거대한 폭포수 백 리 산봉우리까지 날아가니,	巨瀑飛穿百里崗,
이곳 빼어난 경관은 동쪽 고장에서 으뜸이네.	此中奇勝擅東邦.
승려들은 모두 삼생의 업보를 말하고,	禪徒共說三生[339]業,
도사들은 죽지 않는 방법을 다투어 자랑하네.	道類爭誇不死方.

337 司馬子長(사마자장): 동한(東漢)의 역사가 사마천(司馬遷; 기원전 145~기원전 85)을 말한다. 자장(子長)은 사마천의 자이다. 20세부터 천하를 유람하며 큰 견문을 쌓아 훗날 《사기(史記)》 집필을 위한 토대를 마련했다.

338 注書(주서): 조선 시대 승정원의 정7품 관직이다.

339 三生(삼생): 불가의 용어이다. 사람이 태어나는 과거·현재·미래, 즉 전생(前生)·현생(現生)·후생(後生)을 말한다.

삼동석이 있는 신성한 곳이 어찌 멀며, 動石仙區何還遠,
옛날 청동거울을 묻은 일 모두 황당하네. 埋銅古事[340]儘荒唐.
대에 올라 멀리 봉래와 영주 밖을 바라보니, 登臺遙望蓬瀛外,
아득한 은빛 바다에 햇빛이 일렁이네. 銀海蒼茫漾日光.

75 대비암에 이르러 [至大悲庵]

채구장(蔡九章; 1684~1743) 《운와집(耘窩集)》(권2)

십 리 이어진 골짜기, 十里沿谿處,
면면히 기이한 청산. 青山面面奇.
스님은 나그네 맞아 절하고, 孤僧迎客拜,
숲 밖은 석양이 질 때라네. 林外夕陽時.

76. 주서 윤여선과 내연산에서 노닐며 [與尹注書汝先遊內延山]

채구장(蔡九章; 1684~1743) 《운와집(耘窩集)》(권2)

천고의 청동거울 전설은, 青銅千古說,
또 열반의 나라 같네. 還似涅槃[341]邦.
둥근 그림자 어디에 묻혔는가, 圓影埋何處,
신라 때 옮겨온 사찰이네. 羅時運上方[342].
불경 숭상한 것 한나라 때만은 아니고, 崇經非獨漢,
유골 맞이한 것은 당나라 때였네. 迎骨便猶唐.
굽이굽이 깊은 못의 달, 曲曲深潭月,

340 埋銅古事(매경고사): 보경(寶鏡)을 묻은 옛일이라는 의미로, 이 구절은 보경사(寶鏡寺)의 창건 설화와 관련 있다. 신라 진평왕(眞平王) 때 지명법사가 중국에서 가져온 영험한 필면보경(八面寶鏡)을 내연산 아래의 명당에 묻고, 그 위에 절을 세워 보경사라고 이름 지었다고 한다.

341 涅槃(열반): 타고 있는 불을 바람이 불어와 꺼 버리듯이, 타오르는 번뇌의 불꽃을 지혜로 꺼서 일체의 번뇌나 고뇌가 소멸된 상태를 말한다.

342 上方(상방): 사찰의 주지(主持)가 거처하는 곳으로, 보통 사찰을 의미한다.

반드시 거울 속의 빛을 구해야 하네. 須求鏡裏光.
골짜기 안에서 스님 한 분 나오시니, 洞裏孤僧出,
이곳 암자까지 따라 왔네. 來從這處庵.
소나무 아래서 지팡이 짚고 절하니, 投笻松下拜,
보현암에서 왔다고 하시네. 云自普賢巖.

77 내연산에서 노닐며 [遊內延山]

류의건(柳宜健; 1687~1760)[343] 《화계선생문집(花溪先生文集)》(권1)

길 가팔라 지척 간이라도 잡기 어렵고, 絶磴難扳咫尺間,
한 층의 어려움은 한 층의 어려움이라네. 一層艱似一層艱.
두 발은 수고로우나 두 눈은 시원하니, 兩脚雖勞雙眼豁,
지팡이로 푸른 물굽이 넘어도 무방하리. 不妨扶杖渡淸灣.

78 내연산에 들어가 폭포를 보고 지으며 [入內延山觀瀑作]

황경원(黃景源; 1709~1787)[344] 《강한집(江漢集)》(권2)

삼십 길 푸른 절벽에서, 靑壁三十仞,
폭포는 하염없이 떨어지네. 懸泉下冉冉.
고운 눈기운은 엉기고, 艶雪氣還凝,
은은한 무지개빛 반짝이는구나. 隱虹光復閃.

343 柳宜健(류의건): 조선 후기의 학자이다. 본관은 서산(瑞山)이다. 자는 순겸(順兼)이고, 호는 화계(花溪) 또는 정묵재(靜默齋)이다. 경주 출생이고, 부친은 유기서(柳起瑞)이다. 영조 11년(1735) 진사시에 합격했으나 과거에 나가지 않고 화계(花溪)에 서당을 짓고 경사(經史)와 자집(子集)을 두루 섭렵했다. 특히 성력(星曆) 및 역학(易學)에 밝았다. 저서로는 《화계집(花溪集)》 등이 있다.

344 황경원(黃景源): 조선 후기의 문신이자 예학자(禮學者)이다. 본관은 장수(長水)이다. 자는 대경(大卿)이고, 호는 강한유로(江漢遺老)이다. 조부는 호조정랑 황처신(黃處信)이고, 부친은 통덕랑(通德郞) 황기(黃璣)이다. 영조 3년(1727) 19세에 생원시에 합격했고, 1740년 증광문과에 병과로 급제했다. 홍문관제학·대제학·공조판서 등을 역임했다. 서예와 예학(禮學)에 밝았고, 고문(古文)에도 정통했다. 문집으로는 《강한집(江漢集)》 등이 있다.

첫 못에는 단풍나무 울창하고,	初潭紅樹重,
가운데 폭포에선 흰 구름 피어오르는 듯.	中瀑白雲滂.
상류의 못은 아득히 깊은 곳에 있고,	上淵杳幽深,
바위 골짝은 참으로 험준하구나.	巖洞信天嶮.
푸른 산에 외로운 절이 있는데,	翠微有孤龕,
수를 놓아 만든 부처 어찌 그리 장엄한가.	繡佛何其儼.
부절을 받고 여러 고을을 살피다가,	受符糾旁州,
절을 찾아 깊은 산으로 들어가네.	尋禪入重崦.
쓸쓸한 가을 날씨 서늘한데,	凄凄秋日涼,
아득히 저녁노을 걷히는구나.	漠漠暮霞斂.
숲을 나오니 외려 슬퍼져,	出林還惆悵,
머리 돌려 낭떠러지 바라보노라.	廻首望厓隒.

79 용추 [龍湫]

김의민(金義旻; 1710~1792)[345] 《오암집(鰲巖集)》

오래된 돌엔 일찍이 학이 깃들고,	石老曾巢鶴,
빈 못엔 용이 보이질 않네.	潭空不見龍.
아득한 천고의 일,	蒼茫千古事,
나는 새가 앞 봉우리 지나네.	飛鳥過前峰.

345 金義旻(김의민): 조선 중기의 스님이다. 어려서부터 재주가 비상하여 학문의 길에 들어섰다가 21세 때 모친의 상을 당해 인생무상을 느끼고 출가하여 청하 보경사(寶鏡寺)에서 스님이 되었다. 그때의 법명은 의민(毅旻)이었다. 청하의 오두촌(鰲頭村)에서 태어나 이 인연으로 자호를 오암(鰲巖)이라 하였다. 한시를 잘 쓴 것으로 유명하다. 문집 《오암집(鰲巖集)》에는 현재 시 270여 수와 글 14편이 수록되어 있다.

80 산을 노니는 나그네를 보고 우연히 읊으며 [見遊山客偶吟]

김의민(金義旻; 1710~1792) 《오암집(鰲巖集)》

노니는 나그네 해마다 오는데,	遊客年年到,
누가 흥취를 알까나.	何人興味知.
시란 마음으로 깨닫고 얻는 것,	如令心有得,
외물에 매이면 안 된다네.	旡物[346]不爲詩.

81 계조암과 서로 이웃하며 [祖菴相隣]

김의민(金義旻; 1710~1792) 《오암집(鰲巖集)》

암자는 산의 위와 아래로 나뉘고,	菴分山上下,
길은 물로 동과 서로 갈라졌네.	路隔水西東.
아침저녁으로 쉼 없이 오가며,	來往連朝暮,
어찌 종이만 낭비하는가.	何曾費赫蹄[347].

82~84 무신년(1788) 봄에 대비암으로 옮기며 [戊申春移大悲]

김의민(金義旻; 1710~1792) 《오암집(鰲巖集)》

암자는 전세의 인연 깃든 곳,	菴是前緣處,
나는 옛날 살던 승려라네.	余應舊住僧.
한 산을 삼대에 걸쳐 지켰으니,	一山三世守,
돌아간 후에는 누가 이을까나.	歸後有誰承.
만일 원숭이와 새들이었다면,	倘諸猿鳥輩,

346 旡物(기물): 외물에 얽매이는 것을 말한다.

347 赫蹄(혁제): 혁제(赫蹏)라고도 한다. 옛날에 글씨를 쓰는데 사용한 폭이 좁은 비단을 말한다. 종이를 의미하는 말로도 쓰인다.

산에 오는 것 좋아했을 것을. 喜我入山中.
이별 후에는 서로 생각하고, 別後應相憶,
지금 오니 다시 함께하네. 今來更與同.

사물마다 모두 마땅한 구절 있음을, 物物皆宜句,
사람들은 모른다네. 人人自不知.
글솜씨만으로는 경지에 이르기 어려우니, 徒文難可致,
마음으로 깨쳐야 잘 지을 수 있다네. 心得乃能爲.

85 빈 암자에서 폭포 소리를 들으며 [空菴聞瀑]

김의민(金義旻; 1710~1792)《오암집(鰲巖集)》

승려들 흩어지고 지키는 이 없는 암자, 僧散菴無守,
샘물 소리에 골짜기는 공허하지 않네. 泉鳴谷不空.
온 산은 붉은 비단 속인데, 滿山紅錦裡,
노랫소리 들려줘 노승을 위로하네. 鼓樂慰禪翁.

86 대비암 [大悲]

김의민(金義旻; 1710~1792)《오암집(鰲巖集)》

신라 때의 암자 골짜기에 걸쳐있고, 羅庵跨一壑,
용의 굴은 소나무 문에서 가깝네. 龍窟近松門.
산은 아름다운 병풍을 안고 마주하고, 山擁瑤屛對,
물 흐르는 소리 금슬처럼 들리네. 灘鳴錦瑟聞.
주렴은 문 위에 뜬 달 맞이하고, 鉤簾迎戶月,
대 빗자루는 정원의 구름을 쓰네. 箒竹掃庭雲.

꿈은 속세의 길에서 끊어지고, 夢斷紅塵[348]路,
세상 밖 높으신 분 오래도록 생각하네. 長思世外尊.

87 용추 [龍湫]

김의민(金義旻; 1710~1792) 《오암집(鰲巖集)》

삼 층의 흰 돌이 열리고, 白石三層闢,
맑은 시내는 골짜기로 통하네. 淸溪一壑通.
하늘빛은 새의 길을 미혹하고, 天光迷鳥道,
무지개 기운은 용궁에 꽂혀있네. 虹氣揷龍宮.
은하수 오가는 뗏목 탄 나그네 이름 새기고, 名刻星槎[349]客,
기름칠한 신발 신은 노인은 시를 쓰네. 詩成蠟屐翁.
빼어난 경관이 모두 여기 있고, 壯觀都在此,
마른하늘의 비는 소나무와 바람에 뿌려지네. 晴雨灑松風.

88 문수암 [文殊庵]

김의민(金義旻; 1710~1792) 《오암집(鰲巖集)》

끊어진 산꼭대기엔 옛 암자가 그대로, 絶頂庵依舊,
다시 세우니 운세가 돌아오네. 重修運再回.
처마 높으니 창문엔 날 잘 밝은데, 簷高窓易曙,
길이 험하니 오는 손님이 없도다. 路險客無來.
뭇 멧부리는 발 앞의 개밋둑이고, 列岳簾前垤,
창해는 책상 아래의 물 잔이라네. 滄溟案下杯.

348 紅塵(홍진): 번거롭고 어지러운 속된 세상을 비유적으로 이르는 말이다.
349 星槎(성사): 은하수를 오간다고 하는 뗏목을 말하는데, 사신이 타고 가는 배를 말한다. 《형초세시기(荊楚歲時記)》는 "한나라 무제(武帝)는 장건(張騫)에게 대하(大夏)에 사신으로 가서 황하(黃河)의 근원을 찾게 했다. 장건이 뗏목을 타고 가다가 견우(牽牛)와 직녀(織女)를 만났다."라고 했다.

눈이 가는 대로 먼 곳 바라보니,	騁眸窮遠眄,
가슴 속 오만 가지 근심 흩어지네.	胸次百憂開.

89 계조암 [繼祖]

김의민(金義旻; 1710~1792) 《오암집(鰲巖集)》

조사(祖師)의 옷은 오래 이어지지 않고,	祖衣久不繼,
사찰에는 적막함만 감도네.	寂寞有琳宮.
풀에선 빈 뜰의 이슬이 울고,	草泣空庭露,
소나무에선 옛 골짝의 바람 노래하네.	松吟古壑風.
연기와 노을을 벗 삼은 객들 많고,	烟霞多玩客,
선옹에게는 물병과 바리때 드무네.	甁鉢[350]少禪翁.
선학은 언제 돌아갔나,	仙鶴何年去,
높은 누대 달그림자 안에 있네.	高臺月影中.

90 백운대 [白雲臺]

김의민(金義旻; 1710~1792) 《오암집(鰲巖集)》

사찰은 어느 때 무너졌나,	梵宇何年壞,
선옹이 옛날 기거했다네.	禪翁昔日居.
산봉우리의 하늘 떨어지려 하고,	峰頭天欲落,
바위 아래 땅은 비어있는 듯하네.	巖下地如虛.
뜰의 은행나무 봄바람에 저물고,	庭杏春風晚,
대의 소나무 저녁 비에 성기네.	臺松暮雨踈.
흰 구름 아직 가시지 않고,	白雲猶不散,
아득히 남은 터만 감싸고 있네.	漠漠擁遺墟.

350 甁鉢(병발): 물병과 바리때를 말한다.

91 견성허 [見性墟]

김의민(金義旻; 1710~1792) 《오암집(鰲巖集)》

버려진 섬돌에선 봄풀 나고,	廢砌生春草,
고찰은 언제 기울어졌나.	何年古寺傾.
벼랑은 습득의 길로 통하고,	崖通拾得[351]路,
섬돌엔 기담의 소리 떨어지네.	堦落妓潭聲.
나이 먹은 석송은 말 없고,	石老松無語,
구름 묻힌 물은 절로 맑네.	雲埋水自淸.
머리 긁적이며 지난 일 생각하니,	搔頭懷往事,
천고의 달 부질없이 밝기도 하네.	千載月空明.

92 대비암의 은행나무 [大悲杏]

김의민(金義旻; 1710~1792) 《오암집(鰲巖集)》

수령 있는 나무의 꽃은 아직 보기 좋고,	樹老花猶好,
동풍 부니 비 무릅 쓰고 꽃을 피우네.	東風冒雨開.
일찍이 공자께서 아끼셨는데,	曾經尼父[352]愛,
누가 이 절에 심었을까.	誰向梵宮栽.
하얀 꽃술에 아이는 꽂으러 가고,	雪蘂兒簪去,
맑은 향기에 나비는 냄새 맡고 오네.	淸香蝶嗅來.
마을의 주점에 옮겼더라면,	倘移村酒屋,
사람을 중매쟁이 되게 할 수 있었을 것을.	能作喚人媒.

351 拾得(습득): 당나라 때의 전설적인 인물로, 한산(寒山)·풍간선사(豊干禪師)와 함께 국청사(國淸寺)에 살았다. 당시 사람들은 이들을 국청사에 숨어 사는 세 사람의 성자라는 의미로 국청삼은(國淸三隱)으로 불렀다고 한다. 전설에 의하면, 습득은 보현보살의 화신이라고 한다.

352 尼父(니부): 공자(孔子)의 이름이다.

93 사암 [獅巖]

김의민(金義旻; 1710~1792)《오암집(鰲巖集)》

괴석의 이름은 사자,	怪石名獅子,
기세등등 머리를 치켜들려 하네.	憑凌首欲擡.
끊어지는 절벽에 굽은 길 열고,	斷崖開路曲,
바위 틈새로 사람 오게 허락하네.	巖隙許人來.
계곡물 불어 배를 띄울 수 있고,	溪漲船宜泛,
소나무 길어 마룻대 꾸밀 수 있네.	松長棟可栽.
누굴 위해 거꾸로 던짐을 전했는가,	爲誰傳反擲[353],
말없이 산모퉁이에 서 있구나.	無語立山隈.

94 보현허 [普賢墟]

김의민(金義旻; 1710~1792)《오암집(鰲巖集)》

속세와 단절된 다른 세계,	別界塵埃隔,
기이한 봉우리와 칼과 창처럼 솟은 숲.	奇峰釰戟森.
천 년 용 모양의 땅,	千年龍象地,
하루 저녁에 명아주 풀 깊어지네.	一夕草萊深.
산의 빛깔 여전히 옛날과 같은데,	岳色猶依舊,
암자 이름은 부질없이 지금껏 전하네.	菴名謾到今.
잡목이 우거진 곳에서 옛길을 잃으며,	荊榛[354]迷古路,
나그네는 쓸데없이 찾으러 왔다네.	遊子費來尋.

353 反擲(반척): 사자가 새끼를 낳은 후 수십 척의 벼랑에 떨어뜨린 후 거기서 살아서 돌아온 것만 키우는 것을 말한다.

354 荊榛(형진): 가시나무와 개암나무라는 뜻으로, 무성한 잡목림을 이르는 말이다.

95~96 연산 형국 [延山局勢]

김의민(金義旻; 1710~1792) 《오암집(鰲巖集)》

산세는 뭇 봉우리들 함께 솟았고,	山勢百千峯共立,
물 근원은 삼십 리를 달려왔구나.	水源三十里由來.
학의 깃과 용의 굴은 무진장이고,	鶴臺龍窟藏无盡,
봄꽃과 가을 잎 해마다 피고 지누나.	花葉年年落又開.
층층 돌들은 칼을 갈아 세운 듯하고,	層層石立千劍列,
면면이 둘러싼 봉우리 만마가 돌아온 듯.	面面峰圍萬馬回.
철옹성 같은 하늘 창고의 한없는 형세에,	天府金城無限勢,
백운과 청학 두 대는 높다네.	白雲靑鶴兩高臺.

97~98 시냇물이 불어 [漲溪]

김의민(金義旻; 1710~1792) 《오암집(鰲巖集)》

온 골짜기 미친 듯 흘러 시내로 나오고,	萬壑狂流出一溪,
솟은 물가 언덕 가라앉아 평평하고 낮네.	平沉涯岸[355]屹還低.
모래 몰고 돌을 건드리니 은빛 용이 뛰고,	驅沙觸石銀龍躍,
맑은 기운은 마구 대낮의 무지개 되네.	灝氣横成白日霓.
빼어난 경관은 비 온 뒤 시내에 있음을 알겠고,	奇觀知在雨餘溪,
크게 불어 미친 듯 흐르니 골짜기는 낮지 않네.	高漲狂流谷不低.
넓고 큰 기세는 옛 폭포를 묻어버리고,	氣勢汪洋[356]埋舊瀑,
골짝 치는 맑은 천둥소리 긴 무지개에 이어지네.	淸雷撞壑亘長霓.

355 涯岸(애안): 물이 있는 강가나 내, 하천 따위의 가장자리를 말한다.
356 汪洋(왕양): 바다·문장·기세 등이 넓고 큰 모양을 말한다.

99 연산의 두 무덤 [延山兩塋]

김의민(金義旻; 1710~1792) 《오암집(鰲巖集)》

새 무덤 옛 무덤이 남북으로 나뉘었는데,	新舊塋分子午[357]岡,
어버이 영과 아우 넋이 함께 방황하네.	親靈弟魄共彷徨.
슬프다 이 세상의 끝없는 바람,	嗟吾現世無窮願,
천고의 봄바람만 백양나무에 불어오네.	千古春風老白楊[358].

100 가뭄 때 소나기로 폭포수가 크게 넘쳐서 [旱餘驟雨瀑水甚盛]

김의민(金義旻; 1710~1792) 《오암집(鰲巖集)》

가문 날 앞 시내에는 물소리 없고,	旱日前溪水不鳴,
빗속 나르는 폭포는 차가운 소릴 보내네.	雨中飛瀑送寒聲.
창가서 들으니 어두운 귀가 놀라고,	虛窓聽得驚昏耳,
가을 기운 가까워지니 뼈까지 맑아지네.	秋氣親人骨欲淸.

101 월영대 [月影臺]

김의민(金義旻; 1710~1792) 《오암집(鰲巖集)》

남쪽 기슭 발로 차니 골짜기 문 열리고,	南崖脚蹴洞門開,
솟아오른 울퉁불퉁한 돌 쌓여 대가 되었네.	赸起盤陀[359]疊作臺.
푸른 절벽은 열심히 도끼에 깎이고 갈리고,	蒼壁削磨勞化斧,
돌 사이에 자란 소나무 묻노니 누가 심었나.	松生石隙問誰栽.

357 子午(자오): 십이지(十二支)의 자(子)와 오(午)로, 방위상으로 북과 남을 가리키는 말로 사용된다.

358 白楊(백양): 버드나뭇과에 속한 낙엽교목이다. 높이는 15~30m 정도이며, 잎은 어긋나고 달걀꼴 또는 타원형이며 가장자리에 잔 톱니가 있다. 묘지 주변에 둘레 나무로 많이 심었다.

359 盤陀(반타): 바위의 모양이 편평하지 않고 울퉁불퉁한 것을 말한다.

102~103 백운대 [白雲臺]

김의민(金義旻; 1710~1792) 《오암집(鰲巖集)》

층층이 서 있는 것이 모두 바위,	立立層層渾是巖,
과아가 힘쓴 것 하늘과 비교되네.	夸娥[360]費力與天叅.
남으로 두르고 북으로 읍하니 모두 형승,	南環北揖皆形勝,
그 가운데 옛 나라의 오래된 감실 하나.	中有前朝一古龕.

수묵화 같은 병풍에 산 모습 그렸으니,	水墨屛中活畫容,
백운대의 두 세 그루 소나무라네.	白雲臺上兩三松.
잠시 앉아 돌조각 자세히 보니,	細觀片石移時[361]坐,
금강산 만 이천 봉이 부럽지 않네.	不羨金剛萬二峯.

104 대비암 떠남을 탄식하며 [歎離大悲庵]

김의민(金義旻; 1710~1792) 《오암집(鰲巖集)》

돌아갈 생각 간절한데 시간 빠르게 가니,	歸意滔滔日屢移,
별천지의 경관을 어찌 떠날까나.	壺天[362]雲物奈相離.
자나 깨나 잊기 어려운 아득한 곳,	悠悠寤寐難忘處,
학 바위와 용 못은 가장 기이한 절경이라.	鶴碣龍潭最絶奇.

360 夸娥(과아): 전설속의 선인(仙人)의 이름이다. 산을 등에 지고 옮겼다는 신력(神力)의 소유자로, 우공이산(愚公移山)의 설화에 등장한다. 상제가 과아씨의 두 아들에게 명하여 태항산(太行山)과 왕옥산(王屋山)을 지게 해서 하나는 삭주(朔州)의 동쪽에 놓게 하고, 하나는 옹주(雍州)의 남쪽에 갖다놓게 했다고 전한다. 《열자(列子)·탕문(湯問)》에 보인다.

361 移時(이시): 잠시 동안을 말한다.

362 壺天(호천): 속세와는 달리 경치나 분위기가 아주 좋은 세상을 비유적으로 이르는 말이다.

105 산을 노니는 사람에게 주며 [贈遊人]

김의민(金義旻; 1710~1792) 《오암집(鰲巖集)》

노니는 사람에게 어느 경치가 좋은지 물으니,	試問遊人何景好,
옛날에 보고 오늘 다시 왔다네.	昔年看過復今來.
세속 근심 잠깐 삭이고 돌아가도 휘말릴 것을,	暫消塵慮歸還惹,
집을 옮겨 학대와 함께 하는 것만 못하네.	莫若移家伴鶴臺.

106 용추 [龍湫]

김의민(金義旻; 1710~1792) 《오암집(鰲巖集)》

세 곳의 깊은 못 열리니 한 물길로 통하고,	三闢深湫一水通,
시내의 원류는 어지러운 산에서 오네.	溪源來自亂山中.
신룡이 떠난 후 빛은 아직 남았고,	神龍去後餘光在,
햇살 비추는 비류는 무지개와 이어졌네.	日射飛流亘彩虹.

107 계조암 [繼祖菴]

김의민(金義旻; 1710~1792) 《오암집(鰲巖集)》

사찰의 전해오는 큰 이름 계조라 하니,	禪社流芳[363]繼祖名,
우리나라의 세 곳 중 누가 으뜸이런가.	青丘[364]三處孰爲兄.
깊은 못의 물 세차니 용은 씩씩하게 읊고,	深湫水激龍吟壯,
절벽 위 소나무 차니 학의 꿈은 맑다네.	絶頂松寒鶴夢清.
아래로 동명을 누르니 어선의 불이 비추고,	俯壓東溟漁火暎,
정면으로 서쪽 봉우리에 밝은 빛 떨어짐 보네.	平看西峀落暉明.

363 流芳(유방): 후세에까지 전하는 아름다운 명성을 말한다.
364 青丘(청구): 동국(東國)을 가리킨다. 중국에서 우리나라를 일컫던 말이다.

종파의 풍기 가장 좋고 연무와 노을 빼어나니, 宗風[365]最愛烟霞勝,
평생토록 마음을 기르는데 눈을 두겠네. 寓目終年養性情.

108 연산폭포 [延山瀑布]

김의민(金義旻; 1710~1792) 《오암집(鰲巖集)》

높고 가파른 뭇 봉우리 구름 가와 접하고, 千峰崷嶉接雲陲,
바위 모서리의 비류는 가장 멋진 기관이네. 岩角飛流第一奇.
직녀가 베틀 내려 명주 같은 눈을 뿌리고, 雪練天孫[366]機下落,
은하수의 선녀는 지팡이를 드리우네. 銀河仙子杖頭垂.
천둥소리 골짜기를 치니 희미해지고, 雷聲撞壑依俙是,
무지개가 허공을 받치니 황홀해지네. 虹氣撑空怳惚疑.
이것은 조물주 집안의 경관이니, 此乃化翁家裡物,
사람들 즐길 수만 있을 뿐 가져갈 순 없네. 世人徒玩不能移.

109 내연산별곡 [內延山別曲][367]

회관(誨寬; 미상)[368]

내연산의 또 다른 이름 신귀산, 延山別號號神龜,
경상도 동해 물가에 열렸네. 闢在嶠南東海湄.

365 宗風(종풍): 한 종파의 독특한 전통을 말한다.

366 天孫(천손): 직녀성(織女星)을 말한다.

367 이 시는 박일천(朴一天)의 《일월향지(日月鄕誌)》 〈보경사내연산〉조에 나온 것을 수록했다. 다만 이곳에서는 누구의 시인지는 밝히지 않고 있는데, 이에 본문은 김희준·박창원 공저의 《내연산과 보경사》(2014)에 근거하여 회관(誨寬) 스님이 지은 것으로 하였음을 밝혀둔다.

368 誨寬(회관): 호는 동봉(東峯)이고, 오암(鰲巖; 1710~1792) 스님의 제자이다. 정조 16년(1792) 오암 스님이 입적한 후에 세워진 보경사 서운암(瑞雲庵)의 부도탑(浮圖塔)에 비문을 지어 탑비를 세우기도 했다.

마등(摩騰)과 법란(法蘭)이 둥근 거울 묻을 것 부탁하고,	騰蘭[369]遺囑埋圓鏡,
절의 현판은 천 년 동안 절묘하다고 칭송받네.	寺額千秋稱絶奇.
금당 터의 섬돌 오래되어 짙은 윤이 나고,	金堂基砌古深澤,
맑은 빛 아직도 이곳에 남아 있는 듯하네.	倘是淸輝遺在玆.
우뚝 솟은 건주봉은 절을 향해 공손히 읍하고,	乾柱峰屹揖祇園[370],
북쪽에서 이웃한 성 남쪽의 마을을 다스리네.	北距隣城南縣治.
어느 대에 모여서 땅을 찾고 지었는지,	鳩募[371]卜築果何世,
고려 때 원진국사가 다시 수리했다네.	麗代重修眞國師[372].
우뚝 선 돌은 지난날을 기록하고,	巋然片碣載往事,
전정엔 옛날 그대로 교룡이 돌을 감고 있네.	殿庭依舊盤石螭.
세 개의 층계와 여섯 채의 요사를 바라보고,	睟堂三級六寮衆,
도량은 지금까지 다행히 이어지고 있네.	道場綿歷今幸支,
명성은 이미 길 입구까지 전해지고,	名聞已播路入口,
경물은 재자들이 다투어 시 지어 전하네.	物色爭傳才子詩.
맑은 냇가의 숲은 영속들을 바르게 해주니,	溪淸紙林潔營屬[373],

369 騰蘭(등란): 마등(摩騰)과 법란(法蘭)을 말한다. 이 두 사람은 인도 출신의 승려로 보경사의 창건신화와 관련 있다. 1588년에 쓰인《보경사금당탑기(寶鏡寺金堂塔記)》에 의하면 이렇다. 동한 영평(永平) 10년(67), 인도의 승려 마등과 법란이 불경과 불상을 백마에 싣고 중국으로 와 처음 불경을 전했다. 이때 이들은 십이면원경(十二面圓鏡)과 팔면원경(八面圓鏡)을 함께 지니고 왔는데, 십이면원경은 낙양성 서쪽 옥문 밖에 묻고 거기에 절을 세워 백마가 불상·불경과 거울을 싣고 온 것을 기념하여 절 이름을 '백마사'라 했다. 팔면원경은 두 스님이 제자에게 맡기며 "동쪽 조선 땅의 해 돋는 곳, 종남산(終南山) 아래 백 척 깊은 못이 있으니 이곳은 동국의 명당이다. 못을 메우고 거울을 묻은 뒤 법당을 세우면 천추만세에 무너지지 않을 곳이니라."라는 유언과 함께 뒷날을 기약했다. 이 거울이 지명스님의 손에 전해져 보경사의 터를 닦을 때 못 속에 묻은 바로 그 팔면보경이다.

370 祇園(기원): 기원정사(祇園精舍)의 줄임말이다. 옛날 중인도 마가다 사위성(舍衛城) 남쪽에 있던 절로, 석가모니의 수도와 설법을 위해 수달장자(須達長者)가 세웠다. 이곳에서는 보경사를 말한다.

371 鳩募(구모): 두 글자 모두 '모이다'의 의미이다.

372 眞國師(진국사): 고려 때의 고승(高僧) 원진국사(圓眞國師; 1171~1221)를 말한다. 속성은 신(申)이고, 이름은 승형(承逈)이다. 자는 영회(永廻)이고, 법호는 원진(圓眞)이다. 고려 명종 원년(1171) 상락군 산양현(지금의 문경)에서 출생했다. 부모님을 일찍 여의고 숙부 밑에서 자라다가 7세 때 청도 운문사 연실선사에게 출가했다. 문경 봉암사 동순선사에게 수참(修參)하여 전법했다. 보경사 경내에는 원진국사비가 있고, 절 뒤 산길 초입에 승탑이 있다.

373 營屬(영속): 옛날 군영(軍營)이나 감영(監營)에 딸린 아전과 종을 통틀어 이르던 말이다.

고역이 어찌 비단옷을 끊을 수 있겠는가.	苦役何殊文帛皮.
나란히 에워싼 사람과 말은 공문을 둘러가고,	騈圓人馬繞空門,
관리들 순시할 때 나는 오리 신발처럼 따르네.	棠使巡時鳧舃隨.
동서의 두 암자는 계곡의 시내를 사이에 두고,	東西二庵隔一澗,
이 절을 보필하며 지키고 섰네.	輔弼該寺[374]蒙護持.
소나무 들과 돌무덤은 옛날과 지금이 혼재하고,	松原石墓混今古,
땅 신령과 인걸들이 실로 추대한다네.	地靈人傑良可推.
주당은 설법하는 법사에게서 떨어지지 않고,	籌堂不離講法師,
본당의 중생들은 깨달음에만 빠져있네.	主院凡徒但慧痴.
반송이 우물 덮어 비 오면 물 긷기에 좋으며,	盤松覆井雨宜汲,
푸른 회나무는 하늘 위로 솟고 바람은 속이지 않네.	碧檜干雲風不欺.
나그네들 서로 누대에 올라 다투어 읊고,	吟笻客子競登樓,
목 마르는 자는 샘물 마시고 배고픈 자는 밥 짓네.	渴者嗽泉飢者炊.
부용 다리 하나 남쪽을 막았건만,	芙蓉一梁障南維,
선열대의 옛 버들은 언제 검어졌나.	禪悅何年柳古緇.
마당 앞의 오래된 은행나무 봄 빛깔 띠고,	庭前老杏自春色,
돌 위 성긴 소나무는 사람들이 옮겨 심지 않네.	石上疎松人不蒔.
구름 깊은 그윽한 골짝의 안 뜰 공허하고,	雲深幽谷內院空,
계수나무 그림자 서쪽에 드리우고 긴 밤 더디네.	桂影西沉長夜遲.
바위 누대 정원의 선 돌은 거주할만한 곳인데,	岩臺庭碣可居地,
괴상한 잔여 무리들은 떠나려 하네.	怪底殘徒將欲離.
높고 험한 구름 봉우리는 소매 펼쳐 춤추고,	雲峯岌嶪展舞袖,
구불구불한 압령에서 말 타고 가길 멈추네.	鴨嶺盤施停去騎.
굽이진 시내와 가파른 산 가도 가도 깊어지니,	重澗疊嶂去去深,
골짜기 안의 선경을 사람은 넘볼 수 없네.	峽裏仙源人莫窺.
동쪽 절벽의 우뚝 선 학은 외로운 암자 지키는데,	東崖鶴碣守孤庵,
대를 이어 선법을 맡을 사람이 없네.	繼朝無人禪法司.
서쪽의 승려 몇 분 불러 부처의 묵언을 주재하여,	呼西數僧主梵默,

374 該寺(해사): 이 절을 말한다. 이곳의 '해'는 사물을 지시하는 말이다.

제단에 봉축하는 것은 개인의 바람이라네.	供祝檀那情願私.
문 앞의 세 폭포는 요금을 연주하고,	門前三瀑奏瑤琴,
집 뒤의 산들은 비단을 걸쳤네.	屋後諸山披錦帷.
차가운 산의 옛 신사는 성쇠를 거듭하고,	寒山古社廢興轉,
손가락 끝의 밝은 달은 차고 기우네.	月白指頭成盈虧.

110 대비암에 올라 운을 불러 '심'자를 얻어 [上大悲庵, 呼韻得深字]

이상정(李象靖; 1711~1781) 《대산집(大山集)》(권2)

뜰 가득 소나무 회나무 그림자 지니,	一庭松檜影陰陰,
천 길 산마루의 절간은 깊기만 하네.	千仞岡頭佛院深.
꽃은 한창 피고 산새는 지저귀는데,	花事欲闌時鳥語,
온종일 초월한 듯 무심히 앉아보네.	悠然終日坐無心.

111~114 내연산에서 이해도 청하현감에게 화답하며 [內延山, 和李淸河海圖韻]

최천익(崔天翼; 1712~1779)[375] 《농수선생문집(農叟先生文集)》(권1)

험한 길을 돌아 오르고,	登登路轉險,
굽이굽이 경치엔 새로움 더해지네.	曲曲景添新.
꼼꼼히 보려 지팡이 조금씩 움직이고,	細賞移筇緩,
깊이 읊느라 수시로 나무에 기대네.	沉吟倚樹頻.

375 崔天翼(최천익): 조선 후기의 시인이다. 자는 진숙(晉叔)이고, 호는 농수(農叟)이다. 부친은 흥해의 아전이었던 최준걸(崔俊傑)이다. 어려서 같은 고을의 운와(耘窩) 채구장(蔡九章)에게 배웠고, 이형상(李衡祥)에게서 신동이라는 말을 들었다. 진사시에 급제하자 분수에 족하다고 하면서 다시는 과거에 나가지 않았다. 정조 때 병조판서를 지냈던 권엄이 그의 재주를 알고 관찰사에게 말해 조정에 천거하려 했으나 하지 못했다. 만년의 30여 년 동안 후진 양성에 힘썼다. 그의 문하로는 유인복(柳寅福)·최기대(崔基大) 등이 있다. 시문에 능하여 성대중(成大中)·신유한(申維翰) 등 당대의 일류 문사들과 교유했다. 고금의 역사와 정치 등에 해박했다. 문집으로는 《농수선생문집(農叟先生文集)》 등이 있다.

나는 물줄기는 늘 비가 되고,	飛流常作雨,
단풍잎은 봄을 되돌릴 수 있네.	楓葉可回春.
늘 시상이 짧음을 걱정하고,	老畏詩情短,
산을 보면 눈살만 찌푸려지네.	看山只自顰.
못과 폭포는 천 년 동안 있어도,	湫瀑千年在,
이날 풍광은 새롭네.	風光此日新.
가파른 곳 임하면 마음 작아지려 하고,	臨危心欲小,
험한 곳 붙들면 빈번히 걷기 어려워지네.	攀險步難頻.
비록 여산의 흥은 있어도,	縱有廬山興,
국미춘 없음에 탄식하네.	嗟無麴米春[376].
신룡이 나를 불쌍히 여기는지,	老龍憐我否,
단풍 진 절벽에서 미간 찌푸리며 걱정하네.	楓壁對愁顰.
바다에서 신선의 관리 오고,	水國來仙吏,
가을바람에 고향 생각나네.	秋風憶故鄕.
처마 돌 때 국화 늦게 피고,	巡簷時菊晩,
홀을 괴니 바다 구름 아득하네.	拄笏[377]海雲長.
지친 마음으로 붉은 단풍 보고,	衰意看紅葉,
시름겨운 나그네 석양이 원망스럽네.	羈愁怨夕陽.
높은 누대 천 리의 꿈,	危樓千里夢,
밤마다 서쪽에 있어라.	夜夜在西方.
평생 강과 바다에서 산 늙은이,	平生江海叟,
게와 물고기의 고향에서 늙어가네.	窮老蟹魚鄕.

376 麴米春(국미춘): 한 잔만 마셔도 취기가 올라온다는 명주(名酒) 이름이다. 당나라 운안(雲安)에서 생산된다. 두보(杜甫)의 시 《발민(撥悶)》에 "듣자 하니 운안의 국미춘은, 한 잔만 마셔도 사람을 취하게 하네(聞道雲安麴米春, 纔傾一盞卽醺人)"라고 한 구절이 있다.

377 拄笏(주홀): 홀(笏)로 턱을 괴는 것을 말하는데, 공무에 구애받지 않고 자연을 즐길 줄 아는 청고(淸高)한 관리를 가리키는 말로 쓰인다.

매화 핀 관아에서 다행히 얼굴 뵈었고, 梅閣承顏[378]幸,
산 누각에서 한참 이야기 나누었네. 山樓打話長.
조덕 같이 선정 펼치길 바랄 뿐, 秖期興趙德[379],
급암(汲黯)처럼 회양을 박대할까 두렵네. 惟恐薄淮陽[380].
땅마다 예전부터 정해진 것이 있으니, 隨地皆前定,
마음을 놓는 것이 오묘한 방도라네. 安心是妙方.

115~116 의민(義旻) 스님과 함께 용추의 상류를 찾아, 지주 섭서 권엄을 생각하며, 두 수 읊으며 [與旻師共尋龍湫上流, 憶地主權葉西儼, 吟成兩律]

최천익(崔天翼; 1712~1779) 《농수선생문집(農叟先生文集)》(권1)

관할지로 돌아와서 꾼 꿈은, 鈴齋[381]歸後夢,
다시 산으로 둘러싸인 방이네. 應復繞山房.
꽃이 물들었으니 시 지을 때고, 花染題時墨,
바위 남아 앉은 곳엔 향기 나네. 巖留坐處香.
마음은 멀리 물 따라 흐르고, 意將流水遠,
일은 관청 문서 때문에 바빴네. 行爲簿書忙.
홀로 그윽한 원류에 오고, 獨到靈源上,
물 따라 내려가니 남몰래 한스럽네. 沿流暗恨長.

그윽한 용추 위에 가지 않고, 不到靈湫上,
어찌 자빛 골짜기 깊음을 알리. 那知紫洞深.

378 承顏(승안): 웃어른을 찾아가 뵙는 것을 말한다.
379 趙德(조덕): 송(宋)나라 사람 조덕이(趙德彝)를 말한다. 기주(沂州)를 잘 다스린 것으로 유명했다.
380 薄淮陽(박회양): 한(漢) 무제(武帝)가 직신(直臣) 급암(汲黯)을 회양태수(淮陽太守)에 명하자, 급암은 회양에 가기 싫어하여 내직(內職)을 요청했다. 그러자 무제가 "경은 회양을 박하게 여기는 것인가?"라고 했다.
381 鈴齋(영재): 영각(鈴閣)으로, 지방 장관이 관할하는 지역을 말한다.

저녁 무렵 내원암을 찾으니, 黃昏尋內院,
초승달이 서쪽 숲에 떴네. 初月在西林.
절경에는 하필이면 한이 많고, 絶境偏多恨,
고승만이 마음을 이해해주네. 高僧獨解心.
어렴풋이 회상하고 있을 제, 依俙回想地,
학 한 마리 소나무 그늘로 지나가네. 一鶴過松陰.

117 또 내연산 시에 차운하며 [又次內延山韻]

최천익(崔天翼; 1712~1779) 《농수선생문집(農叟先生文集)》(권1)

팽택의 한가한 마음으로 갈건을 쓰고, 彭澤[382]閑情岸葛巾,
상쾌한 기운의 신령한 산을 가까이하네. 靈山爽氣暗相親.
흥은 꽃과 비 따라 맑을 때 일어나니, 興從花雨晴時發,
은하수 떨어지는 곳에서 새롭게 읊조리네. 詠到銀河落處新.
선비 알아주는 스님이 꼭 낯선 사람 아니라도, 未必道林[383]非宿面,
분명히 마힐 왕유(王維)의 전신임을 알겠네. 定知摩詰[384]是前身.
백발이 명아주 지팡이 뒤에 있음이 고마우니, 白頭忝在丹藜[385]後,
이로 짐승들이 나에게 성내지 못할 것이네. 賴此猿禽不我嗔.

382 彭澤(팽택): 동진(東晉)의 대시인 도연명(陶淵明)이 마지막으로 관직 생활을 했던 곳이다. 당시 도연명은 팽택령(彭澤令)으로 있다가 마을의 소인에게 허리를 굽히는 것이 싫어 관직에 물러나서 자연에 은거하며 시를 짓고 안빈낙도의 삶을 살았다. 이곳에서는 도연명을 가리킨다고 할 수 있다.

383 道林(도림): 동진(東晉)의 명승 지둔(支遁)의 자이다. 왕희지(王羲之)·허순(許詢) 등과 함께 막역하게 지냈으므로 선비와 교유하는 승려의 대칭으로 쓰인다.

384 摩詰(마힐): 당(唐)나라의 대시인 왕유(王維)의 호이다.

385 丹藜(단려): 붉은 명아주 지팡이를 말한다.

118 대비암에서 [大悲庵]

최천익(崔天翼; 1712~1779) 《농수선생문집(農叟先生文集)》(권2)

바닷가의 명산 내연산이라 하고,	海上名山說內延,
대비암은 흰 구름 가에 있네.	大悲庵在白雲邊.
진리 찾는 지친 나그네 청담 즐긴 현도에 부끄럽고,	尋眞倦客慚玄度[386],
온 강과 호수엔 돌아가는 기러기 끊기었네.	江湖滿地歸鴻斷.
선정 든 고승은 태전 선사의 가르침 잇고,	入定高僧繼太顚[387],
계수나무 올라감에 외로운 학의 꿈 깰까 두렵네.	攀桂[388]恐驚孤鶴夢.
구슬 찾음에 늙은 용 잠들지 못하게 하니,	探珠要罷老龍眠,
서쪽에서 온 뜻 더 이상 물을 필요 없네.	不須更問西來旨.

119 밤에 내원암에 묵으며 [夜宿內院]

최천익(崔天翼; 1712~1779) 《농수선생문집(農叟先生文集)》(권2)

작은 암자에 종이 울리고,	小庵鳴磬後,
외로운 촛불은 화로를 지키네.	孤燭擁爐時.
원숭이와 새는 주렴 앞에서 자고,	猿鳥簾前宿,
은하수는 베개 위에 드리웠네.	星河枕上垂.
이제야 신령한 곳의 신비 알았으니,	始知靈境秘,
어찌 속인의 엿봄을 허락하리.	寧許俗人窺.
시내 아래에는 꽃이 아직 있고,	澗底花猶在,
이른 새벽에 일어나 시를 지었네.	淸晨起賦詩.

386 玄度(현도): 동진(東晉) 사람 허순(許詢)의 자이다. 산택(山澤)에서 노닐기를 좋아했고, 청담(淸談)을 즐겼다.

387 太顚(태전): 당(唐)나라 때의 승려이다. 석수(石頭) 화상의 법을 이었고, 조주(潮州)에 살았다고 전한다.

388 攀桂(반계): 계수나무를 기어 올라간다는 의미로, 과제에 급제하는 말로 쓰인다.

120 내연산 [內延山]

박충원(朴忠源; 1735~1787)[389] 《도오선생일고(陶塢先生逸稿)》(권1)

청하를 모두 가보고 내연산을 지나니, 行盡淸河過內延,
흰 구름 깊은 곳에 물 졸졸 흐르네. 白雲深處水涓涓.
가파른 잔도 올라 기이한 경치 찾고, 躋攀危棧尋奇勝,
바위 위에서 폭포 떨어지니 하늘에서 온 듯. 瀑落巖頭宛自[390]天.

121 내연폭포 [內延瀑布]

정위(鄭煒; 1740~1811)[391] 《지애선생문집(芝厓先生文集)》(권2)

동남의 산수는 맑음이 끝이 없고, 山水東南淸不窮,
삼 층 폭포는 푸른 구름 속에 펴져있구나. 三層瀑布碧雲中.
심연에 떨어지는 거대한 울림 골짜기에 생기고, 落淵巨響雷生壑,
부딪치는 돌과 나는 여울에 거품 허공에 흩어지네. 激石飛湍雪散空.
계곡물 옆 기암을 나그네는 위태로이 걷고, 傍水奇巖危客步,
산을 감은 깎아지는 절벽은 오묘한 공력 드러냈네, 繞山削壁見神工.
큰 금강산과 작은 금강산으로 말해 뭐하리, 金剛大小何須說,
이름난 곳 끝까지 가서 저녁 바람에 기대보려네. 到底名區倚晩風.

---

389 朴忠源(박충원): 조선 후기의 문신이다. 처음 이름은 시찬(時瓚)이고, 자는 중옥(仲玉)이다. 대산(大山) 이상정(李象靖; 1711~1781)의 문인이다. 저서로는 《도오일고(陶塢逸稿)》가 있다.

390 宛自(완자): '마치~에 말미암다'는 의미이다.

391 鄭煒(정위): 조선 후기의 학자이다. 본관은 청주(淸州)이다. 자는 휘조(輝祖)이고, 호는 지애(芝厓)이다. 부친은 통덕랑 정지복(鄭之復)이다. 이상정(李象靖)과 최흥원(崔興遠)을 사사했다. 정조 20년(1796) 효행과 학문으로 조정에 천거되었으나 병으로 사양했다. 이듬해 온릉참봉(溫陵參奉)에 임명되었으나 얼마 안 되어 사직하고 고향으로 돌아갔다. 8대조 정구(鄭逑)를 추모하여 숙야재(夙夜齋)를 지어서 학문 연마에 몰두했다. 저서로는 《지애문집(芝厓文集)》 등이 있다.

122 내연폭포 [內延瀑布]

안덕문(安德文; 1747~1811)[392] 《의암집(宜庵集)》(권2)

굽이 굽이진 맑은 못과 층층 바위,	澄潭曲曲石層層,
이 계곡과 산은 본 적 없는 듯.	似此溪山見未曾.
즐거운 마음으로 골짜기에 잠깐 앉았다,	爽心一壑移時坐,
며칠 동안 힘들게 걸어 세 암자에 올랐네.	困步三菴幾日登.
어느 마을의 바구니로 숲의 열매 따오는데,	摘來林果何村筥,
이 절 스님께서 바윗길 가르쳐 주시네.	指示巖程本寺僧.
지팡이 짚고 가고 싶은 대로 훌쩍 가시니,	短杖飄然隨意去,
머리에 밤 찬 서리 더해질지 모르겠네.	不知寒髮夜霜增.

123 대비암에서 세 폭포를 보며 [大悲菴觀三瀑]

이근오(李覲吾; 1760~1834)[393] 《죽오유집(竹塢遺集)》(권1)

온갖 기암들 서 있어,	面面奇巖立,
올라오니 즐거움 끝이 없네.	登來儘快哉.
절벽에 겨우 길이 있고,	懸厓纔有路,
세찬 폭포는 우레 되네.	怒瀑自成雷.
샘물과 바위가 그윽한 곳 열고,	泉石開靈境,

392 安德文(안덕문): 조선 후기의 유학자이다. 본관은 탐진(耽津)이다. 자는 장중(章仲)이고, 호는 의암(宜菴)이다. 부친은 안여석(安如石)이다. 평생 이언적(李彦迪)·이황(李滉)·조식(曺植)을 사숙하며 존경했다. 화사(畵師)에게 세 스승을 모신 옥산서원(玉山書院)·도산서원(陶山書院)·덕산서원(德山書院)을 모두 그리게 한 뒤 서원 그림들을 벽에 걸어 놓고 항상 마음을 새롭게 하였다. 일찍이 벼슬에 뜻을 두지 않았고, 흥학당(興學堂)을 지어 학문 연구와 후학 양성에 전념했다. 문집으로 《의암집(宜菴集)》이 있다.

393 李覲吾(이근오): 조선 후기의 문신이다. 본관은 울산(蔚山)이다. 자는 성응(聖應)이고, 호는 죽오(竹塢)이다. 울산 출신이다. 부친은 이의창(李宜昌)이다. 남용만(南龍萬)의 문하에서 수학했고, 이정규(李鼎揆)와 교유했다. 정조 13년(1789)에 진사가 되었고, 이듬해 증광문과에 병과로 급제했다. 성균관전적·병조좌랑·사헌부지평 등을 역임했다. 이후 관직에서 물러나 양사재(養士齋)를 짓고 후진 양성에 힘쓰는 한편 경학과 사학 연구에 전념했다. 저서로는 《죽오유집(竹塢遺集)》이 있다.

그림에 오묘한 재주 발휘했네. 畫圖費妙才.
큰 산이 남긴 자취 있어, 大山遺躅在,
날아 백 층 대에서 내려오네. 飛下百層臺.

124 내연산 [內延山]

조수삼(趙秀三; 1762~1849)[394] 《추재집(秋齋集)》(권4)

먼 지방 시찰 길에 작은 틈 더해져, 小閒饒遠役[395],
아름다운 경치를 열심히 찾았네. 佳境在高尋.
신발 미끄러워 시냇가 이끼 걱정하고, 履滑愁谿蘚,
옷이 끌리어 돌과 숲을 피하네. 衣牽避石林.
올 땐 험하다고 말하지 않았건만, 未謂來時險,
깊은 곳으로 들어갈수록 거듭 놀라네. 翻驚入處深.
만년에 용문을 오르는 흥이 생기고, 白首龍門[396]興,
남쪽으로 유람하며 초심에 답하네. 南遊答素心.

125 상용추 [上龍湫]

조수삼(趙秀三; 1762~1849) 《추재집(秋齋集)》(권4)

신묘한 솜씨 많은 조물주께서, 眞宰多靈巧,
부지런히 이 산을 파셨네. 辛勤鑿此山.

394 趙秀三(조수삼): 조선 후기의 시인이다. 본관은 한양(漢陽)이다. 자는 지원(芝園) 또는 자익(子翼)이고, 호는 추재(秋齋) 또는 경원(經畹)이다. 부친은 가선대부 한성부좌윤 겸 오위도총부부총관(漢城府左尹兼五衛都摠府副摠管)에 추증된 조원문(趙元文)이다. 신분의 제한으로 현종 10년(1844) 83세로 진사시에 합격했다. 국내 각지를 빠짐없이 여행하며 많은 시를 남겼다. 그의 전기 시는 생활 주변이나 자연을 소재로 대상과의 조화를 추구한 작품들이 많다. 후기 시는 사회현실을 사실적으로 묘사한 작품이 많다. 저서로는 《추재집(秋齋集)》 등이 있다.

395 遠役(원역): 조정의 임무를 띠고 먼 지방에 가는 것을 말한다.

396 龍門(용문): 중국 황하(黃河) 중류의 급한 여울목으로, 잉어가 이곳을 뛰어오르면 용이 된다는 전설이 있다.

구슬발을 하늘에 걸어놓고, 簾衣掛天上,
주옥을 인간 세상에 뿌리셨네. 珠玉散人間.
저녁밥은 샘물 맛 자랑하고, 晩飯誇泉味,
아침 재갈엔 돌 모습 드러나네. 朝啣見石顔.
비를 뿌리며 간 늙은 용은, 老龍行雨去,
천년이 지나도 돌아올 줄 모르네. 千載不知還.

126 내연산에서 노닐며 [遊內延山]

류낙문(柳洛文; 1766~1807)[397] 《방곡유고(方谷遺稿)》(권1)

창해의 동쪽 끝 작은 동천에, 滄海東頭小洞天,
사람들 신선이 있다고 말하네. 人言此地有神仙.
마침 오니 단풍이 지는 시절이라, 我來正値丹楓節,
적막한 바위들 푸른 연기에 잠겨있네. 寂寞千巖鎖翠烟.

127 내연산에서 비를 만나 [內延山遇雨]

류낙문(柳洛文; 1766~1807) 《방곡유고(方谷遺稿)》(권1)

어젯밤 생황으로 아홉 군의 먼지 노래하니, 昨夜笙歌九郡塵,
온 산의 원숭이와 학이 아직도 놀라고 성내네. 滿山猿鶴尙驚嗔.
조물주께서 나그네 뜻을 헤아려주시는지, 天公似解遊人意,
단풍 진 숲을 씻고 물려 더욱 새롭게 해주시네. 洗却楓林一倍新.

397 柳洛文(류낙문): 조선 후기의 학자이다. 본관은 전주(全州)이다. 자는 경범(景範)이고, 호는 방곡(方谷)이다. 조부는 명호당(月湖堂) 류세원(柳世源)이고, 부친은 류태휴(柳泰休)이다. 동암(東巖) 류장원(柳長源)의 문하에서 수학했다. 부친상을 당하자 세상에 대한 뜻을 접고 부친의 묘 아래에 서사(書舍)를 짓고 독서에 힘썼다. 시문에 뛰어나 많은 글을 지었으나, 짓고 나면 즉시 글을 없애버렸다. 문집으로는 《방곡유고(方谷遺稿)》가 있다.

128 내연폭포 [內延瀑布]

류휘문(柳徽文; 1773~1832)[398] 《호고와선생문집(好古窩先生文集)》(권2)

조물주께서 끝없는 재주를 부리시고,	無限神工伎倆生,
곧은 우레와 해는 층층의 성을 쪼개네.	轟雷白日劈層城.
은하수가 갑자기 넘어감을 잠깐 보고,	天河忽倒須臾矚.
밤낮으로 지축 모두 무너지듯 소리 내네.	地軸全摧日夜聲.
바위에 세게 부딪칠 때 크게 흔들리고,	怒觸巖時何震盪,
물 돌아 흘러 이뤄진 못은 오히려 맑네.	回成潭處卻澄明.
동쪽의 빼어난 경관은 세 번을 거쳤으니,	東韓壯觀經三度.
그 이름 금강산과 천마령(天磨嶺)에 버금가네.	楓嶽天磨[399]伯仲[400]名.

129 비하대에서 또 읊으며 [飛下臺又吟]

류휘문(柳徽文; 1773~1832) 《호고와선생문집(好古窩先生文集)》(권2)

비하대 앞에서 흐르는 폭포를 즐기니,	飛下臺前玩瀑流,
염천의 상쾌한 기운은 맑은 가을 같네.	炎天爽氣似淸秋.
흥 다한 나그네 석양과 함께 돌아가는데,	興闌[401]客帶斜陽去,
돌 움직이고 물결 요동치길 그치지 않네.	石動波搖兩不休.

398 柳徽文(류휘문): 조선 후기의 학자이다. 본관은 전주(全州)이다. 자는 공회(公晦)이고, 호는 호고와(好古窩)이다. 부친은 통덕랑 류만휴(柳萬休)이다. 류장원(柳長源)의 문인이다. 1830년에 후릉참봉이 제수되었으나 나아가지 않았다. 일생을 학문과 후진 양성에 힘썼다. 경서와 제자서에 밝았고, 많은 저술을 남겼다. 저술로는 《호고와문집(好古窩文集)》·《주역경전통편(周易經傳通編)》·《계몽통해(啓蒙通解)》 등이 있다.

399 楓嶽天磨(풍악천마): 금강산(金剛山)과 천마령(天磨嶺)을 말한다. '풍악'은 금강산의 다른 이름이고, '천마'는 금강산을 가기 위해 꼭 넘어야 하는 고개이다.

400 伯仲(백중): 실력이나 기술 따위가 서로 엇비슷하여 더 낫고 더 못함이 없음을 말한다.

401 興闌(흥란): 흥취가 식어 줄어드는 것을 말한다.

130 대비암에 묵으며 [宿大悲庵]

이효상(李孝相; 1774~?) 《일재유고(逸齋遺稿)》

옛날 부처님의 삼천 세계,	古佛三千界[402],
신령한 용추의 제일 봉우리.	靈湫第一峰.
크게 읊조려 물의 기운 나누고,	高吟分水氣,
가만히 앉아서 산의 모습 배운다.	清坐學山容.
바위 아래서는 새벽 물결 일고,	巖底開晨波,
구름 가에는 저녁 종소리 지나간다.	雲端度夕鍾.
신선은 다른 방법이 있는 것 아니니,	神仙無別法,
나 역시 무념의 자취 따라 걸어본다.	吾亦步虛蹤.

131 대비암에서 화여 박화영에게 주며 [大悲庵贈朴華汝和韺]

이효상(李孝相; 1774~?) 《일재유고(逸齋遺稿)》

골짜기 절엔 사람의 일 드물고,	峽寺罕人事,
가을 소리가 시내 물가에서 나네.	秋聲生磵途.
많은 이들 우 임금이 신선 된 굴 찾고,	多君尋禹穴[403],
나는 마침 향로봉에 누어보네.	適我臥香爐.
훌륭한 곳을 약속이나 한 듯 가니,	勝地如相約,
좋은 시절에 외롭지 않네.	良辰不可孤.
부들로 짠 둥근 방석에 임의로 앉으니,	蒲團隨意坐,
한 야윈 선사는 맑고 빼어나네.	清絶一禪癯.

402 三千界(삼천계): 삼천대천세계(三千大千世界)라는 불가의 용어로, 온 천하를 의미한다.

403 禹穴(우혈): 전설에 의하면, 우(禹) 임금이 회계산(會稽山)의 굴로 들어가 신선이 되었다고 한다.

132 4월에 내연산에 들어가서 [四月入內延山]

이효상(李孝相; 1774~?) 《일재유고(逸齋遺稿)》

신선과 같이 걷지 않으면서,	不作神仙步,
무슨 까닭으로 절에 왔나.	何由到石門.
스님 만난 신라 때의 절,	逢僧羅代寺,
술을 판 한나라 때의 마을.	沽酒漢時村.
시내와 나무는 서로 알아보고,	澗樹皆相識,
산짐승들 각자 말을 하네.	山禽各自言.
남은 꽃들 아직 물에 있으니,	殘花猶在水,
나 역시 도화원에 들어왔네.	吾亦入桃源[404].

133 내연산 [內延山]

이효상(李孝相; 1774~?) 《일재유고(逸齋遺稿)》

절의 가는 봄에 지고 남은 꽃 슬프니,	殘紅惆悵殿餘春,
제철의 산물들은 확실히 노인 같아라.	節物居然似老人.
좋은 날 찾아와서 꾀꼬리와 벗하고,	勝日來尋黃鳥友,
빈산을 가다가 꽃 떨어진 자리에 앉네.	空山行坐落花茵.
수시로 절경을 만나 마음 쓰기 힘들고,	頻逢佳境關心苦,
이름난 곳마다 새로운 것에 눈을 두네.	每到名區着眼新.
속세의 나그네 아련히 비웃을 만하고,	堪笑悠悠浮世客,
그릇되게 도가의 책 잡고 진선을 배우네.	誤將丹籙[405]學仙眞.

404 桃源(도원): 동진(東晉)의 대시인 도연명(陶淵明)의 《도화원기(桃花源記)》에 나오는 가상의 선경(仙境)으로, 한 어부(漁夫)가 발견했다는 복숭아꽃이 만발한 낙원을 말한다. 후에 '별천지(別天地)'나 '이상향(理想鄕)'을 비유하는 말로 쓰인다.

405 丹籙(단록): 도가(道家)의 서적을 말한다.

134~136 내연산 [內延山]

조인영(趙寅永; 1782~1850)[406] 《운석유고(雲石遺稿)》(권2)

불가의 땅에서 그윽한 마음 일고,	佛地幽懷發,
신선의 산에서 빼어난 경관 찾네.	仙山異景尋.
나는 샘물이 하나의 선으로 통하고,	飛泉通一線,
깎아지는 돌은 뭇 숲을 매고 있네.	峭石束千林.
바다에 아득한 이름 숨기고,	海上藏名遠,
인간 세상에 깊은 자취 기탁하네.	人間託跡深.
청옹이 노닌 기록이 있으니,	青翁遊記在,
일찍이 십 년의 마음 맺었네.	曾結十年心.

구름과 연무를 빌려 여러 번 묵고,	雲烟多宿債,
수령의 임무 다하니 또 가을 산이네.	幢節又秋山.
현감은 우리 선조가 남긴 자취 말하고,	知縣[407]談吾祖,
지은 시는 이곳에 있다네.	題名在此間.
재주 없는 사람 자취 잇기 부끄럽고,	不才慙繼趾,
웃어른이 전한 자취는 뵙기 황홀하네.	遺跡怳承顏[408].
동남 고을의 일을 기쁘게 아룀은,	差喜東南事,
빼어난 풍광 보고 돌아온 것만 아니네.	非徒攬勝[409]還.

용추는 하늘의 교묘함 다했고,	龍湫極天巧,
전적으로 내연산을 다스리네.	全管內延山.

406 趙寅永(조인영): 조선 후기의 문신이다. 본관은 풍양(豊壤)이다. 자는 희경(羲卿)이고, 호는 운석(雲石)이다. 조부는 조엄(趙曮)이고, 부친은 이조판서 조진관(趙鎭寬)이다. 순조 19년(1819) 식년 문과에 장원급제하여 바로 응교에 임명되었다. 이후 형조판서·우의정·영의정 등을 역임했다. 문장·글씨·그림에 모두 능했다. 저술로는 시문과 소차(疏箚)를 모은 《운석유고(雲石遺稿)》가 있다.

407 知縣(지현): 중국의 관명(官名)의 하나로, 송나라 때 사용하기 시작되어 청나라 때까지 사용되었다. 여기서는 현감(縣監), 즉 청하현감을 말한다.

408 承顏(승안): 웃어른을 찾아가 뵙는 것을 말한다.

409 攬勝(남승): 빼어난 경관을 한눈에 바라보는 것을 말한다.

이 세속 밖의 세상 얻어, 得此塵埃外,
뜻밖에 산수 사이에 있네. 居然水石間.
졸졸 흐르는 물은 귀를 시원케 하고, 瀯瀯[410]偏爽耳,
우뚝 솟은 바위는 얼굴을 즐겁게 하네. 矗矗[411]盡怡顔.
원래 풍류를 잘 즐기지 못함이 한스럽고, 自恨風流薄,
벼슬길이라 돌아가는 길 또 재촉하네. 宦途又促還.

137 내연산에서 폭포를 보며 [內延觀瀑]

손염조(孫念祖; 1785~1860)[412] 《무민재집(無悶齋集)》(권1)

내연 폭포는 우리 동쪽을 차지하고, 內延瀑布擅吾東,
당시에 조물주가 교묘하게 팠다네. 巧鑿當年造化公.
주위의 마구 날리는 물방울은 백옥 되어, 亂沫周圍成白玉,
날아 흘러 곧장 떨어지며 공중에 걸리네. 飛流直下掛靑空.
내려 보면 끝이 없어 눈이 아찔하고, 俯看無底眼眩霧,
오래 앉으면 서늘하고 겨드랑이서 바람 이네. 久坐生涼腋欲風.
신선 세계도 응당 속세의 나그네 싫어할 테니, 仙界也應嫌俗客,
오늘 근원 찾음에 끝까지 가지 말아야겠네. 尋源今日莫敎窮.

410 瀯瀯(영영): 졸졸 물 흐르는 소리를 말한다.

411 矗矗(촉촉): 우뚝 높이 솟아 있는 모양을 말한다.

412 孫念祖(손염조): 조선 후기의 성리학자. 본관은 경주(慶州)이다. 자는 백원(百源)이고, 호는 무민재(無悶齋)이다. 부친은 손익용(孫翼龍)이다. 처음에는 구재(懼齋) 이수인(李樹仁)의 문하에서 수학하였으며, 시문(詩文)에 뛰어났다. 향해(鄕解)에 합격해 과거에 응시하려고 했지만, 부모상을 당한 후 과거를 단념하고 학문에만 전념했다. 이후 해은(海隱) 강필효(姜必孝)의 문하에서 성리학을 배우고, 고향으로 돌아왔다. 무민재(無悶齋)를 짓고 성리학 연구에 전념했다. 저서로는 《무민재집(無悶齋集)》이 있다.

138 내연산 [內延山]

권석회(權錫晦; 1789~1851)[413] 《역파문집(櫟坡文集)》(권1)

동도로 돌아가는 길에 선산에 들어오고, 東都歸路入仙山,
바다 따라 시내 찾아 즐거운 마음으로 보네. 沿海尋溪快意看.
이유 없이 비 세차고 나는 폭포수 뿜어내니, 急雨無端飛瀑噴,
늦봄에도 절벽은 더욱 차갑게 느껴지네. 深春更覺絶崖寒.
반평생 선경 구지를 수시로 꿈꾸었건만, 仇池[414]半世頻勞夢,
오늘 아침 형악 대하니 비로소 얼굴 펴지네. 衡岳[415]今朝始解顏.
걸음마다 읊고 지치면 거듭 지팡이에 기대니, 步步吟筇仍倦倚,
맑게 흐르는 굽이굽이 이별하기 어려워라. 淸流曲曲別離難.

139 내연산 [內延山]

류치호(柳致皜; 1800~1862) 《동림집(東林集)》(권1)

이른 새벽에 골짜기 문에 들어오니, 凌晨入洞門,
어지러운 산에 푸르른 물 떨어지네. 亂山蒼翠滴.
북쪽으로 구름 머문 봉우리 보니, 北觀雲住峯,
가파른 바위는 기이한 돌 드러냈네. 巉巖露奇石.

413 權錫晦(권석회): 조선 후기의 학자이다. 본관은 안동(安東)이다. 자는 치근(穉根)이고, 호는 역파(櫟坡)이다. 부친은 권지도(權之度)이다. 처음에는 안행정(安行正)의 문하에서 수학했고, 후에 류약문(柳約文)의 문하에서 수학했다. 평생을 성리학 연구와 후진 양성에 힘썼다. 유고로는 《역파문집(櫟坡文集)》이 있다.

414 仇池(구지): 중국에 있는 산 이름으로, 산 위에 못이 있다고 한다. 이 산속에는 99개의 샘이 있는 등 도원경(桃源境) 같은 모습을 보여준다고 전한다. 이와 관련된 이야기는 소동파(蘇東坡)의 《화도화원(和桃花源)》 시의 서문에 보인다.

415 衡岳(형악): 남악형산(南岳衡山)의 줄임말이다. 중국 호남성(湖南省) 동정호(洞庭湖)의 남쪽에 있는 산이다. 72개의 봉우리가 있고, 주봉은 해발 1,290m의 축융봉(祝融峰)이다. 오악(五岳) 가운데 남악(南岳)에 해당한다. 이곳에서는 내연산에 비유한 듯하다.

140 대비암 [大悲庵]

류치호(柳致皜; 1800~1862) 《동림집(東林集)》(권1)

세 개의 대는 저 멀리 흰 구름 사이에 있고,	三臺遙在白雲間,
다섯 폭포 포효하며 차가운 눈 허공으로 뿜네.	五瀑吼空噴雪寒.
도 터득한 신선 며칠 동안 읊조리다 날아가고,	眞仙幾日飛吟去,
난새 수레 아득히 돌아오지 않음을 슬퍼하네.	悵望鸞驂暝不還.

141 내연산 삼용추 [內延山三龍湫]

신석우(申錫愚; 1805~1865)[416] 《해장집(海藏集)》(권5)

누가 고개를 두고 또 봉우리 높게 하였나,	曾誰置嶺又標峰,
봄에는 세 개의 못을 가장 으뜸으로 꼽네.	獨數三潭第一春.
구름 낀 벽 사방으로 송골매 깃들고,	雲壁四圍棲老鶻,
아래에 바람 불고 천둥 쳐도 괴룡이 지키네.	風霆下作護乖龍.
공들이 길을 안내해 명산에 가고,	公餘引路名山去,
불력으로 층계 오르니 기이한 모습 만나네.	佛力攀梯異境逢.
절경 찾음을 마다하지 않으니 의관이 젖고,	搜勝不辭巾袂濕,
선루에서는 이미 점심을 알리는 종 치네.	禪樓已打午時鍾.

416 申錫愚(신석우): 조선 후기의 문신이다. 본관은 평산(平山)이다. 자는 성여(聖如)이고, 호는 해장(海藏)이다. 조부는 신광손(申光遜)이고, 부친은 교리 신재업(申在業)이다. 순조 28년(1828) 진사가 되고, 1834년 식년 문과에 병과로 급제했다. 병조참판·우승지·양주목사 등을 역임했다. 1860년에는 동지정사(冬至正使)로 청나라를 다녀왔다. 문장과 글씨에 뛰어났다. 문집으로는 《해장집(海藏集)》이 있다.

142 비하대에서 삼가 회암의 축융봉 시에 차운하며 [飛下臺敬次晦庵[417]祝融峯韻]

신필흠(申弼欽; 1806~1866)[418] 《천재선생문집(泉齋先生文集)》(권1)

선차 일곱째 잔에 겨드랑이서 바람이 일고,	仙茶七椀[419]腋生風,
인간의 악착같은 마음을 속 시원하게 깨네.	快破人間齷齪[420]胸.
무지개다리에서 소식 끊기니,	一自虹橋消息斷,
차가운 달만 남아 서쪽 봉우리 다스리네.	空餘寒月管西峯.

143~144 내연폭포 [內延瀑]

신필흠(申弼欽; 1806~1866) 《천재선생문집(泉齋先生文集)》(권1)

청산의 경계를 깨고 길의 반이 열리고,	界破青山半道開,
걸려 날아 흐르는 곳엔 흰 거품 빙빙 도네.	懸流飛處白縈廻[421].
구름옷 씻으니 은하수의 색이 나와,	雲裳濯出銀河色,
직녀성(織女星)과 한 단 나눠서 오누나.	分與天孫[422]一段來.

우렁찬 대낮의 천둥소리 흰 구름을 울리고,	隱隱晴雷響白雲,
고요한 와중에 무슨 일로 심하게 혼란한가.	寂中何事劇紛紛.
분명 깊은 곳에 잠긴 교룡이 잠자고 있으니,	潛深定有蛟龍睡,
만물을 적셔주는 신공을 그대에게 빌리려네.	澤物神功欲借君.

---

417 晦庵(회암): 남송(南宋)의 주자학(朱子學)을 정립한 유학자 주희(朱熹; 1130~1200)의 호이다.

418 申弼欽(신필흠): 조선 후기의 유학자이다. 본관은 평산(平山)이다. 자는 백한(伯翰)이고, 호는 천재(泉齋)이다. 부친은 장절공(壯節公) 신치혁(申致赫)이다. 호고와(好古窩) 류휘문(柳徽文)의 문하에서 수학했다. 유고로는 시문집《천재선생문집(泉齋先生文集)》이 전한다.

419 七椀(칠완): 당나라 중기의 시인 노동(盧仝)의 다가(茶歌)를 말한다.

420 齷齪(악착): 작은 치아가 꽉 맞물린 상태를 말하는데, 아득바득 기를 쓰는 태도가 매우 끈덕짐을 비유적으로 이르는 말이다.

421 縈廻(영회): 빙빙 휩싸여 돌아가는 것을 말한다.

422 天孫(천손): 직녀성(織女星)을 말한다. 칠석날에 오작교(烏鵲橋)를 밟고 가서 견우성과 만난다는 전설이 있다.

145 내연폭포를 보러 가려는데, 계곡물이 넘쳐 다리가 끊어졌다는 것을 듣고, 상심하고 돌아오며 [將觀內山瀑布, 聞水漲橋絶, 悵然而歸]

남고(南皐; 1807~1879) 《시암집(時庵集)》(권1)

며칠 밤 계속 내린 비로 계곡에 물 차니, 一雨連宵水滿渠,
빼어난 내연산 구경은 결국 허사 되네. 內山奇觀竟歸虛.
진경 찾는 길 험해도 길은 근원에 이르니, 尋眞路阻窮源處,
속세의 인연 완전히 끊어지지 않음에 웃어보네. 却笑塵緣未斷除.

146~157 내연산에서 무이정사 십이 시에 차운하며 [內延山用武夷精舍[423]十二韻]

김재윤(金在琯; 1808~1893) 《운고집(雲皐集)》(권1)

학산 [鶴山]
저녁에 돈교당에 오르니, 晩升敦教堂[424],
이 속세의 나그네 부끄러워지네. 愧我塵間客.
천고의 고상한 풍모를 생각하니, 千古想高風,
세심대 아래의 돌과 같네. 洗心臺下石.

내연산 가는 길에 [延山途中]
학산 서쪽이자 대둔의 남쪽, 鶴西大遯南,
그 속에 멋진 산수 열렸네. 中闢好山水.
끝나는 곳에 빼어난 경관 많아, 極處多奇觀,
시내 따라 6~7리 올라가 보네. 緣溪六七里.

---

423 武夷精舍(무이정사): 성리학을 집대성한 주희(朱熹)가 54세 되던 해(1183)에 은병산(隱屛山) 아래에 지은 것으로, 강학과 저술 활동을 했던 곳이다.

424 敦教堂(돈교당): 현 송라면 중산2리(학산마을)에 있었던 학산서원(鶴山書院) 내의 건물 이름이다.

백운대 [白雲臺]
흰 구름 수시로 오가고, 白雲時往還,
적막한 가운데 샘물 소리만. 寂寂但泉響.
도 닦는 나그네 언제 돌아갈까, 道客何年歸,
괜히 오래도록 신선의 꿈 가져보네. 空懷仙夢長.

문수암 [文殊庵]
아침에 푸른 산에 오니, 屨及碧山朝,
바위 아래 집엔 사람 없네. 無人巖下宇.
나는 지금 흥이 나서 왔으니, 我今乘興來,
어찌 닭고기와 기장밥 준비되길 기다리리. 何待具雞黍[425].

내연암 [內延庵]
구름 걸치고 돌 위를 오르며, 披雲攀石上,
절경은 깊음을 꺼리지 않네. 佳境不嫌深.
경쇠가 쉬니 푸른 산이 조용하고, 磬歇青山靜,
숲의 금수들은 마음이 즐거워지네. 林禽樂底心.

보현암 [普賢臺]
푸른 절벽은 구름 병풍 열고, 翠壁開雲屏,
이끼 낀 바위는 비단 자리 까네. 苔巖鋪錦席.
신령한 곳 이곳에만 있어, 靈區只在玆,
있는 힘 다해 올라가네. 俱用躋攀力.

견성허 [見性墟]
연화대는 마음 깨달은 것 같고, 蓮臺若悟心,
공든 탑이 어찌 힘을 전하리오. 功塔豈遺力.

425 雞黍(계서): 닭을 잡고 기장밥을 준비함을 말하는데, 정중하게 예를 갖춰 손님을 대접하는 것을 말한다.

공상의 세계에서 물거품을 묻고,	幻界問泡花,
언제 앉아서 벽을 보았던가.	何年坐觀壁.

운주봉 [雲注峯]

비운 마음 속세에 물들지 않고,	虛襟不染塵,
공경하게 씻고 청산을 대하네.	肅灑靑山對.
겹겹의 무심한 구름은,	幾疊無心雲,
늘 어렴풋이 푸르름을 쌓아가네.	隱然常積翠.

용추 [龍湫]

용의 기운이 마른하늘에 우박 부르니,	龍氣晴雹掣,
칼날 꽂힌 바위의 모습이 열리네.	巖容揷釰開.
빈산에 내리는 밤비에,	空山中夜雨,
몇 번이나 나는 샘물에 왔던가.	幾度飛泉來.

구석 [龜石]

오래된 돌 모서리 거북 같고,	全龜老石稜,
한 부분은 산에 기대 푸르네.	一片依山碧.
낙수(洛水)에 남아 하늘의 몸 되었건만,	留洛[426]後天身,
이 사실 아는 이 없네.	無人此理識.

비하대 [飛下臺]

천 척의 비하대,	飛下臺千尺,
아직 돌 가운데에 미치지 못했네.	石心猶未央[427].
누가 웅장한 필치로 지을 수 있나,	疇能健筆題,
좋은 이름 바르게 내려주시네.	肇錫芳名香.

426 留洛(유락): 낙수(洛水)에 남았다는 의미이다. 이곳에서는 우(禹) 임금이 홍수를 다스릴 때 낙수에서 거북이가 문양을 등에 지고 나왔다는 전설을 말하는 것이 아닌가 싶다.

427 未央(미앙): 아직 반에도 다다르지 못했음을 말한다.

사암 [獅巖]

크고 굳은 돌 겹겹 구름에 의지하고, 磅礴[428]依雲重,
가파르고 높아 가벼운 달 위에 섰네. 崢嶸立月輕.
산이 울리고 골짝은 해와 호응하니, 山鳴谷應日,
낭랑한 울음소리 낼 수 있네. 能吼瑲然聲.

158 내연산 [內延山]

남병인(南秉仁; 1817~1874)[429] 《노산문집(老山文集)》(권1)

시냇가에 뚫은 길 가파르고, 溪行石鑿路崎嶇,
하늘이 만든 기이함과 가파름 세상에 둘도 없네. 天作奇危絶世無.
생황이 빽빽이 서 있고 푸름이 옥을 깎으며, 簇立笙簧靑削玉,
하얀 빙설은 거꾸로 흘러 호수를 나누었네. 倒流氷雪白分湖.
항상 구름과 비로 고금이 흐릿하여, 恒雲恒雨迷今古,
집과 당처럼 온 그림을 다 그렸네. 如屋如堂盡畵圖[430].
열일곱 번 도는 낭떠러지와 겹겹의 고갯길에, 十七回厓重嶺路,
먼저 귀한 거울 남겨 이름난 곳 지켰네. 先留寶鏡鎭名區.

---

428 磅礴(방박): 돌이 크고 단단함을 말한다.

429 南秉仁(남병인): 조선 후기의 학자이다. 본관은 영양(英陽)이다. 자는 이언(彝彦)이고, 호는 노산(老山)이다. 부친은 남계운(南繼運)이다. 류치명(柳致明)을 사사했고, 이돈우(李敦宇)·유치엄(柳致儼)·김흥락(金興洛) 등과 교유했다. 문집으로는 《노산문집(老山文集)》이 있다.

430 畵圖(화도): 여러 종류의 그림을 통틀어 이르는 말이다.

159 별제 김희영과 보경사에 가서, 내연폭포를 보며 [與金別提[431]熙永往寶慶寺[432], 觀內延瀑布]

손영로(孫永老; 1820~1891) 《목서집(木西集)》(권1)

불편한 험한 돌길 걷고, 石逕艱難步不寧,
빼어난 경관 따라 절 마당까지 왔네. 只緣奇觀到禪庭.
누가 돌아가서 순 임금의 전 지을 수 있겠고, 誰能歸作重瞳[433]傳,
그저 아홉 폭 병풍에 옮겨 모사할 뿐이라네. 秖合移摹九疊屛.
가파른 모습 허공에 걸려 범과 표범이 근심하고, 急勢懸空愁虎豹,
돌 부딪치는 요란한 소리에 우레와 천둥이 다투네. 轟聲撞石鬪雷霆.
나그네의 지팡이와 신발은 나아가기 어렵고, 遊人笻屐難爲進,
가까운 곳도 눈과 귀가 아찔하지 않음이 없네. 尺地誰非眩視聽.

160 내연산의 세 폭포 [內延三瀑]

이규일(李圭日; 1826~1904) 《사류재선생문집(四留齋先生文集)》(권1)

우리나라 동쪽 산수는 이름난 곳이 몇 곳인데, 吾東山水數名區,
폭포 하나에 세 개의 기관은 세상에 없다네. 一瀑三奇世絶無.
차가운 의천검의 빛 얼마나 늠름한가, 倚天[434]寒劒光何凜,
남다른 곳의 긴 무지개 그 세 외롭지 않네. 特地長虹勢不孤.
높은 바위 쳐서 깨뜨리니 꿈꾸던 학 놀라고, 撞破穹巖驚鶴夢,

431 別提(별제): 조선 시대의 정육품(正六品) 또는 종육품(從六品)에 해당하는 관리이다. 형조(刑曹)·호조(戶曹)·교서관(校書館)·상의원(尙衣院)·군기시(軍器寺)·예빈시(禮賓寺) 등의 관청에 각각 한 명이나 두 명이 속해있었다.

432 寶慶寺(보경사): 이곳의 '보경사'는 '보경사(寶鏡寺)'가 되어야 한다. 음이 같아서 필사과정에서 오류가 있었던 것으로 보인다.

433 重瞳(중동): 눈에 동자(瞳子)가 두 개 있는 것을 말한다. 전설에 의하면 순(舜)임금이 눈동자가 두 개였다고 한다.

434 倚天(의천): 검(劍) 이름으로, 의천장검(倚天長劍)이라고도 한다. 하늘가에 기대 놓은 상상 속의 긴 검이다.

먼바다로 세차게 내달리며 큰 뜻 일으키네.　狂奔遙海激鵬圖[435].
맑은 하늘의 대낮에 우레와 천둥 울리니,　晴天白日雷霆動,
잠룡이 늘 노하며 부르짖는 듯.　覺是潛龍常怒呼.

161　내연산에서 노닐다 읊으며 [遊內延山吟]

이관영(李觀永; 1839~?)[436] 《소우재문집(踈迂齋文集)》(권1)

우뚝 솟은 기암 사이로 물 콸콸 흐르고,　矗矗奇巖濊濊[437]流,
하늘이 아껴서 남기니 도인들이 노니네.　天慳留作道人遊.
돌아가는 승려의 지팡이 소리 숲 가에 울리고,　歸僧錫杖[438]林端響,
취객의 글 짓는 붓은 돌 위에 머무네.　醉客詩毫石面留.
발아래 험한 산길은 촉 땅 가는 길 같고,　脚下崎嶇猶蜀道[439],
눈앞의 풍광은 이상향인 단구인가 싶네.　眼前光景訝丹邱[440].
이름난 곳의 이번 모임 쉽지 않음을 아니,　名區此會識非易,
시 잘 읊는 이 사람에게는 더욱 소중하네.　何況斯人又善謳.

---

435 鵬圖(붕도): 한없이 큰 계획이나 희망을 말한다.

436 李觀永(이관영): 조선 후기의 학자이다. 본관은 전주(全州)이다. 자는 국여(國汝)이다. 부친은 통훈대부(通訓大夫) 이정모(李鼎模)이다. 고종(高宗) 10년(1873) 계유(癸酉) 식년시(式年試)에 생원 3등(三等)으로 급제했다. 문집으로는 《소우재문집(踈迂齋文集)》이 있다.

437 濊濊(괵괵): 물 흐르는 소리를 말한다.

438 錫杖(석장): 승려들이 짚고 다니는 지팡이를 말한다.

439 蜀道(촉도): 중국 사천성(四川省)으로 통하는 험한 길을 말한다. 당나라의 대시인 이백(李白)의 시 《촉도난(蜀道難)》으로 유명하다.

440 丹邱(단구): 바다 한가운데 있다는 이상향을 말한다.

162 용추 [龍湫]

이관영(李觀永; 1839~?) 《소우재문집(疎迂齋文集)》(권1)

거대한 신령이 그윽한 두 산으로 쪼개니,	巨靈劈破兩山幽,
백 척의 무지개빛 북두와 견우성을 비춘다.	百尺虹光射斗牛.
여산의 폭포 장엄하다고 말하지 마시게,	休道廬山瀑布壯,
내연의 용추와 함께 다투어야 할 것이라네.	也應爭似內延湫.

163 내연폭포 [內延瀑沛] 청하(淸河)

이진구(李震久; 1840~1911) 《석송당유고(石松堂遺稿)》(권1)

폭포의 미친 물결 곧장 동으로 가고,	瀑布狂瀾直走東,
천 척의 은하수 하늘에서 떨어지네.	銀河千尺落空中.
돌 모서리 마구 치니 서리와 눈 날리고,	石稜橫激飛霜雪,
바윗가로 서로 흘러드니 무지개 걸리네.	巖角互流掛蠕蝀.
온 골짝이 벼락이 치는 듯 요란하고,	萬壑騷喧聲霹靂.
뭇 냇가 노래를 연주하듯 웅장하네.	百川呿嗒律商宮[441].
옆 사람은 세속의 일 말하지 말고,	傍人莫說塵間事,
청산에 일임하여 물소리 들어보시라.	一任靑山得水聲.

441 商宮(상궁): 궁상(宮商)으로, 오음(五音) 가운데 궁(宮)과 상(商)의 소리를 말한다. 일반적으로 음률(音律)을 가리키는 말로 쓰인다.

164 대비암에서 동봉상인의 선좌에 묵으며 [大悲庵宿東峰上人禪座]

김두석(金斗錫; 1857~1935) 《여암유집(旅菴遺集)》(권1)

바위는 일천 년 고찰을 이고,	石戴一千年古寺,
산은 삼십 리 긴 계곡을 머금었네.	山啣三十里長溪.
고승들 다투어 가사 입고 앉아,	高僧爭着袈裟[442]坐,
서쪽으로 여섯 글자 진언 읽고 읽네.	六字眞言念念西.

165 내연산에 들어가 폭포수가 날리는 벽에 시를 지으며 [入內延題飛瀑壁上]

류시봉(柳時鳳; 1869~1951) 《외산문집(畏山文集)》(권1)

험한 길 끝난 청정의 세계에는,	崎嶇經盡界澄淸,
비류가 눈 가득하고 속세의 귀를 놀라게 하네.	滿眼飛流俗耳驚.
멀리서 보니 흩어진 우박이 하늘에서 내려오고.	遙看散雹從天降,
가까이는 마른날 천둥이 땅 움직이는 울림 깨닫네.	近覺晴雷動地鳴.
만천 년 동안 용이 가도 별일이 없었건만,	萬千年去龍無恙,
삼백 리 온 나그네에게는 정이 생기네.	三百里來客有情.
지팡이 짚고 돌아갈 땐 석양 다했다고 알리지 말라,	歸笻莫報斜陽盡,
일찍이 선가의 불야성 빌렸다오.	早借仙家不夜城[443].

442 袈裟(가사): 승려가 입는 법의를 말한다.

443 불야성(不夜城): 원의는 옛날 한나라 동래군 불야현(不夜縣)에 불야성(不夜城)이란 성이 있었는데, 이곳은 밤에도 해가 지질 않아서 온 성내가 환히 밝았다고 한다. 후에 등불이나 네온사인 등이 환하게 켜져 있어서 밤중에도 대낮같이 환하고 번화한 곳을 가리킨다.

166 내연폭포 [內延瀑布]

남붕(南鵬; 1870~1933)[444] 《해주소언(海洲素言)》(권1)

내연의 빼어난 경관은 우리 동쪽에서 으뜸, 內延形勝擅吾東,
삼십 년 만에 오늘 지팡이 하나에 의지하네. 三十年今倚一笻.
석실 가운데는 나그네 의자 받아들이고, 石室中通容客榻,
비류는 위로 구름 떨어지는 봉우리에 걸렸네. 飛流上掛落雲峰,
깊은 숲은 속세의 번잡함에 물들지 않고, 深林不染人間累,
오묘한 곳의 조물주 공력 말로 표현할 수 없네. 妙處難言造化功.
티끌 같은 마음을 반이라고 끊고자, 待得塵機休一半,
가져온 철적으로 긴 바람 노래해보네. 携來鐵笛[445]弄長風.

167 내연폭포 [內延瀑布]

장태흠(張泰欽; 1871~1940)[446] 《복재문집(復齋文集)》(권1)

묻노니 절벽 위의 영지는 얼마나 되었나, 壁上靈芝問幾年,
이번 길에 가장 깊은 곳 찾아보네. 今行爲訪最深邊.
나아가니 대낮에 천둥과 빗소리 들리고, 卽聞白日鳴雷雨,
갑자기 푸른 하늘에 연무 뿜는 것 보이네. 忽見靑天噴霧煙.
옛날에 용은 날아갔으니 무슨 종적이 있겠고, 龍昔飛何疑有跡,
이곳엔 노닌 신선과 인연 없음이 한스럽네. 僊曾遊此恨無緣.

444 南鵬(남붕): 조선 후기의 유학자이다. 본관은 영양(英陽)이다. 자는 운로(雲路)이고, 호는 해주(海洲)이다. 어려서 조부 암월헌(巖月軒) 남효달(南孝達; 1816~1900)에게 수학했다. 경서와 성리학 서적을 깊이 탐독했다. 근대 중국의 인물들과도 서신을 주고받으며 교유했다. 저술로는 《해주소언(海洲素言)》 등이 있다.

445 鐵笛(철적): 우리나라 고유의 관악기로, 단단한 나무로 만든 관에 여덟 개의 구멍이 있다. 아래 끝에는 깔때기꼴로 된 놋쇠를 대고 부리에는 갈대로 만든 혀를 끼워서 분다.

446 張泰欽(장태흠): 일제강점기 때의 학자이다. 자(字)는 윤중(允中)이고, 호(號)는 취연(翠淵)이다. 장호(張鎬)의 5대손이다. 어려서 영민하여 일찍부터 학문을 닦았다. 면우(俛宇) 곽종석(郭鍾錫)과 회당(晦堂) 장석영(張錫英) 문하에서 수학했다. 문집으로는 《복재문집(復齋文集)》이 있다.

반 허공을 오르다 보니 가슴이 후련해지고, 半空躡足胸襟滌,
평지로 돌아오니 뜻이 탁 트이네. 平地歸來意爽然.

168 내연산 [內延山]

권석찬(權錫瓚; 1873~1957) 《시암집(是巖集)》(권1)

깎아지른 절벽 따라 아슬아슬 건너가고, 緣崖拌壁涉危行,
신령한 곳에선 걸음걸이 가볍네. 爲是仙區步屧輕.
푸른 기운 이는 그림 같은 경관 하늘빛과 이어지고, 靑嵐畵景連天色,
대낮에도 땅 흔드는 듯한 우렁찬 소릴 내네. 白日轟雷動地聲.
용은 아홉 굽이를 머금어 옥 같은 물줄기 뿌리고, 龍含九曲瓊流散,
학 떠난 곳엔 천 년 동안 돌 말뚝 가로놓였네. 鶴去千年石架橫.
동남지역에 빼어난 곳 없는 것 아니지만, 東南勝槪非無地,
여기 와서야 모든 것 모아놓았음을 알겠네. 到此方知合大成.

169~170 내연산을 바라보며 [望內延山]

박재헌(朴載憲; 1875~1926)[447] 《도산집(道山集)》(권2)

남쪽 고을 사람들 내연 폭포를 말하고, 南州人說內延瀑,
관리의 깃발은 산문에서 멈추었네. 征旆[448]山門爲一停.

447 朴載憲(박재헌): 조선 후기의 유학자이다. 본관은 무안(務安)이다. 자는 국빈(國斌)이고, 호는 도산(道山)이다. 12~3세에 사서오경에 통달했고, 21세에 서산(西山) 김흥락(金興洛; 1827년~1899)에게 수학했다. 효성과 우애가 독실하여 종친과 친척들로부터 높은 평가를 받았다. 방산(舫山) 허훈(許薰)·수재(修齋) 류정호(柳廷鎬) 등과 교유했다. 저술로는 《도산집(道山集)》이 있다.

448 征旆(정패): 옛날 고위 관리가 길을 떠날 때 세운 깃발을 말한다.

은하 같은 잘 지은 사구 아직 짓지 못했으니, 傑句銀河[449]題未得,
원숭이와 학이 무정하다 원망하겠음을 알겠네. 應知猿鶴恨無情.

선열대와 문수암은 어디쯤 있나, 禪悅文殊在何許,
지팡이로 멀리 백운 사이를 가리키네. 短笻遙指白雲間.
게을러 신선과 인연 없음이 가련하니, 疎慵可愧無仙分,
이경산에게 산가지 하나 주네. 輸與一籌李敬山.

경산 세경은 호가 세경인데, 일찍이 한 번 유력한 적이 있어 말한 것이다(敬山世卿號世敬, 曾一遊歷故云)

171 내연산 용추 [內延龍湫]

박재헌(朴載憲; 1875~1926) 《도산집(道山集)》(권2)

우리나라 동쪽의 용문을 열었으니, 鑿一龍門鰈域[450]東,
신묘한 공은 우 임금의 공에 비견되네. 神功較却禹功同.
은하가 떨어지는 모습은 하늘과 이어지고, 銀河勢落連天白,
창해의 중간이 잠기니 붉은 해가 목욕하네. 滄海心涵浴日紅.
노을 노인의 문장은 명구를 남기고, 霞老文章留傑句,
거북 노인의 신발은 고풍을 우러러보네. 龜翁仙舃仰高風.
옆 사람은 금강산이 빼어나다 말하지 마시라, 傍人莫道金剛勝,
폭포의 온갖 신비한 근원 모두 여기 있다네. 萬瀑靈源在此中.

449 銀河(은하): 이백(李白)의 《여산 폭포를 바라보며(望廬山瀑布)》에 나오는 '은하(銀河)'를 말하는 것이 아닌가 싶다. 이 시에서 이백은 폭포수가 내려오는 것을 은하수에서 별이 떨어진 것으로 묘사하고 있는데, 이 구절은 후인들에 의해 역대로 폭포를 노래한 최고의 구절로 손꼽힌다.
450 鰈域(접역): 가자미 모양으로 생긴 지역 또는 가자미가 많이 나는 곳이라고 하여 한때 우리나라를 이르던 말이다.

172 연일군 연산폭포 [延日郡連山瀑布[451]]

옛 청하군 송라면 보경사 뒤쪽에 있다(在舊淸河郡松羅面寶鏡寺後)

이현직(李鉉稷; 1881~1968) 《죽일유고(竹逸遺稿)》(권1)

훌륭한 절과 빼어난 경관 이 고장에 있어,	寶庵勝景在玆洲,
백 척 무성한 숲 사이로 폭포 하나 흐르네.	百尺叢間一瀑流.
신선이 된 듯 가파른 사다리 다시 올라,	危梯更登如羽化,
맑은 냇가를 내려 보니 물고기 노니네.	晴川俯瞰[452]或漁遊.
남긴 이름 거의 사라지고 사람 어디 있나,	題名[453]幾沒人何在,
오늘 흥을 찾아오니 내 생각 아득해지네.	探興今來我思悠.
하늘 걸린 샘에서 으뜸의 활력수 만드니,	天作懸泉元活水[454],
신령한 이곳 의당 남쪽 고을의 으뜸이리.	靈區是宜擅南州.

173 내연폭포에 올라 [登內延瀑布]

이은우(李殷雨; 1893~1965) 《송람일고(松嵐逸稿)》

앞사람들 이곳 찾지 않은 것 한스러운데,	恨未前人訪此間,
고금에서 가장 빼어난 것은 여산 뿐이네.	古今奇絶獨廬山.
물 모여 돌아 흐르는 곳엔 용이 꼬릴 뒤집고,	渟洄滀處龍翻尾,
오랫동안 돌을 갈고 씻어 깨끗하네.	磨洗多年石潔顔,
사계절 계속 내리는 비에 개인 날 없고,	紛雨四時無霽日,
얼마나 많은 관리 지나며 절벽에 이름 썼나.	題名半壁幾過官.
세차게 흘러가는 길은 결국 깊은 바다이겠고,	奔流去路終深海,
근원 찾아 다시 골짜기로 돌아오려 하겠지.	肯作尋源復峽還.

---

451 連山瀑布(연산폭포): 연산폭포(延山瀑布)가 되어야 할 것으로 보인다.

452 俯瞰(부감): 높은 곳에서 내려 보는 것을 말한다.

453 題名(제명): 명승지에 자신의 이름을 기록하는 것을 말한다.

454 活水(활수): 흐르거나 솟아올라 움직이는 물을 말한다.

174 내연폭포를 노래하며 [題內延瀑布]

이병연(李秉延; 1894~1977) 《조선환여승람(朝鮮寰輿勝覽)》(42쪽)

천 척 공중에서 떨어지는 만 말의 구슬,	千尺掛空萬斛珠,
고개 동쪽의 좋은 경치가 하늘가 차지해.	嶺東形勝占天樞.
방자한 욕심을 피하려는 뜻으로 온다면,	縱生肆慾移來意,
군자는 이곳에서 한참 망설일 수 있으리.	君子於斯深可躕.

175 내연폭포 [內延瀑布]

박곤복(朴坤復; 1896~1948) 《고암문집(古庵文集)》(권1)

하루도 빠짐없이 바삐 세차게 흐르니 ,	奔流無日不爲忙,
바람과 구름이 크게 일어나는 곳이라네.	疑是風雲大起場.
산신령을 꾸짖고 다투어 옥을 깨며,	怒叱山靈爭碎玉,
용의 자식을 호령하여 서리 마구 뿜네.	號令龍子亂噴霜.
만고에 있어 와 천 척 높이에서 사니,	萬古有生千尺活,
사방이 족히 원류의 보장이라 할 만하네.	四圍堪足一源藏.
그대 의지해 선계에서 자리 얻었으니,	賴渠占得仙區位,
보경을 고귀한 이름이라 해도 무방하리.	寶鏡高名也不妨.

176 폭포를 보고 돌아가는 길에 [觀瀑歸路]

박곤복(朴坤復; 1896~1948) 《고암문집(古庵文集)》(권1)

내 나태함 다잡으니 호탕한 마음 생기고,	起吾懶散氣生豪,
폭포는 길고 바위는 높네.	瀑以其長巖以高.
등나무 따라 길 되니 발 디딜 만하고,	緣藤爲路堪容足,
돌 쌓여 된 산은 대부분 불모의 땅이네.	累石成山多不毛.
비 뿌리는 용추는 전체가 신비롭고,	噴雨湫龍全體秘,

사람 피하는 구름 속 새는 갖은 모습으로 달아나네. 避人雲鳥百形逃.
입 벌린 골짜기는 문이 없는 세계, 唅呀[455]一谷無関世,
골짝 밖의 바람과 조수 뜻대로 물결치누나. 洞外風潮任自濤.

기문(記文)

유내연산기 [遊內延山記]

성대중(成大中; 1732~1812) 《청성집(靑城集)》(권6)

계묘년(1783) 중추(음력 8월), 관찰사 이병모(李秉模; 1742~1806) 공을 따라 청하의 내연산에 들어갔다. 당시 관찰사 이 공께서는 관내를 순시하다 지나가는 길이었다. 산 입구에는 학산서원(鶴山書院)이 있다. 이곳은 문원공(文元公) 회재(晦齋) 이언적(李彦迪) 선생을 제사 지내는 곳이다. 말에서 내려 경건한 마음으로 지나서 보경사에 이르렀다. (보경사는) 한(漢) 명제(明帝) 때 창건했고, 한때 53개의 암자가 있었다고 전한다. 지금은 거의 사라졌으나 아직도 영남의 거찰로 불린다. 고려의 원진국사(圓眞國師) 비가 있는데, 이공로(李公老)가 지었다. 빗돌은 떨어져 나가고 이끼에 잠식되어 글자의 반은 판독할 수 없다.

가마를 타고 계곡을 따라 올라가니, 용추(龍湫)로 알려진 곳을 보았다. 절에서 10리 남짓 떨어진 곳이었다. 돌길을 여섯 일곱 번 꺾으니, 길이 가팔라져 가마꾼이 반밖에 지날 수 없었다. 길도 수시로 끊어져 잔교(棧橋)를 이어놓았다. 절벽은 가파르고 계곡의 물은 내달렸으며, 흩어지는 여울물이 세차게 쏟아졌다. 폭포라고 할 만한 것이 열 곳을 넘었다. 용추에 이르러 사다리를 타고 올라 옆걸음으로 경사진 벼랑을 지나서 위험한 곳을 밟고 보니, 비로소 장관이 펼쳐졌다. 거꾸로

---

455 唅呀(함하): 크게 입을 벌리는 것을 말한다.

걸린 수십 길의 폭포수가 날아서 마구 쏟아지며, 돌에 부딪쳐 춤을 추고 우박이 튀고 눈이 비상하는 것 같았다. 폭포수는 내달려 바로 못이 되었다. 치솟은 석벽이 주위를 감싸고, 새어든 햇살이 그 가운데로 뚫고 지나가니, 그윽하고 검푸르러 함부로 대할 수 없었다. 그곳에 신령한 것이 숨어 있는 것 같았다.

남쪽에는 학소대(鶴巢臺; 지금의 비하대)가 있는데, 오싹한 돌기둥이 하늘을 찌르고 사방이 깎아질렀으나 위는 평평하여 유람객들이 간혹 들르기도 한다. 벼랑 틈의 지름길로 산꼭대기로 올라가면 대비암이 나온다. 명승 의민(毅旻) 스님이 이곳에 머무셨으나 연로하고 병이 있어 산을 내려올 수 없었다. 나 역시 위험한 관계로 갈 수 없었다. 암자의 오른쪽에는 계조암이 있고, 그 위가 내원(內院)이다.

계곡물을 거슬러 올라가면 첫번째 폭포가 나온다. 기세는 아래 폭포보다 못하지만 점잖은 모습은 아래 폭포보다 낫다. 돌문은 옆이 열려 있고, 사람의 발자취가 드물다. 민가 열 몇 집이 계곡 가에 있다. 마을의 닭이 울고 개가 짖는 소리가 《도화원기(桃花源記)》 속의 마을과 닮았다. 이곳은 내연산의 가장 깊은 곳이다. 예로부터 말한 '복지동천(福地洞天)'이라 할 만하다. 가을 기운이 좋고 다리가 튼튼하면 꼭 그곳에 한번 가볼 생각이다. 또 그 위에는 삼동석(三動石) 고개가 있는데, 이 역시 사람들이 볼만하다고 한다. 귀석(龜石)·무풍계(無風溪)·낙하교(落霞橋)·한산대(寒山臺)·습득대(拾得臺)·기화대(妓花臺)는 (사명당(四溟堂)) 유정대사(惟政大師)의 기록(《금당탑기》)에 있으나 지금은 절의 스님 중에서도 아는 사람이 드물다.

내연산은 예로부터 물과 돌로 유명하나, 봉우리는 그렇게 기이하고 특별하지 않다. 그러나 밝고 빼어난 기운이 허공을 비추고 에워싸서 족히 사람의 마음을 고취하니, 실로 명산이라고 할 수 있다.

밤에 암자의 선방에 묵으니 별과 달빛이 산에 가득했다. 새벽에는 비가 조금 내렸다. 다음날, 관찰사 이 공은 영덕으로 길을 나섰고, 나는 흥해 관아로 돌아왔다.

(癸卯仲秋, 從按察李公, 入淸河之內延山. 按察公時以行部過也. 山口有鶴山書院, 晦齋李文元公俎豆所也. 下馬肅容而過, 至寶鏡寺. 漢明帝時所刱, 云舊有五十三菴. 今幾盡廢而猶稱嶺左巨刹. 有高麗圓眞國師碑, 李公老製, 而石剝苔蝕, 字半不可辨. 肩輿循溪而上, 觀所謂龍湫者, 距寺財十里. 歷石磴六七折, 峻仄不容輿者半之. 往往徑絶, 續之以棧. 崖蹙溪駛, 崩湍激瀉, 以瀑名者十餘. 而及至乎湫則攀梯而升, 側足敧厓, 蹈危而觀始壯矣. 瀑流倒掛十數丈, 飛潨注射, 觸石而舞, 雹跳雪翔, 驅而卽潭. 峻壁環擁, 漏景中穿, 窈冥黲黑, 不可狎視. 蓋有神物伏焉. 南有鶴巢臺, 竦石摩霄, 四削而上夷, 遊者或至焉. 徑崖罅躋山頂, 則大悲菴在焉. 名僧毅旻者居之, 而老病不能下山. 余亦憚險不得往. 菴之右有繼祖菴, 其上則內院也. 泝澗而上, 得第一湫. 氣勢遜於下湫而窈窕勝之. 石門旁開, 劣通人蹊, 氓戶十數家, 臨澗而居. 村落雞犬, 彷彿桃花源記. 是爲內延之奧. 殆古所謂福地洞天者歟. 秋高脚健, 會當一至其所. 又其上則三動石峙焉, 亦詭觀云. 龜石,無風溪,落霞橋,寒山臺,拾得臺,妓花臺, 具在惟政大師記, 而今則寺僧亦少知者. 山故以水石稱, 峰巒不甚奇雋. 而明秀之氣, 映帶空冥, 有足聳發人者, 信其爲名山也. 夜宿禪寮, 星月滿山. 曉少雨. 翌日, 按察公向盈德路, 余還興海官次.)

보경사(寶鏡寺) 관련 시

보경사는 신라 진평왕(眞平王) 25년(602) 진(陳)나라에서 유학한 대덕(大德) 지명(智明)에 의해 창건되었다. 지명은 왕에게 진나라에서 유학하고 있을 때 어떤 도인으로부터 받은 팔면보경(八面寶鏡)을 묻고 동해안의 명산을 찾아 그 위에 불당을 세우면 왜구의 침입을 막고 이웃 나라의 침략을 받지 않으며 삼국을 통일할 수 있을 것이라 말했다. 왕이 기뻐하며 그와 함께 동해안 북쪽 해안을 거슬러 올라가다가 해아현(海阿縣; 지금의 청하면)의 내연산 아래에 있는 큰 못 속에 팔면보경을 묻고 못을 메워 금당(金堂)을 세운 뒤 보경사라고 했다.

성덕왕 22년(723)에는 각인(覺仁)과 문원(文遠)이 "절이 있으니 탑이 없을 수 없다." 라고 하며, 시주를 얻어 금당 앞에 오층석탑을 조성했다. 경덕왕 4년(745)에는 철민(哲敏)이 중창했고, 고려 고종 1년(1214)에는 주지 승형(承逈) 원진국사(圓眞國師)가 승방 4동과 정문 등을 중수했다. 조선 숙종 3년(1677)에는 도인(道仁) 등이 중창 불사를 시작하여 1695년 가을에 준공하고, 삼존불상과 영산전(靈山殿)의 후불탱화도 조성했다. 이때 초한(草閑)이 시주를 얻어 금당을 중건했다. 관음전은 도의(道儀)가, 명부전은 석일(釋一)이, 응향전(凝香殿)은 국헌(國軒)이, 향적전(香積殿)과 국사전(國師殿)은 학열(學悅)이, 열반당은 신특(信特)이, 국사전 정문과 사천왕각 및 식당은 비구니 총지(摠持)와 신원(信遠)이, 팔상전은 지총(志聰)이, 종각은 영원(靈遠)이 각기 분담하여 중건 내지 중수했다. 이와 동시에 도인은 청련암(靑蓮庵)을 창건했고, 탁근(卓根)은 서운암(瑞雲庵)을 창건했다. 영조 1년(1725) 성희(性熙)와 관신(寬信)이 명부전을 이건하고 단청했으며, 성희는 괘불을 중수했다. 이때의 사세가 가장 컸다.

1916년부터 1922년까지는 장욱(壯旭)이 사재를 출연하여 전당(殿堂)과 탑을 중수하면서 홍수로 파손된 제방을 쌓았으며, 교량을 시설하고 전답을 사찰에 헌납했다. 1917년 10월에는 태인(泰仁)이 명부전을 중수했고, 1932년에는 대웅전과 상지전(上持殿)을 중수했으며, 1975년 이후 약간의 단청 불사를 거쳐 오늘에 이르고 있다.

현존하는 당우로는 비로자나불과 문수보살·보현보살을 모신 대적광전, 석가모니불을 모신 대웅전, 석가모니불을 중심으로 좌우에 사자를 탄 문수와 코끼리를 탄 보현보살, 열여섯 나한 등을 배열한 영산전, 석가모니의 팔상시현(八相示顯)을 나타낸 팔상전이 있다. 이외에도 명부전·산신각·원진각(圓眞閣)·일로향각(一爐香閣)·동로각(東爐閣)·누각·수월당(水月堂)·천왕문·일주문·원진국사비각·설산당비각(雪山堂碑閣) 등이 있다.

중요문화재로는 보물 제252호로 지정된 보경사원진국사비와 보물 제430호로 지정된 보경사승탑, 숙종이 이곳의 12폭포를 유람하고 그 풍경의 아름다움에 시를 지어 남겼다는 어필의 각판, 경상북도 유형문화재 제203호로 지정된 오층석탑, 경상북도 기념물 제11호로 지정된 탱자나무 등이 있고, 승탑으로는 동봉(東峯)·청심당(淸心堂)·심진당(心眞堂) 등 11기가 있다.

현존하는 산내 암자로는 동쪽 50m 지점의 청련암과 서쪽 100여m 지점의 서운암, 보경사 창건과 동시에 건립되었다는 문수암(文殊庵)과 보현암(普賢庵) 등이 있고, 절 주변에는 상태사(常泰寺)·성도암(成道庵)·계조암(繼祖庵)·내원암(內院庵)·대비암(大悲庵) 등의 유지도 있다.

보경사는 내연산과 더불어 우리 지역에서 시가 가장 많이 지어진 곳이다. 많은 문인들이 내연산을 유람할 때 보경사에 들러 시를 남겼다. 본편이 수집한 시로 보면 보경사 관련 시는 1600년대부터 1900년대 초중반까지 꾸준히 지어졌음을 알 수 있다. 시의 내용은 유학을 공부한 사람으로서 사찰에 온 느낌, 절에서 느끼는 세속의 번뇌와 고민, 이곳의 스님과 대화, 세속과 단절된 별천지에 왔다는 것에 대한 감회 등이 진지하게 시에 반영되어있다. 보경사 관련 시들은 보경사의 역사적 인문학적 가치를 잘 보여주는 귀한 자료이자 포항시의 문화유산이라고 할 수 있다.

1 갑진년(1604) 2월, 청하현 보경사에서 지으며 [甲辰二月, 淸河縣寶敬寺作][456]

홍이상(洪履祥; 1549~1615)[457]

봄 호수 위 그늘엔 한기 서렸고, 湖上春陰帶小寒,
아득한 누대는 끝없이 이어졌네. 樓臺縹渺有無間.
풍류와 빼어난 경관은 아낄 만하니, 風流勝賞還堪惜,
초하루 달 뜨니 다시 봐야겠네. 新月初昇要再看.

2~4 보경사에서 문수대로 들어가며 [自寶鏡寺入文殊臺]

황여일(黃汝一; 1556~1623) 《해월선생문집(海月先生文集)》(권1)

드넓은 하늘엔 귀한 거울 걸렸고, 玄天掛寶鏡,
위로 흰 구름 지나는 길이 있네. 上有白雲逕.
진경 찾는 것 사탕수수 먹는 것 같아, 尋眞如啖蔗,
가고 가니 절경이 조금씩 다가오네. 去去漸佳境.

향기로운 계수나무엔 좋은 향기 떨어지고, 露桂落天香,
바람 부는 샘물엔 물 흐르는 소리 흩어지네. 風泉散巖響.
우뚝한 제일의 대는, 岧嶢第一臺,
보라빛 노을을 기쁘게 감상할 수 있게 하네. 欣我紫霞賞.

만물이 바뀔 때를 아득히 보고자, 冥觀萬化初,

---

456 이 시는 《일월향지(日月鄕誌)》에 《제원진루(題圓眞樓)》로 되어있다.

457 洪履祥(홍이상): 조선 중기의 문신이다. 본관은 풍산(豊山)이다. 자는 군서(君瑞) 또는 원례(元禮)이고, 호는 모당(慕堂)이다. 조부는 증좌승지 홍세경(洪世敬)이고, 부친은 부사직 홍수(洪修)이다. 선조 6년(1573) 사마시를 거쳐 1579년 식년 문과에 갑과로 장원급제했다. 이후 이조참의·대사성· 대사헌 등을 역임했다. 1612년 이이첨(李爾瞻)과 정인홍(鄭仁弘)의 일파에게 밀려나 개성유후사유후(開城留後司留後)로 좌천된 뒤 그곳에서 세상을 떠났다. 저서로는 《모당유고(慕堂遺稿)》가 있다.

홀로 뭇 봉우리 위에 서보네.　　獨立千峯上.
내가 이곳을 오르지 않으면,　　倘我不登玆,
어찌 천지의 광대함을 알리오.　　安知天地曠.

5 보경사에서 우연히 읊으며 [寶鏡寺偶吟]

류숙(柳潚; 1564~1636) 《취흘집(醉吃集)》(권3)

단풍 진 숲 모두 지나서 돌의 이끼 밟으니,　　穿盡楓林踏石苔,
산 앞과 뒤는 돌아가며 눈요기로 가득하네.　　山前山後飽看廻.
고승은 만족할 줄 모름에 웃음으로 호응하고,　　高僧應笑不知足,
어제의 나그네는 오늘 또 왔네.　　昨日遊人今又來.

6 청하 보경사 [淸河寶鏡寺]

조경(趙絅; 1586~1669) 《용주선생유고(龍洲先生遺稿)》(권1)

보경사는 이름난 사찰이라,　　寶鏡知名寺,
옛 삼국의 건물이 남아 있네.　　三韓[458]棟宇存.
늙은 승려는 법어 한마디 없고,　　殘僧無法語,
오래된 잣나무는 외로운 절 지키네.　　古柏護孤園.
바위와 산은 짐승과 새로 인해 좁고,　　禽鳥巖巒窄,
해와 달은 등나무 덩굴에 가려 흐리네.　　藤蘿日月昏.
부들자리에 긴긴밤 앉았노라니,　　蒲團坐遙夜,
산 비에 작은 계곡 소란스럽네.　　山雨小溪喧.

458 三韓(삼한): 상고시대(上古時代)에 우리나라 남쪽에 있던 세 나라, 즉 마한(馬韓)·진한(辰韓)·변한(弁韓)을 통틀어 이르는 말이다. 이중 진한과 변한이 지금의 경상도 지역에 해당한다.

7 보경사에서 영해와 영덕 두 태수를 삼가 초청하여 [寶鏡寺, 奉邀寧盈二太守]

심동구(沈東龜; 1594~1660) 《청봉집(晴峯集)》(권1)

호수와 바다의 바람과 연무에서 만 리를 달린 몸, 湖海風烟萬里身,
남쪽으로 와도 시의 소재는 아직 떨어지지 않았네. 南來詩料未全貧.
산문은 가을 구름에 가려지지 않아, 山門不遣秋雲蔽,
유람객 일으키는 먼지도 허락하네. 更許遊人躡後塵.

8 보경사에서 이익세의 시에 차운하며 [寶鏡寺次李翼世]

신길휘(申吉暉; 1604~1663)[459] 《유헌문집(幽軒文集)》(권1)

강과 산이 그림 같은 곳, 江山如畵處,
단풍은 마침 붉네. 楓葉正酣紅.
빼어난 절임을 알겠고, 領得招提勝,
온 소매엔 시원한 바람 부네. 泠泠滿袖風.

9 저녁에 보경사에 들어와서 [暮入招提]

이채(李埰; 1616~1684) 《몽암집(蒙庵集)》(권2)

해는 구름에 기대어 다하고, 白日依雲沒,
푸른 산은 가까운 바다 가로지르네. 靑山近海橫.
이름난 곳 멀지 않은지, 名區知不遠,
바람이 저녁 종소리 보내주네. 風送暮鍾聲.

459 申吉暉(신길휘): 조선 중기의 학자이다. 본관은 영해(寧海)이다. 자는 휘원(輝遠)이다. 인조(仁祖) 8년(1630) 경오(庚午) 식년시(式年試)에서 진사 2등(二等)으로 급제했다. 문집으로는 《유헌문집(幽軒文集)》이 있다.

10 보경사(寶鏡寺)

이채(李埰; 1616~1684) 《몽암집(蒙庵集)》(권2)

돌고 도는 땅은 하늘에 가깝고,	地廻諸天近,
굽이 굽이진 산의 절은 넓다네.	山回淨界寬.
맑은 물은 돌에 부딪쳐 울리고,	淸流觸石響,
가는 길은 구름 소반에 들어가네.	細逕入雲盤.
좋은 경치는 멋진 구절이 되고,	勝致成佳句,
이름난 지역은 큰 볼거리 충족하네.	名區愜大觀.
선창에 누워도 잠 못드는데,	禪窓臥不寐,
밝은 달 푸른 산 위로 떠네.	明月上蒼巒.

11 보경사 [寶鏡寺]

조비(趙備; 1616~1659) 《계와집(桂窩集)》(권4)

천년 석탑은 금당을 지키고,	千年石塔護金堂,
먼지에 묻힌 오색 불상은 빛나지 않네.	繡佛塵埋不放光.
태수의 행장은 오로지 말 한 필,	太守行裝唯匹馬,
국사의 유적으로 나아가다 길을 잃네.	國師遺蹟卽亡羊[460].
이름난 곳 고려 때의 옛 모습 간직하고,	名區自保前朝舊,
해그림자 짧아 돌아와도 이날은 기네.	短景還從此日長.
선방에서 잠 깨니 탄식이 자주 일고,	睡罷禪樓多感慨,
여운을 끊는 풍경 소리에 처량함만 더해가네.	風鍾斷韻助凄涼.

460 亡羊(망양): 길이 복잡하여 어디로 가야 할지를 모르는 것을 말한다. 양자(楊子)의 이웃집 양(羊)이 도망하여 여러 사람이 뒤쫓아 갔으나 갈림길이 많았기 때문에 마침내는 양을 놓치고 말았다는 고사에서 유래했다.

12 보경사 [寶鏡寺]

조비(趙備; 1616~1659) 《계와집(桂窩集)》(권4)

신성한 곳엔 신선의 자취 머무르기 알맞아,	仙區端合駐仙蹤,
나의 참 인연이니 짧은 지팡이 짚고 나아가네.	老我眞緣卽短筇.
옛 절에 자주 오니 스님들 익숙하고,	古寺頻來僧面熟,
봄의 신령 물러가니 새소리 게을러지네.	東君謝去鳥聲慵.
운하가 골짜기 비추니 눈썹 먹으로 단장하고,	雲霞暎壑粧爲黛,
수놓은 비단 같은 꽃 터져도 꿰맬 수 없네.	錦繡隨流綻不縫.
화창한 봄 경치 쉬이 사라진다 애석해하지 마소,	莫惜韶華容易歇,
향기로운 등나무 은근히 나부끼는 부용 비춘다오.	香藤隱暎揚芙蓉.

13 서운암 고탑 [瑞雲菴古塔][461]

김세익(金世翊; 1634~1698)[462]

동으로 돌아가며 십여 고을을 유력하고,	東迭歷遍十餘州,
왕의 일 위해 달리느라 잠시도 쉬지 못했네.	王事驅馳不暫休.
오늘 새벽에 정숙한 절의 소리 들으니,	今曉初聞肅寺聲,
문득 삼각산(三角山)에서 책 읽던 가을 같네.	怳如三角讀書秋.

461 이 시는 출전이 분명하지 않다. 본편의 시는 박일천(朴一天)의 《일월향지(日月鄕誌)》 〈원조루(圓照樓)〉조에서 발췌했다.

462 金世翊(김세익): 조선 후기의 문신이다. 본관은 안동(安東)이고, 자는 양경(亮卿)이다. 조부는 김낙서(金洛瑞)이고, 부친은 성천부사 김언(金琂)이다. 부친이 병자호란 때 적병과 싸우다가 순절하자 중림찰방(重林察訪)에 기용되어 관계에 나갔다. 1686년 전주판관(全州判官)으로 재임 시 53세의 나이로 정시 문과에 병과로 급제했다. 이후 지평(持平)·경상도관찰사 등을 역임했다. 1698년 경상도관찰사로 재임 시 도내를 순시하던 중 청송에서 세상을 떠났다.

14 보경사 성도암을 노래하며 [題寶鏡寺成道庵]

박기봉(朴岐鳳; 1653~?) 《해은유고(海隱遺稿)》(권1)

성도암 가에 말 타고 와서,	成道庵邊策馬來,
진경 보는 것 좋아하여 천천히 돌아가네.	愛看眞界故遲回.
영단에 가까워지자 스님들의 말씀 들리고,	靈壇漸近聞僧語,
갓 빚은 술 꺼내 나그네에게 잔을 권하시네.	新釀初開勸客杯.
처마는 부상을 대하고 바다의 달을 맞이하며,	軒對扶桑迎海月,
시냇물과 비 머금은 섬돌엔 가을 이끼 자랐네.	砌含溪雨長秋苔.
세속의 마음 사라지고 몸은 허물을 벗으니,	塵心已脫身疑蛻,
한나절 동안 시선처럼 잠시 호사를 즐겼네.	且倅[463]詩仙半日諧.

15 광중 권재정 어른, 숙도 이정중 어른과 보경사에서 노닐며 [與權上舍[464]光仲載鉦、李上舍叔度精中遊寶鏡寺]

채구장(蔡九章; 1684~1743) 《운와집(耘窩集)》(권2)

신선 사는 곳의 나그네 계림의 친구와 함께,	丹丘[465]客共鷄林友,
곡강에서 또 내연산에 왔네.	來自曲江又內延.
내가 신선의 암자가 어디 있는지 물으니,	我問仙庵何處是,
깊은 푸른 덩굴 속에 짙은 연무가 보이네.	碧蘿深裏見蒼烟.

463 且倅(차쉬): '잠시~에 버금가다'의 의미이다.
464 上舍(상사): 조선 시대 소과(小科)인 생원진사시(生員進士試)에 급제한 사람을 말한다.
465 丹丘(단구): 전설 속의 신선이 산다는 곳을 말한다.

16 권광중, 이숙도와 보경사에서 노닐며 [與權光仲、李叔度遊寶鏡寺]

채구장(蔡九章; 1684~1743) 《운와집(耘窩集)》(권2)

아쉽게도 불가의 집 되어,	惜哉爲釋室,
이 절 이름이 되었네.	惟取此庵名.
때 묻은 마음은 끝내 열리니,	到底塵衿[466]豁,
보감 밝은 것 도리어 보이네.	還看寶鑑[467]明.

17 여덟 폭 병풍의 운으로 보경사의 가을 경치를 감상하며 [八疊屛韻擬賞寶鏡秋景]

이징복(李徵復; 1685~1755) 《송암유고(松菴遺稿)》

꽃비 흩날리는 새벽에 도포 적시며,	花雨霏霏曉濕袍,
맑은 가을 지팡이 짚는 것도 꺼리지 않네.	淸秋不憚短笻勞.
풍류의 구학 봉우리 구름이 넓은데,	風流龜鶴峯雲豁,
기세 좋은 산 봉영의 바다에는 달이 높네.	氣岑蓬瀛海月高.
천지에 즐겁게 노니는 태수는 지금,	天地遨遊今太守,
호수와 산에서 옛 시인의 시 읊는다네.	湖山嘯詠舊詩豪.
선녀는 술자리 따라 요염하게 부르며,	仙娥艶唱隨樽席,
왼손에 잔 들고 오른손엔 안주 드네.	左手持杯右抱螯.

466 塵衿(진금): 때 묻은 옷깃을 말한다. 이곳에서는 속세에 찌든 마음을 말한다.
467 寶鑑(보감): 보배로운 거울이라는 의미이다.

18~20 내연산 보경사 시에 차운하며 [次內延寶鏡寺韻]

정옥(鄭玉; 1694~1760)[468] 《우천선생문집(牛川先生文集)》(권2)

좁은 골짜기 바위 돌아 물은 흐르고,	峽束巖回一水來,
돌길을 찾아가니 골짜기 문이 열리네.	行尋石逕洞門開.
속세와 다른 신선 사는 곳,	寰中別界仙間地,
구름 밖의 높은 대는 그림 속 누대이네.	雲外高樓畫裏臺.
단풍에 지팡이 내려놓고 수놓은 휘장 헤치니,	紅葉投筇披繡幄,
비류가 발을 돌아 맑은 날에도 천둥 치네.	飛流繞脚起晴雷.
산에 들어와서 경물 살피느라 겨를이 없고,	入山應接還無暇,
일 멈추니 암자의 스님은 글 써달라 재촉하네.	底事菴僧乞句催.

견여 타고 갠 새벽 산을 돌아 오니,	肩輿[469]晴曉繞山來,
그윽한 운무 그치자 불당이 열리네.	香霧初消佛宇開.
절벽에 걸린 폭포는 포효하며 바다로 쏟아지고,	懸瀑吼崖將倒海,
푸른 등나무 이어진 돌은 절로 누대 되었네.	蒼藤絡石自成臺.
구름 자욱한 보탑은 오랜 세월을 지나고,	參雲寶塔經塵劫[470],
식사 때 알리는 암자의 종소리 천둥 치듯 울리네.	報食菴鐘響震雷.
세찬 파도 굽이치는 속세로 머리 돌리니,	回首人寰波蕩地,
매일 거마를 서로 재촉한 것 도리어 부끄러워지네.	却慙車馬日相催.

바람과 먼지에 쫓기다 흘러간 세월 느끼고,	逐逐風埃感歲華[471],
바닷가 구름과 강가 달의 여정은 머네.	海雲江月道途賖.
냇가 서리 맞은 기러기 갈대 가에서 꿈을 꾸고,	一川霜鴈蘆邊夢,

468 鄭玉(정옥): 조선 후기의 문신이다. 본관은 청주(淸州)이다. 자는 자성(子成)이고, 호는 우천(牛川)이다. 조부는 정집(鄭楫)이고, 부친은 동지중추부사 정석제(鄭碩濟)이다. 권두경(權斗經)의 문인이다. 어려서 담대하고 기지가 있었다. 영조 1년(1725) 진사가 되고, 1727년 증광문과에 병과로 급제했다. 대간·좌승지·황해도관찰사 등을 역임했다. 청렴하여 백성들의 존경을 받았다. 문집으로는 《우천선생문집(牛川先生文集)》이 있다.

469 肩輿(견여): 두 사람이 앞뒤에서 매던 가마를 말한다.

470 塵劫(진겁): 과거나 미래의 오랜 시간을 말한다.

471 歲華(세화): 흘러가는 세월을 말한다.

양쪽 언덕의 어촌은 그림 속의 집이라네. 兩岸漁村畫裡家.
관복 입고 벼슬해도 흰 머리 부끄럽고, 束帶官行羞白首,
가을빛에 안장 치며 달려도 국화는 시드네. 撲鞍秋色老黃花.
수십 일 후에 다시 절의 경계에 들어오면, 數旬再入祇園界,
스님은 많이 아는 얼굴이라 웃으시겠지. 堪笑山僧識面多.

21 보경사에서 영해의 옛 지기를 만나 내연산을 찾으며 [寶鏡寺, 遇寧鄉舊知尋內延]

남용만(南龍萬; 1709~1784)[472] 《활산선생문집(活山先生文集)》(권2)

이곳의 빼어난 경관은 듣기만 했는데, 此地奇觀耳獨諳,
우연히 오늘 벗과 찾아왔네. 偶然今與故人探.
개울 따라 절벽 만나 골짝이 없는 듯하나, 緣流遇壁疑無谷,
폭포 소리 듣고 절벽 지나니 또 못이 있네. 聞瀑逾崖更有潭.
위태로운 바위에 누가 세속의 길 열었나, 危石始誰開俗路,
신선 사는 곳에 내려준 암자는 아낄 만하네. 仙區堪惜付僧庵.
갖은 빼어난 모습은 볼 때마다 다르고, 百千勝態看看異,
모두 돌지 않았는데 벌써 저녁 안개 피네. 不盡周遊已夕嵐.

472 南龍萬(남용만): 조선 후기의 학자이다. 본관은 영양(英陽)이다. 자는 붕로(鵬老)이고, 호는 활산(活山)이다. 부친은 남국서(南國先)이다. 영조(英祖) 32년(1756) 병자(丙子) 식년시(式年試)에 생원에서 3등(三等)으로 급제했다. 문집으로는 《활산선생문집(活山先生文集)》이 있다.

22 보경사에서 스님에게 주며 [寶鏡寺贈僧]

김한록(金漢祿; 1722~1790)[473] 《한간선생문집(寒澗先生文集)》(권1)

구름 가 아래의 노 선사,	老禪雲際下,
나그네 맞이하고 시냇가 앉네.	迎客坐溪聲.
서로 마주해도 말은 없고,	相對不聞語,
만고의 정만 아득히 흐르누나.	悠悠萬古情.

23 보경사의 내연산으로 유람하러 가는 진여 김홍운에게 주며 [贈金振汝洪韻寶鏡遊山之行]

정경(鄭炅; 1741~1807) 《호와집(好窩集)》(권3)

동남 땅에서 옥으로 만든 부용이 깎여 나오니,	東南削出玉芙蓉,
밀 칠한 나막신에 가벼운 옷차림으로 이곳을 가네.	蠟屐[474]輕裝走此中.
낙엽 진 뭇 봉우리의 바위는 뼈를 드러내고,	木落千峰巖露骨,
학 탄 신선 노니는 깊은 곳엔 바람이 소용돌이치네.	仙遊萬仞[475]鶴盤風.
여산의 진면목에 즐거워 눈이 열리고,	廬山眞面欣開眼,
형악의 겹겹 구름은 머리 맑게 씻어주네.	衡嶽層雲許盪腦.
비하대 앞의 세 폭포 위,	飛下臺前三瀑上,
큰 어른의 향기로운 자취는 도와 아득히 통하네.	大翁芳躅道遐通.

473 金漢祿(김한록): 조선 후기의 문신이다. 본관은 경주(慶州)이다. 자는 여수(汝綏)이고, 호는 한간(寒澗)이다. 조부는 증좌찬성 김두광(金斗光)이고, 부친은 현감 김운경(金運慶)이다. 종질녀가 영조의 계비인 정순왕후(貞純王后)가 되자, 그 후광으로 중앙의 명사들과 교유했고 노론 벽파(老論僻派)의 당론을 조종하는 등 당쟁에 깊이 관여했다. 순조 6년(1806) 김이양(金履陽) 등의 무고로 관작이 추탈되었다가 고종 1년(1864)에 관작이 회복되었다. 문집으로는 《한간선생문집(寒澗先生文集)》이 있다.

474 蠟屐(납극): 밀을 칠한 나막신을 말한다.

475 萬仞(만인): 원의는 '만 길'이다. '길'은 길이를 재는 단위로, 양손을 펼친 길이를 말한다. 이곳에서는 아주 깊은 곳을 말한다.

24 부친께서 길을 가던 도중에 따라오셔서 보경사에 묵고, 나는 동호 숙부와 내연산에 들어가면서 [家大人[476]追及於中路, 宿寶鏡寺, 余與東濠叔入內延]

남경희(南景羲; 1748~1812) 《치암선생문집(癡庵先生文集)》(권1)

나는 폭포 거침없이 하얀 모래를 체질하고,	飛瀑狂噴篩白沙,
층층의 바위 둘러치고 길은 기울어져 있네.	層巖環擁路欹斜.
가운데 괴이한 구멍은 숨어 살만하니,	中間怪穴堪棲隱,
숭산의 도사가 사는 집 같네.	疑是嵩山[477]道士家.

25~26 보경사 [寶鏡寺]

이효상(李孝相; 1774~?) 《일재유고(逸齋遺稿)》

보경사의 백운 드리운 밤은 사람 머물게 하고,	鏡梵留人白雲宵,
애타는 떠도는 혼백은 누굴 불러 빌어야 하나.	覊魂欲斷倩誰招.
한나라 때의 마을은 가을 풀에 묻히고,	漢時村落埋秋草,
불가의 도량은 이미 밤에 불탔네.	佛氏壇場犯夕燒.
술 가져와 물 흐르는 길 찾고,	携酒來尋流水逕,
노을 지는 다리에 앉아 시를 짓네.	題詩仍坐落霞橋.
지척에 신선이 있어 만날 것 같으니,	神仙咫尺如將遇,
멀리 만 장의 붉은 사다리는 묻지 말게나.	莫問丹梯[478]萬丈遙.

하얗게 센 귀밑털 다시 와 지난 과거 기억하니,	霜鬢[479]重來記昔過,
중간중간에 좋은 시절 많았었네.	中間贏得歲華多.

---

476 家大人(가대인): 남에게 자기 아버지를 이르는 말이다.

477 嵩山(숭산): 중국 하남성(河南省) 정주(鄭州)의 남서쪽에 있는 명산으로, 오악(五岳)의 하나이다.

478 丹梯(단제): 원의는 붉은 사다리이다. 이 말은 보통 선경(仙境)에 들어가는 길 내지 조정(朝廷)을 의미하는 말로 사용된다.

479 霜鬢(상빈): 서리 내린 것처럼 하얗게 센 귀밑털을 말한다.

빈산에 비 그치니 매미는 산봉우리에서 울고, 空山雨歇蟬鳴岑,
옛 절벽에 구름 깊어지니 괜히 학 꿈꿔보네. 古壁雲深鶴夢柯[480].
검붉은 풀 한 합을 소매에 넣고, 玄草一函携在袖,
붉은 지초 세 겹으로 이으니 노래가 되네. 紫芝三疊續成歌.
지금 오래전에 알았던 스님은 없고, 如今舊識無禪子,
빈 감실에는 오랜 아미타불만 있네. 祗有虛龕老彌陀[481].

27 농와 김상기와 내연산에서 노닐고, 보경사 누대에 올라 함께 시를 지으며 [與金聾窩相琦遊內延, 登寶鏡寺樓共賦]

손염조(孫念祖; 1785~1860) 《무민재집(無悶齋集)》(권1)

꿈에서 이름난 곳 돌며 시 짓고 싶어, 夢想名區賦遠遊,
내연산의 샘물과 돌을 찾겠다고 약속한 적 있네. 內延泉石約曾留.
좋은 마음으로 서로 대하며 삼일 밤 보내고, 青眸[482]相對經三夜,
연로함에도 함께 길을 가고 누대 올랐네. 白髮聯行共一樓.
봄기운 가득한 온 산엔 모두 살아있는 것이고, 春意滿山皆活物,
골짜기 벗어나는 종소리 더욱 그윽함이 있네. 鍾聲出洞更餘幽.
속세와의 이별을 참는 신선 사는 곳을, 仙莊忍別寰塵世,
걸음마다 뒤돌아보니 다시 마음은 아득해지네. 步步回頭意復悠.

480 鶴夢柯(학몽가): 부질없이 학이 되는, 즉 신선이 되는 꿈을 꾸어본다는 것을 말한다. '몽가'는 '남가일몽(南柯一夢)'에서 유래한 말로 보인다. 남가일몽은 한 사람이 홰나무 밑에서 낮잠을 자다가 꿈에 대괴안국(大槐安國) 왕의 사위가 되어 남가군(南柯郡)을 20년 동안 다스리면서 부귀영화를 누리다가 꿈을 깨었다는 내용이다. 이 성어는 당(唐)나라의 소설 《남가기(南柯記)》에서 유래한 말로, 인생의 부귀영화가 모두 헛된 것임을 비유하여 이르는 말이다

481 彌陀(미타): 아미타불의 줄임말이다. 서방 정토의 극락세계에 머물면서 불법을 설한다는 대승불교의 부처를 말한다.

482 青眸(청모): 좋은 마음으로 남을 보는 눈을 말한다.

28 보경사 [寶鏡寺]

신석우(申錫愚; 1805~1865) 《해장집(海藏集)》(권5)

아침에 군의 누대 떠나 절 입구에 오니, 朝辭郡閣到僧關.
굽이진 산과 물이 눈에 선하네. 歷歷峰隈與水灣.
500리 노정은 천 리의 반이 되고, 五百程爲千里半,
바쁜 가운데 하룻밤의 여유를 누리네. 九分忙占一宵閒.
수시로 펄럭이는 깃발 아래 앉아 참선을 말하고, 風旛時動談禪坐,
정기와 부절 오는 날에도 폭포 보고 돌아가네. 旌節天敎看瀑還.
만 장의 깊은 못에 귀한 거울을 묻고, 萬丈深潭埋寶鏡,
멀리서 시조를 찾으니 비로소 산이 열리네. 遠尋初祖始開山.

기문(記文)

보경사기 [寶鏡寺記] 丙辰(1856)

신석우(申錫愚; 1805~1865) 《해장집(海藏集)》(권11)

청하현에서 북쪽 20리에 내연산이 있다. 산의 절을 보경사라고 한다. 사명대사(泗溟大師)가 쓴 《금당탑기(金堂塔記)》에는 이렇게 나온다. "서역의 마등(摩騰)과 법란(法蘭)이 불경과 불상을 받들고 신라에 왔다. 이때 12면의 거울과 8면의 거울을 함께 갖고 왔다. 12면의 거울은 중국 [낙양(洛陽)의] 옹문(雍門) 밖에 묻고, 절을 세워 백마사(白馬寺)라고 했다. 8면의 거울은 제자 일조(日照)에 주며 이렇게 말했다. '동쪽의 나라에 백 척의 깊은 못이 있다. 물을 메워 거울을 묻고 법당을 세우면, 만세에 무너지지 않을 곳이 될 것이다.'" 이에 가르침대로 하고, 보경금당내연(寶鏡金堂內延)이라 했다.

신라 진평왕(眞平王)이 이곳에서 견훤(甄萱)을 피했다고 하는데, 그 설이 너무 황당하다. 진평왕이 견훤을 피한 것은 너무 근거가 없다.

축국(竺國)과 중국의 일이 아주 상세한 것은, 대략 불도(佛徒)가 사서(史書)를 멀리하고 조상 대대로 전하는 사적에 밝았기 때문일 것이다. 또 누구는 사명대사의 말이 아니라 후인들이 마음대로 지어 가탁한 것이라고 한다. 《금당탑기》는 또 이렇게 말한다: "후량(後梁)의 마지막 임금 때, 고려의 국사(國師) 원진(圓眞) 승형(承逈)이 중수했고, 절에는 원진국사비(圓眞國師碑)가 있다. 통의대부(通議大夫)·추밀원(樞密院)·우부승선(右副承宣)·시국자감(試國子監)·대사성(大司成)·사자금어대(賜紫金魚袋) 이공로(李公老)가 지었다." 강희(康熙) 16년(1677), 또 중수했다. 지금은 법당 여섯 곳, 승방 네 곳, 누각 한 곳, 문 두 곳이 있다.

내가 영덕 남역에서 40리를 가서 산문에 도착하니, 날이 이미 저물었다. 승방을 빌려 머물고 내일 산에 들어가 폭포를 찾으려고 했다. 2월 맑은 날에 쓰다.

(淸河治北二十里, 曰內延山. 山之寺曰寶鏡. 按泗溟師纂金堂塔記, 曰: "西域摩騰法蘭, 奉佛經像來震朝. 持十二面鏡八面鏡同來, 以十二面鏡埋中華雍門外, 立寺曰白馬. 以八面鏡資遣弟子日照曰: '東國有百尺深潭, 塡水埋鏡, 刱立法堂, 萬歲不壞之處'" 卽如敎焉, 稱寶鏡金堂內延者. 新羅七葉眞平王避甄宣于此, 其說甚荒誕. 眞平之避甄萱, 大不考據. 則竺國與中國事, 尤何以詳歟. 無或佛徒踈於史傳, 而詳於祖家事蹟歟. 又或非泗溟之語, 而爲後人之所杜撰援托歟. 記又曰: 後梁末帝時, 高麗國師圓眞堂承逈重修, 寺有圓眞國師碑. 通議大夫,樞密院,右副承宣,試國子監,大司成,賜紫金魚袋李公老撰. 康熙十六年, 又爲重修. 今有法堂六,僧寮四,樓一,門二. 余自野城南驛行四十里到山門, 日已曛矣. 借禪房寄宿, 明日將入山尋瀑. 二月淸明日記.)

29 보경사 [寶鏡寺]

신필흠(申弼欽; 1806~1866) 《천재선생문집(泉齋先生文集)》(권1)

동해에 해가 다하고,	盡日滄溟水,
보경사의 등불은 외롭네.	孤燈寶鏡庵.
향로에 불을 넣어 극도로 올리고,	煉爐抽轉九,
떨침의 말을 잡고 거듭 간직하네.	拄拂話存三.
현학은 오늘 밤 꿈을 꾸고,	玄鶴今宵夢,
초파리는 지난날을 부끄러워하네.	醯雞[483]夙昔慙.
망연히 안석에 계속 기대어,	嗒然仍據几,
나는 참선에 드네.	吾欲上禪參.

30 보경사 달밤에 범종루에 앉아 [寶鏡寺月夜, 坐泛鐘樓]

남고(南皐; 1807~1879) 《시암선생문집(時庵先生文集)》(권1)

쓸쓸한 가을바람 불고 마름은 움직이는데,	秋風蕭瑟動菱茭,
홀로 난간에 기대어 띠로 만든 자리 정돈하네.	獨倚欄干整席茅.
비 온 후에는 샘물 흐르는 소리 더해지고,	泉響瀉添新雨後,
달빛은 먼 숲의 나뭇가지 끝을 지나오네.	月華穿度遠林梢.
향암에는 게송을 읊으니 선경과 어울리고,	香庵誦偈和禪磬,
절벽에서 구름 부르니 학의 둥지인 듯,	絶壁叫雲認鶴巢.
누가 그 안의 무한한 의미를 알리오,	誰識箇中無限意,
밝고 공허한 밤기운 세속의 먼지 없애주네.	虛明夜氣絶塵淆.

483 醯雞(혜계): 초파리를 말한다.

31 보경사 종각 현판의 시에 차운하며 [次寶鏡寺鐘閣板上韻]

이규일(李圭日; 1826~1904) 《사류재선생문집(四留齋先生文集)》(권1)

신선 사는 봉래 세 산은 한 곳에 있고, 蓬海三山落一區,
서쪽으로 동부를 열고 부처님에게 귀의하네. 西開洞府坐南無[484].
고요한 암자의 스님 방은 구름이 반을 차지하고, 菴僧室靜雲居半,
가파른 학소대 위에는 달만 외로이 비추네. 巢鶴臺危月暎孤.
세 폭포는 아래로 흘러 보경을 숨기고, 三瀑下流藏寶鏡,
시방의 큰 세계에 부도를 두었네. 十方[485]大界設浮圖.
나그네는 숨 헐떡이며 명리 좇아다니니, 喘息名場奔走客,
어찌 선경에서 숨 고르기를 배울 수 있으리. 何如仙境養呴呼.

학소대와 서운암이 있었기에 함련에서 언급했다(有鶴巢臺、棲雲庵. 故頷聯[486]云)

32 단오절에 보경사에 가서 [端午日到寶鏡寺]

안종덕(安鍾悳; 1841~1907)[487] 《석하집(石荷集)》(권2)

6년 세월 꿈같고 나그네 다시 오니, 六年如夢客重來,
낯익은 청산은 다시 열어주네. 惟有青山舊面開.
저녁 새는 어두운 구름 골짜기로 돌아오고, 夕鳥飛還雲暝壑,
뜰의 꽃은 비 온 빈 누대에 모두 떨어졌네. 庭花落盡雨空臺.

484 南無(남무): 부처에게 돌아가 의지한다는 뜻으로, 부처나 보살 또는 경문의 이름 앞에 붙이는 말이다.

485 十方(시방): 불교에서 우주에 대한 공간적인 구분으로, 동·서·남·북의 사방(四方)과 동북·동남·서남·서북의 사유(四維), 상·하 열 가지 방향을 말한다.

486 頷聯(함련): 한시 율시에서 제3구와 제4구를 이르는 말이다.

487 安鍾悳(안종덕): 조선 후기의 문신이다. 본관은 광주(廣州)이다. 자는 태로(兌老)이고, 호는 석하(石荷)이다. 조부는 안효상(安孝庠)이고, 부친은 안정원(安貞遠)이다. 성재(性齋) 허전(許傳)의 문인으로, 학문은 밀양에서 점필재(佔畢齋) 김종직(金宗直) 이후로 제일이라는 당대의 평가가 있다. 고종 19년(1882) 증광시 진사 3등 118위로 급제했다. 양산군수(梁山郡守)·울산부사(蔚山府使)·중추원의관(中樞院議官)·청송군수(青松郡守) 등을 역임했다. 문집으로는 《석하집(石荷集)》이 있다.

선가의 일월은 가지 없는 삼상수를 연모하고, 禪家日月三桑[488]戀,
인간 세상은 귀밑머리 쇠하도록 슬프게 재촉하네. 人世悲歡兩鬢催.
못 속에 보경을 숨겼다는 말을 듣고, 聞道潭心藏寶鏡,
창포 잔 들려니 백발 비칠까 부끄러워지네. 羞將白髮照菖杯.

33 보경사에서 비에 막혀 [寶鏡寺滯雨]

안종덕(安鍾悳; 1841~1907) 《석하집(石荷集)》(권2)

처량한 아지랑이 빛은 청루를 감싸고, 嵐光慘澹帀樓靑,
무수한 골짜기와 바위는 비에 빗장을 잠궜네. 萬壑千巖雨鎖扃.
절은 하늘에 가까워 오르기 더욱 어렵고, 蘭若[489]近天攀更遠,
승려들은 물에 막혀 되려 멈췄네. 軍持[490]臨水阻還停.
솔 화로에 불 다하면 옷이 젖을까 걱정하고, 松爐火盡衣愁濕,
채소 바구니에 냉기 스며들면 술에서 쉽게 깨네. 薤簞涼侵酒易醒.
멀리 생각해보니 선령은 총망한 것 싫어하니, 遙想仙靈嫌屑屑[491],
이문에 새로운 북산의 글 있을 것이라네. 移文新有北山銘[492].

34 저녁에 보경사로 돌아와서 [暮還寶鏡寺]

안종덕(安鍾悳; 1841~1907) 《석하집(石荷集)》(권2)

내연산은 선계와 인간 세상을 갈라놓고, 延山一別隔仙凡,

488 三桑(삼상): 신화 전설 속의 나무로, 가지는 없고 줄기만 80장(丈)이 된다고 한다.
489 蘭若(난야): 한적한 수행처라는 뜻으로, 절이나 암자 등을 이르는 말이다.
490 승려가 가지고 다니는 배가 나온 물병을 말한다. 이곳에서는 승려를 말한다.
491 屑屑(설설): 총망한 모양을 말한다.
492 移文…北山銘(이문…북산명): 남조(南朝) 제(齊)나라 사람 공치규(孔稚圭; 447~501)가 지은 《북산이문(北山移文)》을 말한다. 이 글은 북산(北山)에 함께 은거하던 주옹(周顒)이 조정의 부름을 받고 산을 나가자, 이를 못 마땅하게 여긴 공치규가 북산 신령의 이름을 가탁하고 관청의 통문(通文) 형식으로 이문(移文)을 써서 주옹이 두 번 다시 북산에 말을 들여놓지 못하게 한 이야기이다.

기름불의 인간 세상은 맵고 짜네. 膏火人間又辣鹹.
면목이 낯설지 않으니 짙은 연무가 열리고. 面目不生開宿霧,
이름이 증거로 남아 바위에 새겨 드러났네. 姓名留證著嵌巖.
바르고자 최선을 다하니 신발 한 켤레 남고, 向平了債[493]餘雙屐,
도연명처럼 돌아가고자 하니 돛단배 한 척 있네. 陶令[494]思歸有片帆.
공문서 보내 개울물 튀어 부끄럽게 하지 말라, 莫使移文[495]騰澗愧,
분명해진 후에는 마음에 담아둘 것을 약속하네. 分明後約在心緘.

35 보경사 서암의 달밤 [寶鏡寺西庵月夜]

김재헌(金在憲; 1842~1904)[496] 《산촌문집(山村文集)》(권2)

달은 저 멀리 취봉 서쪽에 걸려있는데, 蟾輪[497]遙掛鷲峰西,
사람 사는 세상은 오히려 눈 아래에 있네. 却使人寰眼下低.
불교는 내 도인 유교와 합해질 수 없고, 圓覺[498]未能吾道合,
허명만이 이 마음과 함께했네. 虛明只與此心齊.
돌에 의지한 소나무 껍질은 누운 용 같고, 松鱗據石疑龍臥,
숲 지나는 개울물 소리 새 울음보다 낫네. 澗響穿林勝鳥啼.
산문에 게송 한 수 남기려고 하니, 欲向山門留一偈,
구름 많은 곳에서 아직도 꿈속 헤매는 것 같네. 白雲多處夢還迷.

---

493 了債(요채): 자신의 의무를 다하는 말이다.

494 陶令(도령): 진(晉)나라의 전원시인 도연명(陶淵明)을 말한다. 일찍이 팽택령(彭澤令)을 지냈기 때문에 이렇게 불렀다.

495 移文(이문): 관아 사이에 주고받던 공문을 말한다.

496 金在憲(김재헌): 조선 후기의 유학자이다. 본관은 김녕(金寧)이다. 자는 경장(景章)이고, 호는 산촌(山村)이다. 조부는 김기봉(金紀鳳)이고, 부친은 김응호(金膺昊)이다. 중부(仲父) 농계(聾溪)의 문하에서 수학했다. 경학(經學)과 역수(曆數)를 섭렵했다. 문집으로는 《산촌선생문집(山村先生文集)》 등이 있다.

497 蟾輪(섬륜): 달의 이칭이다. '섬'은 '두꺼비'의 의미로, 달 속에는 두꺼비가 계수나무 아래서 불사의 약을 빻는다는 전설에서 비롯되었다. '륜'은 '바퀴'의 의미로, 둥근 달을 형용한다.

498 圓覺(원각): 석가여래의 원만한 깨달음이란 의미로, 조금의 결함도 없는 우주의 신령스러운 깨침을 말한다. 이곳에서는 불교를 말한다.

36 보경사(寶鏡寺)

노상직(盧相稷; 1855~1931)[499] 《소눌선생문집(小訥先生文集)》(권2)

누가 보경은 무망을 말한다고 했나, 誰教寶鏡指無忘,
비로소 승려들을 보내 이 절을 지었네. 始遣緇徒構此堂.
일찍이 우리 집 가는 길을 비추었으니, 若曾照得吾家路,
동쪽 땅에 발우 주머니 하나 받아주지 않겠으리. 東土寧容一鉢囊.

37 단오절에 원님 조중익을 따라 보경사에서 노닐며 [端陽從趙侯重翊遊寶鏡寺]

정진백(鄭鎭伯; 1867~1924)[500] 《석농집(石儂集)》(권2)

태수와 작은 수레에 함께 오르고, 登臨太守小車同,
공은 시 근심에 괜히 생각에 빠지네. 公務詩愁入定空.
십 리 푸른 풀 위를 말은 달리고, 十里馬行青草上,
사람은 하룻밤 백운 속에 머무네. 一宵人宿白雲中.
용추가 어렴풋이 비치고 비는 자주 몰아치며, 湫龍隱暎常吹雨,
대의 학은 비상하며 바람을 보내네. 臺鶴翺翔自送風.
신령한 곳은 속객이 오는 것 꺼리고, 靈境却嫌來俗客,
낭떠러지 고갯길엔 길이 겨우 나 있네. 懸崖絶嶝路纔通.

499 盧相稷(노상직): 일제강점기 때의 학자이다. 본관은 광주(光州)이다. 자는 치팔(致八)이고, 호는 소눌(小訥)이다. 부친은 우당(愚堂) 노호연(盧滈淵)이다. 5세에 《효경》을, 12세에 사서삼경을 읽었다. 성재(性齋) 허전(許傳)의 문하에서 수학했다. 1912년 자암서당을 짓고 강학에 힘썼다. 1919년에는 한국의 독립을 호소하는 파리장서에 유림대표 137명 중 한 사람으로 서명했다. 평생토록 공리공담(空理空談)을 배척하고 실사구시(實事求是)의 학문을 추구했다. 저술로는 《성재선생문집(性齋先生文集)》·《자암일록(紫巖日錄)》·《소눌문집(小訥文集)》 등이 있다.

500 鄭鎭伯(정진백): 조선 후기의 유학자이다. 본관은 영일(迎日)이다. 자는 사원(仕元)이고, 호는 석농(石儂)이다. 어려서 경서와 사서를 읽었다. 강관(講官)인 이태래(李泰來)의 추천으로 중추원의관을 지냈다. 1910년 나라가 망하자 몇몇 동지들과 함께 북망 통곡했다. 권중헌(權重憲)·송재용(宋在容) 등과 교유했다. 문집으로는 《석농집(石儂集)》이 있다.

38 보경사 [寶鏡寺]

류시봉(柳時鳳; 1869~1951)《외산문집(畏山文集)》(권1)

하늘 바라보면 과업은 하찮은 것임을,	一望諸天萬果輕,
스님은 나에게 분명하게 말씀해주시네.	居僧爲我說分明.
백 척의 맑은 못엔 신룡의 굴이 있고,	澄潭百尺神龍窟,
귀한 상자에는 천년의 밝은 옛 거울 있네.	寶匣千年古鏡明.
금불은 손가락으로 산악의 기운을 튕기고,	金佛指彈山岳氣,
옥선은 솟구치는 바다 파도 소리를 내네.	玉仙胸湧海濤聲.
어떻게 일찍 참선과 맺어짐을 정할까나,	如何早結參禪定,
고개 돌리니 사람들의 말 공평치 않음을 보네.	回首人間語不平.

39 보경사에서 현판의 시에 차운하며 [寶鏡寺次板上韻]

남붕(南鵬; 1870~1933)《해주소언(海洲素言)》(권1)

신령한 곳의 오월은 유독 맑은 가을,	仙區五月獨淸秋,
20년 동안 이날 놀러 올 것 생각했네.	卄載經營此日遊.
보탑에 구름 생기니 학은 달콤한 꿈을 꾸고,	寶榻雲生酣鶴夢,
향 감도는 먼지 쌓인 감실로 스님은 읍하네.	塵龕香繞揖禪流.
거문고와 책 잠시 쉬고 손님 데려와서,	琴書休暇閑携客,
산수 가운데서 함께 누대에 의지해보네.	山水中間共倚樓.
우리 세상에 마음 지키는 법 있음에도,	吾家自有存心[501]法,
불문에서 괜히 찾는 것을 비웃네.	却笑空門[502]枉索求.

501 存心(존심): 욕망 따위로 인하여 본마음을 해치는 일 없이 언제나 그 본연의 상태를 지키는 것을 이르는 말이다.

502 空門(공문): 불교를 이르는 말이다.

40 보경사 [寶鏡寺]

장태흠(張泰欽; 1871~1940) 《복재문집(復齋文集)》(권1)

지는 해는 번개같이 나는 수레와 같고,	電車飛似下斜陽,
구름 밖의 하늘과 순간 만나네.	雲外諸天忽地當.
나무는 오래되고 꽃은 시들어 앞길 깊숙한데,	樹老花殘前路邃,
용과 호랑이 서린 사방의 산은 우뚝하네.	龍盤虎踞四山彊.
함께 길을 나선 소년들 자리를 다투고,	聯笻年少爭趨席,
경쇠 치는 한가한 스님은 당을 내려와 절하네.	擊磬閒僧拜下堂.
온 골짝의 연무와 노을은 물기를 뿜어내고,	滿壑煙霞嘘水氣,
사월의 남풍은 얼굴과 마음을 시원하게 해주네.	南風四月容襟凉.

41 보경사 [寶鏡寺]

권석찬(權錫瓚; 1873~1957) 《시암집(是巖集)》(권1)

신령한 곳에 시가 모인다는 것을 듣고,	聞道靈區蓄是詩,
오늘 육순의 나이에 비로소 길을 나서네.	今行始遂六旬期.
그윽한 꽃 만발하여 서로 자태를 뽐내고,	幽花爛漫交呈媚,
가파른 괴석은 기이함을 거두지 않았네.	怪石崢嶸[503]莫收奇.
누렇게 색이 바랜 노불은 천년을 남았고,	深黃老佛遺千載,
울창하고 푸른 교송은 사시를 지키네.	鬱翠喬松護四時.
오르는 굽이마다 지팡이와 신발 내려놓고,	登登曲曲留笻舃,
객은 돌아갈 일 잊고 여름은 더디게 가네.	歸客渾忘夏日遲.

503 崢嶸(쟁영): 산이나 계곡 따위가 가파른 모양을 말한다.

42 보경사에 올라 [登寶鏡寺]

이은우(李殷雨; 1893~1965) 《송람일고(松嵐逸稿)》

물 따라 구름 헤치니 점점 맑은 곳에 들어오고,	隨水披雲漸入淸,
온 하늘의 해와 달은 이 속에 밝네.	諸天日月此中明.
이층 누대 편액에는 선현들의 글씨 많고,	層樓楣額多賢筆,
줄지은 부처님의 향대는 각기 다른 이름이네.	列佛香臺各異名.
꽃 떨어진 맑은 숲엔 새들 이리저리 지저귀고,	花落晴林禽語亂,
구름 깊은 곳의 한가한 걸상에는 스님들 주무시네.	雲深閑榻釋眠成.
이제야 부처님 세계는 속세가 아님을 알겠으니,	方知法界非塵世,
만호의 영예를 머리카락 한 올처럼 가볍게 보네.	萬戶[504]榮看一髮輕.

43 보경사에서 노닐며 [遊寶鏡寺]

박곤복(朴坤復; 1896~1948) 《고암문집(古庵文集)》(권1)

내연산 속에 여래를 찾아와,	內延山裏訪如來,
패엽 깊어지고 보경이 열렸네.	貝葉[505]深深寶鏡開.
명부의 왕은 머리를 삭발했고,	冥府王頭猶化髡,
원진국사의 유골도 재로 날렸네.	圓眞法骨亦飛灰.
서쪽 봉우리의 선사는 수시로 달 두드리고,	西峯老衲頻敲月,
남쪽에서 온 나그네는 술 한 잔 드네.	南國遊人一擧盃.
마음속 비우는 법 모름이 가련하고,	憐渠不識虛靈裏,
연꽃은 절로 대가 생긴다고 웃으며 말하네.	笑說蓮花自有臺.

504 萬戶(만호): 조선 시대 각 도(道)의 여러 진(鎭)에 배치되었던 종사품(從四品)의 무관 벼슬이다.

505 貝葉(패엽): 옛날에 종이를 대신하던 다라수(多羅樹) 나뭇잎을 말한다. 여기에 경전을 적은 것을 패엽경(貝葉經)이라 한다.

44 보경사에 올라 [登寶鏡寺]

이종각(李鍾珏; 1896~1972) 《기초유고(杞樵遺稿)》

동쪽으로 백 리 달려 지팡이 하나로 오르니,	百里東馳一杖登,
거울 속 보물들 많아 그리기 어렵네.	鏡中多寶畵難能.
진경 찾는 나그네는 흐름과 솟음을 즐겨 보고,	愛看流峙尋眞客,
노승을 찾아 바라밀을 낭송하네.	爲誦波羅[506]訪老僧.
만 길 가파르고 높은 바위는 안개 속에 잠기고,	鎖霧巉岩危萬仞,
마른하늘에 날벼락치고 폭포는 삼 층에 걸렸네.	晴雷飛瀑掛三層.
푸른 연무와 노을에 빠져 쉽게 떠나지 못해,	煙霞碧疾輕離未,
불등을 빌려 산방에 머무르네.	寄宿山房借佛燈.

45 보경사의 가을 빛깔 [寶鏡寺秋色]

이종각(李鍾珏; 1896~1972) 《기초유고(杞樵遺稿)》

빼어나고 이름난 곳 찾으니 온 경내가 맑고,	選勝探奇一境淸,
삼라만상 모두 마음이 가네.	森羅萬像摠關情.
푸른 산들 모두 우뚝한 누대를 지켜주고,	靑山共護樓臺屹,
해는 유독 단풍 지고 국화 필 때를 따르네.	白日偏從楓菊時.
천 장의 가파른 바위는 부처님의 기운을 숨기고,	千丈危岩藏佛氣,
삼 층의 나르는 폭포는 천둥소리를 보내네.	三層飛瀑送雷聲.
학소, 용혈, 사자암 안에서,	鶴巢龍穴獅菴裡,
종일 명아주 지팡이 짚고 이리저리 오가네.	盡日藜笻任自橫.

506 波羅(파라): 불교 용어로, 파라밀(波羅密)이라고도 한다. 피안의 경지에 이르고자 하는 보살이 닦아야 하는 불교수행법을 말한다.

46 보경사 [寶鏡寺]

박석로(朴奭魯; 미상) 《일헌선생유고(一軒先生遺稿)》(권1)

보경사에서 노닐 것을 얼마나 생각했던가,	幾載經營寶鏡遊,
바다 동쪽의 명승이 천년을 증명하네.	海東名勝證千秋.
무지개다리 다 밟아도 신령한 근원은 그대로고,	虹橋踏盡靈源在,
은하가 멀리 벽수를 따라 흘러 떨어지네.	銀漢遙從碧落流.

47 보경사에서 의민 스님을 생각하며 [寶鏡寺憶義旻上人]

조호래(趙鎬來; 미상) 《근암선생문집(近庵先生文集)》(권2)

이십 년 전 그대의 이름으로 가득 했고,	二十年前飽爾名,
유가의 말을 즐거이 듣고 시로 나타냈지.	喜聞儒說以詩鳴.
지금 오니 부질없이 부도만 보이고,	今來只見浮屠枉,
산은 말이 없고 물소리만 있구려.	山自無言水有聲.

봉송정(鳳松亭) 관련 시

《신증동국여지승람》〈청하현〉조에는 “현의 동쪽 2리에 있다. 큰 소나무 수백 그루가 있어 해문(海門)을 가린다”라고 했다.

---

1 봉송정 [鳳松亭]

류숙(柳潚; 1564~1636) 《취흘집(醉吃集)》(권3)

남녘에서의 한 해가 다 가는데,	南國歲將晏,
기쁜 일은 얼마나 있었던가.	歡悰能幾何.
청산은 혼자 술을 따르라 하고,	靑山開獨酌,
백설은 우렁차게 연주하네.	白雪奏高歌.
아궁이 아래서는 솔바람 다하고,	爨下松風盡,
대바구니에는 봉새의 가치 귀하네.	籠中鳳價多.
뗏목 타고 가다 길을 잃고,	乘桴迷所往,
강의 파도는 아득하기만 하네.	波浪淼江河.

2-3 봉송정에서 실컷 마시고 크게 노래하며 [鳳松亭劇飮大唱]

이효상(李孝相; 1774~?) 《일재유고(逸齋遺稿)》

해질 무렵 강산은 아름답고,	西日江山麗,
동풍에 풀과 나무들은 가지런하네.	東風草樹齊.
푸른 곡식 여무니 두 눈은 시원한데,	秖綠雙眼冷,
배움은 어려워 머리를 숙이네.	難學一頭低.
세태는 요동치는 등불을 따르고,	世態隨翻燭,
세월은 빠른 시냇물에 부치네.	年光付迅溪.
그댈 만나도 세상 밖 사람으로 보이질 않아,	逢君無象外[507],
하늘과 하늘색 서로에게 빠진 것 같네.	空色兩相迷.
세상사 원래 이와 같으니,	世事故如許[508],
구분 짓지 않으려나 구분 지어지네.	欲齊物[509]不齊.
제비와 기러기는 각자 오가고,	燕鴻各來去,
구름과 물은 서로 높고 낮네.	雲水互高低.
서리는 쓸쓸히 살쩍에 스며들고,	牢落[510]霜侵鬢,
시냇가에 비친 달은 괜히 밝네.	虛明月印溪.
그대만이 깨달음의 경지를 넘었으니,	惟君超覺界,
나루터의 뗏목 아직도 길을 잃지 않았으리.	津筏未應迷.

507 象外(상외): 형상 밖이라는 뜻으로, 평범하고 속된 것에서 초연한 상태를 이르는 말이다.
508 如許(여허): '이와 같다'는 의미이다.
509 齊物(제물): 옳고 그름, 저쪽과 이쪽, 남과 나, 단명과 장수가 서로 구별이 없이 하나로 돌아가는 것을 말한다.
510 牢落(뇌락): 쓸쓸함을 말한다.

용산(龍山) 관련 시

용산은 월포해수욕장 남단에 있는 산으로, 청하읍성의 조산(祖山)으로 유명하다. 용산의 명칭에 대해서는 몇 가지 설이 있다. 첫째, 마치 어미 용이 새끼 용 두 마리를 거느리고 바다로 향해 걸어가는 모습에서 연유했다. 둘째, 아득한 옛날 월포리의 어느 가난한 집에서 사내아이가 태어났다. 태어난 지 3일이 되자, 기어 다니기 시작할 뿐만 아니라 그 몸집이 어른처럼 커졌다. 이에 그 부모와 집안 어른들이 모여 상의한 결과 미천한 집안에서 기인 장사가 태어난 것은 장차 역적이 될 것이므로, 집안을 위해서 기필코 죽여야 한다고 했다. 이 아이가 죽는 순간 지금의 용산 속에서 큰 용이 놀라 비명을 지르며 승천하였다. 그래서 후인들은 용이 승천한 산이라 하여 용산이라 불렀다고 전한다. 셋째, 삼국시대에는 왕자가 태어나면 그 태반을 귀히 다루어 함부로 버리는 것이 아니라 신성한 산의 명혈을 찾아 그 봉우리에 묻었다. 이런 산을 용산이라 한데서 유래했다.

산머리에는 용산사(龍山寺)라는 큰 사찰 터가 있었다고 전한다. 전하는 바에 의하면, 그 절은 신라 문무왕 때 창건되었으며, 용산사 내지 용상사(龍象寺)라고 불렀다. 고려 태조 13년 견훤의 군사들이 서라벌을 침공할 당시 이곳을 지나면서 방화하여 소실되었다고 전한다.

정상에서 동남쪽으로 1000걸음 정도 가면 산봉우리 큰 바위에 솥이 생긴 2개의 자연석이 있다. 우수(雨水)가 지난 후 물이 가득 차면 아무리 가뭄이 심해도 완전히 마르지 않는다고 전한다. 전설에 의하면, 어느 장수가 용마를 타고 지나다가 큰 바위 솥에는 밥을 짓고, 작은 바위 솥에는 국을 끓여 먹었다고 한다. 바위 주변에는 사람과 말의 발자국 흔적 같은 무늬가 여러 개 남아있다.

이외에도 범굴인 호혈암(虎穴岩), 장수가 단칼에 내리쳐서 두 동강 났다는 칼바위, 임금이 앉아서 쉬었다는 의자 바위 등 전설 서린 곳들이 남아있다.

용산 관련 시는 대부분이 조선 후기의 유학자인 김재윤(金在琀; 1808~1893)에 의해 지어졌다. 김재윤은 이곳 용산에 살면서 용산의 아름다운 모습과 오도를 비롯한 주변 풍광을 노래했는데, 특히 그의 《운고팔경(雲皐八景)》은 이 일대의 모습을 이해하는 좋은 자료라고 할 수 있다.

1 용산의 여름 구름 [龍山夏雲]

남경희(南景羲; 1748~1812) 《치암집(癡庵集)》(권1)

몇 줄기 힘찬 물 푸른 산에서 나오니,	數點溶溶出碧巒,
마침 깊은 곳에 서린 용이 호응하네.	祇應深處有龍蟠.
정녕 산꼭대기에 비 내리지 말고,	丁寧莫作山頭雨,
메마른 들 곳곳의 벼로 와주길.	移稻千郊處處乾.

2 용산의 죽림 [龍山竹林][511]

김재윤(金在琈; 1808~1893) 《운고집(雲皐集)》(권1)

곧고 푸른 대나무 옥처럼 서 있으니,	青竿如玉立,
군자들이 좋아해서 서로 찾네.	君子好相尋.
거문고 타고 시 읊는 여유 있는 운치는,	琴嘯閑餘趣,
달 아래 숲이 가장 좋다네.	最宜月下林.

3~10 운고팔경 [雲皐八景]

김재윤(金在琈; 1808~1893) 《운고집(雲皐集)》(권1)

바다 동쪽에 용산이 있다. 산의 아래는 바로 자연에 숨어 사는 사람이 깃든 곳이다. 한 거처를 에워싸고 웅크리고 앉아 솟은 것은, 벌레가 꿈틀거리는 듯해서 몰래 엎드리고 쓰이지 않는 모습이 있다. 그러나 그 기운은 자연스럽게 구름이 된다. 구름이 물건이 되는 것은, 조용하고 천천히 가다가, 천하의 비를 말고 숨기며, 온 골짜기의 기운을 출몰시키기 때문이다. 안으로는 그 깊음을 볼 수 없고, 밖으로는 그 변화를 예측할 수 없다. 온화하게 맺히면 볼 수 있고, 조화의 오묘한 자취가 험준하여 특별하고

511 이 시는《매곡 이노수 칠경 시에 차운하며(次李魯修梅谷七景韻)》에서《용산의 죽림(龍山竹林)》 부분만 발췌했다.

빼어나면 부동의 본체가 된다. 이것은 그 기운이 서로 이뤄져서 그렇게 되는 것이다. 나는 일찍이 이 산에 거주하고 이 구름에 깃든 지 이미 30년이 되었다. 구름 속에서 밭을 갈고 구름 속에서 책을 읽고 구름 속에서 나무를 하고 구름 속에서 낚시를 했다. 사람이 구름을 아끼니 구름이 어찌 사람을 저버릴 수 있겠는가. 비록 사물의 변화는 알 수 없지만 변하면 이치에 통한다. 내 즐거움을 즐기고 내 뜻을 행하는 것은 이 구름의 행장에 불과하다. 그래서 나는 (제목을) 내 집으로 이름 하는 것이다(海之東有龍山, 山之下卽幽人棲息之所也. 環一區蹲聳者, 蜿蜿蜒蜒有潛伏勿用之象, 而其氣自然成雲. 雲之爲物也, 溶溶英英舒而行, 天下之雨卷而藏, 一壑之氣出沒隱見. 內不能見其深, 外不能測其變. 融融焉蘊結則可見, 造化之妙迹巖巖乎特秀則自爲不動之本體. 此其一氣相成者然耶. 余嘗居是山棲是雲, 已三十年所矣. 耕於雲, 讀於雲,樵於雲,釣於雲. 人愛其雲, 雲豈負人. 雖不知物之變, 變則通之理. 樂吾樂, 行吾志者, 不過是雲之行藏. 故吾以名吾軒).

오도의 붉은 아침 해 [烏島紅旭]

황금 까마귀가 오도의 동쪽에서 씻고 나와,	金烏浴出石烏東,
금방 하늘 골고루 퍼지니 만국이 같네.	纔被匀天萬國同.
운치 있는 오동나무 언덕은 봉새가 이슬을 머금고,	蕭灑梧岡含露鳳,
의젓한 해바라기 뜰에는 노인이 등을 쬐네.	雍容葵院負暄[512]翁.
푸른 안개 아쉬워하며 순식간에 물러가고,	依依俄退蒼嵐霧,
밝고 환한 빛은 푸른 나무숲에서 생기네.	耿耿明生碧樹叢.
새가 수시로 울어 봄 꿈이 사납고,	啼鳥數聲春夢撼,
순간 먼저 창문이 반쯤 붉어졌음을 깨닫네.	怳然先覺半窓紅.

512 負暄(부훤): 햇볕을 쬐는 일이라는 의미로, 부귀를 부러워하지 않는 마음을 이르는 말로도 쓰인다. 송나라의 한 가난한 농부가 봄볕에 등을 쬐면서 세상에 이보다 더 따스한 것은 없으리라는 생각에 이를 임금에게 아뢰었다는 데서 유래한다.

별래재의 낙조 [星峴落照]

저녁에 희화(羲和)가 해를 함지로 보내니, 夕送咸池[513]餞日羲[514],
어두운 섬돌의 서쪽 잎사귀는 그림자 지네. 階冥一葉影西枝.
나루터 앞의 나그네와 말은 길을 재촉하고, 津前客馬行行促,
하늘 끝 돌아오는 기러기는 천천히 가네. 天末歸鴻去去遲.
활력 있는 저녁의 나무는 그림처럼 푸르고, 暮樹精神青似繪,
차가운 산의 기상은 짙은 자색 실 같네. 寒山氣像紫濃絲.
밥 짓는 연기 사라지면 금성이 빛나고, 炊烟斂盡長庚[515]爛,
목동의 피리와 나무꾼의 노래 다투며 지나가네. 牧篴樵歌競渡時.

사포의 명월 [巳浦明月]

내엔 시냇물 흐르고 구름은 하늘가에 닿으며, 水潤平川雲盡天,
반 무 크기 반듯한 연못엔 둥근 바퀴 하나 떴네. 方塘半畝[516]一輪圓.
물보라는 신비로운 계수나무를 그윽히 토해내고, 浪花明吐精神桂,
환한 거울에는 연꽃 그림자 차갑게 맺혔네. 晶鑑寒凝影子蓮.
채석에서는 고래 등의 나그네 부질없고, 采石[517]徒勞[518]鯨背客,
해궁에서는 어찌 옥 선녀를 부를 수 있을까. 海宮那喚玉妃仙.
가을 저녁 금빛 파도에 목욕하는 달에, 金波沐月秋宵景,
물고기 가득 실은 어부의 일엽편주라네. 滿載漁翁片葉船.

513 咸池(함지): 전설 속 해가 지는 곳을 말한다.
514 羲(희): 희화(羲和)를 말하는 것으로, 중국 신화 전설 속 태양 수레를 모는 마부이다.
515 長庚(장경): 저녁에 서쪽 하늘에 보이는 금성을 달리 이르는 말이다.
516 畝(무): 논밭이나 집터 따위의 면적 단위이다. 지역에 따라 다르지만 1무는 대략 666.5㎡에 해당한다.
517 采石(채석): 이백(李白)이 채석기(采石磯)에서 술에 취해 뱃놀이를 하다가 물에 비친 달을 건지려다 물에 빠져 죽은 전설이 전한다.
518 徒勞(도로): 아무런 보람이 없이 수고하는 것을 말한다.

용산의 삽운 [龍岡揷雲]

산은 신룡 같이 굽이진 바다에 잠자고,	山似神龍枕海隈,
구름은 아침저녁으로 절로 오가네.	自雲朝夕自從來.
농사짓는 밭에 비 많이 내리려고,	欲施霖雨農桑畝,
문득 은일대에서 연무 되었네.	便作烟霞隱逸臺.
신비하고 환한 영기는 깊은 골짜기로 가고,	氣秘炳靈深邃去,
아득한 모습은 점점 조금씩 열리네.	形藏磅礴漸微開.
늦게 배운 남양의 고상한 선비 누워있으니,	晩學南陽高士[519]臥,
지금 어떻게 봉추를 얻어 돌아갈까나.	而今那得鳳雛[520]回.

남계의 여린 버들 [南溪嫩柳]

버드나무 시냇가 남쪽에 봄 먼저 옴을 보니,	眼柳溪南先得春,
강산의 맑은 기운은 모두 새롭네.	江山淑氣一般新.
비 내린 후의 부드러운 풀숲에는 새싹 숨 쉬고,	柔叢過雨萌芽息,
바람 맞이한 여린 잎은 수시로 읍을 하네.	嫩葉迎風揖向頻.
율리에서 언제 《국보》를 함께 하고,	栗里[521]何年同菊譜[522],
정천에서 한가한 날 꽃 감상할 이웃을 맞이할까나.	程川[523]暇日接花隣.
꾀꼬리가 큰 가지에 의지해 노래 부르니,	喬枝剩借鶯歌喚,
다른 이의 춘심을 동하게 만드네.	領得春心勸別人.

519 南陽高士(남양고사): 남양(南陽)의 뛰어난 선비라는 의미로, 중국 삼국(三國)시대 촉(蜀)나라의 재상 제갈량(諸葛亮)을 말한다. 유비(劉備)를 만나기 전에 남양의 초려(草廬)에 살았기 때문에 이렇게 말한 것이다.

520 鳳雛(봉추): 봉황의 새끼라는 뜻에서, 지략이 뛰어난 젊은이를 비유적으로 이르는 말이다.

521 栗里(율리): 중국 강서성(江西省) 구강현(九江縣)에 있는 지명으로, 도연명(陶淵明)이 이곳에 은거했다고 전한다. 후에는 흔히 고향을 가리키는 말로 쓰인다.

522 菊譜(국보): 송나라 사람 유몽(劉蒙)이 명국(名菊) 35종에 대해 기술한 책이다.

523 程川(정천): 북송(北宋)의 이학자 정호(程顥; 1032~1085)의 시 《춘일우성(春日偶成)》 속에 언급한 냇가를 말한다. 시는 이렇다: 구름 맑고 가벼운 바람 부는 한낮에, 꽃 스쳐 버들 따라 내를 건너네. 사람들 내 즐거움 알지 못하고, 한가함을 탐내 소년처럼 논다고 말하네(雲淡風輕近午天, 傍花隨柳過前川. 時人不識余心樂, 將謂偸閒學少年).

북쪽 논두렁의 오래된 느티나무 [北陌老槐]

서재 옆의 멋진 느티나무, 爲傍書帷[524]樹好槐,
백 년의 크고 수려함은 해를 향해 열렸네. 百年喬秀向陽開.
지친 나그네 몇 번이나 모진 풍상 거치고, 疲客幾閱風霜劫,
좋은 기운의 새싹은 비와 이슬이 북돋우네. 佳氣新萌雨露培.
허성이 정성으로 보살피니 큰 그릇이라 할 만하고, 精注虛星[525]稱大器,
단단한 뿌리와 좋은 흙은 훌륭한 재목이네. 根盤信土合良材.
그 무성함은 황실 정원의 나무로 보이고, 繁華試看王庭植,
그 모습은 삼태의 모습을 얻어 음덕으로 돌아오네. 象得三台[526]景蔭回.

동쪽 고개의 푸른 소나무 [東嶺翠松]

동쪽 고개 돌아 어루만지는 빼어난 외로운 소나무, 撫回東嶺秀孤松,
무성하고 곧게 서 있으니 모든 수목이 우러르네. 鬱彼亭亭百卉宗.
처사의 정절은 진나라의 역사에 오르고, 處士貞操登晉史[527],
대부의 높은 작위는 진나라에 봉해짐이 부끄럽네. 大夫高爵愧秦封[528].
추운 겨울에 누가 늘 봄날의 빛깔을 차지하고, 歲寒[529]誰獨常春色,
늦겨울에도 푸른데 어찌하여 세상에 외면받나. 晚翠[530]渠猶不世容.
바람과 거문고를 수시로 옆에서 듣는 것 좋아하고, 愛聽風琴頻起傍,
달 속에 깃든 학은 빗속의 용이라네. 月中棲鶴雨中龍.

524 書帷(서유): 서재에 친 휘장이라는 뜻으로, 서재를 이르는 말이다.

525 虛星(허성):이십팔수의 열한 번째 자리에 있는 별들을 말한다.

526 三台(삼태): 큰곰자리에 속하는 상태(上台)·중태(中台)·하태(下台)의 세 별을 말한다. 이 별은 보통 삼공(三公)의 지위를 나타낸다.

527 處士貞操登晉史(처사정조등진사): 동진(東晉)의 대시인 도연명(陶淵明)이 진(晉)나라의 역사에 이름을 올린 것을 말한다. 도연명은 41살에 팽택현(彭澤縣) 현령(縣令)을 지내면서 “내 다섯 말의 녹봉 때문에 향리의 소인에게 허리를 굽혀 절할 수 있겠는가”라고 하며, 그날로 현령 자리에서 물러나 고향으로 돌아갔다고 한다.

528 大夫高爵愧秦封(대부고작괴진봉): 진시황(秦始皇)이 봉선 의식을 거행하려고 태산(泰山)을 오를 때 비가 내리자 소나무 밑에서 피했는데, 후에 이 소나무를 대부에 봉했다고 한다.

529 歲寒(세한): 설을 전후로 한 추위라는 뜻으로, 매우 심한 한겨울의 추위를 이르는 말이다.

530 晚翠(만취): 늦겨울에도 변하지 않는 소나무나 대나무 따위의 푸름을 말한다.

서헌의 푸른 대나무 [西軒綠竹]

수많은 긴 대나무 늦게 그늘이 지고,	修竹千竿作晩陰,
푸르고 푸름은 세속 사람들의 마음 좇지 않네.	靑靑不使俗人心.
아침 되면 잎은 바람 맞아 옥 소리 내고,	臨朝葉碎風聲玉,
밤이 되면 줄기는 금빛 달그림자를 체로 치네.	到夜枝篩月影金.
아름다운 광채 나는 군자의 덕처럼 볼만하니,	有斐[531]可觀君子德,
현악기 없어도 절로 멋진 거문고 소리 연주하네.	無絃自奏化工琴.
육의루라는 누대 이름은 비웃을 만하고,	六宜樓號還堪笑,
내가 좋아하는 내 건물에 앉아 옷깃 바로 하네.	吾愛吾軒坐整襟.

11 용산을 노래하며 [題龍山][532]

김용록(金鏞祿; 미상)

들판에 뻗은 산세가 용과 같아서,	山勢模龍宜野城,
굼틀거린 모양이 참으로 분명하네.	蜿蜒盤屈自分明.
어느 때 변하여 하늘에 오를까,	變化何時登碧落,
이제 곧 큰 사람 나길 기다리네.	至今留待大人生.

531 有斐(유비): 아름다운 광채가 나는 것을 말하는데, 보통 학식과 인격이 훌륭한 사람을 이른다.

532 이 시는 《일월향지(日月鄕誌)》 〈용산의 고설(古說)〉조에서 발췌했다. 다만 이곳에는 시의 출처가 없고 작가를 김용록(金鏞祿)이라고만 했다.

회학사지(回鶴師池) 관련 시

회학사지(回鶴師池)는 신라와 고구려 군사들이 대치했던 저수지이다. 우리 지역에 고구려와 관련된 몇 안 되는 이야기가 서려 있는 곳이기도 하다.

포항시 북구 청하면 청계(淸溪)라는 마을에서 서북쪽으로 뚫린 그 안골에는 1965년에 준공된 만수면적 12.29ha의 청계지가 있다. 여기서 다시 1km쯤 골짜기로 들어가면 회학지라는 크고 오래된 저수지가 나타난다.

이 저수지는 신라와 고구려가 세력다툼을 벌일 때 이미 존재했던 삼국시대에 축조된 못으로 알려져 있다. 저수지의 원래 이름은 시에서 말한 것처럼 호학제(呼鶴堤)였다. 이곳은 서북 쪽 산봉우리의 청계도사(淸溪道士)라는 신선이 학을 불러 놀던 호학봉(呼鶴峰)에서 유래했다. 이후 세월이 지나면서 둑을 높이는 공사를 몇 번 거쳐 지금의 회학지가 되었다.

회학사(回鶴師)는 학처럼 돌아가는 군사들을 말한다. 학은 북쪽에서 내려 왔다가 다시 북쪽으로 돌아가는 회귀본능을 갖고 있다. 사(師)는 군사를 의미한다. 이 말은 이 지역을 침략했던 고구려 군사들이 자신들의 땅인 북쪽으로 되돌아간다는 의미를 함축하고 있다.

신라와 고구려가 이 저수지를 사이에 두고 대치한 적이 있었다. 서로 오랫동안 버티다가 서라벌에서 백 리 되는 거리에 있는 백리두들[百里田原, 百里丘]이라는 언덕에서 일전을 치루었다. 이 전투에서 고구려 군사들은 대패하여 예대두들[禮待丘]에서 항복의 예를 올리고 무기를 모조리 땅에 묻은 후 거진령(去陣嶺)으로 퇴각했다고 전한다.

그래서 이 일대에는 용잠이등골(龍臥嶝谷)·진등골(陣燈谷)·활무덤·도끼재·도칫골·용허등(龍虛嶝)·활골(弓谷; 화랑곡) 같은 전흔(戰痕)이 깃든 지명들이 많다. 용잠이등골(龍臥嶝谷)은 이 저수지의 동편에 용이 누운 듯한 모습의 길쭉한 야산자락을 말한다. 이곳에 기치창검을 든 고구려의 장병들이 길게 포진하여 세를 과시하니 그 모습이 용의 등지느러미 같았다 하여 불린 이름이라고 한다. 진등골은 용잠이등골 동편 긴 골짜기로, 이곳에 고구려 군사들이 진을 치고 있을 때 밤이면 횃불과 야영장의 모닥불이 휘황찬란했던 것에서 유래했다. 이 골짜기의 어디엔가 고구려 군사들이 활과 무기를 묻어버린 무덤이 있어 활무덤이라고 전한다. 진등골을 따라 천령산 머리 쪽으로 오르면 도끼재라는 나지막한 고개가 나온다. 안청계마을과 회학지로 이어지는 지름길이 이곳으로 나있다. 그 아래 골짜기가 도칫골이다. 도끼와 같은 무기로 무장을 한 군사들이 주둔하였던데 연유하거나 주 무기였던 도끼를 묻어버리고 퇴각하였기 때문에 지어진 이름이라고 전한다. 저수지의 남쪽으로는 호학봉에서 흘러내리는 주맥이 진산의 목을 이루는 모습인데, 움푹 패인 자리가 있어 용이 앉았던 자리라 하여 용허등(龍虛嶝)이라 부른다. 이 자리는 훗날에도 이여송이 혈(穴)을 잘랐다거나 일제강점기 때 일경(日警)이 혈을 자르기도 했다. 등 너머 남서쪽 골짜기가 활골이다. 이 계곡은 물이 좋은 깊은 골짜기로, 신라군의 병사들 중 궁노수들이 대거 포진하여 훈련하면서 진을 치고 있었다 하여 궁곡(弓谷), 혹은 장교급 화랑들이 다수 포진하고 있었다 하여 화랑곡이라고도 불린다.

---

1 호학제를 노래하며 [題呼鶴堤][533]

이석하(李石夏; 미상)

구름 깊은 노목 속에 다른 세상 있어,	樹老雲深別有天,
한 굽이 맑은 시내가 벽산 앞에 흐르네.	淸溪一曲碧山前.
중방산 주변의 경색은 향내 가득하고,	仲芳馥馥[534]其邊色,
회학제에서 이곳의 신선은 하늘을 나네.	回鶴翻翻此處仙.
어지러운 일은 옛날로 던져버리고,	紛紛事機投昔日,
화봉의 세찬 물은 아침 연기로 향하네.	淚淚花峰向朝烟.
덕을 닦는 마음이 어찌 훌륭하겠는가,	修德中心何所榮,
뜰의 난초는 태평의 자리를 웃으며 떠나네.	廷蘭笑下太平筵.

533 이 시는 출전이 분명치 않다. 본편의 시는《일월향지(日月鄕誌)》에서 발췌했다. 다만 이곳에서는 시의 출처는 없고, 작가를 청안(淸安) 사람 이석하(李石夏)라고만 했다.

534 馥馥(복복): 향기가 아주 짙음을 말한다.

상태사(常泰寺) 관련 시

《신증동국여지승람(新增東國輿地勝覽)》에는 호학산(呼鶴山)에 있다고 하였다. 1625년 류숙(柳潚)이 이곳을 방문해 시를 남겼는데, 시에서는 절은 이미 쇠락하고 누각만 있었다고 읊었다. 또 《원각조사비》에 의하면 사리탑이 이 절에 있었다고 한다. 《영일읍지》(1929)에서 상태사가 지금은 없다고 한 것으로 보아, 17세기 후반에서 18세기 초반에 폐사된 것으로 추정된다. 상태사 터는 천령산 우척봉 아래에 있다.

---

1 상태사 [常泰寺]

류숙(柳潚; 1564~1636) 《취흘집(醉吃集)》(권3)

황량한 옛 절은 푸른 고개에 기대있고,	古寺荒涼倚碧岑,
번화했던 모습 사라지고 저녁 구름에 잠겼네.	繁華銷歇暮雲沈.
속세 사람들이 두려워하면 초동은 싫어하고,	生憎閭井樵兒惡,
염라대왕 무섭지 않으면 지옥은 깊다네.	不怕閻羅地獄深.
패엽경은 신발 삼는 재료가 되었고,	貝葉經爲苴履具,
보리수는 시운이 다하여 베어졌네.	菩提樹盡運斤侵.
높은 누각이 있어서 바다를 보기에 충분하니,	惟餘望海高樓在,
다시 오르지 않아도 나그네 마음을 달래주네.	無復登臨慰客心.

별래재 관련 시

별래재는 벼래재라고도 한다. 한자어로는 성현(星峴) 또는 별내현(別乃峴)라고도 한다. 이 고개는 흥해로 넘어가는 중요한 고개이다.

1-2 별래재를 넘으며 [踰星峴]

이효상(李孝相; 1774~?) 《일재유고(逸齋遺稿)》

성 밖 강의 물가엔 아는 사람 드물고,	河州城外故人稀,
들의 주막과 산의 술집에서 취해 돌아오네.	野店山壚倦醉歸.
일에 밝으신 조물주께서 재미난 놀이 주시니,	會事天公[535]供戲劇,
가는 비에 행장을 젖게 하시네.	故教微雨濕征衣.
장자봉 앞에서 술 몇 잔 하고,	長子峰前酒數卮,
태평제 가에서 가끔 지팡이를 멈추네.	太平堤畔住笻時.
병들고 정신없는 나그네 가련하고,	堪憐病客無情緒,
향긋한 풀과 맑은 냇가는 온 눈에 시라네.	芳草晴川滿眼詩.

535 天公(천공): 하늘을 의인화한 것으로, 조물주를 말한다.

3 별래재 가는 길에서 [星峴道中]

이효상(李孝相; 1774~?)《일재유고(逸齋遺稿)》

촌길 사이로 간간이 흐르는 물소리 들려오고,	村蹊斷續聞流水,
높은 곳의 산 가게에서 나지막이 높이를 묻네.	山店高低問高低.
지친 걸음으로 다시 별래재 가는 길을 찾고,	倦脚重尋星峴路,
취한 눈엔 아직도 달 뜬 가파른 누대 같네.	醉眼猶帶月樓危.
팔순의 노인은 아직도 호탕하게 거동하고,	翁年八耆猶豪擧[536],
뚜벅뚜벅 돌아올 땐 온 소매에 시 가득하네.	得得[537]歸裝滿袖詩.

536 豪擧(호거): 호방하고 의협심이 강한 행동을 말한다.
537 得得(득득): 뚜벅뚜벅 걷는 모습을 말한다.

임영각(臨瀛閣) 관련 시

임영각은 송라도찰방부(松羅道察訪府)의 정당(政堂)이다. 세조(世祖) 4년(1458) 화산(花山) 일원에 있던 송라역(松羅驛)이 관동으로 이전할 때 두었다. 이때 관동에 찰방(察訪)을 주재시켜 인근 일곱 읍(邑)의 역(驛)을 관리토록 하였는데, 임영각은 이 지역의 행정업무를 처리하는 기관으로 쓰였다. 관동은 지금의 청하면 덕천리에 해당한다. 임영각은 1910년 경술국치 때 철거되었다.

1-2 임영각에서 자유와 함께 지으며 [臨瀛閣與子柔共賦]

이시항(李時沆; 1630~1689) 《팔회당유고(八懷堂遺稿)》(권1)

물 위 개구리밥이 만나 맞이하는 곳,	萍水[1]逢迎地,
도성에서 오랫동안 사람과 헤어졌네.	京都久別人.
한바탕 시를 짓고 술을 마시니,	一場詩與酒,
봄날 바다 역참에서 몹시 흥겹네.	豪興[2]海郵春.
타향에서 나그네 된 지 오래고,	異鄉爲客久,
이미 세 번의 봄이 지났네.	佳節已三春.
강가의 여린 꽃들 붉게 물들고,	紅入江花嫩,
시냇가 새 버들에는 푸름이 돌아오네.	青歸澗柳新.
안동의 외로운 나그네 그리움 막기 어렵고,	永嘉[3]孤客思難禁,
반벽에 등불 돋우니 밤빛 어둑하네.	半壁挑燈夜色沈.
여흥에 절구 세 구절을 짓고,	旅興便成三絶句,

1 萍水(평수): 물 위에 뜬 개구리밥이라는 뜻으로, 이리저리 떠돌아다님을 비유적으로 이르는 말이다.
2 豪興(호흥): 몹시 흥겨운 것을 말한다.
3 永嘉(영가): 안동(安東)의 옛 이름이다.

고향 근심에 거문고 하나 타서 넣네. 鄕愁翻入一張琴.
올 땐 봄꽃들 감상하기 좋았는데, 來時好賞春花蘂,
돌아갈 땐 여름 나무의 그늘 놀라보네. 歸日驚看夏樹陰.
절기는 이렇게 물 가듯 따라오고, 節序從來如逝水,
즐거움을 취함에 어찌 자루 속 황금 아끼리. 取歡何惜橐中金.

3 임영각을 노래하며 [題臨瀛閣][4]

이도문(李道文; 1861~1930)

울창한 성에서 언제 관아를 두었는지 묻고, 蔆城設館問何年,
객사는 가없는 바닷가에 가깝네. 客舍滄茫近海邊.
줄지어 서는 것을 옛날엔 가장 위에 선다 하고, 斑序舊稱忝上列,
지금 관아의 사람으로 전근 왔네. 調差今棟院中員.
소식처럼 절(浙) 땅을 유심히 볼 뿐이지, 何妨蘇老留看浙,
신선 되려고 떠난 반초(班超)는 부러워하지 않네. 不羨斑生[5]去作仙.
다만 임금과 부친을 크게 그리는 마음뿐이니, 祇有君親餘一念,
매일 북당 앞에서 돌아갈 날 꿈꾸네. 日還歸夢北堂前.

4 이 시는 출전이 분명하지 않다. 본편의 시는 박일천(朴一天)의 《일월향지(日月鄕誌)》 〈임영각(臨瀛閣)〉조에서 발췌했다.

5 斑生(반생): 서역을 30년 동안 진수(鎭守)하여 정원후(定遠侯)에 봉해진 한나라의 장군 반초(班超)를 말한다.

학산서원(鶴山書院) 관련 시

송라면 중산리(또는 학산리)에 있는 서원이다. 숙종 18년(1692) 지방 유림의 공의로 회재(晦齋) 이언적(李彦迪; 1491~1553)의 학문과 덕행을 추모하기 위하여 창건하여 위패를 모셨다. 고종 5년(1868) 대원군의 서원철폐령으로 훼철되었다가 그 뒤 복원하지 못했다.

서원이 훼철되기 전에 학산서원 관련 시는 대부분 청하 소동리 출신의 유학자 운고(雲皐) 김재윤(金在瑜; 1808~1893)이 남긴 것이다. 김재윤은 또 《학산서원중화루중수기(鶴山書院中和門重修記)》도 남겨 학산서원 관련 자료를 풍부하게 해주었다.

---

1 다시 학산서원에 와서 [仍至鶴院]

채구장(蔡九章; 1684~1743) 《운와집(耘窩集)》(권2)

학산서원에 빼어난 풍광 많음은, 鶴院多奇勝,
자옥산과 같다네. 還同紫玉山[6].
섬돌 아래 외로운 오동나무 오래되어, 孤桐階下老,
오늘 저녁은 달 보기 좋겠네. 今夜月宜看.

---

6 紫玉山(자옥산): 경주시 안강읍 옥산리와 영천시 고경면 오룡리에 걸쳐있는 산으로 높이는 563m이다. 그 아래에 회재(晦齋) 이언적(李彦迪; 1491~1553)의 덕행과 학문을 추모하기 위해 선조 5년(1572) 경주부윤 이제민(李齊閔)이 세운 옥산서원(玉山書院)이 있다. 이 구절은 회재 이언적을 모신 학산서원이 자옥산 자락의 옥산서원과 밀접한 관계가 있음을 말한다.

2 학산서원에서 노닐며 [遊鶴山書院]

보경사에 있다(在寶鏡)

김재윤(金在琇; 1808~1893) 《운고집(雲皐集)》(권1)

선생의 자취가 서린 곳, 先生杖履地,
서성이며 옛 모습 생각하네. 彷彿想高風.
제사 지낸 지 몇 년이나 되었나, 尸祝[7]曾何載,
산 맑고 물 고운 이곳에서. 山明水麗中.

3 돈교당 [敦教堂]

김재윤(金在琇; 1808~1893) 《운고집(雲皐集)》(권1)

선비들 수련할 계획으로, 多士藏修計,
여기에 돈교당을 지었네. 此成敦教堂.
현인을 숭상하고 덕을 닮을 생각, 崇賢思象德,
백세라도 고운 이름 남으리. 百歲可遺芳.

4 주경재 [主敬齋[8]]

김재윤(金在琇; 1808~1893) 《운고집(雲皐集)》(권1)

마음을 거두고 성품을 기르는 길, 收心養性道,
'경(敬)'자 써서 편액으로 동쪽에 걸었네. 書敬揭扁東.
덕이 바로 온갖 사악함 물리치면, 德立羣邪退,
바야흐로 '경'의 공력을 보리. 方看直內功.

---

7 尸祝(시축): 원의는 제사를 주관하는 관원을 말하는데, 이곳에서는 제사를 모시는 것을 말한다.

8 主敬齋(주경재): 학산서원의 재사(齋舍)이다.

5 사성재 [思誠齋[9]]

김재윤(金在瑨; 1808~1893) 《운고집(雲皐集)》(권1)

조심하고 두려워하기를 쉬지 않는 곳,	惕若乾乾地,
한마음으로 자신을 속이지 않는 일.	一心毋自欺.
한가로운 사려에도 망녕된 마음 없이,	閑思無妄念,
우리 공부는 배우고 실천하는 것.	斯道學而爲.

6 중화루 [中和樓[10]]

김재윤(金在瑨; 1808~1893) 《운고집(雲皐集)》(권1)

마음 노력으로 천지와 조화를 이루고,	心功致位育[11],
그 지극한 것이 바로 중화이네.	極處乃中和.
진수가 가득해 넓은 곳에 거함을 생각하고,	盎粹思居廣,
누각에 올라 호연의 노래를 부르네.	登臨浩浩歌.

7 세심대 [洗心臺]

김재윤(金在瑨; 1808~1893) 《운고집(雲皐集)》(권1)

계곡물 맑아 바닥까지 보이고,	澗流明見底,
가운데 선 열 길 세심대.	中有十尋臺.
마음을 거울처럼 씻어주니,	洗滌心如鑑,
구름이 끼었다가 걷히는 듯.	天雲爛復開.

9 思誠齋(사성재): 학산서원의 재사(齋舍)이다.

10 中和樓(중화루): 학산서원의 문루(門樓)이다.

11 位育(위육): 하늘과 땅의 조화를 돕는다는 의미로, 모두 제자리에 편안히 있게 되고 만물이 충분히 길러지게 되는 것을 말한다. 《중용(中庸)》 첫 장은 "중화를 지극히 하면, 천지가 자리 잡히고, 만물은 길러진다(致中和, 天地位焉, 萬物育焉)."라고 했다.

8 학산서원 중수운에 차운하며 [鶴山書院重修韻]

김재윤(金在瑲; 1808~1893) 《운고집(雲皐集)》(권1)

백 년 동안 학문에 힘써 건물 이루니,	藏修[12]百世肯堂成,
학산서원의 유풍은 《녹명》에 버금가네.	鶴院儒風擬鹿鳴[13].
어렵게 찾고 어렴풋이 바치니 후학들 탄식하고,	擿埴[14]迷送嗟後學,
회재 선생이 남긴 자취를 심히 그리워하네.	羹墻遺慕晦先生[15].
열심히 빈 배에 가셔도 부조수로 부르셨고,	力到虛舟稱副手,
공을 세워 실지에 올라도 성의를 다하셨네.	功登實地可輸誠[16].
평소 글을 자주 쓰심은 여남은 일이시고,	尋行數墨猶餘事,
물에 임하고 산을 보며 옛 언약을 실천하셨네.	臨水看山踐舊盟.

12 藏修(장수): 책을 읽고 학문에 힘씀을 말한다.

13 鹿鳴(녹명): 《시경(詩經)·소아(小雅)》에 나오는 편명으로 3장으로 되어있다. 어질고 선한 이들을 집으로 초대해 잔치를 베푸는 내용으로, 천자가 군신 간의 정을 돈독히 하기 위해 벌이는 잔치에서 부르던 노래이다.

14 擿埴(척식): 맹인이 지팡이로 땅을 짚으면서 어렵게 길을 찾아가는 것을 말하는데, 학문하는 이치를 알지 못하고 억측하고 행동함을 비유적으로 이르는 말이다.

15 晦先生(회선생): 회재(晦齋) 이언적(李彦迪; 1491~1553)을 말한다. 학산서원은 회재 이언적을 배향하고 있다.

16 輸誠(수성): 성의를 다함을 말한다.

9 학산서원 문루 중수운에 차운하며 [鶴山書院門樓重修韻]

김재윤(金在瑜; 1808~1893) 《운고집(雲皐集)》(권1)

백 세 동안 치우치지 않고 열심히 학문에 힘쓰며,	中和百世好藏修,
좋은 이름을 내려 이 문루를 올렸네.	錫得嘉名起是樓.
지팡이 짚고 신 신고 언제 이곳을 유람했던가,	杖履何年遊覽地,
오늘 강산은 가을로 모습을 바꾸는구나.	江山今日改觀秋.
벗이 먼 곳에서 오니 마음은 즐겁고,	朋來自遠心猶樂,
배워서 진리를 찾으려니 두렵다고 말하네.	學欲尋眞道可憂.
이 문파를 모범으로 삼아 바르게 나아가면,	矜式[17]斯門趨向正,
우리 유생들은 이로 모두 훌륭해지리.	吾儒從此儘休休.

17 矜式(긍식): 모범으로 삼는 것을 말한다.

三

흥해읍(興海邑)

흥해(興海) 또는 곡강(曲江) 관련 시

흥해는 포항시 북구의 가운데에 자리한 읍이다. 북쪽으로는 청하면, 서쪽으로는 신광면, 남쪽으로는 북구의 여러 동, 동쪽으로는 동해와 접해 있다.

흥해읍은 조선 시대 흥해군의 행정중심지가 있던 오랜 역사를 지닌 곳이다. 선사시대 때 바다에서 해일이 일어나 흥해지역 전체가 물에 잠겨 큰 호수로 변했다. 반만년 동안 호수였던 곳을 동편의 곡강(曲江) 어귀의 산맥을 절단하여 그곳으로 호수의 물이 흐르게 하여 평야를 이루게 하였다. 이로써 가뭄에도 물 걱정을 하지 않았는데, 항상 바다와 함께 흥한다 하여 흥해로 부르기 시작했다고 한다.

《삼국사기지리지》에는 "원래 퇴화군(退火郡)이라 했다. 경덕왕 때 의창군(義昌郡)으로 바꾸었다. 지금의 흥해군(興海郡)이다."라고 했다. 《고려사지리지》에는 흥해군으로 나오며, 이후 조선 시대의 흥해군 읍지 대부분에 동일하게 기록되어있다. 흥해의 첫 이름인 퇴화군에서 '화(火)'는 순우리말 '불'이나 '벌'을 한자의 뜻을 따서 표기한 것이며, 신라 시대에는 성(城)을 가리키는 이름이었다.

일제강점기 때인 1914년에 행정구역이 개편이 이뤄지면서 흥해군의 대부분 지역이 흥해면으로 바뀌었고, 1983년에 영일군 흥해읍으로 승격했다. 1995년 영일군과 포항시가 통합되면서 포항시 북구 흥해읍이 되어 지금에 이르고 있다.

본편에서는 흥해라는 지역 자체를 시제로 삼은 시들만 수록했다. 흥해에 있는 다른 명소들을 노래한 시들은 아래에 따로 분류해놓았다. 흥해 관련 시는 현재 문헌상으로 박효수(朴孝修; ?~1377)와 이곡(李穀; 1298~1351) 등의 시부터 보이기 시작하는데, 시기적으로 고려 말이 된다. 이후 조선 시대 말기까지 계속 지어졌다. 시의 주제는 주로 흥해의 아름다운 풍광, 흥해를 지나가면서 느낀 개인의 고뇌와 감회 및 구세제민(救世濟民)의 포부, 흥해 지방 백성들의 궁핍한 생활 등을 담고 있다.

---

1 흥해와 송라 길에서 바다의 파도를 보며 [興海松羅途中觀海圖]

박효수(朴孝修; ?~1377) 《동문선(東文選)》(제7권)

세찬 바람 갑자기 일어 바다를 뒤집으니,	颶風欻起飜滄溟,
하늘과 물이 서로 붙어 캄캄해진다.	天水相兼晦且冥.
만 개의 반짝이는 산이 낮아졌다 다시 일어서고,	銀山萬朶低復屹,
백 가지 천 가지 우레 북은 한 소리를 내는구나.	百千雷鼓同一聲.
부상 떠내려갈 듯 지축이 흔들리고,	扶桑將漂地軸動,
용왕은 궁전이 무너질까 걱정이리.	龍王坐愁宮殿傾.
파신이 흩어지고 수족들 요란하니,	波臣[1]搖蕩水族亂,
곤과 고래가 한 것이 아니면 누구이겠는가.	誰之所爲鯤[2]與鯨.
어떻게 해서 나의 의천검 뽑아,	安得杖我倚天劍[3],
한 번 휘둘러 그 비늘을 눈처럼 가볍게 찢으면.	一揮鱗甲雪碎輕.
동해는 바로 비단결 같이 고와지고,	直敎東海淨如練,
다시 태양을 받아 청명해지리.	復瞻白日涵淸明.
이무기·용·새우·게는 각자 편안한 자리 찾아,	蛟螭蝦蟹樂得所[4],
성스러운 은택 속에 시원스럽게 헤엄치누나.	游泳聖澤之泠泠.

---

1 波臣(파신): 수족(水族)이다. 옛날 사람들은 강과 바다에 사는 수족들도 역시 임금과 신하가 있다고 생각하였다.

2 鯤(곤): 상상의 속의 큰 물고기 이름이다.

3 倚天劍(의천검): 하늘에 닿을 정도로 매우 긴 보검을 말한다.

4 得所(득소): 각자 알맞은 자리나 지위를 얻는 것을 말한다.

2 달밤에 흥해 향교에서 늙은 기생이 타는 거문고를 들으며 [興海鄕校月夜聞老妓彈琴]

박치안(朴致安)[5] 《동문선(東文選)》(권17)

칠보 방에서 노래하고 춤추기도 했건만, 七寶房[6]中歌舞時,
어이 알았으리 이 오지에 와 늙을 줄을. 那知白髮老荒陲.
돈 없어 《장문부》를 살길이 없으니, 無金可買長門賦[7],
꿈에서나 비단 글자를 헛되게 전하누나. 有夢空傳錦字詩.[8]
눈물은 몇 번이나 비단 소매를 적시었소, 珠淚幾霑吳練袖,
훈향은 아직도 비단 치마에 배어있네. 薰香猶濕越羅衣.
깊은 밤 창밖 달 아래 애를 끊는 그 가락, 夜深窓月絃聲苦,
평생에 지기 없음을 한하는 듯하구나. 只恨平生無子期[9].

---

5 朴致安(박치안): 고려 때의 문인으로 자세한 생평은 알 수 없다. 《신증동국여지승람(新增東國輿地勝覽)》에는 그의 시를 한 수 소개하고 있는데 바로 이 시이다.

6 七寶房(칠보방): 일곱 가지 보물로 꾸민 방으로, 여기에서는 아주 화려하게 꾸민 방을 말한다.

7 長門賦(장문부): 악부(樂府) 가곡 이름이다. 한(漢) 무제(武帝) 때 진황후(陳皇后)가 무제의 노여움을 사 장문궁(長門宮)에서 별거하게 되었다. 이때 황후는 사마상여(司馬相如)가 문장에 뛰어나다는 말을 듣고, 그에게 황금 100근을 내려주면서 자신의 억울한 심사를 글로 나타내 줄 것을 부탁했다. 그때 사마상여가 지은 작품이 바로 《장문부》이다. 황후는 이 일로 인하여 다시 무제의 총애를 받았다.

8 금자시(錦字詩): 전진(前秦)의 두도(竇滔)가 양양(襄陽)을 진수(鎭守)할 때 총희(寵姬) 조양대(趙陽臺)를 데리고 부임하여 그 처 소씨(蘇氏)와 소식을 끊어버렸다. 이에 소씨가 한스러워하고 슬퍼하여 비단에 회문시(廻文詩)를 짜 넣어 두도에게 부치니, 도가 그 비단 글자를 보고 감복하여 수레를 갖추어 소씨를 맞아왔다.

9 子期(자기): 종자기(鍾子期)를 말한다. 《열자(列子)·탕문(湯問)》은 "백아는 거문고를 잘 연주했고, 종자기는 (백아의 연주를) 잘 감상했다. 백아가 거문고를 탈 때, 그 뜻이 높은 산에 있으면 종자기는 '훌륭하다, 우뚝 솟은 그 느낌이 태산 같구나.'라고 했고, 그 뜻이 흐르는 물에 있으면, 종자기는 '멋있다, 넘칠 듯이 흘러가는 그 느낌은 마치 강과 같군.'이라고 했다. 백아가 뜻하는 바를 종자기는 다 알아맞혔다. 종자기가 죽자, 백아는 더 이상 세상에 자기를 알아주는 사람이 없다고 말하고 거문고를 부수고 줄을 끊고 종신토록 연주하지 않았다(伯牙善鼓琴, 鍾子期善聽. 伯牙鼓琴,志在高山, 鍾子期曰: 善哉, 峨峨兮若泰山. 志在流水, 鍾子期曰: 善哉, 洋洋兮若江河. 伯牙所念, 鍾子期必得之. 子期死, 伯牙謂世再無知音, 乃破琴絶絃, 終身不復鼓)"라고 했다. 이곳에서는 자신을 알아주는 지기를 말한다.

3 흥해 가는 길에서 [興海途上]

김극기(金克己; 미상)[10] 《동문선(東文選)》(제19권)

뽕나무 사이의 아낙이 좁은 길에 따라오고, 桑間婦女[11]趁微行,
뻐꾹새 날아와 나뭇가지를 돌며 우네. 撥穀[12]飛來繞樹鳴.
농민들은 쟁기와 보습 들고 갈 뿐이니, 只爲田家趨耒耜,
누가 관현악으로 그 소리 그려낼 수 있으랴. 何人寫出管絃聲.

4~5 흥해현 객사에서 노래하며 [題興海縣客舍]

이곡(李穀; 1298~1351)[13] 《가정집(稼亭集)》(권20)

비옥한 토지와 이로운 지형에 또 물고기 소금까지, 田腴地利帶魚鹽,
단지 걱정은 백성을 공정치 못하게 대하는 것. 只恐臨民頗不廉.
오래된 객사는 어떤 누가 중건할 수 있을는지, 古館何人能起廢,
썩은 기둥 깨진 기왓장 앞 처마에 떨어지는데. 腐椽殘瓦落前簷.

---

10 金克己(김극기): 고려 후기의 문신이다. 본관은 광주(廣州)이다. 호는 노봉(老峰)이다. 일찍이 과거에 급제했으나 벼슬하지 못하다가 무신들이 정권 다툼을 치열하게 벌이던 명종 때 용만(龍灣)의 좌장(佐將)을 거쳐 한림(翰林)이 되었다. 뛰어난 문장가로서 당시 문인들의 높은 평가를 받았다. 시를 많이 지었다고 전하나 전하지 않고, 《동문선(東文選)》·《신증동국여지승람(新增東國輿地勝覽)》 등에 일부가 남아있다.

11 桑間婦女(상간부녀): 뽕나무 숲 사이의 아낙네들이란 말로, 노는 여인들을 말한다. 《시경》〈상중(桑中)〉에도 보이는데 남녀의 밀회(密會)를 읊고 있다. 《예기》에서는 상간(桑間)을 음탕한 음악이라 하였다.

12 撥穀(발곡): 뻐꾹새의 이칭이다. 뻐꾹새가 날아오르면서 날개 치는 소리를 나타낸 의성어이다.

13 李穀(이곡): 고려 후기의 학자이다. 본관은 한산(韓山)이다. 자는 중보(仲父)이고, 호는 가정(稼亭)이다. 이색(李穡)의 부친이다. 충숙왕 4년(1317) 거자과(擧子科)에 합격했다. 예문관검열·밀직부사·정당문학 등을 지냈다. 《동문선》에는 100여 편에 가까운 작품들이 수록되어 있다. 한산의 문헌서원(文獻書院), 영해의 단산서원(丹山書院) 등에 제향되었다. 저서로는 《가정집(稼亭集)》이 전한다.

나라에는 차와 소금을 제한하는 신법도 없는 데다, 國無新法[14]撓茶鹽,
파견된 유능한 관원들 백성을 안무하고 청렴하기까지. 更遣才能按且廉.
백성들이 지금 고통받는 까닭은 어디에 있는지, 民病如今在何處,
깊이 읊다 보니 석양빛만 빈 처마로 들어오네. 沈吟落照入虛簷.

누대에서 시를 읊는 것은 어디를 가나 모두 [흥해처럼] 이러하다. 영덕 이남은 강산이 똑같이 수려한데도 누대가 없어, 시인 묵객이 지나가면서도 흥취를 부칠 곳이 없으니, 어찌 이를 개탄하지 않을 수 있겠는가. 흥해에 와서 고을 형편을 살펴보니, 기름진 밭이 눈앞에 가득하고, 산과 바다에서 이익도 많았다. 다만 마을이 쓸쓸하고 관아는 쇠락하여서 누대라는 것을 어찌 감히 바랄 수나 있었겠는가. 이에 슬픈 생각이 들어 벽 사이에 절구 두 수를 남겨, 백성들의 풍기를 관찰하는 분에게 보인다(樓臺題詠, 往往皆是. 盈德以南, 江山自若而樓臺闕如也. 詞人墨客所嘗經過, 而託興無所, 安得不一爲之慨然乎. 及興海之爲郡, 良田彌望, 又饒山海之利, 而井邑蕭條, 館舍頹落, 敢望所謂樓臺者耶. 因惻然有感, 留二絶于壁間, 以示觀民風者云)

6 새벽에 흥해를 출발해 바다에 와서 느낌이 들어 [曉發興海, 到海口有感]

문경동(文敬仝; 1457~1521)[15] 《창계선생문집(滄溪先生文集)》(권3)

말 탄 나그네가 새벽달을 좇으니, 征鞍[16]趁曉月,
횃불이 새롭게 비추는구나. 炬火更光芒.

14 新法(신법): 중국 북송(北宋) 신종(神宗) 때의 재상을 지낸 왕안석(王安石)이 부국강병의 정책으로서 제정한 법을 말한다.

15 文敬仝(문경동): 조선 전기의 문신이다. 본관은 안동(安東)이다. 자는 흠지(欽之)이고, 호는 창계(滄溪)이다. 조부는 문손관(文孫貫)이고, 부친은 전연시직장(典涓寺直長) 문속명(文續命)이다. 성종 17년(1486) 생원과 진사 양시에 합격했고, 연산군 1년(1495) 증광 문과에 병과로 급제했다. 비안현감(比安縣監)·강원도도사(江原道都事)·청풍군수 등을 역임했다. 성품이 활달하여 얽매이는 것이 없었고 해학이 풍부했다. 문장에도 능하였는데, 특히 사부(詞賦)에 뛰어났다. 저서로는 《창계문집(滄溪文集)》이 있다.

16 征鞍(정안): 원의는 나그네의 안장이나 이곳에서는 나그네의 말의 의미로 쓰였다.

나팔 소리 비장하고, 畫角[17]聲悲壯,
고래가 일으키는 파도는 어지럽구나. 鯨波勢混茫.
반평생 부질없이 유도(儒道)에 뜻을 두다, 半生空在道,
양 귀밑머리 벌써 서리로 덮였네. 兩鬢已添霜.
부지런히 임금의 일을 따르려 했건만, 僶勉從王事,
애써도 감당하지 못함이 부끄럽네. 賢勞[18]愧未當.

7-8 상정을 모시고 곡강에서 노닐며 [陪橡亭[19]遊曲江]

어득강(魚得江; 1470~1550) 《관포선생시집(灌圃先生詩集)》

곡강은 바다로 들어가면서 다하고, 窮得曲江流入海,
흰 모래벌판엔 해당화 무수히 피었구나. 海棠無數白沙洲,
파도가 향하는 북쪽 바라보니 관동에 가깝고, 波頭北望關東[20]近,
한 줄기 푸른 산은 예의의 고장이라네. 一髮青山是禮州.

물고기 낚은 이 년 동안 홀로 떠돈 것 부끄럽고, 二載陳魚愧獨遊,
강산 역시 늙은 고을 수령을 비웃네. 江山亦笑老遨頭[21].
금 관인 찬 사람 오니 거마가 많아지고, 金章客至多車馬,
흰 갈매기 열 마리 모래사장 위를 나는구나. 飛盡沙頭十白鷗.

---

17 畫角(화각): 옛날 군중(軍中)에서 쓰던 대나무나 가죽 따위로 만든 나팔의 일종이다.

18 賢勞(현로): 여러 사람 중에서 특별히 힘써 수고함을 말한다.

19 橡亭(상정): 조선 전기의 무신 이사증(李思曾)을 말한다, '상정'은 그의 호이다. 종종 32년(1537) 영해부사를 역임했다. 이후 경상우도수군절도사·평안도병마절도사 등을 지냈다. 시도 잘 지어 문인들로부터 호평을 받기도 했다.

20 關東(관동): 고려 때부터 강원도 지방을 부르던 이름이다. 고려 때 지금의 철령에 철령관이라는 관문(關門)을 두고 서울을 지키는 한편, 변방을 단속했다. 이곳을 중심으로 그 동쪽을 관동이라 한다.

21 遨頭(오두): 고을 수령을 말한다.

9 곡강에서 봄 잔치 [曲江春宴]

이행(李荇; 1478~1534)[22] 《용재선생집(容齋先生集)》(권2)

곡강은 원래 풍광 빼어난 곳,	曲江元勝地,
봄날에는 더더욱 맑고 참되네.	春日更淸眞.
시를 지으러 오는 이름난 모임에,	來作題名會,
모두들 보답하고자 주인 되네.	俱爲報主身.
화려한 자리엔 푸른 풀 이어지고,	華筵連碧草,
신선의 음악에 숨었던 물고기도 나오네.	仙樂出潛鱗[23].
서로 진중해야 함을 귀히 여겨,	相戒須珍重,
사람들 다투어 뒤쪽의 먼지를 바라보네.	人爭望後塵[24].

10 흥해의 학도들에게 권장하고 보여주며 [勸示興海學徒]

김안국(金安國; 1478~1543) 《모재집(慕齋集)》(권1)

명륜당과 경신재는 규모를 갖췄으니,	明倫身敬[25]規模備,
사람 도리를 어찌 밖에서 찾으리요.	人道當爲豈外求.
말 많은 학생들이여 모름지기 힘써서,	煩語諸生須勉力,
몸소 실천하고 익혀 날로 닦으라.	躬行講習日兼修.

22 李荇(이행): 조선 전기의 문신이다. 본관은 덕수(德水)이다. 자는 택지(擇之)이고, 호는 용재(容齋)·창택어수(滄澤漁水)·청학도인(靑鶴道人)이다. 조부는 지온양군사 이추(李抽)이고, 부친은 홍주목사 이의무(李宜茂)이다. 연산군 1년(1495) 증광문과에 급제했다. 우찬성·이조판서·우의정 등을 역임했다. 문장이 뛰어났고, 글씨와 그림에도 능했다. 중종 묘정에 배향되었다. 저서로는 《용재집(容齋集)》이 있다.

23 潛鱗(잠린): 물속에 깊이 잠겨있는 물고기를 말한다.

24 後塵(후진): 사람이나 마차 따위가 지나간 뒤에 일어나는 먼지를 말한다.

25 明倫身敬(명륜신경): 향교 내의 건물인 명륜당(明倫堂)과 경신재(敬身齋)를 말한다. '신경'은 '경신'이 도치된 것이다.

11~20 흥해 십영 [興海十詠][26]

류세무(柳世茂; 미상)[27]

동해의 아침 해 [東海朝暾]

아득한 새벽 기운 속에 괴이한 기운 오르고,	曉色蒼茫怪氣昇,
일천 길 불 구름이 마구 흩어지며 오르네.	火雲千丈亂崩騰.
순식간에 바다 밑에서 금 바퀴 솟구치니,	須臾海底金輪湧,
맷돌 위의 부상은 몇 번째 층이런가.	碾上扶桑第幾層.

서산의 저녁 비 [西山暮雨]

세속 어느 곳에 번뇌를 매어둘까,	塵區何處豁煩衿,
서산의 맑은 기운 젖어듦에 기뻐하네.	喜有西岑爽氣侵.
검은 구름이 비를 내리고 지나가면,	更愛黑雲將雨過,
석양의 반쪽이 그늘지는 것 더 좋다네.	夕陽翻作半邊陰.

남산에서 달 감상하며 [南山翫月]

달이 바다 동쪽 하늘에서 날아오르니,	銀蟾[28]飛出海天東,
다함없는 맑은 빛을 바라보네.	無盡淸光一望中.
세상 모두가 맑고 깨끗한 굴이 되니,	世界渾成氷玉[29]窟,
이 몸은 달 궁전에 있는 듯하네.	此身如在廣寒宮[30].

26 이 시는 박일천(朴一天)의 《일월향지(日月鄕誌)》 〈명승고적편(名勝古蹟編)〉(60쪽)에서 발췌했다.

27 柳世茂(류세무); 생졸년이 분명치 않다. 조선 중기의 문신이다. 본관은 전주(全州)이고, 자는 자실(子實)이다. 부친은 성균생원(成均生員) 류팽성(柳彭成)이다. 명종 7년(1552) 식년시에서 생원 3등 28위, 진사 3등 17위로 합격했고, 문과에서 을과 3위로 급제했다. 순창군수(淳昌郡守)·흥해군수(興海郡守)·해주목사(海州牧使) 등을 역임했다.

28 銀蟾(은섬): 달[月]을 달리 이르는 말이다.

29 氷玉(빙옥): 원래 의미는 얼음과 옥을 말하는데, 보통 맑고 깨끗하여 아무 티가 없음을 비유하는 말로도 쓰인다.

30 廣寒宮(광한궁): 달 속에 있다는 상상 속의 궁전으로, 선녀 항아(姮娥)가 산다고 한다.

북정에서 손님을 배웅하며 [北亭送客]

맑은 시내 남쪽 물가 벽송정에서, 清溪南畔碧松亭,
얼마나 많은 사람들 이별을 나눴던가. 多少遊人惜別情.
방초 자라는 산에서 한 곡의 이별가에, 一曲離歌芳草岑,
전마는 석양을 향해 몇 번이나 울었던가. 幾向征馬夕陽鳴.

죽헌의 매화 꽃받침 [竹軒梅蕚]

대나무 자태는 본디 범상치 않고, 此君[31]風格本非常,
매화도 유달리 향기롭네. 更有氷葩分外香.
어찌 당시 왕휘지(王徽之)의 흥만 못하리, 何遜子猶[32]當日興,
일시에 모두가 내 옆에 왔는데. 一時兼到使君[33]傍.

봉림의 순채 [鳳林蓴菜]

빙사채가 봉림에서 나오자, 氷絲菜[34]出鳳林中,
한번에 비린내를 씻으니 다른 맛 부질없네. 一洗腥塵百味空,
몸이 근심의 그물에 노닌 것 한스럽고, 自恨身遊憂網裏,
고향으로 돌아갔던 장한만 못하네. 不如張翰向江東[35].

31 此君(차군): 대나무를 고상하게 이르는 말이다.

32 子猶(자유): 동진(東晉) 때의 고사(高士)인 왕휘지(王徽之)의 자이다. 왕휘지는 그가 사는 곳마다 대나무를 심었다. 사람들이 그 까닭을 물으면, 그는 대나무를 가리키며 "어찌 하루인들 차군(此君; 대나무의 별칭)이 없이 지낼 수 있겠는가."라고 말해주었다. 《진서(晉書)·왕휘지전(王徽之傳)》에 자세히 보인다.

33 使君(사군): 원의는 주군(州郡)의 지방 장관을 말하는데, 이곳에서는 흥해 군수로 있었던 작가 자신을 이른다.

34 氷絲菜(빙사채): 순채(蓴菜)를 말한다. 수련과에 속하는 여러해살이 물풀이다. 줄기는 원뿔 모양이고 물에 잠겨있다. 7~8월에 어두운 붉은 자주색 꽃이 긴 꽃대 끝에 하나씩 피고 열매는 달걀 모양으로 물속에서 익는다. 어린잎은 식용한다.

35 張翰向江東(장한향강동): 장한이 강동으로 갔다는 말이다. 진(晉)나라 사람 장한은 벼슬을 하면서 고향인 강동으로 돌아갈 것을 늘 생각했다. 그는 마침 나라가 망해가는 것을 보고 고향의 농어회와 순채의 아름다운 맛을 못 잊어 벼슬을 그만두고 강동으로 돌아갔다고 한다. 《진서(晉書)·장한전(張翰傳)》에 보인다.

높은 누대에서 별을 바라보며 [危樓望辰]

백 척의 높은 누대 푸른 운무에 솟아있어,	百尺危樓聳碧霽,
올라가 멀리 북극성을 바라보네.	登臨回望北辰遙.
시를 짓고 힘 자랑하는 일이 내 일이 아님은,	杜陵[36]夏憤[37]非吾事,
다행히 좋은 시절 영민한 군주를 만나서라네.	自幸時淸遇聖明.

곡강에 배를 띄우며 [曲江泛舟]

곡강의 흐르는 물 하나같이 기이하고,	曲江江流面面奇,
그윽한 꽃과 대나무는 서로 잘 어울리네.	幽花苦竹兩相宜.
적벽에서 배를 타면 흥이 생기니,	還如赤壁乘船興,
고양의 술꾼도 주연에서 취하게 할 것이네.	肯教高陽[38]醉習池[39].

칠포에서 물고기를 보며 [七浦觀魚]

한가한 날 푸른 바다에서 물고기를 보니,	暇日觀魚碧海潯,
큰 즐거움에 서로 잊음은 예나 지금이나 같네.	相忘至樂古猶今.
활기참 속에 움직이는 오묘한 이치를 알려고,	須知活潑玄機動,
전해오는 〈어약〉편을 자세히 찾아보네.	魚躍遺篇[40]仔細尋.

---

36 杜陵(두릉): 당나라의 대시인 두보(杜甫)를 말한다.

37 夏憤(하분): 하육(夏育)과 맹분(孟賁)을 말한다. 하육은 춘추(春秋) 시기 위(魏)나라의 이름난 용사로, 천균(千鈞)의 무게를 들 수 있을 정도로 힘이 세었다고 한다. 맹분은 전국(戰國) 시기의 용사로, 소뿔도 뽑을 수 있었다. 그는 물속에서는 교룡(蛟龍)을 피하지 않았고 육지에서는 외뿔소와 범 같은 맹수도 피하지 않았는데, 한번 노하면 소리가 울려 천지를 진동시켰다고 한다. 원문의 분(憤)은 '분(賁)'이 되어야 하지 않을까 싶다.

38 高陽(고양): 고양주도(高陽酒徒)의 줄임말로, 고양의 술꾼이라는 말이다. 진(秦)나라 말기, 진류현(陳留縣) 고양(高陽) 사람 역이기(酈食其)가 유방(劉邦)을 찾아가자, 유방은 유생이 찾아왔다는 말에 크게 노하며 만나주지 않았다. 이 말을 전해 들은 역이기가 큰 소리로 "나는 고양 땅의 술꾼이지, 유생이 아니외다(吾高陽酒徒, 非儒人也)."라고 외치자, 유방은 발을 씻다 말고 맨발로 나와 역이기를 맞이하였다. 후에 역이기는 유방을 도와 많은 전투에서 승리를 거두었다.

39 습지(習池): 습가지(習家池)의 줄임말로, 진(晉)나라의 산간(山簡)이 양양(襄陽)에 있을 적에 항상 이곳을 찾아가 만취(滿醉)했던 고사에서 유래했는데, 보통 흥겨운 주연(酒宴)을 비유하는 말로 쓰인다. 《세설신어(世說新語)·임탄(任誕)》에 자세히 보인다.

40 魚躍(어약): 《시경(詩經)·대아(大雅)·한록(旱麓)》의 "솔개는 날아 하늘에 닿고, 물고기는 연못에 뛰노는구나(鳶飛戾天, 魚躍于淵)"에서 유래한 말로, 매우 박력 있고 활발한 상태를 비유적으로 이르는 말이다.

천곡사에서 스님을 찾으며 [泉谷尋僧]

샘물 울리는 깊은 골짜기엔 찌는 무더위 없고, 泉鳴谷邃絶炎蒸,
절은 험준한 산의 가장 위층에 있네. 寺在危巒最上層.
달 밝은 밤 시간 내어 공문서를 떠났으니, 明月抽身書簿去,
숲에서 어떤 스님 만날지 말하지 말게. 莫言林下見何僧.

21 흥해 동헌 시에 차운하며 [興海東軒韻]

홍성민(洪聖民; 1536~1594) 《졸옹집(拙翁集)》(권4)

십 년 동안 거듭 산남도를 안무하니, 十年重按山南道[41],
노안이 흐려져 문서와 책 다루기 겁나고. 老眼生花怯簿書.
임금을 위한 하찮은 마음 얼마 없으니, 寸腸葵懇無多少,
정신에 견줘보면 머리 조아리는 것만 못하네. 較却精神頓不如.

22 야밤에 곡강의 빈 객관에 앉아 있음에 느낌이 일어 [曲江空館, 夜坐有懷]

이준(李埈; 1560~1635) 《창석선생문집(蒼石先生文集)》(권1)

해 저무는 진한의 땅, 歲晏辰韓[42]域,
길 떠난 사람은 겨를이 없네. 征夫尙未遑.
세월은 덧없이 흐르니, 流光空荏苒[43],
세상사 처량하기에 족하네. 世事足悲涼.

---

41 山南道(산남도): 고려 성종 때 둔 10도(道) 중의 한 고을로, 진주를 중심으로 하는 경상남도의 일부지역이다.

42 辰韓(진한): 기원전 1세기경부터 3세기 무렵 한반도 남부에 있던 삼한(三韓)의 하나로서 고대 한반도의 토착 세력이었던 진(辰)을 계승한 부족 국가이다. 지금의 강원도 영월군, 삼척시, 태백시를 포함한 영동 남부 지역 일부와 경상북도 전 지역에 해당한다. 후에 사로국이 이들을 병합하여 신라(新羅)가 되었다.

43 荏苒(임염): 세월이 덧없이 흐름을 말한다.

잎 떨어진 나무엔 차가운 비 울고, 落木寒鳴雨,
슬픈 기러기는 밤 서리에 짖네. 哀鴻夜叫霜.
위태로운 백 척 누대에 기대니, 危樓憑百尺,
줄어든 눈물이 천 갈래로 솟아나네. 衰淚迸千行.

23 흥해 현판 시에 차운하며 [次興海板上韻]

이광윤(李光胤; 1564~1637)[44] 《양서선생문집(瀼西先生文集)》(권1)

안에서 보니 냇가 모래는 빛나는 소금 같고, 望裏溪沙白耀鹽,
다투어 흐르는 맑은 물은 청렴한 장관 같네. 淸流爭似長官廉.
주렴엔 드문드문 비 내리고 섬돌엔 바람이 일며, 一簾疎雨風生砌,
간간이 매화 향기가 짧은 처마로 들어오네. 時有梅香入短簷.

24 흥해 벽의 시에 차운하며 [次興海壁上韻]

안숙(安璹; 1572~1624)[45] 《낙원선생유고(樂園先生遺稿)》(권1)

관청은 어찌 이리도 심하게 쌀과 소금을 거두나, 琴閣[46]何煩課米鹽,
회양태수(淮陽太守)의 절개는 완고하고 청렴했네. 淮陽風節[47]可頑廉.

44 李光胤(이광윤): 조선 중기의 문신이다. 본관은 경주(慶州)이다. 자는 극휴(克休)이고, 호는 양서(瀼西)이다. 조부는 창평현령(昌平縣令) 이곤(李鯤)이고, 부친은 진사 이잠(李潛)이다. 3세에 이미 글자를 배우고 8~9세에 문장을 지었으며 초서를 잘 썼다. 선조 18년(1585)에 진사가 되고, 1594년 별시문과에 병과로 급제했다. 서천군수·부제학 등을 지냈다. 인산서원(仁山書院)에 제향되었다. 저서로는 《양서선생문집(瀼西先生文集)》이 있다.

45 安璹(안숙): 조선 중기의 문신이자 학자이다. 본관은 광주(廣州)이다. 자는 대이(待而)이고, 호는 낙원(樂園)이다. 부친은 증참판 안광소(安光紹)이다. 17세 때 정구(鄭逑)를 사사하였다. 1605년 사마시에 합격했고, 1609년 증광문과에 병과로 급제했다. 사헌부감찰 등을 거쳐 경상도사·영천군수 등을 지냈다. 저서로는 《낙원문집(樂園文集)》이 있다.

46 琴閣(금각): 고을 수령이 정사를 돌보는 곳을 말하는데, 금당(琴堂)이라고도 한다. 옛날 복자천(宓子賤)이라는 어진 수령이 선보(單父)라는 고을을 다스릴 때 거문고를 타면서 마루 아래로 내려온 일이 없었음에도 고을이 잘 다스려졌다는 이야기에서 유래했다.

47 淮陽風節(회양풍절): 회양의 꿋꿋한 절개의 의미로, 한(漢)나라 무제(武帝) 때 회양태수(淮陽太守)로 부임한 급암(汲黯)을 말한다. 그는 성품이 강직하여 누구라도 두려워하지 않고 바른 말을 하는 것으로 유명했다. 회양태수로 발령이 나자, 마음이 우울했지만 부임한 후에는 선정

지금 오니 맑은 가르침 잇지 못함이 한스럽고, 今來恨未承清誨,
부질없이 새 시를 짓고 지붕 처마나 쓰네. 空詠新詩寫屋簷.

25 곡강에 노닐며 장난삼아 흥해 원님에게 올리며 [遊曲江戲呈興海倅]

이의온(李宜溫; 1577~1636) 《오의정선생문집(五宜亭先生文集)》(권1)

삼 년 동안 동해의 손님이었다, 三年東海客,
오늘은 곡강의 신선이 되었네. 今日曲江仙.
봉래 섬이 가까이 있음을 알았으니, 蓬島知相近,
머리 희어진 것쯤 가련하지 않다네. 白頭不足憐.

26 우연히 흥해군 관아를 노래하며 [偶題興海郡齋]

홍호(洪鎬; 1586~1646)[48] 《무주선생일고(無住先生逸稿)》(권1)

뗏목 타고 북쪽 궁궐을 찾아뵙고, 乘桴朝北闕,
인끈 차고 드넓은 동해 옆에 있네. 佩綬傍東溟.
가는 곳마다 임금의 은총 중하니, 隨處君恩重,
어떻게 성은에 보답할까나. 何曾補聖明.

을 펼치다 10년 후에 이곳에서 세상을 떠났다고 한다.

48 洪鎬(홍호): 조선 중기의 문신이다. 본관은 부계(缶溪)이다. 자는 숙경(叔京)이고, 호는 무주(無住) 또는 동락(東洛)이다. 조부는 홍경삼(洪景參)이고, 부친은 무반인 홍덕록(洪德祿)이다. 선조 39년(1606) 식년문과에 병과로 급제해 승문원에 들어갔다. 이후 동부승지·우부승지·대사간 등을 역임했다. 인품이 고결했고, 영욕과 이해타산이 없어 강직한 사람이란 평을 받았다. 저서로는 《무주일고(無住逸稿)》가 있다.

27 곡강에서 가을을 느끼며 [曲江感秋]

전선(田銑; 1599~1693)[49] 《만은집(晩隱集)》(권1)

흰 머리 청삼의 옛 두보(杜甫)처럼, 白首青衫舊拾遺[50],
칠월 십일에 강 머리에 왔네. 七月十日來江頭.
경물 접하니 정감 많아져 늘 느낌이 일고, 多情觸物摠成感,
□□□□□□□. (잔결)

28 바다 시장 [海市]

정호의(鄭好義; 1602~1655)[51] 《상화집(常華集)》(권4)

나그네 깃발은 생선가게 옆으로 오고, 客旌來傍漁商市,
물 스쳐 가는 모래 위 새들 짝지어 나네. 掠水沙禽兩兩飛.
그물로 잡은 물고기 값은 싸고, 捲網得魚魚價賤,
돈 주고 술을 사려나 주막이 드무네. 與錢求酒酒家稀.
바람 앞 흰 물결은 하늘 따라 일고, 風前白浪連天起,
바다 밖 청산 어렴풋이 눈에 맺히네. 海外青山入眼微.
이날 동쪽 하늘가엔 가을 빛깔 저물고, 此日東隅秋色暮,
흑마 탄 그림자 밟으며 곡강으로 돌아오네. 短驪踈影曲江歸.

49 田銑(전선): 조선 중기의 학자이다. 본관은 담양(潭陽)이다. 호는 만은(晩隱)이다. 과거에 여러 번 응시했으나 벽지에서 물욕 없이 학문을 즐기며 한가로이 살았다. 대질(大耋)로서 수직(壽職)인 가선대부동지중추부사(嘉善大夫同知中樞府事)를 추증받았다.

50 拾遺(습유): 당나라의 대신인 두보(杜甫)를 말한다. 일찍이 좌습유(左拾遺)를 지낸 적이 있어 이렇게 부른다.

51 鄭好義(정호의): 조선 중기의 유학자이다. 본관은 영일(迎日)이다. 자는 자방(子方)이고, 호는 상화(常華) 또는 명계(明溪)이다. 부친은 내금위장(內禁衛將) 정수번(鄭守藩)이다. 모당(慕堂) 손처눌(孫處訥)과 전삼성(全三省)의 문하에서 수학했고, 경사(經史)와 백가(百家)를 섭렵했다. 병자호란이 발발하자 형 정호인(鄭好仁)과 의병을 일으켰으나 항복했다는 소식을 듣고 해산했다. 문집으로는 《명계일고(明溪逸稿)》와 정호신(鄭好信)의 글과 함께 엮어 만든 《상화집(常華集)》이 있다.

29 곡강에서 즉흥적으로 지으며 [曲江卽事]

정창주(鄭昌胄; 1606~?) 《만주선생집(晩洲先生集)》(권1)

적적하게 맑은 날 집에 앉아 있으니,	寂寂晴軒坐,
아득한 저녁 흥취에 이끌리네.	悠悠晩興牽.
비 온 뒤의 산빛과,	山光新雨後,
옛 성 가의 나무 빛깔 새롭네.	樹色古城邊.
절개는 하늘에 가까운 것에 기뻐하고,	節喜天中近,
마음은 해 아래에 걸렸음이 가련하네.	心憐日下懸.
시를 읊조림은 그만둘 수 없어,	吟哦不可廢,
시편에 의지해 소일해보네.	消遣賴詩篇.

30 곡강 [曲江]

박장원(朴長遠; 1612~1671)[52] 《구당선생집(久堂先生集)》(권5)

하늘 트인 동남의 지세는 기울었고,	天豁東南地勢傾,
곡강 성 밖에는 바다 갈매기가 가네.	曲江城外海鷗行.
어부들은 지관의 다스림에 세금을 내고,	漁商有稅知官[53]政,
빼어난 백성이라도 글을 몰라 세상 물정 모르네.	民秀無文見物情.
땔감 본래 적어 사람들은 자주 이상해지고,	本乏柴薪[54]人輒怪,
늘 바람과 파도 많아 나그네는 유독 놀라네.	常多風浪客偏驚.
귀신을 다퉈 맞이하는 초 땅의 풍속도 들으니,	況聞楚俗爭迎鬼,
한밤중에도 마을의 북이 곳곳에서 울리네.	村鼓中宵處處鳴.

52 朴長遠(박장원): 조선 후기의 문신이다. 본관은 고령(高靈)이다. 자는 중구(仲久)이고, 호는 구당(久堂) 또는 습천(隰川)이다. 조부는 좌랑 박효성(朴孝誠)이고, 부친은 직장(直長) 박훤(朴烜)이다. 인조 5년(1627) 생원이 되고 1636년 별시 문과에 을과로 급제했다. 그러나 그해 병자호란으로 외할아버지인 심현(沈誢)을 따라 강화도에 피난했다. 이후 대사헌·예조판서·한성부판윤 등을 역임했다. 저서로는 《구당집(久堂集)》이 있다.

53 知官(지관): 조선 초기 종4품의 지사(知事)를 장관(長官)으로 하는 주(州)·부(府)·군(郡)·현(縣) 등의 고을 또는 그 장관을 말한다.

54 柴薪(시신): 불 때는 데에 쓰는 나무붙이를 말한다.

31 곡강에서 저녁에 천곡사로 향하며 앞의 운을 따라 짓고, 손현수에게 보여주며 [自曲江, 暮向川谷寺, 步前韻, 示孫玄叟]

남구명(南九明; 1661~1719)[55] 《우암선생문집(寓庵先生文集)》(권2)

아홉 구비 평사는 이미 모래톱 드러내고, 九曲平沙已見洲,
오라고 손짓하니 부질없이 목란 배에 타네. 招招虛載木蘭舟.
다리에서 비 맞으며 숙박하니 말 해칠까 걱정되고, 長橋宿潦愁殘騎,
차가운 비와 처량한 바람은 즐겁게 노는 것 놀리네. 冷雨凄風戱勝遊.
평생을 나아가도 즐거운 일 없으니, 所向平生無快活,
이 몸은 어디서 떠도는 삶을 끝낼 수 있으려나. 此身何處免漂浮.
황혼 녘에 다시 절의 길을 밟으면서, 黃昏更踏招提[56]路,
산대에서 나를 기다리는지를 물어보네. 試問山臺待我不.

32 곡강에서 노닐며, 손현수의 시에 차운하며 [遊曲江, 次孫玄叟韻]

남구명(南九明; 1661~1719) 《우암선생문집(寓庵先生文集)》(권2)

비 오는 와중에 진흙 밟고 작은 모래톱에 와서, 踏雨衝泥到小洲,
급하게 세 노인에게 고기 잡는 배 탈 것을 외치네. 急呼三老上漁舟.
모래 평평하고 물 얕아 노 받아들이기 어렵고, 沙平水淺難容棹,
꽃이 진 빈산에서 부질없이 노는데 힘쓰네. 花落山空强辦遊.
조물주는 간 곳에서의 즐거움 주시지 않고, 造物不供行處樂,
떠도는 마음은 늘 인생 부질없음을 느끼게 하네. 旅懷偏覺此生浮,
가을 오니 단풍과 국화는 정말 감상할 만하고, 秋來楓菊眞堪賞,
이를 빌어 호수의 신에게 말을 전해도 될지. 寄語湖神借便不.

55 南九明(남구명): 조선 후기의 문신이다. 본관은 영양(英陽)이다. 자는 기서(箕瑞)이고, 호는 우암(寓菴)이다. 경상북도 영해 출신이다. 조부는 남길(南佶)이고, 부친은 종사랑 남상주(南尙周)이다. 숙종 13년(1687) 사마시에 합격하고, 숙종 19년(1693) 식년 문과에 병과로 급제했다. 이후 제주판관·순천부사(順天府使) 등을 지냈다. 순천에 동비(銅碑)가 세워졌고, 제주의 죽림사(竹林祠)에 제향되었다. 저서로는 《우암집(寓菴集)》이 있다.

56 招提(초제): 관부에서 사액한 절을 말한다.

33 나는 남쪽에 와서 한 해를 보냈는데, 당시 재상의 배척으로 연이어 글을 올려 면직되길 청하느라 여러 읍을 순행할 기회가 없었다. 이제 벼슬을 내려놓고 돌아가려 할 적에 부질없이 칠언 절구를 지어, 한 도의 산천과 풍속을 낱낱이 적어 유람에 대체하고자 한다. [余來經年, 而以時宰之斥, 連章乞免, 不得巡行列邑 今將遞歸, 漫賦七絶, 歷敍一路山川風俗以替遊覽][57]

이의현(李宜顯; 1669~1745)《도곡집(陶谷集)》(권1)

동해에 천 년 뒤에 다시 곡강이 있으니,	東海千秋復曲江,
소주의 물색과 서로 짝할 수 있네.	韶州[58]物色可能雙.
높이 나는 선학 지금 보기 어려우니,	矯然仙鶴今難見,
남은 문장 팔창에 기대어 홀로 읊어보네.	獨詠遺詞倚八窗.

흥해(興海)를 곡강이라 한다(興海號曲江).

34 흥해군에서 회포를 쓰며 [興海郡書懷]

조태억(趙泰億; 1675~1728)《겸재집(謙齋集)》(권15)

근심은 모두 궁벽한 해 때문이라,	憂端都是爲窮年,
날마다 굶주린 이 대하니 의욕 잃네.	日對飢人意索然[59].
밤비 내리는 흥해 관아에선 잠은 오지 않고,	夜雨不眠興海舘,
봄꽃은 외로이 곡강의 배를 저버리네.	春花孤負曲江船.
대부분 황량한 마을이라 밥 짓는 연기 없고,	荒村太半無烟竈,
광활한 들판도 대부분 개간되지 않았네.	曠野何多未墾田.

57 이 시는 총 92수가 수록되어있는데, 그중에 10번째인 흥해 부분만 발췌하여 수록했다.

58 韶州(소주): 중국 광동성(廣東省) 북부에 있는 도시로, 소관(韶關) 또는 곡강(曲江)이라고도 부른다. 중국 선종(善宗)의 발상지이자 당(唐)나라의 명재상이자 시인인 장구령(張九齡)의 고향으로도 유명하다.

59 索然(삭연): 의욕을 잃는 것을 말한다.

은택을 베풀려 한 초심 이룰 길 없음에 한탄하고, 致澤初心嗟莫效,
노년에 부절을 갖고 왕명을 선포함이 부끄럽네. 白頭持節愧旬宣[60].

35~36 곡강의 아지랑이 [曲江嵐氣[61]][62]

채구장(蔡九章; 1684~1743) 《운와집(耘窩集)》(권1)

어떤 구름이 비가 없는데 푸른 강을 잠그고, 不雨何雲鎖碧江,
갈매기 백로 구분도 안되는데 그림자는 쌍쌍이. 難分鷗鷺影雙雙.
이 가운데 마침 숨어 있는 교룡이, 箇中政有蛟龍隱,
숨만 내쉬어도 만 척의 징검다리 무너지리. 嘘氣將崩萬尺矼.

신룡이 내쉬는 숨은 푸른 강을 휘젓고, 神龍嘘氣抹淸江,
대낮에 생기는 무지개 그림자는 늘 둘. 白日生虹影必雙.
두보(杜甫)가 잠행해도 몇 곡인지 알겠고, 杜老潛行知幾曲,
천년의 고운 자취를 이끼 낀 돌다리에 묻네. 千年芳躅問苔矼.

60 旬宣(순선): 왕명을 사방에 선포하는 것을 말한다. 《시경(詩經)·대아(大雅·강한(江漢)》은 "임금님이 소호에게 명하시기를, 왕명을 두루 선포하라 하시다(王命召虎, 來旬來宣)."라고 했다.
61 嵐氣(남기): 해 질 무렵에 멀리 보이는 푸르스름하고 흐릿한 기운을 말한다.
62 이 시는 《서숙십팔영(書塾十八詠)》 중에서 발췌하였다.

37 흥해 [興海]

채구장(蔡九章; 1684~1743) 《운와집(耘窩集)》(권2)

연무에 뒤덮인 성 밖 천 여 세대,	烟籠城外千餘戶,
온 성 백 리 산이 봄을 맞이했네.	春滿城中百里山.
강가 사당에선 선사들을 제사지내고,	俎豆先師江院裏,
마을 안에선 후학들이 악기 타고 노래하네.	絃歌後學里閭間.
농민들은 예로부터 농사일 서로 돕고,	野人從古農相助,
생선 가게에는 고집스런 풍속이 전해지네.	漁店由來俗太頑.
자라 머리 가리키니 넓은 바다가 가까워,	指點鰲頭瀛海[63]近,
먼저 해와 달 두 둥근 바퀴를 보네.	先看日月兩輪圜.

38 비를 무릅쓰고 흥해로 가면서 [冒雨往興海]

심사주(沈師周; 1691~1757) 《한송재집(寒松齋集)》(권1)

가는 비에 먼 성은 희미하고,	細雨遙城隱,
약한 바람 저녁 숲에 불어오네.	微風吹晚林.
가을 되니 노인네들의 모습이,	新秋父老色,
외로운 원님의 마음 뒤덮네.	孤盖使君心.
말은 진흙의 기운 절벽을 가고,	馬去泥崖仄,
닭은 깊은 초가집 안에서 우네.	雞鳴草屋深.
파도 소리에 산 입구가 흔들리니,	波聲山口動,
동해가 나의 마음을 뚫어주네.	東海豁余襟.

63 瀛海(영해): 넓고 큰 바다를 말한다.

39 흥해 관아에서 비를 대하며 [興海館對雨]

심사주(沈師周; 1691~1757) 《한송재집(寒松齋集)》(권1)

외로운 흥해 관아에 가는 비 내려앉으니, 微雨坐孤館,
날 흐려 밤낮이 구분 안 되네. 天陰午不分.
들 빛은 강물과 육지에 흐르고, 野光渾水陸,
마을 풍경은 연기와 구름에 섞여 있네. 村色雜煙雲.
높은 성벽엔 굶주린 솔개들이 날고, 高堞飢鳶竦,
낮은 느티나무에선 비 맞은 까치 소리 들리네. 低槐濕鵲聞.
곡강에서 또 나그네 되니, 曲江又爲客,
천 리 타향 떠난 것 탄식하네. 千里歎離羣.

40 흥해 경내에서 누런 돌을 봤는데, 그 아래쪽에 자방촌이 있어 [興海境上遇黃石, 其下有子房村]

남용만(南龍萬; 1709~1784) 《활산문집(活山文集)》(권2)

누런 돌을 만나는 곳에서, 黃石[64]相逢處,
다시 태공망(太公望)의 병서를 논하려네. 丹書[65]更欲論.
이교에는 사람들 보이지 않아, 圯橋[66]人不見,
마침 자방촌으로 향하네. 好向子房村.

64 黃石(황석): 이곳에서는 단순히 '누런 돌'의 의미뿐만 아니라 진(秦)나라 말기에 유방(劉邦)을 도와 한(漢)나라를 세웠던 장량(張良)에게 태공망(太公望) 병서를 전해준 황석공(黃石公)의 의미도 내포되었다. 제4구에 '자방(子房)'은 장량의 자(字)여서, 작가는 교묘하게 장량과 관계된 곳을 언급하면서 흥해의 자방촌을 묘사하고 있다.

65 丹書(단서): 임금이 백성들에게 알리는 글을 적은 문서를 말한다. 이곳에서는 한(漢)나라의 장량(張良)이 이교(圯橋) 위에서 황석공(黃石公)에게서 받은 책으로, 바로 태공망(太公望)의 병서(兵書)를 가리킨다.

66 圯橋(이교): 장량(張良)이 황석공(黃石公)에게 태공망(太公望)의 병서(兵書)를 받은 곳이다.

41 다시 곡강 길을 따라 최천익 어르신을 방문했는데, 어르신이 시를 남겨줄 것을 청하자, 시첩 시에 차운하며 [復從曲江路訪崔上舍天翼, 上舍請留詩次帖中韻]

남용만(南龍萬; 1709~1784) 《활산문집(活山文集)》(권2)

강과 바다는 하늘과 이어져 넘치려 하고,	江海連天勢欲滔,
위에서 한가로이 노니는 노인은 귀인이라네.	上遊閒叟是人豪.
집은 가난해도 즐겁고 소탈한 얼굴 누군지 알겠고,	家貧誰識顔瓢樂,
세상 험해도 촉도 높음을 오래 노래하네.	世險長吟蜀道高.
비바람 몰아치는 천지에서 공명을 잊고,	風雨乾坤忘進取,
문장은 밤낮으로 세태에 대한 불만을 쏟아내네.	文章日夕任牢騷.
둑의 소나무와 언덕의 대나무에 은거할 만하니,	堤松岸竹猶堪隱,
신선 사는 곳에 다시 복숭아나무 심을 필요 없네.	未必玄都[67]復種桃.

42 곡강의 객사에 머물고 보경사로 가면서 [宿曲江店將向寶鏡寺]

안덕문(安德文; 1747~1811) 《의암집(宜庵集)》(권2)

말은 연이틀 병든 늙은이를 태우고,	累日征驂馱病翁,
오늘 저녁 곡강 동쪽에 투숙하네.	今宵投宿曲江東.
봉창의 종이는 떨어지고 창살만 남아,	封窓紙破惟餘矢,
누운 나그네는 추워 활처럼 움츠렸네.	臥客衣寒恰似弓.
새벽 산의 달에도 정신은 여전히 있고,	仍在精神山曉月,
가을 바닷바람 생각에 길게 읊조리네.	長吹意思海秋風.
앞길을 찾고자 술을 부르고,	爲尋前路將呼酒,
보경사 밝은 빛을 가리켜보네.	寶鏡明光指點中.

67 玄都(현도): 신선들이 모여 사는 곳을 말한다.

43 흥해 관아에서 망궐례를 행하며 [興海館行望闕禮[68]]

이격(李格; 1748~1812)[69] 《학곡집(鶴谷集)》(권1)

끝까지 임금의 은총 중하니,	到底君恩重,
어찌 먹고 숨 쉼에 잊을 수 있으리.	寧能食息忘.
아침 닭 울 때 망궐례를 올리고,	鷄鳴行望禮,
마당 화톳불에 성은을 기억하네.	庭燎憶明光.

44 곡강을 노래하며 [曲江吟]

최기대(崔基大; 1750~1813)[70] 《사정집(思亭集)》(권1)

눈발 살짝 날리니 섣달의 밤은 길고,	雪意霏微臘夜永,
낭랑한 시를 지어 그리움을 달래보네.	鏗鏘瓊韻[71]慰相思.
해 질 녘에는 오래도록 술 들어도 무방하고,	不妨遲暮長携酒,
게을러 오랫동안 시를 폐한 것 부끄러워지네.	自愧疎慵久廢詩.
길은 멀어 푸른 계수나무 쓸기 어렵고,	路遠難拚蒼桂樹,
날 추워지니 어린 매화 가지 걱정되네.	天寒悄對小梅枝.
곡강의 경치는 마땅히 봄이 좋으나,	曲江物色春應好,
끊임없이 속세의 일 따라오니 이를 어이하리.	奈此滔滔俗累[72]隨.

68 望闕禮(망궐례): 직접 왕을 알현하고 경의를 나타낼 수 없을 때, 멀리서 궁궐을 바라보고 절하는 예식을 말한다.

69 李格(이격): 조선 후기 무신이다. 본관은 경주(慶州)이다. 자는 천로(天老)이고, 호는 만오(晩悟)이다. 부친은 동지중추부사 이부만(李傅萬)이다. 어려서 총명하여 글을 잘 지었고, 성장하면서 무재(武才)가 뛰어나 선전관이 되었다. 영조 45년(1769) 무과에 급제하여 여러 무관직을 거친 뒤, 1773년 부안현감으로 나가 선치(善治)하여 명성을 얻었다. 이후 병마절도사·수군절도사·도총부총관(都摠府摠管) 등을 지냈다. 문집으로는 《학곡집(鶴谷集)》이 있다.

70 崔基大(최기대): 조선 후기의 유학자이다. 본관은 곡강(曲江)이다. 자는 여홍(汝洪)이고, 호는 사정(思亭)이다. 조부는 최태중(崔泰重)이고, 부친은 강계판관(江界判官) 최규형(崔奎炯)이다. 아우로는 최치대(崔致大)가 있다. 어려서부터 말과 행동이 엄숙했다. 집안의 어른 최농수(崔農叟)에게 글을 배웠다. 정조 1년(1777) 정유(丁酉) 증광시(增廣試) 진사 2등 10위로 생원진사시에 합격했다. 문집으로 《사정선생문집(思亭先生文集)》이 있다.

71 瓊韻(경운): 구슬같이 아름다운 운이라는 뜻으로, 상대방을 높여 그가 지은 시를 이르는 말이다.

72 俗累(속루): 세상살이에 얽매인 너저분한 일을 말한다.

45~54 임술년(1802) 초가을, 곡강의 뱃노래 10수를 장난삼아 짓고는 병든 중에 잠시 웃어보며 [壬戌早秋, 戲作曲江權歌十首, 聊發病中一笑]

장사경(張思敬; 1756~1817)[73] 《이계선생문집(耳溪先生文集)》(권1)

공손하신 신령님께서 금오산에 계시고,	金鰲山[74]上儼仙靈,
긴 강 품은 산은 몇 구비나 맑고.	山抱長江幾曲清.
그중에 다함이 없는 풍광이 아득하니,	箇裏悠悠無限景,
뱃노래 소리로 그려내 본다네.	形容得出櫂歌聲.
첫 구비에 강가에서 배를 띄우려는데,	一曲江邊欲放船,
아득한 바다가 잔잔한 강처럼 되었네.	蒼茫三海變平川.
원류로 가는 길은 찾을 길이 없고,	源頭一路無尋處,
아득한 긴 들녘엔 저녁연기 이어졌네.	漠漠長郊亘暮烟.
두 구비에 붉은 실로 두 산봉우리 묶으니,	二曲紅線繫兩峯,
옥같이 고운 수선화 모습이네.	凌波仙女[75]玉爲容.
하백이 너무 오래 머문다고 비웃지만,	笑他河伯留人久,
조개 진주 궁전 몇 길이나 잠겼을까.	貝闕珠宮[76]鎖幾重.

73 張思敬(장사경): 조선 후기의 유학자. 본관은 인동(仁同)이다. 자는 경부(敬夫)이고, 호는 이계(耳溪)이다. 거주지는 경상북도 영일(迎日)이다. 부친은 외암(畏庵) 장운한(張雲翰)이다. 성품이 고상하고 문장이 뛰어나 영남(嶺南)의 8대 문장가의 한 사람으로 일컬어졌다. 정조 12년(1788) 향시(鄕試)에 합격했으나 회시(會試)에서 낙방했다. 정조 13년(1789) 다시 회시에 응하려 하였으나 모친상으로 응시하지 못했다. 이후 학문에만 전념했다. 저서로는 광무 10년(1906) 증손 장익홍(張翊弘)이 간행한 《이계선생문집(耳溪先生文集)》 등이 있다.

74 金鰲山(금오산): 곡강(曲江)의 입구에 있는 산 이름이다. 지금의 바다와 맞닿는 지점에서 내륙이 조금 들어간 지점에 있는 오산(鰲山)을 말한다.

75 凌波仙女(능파선녀): 수선화(水仙花)를 가리키는 말이다. 전설에 의하면 수선화는 요(堯) 임금의 딸인 아황(娥皇)과 여영(女英)의 화신이다. 남편인 순 임금이 남쪽으로 순행하러 갔다가 중도에 죽자 아황과 여영이 상강(湘江)에 이르러 물에 빠져 따라 죽었는데, 하늘이 두 사람의 지극한 애정을 불쌍히 여겨 두 사람의 혼백을 강가의 수선(水仙)으로 만들어 주었다고 한다.

76 貝闕珠宮(패궐주궁): 신화 전설 속 강(江)의 신인 하백(河伯)이 살고 있다는 궁전으로, 자패(紫貝)와 진주로 장식된 용궁을 말한다.

세 구비에 중류를 자유로이 가는 배,　三曲中流自在船,
여태까지 몇 년이나 헛되이 힘썼나.　向來費力幾何年[77].
노를 저어 곧장 흥안성첩 지나가니,　撑檣直過興安堞[78],
가무를 즐기던 옛터 도리어 가련하구나.　歌舞遺墟却可憐.

네 구비에 동서로 기암들을 모으고,　四曲東西摠怪巖,
수많은 이끼와 꽃들 북실북실 푸르네.　苔花無數碧毿毿[79].
앞을 보고 뒤를 봐도 가흥이 넘치고,　瞻前顧後多佳興,
하늘엔 솔개가 연못엔 물고기가 노니네.　鳶在青天魚在潭.

다섯 구비에 몇 겹의 구름 병풍 펼쳐져,　五曲雲屛幾疊深,
검푸른 절벽 숲엔 안개 끼어있네.　丹崖翠壁靄佳林.
비 갠 뒤 강물 위로 초승달 뜨니,　霽餘新月生寒水,
천 년의 깨끗한 마음 상상할 만하네.　想得千年灑落心.

여섯 구비에 물굽이와 닿아있는 인가는,　六曲人家臨碧灣,
일 없어 오랫동안 사립문 닫고 있네.　長時無事閉柴關.
꽃 피고 물 맑으니 빼어난 절경이고　花明水綠又奇絶,
흰 새 깊이 잠든 한낮은 봄이 한창이네.　白鳥眠深春晝闌.

일곱 구비에 세찬 여울 가 낚시터에는,　七曲漁磯傍急灘,
고령산의 풍경이 한눈에 들어오네.　高靈山[80]色入回看.
지난밤 비가 맑은 시내에 더해져,　玉流添得前宵雨,

77 中流…幾何年(중류…기하): 이 구절은 주희(朱熹)의 시《관서유감(觀書有感)》에서 유래했는데, "어젯밤 강가에 봄물이 생겨서, 거대한 군함이 한 몸처럼 가벼워졌네. 지금까지 미는 힘 쓸데없이 썼으니, 오늘에야 중류를 자유로이 떠가네(昨夜江邊春水生, 艨艟巨艦一身輕. 向來枉費推移力, 今日中流自在行)"라고 했다.

78 興安堞(흥안첩): 분명치 않으나 왜구의 침입을 막기 위해 조후(趙侯)라는 관리가 백성들을 위무하여 쌓은 성이다. 현재 읍성의 흔적만 남아있다.

79 毿毿(감삼): 털이 북실북실 많이 나 있는 모양을 말한다.

80 高靈山(고령산): 흥해읍 곡강리의 칠포해수욕장 인근에 있는 곤륜산(崑崙山; 177m)의 옛 이름이다.

도랑으로 흘러드니 모든 길이 차갑네.　散入溝塍幾路寒.

여덟 구비에 층층 바위가 좌우로 열린 곳,　八曲層巖左右開,
저 구름 속으로 학이 울며 날아가네.　戛然雲際鶴飛迴.
험준한 꼭대기에 서 있기 어렵다 마라,　莫道山層崚難立脚,
태산 꼭대기에도 사람이 오른다네.　泰山頂上有人來.

아홉 구비에 넓고 넓은 푸른 바다로,　九曲滄溟浩浩然,
봉림 포구로 뭇 하천들이 모이네.　鳳林[81]浦口集群川.
한 홉의 물이 이제 이렇게 많아져서,　始從一勺多如許,
눈길 닿는 저 끝에서 하늘과 닿는구나.　極目無邊水接天.

55 곡강정(曲江亭)

이근오(李覲吾; 1760~1834) 《죽오유집(竹塢遺集)》(권1)

강물에 접한 층층 바위 그 모습 호탕하고,　臨水層巖地勢豪,
그 위의 정자는 높이 날개를 펼쳤네.　有亭其上翼然高.
물결은 한 구비 돌아 잔질 하는 언덕을 돌고,　波迴一曲流觴岸,
건물은 중주를 누르고 거센 물결엔 배 떠다니네.　軒壓中洲汎舫濤.
가락국은 옛 자취만 남은 것이 슬프고,　駕洛堪悲留舊蹟,
맑은 강물은 어찌하여 봄에 담그는 술이 되었나.　淸江安得變春醪.
빼어난 곳 느긋하게 노닐며 쌓인 먼지 없애고,　優遊勝界消塵累,
골짜기 지나며 진흙을 밟아도 힘든 줄 모르겠네.　穿峽衝泥不覺勞.

81 鳳林(봉림): 해풍으로 인해 피해를 막기 위해 곡강리 일대의 바다와 인접한 지역에 조성한 큰 숲을 말한다.

56 흥해군 [興海郡]

최승우(崔昇羽; 1770~1841)[82] 《이재와집(耳宰窩集)》(권3)

뭇 성가퀴의 외로운 성 바다 구석까지 미치고,	百堞孤城枉[83]海陬,
세간 풍속 보고자 잠시 누대를 오르네.	爲觀謠俗[84]暫登樓.
누대 아래 오 척 비석 우뚝 서 있으니,	樓下屹然碑五尺,
용주 선생 아끼신 물건 백 년 동안 남았네.	龍洲[85]遺愛[86]百年留.

57 달전 [達田]

회재 선생의 묘가 있는 곳이다(晦齋先生墓所)

최승우(崔昇羽; 1770~1841) 《이재와집(耳宰窩集)》(권3)

볼만한 저 달전의 지세 가히 웅장하고,	景彼達田體勢雄,
명가의 융성한 운세 이곳과 통하네.	名家昌運此中通.
미련한 사람이 선생의 묘 지나며 참배하니,	鯫生[87]歷拜先生墓,
남기신 덕 오래도록 다함이 없으리.	遺德百年儘不窮.

82 崔昇羽(최승우): 조선 후기의 문신이자 유학자이다. 본관은 전주(全州)이다. 자는 사규(士逵)이고, 호는 재와(睟窩)이다. 조부는 진사 최수인(崔壽仁)이고, 부친은 최광익(崔光翊)이다. 순조 14년(1814) 정시 을과 3위로 문과에 급제했다. 승문원부정자(承文院副正字)·종부시주부(宗簿寺主簿)·정언(正言) 등에 임명되었으나 사임하고 나아가지 않았다. 이후 고향으로 내려와서 성리학에 뜻을 두고 학문 연구에 전념하였다. 시문집으로 《재와집(睟窩集)》 이 있다.

83 枉(왕): '미치다' 또는 '이르다'의 의미이다.

84 謠俗(요속): 세간의 풍속을 말한다.

85 龍洲(용주): 조선 중기에 대제학·형조판서·흥해군수 등을 지낸 조경(趙絅; 1586년~1669)의 호이다. 곡강서원(曲江書院)에 제향되었다.

86 遺愛(유애): 고인이 생전에 아끼던 물건을 말한다.

87 鯫生(추생): 작고 변변하지 못한 사람이라는 뜻으로, 자신을 낮춰 이르는 말이다.

58 곡강에서 시에 차운하며 [曲江次韻]

이효상(李孝相; 1774~?) 《일재유고(逸齋遺稿)》

봄날 강에서 구성진 가락을 뽑고,	春日春江曲,
점잖게 노닐다 마침 취하게 되었네.	淸遊[88]正薄醺.
배로 이동하니 달 밝아지려 하고,	移舟欲明月,
아래 골짜기는 이미 황혼이네.	下峽已黃昏.
가까운 바다는 늘 세찬 바람 불고,	海近常多颸,
산은 반쯤 잠긴 구름 속에 멈춰있네.	山停半沒雲.
장구령(張九齡)이 남긴 이름 생각하니,	遺名懷子壽[89],
그분의 풍도 삼푼이라도 닮고 싶네.	風度挹三分.

59~68 태수 류세무의 십영 시에 차운하며 [次柳太守世茂十詠韻][90]

이효상(李孝相; 1774~?) 《일재유고(逸齋遺稿)》

동해의 아침 해 [東海朝暾]

물결무늬 환한 노을은 뜨는 해와 이어져,	水紋霞絢接朝昇,
일만 이랑 금빛 물결 단번에 끓어오르네.	萬頃金波一沸騰.
불처럼 바퀴처럼 출렁출렁 일렁이는 빛이,	如火如輪光不定,
상서로운 구름층으로 높이 높이 비상하네.	騫然飛上矞雲[91]層.

88 淸遊(청유): 속되지 않고 고상하게 노니는 것을 말한다.

89 子壽(자수): 당나라 때의 재상이자 대시인인 장구령(張九齡)을 말한다. 자는 자수(子壽)이고, 소주(韶州) 곡강(曲江) 사람이다. 당 중종(中宗) 경룡(景龍) 연간(707~710)에 진사가 되었다. 교서랑(校書郞)·중서사인(中書舍人)·기주자사(冀州刺史) 등을 거쳐 비서소감(秘書少監)·중서령(中書令) 등을 지냈다. 오언고시(五言古詩)에 뛰어났고, 작품집으로는 《곡강집(曲江集)》이 있다.

90 이 시는 같은 문집에 《군의 관아에서 태수 류세무의 십영 시에 다시 차운하며(郡齋十詠追步柳太守世茂韻)》라는 제목으로 똑같은 내용이 실려 있다.

91 矞雲(율운): 상서로운 구름을 말한다.

서산의 저녁 기운 [西山夕氣]

서쪽 산 기운 옷깃에 닿으니 시원하고,　　山氣西來覺爽衿,
석양의 흐릿한 기운 번갈아 그림자 지네.　　夕陽嵐翠影交侵.
메마른 가뭄엔 비구름을 살펴야 하니,　　須看槁旱興雲雨,
예로부터 신령한 곳 그 이름 도음이라.　　自古靈區號禱陰.

남쪽 누대에서 달을 감상하며 [南樓翫月]

바닷가 동쪽의 아침노을과 저녁 달,　　朝霞夕暈海門東,
누대 가의 소나무에 밝게 떠 있네.　　樓檜虛明泛此中.
깊은 밤에 오르길 가장 좋아하고,　　最愛登臨三五夜,
바퀴처럼 둥근 빛이 용궁을 얻었네.　　一輪光得水龍宮.

북쪽 정자에서 손님을 보내며 [北亭送客]

쭉 뻗은 청계에 버들 우거진 정자,　　一道淸溪萬柳亭,
몇 번이나 떠나는 말 묶어 이별의 정 나눴나.　　幾回征馬係離情.
해지고 술자리 끝나니 행인들은 그치고,　　斜陽酒散行人歇,
흐르는 물가의 꾀꼬리 굽이굽이 우는구나.　　流水繁鶯曲曲鳴.

죽헌의 해당화 [竹軒海蓴]

관아 누대의 흥망은 원래 무상하지만,　　官樓成毁自無常,
뜰의 꽃향기만은 죽도록 향기롭네.　　祇有庭花抵苑死.
당시 대나무가 빼어났다고 들었는데,　　聞說此君當日勝,
경옥 같은 대나무들 곁에서 매화 꾸며주네.　　萬竿瓊玉粉梅傍.

봉호의 순채와 가자미 [鳳湖蓴鱸]

봉호에서 푸른 순채 줄기 캐면,　　蓴絲採綠鳳湖中,
해조와 시냇가 마름의 갖은 맛 보잘것없고.　　海藻溪蘋百味空.
게다가 잡히는 가자미 맛도 뛰어나니,　　更有鱸魚兼味產,

계응은 어찌 그리도 강동을 생각하나. 季鷹何苦憶江東[92].

높은 누대에서 별을 바라보며 [危樓望辰]

아득한 궁궐은 구름 낀 하늘에 막혀있어, 宸居[93]迢遞[94]隔雲霄,
망진루에 올라 멀리 북녘을 바라보네. 此地登臨北望遙.
누대 앞의 창해의 물을 보니, 取看樓前滄海水,
강물은 만 번 꺾여도 동해로 흐르네. 川流萬折亦東朝.

곡강에 배를 띄우며 [江曲泛舟]

아(丫)자 모양으로 흐르는 아홉 굽이 기이하고, 丫字滙成九曲奇,
작은 배로 달 타고 오가기에 알맞네. 蘭舟乘月往來宜.
동쪽 바위 북쪽 절벽을 굽이 돌아 다하면, 東巖北壁沿回盡,
하늘 열린 곤과 붕새의 거대한 연못이라네. 天闢鯤鵬[95]一巨池.

칠포에서 물고기를 보며 [漆浦觀魚]

만호 성의 해자에서 푸른 물가 내려보고, 萬戶城壕俯碧潯,
주민들은 지금까지 손가락으로 가리키네. 居民指點到如今.
종일 배를 저어 물고기 보니 즐겁고, 撑舟盡日觀魚樂,
앞선 물총새와 백로들 다시 온다 약속하네. 鵁鷺前盟許再尋.

---

92 季鷹何苦憶江東(계응하고억강동): '계응'은 진(晉)나라 사람 장한(張翰)의 호이다. 장한은 벼슬을 하면서 고향인 강동(江東)으로 돌아갈 것을 늘 생각했다. 그는 마침 나라가 망해가는 것을 보고 고향의 농어회와 순채의 아름다운 맛을 못 잊어 벼슬을 그만두고 강동으로 돌아갔다고 한다. 《진서(晉書)·장한전(張翰傳)》에 보인다.

93 宸居(신거): 임금이 거처하는 궁궐을 말한다.

94 迢遞(초체): 아주 먼 것을 말한다.

95 鯤鵬(곤붕): 《장자(莊子)·소요유(逍遙遊)》에 나오는 상상 속의 동물이다. '곤'이라는 큰 물고기와 '붕'이라는 큰 새를 아울러 이르는 말이다

천곡사에서 스님을 찾아서 [泉谷尋僧]

쓸쓸한 천곡사 부처님 자비 뜨겁고,	泉谷冷冷佛日[96]蒸,
상방의 종소리 층층 구름에 떨어지네.	上方鍾磬落雲層.
이곳 스님은 여산의 빼어남을 해설하는데,	居僧解說匡廬[97]勝,
나는 아직 결사하여 은거하지 못했네.	結社[98]分山[99]我未曾.

69 경신년(1880) 4월 곡강에서 노닐면서, 종친 어른 이효상의 시에 차운하며 [庚辰四月爲曲江之遊, 次族叔上舍孝相韻]

이때 주인께서 아들 상을 당하여, 말구에서 언급했다(其時主人喪子, 故末句云)

이관영(李觀永; 1839~?) 《소우재문집(踈迂齋文集)》(권1)

친한 벗들 호수와 바다의 바름과 푸름을 보고,	親朋湖海眼楷青,
십 년의 변화에 놀라 양 귀밑머리 성겼네.	十載飜驚兩鬢星[100].
선반 위의 시와 그림 이제야 말끔히 털어보고,	揷架[101]詩圖纔拂拭[102],
잔치 자리의 고상한 말들 더욱 사람을 일깨우네.	當筵文話更提醒.
우리들의 풍류는 어디서든 자연스럽고,	吾輩風流自在地,
중천의 달빛이 온 뜰에 가득하네.	中天月色好滿庭.
술 동이 앞에 한 사람 부족함이 슬프니,	惆悵樽前人少一,
산 남쪽의 단소 소리 들을 만하네.	山陽[103]短篴[104]可堪聽.

96 佛日(불일): 부처의 자비가 모든 중생에게 빠짐없이 널리 미침'을 해에 비유하여 이르는 말이다.

97 匡廬(광려): 중국 강서성(江西省)에 있는 여산(廬山)을 말한다. 은(殷)나라와 주(周)나라 교체기에 광속(匡俗)의 형제 7인이 이곳에 초막을 짓고 선도(仙道)를 닦았다는 전설이 전해온다.

98 結社(결사): 선비와 승려의 교분을 뜻하는 말이다. 진대(晉代)에 여산(廬山) 동림사(東林寺)의 고승 혜원(惠遠)이 승속(僧俗)의 18현(賢)과 함께 백련사(白蓮社)를 결성했던 고사가 있다.

99 分山(분산): 같이 한곳에 은거하자는 약속을 의미한다. 송(宋)나라 장영(張詠)이 화산(華山)에 은거하던 진단(陳摶)을 뵙고는 "원컨데 화산 반쪽을 나누어 살고 싶은데, 되겠습니까?"라고 하니, 진단이 "다른 사람은 몰라도 공이라면 내 마땅히 반을 나누어 주겠소."라고 한 것에서 유래했다. 《몽계필담(夢溪筆談)》(권20)에 보인다.

100 星(성): 머리가 희끗한 모양을 말한다.

101 揷架(삽가): 문서나 책 따위를 얹어 두거나 꽂아 두기 위해 만든 선반을 말한다.

102 拂拭(불식): 말끔히 털어 없애는 것을 말한다.

103 山陽(산양): 산의 남쪽을 말한다. 이곳의 '양'은 '산의 남쪽'의 의미이다.

104 篴(적): 피리의 의미이다. (피리의 의미인) 적(笛)과 같은 말로 쓰인다.

70 경신년(1880) 4월 곡강에서 노닐면서, 종친 어른 이효상의 시에 차운하며 또 [又]

망창산이라는 곳이 있는데, 저녁에 올라가 읊었다(有山望昌者而夕登吟之)

이관영(李觀永; 1839~?) 《소우재문집(踈迂齋文集)》(권1)

험한 작은 언덕은 푸른 들판 누르고,	嶒萃小岡鎭野靑,
올라보니 의기는 곧장 별을 범하네.	登臨意氣直干星.
마음 놓으니 시상이 떠오름이 느껴지고,	放懷自覺詩思動,
흥을 타니 차라리 술기운이 깨었으면.	乘興寧教酒力醒.
외성 곳곳엔 여염집과 강가 저자 있고,	撲地[105]閭閻[106]江市郭,
온 하늘의 해와 달은 해문 뜰이라네.	周天日月海門[107]庭.
해 질 무렵엔 풍류가 소매에 한가득하고,	風流滿載斜陽袖,
나무꾼과 어부의 흥얼거림 역시 들을 만하네.	樵唱漁謳亦足聽.

71 흥해에서 벗을 만나 [興海逢友人]

이진구(李震久; 1840~1911) 《석송당유고(石松堂遺稿)》(권1)

주룩주룩 내리는 가는 비에 봄을 감상하고,	小雨斑斑卽賞春,
우연히 길에서 뜻 맞는 사람 만나 친해졌네.	偶然傾蓋[108]意中人.
바람과 구름은 손이 커서 변화를 이끌 수 있고,	風雲手闊能推變,
하도낙서(河圖洛書)가 만들어지자 신성하게 되었네.	河洛圖[109]成轉入神.
달 뜨고 물 흐르는 누대에서 주인을 노래하고,	月榭水臺吟弄主,

105 撲地(박지): '도처' 내지 '온 사방'을 말한다.

106 閭閻(여염): 일반 백성의 살림집이 많이 모여 있는 곳을 말한다.

107 海門(해문): 육지와 육지 사이에 끼여 있는 바다로 이어지는 통로를 말한다.

108 傾蓋(경개): 우연히 길에서 만난 사람과 수레를 멈추고 덮개를 기울여 잠시 이야기한다는 뜻으로, 우연히 한번 보고 서로 친해짐을 이르는 말이다.

109 河洛圖(하락도): 하도낙서(河圖洛書)를 말한다. 하도(河圖)는 복희(伏羲)가 황하(黃河)에서 얻은 그림으로, 복희가 이것에 근거해 《주역》의 팔괘(八卦)를 만들었다고 한다. 낙서(洛書)는 우(禹)가 낙수(洛水)에서 얻은 글로, 우는 이것에 근거하여 천하를 다스리는 대법(大法)으로서의 《홍범구주(洪範九疇)》를 만들었다고 한다.

시연의 술자리에서 손님을 보내고 맞이했네. 詩筵酒榻餞迎賓.
등 들고 돌며 작별인사하고 약속을 남기니, 回燈分袂[110]留餘約,
여린 버들과 향기로운 꽃이 막 꿈에서 들어오네. 嫩柳芳花入夢新.

72 흥해에서 벗을 만나 또 [又]

이진구(李震久; 1840~1911) 《석송당유고(石松堂遺稿)》(권1)

곡강의 매화와 버들에 남은 봄 즐겁고, 曲江梅柳樂餘春,
돌고 도는 음양은 아름다운 사람과 통하네. 一圈陰陽太衍人.
내년에 시 모임 가져야 함이 안타까운데, 却恨明年詩社結,
한밤에 베개 나란히 하니 마음 새로워지네. 半宵聯枕意中新.

73 곡강에서 작별을 노래하며 [曲江敍別]

이규준(李圭晙; 1855~1923)[111] 《석곡산고(石谷散稿)》

떠도는 혼 새벽에 놀라 아침 햇살 기다리고, 旅魂驚曉待朝暉,
어두운 구름 깔린 앞길엔 비취빛 살짝 감도네. 前路溟雲暗翠微.
큰 강물은 산 북쪽에서 나뉘어 꺾이고, 大水中分山北折,
적막한 하늘엔 기러기 남쪽으로 가네. 一天寥廓雁南飛.
잔과 술통이 합해지니 이별가가 일어나고, 盃樽始合離歌起,
책과 검을 연마했어도 세상사에 어긋나네. 書劍練成世事違.
다행히 올 가을에는 적게 익어서, 幸得今年秋少熟,

110 分袂(분몌): 서로 인사를 나누고 헤어지는 것을 말한다.

111 李圭晙(이규준): 대한제국기의 학자이자 의학자이다. 자는 숙현(叔玄)이고, 호는 석곡(石谷)이다. 경상북도 영일 출생이다. 원래 유학자로서 경사자집(經史子集)에 능통했다. 송유(宋儒)들의 경서의 주소(注疏)를 그대로 따르지 않고, 한당(漢唐)의 고유(古儒)들의 주석을 존중했다. 만년에는 의학연구에 전념하여 《의감중마(醫鑑重磨)》를 발표하기도 했다. 문집으로는 《석곡산고(石谷散稿)》가 있다.

형문에서 죽을 먹어도 족히 살찌겠네. 衡門[112]饘粥足堪肥.

74 곡강에서 시를 지어 송별하며 [曲江賦餞]

이규준(李圭晙; 1855~1923) 《석곡산고(石谷散稿)》

연무 낀 곳곳엔 인가가 있고, 烟霞處處有人家,
자색 게와 붉은 고구마는 늘 훌륭하네. 紫蟹紅藷總是佳.
이날 술 단지 물리고 바다로 나아가면, 此日離樽臨海曲,
내일 아침 식사는 하늘가에 맡기네. 明朝旅食寄天涯.
금강산 약수에 관심 샘솟고, 金剛藥水關心湧,
경포대 훈훈한 바람 꿈에 들어오네. 鏡浦璇風入夢斜.
작은 주머니에 종자기의 그림 가득 담고, 小囊滿載峨洋[113]畵,
잠시 친척과 친구들에게 보여주며 자랑하네. 聊對親朋有眼誇.

75 꿈에 옛 곡강에서 노닐며 [夢曲江舊遊]

정진백(鄭鎭伯; 1867~1924) 《석농집(石儂集)》(권2)

남가의 꿈속이라 아는 사람 많아, 南柯[114]枕上故人多,
손 잡고 길 가면서 노래 불렀지. 携手行行互唱歌.
서쪽 누대 방초엔 봄빛 만발하고, 芳草西坮春日色,

112 衡門(형문): 원의는 두 기둥에다 한 개의 횡목을 질러 만든 허술한 대문을 말하는데, 은자가 사는 곳으로도 쓰인다.

113 峨洋(아양): 중국 춘추(春秋) 시기 초(楚)나라 사람인 종자기(鍾子期)를 말한다. 거문고의 명인인 백아(伯牙)가 고산(高山)에 뜻을 두고 연주하면, 그는 "좋구나, 높고 높아 태산 같구나(峨峨兮若泰山)."라고 했고, 백아가 유수(流水)에 뜻을 두고 연주하면, 그는 "좋구나, 넓고 넓어 장강과 황하 같구나(洋洋兮若江河)."라고 했다. 백아는 종자기 사후에 자신의 소리를 알아주는 사람이 없이 현을 끊고 더 이상 음악을 연주하지 않았다고 한다.

114 南柯(남가): 남가일몽(南柯一夢)을 말한다. 어떤 사람이 홰나무 밑에서 낮잠을 자다가 꿈에 대괴안굴(大槐安國) 왕의 사위가 되어 남가군(南柯郡)을 20년 동안 다스리면서 부귀영화를 누리다가 꿈을 깨었다는 내용이다. 인생의 부귀영화가 모두 헛된 것임을 비유하는 말로 쓰인다. 당나라 사람 이공좌(李公佐)의 《남가기(南柯記)》에 보인다.

북쪽 논둑 수양버들엔 저녁연기 일렁이네. 垂楊北陌暮烟波.
정답게 이야기를 나누며 즉석에서 시를 짓고, 情談跌宕[115]題詩席,
즐거운 마음 깊어지면 술집이 있었다네. 樂意沈深有酒家.
한밤 닭 울음소리 손님들 돌아가라 재촉하니, 子夜雞聲催客散,
이 몸은 하늘가에 있음을 깨닫네. 覺來身是在天涯.

76 어떤 소금 진 사람이 자신을 흥해에 사는 하씨(河氏)라고 한 것에 시 한 수 지으며 [有負鹽人自說興海河姓爲賦一篇]

하겸진(河謙鎭; 1870~1946)[116] 《회봉선생유서(晦峯先生遺書)》(권1)

흥해 사는 사람은 나이 아직 젊은데, 興海居人尙年少,
소금 지고 곧장 안평촌으로 가네. 負鹽直到安平村.
이리저리 기운 누더기 옷 입은 초췌한 얼굴, 鶉衣[117]百結面憔悴,
허름한 술집에서 마주 앉아 이야기해보았네. 對坐共說壚頭[118]缺.
직접 말하길, 조상 대대로 진양에 살았는데, 自言肇祖居晉陽[119],
옥패와 금빛 갓끈이 온 집안에 빛났다고. 玉佩金纓爛一門.
가을바람 불던 어느 날 밤 큰 나무가 흔들려, 秋風一夜動喬木,
이름만 남은 기구한 신세로 전락했다네. 漂淪[120]只有名姓存.

115 跌宕(질탕): 신이 나서 정도가 지나치게 흥겹게 노는 것을 말한다.

116 河謙鎭(하겸진): 대한제국기의 유학자이다. 본관은 진양(晉陽)이다. 자는 숙형(叔亨)이고, 호는 회봉(晦峯) 또는 외재(畏齋)이다. 부친은 하재익(河載翼)이다. 13세에 사서와 오경을 모두 익혀 사람들의 칭찬을 받았고, 24세에 성리학(性理學)을 논하기 시작했다. 27세 때 곽종석(郭鍾錫)을 찾아가 제자가 되었고, 29세 때에는 이승희(李承熙)·장석영(張錫英)·송준필(宋浚弼) 등과 교유했으며, 안동·선산·성주 등 선현들의 유허지(遺墟地)를 순례했다. 이후 명산대천은 물론 동서남의 해안 일대와 명승고적 및 중국의 공자·맹자·주자의 묘(廟)까지 순례하려고 만주까지 갔다가 되돌아왔다. 저술로 《주어절요(朱語節要)》·《동시화(東詩話)》·《국성론(國性論)》 등이 있다.

117 鶉衣(순의): 초라한 누더기 옷을 말한다.

118 壚頭(노두): 술집을 말한다. 원래는 술통을 올려놓던 흙으로 된 토대를 가리키는 말이었다. '노'는 검은빛이 나는 단단한 흙을 말한다.

119 晉陽(진양): 진주(晉州)의 옛 이름이다.

120 漂淪(표륜): 신세가 기박하여 여기저기 떠돌아다니는 것을 말한다.

소금 만드는 것 생계 삼아 모진 세월 견디고, 煮海[121]資生閱寒暑,
지척 어부 집을 짙은 안개 속에서 찾았다네. 漁戶咫尺朝霧昏.
삼백 리 떨어진 옛 동산 생각함에, 故山回憶三百里,
밤마다 언덕 나는 꿈꾸다 돌아오고. 歸夢夜夜飛丘園.
응당 알겠네, 잘되고 못됨은 하늘이 정하고, 興廢應知有天定,
마지막 길은 하나의 근원에서 갈라짐을. 末路派分只一源.
말을 다 들으니 함께 서글퍼져, 聽終辭絶共悽然,
길 떠나지 못하고 술 단지 기울였네. 欲行不行傾一樽.

77 곡강의 긴 성 가는 길에 [曲江長城道中]

박동희(朴東熺; 1872~1939) 《학파문집(鶴坡文集)》(권1)

남북으로 오가다 이곳에서 쉬고, 南去北來此處休,
꽃향기 나는 삼월엔 곡강 나들이 가네. 烟花三月曲江遊.
수많은 진주가 폭포 아래서 날고, 萬箇跳珠飛瀑下,
큰 바위 머리에는 옥이 천 층으로 쌓였네. 千層積玉大巖頭.
옛 전각 서늘하니 누구라도 여름 좋아하겠고, 古殿微凉誰愛夏,
이 산의 상쾌한 기운 가을 왔나 싶네. 玆山爽氣却疑秋.
성 쌓은 이유를 물어보는 사람 없고, 築城本意無人問,
호수와 하늘 돌아보니 흰 갈매기뿐. 回望湖天但白鷗.

121 煮海(자해): 바닷물을 끓여 소금을 만드는 것을 말한다.

78 흥해로 향하며 [向興海]

권석찬(權錫瓚; 1873~1957) 《시암집(是巖集)》(권1)

해마다 병으로 누웠다가 오늘 회복되어, 兼年病臥始蘇今,
사람의 정 나누고자 마침내 찾아왔네. 爲叙倫情到底尋.
맑은 눈동자로 운치를 잘 살핌이 부럽고, 却羨靑眸審韻格,
시간이 백발을 재촉하는 것 가련하네. 堪憐白髮促光陰.
튼튼한 수레는 산을 날고 물을 건너며, 山飛水走車行健,
쇠를 자르고 돌같이 단단한 우정은 깊네. 金斷[122]石堅友契深.
만곡 속세의 근심을 그대는 말하지 마소, 萬斛塵愁君莫說,
전에 바다서 즐거운 마음 갖기로 약속했잖소. 前期大海快胸襟.

79 곡강에서 술을 외상으로 사며 [曲江賖酒]

허신(許信; 1876~1946)[123] 《뇌산유고(雷山遺稿)》(권2)

곡강의 강물은 연기처럼 푸르고, 曲江江水碧如烟,
물가의 화초는 십 리나 이어졌네. 汀草汀花十里連.
잉어는 유래가 의롭다고 들었건만, 鯉魚聞說由來義,
추어탕에 많은 돈 달라함을 탓하네. 却怪鰍羹太索錢.

---

122 金斷(금단): 우정이 두터운 교우관계를 말한다. 《주역(周易)·계사전상(繫辭傳上)》은 "두 사람이 마음을 함께 하면 그 예리함이 쇠를 자를 만하고, 마음을 함께 한 말은 그 향기가 난초와 같다(二人同心, 其利斷金, 同心之言, 其臭如蘭)."라고 했다.

123 許信(허신): 일제 강점기 때의 의사이다. 본관은 양언(陽川)이다. 자는 덕예(德輗)이고, 호는 송산(松山) 또는 뇌산(雷山)이다. 조부는 허장(許樟)이고, 부친은 운계(雲溪) 허영(許瑩)으로 예학에 밝았다. 어려서 몸이 약하고 병이 많았다. 의학(醫學)에 관심이 많아 독학하여 얻은 것이 많았다. 경술국치 이후 향촌에 은거하며 의학에 전념하다가 해방 이듬해에 생을 마감했다. 문집으로 《뇌산선생문집(雷山先生文集)》이 있다.

80 흥해의 객점에 묵으며 [宿興海旅舍]

송은헌(宋殷憲; 1876~1946)[124] 《강와집(剛窩集)》(권1)

산길 돌고 도니 바다의 문 열리고, 山回路轉海門開,
객사의 등은 꺼져가고 시간은 빨리 가네. 旅舍殘燈漏箭[125]催.
동쪽으로 부상 바라보니 날은 밝아오고, 東望扶桑天欲曉,
닭 울음소리에 도도산에서 온 것 같네. 鷄聲疑自桃都[126]來.

81 곡강의 중양절 [曲江重九]

정종호(鄭宗浩; 1880~1950) 《일운문집(逸耘文集)》

성 남쪽 누대에서 안절부절 술독을 부름은, 呼樽起坐郭南樓,
마침 구월 구일 중양절이기 때문이라네. 好是良辰九九秋.
강가 마을엔 찬 소리 내는 기러기 지나가고, 江國寒聲鴻雁渡,
동산의 울타리엔 국화 피는 소식이 있네. 園籬消息菊花抽.
성대한 자리는 용산의 모임만이 아니고, 盛筵非但龍山會[127],
기사는 낙수의 마을에서 크게 열렸네. 耆社[128]高開洛水州.

124 宋殷憲(송은헌): 조선 후기의 학자이다. 본관은 은진(恩津)이다. 자는 경식(敬植)이고, 호는 강와(剛窩)이다. 부친은 송병택(宋秉澤)이다. 1898년에 이근원(李根元)에게 사사(師事)했다. 1910년 일본이 강점하자 통곡하면서 "'원통함을 간직하고 참으며 문화를 보존하고 아침에 진리를 들으면 저녁에 죽어도 좋다(忍痛含寃, 準保衣冠. 朝聞夕死可)'는 13자로 의(義)를 삼아 유교의 명맥을 보전해서 내세(來世)의 터전을 회복하도록 해야 한다."라고 했다. 저서로는 《강와집(剛窩集)》·《병의록(秉義錄)》이 있다.

125 漏箭(누전): 물이 줄어드는 정도로 시간을 알아볼 수 있도록 눈금을 새겨 물시계의 누호 안에 세워 놓은 화살을 말한다.

126 桃都(도도): 신화 전설 속에 나오는 도도산(桃都山)을 말한다. 이 산의 꼭대기에 있는 큰 나무에는 천계(天鷄)가 사는데, 아침에 해가 뜨면서 이 나무를 비추면 천계가 울고, 그 소리를 따라 온 천하의 닭들이 운다고 한다.

127 龍山會(용산회): 진(晉)나라의 환온(桓溫)이 9월 9일에 여러 명사들과 용산(龍山)에서 노닐었던 것을 빗대어 한 말이다.

128 耆社(기사): 조선 시대 나이가 많은 문신을 예우하기 위하여 설치한 기구이다.

고금의 문장이 이날 모두 모이니, 今古文章同此日,
몇 사람이나 마음 놓고 노닐 수 있을까. 幾人能得展眉[129]遊.

82 곡강에서 대작하며 [曲江對酌]

박곤복(朴坤復; 1896~1948) 《고암문집(古庵文集)》(권1)

굽이진 강가 마을은 빼어나고 분명하니, 江州曲曲勢奇明,
구지산이 십 년 동안 꿈에서도 불평하네. 十載仇池[130]夢不平.
대낮 뜨거운 해에 지팡이 뜨거워지는데, 午天曝日笻頭熱,
갑자기 시원한 바람 대숲에서 나오네. 忽地淸風竹裏生.
동쪽 고을서 온 나그네 신발 먼지로 가득하고, 塵滿東都遊子屐,
술독이 깊은 것은 북해 주인 마음이런가. 樽深北海主人情.
얼마 후 밤에 동쪽 언덕에서 달이 나오니, 少焉月出東坡夜,
흰 서리 이어졌던 그때를 생각해보네. 想及當時白露橫.

129 展眉(전미): 찡그렸던 눈썹을 편다는 뜻으로, 근심거리가 풀려 마음을 놓음을 이르는 말이다.

130 仇池(구지): 중국 감숙성(甘肅省)에 있는 산 이름이다. 사방이 절벽으로 되어있고, 정상에는 100경(頃)쯤 되는 큰 못이 있다. 정상에 오르려면 서른여섯 굽이의 구불구불한 갈을 거쳐야 오를 수 있다고 한다.

83 흥해 향교에서 글벗들과 함께 지으며 [興海鄕校與諸詞伯共吟]

이종각(李鍾珏; 1896~1972) 《기초유고(杞樵遺稿)》

한 건물에 동과 서로 따로 거하니 한스럽고,	一舍西東恨各居,
기이한 인연 어찌나 행운인지 마음에 와닿네.	奇緣何幸接襟裾.
오랫동안 약을 찧는 동업들 가련하고,	多年擣藥憐同業,
좋은 날 꽃 보니 책 읽는 것보다 낫구나.	佳節看花勝讀書.
성전의 시 모임에 늦게 온 나는,	聖殿詩盟吾到晩,
선향의 구름 그림자에서 그대를 처음 보네.	仙鄕雲影子逢初,
오늘 모두 정 나누고 사이좋게 지내니,	交情族誼[131]今俱得,
덧없는 인생 개미의 꿈처럼 한때이길.	自顧浮生蟻夢[132]如.

84 배를 타고 곡강정에 와서 [舟到曲江亭]

장두한(張斗翰; 1910~1981)[133] 《눌암유집(訥庵遺集)》(권1)

이름난 곳 곳곳에 이름난 정자 있어,	名區到處有名亭,
저녁에 향하던 곡강에 노를 멈추네.	晩向曲江一棹停.
열 가지 풍광 모두 담기 어렵고,	十景風光難收領,
여덟 문과 누각은 단청을 비추네.	八門樓閣暎丹靑.
공경한 선철들 오래도록 편히 깃들고,	久欽先哲安棲息,
구름이 여전히 뜰에 가득한 것 부러워하네.	更羨雲仍滿戶庭.
주인장의 너그러운 뜻에 크게 감사하니,	多謝主翁勤款意,
의미심장한 말로 사람을 일깨워주시네.	能將妙語使人醒.

---

131 族誼(족의): 일가 사이에 서로 사이좋게 지냄을 말한다.

132 蟻夢(의몽): 개미의 꿈이란 의미로, 덧없는 한때의 꿈에 비유적으로 쓰인다.

133 張斗翰(장두한): 본관은 하산(夏山)이다. 자는 사응(士鷹)이고, 호는 눌암(訥庵)이다. 문집으로는 《눌암유집(訥庵遺集)》이 있다.

도음산(禱陰山) 관련 시

포항시 흥해읍 학천리와 신광면 냉수리의 경계에 있는 산이다.《신증동국여지승람》〈흥해〉조에는 도음산이 고을 서쪽 5리에 있으며 (흥해의) 진산이라고 되어있다.《해동지도》에는 서쪽 도음산에서 흥해의 읍치가 있던 읍성까지 산줄기가 쭉 뻗어 있는 것처럼 그려져 있다.《대동지지》에는 도음산이 고을 중심지의 서남쪽 10리에 있다고 나오고,《대동여지도》에는 흥해에서 가장 웅장한 산으로 표현되어 있다.

산 정상에 서면 서쪽으로 포항과 대구를 잇는 고속도로와 넓게 펼쳐진 경주의 안강 들판이 내려다보이며, 동남쪽으로는 포항 시가지와 포스코, 영일만 일대가 눈 앞에 펼쳐진다. 6·25전쟁 때 낙동강 전선을 사이에 두고 치열한 전투가 벌어졌던 격전지 중 한 곳으로 몇 차례에 걸쳐 유해 발굴 작업이 진행되기도 했다. 산 중턱에 신라 선덕여왕 때 창건된 유서 깊은 사찰 천곡사(泉谷寺)가 있다.

---

1 도음산에 올라 바다를 바라보며 읊으며 [登禱陰山望海口呼]

채구장(蔡九章; 1684~1743)《운와집(耘窩集)》(권2)

왼쪽 바다는 광활한 하늘과 이어지고,	左海連天闊,
푸른 산은 파도 밖에 떠 있네.	蒼山波外浮.
학이여 너에게 묻노니,	鶴兮憑汝問,
어디가 신선 사는 봉래산인고.	何處是蓬丘[134].

134 蓬丘(봉구): 봉래산을 말하며, 영주산·방장산과 더불어 중국 신화 전설에 나오는 삼신산의 하나이다.

2 지주가 도음산에서 비를 빌 때 지은 시에 차운하며 [次地主禱陰山祈雨時韻][135]

최천익(崔天翼; 1712~1779) 《농수고(農叟稿)》

가뭄이 어찌 이리 심하고, 旱暵何斯甚,
짙은 흙비도 이미 많은데. 霾沉亦旣多.
구름 이는 산에 빌고, 爲乞興雲嶽,
모두 물을 비는 집을 찾네. 兼尋呪水家.
향긋한 연무 이제야 굴 에워싸고, 香煙纔繞窟,
신령한 비 갑자기 줄기를 적시네. 靈雨忽霑柯.
서서 밤새 내리는 비를 보니, 佇看終宵注,
앞 시내는 흰 물결로 넘쳐나네. 前溪漲白波.

3 도음산 [禱陰山][136]

장사경(張思敬; 1756~1817) 《이계선생문집(耳溪先生文集)》(권1)

음 하나가 도의 뿌리가 되기에, 一陰爲道根,
온갖 경물들을 감싸고 있네. 包得萬千景.
가뭄 속 상림에 비 내렸으니, 歲旱雨桑林[137],
임금님 기우제로 수고할 일 없네. 無勞聖主請.

135 이 시는 《국역농수선생문집(國譯農叟先生文集)》에는 《차도음산기우시운(次禱蔭山祈雨時韻)》으로 되어있다.

136 이 시는 《다시 열 곳을 읊으며(又十詠)》에서 《도음산(禱陰山)》 부분만 발췌했다.

137 桑林(상림): 은(殷)나라의 탕(湯) 임금이 7년 동안 가물었을 때 비를 빈 곳을 말한다. 《회남자(淮南子)·주술훈(主術訓)》은 "탕 임금 때 7년 동안 가물었다. 탕 임금이 몸소 상림에서 기도할 즈음에 사해의 구름이 몰려와 천 리의 비가 이르렀다(湯之時, 七年旱, 以身禱於桑林之際, 而四海雲湊, 千里之雨至)"라고 했다.

4 도음산의 붉은 노을 [禱陰紫霞][138]

박동희(朴東熺; 1872~1939) 《학파문집(鶴坡文集)》(권1)

해 옆 붉은 빛 신선의 집을 비추고,	日傍彤彩照仙家,
무릉 세계와 통하여 꽃이 되네.	與武陵通變作花.
높은 곳에 올라 구장술 따르니,	强欲登高斟九醬,
봄날 아침의 취기는 해질 때까지 이어지네.	春朝醉意夕陽斜.

5 도음산의 붉은 노을 [禱陰紫霞][139]

권석찬(權錫瓚; 1873~1957) 《시암집(是巖集)》(권1)

붉은 노을 깊은 곳 신선의 집 있어,	紫霞深處有仙家,
참인가 보려니 눈 어지럽고 침침해지네.	將信爲疑纈[140]眼花.
아득히 앉아 남산을 바라본 지 오래,	悠然坐對南山[141]久,
나뭇가지 끝에 기우는 해 근심스레 보네.	愁見樹梢落照斜.

---

138 이 시는 원래 《호계잡영(虎溪雜詠)》에 수록된 시로, 《도음자하(禱陰紫霞)》 부분만 수록했다.

139 이 시는 원래 《박동희의 호리잡영 시에 차운하며(次朴東熺虎里雜詠)》에 수록된 시로, 《도음자하》 부분만 수록했다.

140 纈(힐): 눈이 침침해지는 것을 말한다.

141 南山(남산): 동진(東晉)의 대시인 도연명(陶淵明; 356~427)의 《음주(陰酒)》 시 중의 "동쪽 울타리 아래서 국화를 따다가, 한가롭게 남산을 보네(采菊東籬下, 悠然見南山)."에서 유래했다. 이곳에서는 도음산을 말한다.

6 도음산의 붉은 노을 [禱陰紫霞][142]

이홍구(李洪久; 1878~1952) 《옥애유고(玉涯遺稿)》(권1)

도음산은 속인의 집에서 멀고,	禱山遠隔俗人家,
보이는 건 초목과 꽃뿐만이 아니네.	景物非徒草樹花.
외로운 따오기 지는 노을에 붉게 비치니,	孤鶩殘霞長暎紫,
홀연히 서쪽 하늘에 기운 햇빛 보이네.	西天忽見日光斜.

142 이 시는《박응집의 호촌 팔경 시에 차운하며(次朴應集虎村八景)》의《도음산의 붉은 노을(禱陰紫霞)》 부분만 발췌하여 수록한 것이다.

망창산(望昌山) 관련 시

망창산은 흥해읍에 있는 낮은 산이다. 조선 시대 망창역(望昌驛)이 있었던 것으로 유명하다. 《신증동국여지승람》 〈흥해군〉조에는 "고을 남쪽 2리에 있다."라고 했다. 망창산 주위는 평야 지대여서 산이 낮아도 전망이 좋아 이곳을 지나는 문인들이 많이 찾았던 곳이다.

'망창'의 유래와 관련해서 이교상(李敎相)의 시 [망창산(望昌山)]은 "흥해의 지형은 고기 잡는 어부가 그물을 쳐놓은 것 같다. 망창산은 노니는 물고기가 창해를 바라보는 것 같아서, 일명 '망창'이라고도 한다(興海地形如漁翁散網, 望昌山如游魚望滄海, 故一名望滄)."라고 설명했다.

망창산 관련 시는 1800년대 초반부터 1900년대까지 꾸준히 지어졌다. 시의 내용은 망창산에 올라서 바라본 주위의 풍광과 개인의 감회를 읊고 있는 것이 대부분이다.

흥해 출신 문인인 이효상(李孝相; 1774~?)의 시가 가장 많다.

---

1 망창산에서 읊으며 [昌山口號]

이효상(李孝相; 1774~?) 《일재유고(逸齋遺稿)》

풍류 모임에서 시를 지을 때마다,	每占風流會,
푸른 아지랑이 사이에서 찾네.	行尋翠靄間.
주전자 사이에서 손님은 일이 없고,	壺中無事客,
성 밖에는 이름난 산이 있네.	城外有名山.
병은 문장과 함께 물러가고,	病與文章退,
우러러보니 세월은 여유롭네.	襄將歲月閒.
저무는 해는 아직도 봉우리에 있고,	斜陽猶在岑,
풀 향기에 돌아갈 것을 잊네.	芳草坐忘還.

2 망창산에서 저물녘 경치를 바라보며 [望昌山夕眺]

이효상(李孝相; 1774~?) 《일재유고(逸齋遺稿)》

천천히 오르니 양 겨드랑이 사이로 바람 불고,	平步登登兩腋風,
갑자기 두건과 신발이 거의 같아지네.	倏然[143]巾履二三同.
봄빛 속에 시간은 오래 머물다,	長留歲月春光裏,
석양 속 시냇가 산에서 다하네.	盡得溪山夕照中.
향긋한 풀은 가는 곳마다 정이 있고,	芳艸有情行處遍,
떨어진 꽃은 꿈처럼 빈 채로 지나오네.	落花如夢過來空.
돌아갈 때 성 동쪽 가게에 술을 달라 하니,	歸時喚酒城東店,
촌 할미들 모두 늙은이가 주책 부린다 놀리네.	村媼皆嘲漫浪翁.

3 망창산 [望昌山]

이효상(李孝相; 1774~?) 《일재유고(逸齋遺稿)》

도음산 한 줄기 실처럼 내달리고,	禱陰一脈走如絲,
평지의 물에서 부용이 나오니 기이하네.	平地芙蓉出水奇.
신령과 통하는 만 세대 가지런히 배열하고,	萬戶通靈[144]排井落,
천년의 쌓인 기운은 성과 못을 지켜주네.	千年積氣護城池.
풍광은 시인의 손에 생생하게 들어오고,	風光活入騷人手,
경치는 숙녀의 눈썹으로 단장하네.	雲物[145]粧成靜女眉.
듣건대 노닐던 물고기가 창해를 바라보다,	聞說游魚望滄海,
산 이름이 언제 바뀌었는지 몰랐다 하네.	不知山號變何時.

143 倏然(숙연): 매우 갑작스러운 것을 말한다.
144 通靈(통령): 정신이 신령과 서로 통함을 말한다.
145 雲物(운물): 경물이나 경치를 말한다.

4 망창산 [望昌山]

흥해의 지형은 고기 잡는 어부가 그물을 쳐놓은 것 같다. 망창산은 노니는 물고기가 창해를 바라보는 것 같아서 일명 '망창'이라고도 한다(興海地形如漁翁散網, 望昌山如游魚望滄海, 故一名望滄)

이교상(李敎相; 미상) 《기석유고(耆石遺稿)》

강 마을의 뭇 산들 그물 쳐놓은 듯하고, 江郡羣山撒網如,
가운데의 한 봉우리는 노니는 물고기라네. 中央一峀卽游魚.
봄과 가을의 한가한 날에 오르면 상쾌하고, 春秋暇日登臨快,
세상의 영재를 낳고 키우기에 족하네. 湖海英才産毓餘.
안석에 앉아 뭇 가구들을 내려보고, 俯瞰千家當几案,
나눠져 흐르는 두 강물은 옷깃을 둘렀네. 橫分二水匝襟裾.
아득히 조용히 앉아 즐겁게 서로 대하니, 悠然宴坐[146]欣相對,
아침저녁 구름과 아지랑이가 내 거처를 그리네. 朝暮雲嵐寫我居.

5 망창산에 올라 [登望昌山]

정진백(鄭鎭伯; 1867~1924) 《석농집(石儂集)》(권2)

바다 같은 푸른 들판과 빈 푸른 산에서, 青郊如海碧山空,
큰 시야로 동쪽의 땅끝을 보네. 傲眼[147]相看地盡東.
둑의 보리 전날 밤의 비에 막 피고, 壟麥初胎前夜雨,
뜰의 복숭아는 저녁 봄바람에 물결 치려하네. 園桃欲浪暮春風.
푸른 풀은 말에 밟히어 들쭉날쭉하고, 草隨馬踏參差綠,
나들이객 기다리는 꽃은 차례로 붉다네. 花待人遊次第紅.
하루 동안 올라도 훌륭한 볼거리 많으니, 一日登高多勝賞,
덧없는 인생에 무슨 일로 맨날 책 속에 있나. 浮生何事老書中.

146 宴坐(연좌): 조용하게 앉아서 참선함을 말한다.

147 傲眼(오안): 거만한 안목이라는 말로, 비유해서 고상하여 세속과 타협하지 않는 시야의 의미로도 쓰인다.

6 낮에 망창산에 올라 [日午登昌山]

정종호(鄭宗浩; 1880~1950) 《일운문집(逸耘文集)》

끝없는 들판은 동과 서로 멀고,	平郊無畔逈東西,
한 잔 하고 언덕 오르니 취한 눈은 미혹되네.	酒後臨臯醉眼迷.
풀 따라 가며 읊으니 추위가 갑자기 따뜻해지고,	緣草行吟寒忽煖,
산 마주하고 앉아서 보니 산은 그래도 낮네.	對山坐見地還低.
점점이 연분홍빛 살구꽃은 비에 사라지고,	杏花點點紅消雨,
실 같은 버드나무는 푸르고 너른 시냇가에 있네.	楊柳絲絲碧囅溪.
석양에 시 올리는 것 늦다고 알리지 마소,	休報斜陽詩上晚,
저녁의 꽃과 연무의 모습도 쓰기 어렵다오.	暮花煙景亦難題.

북천(北川)과 북천수(北川藪) 관련 시

북천(北川)은 흥해를 북쪽에서 감싸고 도는 하천으로, 지금의 곡강천(曲江川)이다. 곡강천은 마북산에서 발원하여 칠포를 거쳐 바다로 흘러간다. 곡강천은 여름에는 큰비가 오면 물이 넘쳤고 겨울에는 북쪽에서 강한 해풍이 불어왔다. 조선 철종 때 흥해 군수 이득강(李得江)이 홍수와 해풍의 피해를 막고자 읍민들을 동원해 북천수를 조성했다고 전한다.

흥해 사거리에서 신광 방향으로 조금만 가다 보면 멀리 울창한 소나무 숲이 늘어서 있는 곳이 보이는데, 이곳이 바로 우리나라에서 세 번째로 긴 소나무 숲길인 북천수이다. 숲에 들어가면 잘 닦인 산책로와 각종 자태를 뽐내는 고송(古松)들을 볼 수 있다. 《흥해읍지(興海邑誌)》에 숲이 서쪽 백련사(白蓮寺)에서 동쪽 곡강(曲江)까지 이른다는 기록이 있는 것으로 보아, 조성 당시 굉장히 길었던 것으로 보인다. 1938년에 이뤄진 조사에서는 길이가 2,400m, 너비가 150m라고 보고되었으나 현재는 길이가 1,870m, 너비가 70m로 줄어든 상태이다.

이곳은 흥해에서 가까운 명승지였고, 백련사(白蓮寺) 가는 길에 있었기 때문에 오고 가는 많은 문인들이 쉬거나 풍류를 즐겼다. 시의 내용으로 보면 더위를 식히며 풍류를 즐기는 것, 명절에 벗들과 모여 유흥을 즐기는 것, 북천수 내의 아름다운 풍광 등을 읊은 것이 많이 보인다.

1 초여름 친구들과 북천에서 실컷 놀 것을 말하며 [首夏[148]諸友言敖北川]

이효상(李孝相; 1774~?) 《일재유고(逸齋遺稿)》

북천 버드나무 보질 않고,	不見北川柳,
어찌 봄 풍경 기이함을 알겠는가.	那知春物奇.
푸른 기색 받들어 모실 수 있고,	碧能供氣色,
맑음은 가슴 속 회포 드러내게 하네.	淸欲吐襟期[149].
꽃 떨어지면 청춘은 멀어지고,	花落靑春逈,
꾀꼬리 울면 해는 더디게 가네.	鶯啼白日遲.
멋을 아는 많은 군자들,	風流數君子,
모두 어린 시절로 돌아갔네.	俱是少年時.

2 윤 단오절에 북천에 모여 술을 따르며 [閏端陽[150]北川會酌]

이효상(李孝相; 1774~?) 《일재유고(逸齋遺稿)》

오늘은 오년에 한 번 오고,	五年今一到,
날은 다시 단오절이라네.	天氣再端陽.
들판은 봄을 지나 바뀌고,	野色經春變,
냇물은 비를 만나 불었네.	川流得雨長.
깊은 숲에 하루 종일 앉아,	林深終日席,
마을 근처에서 수시로 잔 돌리네.	村近不時觴.
농로(農老)의 무덤 슬피 바라보며,	悵望農翁墓,
예전의 묵향만 어루만지네.	摩挲[151]舊墨香.

148 首夏(수하): 여름이 시작될 무렵을 말한다.

149 襟期(금기): 가슴에 깊이 품은 회포를 말한다.

150 端陽(단양): 단오절(端午節)을 말하는 것으로, 음력 5월 5일이다. 이날은 그네뛰기나 씨름, 탈춤, 가면극 등의 놀이를 즐기며, 여자들은 창포물에 머리를 감는 풍습이 있다.

151 摩挲(마사): 손으로 어루만지는 것을 말한다.

3 6월 그믐에 북천에서 술을 마시며 [六月晦飮北川]

이효상(李孝相; 1774~?) 《일재유고(逸齋遺稿)》

빈 물가 따뜻한 모래엔 나그네들 절로 오고, 沙暖汀空客自來,
세속의 마음은 바람과 물소리에 탁 트이네. 塵衿颯與水聲開.
냇가에는 소평의 밭처럼 오이가 익고, 川邊苽熟邵平圃[152],
숲속에선 원소의 잔처럼 술 마시고 가네. 林下酒行袁紹杯[153].
해 긴 산 계곡에 약속 있어 즐거워하고, 遲日溪山欣有約,
성세의 칼과 검은 인재가 아님을 부끄러워하네. 淸時書釰愧非才.
내일 아침 마침 가을바람 부는 계절이니, 明朝況値金風[154]節,
높은 버드나무의 매미울음 저녁을 더욱 재촉하네. 高柳鳴蟬晩更催.

4 초여름 백련암에 함께 올라갈 것을 약속했다가 북천수에 남아 한 잔 하며 [首夏約伴將陟白蓮庵留飮北川藪]

이효상(李孝相; 1774~?) 《일재유고(逸齋遺稿)》

아침에는 동쪽 은행나무 사당에서 취하고, 朝醺東杏社,
점심 땐 북쪽 소나무 정자에서 쉬네. 午憩北松亭.
옛 사찰은 천 년 동안 푸르고, 古寺千年碧,
사람들 지나는 십리 길 푸르구나. 行人十里青.
연약한 짐승들 모두 다른 소리 내고, 軟禽皆變舌,
향긋한 나무는 여러 자태 드러내네. 芳樹各呈形.

---

152 邵平圃(소평포): 소평(邵平)이 진(秦)나라 때 동릉후(東陵侯)에 봉해졌는데, 진나라가 멸망한 후에는 가난한 선비의 신분으로 장안의 성 동쪽에 오색과(五色瓜)를 심어 생활을 영위한 것에 유래한 말이다.

153 袁紹杯(원소배): 조조(曹操; 155년~220)의 경쟁자였던 원소(袁紹; ?~202)가 명유(名儒) 정현(鄭玄)을 초대한 적이 있었다. 정현이 떠나려 하자, 원소는 지역의 문인(文人) 300여 명을 초대하여 송별연을 열었다. 원소는 정현을 바로 보내기 싫어 문인들에게 술 한 잔씩 올리도록 했다. 정현은 3백여 잔의 술을 마시고도 흐트러짐이 전혀 없었다고 전한다.

154 金風(금풍): 가을바람을 말한다.

이 즐거움을 깨닫는 사람 없으니, 此樂無誰會,
시냇가 바람과 목동의 피리 소릴 듣네. 溪風牧笛聽.

5 초여름 어르신과 백련암에 오르기로 약속했다가 북천수에 남아 한 잔 하며 [首夏約老伴將陟白蓮庵留飮北川藪]

이효상(李孝相; 1774~?) 《일재유고(逸齋遺稿)》

짙게 드리운 버드나무 북천을 뒤덮고, 楊柳陰陰覆北川,
나들이객은 녹음 드리운 하늘로 다투어 들어가네. 遊人冒入綠蕤天.
백련사는 천년의 탑에 가깝고, 蓮坮寺近千年塔,
매곡촌 연기는 십 리나 이어졌네. 梅谷[155]村連十里烟.
봄비 온 뒤 두건 쓰고 신발 신은 두세 사람 가고, 巾履兩三春雨後,
산 계곡물 절반은 석양을 앞에 두었네. 溪山一半夕陽前.
이번 행차에서 풍운의 즐거움을 얻었으니, 今行正得風雲樂,
어르신도 이를 듣고 탄식하네. 夫子聞之亦喟然[156].

155 梅谷(매곡): 월성(月城) 손씨(孫氏)가 200여 년 전에 일군 마을이다. 매화낙지형국(梅花落地形局)의 명당 터에 형성되어 이렇게 이름했다고 전한다. 지금은 행정구역상 흥해읍 매산리(梅山里)에 속해있다.

156 喟然(위연): 탄식하는 모습을 말한다.

6 북천의 꾀꼬리 노래 [北川鶯歌]

이효상(李孝相; 1774~?) 《일재유고(逸齋遺稿)》

물가 무성한 버드나무 가지는 모두 푸르고,	汀柳浮浮[157]綠遍枝,
돌아다니는 꾀꼬리 소리는 수시로 듣는다네.	流鶯曲折聽多時.
온갖 소리 원만하고 변화무쌍하여서,	百千囀去圓無定,
한 두 마리 번쩍하며 날아와도 모르겠네.	一兩飛來閃不知.
시에 이름 나타내니 다른 소재 더해지고,	詩上露名添別料,
술잔에 흥미 더해주고 좋은 날로 데려가네.	酒邊挑興引佳期.
봄기운은 머무는 새소리에 기탁하고,	韶光[158]寄與禽聲住,
이 늙은이의 백발 이미 기운 것 부끄럽네.	慚愧斯翁髮已斜.

157 浮浮(부부): 많고 굳센 모양을 말한다.
158 韶光(소광): 봄의 기운을 말한다.

칠포(七浦) 관련 시

칠포(七浦)는 흥해 동쪽의 바다와 접한 마을이다. 이곳은 일찍이 수군만호진(水軍萬戶鎭)이 들어섰던 곳이다. 고종 8년(1871)에 수군만호진이 동래(東萊)로 옮겨 가기 이전까지 군사 요새로서 7개의 포대가 있는 성이라 하여 '칠포성(七砲城)'이라고도 불렀다. 또 절골(寺谷)에 옻나무가 많고 해안의 바위와 바다색이 옻칠한 듯 검은 것에서 칠포(漆浦)라고도 하였다.
1914년 북하면 지역의 강서와 강북 두 마을을 합하여 칠포라고 했다. 칠포해수욕장과 곤륜산(崑崙山)의 선사시대 암각화로 유명하다.
칠포는 바다와 접해 있어서 바다를 읊은 시들이 많이 보인다. 시의 내용은 칠포의 아름다운 바다를 노래하거나 멀리 오도(烏島)를 바라보며 읊은 시들이 많다.

---

1 칠포 [七浦]

최승우(崔昇羽; 1770~1841) 《이재와집(耳宰窩集)》(권3)

멀리 오도에 오르니 내 시야 탁 트여,	遠登烏嶼快吾覩,
배 저어 석양 무렵 칠포에 내렸네.	縱艪[159]斜陽下七浦.
촌집 한 곳 빌려 머물며 풍속 살펴보니,	借宿村家觀厥俗,
주민들 생업 모두 물고기 잡는 것이네.	居人生業摠漁戶.

159 縱艪(종로): 배의 고물(배의 뒤쪽 부분)을 조종하는 것을 말하는데, 이곳에서는 배를 젓는 것을 말한다.

2 이매원 어르신을 모시고 칠포에서 바다를 보며 [陪梅園李上舍至漆浦觀海]

사공억(司空檍; 1805~1841) 《다천집(茶泉集)》(권3)

외로운 배는 동쪽 해변에서 약속 기다리고,	孤航有約海東濱,
먼 곳에서 찬바람 불어 사람 나아가지 못하네.	萬里凉風吹趁人.
굽이진 물가의 갈대에서 어르신 생각하고,	曲水蒹葭懷上舍,
영주의 구름 낀 달에서 진짜 선인을 찾네.	瀛洲雲月訪仙眞.
강과 하천에 가득한 눈 자취 찾을 길 없고,	江河雪沃渾無跡,
천지의 부평초로 떠도니 나루터 보이질 않네.	天壤浮萍不見津.
갖은 자태의 오도가 가장 절묘한 것은,	最是千般烏島巧,
조화옹이 온갖 정신을 쏟았기 때문이네.	化翁慘憺費精神.

3 배 타고 칠포에서 오도로 향하며 [浮七浦向烏島]

김응건(金應楗; 1808~1885)[160] 《기암문집(棄嵓文集)》(권1)

다락 배는 물 위 연꽃처럼 둥실둥실,	泛泛樓船水上蓮,
표연히 세상사 잊고 앉으니 신선 같네.	飄然遺世坐如仙.
아래는 바다의 봉래 세 산으로 통함은 아닌지,	下通蓬海三山否,
그곳에 도착하면 달은 분명 크고 밝으리.	到了分明闐月圓.

160 金應楗(김응건): 조선 후기의 학자. 본관은 의성(義城)이나. 자는 경이(景以)이고, 호는 기암(棄嵓)이다. 부친은 김용비(金龍泌)이다. 어려서 문장과 예악(禮樂) 및 상수(象數)까지 두루 섭렵했다. 1855년 정재(定齋) 류치명(柳致明)의 문하에서 수학했다. 이왕준(李枉準)·조태호(趙泰祜)·필흠(申弼欽)·류치호(柳致皜) 등과 교유했다. 평생 이황(李滉)의 《성학십도(聖學十圖)》를 좌우명으로 삼아 학문 연구에 전념했다. 유고로 시문집인 《기암문집(棄嵓文集)》이 전한다.

4 칠포에서 오도를 감상하며 [七浦賞烏島]

김진성(金璡聲; 1822~1892)[161] 《연호유고(蓮湖遺稿)》(권1)

칠포에 오니 동해 바닷가이고,	行臨七浦是東溟,
마침 세찬 바람에 작은 배들 매여 있네.	適値高風係艋舲.
이곳의 광경은 어디가 가장 빼어난가,	到此奇觀何處最,
섬의 바위들 모두 까마귀 모습이라네.	島中巖石總烏形.

5 칠포에 묵으며 [宿七浦]

박승동(朴昇東; 1847~1922)[162] 《미강집(渼江集)》(권1)

밤에 칠포 물가에서 뱃전의 노래를 듣고,	浦潯夜聽發船歌,
풍요로운 고을에는 바다색이 짙네.	一片興州海色多.
멀리 동쪽 끝에서 붉은 해가 나오니,	萬里東頭紅日出,
고개 돌려 하늘 위 찬란한 은하수를 보네.	回看天上燦星河.

161 金璡聲(김진성): 조선 후기 영천 출신의 학자이다. 본관은 영양(英陽)이다. 자는 문옥(文玉)이고, 호는 연호(蓮湖)이다.

162 朴昇東(박승동): 조선 후기의 학자이다. 대구 출신으로, 호는 미강(渼江)이다. 경학원강사를 지냈다. 문집으로는 《미강집(渼江集)》이 있다.

6 밤에 칠포에 묵으며 [夜宿七浦]

박곤복(朴坤復; 1896~1948)《고암문집(古庵文集)》(권1)

칠월 초이렛날 저녁 칠포에서 한 수 읊고,	七夕浦邊夜一吟,
주루는 적막하고 나그네의 등은 깊어가네.	酒樓寥寂客燈深.
깊은 밤 구름은 밝은 달을 시샘하고,	雲猜明月三更色,
넓은 바다의 외로운 기러기 마음은 구만리.	海闊孤鴻萬里心.
상선은 무리 지어있건만 익조는 어디에 있나,	簇簇商帆何處鷁[163],
여러 모습으로 날아오니 짐승들은 외롭지 않네.	形形翔集不孤禽.
섬의 까마귀는 소식(蘇軾)이 꿈에 본 학과 같아,	島烏有似蘇仙鶴[164],
다른 날 잠자리 꿈속에서 찾아보네.	枕上他宵夢裏尋.

163 鷁(익): 익조(鷁鳥)를 말한다. 바람에 강한 상상의 새로, 어선 뱃머리에 새기거나 장식을 하여 어로 활동을 돕기를 기원하는 풍습이 있었다.

164 蘇仙鶴(소선학): 북송의 대문장가 소식(蘇軾; 1037~1101)이 꿈에서 본 학이란 의미이다. 이 이야기는 소식의 《후적벽부(後赤壁賦)》에서 유래했다. 소식이 적벽에 노닐 때 큰 학 한 마리가 날아와 뱃전을 스치고 날아갔다. 그날 밤 꿈에 한 도사가 찾아와 읍을 하며 인사하기에 그의 이름을 물었으나 대답하지 않았다. 이에 소식이 그 정체를 알아차리고 어젯밤의 그 학이 아니냐고 물으니, 도사가 돌아보며 웃었다고 한다.

곡강서원(曲江書院) 관련 시

곡강서원은 임진왜란 때 창의한 정삼외(鄭三畏; 1547~1615) 선생이 선조 40년(1607)에 흥해 남송동 서원리에 창건했다. 서원에는 문원공(文元公) 회재(晦齋) 이언적(李彦迪; 1491~1553) 선생을 배향했고, 숙종 34년(1708)에 문간공(文簡公) 조경(趙絅; 1586~1669)과 회재의 손자인 무첨당(無忝堂) 이의윤(李宜潤; 1564~1597)을 추향했다.

곡강서원은 고종 5년(1869) 흥선대원군의 전국적인 서원철폐령으로 훼철되었다. 이후 복설을 위한 노력이 있었으나 이뤄지지 못했다. 지금은 곡강 최씨 시조묘하의 재사로 바뀌었다. 곡강 어귀 가는 길에 곡강 최씨 시조묘를 지나 300m쯤 오른쪽 산기슭에 영모재(永慕齋)가 있는데, 그 자리가 바로 서원이 있었던 곳이다.

곡강서원은 흥해의 유일한 서원으로서 덕망과 학식이 높았던 이언적과 조경을 제향했던 관계로 흥해를 지나가는 많은 문인들이 두 사람을 추모하기 위해 이곳에 들러 시문을 남겼다.

곡강서원은 1600년대 초반에 창건되었기에 관련 시도 이때부터 나타나기 시작하여 훼철되기 전까지 꾸준히 지어졌다. 시의 내용은 대부분 곡강서원이 제향하는 이언적과 조경의 인품과 학식을 추앙하고 그들의 뜻을 계승하려는 다짐을 보여준다.

1 **곡강서원 [曲江書院]**

회재 선생의 사당을 참배하러 가다 이곳에 내려 말을 살필 때 지었다(謁晦齋先生廟, 此下點馬時作)

신즙(申楫; 1580~1639)[165] 《하음선생문집(河陰先生文集)》(권3)

옛 선현들 쉬며 노닐었던 곳,	昔賢遊息地,
산수는 가장 맑고 빼어나네.	山水最淸奇.
만고의 유생들,	萬古斯文脈,
지금에서야 알게 되었네.	從今始得知.

2 **곡강서원 [曲江書院]**

채구장(蔡九章; 1684~1743) 《운와집(耘窩集)》(권1)

천지의 동남쪽 끝없이 넓은 곳,	天地東南曠蕩[166]邊,
강은 창해로 바다는 하늘로 이어졌네.	江連滄海海連天.
신묘한 자라가 오랫동안 삼신산 지고 춤추며,	神鰲長戴三山舞,
그 가운데 사궁에서 대학자께 예를 올리네.	中有祠宮禮大賢.

3 **곡강서원 [曲江書院]**

정중기(鄭重器; 1685~1757) 《매산선생문집(梅山先生文集)》(권1)

아홉 굽이 맑은 강물은 바닷가로 들어가고,	九曲淸江注海脣,

165 申楫(신즙): 조선 중기의 문신이자 학자이다. 본관은 영해(寧海)이다. 자는 여섭(汝涉)이고, 호는 하음(河陰)이다. 조부는 신연(申演)이고, 부친은 주부(主簿) 신경남(申慶男)이다. 정경세(鄭經世)의 문인이다. 선조 39년(1606) 식년문과에 병과로 급제했다. 1636년 병자호란 때는 의병장이 되었다. 관직은 사복시정(司僕寺正)에 이르렀다. 효성이 지극하고 지조가 강했다. 성리학뿐만 아니라 의약·복서(卜筮)·지리·천문 등에 해박했다. 문집으로는 《하음선생문집(河陰先生文集)》 등이 있다.

166 曠蕩(광탕): 끝없이 넓음을 말한다.

단청 입힌 사당은 몇 번의 봄을 거쳤는가. 丹青祠屋幾經春.
회재 선생의 도학은 북송 성리학을 잇고, 晦翁[167]道學承濂洛[168],
용주 선생의 문장은 한나라와 진나라에 가깝네. 龍老[169]文章逼漢秦.
누대와 사당은 지금 교화를 떠받치고, 樓榭卽今扶敎化,
산천은 영원하고 정신은 배가 되네. 山川終古倍精神.
풍광은 이미 중양절에 가까워지는데, 風光已近重陽節,
이 몸 두보(杜甫)에게 부끄러우니 어찌할까. 其奈身慙姓杜人[170].

4-5 곡강서원에서 길 떠나는 진사 이정기에게 주며 [曲江院中贈李進士鼎基榮行]

정경(鄭炅; 1741~1807) 《호와집(好窩集)》(권2)

바람 불고 연무 낀 곡강에 좋은 손님 오시고, 曲水風烟好客來,
맑은 밤 즐거운 이야기에 내 마음 열리네. 劇談淸夜我懷開.
산이 밤 안개를 거두니 새 달이 떠오르고, 山收宿霧懸新月,
으리한 누대 청등 아래 옛 술잔 올리네. 樓壓青燈進舊杯.
하루 동안 꽃을 보니 명성이 자자하고, 一日看花名藉藉,
십 년 동안 옥을 갈아 손이 넓고 크네. 十年磨玉手恢恢.
유학에도 정교함과 조잡함의 차이 있으니, 斯文也有精粗別,
오동나무 누대에 귀한 고리 찾지 마시게. 莫向梧臺覓貝環.

동도의 재사께서 은택을 가져오시어, 東都才士帶恩來,

167 晦翁(회옹): 회재(晦齋) 옹의 의미로, 곡강서원(曲江書院)에 배향된 이언적(李彦迪; 1491~1553)을 말한다. 이곳의 '회'는 이언적의 호인 회재를 말한다.

168 濂洛(염락): 북송의 성리학을 대표하는 두 학파를 말한다. '염(濂)'은 염계(濂溪)의 주돈이(周敦頤; 1017~1073)를 말하고, 낙(洛)은 낙양(洛陽)의 정이(程顥; 1032~1085)와 정이(程頤; 1033~1107)를 말한다. 문집으로는 《만은집(晩隱集)》이 있다.

169 龍老(용로): 용주 어르신의 의미로, 곡강서원(曲江書院)에 배향된 조경(趙絅; 1586~1669)을 말한다. 이곳의 '용'은 조경의 호인 용주(龍洲)를 말한다.

170 姓杜人(성두인): 성이 두씨(杜氏)인 사람의 의미인데, 당(唐)나라의 대시인 두보(杜甫; 712~770)를 말한다.

손안에 궁중 연못의 연꽃이 피었네.	御沼蓮花手裏開.
새로이 득의한 때에 준마를 내달리고,	得意新時馳駿馬,
친구 데리고 곳곳에서 큰 잔을 권했네.	携朋到處勸深盃.
명성이 어찌 명리를 다투는 곳에서 나오리,	聲譽[171]豈向名場[172]畫,
사업은 마땅히 실질을 따라 갖춰야지.	事業宜從實地恢.
늙은이가 곤궁하고 쓸모없어,	却恨老夫窮且拙,
이별할 때 옥고리 주지 못해 애통하네.	別筵無以贈瓊環.

6 곡강서원을 지나며 삼가 문루 현판 시에 차운하며 [過曲江書院, 謹次門樓板上韻]

회재 선생과 원님 조공을 봉향하는 곳이다(晦齋李先生及主倅趙公[173]奉享之所)

김진성(金璡聲; 1822~1892) 《연호유고(蓮湖遺稿)》(권1)

오산 아래의 곡강 가에서,	鰲山之下曲江邊,
마을 선비들 해마다 제사를 올리네.	鄕士年年薦俎籩.
한 조각 따뜻한 마음은 후학들 부끄럽게 만들고,	一瓣心香羞後學,
세 문의 큰 제도는 선현을 우러러보네.	三門[174]偉制仰先賢.
보리밭의 구름이 들판을 감싸고 가을빛은 저물며,	麥雲繞野秋光晚,
오동나무의 달은 사당에 차고 밤 그림자 둥그네.	梧月盈軒夜影圓.
바다를 보니 내 여정 실로 우연이 아니니,	觀海吾行誠不偶,
화려하고 아름다운 사당에서 감회를 전하네.	華楣玉宇感懷傳.

171 聲譽(성예): 세상에 널리 떨치는 이름과 기림을 받는 훌륭한 명예를 말한다.

172 名場(명장): 옛날 과거 시험장 같은 명예를 다루는 장소를 말한다.

173 趙公(조공): 용주(龍洲) 조경(趙絅; 1586~1669)을 말한다. 흥해군수를 지냈고, 곡강서원에 회재(晦齋) 이언적(李彦迪; 1491~1553)과 함께 제향되었다.

174 三門(삼문): 대궐이나 관청 및 사당 등의 앞에 세운 세 문을 말하는데, 정문(正門)·동협문(東夾門)·서협문(西夾門)을 말한다.

7 곡강서원 뒤쪽 봉우리에 올라 일출을 보며 [登曲江書院後峯望日出]

이진구(李震久; 1840~1911) 《석송당유고(石松堂遺稿)》(권1)

솔숲 바람과 거대한 파도 만 리까지 울려,	風松鯨濤萬里聲,
아침 내내 바다의 구름 걷히길 앉아 기다리네.	終朝坐待海雲晴.
눈 빠지게 파도 아래 한참이나 보고 있는데,	眼穿波底看看久,
갑자기 부상의 그림자가 오르더니 크게 밝아지네.	忽上扶桑影大明.

제월루(霽月樓) 관련 시

제월루는 곡강서원(曲江書院)의 문루이다. 남경희(南景羲; 1748~1812)의 [곡강서원 문루중수기(曲江書院門樓重修記)]는 "서원 앞에 우뚝 환하게 높이 솟아 쉴 수 있는 곳이 제월루이다(前有突然高明而可以遊息者, 是霽月樓也)."라고 했다. 또 이교상(李敎相)의 시 [제월루(霽月樓)]의 작가 설명을 보면 "회재 선생은 군 남쪽 달전에서 장사를 지냈고, 곡강서원에 제향되었다. 서원 문루의 편액이 제월이다(晦齋先生葬于郡南達田, 享曲江書院, 院樓扁名霽月)."라고 했다.

제월루는 고종 연간 흥선대원군의 서원철폐령 때 곡강서원과 함께 철거된 것으로 보인다. 이 누대에 서면 가까이는 흥해 평야가, 멀리는 비학산과 뭇 봉우리들이 한눈에 들어왔다. 제월루 관련 시는 1600년대 중반부터 서원이 철폐되는 1800년대 후반까지 지어졌다. 시의 내용은 제월루에서 바라본 아름다운 풍광과 개인의 느낌 및 곡강서원의 도통을 생각하고 계승하려는 굳은 의지를 보여준다.

---

1 제월루 [霽月樓]

홍주세(洪柱世; 1612~1661)[175] 《정허당집(靜虛堂集)》(상권)

높은 누대의 드러난 굽어진 난간에 기대니,	高閣憑虛露曲欄,
사계절의 기쁜 흥취는 장안에서 으뜸이라.	四時佳興擅長安.
남악의 구름 맑고 아침 햇살은 깨끗하며,	雲晴南岳朝光淨,
달이 뜬 동쪽 산 밤기운은 차갑네.	月上東山夜色寒.
뭇 들의 바람과 연무는 처마 밖에 떨어지고,	萬井風烟軒外落,
백 년의 천지가 눈을 넓게 해주네.	百年天地眼中寬.

175 洪柱世(홍주세): 조선 후기에 영천군수를 지낸 문신이다. 본관은 풍산(豊山)이다. 자는 숙진(叔鎭)이고, 호는 정허당(靜虛堂)이다. 조부는 홍난(洪鸞)이고, 부친은 좌참찬 홍보(洪靌)이다. 인조 11년(1633) 사마시에 합격하여 생원이 되었고, 효종 1년(1650) 증광문과에 을과로 급제하여 벼슬이 영천군수(榮川郡守)에 이르렀다. 문장에 뛰어났다. 문집으로는 《정허당집(靜虛堂集)》이 있다.

경치를 둘러보면 끝도 없는데, 看來景物還無盡,
새 시를 지으려니 말 만들기 어렵네. 欲就新詩下語難.

2 제월루에서 저녁 비에 읊고 바라보며 [霽月樓暮雨吟望]

조문명(趙文命; 1680~1732)[176] 《학암집(鶴巖集)》(1책)

산 계곡은 저녁 빛에 물들고, 溪山方暮色,
붉은 난간은 아직 높이 남아있네. 丹檻且高留.
이리저리 흩어졌던 구름 모이고, 狼藉流雲集,
머물려는 새들 아득히 오네. 蒼茫宿鳥投.
이 마을 나무꾼들 돌아오고, 是村樵斧返,
여기저기 밥 짓는 연기 오르네. 幾處炊烟浮.
골짜기의 비는 숲을 불며 지나가고, 洞雨吹林過,
별을 보니 누대 내려가기 싫어지네. 看星不下樓.

3~4 아침에 일어나 제월루에 올라 읊으며 [朝起上霽月樓有吟]

조문명(趙文命; 1680~1732) 《학암집(鶴巖集)》(1책)

시냇가의 산은 날아 움직이려 하고, 溪山意飛動,
구름 속 누대는 골짜기의 하늘 드러내네. 雲樓敞峽天.
맑은 날 절벽의 소나무에 눈 떨어지고, 崖松晴落雪,
해 저문 마을에선 밥 짓는 연기 피어오르네. 村日晩浮烟.
자리에 드니 뭇 봉우리들 깎아지는 듯하고, 入座羣峰峭,
구불구불한 제방엔 고목들 둥그네. 盤堤古木圓.

176 趙文命(조문명): 조선 후기의 문신이다. 본관은 풍양(豊壤)이다. 자는 숙장(叔章)이고, 호는 학암(鶴巖)이다. 조부는 조상정(趙相鼎)이고, 부친은 도사(都事) 조인수(趙仁壽)이다. 숙종 31년(1705) 생원시에 합격하고, 1713년 증광문과에 병과로 급제했다. 이조판서·우의정·좌의정 등을 지냈다. 글씨에 뛰어나 청주의 삼충사사적비(三忠祠事蹟碑)·북백곽재우묘표(北伯郭再祐墓表) 등이 전한다. 문집으로는 《학암집(鶴巖集)》이 있다.

잠시 맨머리 드러내고 앉아, 移時[177]露頂坐,
조용히 두보의 시를 감상하네. 靜看少陵篇[178].
맑고 그윽한 구름 낀 산에서, 淸絶雲山境,
이 누대도 찾기 쉽네. 玆樓亦易求.
시냇가엔 어젯밤 비 더해지고, 溪添昨夜雨,
사람은 옛날 노닐던 때 떠올리네. 人憶往時遊.
해를 보니 어부와 나무꾼이 나서고, 見日漁樵出,
바람 맞으니 새와 참새가 근심하네. 迎風鳥雀愁.
가만히 사물의 모습을 보니, 靜焉觀物態,
그윽한 뜻 절로 아득하여라. 幽意自悠悠.

5 곡강 제월루에 올라 [登曲江霽月樓]

정희(鄭熺; 1723~1793)[179] 《몽암집(蒙巖集)》(권1)

호수와 바다의 봄바람에 나그네 누대 올라, 春風湖海客登樓,
석양에 배회하며 푸른 물가 바라보네. 徙倚斜陽俯碧洲.
이어진 인근 마을 많은 집들 썰렁하고, 連絡近村百屋冷,
아득히 먼 나무엔 푸른 연무 떠오르네. 微茫遠樹翠烟浮.
산은 학고개를 따라 촘촘하게 이어지고, 山從鶴嶺[180]排鋪密,
강물은 파강처럼 굴곡지게 흐르네. 水學巴江[181]屈曲流.

177 移時(이시): '잠시 동안'의 의미이다.

178 少陵篇(소릉편): 당나라의 대시인 두보(杜甫; 712~770)의 시를 말한다. '소릉'은 두보의 호이다.

179 鄭熺(정희): 조선 중기의 문인이다. 본관은 영일(迎日)이다. 자는 용회(用晦)이고, 호는 몽암(蒙巖)이다. 부친은 정상명(鄭相明)이다. 최흥원(崔興遠)의 문하에서 수학했다. 영조 32년(1756) 식년시 생원 2등 18위로 합격하여 진사가 되었으나, 관직에 나아가지 않았다. 고향에서 후학(後學)을 양성하고 학문에 정진했다. 그의 문하에서 수학한 사람으로 권상빈(權尙彬)·서유대(徐惟岱)·이정엄(李鼎儼) 등이 있다. 유고로는 《몽암집(蒙巖集)》이 전한다.

180 鶴嶺(학령): 학 고개의 의미로, 비학산(飛鶴山)을 말하는 것이 아닌가 싶다. 지금도 제월루가 있었던 옛 곡강서원 터에서 바라보면 비학산이 정면으로 보이고, 비학산 옆으로 뭇 산봉우리들이 이어진 것을 볼 수 있다.

181 巴江(파강): 양자강 삼협(三峽) 중의 하나인 파협(巴峽)을 말한 것으로 보인다. 양자강이 동쪽으로 흘러 호북성(湖北省) 파동현(巴東縣)에 큰 협곡을 만드는데, 이곳을 파협이라 한다. 골짜기가 깊고 물살이 센 것으로 유명하다.

밤 깊이 앉았더니 한기가 일어나고, 坐到更深寒欲起,
평사의 밝은 달은 더디게만 가네. 平沙朗月更遲留.

6 제월루에서 밤에 송이호와 거문고를 들으며 [與宋彛好霽月樓夜鳴琴]

정경(鄭炅; 1741~1807) 《호와집(好窩集)》(권3)

좋은 밤에 거문고 소리 또렷하게 들리고, 良宵絃語聽分明,
높은 산과 물소리를 연주해내네. 彈出高山與水聲.
고향의 봄바람에 옛 악보 찾아보고, 栗里[182]春風尋古譜,
맑은 시내 밝은 달은 진실한 마음을 보이네. 玉溪明月見眞情.
텅 빈 가운데 얻는 드문 소리 절로 바로 서니, 希音正自虛中得,
오묘한 합치는 원래 고요 속에 생긴다네. 妙契元從靜裏生.
강 위 여러 봉우리 언제나 푸르니, 江上數峯靑未了,
그대 귀찮아도 잠시 돌아갈 생각 마시게. 煩君且莫算歸程.

7 삼가 곡강 제월루 현판 시에 차운하며 [謹次曲江霽月樓板上韻]

권종락(權宗洛; 1745~1819)[183] 《갈산집(葛山集)》(권1)

그윽한 높은 누대는 더욱 끝이 없고, 高樓幽絶更無邊,
의지하는 많은 선비가 올리는 제기는 공손하네. 多士依歸恪薦籩.
주희(朱熹)에게서 배워 정통을 찾고, 學溯紫陽[184]尋正派,

182 栗里(율리): 중국 강서성(江西省) 구강현(九江縣)에 있는 지명으로, 도연명(陶淵明)이 이곳에 은거하였다고 전한다. 후에 이 말은 고향을 가리키는 말로 쓰인다.

183 權宗洛(권종락): 조선 후기의 학자이다. 본관은 안동(安東)이다. 자는 명응(明應)이고, 호는 갈산(葛山) 또는 형와(兄窩)이다. 부친은 권익수(權翼銖)이다 간재(艮齋) 이헌경(李獻慶)의 문인으로, 경전을 익혔다. 번암(樊巖) 채제공(蔡濟恭)·이계(耳溪) 홍양호(洪良浩) 등과 교유했다. 《효경》과 태극설(太極說)에 조예가 깊었다. 유고로 《갈산집(葛山集)》이 전한다.

184 紫陽(자양): 송(宋)나라의 거유(巨儒)인 주희(朱熹; 1130~1200)를 말한다. '자양'은 주희의 호이다.

백록동(白鹿洞) 규칙 따라 옛 현인을 본받네. 規從白鹿[185]象前賢.
바다와 하늘 광활하고 가을 모습은 담백하며, 海天遙濶秋容淡,
강의 달 분명하고 지세는 둥글구나. 江月分明地勢圓.
주돈이(周敦頤) 선생 생각하니 마음이 걸러지고, 像想濂翁[186]漉落意,
의로운 이름 전해진 편액 보길 청하네. 請看扁額義名傳.

8 제월루에 홀로 앉아 [霽月獨坐]

이효상(李孝相; 1774~?) 《일재유고(逸齋遺稿)》

바람 드는 주렴 아래 자고 일어나니, 睡起風簾下,
가을의 사당은 계속 한가하네. 秋堂一味閒.
밤 지나며 소나기 그치니, 經宵收白雨[187],
해를 향해 청산을 맞이하네. 向日接青山.
구름과 연무 밖을 훑어보고, 寓目[188]雲烟表,
책 사이에 몸을 두네. 棲身卷帙間.
무심한 동해의 달은, 無心東海月,
당찬 노인의 얼굴이런가. 唐突老人顔.

185 白鹿(백록): 백록동규(白鹿洞規)를 말하는 것으로, 주자(朱子)가 지어서 백록동서원(百鹿洞書院)의 학자들에게 게시했던 글이다. 주자가 이 서원에 학생들을 모아 도학(道學)을 가르칠 때 만들었던 윤리적인 실천규범이라고 할 수 있다.

186 濂翁(염옹): 남송(南宋)의 이학자(理學者) 주돈이(周敦頤; 1017~1073)를 말한다. 자는 무숙(茂叔)이고, 주렴계(周濂溪)라고도 한다. '염옹'은 바로 여기서 유래했다. 중국 사상사에서 거의 1,000년 동안 국가이념으로 자리 잡았던 이학(理學)의 토대를 마련했다. 저술로는 《애련설(愛蓮說)》·《태극도설(太極圖說)》 등이 있다.

187 白雨(백우): 소나기를 말한다.

188 寓目(우목): 훑어보는 것을 말한다.

9 제월루에서 현판 시에 차운하며 [霽月樓次板上韻]

이효상(李孝相; 1774~?) 《일재유고(逸齋遺稿)》

광풍대와 제월루 끝없이 넓고,	光風[189]霽月浩無邊,
드넓은 사당에서 제기를 올리네.	祠廟洋洋享豆籩.
작은 마을의 연주 노래는 강좌의 풍속이라,	十室絃歌江左俗[190],
백 년 동안 해동의 현인을 제사지내네.	百年香火海東賢.
문 앞 두 줄기 굽이진 강물은 합해지고,	門前曲水雙義合,
누대 아래의 들판은 태극처럼 둥그네.	樓下平郊太極圓.
지금 서원의 기풍 땅에 떨어진 것 심히 애석하니,	頗怪院風今掃地,
나 같은 나그네를 일개 숙수(熟手)가 부르네.	喚我遊客一廚傳.

10 제월루 [霽月樓]

회재 선생은 군 남쪽 달전에서 장사를 지냈고, 곡강서원에 제향되었다. 서원 문루의 편액이 제월이고, 또 광풍이라는 누대가 있다. (晦齋先生葬于郡南達田, 享曲江書院, 院樓扁名霽月, 又有臺名光風)

이교상(李敎相; 미상) 《기석유고(耆石遺稿)》

도통을 제창하고 옛 성현을 이으니,	倡道紹前聖,
동방에는 회재 어르신 있네.	東方有晦翁.
태극도로 세상을 엄격히 깨우치시고,	極圖嚴闢界,
완전한 공덕을 전하고 도모하셨네.	曾傳肇完功.
사수에 옷과 두건을 간직하고,	泗[191]上衣巾藏,

189 光風(광풍): [원주(原註)] 광풍대가 누대 옆에 있다(光風臺在樓側).

190 江左(강좌): '강좌'는 중국 장강(長江) 하류의 동부지방으로, 지금의 강소성(江蘇省) 일대를 말한다. 이곳은 중국의 남방문화가 서려 있는 곳이다.

191 泗(사): 사수(泗水)를 말한다. 중국 산동성(山東省) 중부지방에 있는 강 이름이다. 공자가 일찍이 이 강가에서 "지나가는 것이 이와 같아서, 밤낮으로 쉼이 없구나(逝者如斯夫, 不舍晝夜)."라고 탄식한 바 있다.

초려(草廬)의 사당들은 높네.	廬草院宇崇.
강가 누대는 기상과 이어지니,	江樓干氣像,
제월루는 예나 지금이나 변함없네.	霽月古今同.

11 제월루에 올라서 [上霽月樓]

황찬주(黃贊周; 1848~1924) 《기창문집(綺窓文集)》(권2)

저녁 무렵 누대에 올라 손님 떠나보내고,	落日登臨遣客情,
강 안개 흩어지니 겹겹의 봉우리는 맑네.	江雲四散亂峯晴.
깨끗한 모래에 선 백로는 색 구분하기 어렵고,	明沙鷺立難分色,
깊은 숲속 매미 울음소리는 그침 없네.	深樹蟬鳴不吝聲.
시문이야 아직 황노직에 부끄럽고,	詩句還慙黃魯直[192],
누대 이름은 여전히 이연평을 기억하누나.	樓名尙憶李延平[193].
새 연꽃 물에서 나오고 소나무 그림자 바뀌니,	新荷出水松陰轉,
한가한 곳에서 일생 동안 말한들 어떠하리.	閒處何妨話一生.

기문(記文)

곡강서원문루중건기 [曲江書院門樓重建記]

남경희(南景羲; 1748~1812) 《치암선생문집(癡庵先生文集)》(권6)

곡강서원은 회재 이언적(李彦迪) 선생을 기려 지은 것인데, 후인들이 용주 선생을 배향하였다. 앞쪽으로 높고 환하게 돌출하여 유람하며 쉴

192 黃魯直(황노직): 북송(北宋)의 문장가 황정견(黃庭堅; 1045~1105)을 말한다. 자는 노직(魯直)이고, 호는 산곡(山谷)이다. 소식(蘇軾) 문하에서 가장 뛰어난 문인이었다. 23세에 진사에 급제했고, 국사원(國史院)의 편수관이 되었다. 소식의 시학을 계승했고, 소식과 함께 소황(蘇黃)으로 불렸다.

193 李延平(이연평): 북송(北宋)의 성리학자이다. 주희(朱熹)가 24세 때 사사했던 스승이다.

수 있는 곳이 제월루이다. 나는 일찍이 한 번 그 위에 올라 거닐고 감상하며 선배들이 명명한 뜻을 찾아보고자 하였으나 그러지 못했다.

신미년(1811) 가을, 내 벗 이기응(李箕應)이 보내온 서신에서 이렇게 말했다. "누각이 지어진 지 127년이 되었네. 서원을 지을 때 재목이 없어 걱정하던 차에, 문득 바다에서 큰 나무 수백 장이 떠내려오는 바람에 재목이 충분해졌네. 80년 뒤에 누각을 지을 때 또 수십 장의 나무가 바다 어귀까지 떠내려왔네. 태수 이후(李侯)가 뒤에서 바라보고 사들여 부조하였네. 사문의 큰 은전이 이뤄진 것이 조물주의 뜻이었구나 하고, 지금까지도 기이한 일로 전하네. 세월이 오래되자 누각은 썩고 무너졌네. 올해 이를 바꾸어 새롭게 하고자, 고을 선비들이 나에게 이 일을 맡겼네. 나는 '전에 제 증고조 휘 세윤께서 정호(鄭灝) 공·이이표(李爾標) 공과 함께 이 누각을 지었던 관계로, 지금 이 일에는 이어 기술하는 도가 있으니 늙었다고 사양할 수 없습니다.'라고 하였네. 이에 장응복(張應復)의 뒤를 따라 정월에 일을 시작하였네. 재목을 옮김에 백성들을 수고롭지 않게 하고 선비들이 힘을 내어 7월에 완성하였네. 크고 아름다워 광경이 달라지고, 강과 산에는 빛이 더해졌네. 더욱이 비 갠 밤에 달을 바라보기에 더할 나위 없이 좋을 것이라고 생각하네. 여기에 기문이 없을 수 없으니, 자네가 기문을 적어주시게."

나는 불민하여 사양했으나 간곡히 부탁하여 그 일을 기록할 뿐이다. 이는 무슨 본보기를 보여 선비들을 권면하려는 것이 아니어서, 이름을 돌아보며 뜻을 생각하는 도리로서 이어서 이렇게 말했다:

'제월'이라는 이름은 황태사(黃太史) 염계(濂溪) 선생을 찬양한 것인데, 회재 선생께서 이 기상을 가지셨으므로, 누각의 이름으로 마땅하다. 나는 늘 평범하고 순탄하게 시간을 보내 이를 논하기에 부족하다. 곤경에 빠진 뒤에야 활연한 기상은 진정으로 드러난다. 그러므로 옛사람은 특히 남들이 원망하고 탓하는 것에서 비 갠 달빛 같은 군자의 광경을 보았다. 회재 선생은 일찍이 이치에 정통하시어 묘당에 관대를 드리우셨고, 곤궁할 땐 도깨비 지역에서 천명을 다하셨으니, 비 갠 달빛 같은 광경에 모자람도 남음도 없었다. 그러나 백세 후에 상상하고 흠모하는 자는 마땅히 원망하고 탓함이 없는 곳에서 선생을 볼 것이다. 군자의 마음은 항상 넉넉하여 가는 곳마다 스스로 터득하므로, 부귀와 빈천 및 환란(患亂)과 이적(夷狄)이 그 집에 들어올 수 없다. 사태의 변환은 비록 무궁하나, 백번 까부르고 천번 흔들어도 내 털끝 하나 움직이지 않는데, 마음을 비운 본체는 원래처럼 맑다. 이를 일러 비 갠 달빛 같은 기상이라 하는데, 회재 선생이 가지셨던 것이다. 공부하는 사람은 이를 알아야 선생의 학문을 바라보고, 그 빛나고 맑은 경계를 엿볼 수 있을 것이다. 우리 사림에서 이곳에서 노닐고 쉬는 사람이 어찌 이를 첫째 뜻으로 삼지 않겠는가. 이해(1811) 8월 기미일 영양 남경희 쓰다.

(曲江書院爲晦齋李先生作, 後人以龍洲趙先生配. 前有突然高明而可以遊息者, 是霽月樓也. 景羲嘗欲一登其上, 徘徊翫賞, 以求先輩命名之義而未果. 歲辛未秋, 吾友李君箕應以書來曰: "樓之作百二十七年矣. 書院之作也, 患無材, 忽有大木浮海而來者數百章而材遂足. 後八十年而樓作, 又有數十章木漂出海口. 太守李侯後望購而助之, 斯文鉅典之成, 殆造物者意乎, 至今傳之爲異事. 樓歲久腐敗, 今年易而新之, 鄕之士推箕應知其事. 箕應曰: '竊惟我曾王考諱世潤, 嘗與鄭公灝、李公爾標作斯樓, 今於斯役繼述之道存, 不可以老辭.' 故隨張君應復後, 正月始事. 輸材不勞民而力出於士, 七月告訖. 輪奐改觀, 江山增輝. 益覺與霽夜觀月爲宜. 此不可無記, 子其圖之." 景羲謝不敏而不獲命, 惟記其事而已. 則非所以示矜式而勸多士, 故繼以顧名思義之道告之曰: 此黃太史所以贊濂溪先生, 而晦齋先生有此氣像, 則樓之名, 其爲是歟. 吾常以爲平常順易之時, 不足以論此. 到難處逆境然後, 眞氣像豁然呈露. 故古人特於人所怨尤處, 觀君子霽月光景. 晦齋先生嘗達而垂紳廟堂之上, 窮而畢命魑魅之域, 霽月光景, 無所損益. 然百世之下, 想像而欽仰者, 當見先生於無怨尤處. 君子心常充足, 隨處自得, 而富貴貧賤患難夷狄不能入其舍. 雖事變無窮, 百簸千撼而吾一髮不動, 虛靈本體, 瀅然如故. 斯之謂霽月氣像, 而晦齋先生有焉. 學者知此而後, 先生之學可希而得以窺見光明灑落境界. 吾黨之遊息於斯者, 盍以是爲第一義. 是歲八月己未, 英陽南景羲記)

임허대(臨墟臺) 관련 시

'임허'는 원래 흥해향교가 있는 곳을 중심으로 둘레 300m, 높이 20m가 조금 넘는 산 이름이다. 그 정상 부분을 임허대라고 한다. 임허산은 소가 누운 모습과 같다고 하여 와우산(臥牛山) 또는 와우대(臥牛臺)라고 불렸다. 누대 위에 옛날에 '임허'라고 새긴 석패(石牌)가 있었다고 하는데, 지금은 찾아볼 수 없다.

이곳은 흥해 읍내에서 보면 가장 높은 곳이어서 흥해 평야를 한 눈에 조망할 수 있었다. 그래서 조선 시대 흥해를 찾은 관리들은 자주 이곳에 와서 시를 읊었다.《영일읍지(迎日邑誌)》에 의하면, 매번 봄과 여름에는 시인묵객 수천 명이 이곳에 와서 풍류를 즐긴다고 하였다. 지금 산 정상에는 흥해 향교와 임허사(臨墟寺)가 있고, 그 주위로 체육공원이 조성되어있다. 천연기념물로 지정된 이팝나무 군락지로도 유명하다.

이곳에 수록한 시는 흥해 출신 문인인 이효상(李孝相; 1774~?) 선생이 지은 시가 대부분이다. 임허대 관련 시는 현재 많이 전해오지 않는 점을 고려할 때, 그의 시는 자료적으로 큰 가치가 있다. 시의 내용은 임허대에서의 친구 간의 모임을 노래한 것과 임허대 주변의 아름다운 풍광을 보면서 개인의 고뇌를 읊은 것이 대부분이다.

1 임허대에서 조촐하게 모여 [臨虛小集]

이효상(李孝相; 1774~?) 《일재유고(逸齋遺稿)》

머물지 않는 봄을 보내는 끝자락에, 餞春春不駐,
손잡고 바위 모퉁이 오르네. 携手上巖阿.
인생의 끝에 지기 드물고, 末路知音少,
해 바뀌니 싯귀 많이 얻었네. 襄年[194]得句多.
산은 손님 맞아 기뻐하고, 山應迎客喜,
술은 사람들 노래 부르게 하네. 酒或使人歌.
내일은 성 남쪽과 북쪽에서, 明日城南北,
그리움 맺힌 한을 어찌할까나. 相思恨若何.

2 기축년(1805) 중양절에 임허대에 모여 [己丑重陽集臨虛臺]

이효상(李孝相; 1774~?) 《일재유고(逸齋遺稿)》

우리는 술자리에서 기세가 가장 좋고, 吾輩樽筵勢最高,
뭇 가구들 이 숲 언덕을 가로질러 누르네. 萬家橫壓此林皐.
유자들은 참군의 모자를 배우려 하고, 儒冠肯學參軍帽[195],
촌의 술은 자사의 막걸리가 좋다네. 村釀猶賢刺史醪.
해 따듯한 산빛에 나그네를 편히 맞이하고, 日暖山光迎客穩,
하늘 맑은 가을 기운에 시호들이 들어오네. 天晴秋氣入詩豪.
중양절이 꼭 진짜 가절일 필요는 없고, 重陽未必眞佳節,
올해 귀밑머리에 맑은 서리 또 더해지네. 今歲淸霜又鬢毛.

194 襄年(양): 해가 바뀌는 것을 말한다.

195 參軍帽(참군모): 참군의 모자라는 의미이다. 진(晉)나라 맹가(孟嘉)는 정서대장군 환온(桓溫)의 참군(參軍)이다. 9월 9일에 환온이 용산에서 노닐었는데 귀빈들과 막료들이 모두 군복을 입고 모였다. 한참 노는데 바람이 불자, 맹가는 모자가 떨어졌는데도 알아차리지 못했다. 환온은 손성(孫盛)에게 글을 짓게 하여 맹가를 조롱했다. 맹가가 즉시 대응하는 문장을 짓자 모두 탄복했다. 후대의 사람들은 용산에서 모자가 떨어진 일을 들어 사람의 풍도가 호방하고 고상함을 묘사했다. 《진서(晉書)·맹가전(孟嘉傳)》에 보인다

3 가을에 임허대에 모여 술을 마시며 [臨虛臺秋日會酌]

이효상(李孝相; 1774~?) 《일재유고(逸齋遺稿)》

선명한 단풍 사람 향해 성하고,	楓花的歷[196]向人酣,
부른 벗들 삼삼오오 모여드네.	朋侶招邀集兩三.
차가운 날 온 산엔 산빛 흐리고,	寒日滿山光淰淰,
노부는 술기운이 잔뜩 올랐네.	老夫中酒氣巖巖.
바람과 연기 이층 대에서 느껴지고,	風烟領略層坮上,
시율로 큰 영남을 떠벌려보네.	詞律鋪張[197]大嶺南,
당돌한 여래가 법회를 열어,	唐突如來開法座,
영산에서 뭇 신도들에게 불법을 말하네.	靈山[198]普說衆禪男.

4~5 벗과 임허대에서 약속하며 [約友臨虛臺]

이효상(李孝相; 1774~?) 《일재유고(逸齋遺稿)》

평대 한쪽엔 맑은 광채 떠다니고,	平臺一面泛淸暉,
대나무 사이로 오가던 저녁 새 의지하네.	行坐竹間夕鳥依.
달뜨니 마침 피리 불고 지나기 알맞고,	來月正宜吹笛過,
저녁 꽃 봄 아쉬워하며 돌아가려 하네.	惜春還欲宿花歸.
좋은 날 장난치는 세속의 악귀 볼까 두렵고,	芳辰怕見塵魔戱,
높은 곳에서 멋진 벗 드물게 만나니 가련하네.	襄境憐逢韻友稀.
어찌 시와 술에 모두 뛰어난데,	安得長兼詩與酒,
그댈 불러 날마다 둘러싼 근심 풀지 않으리.	邀君日日解愁圍.

196 的歷(적력): 또렷하고 선명한 것을 말한다.

197 鋪張(포장): 형식적으로 잘 보이기 위해 꾸미는 것을 말한다.

198 靈山(영산): 범어(梵語)의 음역으로, 영취산(靈鷲山) 또는 취봉영산(鷲峰靈山)이라고 번역한다. 중인도 마갈타의 수도 왕사성(王舍城) 동북쪽 10리 지점에 있다. 부처님이 그 산에서 법화경을 설법하신 것으로 유명하다.

편히 맑은 모래에 앉으니 저녁 빛 들어오고, 隨意晴沙坐夕暉,
늦봄의 연기 모습 아직도 하늘거리네. 晩春烟景尙依依.
간간이 이어지는 꾀꼬리 소리 숲 사이로 지나가고, 歌鶯斷續林間過,
오가며 밭 경작하는 소 논둑에서 돌아가네. 耕犢縱橫隴上歸.
막다른 길에서 정을 나누니 날 아는 이 드물고, 末路交情知我少,
노년의 시벽은 그대에게는 생소하리. 老年詩癖到君稀.
이 즐거움은 호수와 산을 만드는 것보다 낫고, 玆遊營得湖山勝,
생생한 푸른 구름과 아지랑이는 사방을 감싸네. 生色雲嵐碧四圍.

6~7 봄날 임허대에서 회포를 풀며 [臨虛臺春日遣懷]

이효상(李孝相; 1774~?)《일재유고(逸齋遺稿)》

임허대 가는 길은 성 서쪽에 걸쳐있고, 虛坮一路掛城西,
앉으면 너른 들의 십 리 강을 안고 있네. 坐擁平郊十里溪.
해 따스한 산언덕엔 경작하는 소 방목하고, 日暖山坡耕犢放,
봄 깊은 뜰 나무는 지저귀는 꾀꼬리와 벗하네. 春深園樹友鶯啼.
세상 근심 삭이려 술 마시며 얘기하니, 消磨世慮啣盃話,
꾸민 듯한 풍광은 실로 시를 쓰게 만드네. 點綴風光信筆題.
밭에 때맞춘 충분한 비는 기뻐할 만하니, 可喜原田時雨足,
집집마다 보리가 허리만큼 무성하게 자랐네. 家家芃麥與腰齊.

집 밖 나서니 갈 곳 없어 동과 서로 다니다, 出門無處適東西,
어젯밤엔 비로 불은 푸른 시내 건넜네. 昨夜謠霖漲碧溪.
반나절 동안 숲을 지나도 사람 보이질 않고, 半日林行人不見,
일 년 중 꽃 떨어지니 새는 부질없이 지저귀네. 一年花落鳥空啼.
온 가정의 연기와 불은 그림을 펼친 듯하고, 萬家烟火開圖畫,
온 골짝의 구름과 아지랑이는 품제에 들 정도네. 四壑雲嵐入品題[199].

199 品題(품제): 어떤 사물의 가치나 우열을 문예적 표현으로 평하는 것을 말한다.

드리운 봄빛이 저녁에 다했다고 말하지 말게나, 休道春光垂暮盡,
띠 풀과 나무의 녹음도 산에 가득 하다네. 滿山茅樹綠陰齊.

8 먼 산을 조망하며 [遠山眺望]

이효상(李孝相; 1774~?) 《일재유고(逸齋遺稿)》

임허대에서 한 번 바라보니 사방이 푸르고, 虛坮一望四圍蒼,
산의 기운 맑고 울창하니 석양 때 훌륭하네. 山氣葱瓏可夕陽.
푸르게 칠해진 평지엔 물고기 머리 내밀고, 平地抹靑魚闖出,
새는 날개 펴고 한나절을 돌며 비상하네. 半天橫翼鳥迴翔.
길 가는 사람들 담벼락에서 상투를 묶고, 行人纍纍墻頭髻,
나들이 가는 어여쁜 처녀는 물 보고 단장하네. 遊女娟娟水面粧.
단사와 백연분이 있어도 그리기 어려운 곳 있는데, 別有丹鉛[200]難畫處,
나무꾼의 몇 가락 피리 소리 구름으로 들어가네. 數聲樵笛入雲長.

9 임허대에서 가을을 보내며 [臨虛臺餞秋]

안종덕(安鍾悳; 1841~1907) 《석하집(石荷集)》(권2)

흐르는 세월은 나에게서 멀어지고, 歲月如流我與違,
옛집은 갈수록 빛나는 모습 잃어가네. 高堂日日減容輝.
국화는 질 때가 있건만 어찌 이리 늦게 오고, 黃華有約來何晩,
주묵은 무심하고 일은 점차 드무네. 朱墨無心事稍稀.
나뭇잎 떨어지고 사람 떠나 홀로 쓸쓸한데, 落木蕭蕭人獨去,
살랑살랑 부는 서풍에 기러기 옆으로 나네. 西風嫋嫋雁橫飛.
일 년 중 가장 넋이 나가는 때이니, 一年最是銷魂處,
슬픈 그리움에 의지할 곳 잃네. 惆悵相思失所依.

200 丹鉛(단연): 옛날에 책을 교정하는데 사용된 단사(丹砂)와 백연분(白鉛粉)을 말한다

10 9일에 흥해읍의 시를 짓는 선비들을 초청해 임허대에 모여 [初九日邀一邑詩士會臨虛臺]

안종덕(安鍾悳; 1841~1907) 《석하집(石荷集)》(권2)

시와 술로 서로 빼어난 곳 골라 노닐고,	詩酒相將選勝遊,
군의 관아는 일이 없어 빈 배 같네.	郡齋無事似虛舟.
흐르는 물가의 고송에 나그네 눈 맑아지고,	古松流水客靑眼,
석양의 지저귀는 새에 노인의 머리 희어지네.	嘑鳥夕陽翁白頭.
좋은 모임에서 회포 나타낸 이 날을 만나고,	蘭社聘懷逢是日,
남전에서 시를 읽었던 옛 가을을 생각하네.	藍田[201]讀約憶前秋.
이제 태수는 번다한 공무에서 돌아왔으니,	從今太守還多務,
산 올라 꽃도 보고 누대서 달을 볼 수 있다네.	花可登山月可樓.

11 임허대를 노래하며 [題臨墟臺][202]

류동소(柳東韶; 미상)

봄의 시름 털어버리니,	春愁一擺開,
임허대에 해가 지네.	落日臨墟臺.
성 근처 백성들을 맞이하니,	城近民衆迎,
산 낮은 바닷가 마을에서 오네.	山低海邑來.
함께 갈림길로 가는 사람 없고,	無人同衢道,
다른 마음 같이 있는 나그네 있네.	有客共含否.
사찰은 마음 아프게 하는 곳인데,	梵宇傷心處,
유학은 어찌 날로 퇴폐해지는가.	斯文奈漸頹.

201 藍田(남전): 남전생옥(藍田生玉)의 줄임말로, 남전에서 좋은 옥이 계속 나오듯 한 집안이나 가문에서 훌륭한 인물들이 계속 나오는 것을 비유할 때 쓰는 말이다. '남전'은 중국 섬서성(陝西省) 서안(西安)의 남동쪽에 있는 현(縣)으로, 그 동쪽에 있는 남전산(藍田山)에서 미옥(美玉)이 나오는 것으로 유명하다. 이곳에서는 훌륭한 곳을 말하는데, 바로 임허대를 말한다.

202 이 시는 《일월향지(日月鄕誌)》 〈임허대(臨虛臺)〉조에서 발췌했다.

12 임허대를 노래하며 [題臨墟臺][203]

박병근(朴炳瑾; 미상)

누대 옆 숲 있고 숲 가운데 언덕 있어,	臺邊有藪藪中坡,
올라가 굽어보니 옛 생각 그립구나.	可使登臨懷古多.
눈에는 동과 서의 빼어난 경치 보이고,	眼闊東西奇絶色,
귀에는 남과 북의 노 젓고 나무하는 소리 들리네.	耳濃南北棹樵歌.

203 이 시는 《조선환여승람(朝鮮寰輿勝覽)》〈임허대(臨虛臺)〉조에서 발췌했다.

망진루(望辰樓) 관련 시

조선 시대 흥해에는 차군루(此君樓)·곡강정(曲江亭)·부용정(芙蓉亭)·망진루(望辰樓) 등의 유명한 누대와 정자가 있었다. 이중 가장 유명했던 것이 바로 망진루이다.

망진루의 '망'은 '바라보다'의 의미이고, '진'은 '별'을 의미한다. 망진루는 '별을 바라보는 누대'라는 의미인 셈이다. 별은 북극성을 말하는데, 여기에는 하늘에 보이는 별의 의미와 군주의 의미가 담겨있다. 망진루는 멀리 있는 경관도 볼 수 있는 누대라는 점과 임금을 공경하게 섬긴다는 의미를 갖고 있다.

망진루는 흥해 군수를 지낸 성대중(成大中; 1732~1809)의 [중수기(重修記)]에 의하면, 명 가정(嘉靖) 25년(1546), 즉 조선 명종(明宗) 원년에 창건되었다. 옛 문헌에 의하면, 흥해 객관 동북쪽에 있었고 성을 등지고 들판을 마주하고 있었다고 전한다. 이후 260여 년이 지나서 망진루는 순조 9년(1809)에 다시 중건되었다. 중수할 때 창건 때의 중국인이 쓴 편액이 있었다고 전한다. 그로 100여 년이 지난 1910년 경술국치 때 흥해청년회관(興海青年會館)으로 사용되다가, 얼마 후 일본인들이 심상소학교(尋常小學校)로 이용하다가 매각되었다. 포항지역학연구회의 조사결과에 따르면, 이후 망진루는 1939년 영월 신씨 가문(기계면 화봉동)에서 구입하여 태사공 묘소를 모시는 재실로 삼아 화봉재(禾峰齋)를 건립하였다. 한국전쟁을 거친 1957년 화봉재의 낙성식을 거행했고, 1981~1993년까지 망진루의 이전 건립에 따른 노후화된 부분을 중건하였다. 흥해의 망진루는 우여곡절 끝에 기계면에서 숨 쉬고 있는 셈이다.

망진루 관련 시는 흥해의 어떤 누대나 정자보다 많이 남아있다. 관련 시는 1500년대 후반부터 매각되는 1900년 초반까지 꾸준히 지어졌다. 당시 흥해를 오갔던 많은 선비와 관리들은 흥해에 오면 꼭 망진루에 올라 주위 풍경과 하늘의 별을 보며 마음의 심사를 쏟아냈다. 특히 박장원(朴長遠; 1612~1671)의 [망진루부(望辰樓賦)]는 이 누대의 아름다운 풍광과 개인의 고뇌 및 군주를 생각하는 마음이 구구절절 녹아 들어가 있어 망진루 관련 시 중에서 압권이라 할 만하다.

1~2 망진루 시에 차운하며 [次望辰樓]

황준량(黃俊良; 1517~1563) 《금계집(錦溪集)》(권4)

나그네 날 저물어 외로운 성에 기대니, 客倚孤城暮,
병중에도 시인의 마음 호쾌하네. 詩魂病亦豪.
남쪽 바다는 하늘 밖에 서 있고, 南溟天外立,
북극성은 해 옆에 높이 떴네. 北極日邊高.
봄을 일삼던 꽃은 이제 지려 하고, 春事花將盡,
시름 끝에 술이 반쯤 비었네. 憂端酒半消.
씩씩한 마음에도 적막한 것 놀랍고, 壯心驚寂寞,
나도 모르게 연이어 자라를 낚네. 無意釣連鰲.

대숲 밖 매화가 하얀 소금을 뿌려, 竹外梅花糝白鹽,
뜰의 반이 눈처럼 나부끼니 비렴이 한스럽네. 半庭飄雪恨飛廉[204].
농산 머리 멀리 있는 벗에게 부칠 수 없어. 隴頭人遠無憑寄,
맑은 향기 맡으며 달빛 처마 아래에 섰다네. 吟嗅淸香立月簷.

3 망진루 시에 차운하며 [次望辰樓韻]

유홍(兪泓; 1524~1594)[205] 《송당집(松塘集)》(권1)

어느덧 백발이건만 풍당(馮唐)처럼 실의하고, 秋霜不禁滿馮顚[206],
누가 시름을 불러와 술집으로 오게 했나. 誰引覊愁到酒邊.

204 飛廉(비렴): 신화 전설 속 바람을 맡아 다스리는 신(神) 이름이다.

205 兪泓(유홍): 조선 중기의 문신이다. 본관은 기계(杞溪)이다. 자는 지숙(止叔)이고, 호는 송당(松塘)이다. 조부는 판서 유여림(兪汝霖)이고, 부친은 생원 유관(兪綰)이다. 명종 4년(1549) 사마시에 합격했고, 1553년 별시 문과에 급제했다. 한성판윤·이조판서·우의정 등을 지냈다. 임진왜란 때 선조를 호종하기도 했다. 성품이 관대하고, 기개가 있었다. 시문에 뛰어났고 장서가 많았다. 문집으로는 《송당집(松塘集)》이 있다.

206 馮顚(풍전): 풍당(馮唐)의 넘어짐이란 의미로, 출세하지 못함을 나타내는 말이다. 한(漢) 나라 사람 풍당이 늙어서 흰머리가 되도록 낮은 벼슬인 낭관(郎官)으로 있었던 것을 비유적으로 한 말이다. '전'은 '떨어지다' 또는 '넘어지다'의 의미이다.

낙후된 마을 돌아다니니 몸은 괴롭고, 迹遍蠻州身是梗,
주점의 남은 등잔 속의 밤은 일 년 같네. 燈殘旅幌夜如年.
고향 산에 서신 다시 도착하는 날, 家山更達傳書日,
흥해군의 높은 누대에서 바다와 하늘 바라보네. 郡閣偏高望海天.
곧장 돛 올려 봉래산으로 가서, 直欲揚帆蓬島去,
여러 빛깔 구름 깊은 곳에서 뭇 신선 찾으려네. 五雲[207]深處訪群仙.

4~8 흥해 망진루 시에 차운하며 [次興海望辰樓]

이춘영(李春英; 1563~1606) 《체소집(體素集)》(상)

비탈 거슬러 드리운 절벽 민 땅에 들어선 것 같고, 逆坂垂崖似入閩[208],
긴 여정은 관직 떠도는 사람 큰 시름에 빠뜨리네. 長程愁殺宦遊人.
누대에 올라 한양 소식 괴롭게 기다리며, 登樓苦待京華信,
북쪽 산천 바라보니 끝도 없구나. 北望山川未有垠.

한 송이 무성한 꽃 노을을 받쳐 들고, 一朶葳蕤[209]捧日霞,
꿈속의 옥 궁궐은 높기만 하네. 夢中宮闕玉嵯峨.
용왕의 신하들은 풍운의 세를 잃고, 波臣[210]自失風雲勢,
동해는 보이질 않고 해마다 오가는 배 멀어지네. 望斷東溟隔歲槎.

십 년 동안 군사 뽑아 섬 오랑캐 대비하고, 十載抽師備島蠻,
계책 없이 누대에 올라 한가로이 지키네. 上樓無計占淸閑.
난간에 기대 저 먼 하늘 낮은 곳 바라보니, 憑闌極望天低處,
단장한 푸른 산 쪽진 머리 같네. 一抹靑山似露鬟.

---

207 五雲(오운): 여러 가지 빛깔로 빛나는 구름을 말한다.
208 閩(민): 민족(閩族)이 살던 지방으로, 중국 남서부의 산간지대를 말한다. 지금의 복건성(福建省)에 해당하는 지역이다.
209 葳蕤(위유): 나무나 초목이 울창한 것을 말한다.
210 波臣(파신): 수족(水族)을 말한다. 옛사람들은 강과 바다에 사는 수족들도 역시 임금과 신하가 있다고 생각했다.

봄에 누대에 올라 바라보니 아득하고, 春望登樓極渺茫,
나그네 마음 비통해 물에 빠져 죽고 싶네. 客情雖惻異沈湘.
그댈 탓하느라 근심스런 마음은 계속 베는 듯하고, 愁腸怪爾頻如割,
또 뾰족한 산은 검의 날과 같네. 還有尖山似劍鋩.

우울한 마음에 가파른 누대를 홀로 오르고, 危樓怊悵獨來登,
명리를 찾다 추락하니 그물에 걸린 것 같네. 一墮名韁似入罾.
구리 도장 만지며 실수한 계획 한탄하고, 手撫銅章嗟失計,
늙어서 세상에 이바지하는 무능함 부끄럽네. 白頭供世愧無能.

9 망진루에 올라서 [登望辰樓]

조형도(趙亨道; 1567~1637) 《동계집(東溪集)》(권2)

검에 기대 높은 누대에서 북두성을 바라보니, 倚劒高樓望北辰,
벽운 열리는 곳에 눈은 오래도록 새로워지네. 碧雲開處眼長新.
오늘 밤 뭇별들 함께 에워싸 손을 맞잡는데, 衆星此夜同環拱,
멀리 임금 그리는 신하를 누가 알아주리. 誰識思君萬里臣.

10~14 망진루에서 시에 차운하며 [望辰樓次韻]

이민구(李敏求; 1589~1670) 《동주집(東州集)》(권3)

시내 마을 풍속은 중국 팔민 지방과 같고, 溪洞民風似八閩[211],
찾아든 나그네는 생선 비린내 익숙지 않네. 魚腥不慣客來人.

211 八閩(팔민): 중국 복건성(福建省)의 별칭이다. 옛 민(閩) 땅으로 여덟 개의 부(府)·주(州)·군(軍)을, 원나라 때는 복주(福州)·흥화(興化)·건녕(建寧)·연평(延平)·정주(汀洲)·소무(邵武)·천주(泉州)·장주(漳州)의 팔로(八路)로, 명나라 때는 팔로를 팔부(八府)로 고쳤다가, 청나라가 이어받으면서 생긴 이름이다. 복건성은 바닷가에 위치해있는데, 역시 바닷가에 위치한 계동(溪洞)의 풍속을 이렇게 나타낸 듯하다.

수레 몰아 다시 어디로 떠돌까나, 　　　　　　襜帷更欲游何處,
창해 동쪽은 이미 땅끝인데. 　　　　　　　　滄海東頭已絶垠.

동해에 달 오르니 고운 노을 흩어지고, 　　　東溟月出散瓊霞,
자라 머리의 삼신산 우뚝 솟았네. 　　　　　鼇頂靈峯[212]露嶪峨.
광한궁 앞 계수나무 베어다가, 　　　　　　斫却廣寒前殿桂,
가을 오면 바다 신선의 배 만들리라. 　　　秋來擬作海仙槎.

동쪽 해 뜨는 곳 오랑캐들 조용하니, 　　　扶桑日域靜群蠻,
공무 한가로워 강과 바다 풍류 즐기네. 　　江海風流簿領閑.
다만 여기 누대에는 항상 달빛이 가득, 　　但使樓臺常貯月,
거문고 연주에 머리 숙이지 않게 했으면. 　不妨絃奏更低鬟.

서늘한 들판에 가을걷이 한창이고, 　　　　寒郊穫稻歲功登,
밤새 어망엔 좋은 고기 걸렸네. 　　　　　更有嘉魚落夜罾.
한 섬 술자리도 그대는 절로 익숙하고, 　　一石留髡[213]君自慣,
나도 백 잔 술에 조금은 능하다네. 　　　　百觴中聖[214]我差能.

---

212 靈峯(영봉): 동해 가운데에 있다는 삼신산(三神山)으로, 봉래(蓬萊)·방장(方丈)·영주(瀛洲)를 가리키는 것으로 보인다. 이 삼신산을 여섯 마리의 자라가 머리에 이고 있다고 한다.

213 一石留髡(일석유곤): '일석'은 술을 한 섬 마실 수 있다는 것이고, '유곤'은 순우곤(淳于髡)을 술자리에 머무르게 한다는 말이다. 전국(戰國) 시기 제(齊)나라 위왕(威王)이 술자리를 열어 놓고, 순우곤에게 "선생은 얼마나 마시면 취하십니까(先生能飮幾何而醉)"라고 묻자, 순우곤은 "신은 한 말을 마셔도 취하고, 한 섬을 마셔도 취합니다(臣飮一斗亦醉, 一石亦醉)"라고 했다. 위왕이 "선생께서 한 말을 마셔도 취한다면, 어떻게 한 섬을 마실 수 있단 말입니까. 그 말을 들을 수 있겠습니까(先生飮一斗而醉, 惡能飮一石哉. 其說可得聞乎)"라고 했다. 순우곤이 "대왕의 앞에 술을 차려놓은 상태에서 법을 집행하는 신하가 옆에 있고 어사가 뒤에 있다면, 저는 두려워서 구부리고 마시다가 한 말도 마시지 못하고 곧바로 취할 것입니다. ……해가 지고 취흥이 일어 남녀가 무릎을 맞대고 신발이 뒤섞이며 술잔과 접시가 낭자하고 집 안에 등불이 꺼질 무렵, 안주인이 저를 잡아두고 손님들을 돌려보낸 뒤에 엷은 속적삼의 옷깃을 헤치며 색정의 향내를 풍기면, 이때는 제가 가장 기뻐서 한 섬이라도 마실 수 있습니다(賜酒大王之前, 執法在傍, 御史在後, 髡恐懼俯伏而飮, 不過一斗徑醉矣.……日暮酒闌, 合尊促坐, 男女同席, 履舃交錯, 杯盤狼藉, 堂上燭滅, 主人留髡而送客, 羅襦襟解, 微聞薌澤, 當此之時, 髡心最歡, 能飮一石)"라고 했다. 《사기(史記)·골계열전(滑稽列傳)·순우곤(淳于髡)》(권126)에 자세히 보인다.

214 中聖(중성): 중성인(中聖人)의 줄임말로, 술에 취해 있음을 표현한 은어이다. 이백(李白)의 《증맹호연(贈孟浩然)》에 "달에 취하여 자주 술을 마시네(醉月頻中聖)."라는 구절이 있다.

강남에서 《석석염》을 듣노라니,　　聽唱江南昔昔鹽[215],
이경의 고운 달빛 누대 위로 오른다.　　二更華月上堂廉.
밤에 대궐 바라봄을 누가 가련히 여겨,　　誰憐此夜中宸望,
높은 누각 북쪽 처마 트이도록 만들었나.　　爲豁危樓向北簷.

15 망진루에 올라서 [登望辰樓]

누대는 흥해에 있다(樓在興海)

이상질(李尙質; 1597~1635)[216] 《가주집(家州集)》(권2)

고달픈 나그네 책과 검을 가지고,　　倦客携書劍,
먼 동남지방을 유력하네.　　東南作遠遊.
흥해군에 다시 돌아와,　　還從興海郡,
또 망진루를 오르네.　　更上望辰樓.
세월에 가을 기러기 놀라고,　　歲月驚秋雁,
산하는 술잔 세는 산가지만 잡네.　　山河擁酒籌.
먼 서쪽 해에서 눈길은 끝나니,　　日西遐矚罷,
세상만사 고개를 돌리네.　　萬事一回頭.

215 昔昔鹽(석석염): 악부 곡사의 이름으로, 수(隋)나라 설도형(薛道衡)의 작품에 처음으로 보인다. 석석(昔昔)은 밤마다[夕夕]의 의미이며, 염(鹽)은 악부체(樂府體)의 하나이다.

216 李尙質(이상질): 조선 후기의 학자이다. 본관은 전주(全州)이다. 자는 자문(子文)이고, 호는 가주(家州)이다. 부친은 이조판서에 증직된 이진(李瑱)이다. 권필(權韠)의 문인이다. 광해군 8년(1616) 진사가 되었으나 광해군의 난정으로 세상에 뜻을 잃고 춘천의 산중에 들어가 농업에 종사했다. 인조 1년(1623) 인조반정 이후에 성균관에 입학했고, 1629년 전시문과에 장원급제하여 예조좌랑이 되었다. 병조좌랑·홍문관부교리 등을 역임했다. 흥해에 외조모가 살았다. 저서로는 《가주집(家洲集)》이 있다.

16 망진루부 [望辰樓賦][217]

박장원(朴長遠; 1612~1671) 《구당선생집(久堂先生集)》(권1)

나는 곡강으로 유배를 당하여,	伊余既放曲江之曲,
몇 칸 초가집에서 두문불출했다.	杜門却掃數間茅屋.
수시로 마당 주위를 배회하다,	時時徘徊乎庭畔,
동북쪽을 바라보니,	顧望乎東北,
양쪽 날개를 활짝 편 누대가 있었는데,	有樓翼然,
성 위 여장(女墻) 사이로 반쯤 드러나 있었다.	半露於睥睨之隙.
수레 모는 사람에게 물어보니,	問之輿人,
망진루라고 하였다.	云是望辰.
그 건축이 비록 오래되었으나	厥制雖古,
단청은 새것과 같았다.	丹雘如新.
아아 누대를 명명한 의도를,	噫噫名樓之義,
나는 알겠도다.	我知之矣.
이것은 두보(杜甫)의 시구에서,	此豈非杜子美之句,
높은 누대가 북극성을 바라보는 뜻이 아닌가.	危樓望北辰之意乎.
그 처음에,	想夫厥初,
명명한 사람이 누구인지를 생각해보면,	命名者何人,
마음이 외롭고 괴로웠을 것.	心兮獨苦.
검은빛 휘장을 단 수레가 왔고,	皁蓋[218]之臨,
깃대에 건 옥 부절도 머물렀겠지.	玉節[219]之駐.
다른 나그네들은,	其他客子,
이곳에 올라,	登望於斯,

217 이 작품은 작가 박장원(朴長遠)이 효종 4년(1653)에 남인들로부터 탄핵을 당해 흥해로 유배 왔을 때(1653~1655) 지은 것으로 추측된다. 현전하는 망진루를 노래한 시 중에서 유일한 부(賦) 형식의 작품이다.

218 皁蓋(조개): 조선 시대 갑과급제자(甲科及第子)에게 특별히 내려주었던 수레에 장식하는 검은 빛의 휘장을 말한다.

219 玉節(옥절): 옥으로 만든 부절(符節)을 말한다. 관원이 지방으로 시찰을 나갈 때 깃대 위에 꽂았는데, 이것으로 군주의 권위를 나타냈다.

임금님 안부와,	念黃屋[220]之安否,
천 리 멀리 떨어진 한양을 생각하네.	千里間於京師.
달을 잡고 배회하기에,	攬玉蟾而徙倚兮,
사계절 알맞지 않음이 없네.	無不宜於四時.
비록 노래와 악기 소리 떠들썩하고,	雖復歌管嗷嘈,
등촉은 휘황찬란하지만,	燈燭煒煌兮,
그저 경물을 접하고 느낌이 이는	適足爲觸境興感之資
바탕으로만 족할 뿐이다.	而已.
누가 구름 속에 머리를 들어,	孰不矯首雲間,
남모르게 슬퍼하지 않겠는가.	悄然而悲者哉.
하물며 나 같이,	矧如我者,
옥황상제의 향안을 맡은 관리와,	玉皇香案之吏,
맑은 고을로 유배당한 사람에게서는.	淸都謫降之人.
우리 임금 덕으로 정치를 하시길 바라고,	願爲政以德於吾君兮,
오래된 뜻 펼치지 못함을 부끄러워하네.	愧夙志之莫伸.
신하는 죄가 있음을 절로 알고,	惟臣罪亦自知兮,
임금과 가족의 은혜를 생각하네.	感君親之恩私.
충직한 이 마음을 돌아보고,	顧此心之耿耿,
아홉 번 죽더라도 바꾸지 않으리.	雖九死而不移.
왕찬의 부를 읊조리고,	欲一詠王粲[221]之賦,
소동파의 사를 노래하고 싶네.	唱東坡之詞.
가을 달로 흰 머리를 돌리고,	回白頭於秋月,
관산의 밝은 빛을 함께 하네.	共關山之淸輝.
병과 함께 계책은 없어지니 어찌하고,	而柰病與衰謀,
나그네의 마음은 모두 미혹되네.	客意都迷.
외로운 성은 지척이나,	孤城咫尺,
길이 붉은 계단의 조정을 막고 있으니 어찌하리.	路阻丹梯何哉.

220 黃屋(황옥): 황옥거(黃屋車)를 말하는데, 노란 비단으로 덮개를 한 임금의 수레를 말한다.
221 王粲(왕찬): 동한(東漢) 말의 관료이자 문장가이다. 자(字)는 중선(仲宣)이다. 건안칠자(建安七子) 중 한 사람으로 유명하다. 대표작으로는《칠애시(七哀詩)》·《등루부(登樓賦)》 등이 있다.

어찌 금계를 얻어 사면받아,	安得金鷄[222]放赦,
소매 날리며 돌아갈 수 있을까.	歸袖翩翩.
말 세우고 누대에 올라,	立馬登臨,
즐겁게 푸른 하늘을 보네.	快覩靑天也歟.
머리 들어 강과 바다를 생각하고,	至於矯然江海之思,
흐뭇하게 풍요로움을 바라보리.	充然觀覽之富.
행색이 비록 바쁘지만,	行色雖忙,
그래도 주인을 위해 이 부를 짓는다.	尙能爲主人賦之.

17 망진루를 노래하며 [題望辰樓][223]

정식(鄭植; 1615~1662)[224]

고운 무늬 비단옷이 풍류를 차지하고,	繡衣文彩擅風流,
곳곳이 꽃밭인데 며칠을 놀았는고.	到處花筵幾日遊.
북쪽 바라보니 한양은 멀고 먼데,	北望長安辰極遠,
그대와 손잡고 이 누대에 올랐으면.	與君携手共登樓.

222 金鷄(금계): 사면을 내리는 조서(詔書)를 반포하는 날, 장대에 설치하는 금으로 장식한 닭을 말하는 것으로, 왕의 사명(赦命)을 의미한다.

223 이 시는 박일천(朴一天)의 《일월향지(日月鄕誌)》 〈망진루(望辰樓)〉조에서 발췌했다.

224 鄭植(정식): 조선 후기의 문신이다. 본관은 해주(海州)이다. 자는 자고(子固)이고. 조부는 정흠(鄭欽)이고, 부친은 지돈녕부사 해풍군(海豊君) 정효준(鄭孝浚)이다. 어려서부터 학문에 출중하여 인조 20년(1642) 사마시에 합격했고, 효종 1년(1650) 증광 문과에 병과로 급제했다. 이후 시강원문학과 사헌부의 지평(持平)·남양부사 등을 역임했다. 성품이 청렴결백하고 인심이 후덕하여 만인의 추앙을 받았다고 전한다.

18 흥해 망진루 [興海望辰樓]

조비(趙備; 1616~1659) 《계와집(桂窩集)》(권5)

흥해가 하늘가에 있다고 말하지 마시게,	興州莫道是天涯,
관리와 선비들 맞이함에 옛 모습 갖고 있네.	吏士逢迎總舊姿.
고개 생각하면 옛 그리움을 품을 만하고,	懷峴可堪懷舊戀,
별 바라보면 구름 바라보고픈 마음 간절하네.	望辰還切望雲思.
오늘 곡강의 바람과 해는 어제 같고,	曲江風日今如昨,
연무와 노을에 잠긴 울창한 섬을 바라보는 것 같네.	鬱島烟霞望却疑.
화장기 남은 기생들이 있으면,	最是殘粧餘妓在,
은근히 그때의 일 다시 말하기 좋을 것을.	慇懃重與話當時.

19 흥해 망진루에서 현판 위의 시에 차운하며 [興海望辰樓次板上韻]

신필청(申必淸; 1647~1710)[225] 《죽헌문집(竹軒文集)》(권4)

오이 싸고 조개 담아 어염 가게에 주니,	裹陏贏蛤與魚鹽,
탐하지 말란 뜻 더욱 닦아 부드럽고 검소하네.	益勵貪泉[226]一軟廉.
한밤에 별을 보니 잠은 오질 않고,	中夜望辰仍不寐,
구름 말리는 바다 하늘로 달이 처마를 엿보네.	海天雲捲月窺簷.

225 申必淸(신필청): 조선 후기의 문신이다. 본관은 고령(高靈)이다. 자는 청지(淸之)이고, 호는 죽헌(竹軒)이다. 부친은 신집(申㙫)이다. 숙종 10년(1684) 정시 문과에 장원으로 급제했다. 이후 지평(持平)·정언(正言)·파주목사 등을 지냈다. 저서로는 《죽헌문집(竹軒文集)》이 있다.

226 貪泉(탐천): 그 물을 마시면 모두 탐욕스러워진다는 샘을 말한다. 중국 광동성(廣東省)에 있었다고 하는데, 진(晉)나라의 오은지(吳隱之)는 이 물을 마시고도 마음이 변하지 않아 그 이름을 떨쳤다고 한다.

20 망진루 [望辰樓][227]

조태채(趙泰采; 1660~1722)

배를 옮겨 타고 홀로 망진루에 올라서니, 移舟獨上望辰樓,
꽃 곱게 핀 산에 길만 빤히 놓여있네, 細草閒花一徑幽.
묻노니 누대 주인 어데로 가셨는고, 借問主人何處去,
무심한 갈매기만 강물 위에서 떠노니네. 無心惟有浮江鷗.

21 곡강 망진루 낙성 시에 차운하며 [曲江望辰樓落成韻]

이헌락(李憲洛; 1718~?)[228] 《약남집(藥南先生文集)》(권3)

나귀 탄 산 노인들과 함께 누대에 기대니, 驢背山翁共倚樓,
흰 구름 많은 곳은 시름 견딜 수 없네. 白雲多處不堪愁.
제비들 다투어 날며 어여삐 서로 축하하고, 爭飛燕語嬌相賀,
살맛 난 매미 소리 더욱 맑게 흐르네. 得意蟬聲淸更流.
우리 선비와 백성들 즐겁게 긴 저녁 보내니, 同我士民聊永夕,
우리 태수님 아니었음 어찌 여기 놀러 왔으리. 非吾太守豈玆遊.
삼복의 괴로운 무더위도 잊은 채, 不知三伏朱炎苦,
관가의 술 다 드시고 종일토록 노니네. 酌盡官醪竟日遊.

227 이 시는 작가인 조태채(趙泰采)의 문집인 《이우당집(二憂堂集)》에 보이지 않는다. 이곳의 시는 박일천(朴一天)의 《일월향지(日月鄕誌)》 〈망진루(望辰樓)〉조에서 발췌했다.

228 李憲洛(이헌락): 조선 중기의 문신이다. 본관은 여주(驪州)이다. 자는 경순(景淳)이고, 호는 약남(藥南)이다. 부친은 첨지중추부사(僉知中樞府事) 이신중(李愼中)이다, 권희(權僖)의 문하에서 학문을 배웠다. 영조 20년(1744) 갑자식년사마시(甲子式年司馬試)에 생원 3등으로 합격하고, 영조 24년(1748) 학행으로 천거되어 강릉참봉(康陵參奉)에 제수되었다. 이후 평양봉사(平壤奉事)·의금부도사(義禁府都事)·사포서별제(司圃署別提) 등을 지냈다. 만년에 벼슬을 버리고 약산(藥山) 남쪽에 서재를 짓고 천석(泉石)으로써 스스로 즐겼다. 문집으로는 1850년에 후손 이경희(李景羲)가 편집 간행한 《약남집(藥南集)》이 있다.

22 망진루가 준공되자, 동도윤 김광묵 공, 단구백 청하 수령 채민공이 모임에 왔다. 단구가 운을 띄우고 함께 지었다 [望辰樓落成, 東都尹金公光默、丹丘伯淸河蔡倅敏恭來會. 丹丘倡韻, 同賦]

성대중(成大中; 1732~1809)[229] 《청성집(靑城集)》(권3)

바닷가 마을 썰렁하여 다시 누대 올리고, 水國蒼凉再起樓,
옛사람이 임금 그리는 근심을 먼저 알았네. 昔人先識戀君愁.
옛날 신선이 걸음 하여 먼지 일으켜 높이 여시고, 神仙故步披塵聳,
호수와 바다의 넉넉한 정은 성곽에 이르러 흐르네. 湖海餘情枕郭流.
북극 성신은 먼 꿈과 통하고, 北極星辰通遠夢,
남쪽 고을 노을 무렵의 새는 모여 노니네. 南州霞鷺集淸遊.
아래 고을에 먼지 깨끗해졌음을 알려 말하고, 敢言下邑涓埃報,
제 공들께서 믿고 머물러주심에 크게 감사하네. 多謝諸公信宿留.

23 망진루를 노래하며 [題望辰樓][230]

김광묵(金光默; 미상)

하루에 공을 이룬 천세루, 一日成功千歲樓,
모든 백성 북을 치니 근심 걱정 없구나. 齊民鼓不曾愁□.
셋이서 함께 가는 남쪽 고을에, 三人幸共南州守,
5일 밤을 같이 보는 북두성이라. 五夜同瞻北斗流.
들 빛은 넉넉하게 등왕각을 이겼으니, 野色剩扶滕閣[231]勝,

229 成大中(성대중): 조선 후기 흥해군수를 지낸 문신이다. 본관은 창녕(昌寧)이다. 자는 사집(士執)이고, 호는 청성(靑城)이다. 부친은 찰방 성효기(成孝基)이다. 영조 29년(1753) 생원이 되고, 1756년에 정시 문과에 병과로 급제했다. 정조 8년(1784)에 흥해군수(興海郡守)가 되어 목민관으로서 선정을 베풀었다. 당대의 시대사상으로 부각된 북학사상(北學思想)에 경도하여 홍대용(洪大容)·박지원(朴趾源)·이덕무(李德懋)·류득공(柳得恭)·박제가(朴齊家) 등과 교유했다. 저서로는 《청성집(靑城集)》이 있다.

230 이 시는 《일월향지(日月鄕誌)》 〈망진루(望辰樓)〉조에서 발췌했다. 작가는 김광묵(金光默)으로 되어있다.

231 滕閣(등각): 등왕각(滕王閣)을 말한다. 당(唐)나라 태종(太宗)의 아우 등왕(滕王) 이원영(李元嬰)이 강서성(江西省) 난창(南昌)의 서남쪽에 세운 누각(樓閣)이다. 당나라 시인 왕발(王勃)의

취옹은 새 소리 함께 즐기며 노니네. 禽聲偕樂醉翁遊.
가련하다 한나라 사신 어느 해에 이르러, 可憐漢使何年到,
지금 기둥에 남긴 필적 보려는가. 楹額今看筆跡留.

24 망진루에서 의주부윤(義州府尹) 해와 여동식의 시에 차운하며 [望辰樓次灣尹[232]呂海窩東植[233]韻]

조수삼(趙秀三; 1762~1844) 《추재집(秋齋集)》(권3)

사람은 북두성에 의지하고 강물은 동으로 흐르며, 人依北斗水流東,
끝없는 비 내림에 이 일대는 물이 넘실거리네. 一帶盈盈雨界[234]窮.
황새와 참새는 석양에 비스듬히 비를 자르고, 鸛雀夕陽斜截雨,
물고기와 용의 가을빛 멀리 하늘과 이어졌네. 魚龍秋色遠連空.
나이 드니 임금의 명 따라 일함이 점점 두렵고, 年衰漸怕馳驅役,
세상이 편안하려면 보장의 공이 많이 필요하네. 世晏多須保障功.
손꼽아보니 이 누대 올해 열 번 올랐으니, 屈指斯樓今十上,
내 생애에 언제쯤 쑥처럼 떠돌지 않으려나. 吾生那得不飄蓬[235].

《등왕각서(滕王閣序)》로 유명하다,

232 灣尹(만윤): 조선 시대 의주부윤(義州府尹)을 달리 이르던 말이다.

233 呂海窩東植(여해와동식): 조선 후기의 문신인 여동식(呂東植)을 말한다. '해와'는 그의 호이다. 본관은 함양(咸陽)이고, 자는 우렴(友濂)이다. 정조 19년(1795) 정시문과에 병과로 급제했다. 경상우도암행어사·대사간·이조참의 등을 지냈다, 1829년에 사은부사(謝恩副使)로 청나라에 파견되었는데 돌아오는 길에 유관참(楡關站)에서 객사하였다.

234 雨界(우계): 장맛비를 말한다.

235 飄蓬(표봉): '흩날리며 나뒹구는 쑥 풀'의 의미로, 정처 없이 떠도는 것을 비유하는 말이다.

25 밤에 망진루에서 서생 박효래와 한 잔 하면서 [望辰樓夜酌同朴生孝萊]

이효상(李孝相; 1774~?) 《일재유고(逸齋遺稿)》

동쪽 성의 한쪽에 그림 같은 난간 열리고,	東城一面畵欄開,
홍촉 아래 머무는 사람 밤에 술잔을 드네.	紅燭留人夜擧杯.
다행히 이 모임에 좋은 친구들 있으니,	幸有嘉朋間此會,
좋은 시절은 좋은 누대를 저버리지 않네.	良辰不負好樓臺.

26 경일(庚日) 저녁 망진루에 올라 [庚夕登望辰樓]

이효상(李孝相; 1774~?) 《일재유고(逸齋遺稿)》

더운 기운 사람을 몰아내니,	暑氣驅人去,
그림 같은 누대 썰렁해졌네.	冷冷一畫樓.
뜨거운 날에 높은 곳에 위치하고,	炎天高地位,
경일에 온화한 바람이 흐르네.	庚日穩風流.
관아의 나무엔 지저귀는 새소리 들리고,	官樹聞啼鳥,
마을 밭에선 숨는 갈매기 보이네.	村田見沒鷗.
근심 오면 잠시 쉬러 가면 되니,	憂來且閒適,
가고 멈춤을 도모할 필요가 없네.	行止不須謀.

27 여실 이병수와 함께 망진루에 올라 현판 시에 차운하며 [同李汝實秉洙登望辰樓次板上韻]

이효상(李孝相; 1774~?) 《일재유고(逸齋遺稿)》

아홉 구비 강나루에 떠 있는 누대,	九曲江頭泛一樓,
백 척 난간에 기대니 큰 근심이 생기네.	憑欄百尺曠生愁.
하늘은 북극과 이어져 두 손 모아 별을 보고,	天連北極瞻星拱,

땅은 동유에서 다하고 강은 바다로 흘러가네. 地盡東維[236]頫[237]海流.
부질없는 세상에 얼마나 많은 성쇠를 느끼고, 浮世幾多興廢感,
이름난 곳은 예나 지금이나 놀기에 제한 없네. 名區不限古今遊.
봄바람에 시인묵객들 함께 술을 따르고, 春風酌酒同騷客,
해 저문 고을의 나무에서 꾀꼬리 소릴 듣네. 官樹斜陽聽栗留[238].

28 망진루 현판 시에 차운하며 [望辰樓板上韻]

이교상(李敎相; 미상)[239] 《기석유고(耆石遺稿)》

이 고장에서 태어나 버릇처럼 누대에 올라, 生長玆鄕慣上樓,
몇 번이나 기뻤고 몇 번이나 걱정했던가. 幾回歡樂幾回愁.
고향 산 북쪽 먼 구중궁궐 바라보고, 關山[240]北望重宸遠,
강물은 아홉 굽이 동쪽으로 돌아가네. 江水東歸九曲流.
술 마시는 사람과 시인은 같은 흥미 가지고, 酒人詞客還同趣,
가을 달 봄바람 각자 뛰어난 것으로 노니네. 秋月春風各勝遊.
바닷 마을 연말에 머리 짧아짐이 슬프고, 歲暮滄洲悲短髮,
끊긴 임금님 그리는 노래 누굴 위해 남겨두나. 榛苓歌[241]斷爲誰留.

---

236 東維(동유): 기수(箕宿)와 두수(斗宿) 사이에 있는 별자리 이름이다.

237 頫(부): '알현하다'의 의미이다.

238 栗留(율류): 꾀꼬리를 말한다.

239 李敎相(이교상): 호는 기석(耆石)이다. 부친은 이학해(李學海)이고, 형은 이효상(李孝相)이다. 성균관 진사를 지냈다. 문집으로는 《기석유고(耆石遺稿)》가 있다. 이 문집은 이학해의 문집 《나천가헌(羅泉家獻)》에 부록으로 수록되어 있다.

240 關山(관산): 고향의 산을 말한다.

241 榛苓歌(진령가): 진령의 노래라는 의미로, '진령'은 《시경(詩經)·패풍(邶風)·간혜(簡兮)》에 "산에는 개암나무, 진펄엔 감초, 그 누가 그리운가, 서쪽의 미인이로세(山有榛, 隰有苓, 云誰之思, 西方美人)"에 나오는 말이다. 이 시는 한해가 다하니 도성에 계신 임금님이 더 그리워짐을 담은 내용이다.

29 망진루 [望辰樓]

흥해(興海)

이석관(李碩瓘; 1846~1921) 《석우집(石愚集)》(권1)

따뜻한 봄은 높은 누대 오르라 날 부르고,	陽春召我上高樓,
무성한 방초는 날마다 근심을 불러오네.	芳草萋萋日喚愁.
삼각산 돌아가는 구름은 북두보다 낮고,	三角[242]歸雲低北斗,
여섯 대륙의 차가운 비는 넘쳐 동쪽으로 가네.	六洲寒雨漲東流.
백성들 다스림에 줄로 생선 엮듯 하지 않으니,	民治不得如繩貫,
관아에서 벗어나 술 마시고 노닐면 또 어떠리.	公退何妨飮酬遊.
꽃과 버들이 사람을 이해하니 시상이 넘치고,	花柳解人詩意健,
바람 따라 소매 날리니 포근한 향기 남네.	隨風拂袂暖香留.

242 三角(삼각): 서울의 진산 북한산을 말한다. 이곳에서는 도성인 한양을 말한다. 《신증동국여지승람(新增東國輿地勝覽)》에 의하면, "삼각산은 양주의 경계에 있다. 일명 화산(華山)이라 한다. 신라 때는 부아악(負兒岳)이라고 불렀다. 이 산은 경성(京城)의 진산으로 동명왕의 아들 온조가 한산(漢山)에 이르러 부아악에 올라가서 살만한 곳을 살폈다. 백운봉(白雲峰; 지금의 백운대), 인수봉(仁壽峰), 만경봉(萬景峰; 지금의 만경대) 등의 세 봉우리가 있으므로 이렇게 이름한 것이다."라고 했다 .

30 곡강 망진루에 올라 현판 시에 차운하며 [登曲江望辰樓次板上韻]

류시봉(柳時鳳; 1869~1951) 《외산문집(畏山文集)》(권1)

아득한 한 가닥 지팡이 같은 백 척 누대, 一杖飄然百尺樓,
올라도 고금의 시름은 다함이 없네. 登臨不盡古今愁.
먼 곳의 나그네 처음 와도 편액은 그대로고, 遠客初來扁尙在,
앞사람은 이미 물 따라 흘러갔네. 前人已去水空流.
별들은 아득하고 용은 광활하게 돌고, 星斗迢迢龍闊廻,
강과 호수는 굽이쳐 흐르고 총각들 노니네. 江湖滾滾馬郎[243]遊.
누구와 함께 당시의 일을 말해 볼까나, 憑誰說與當年事,
느티나무 그늘 아래를 다스리는 꾀꼬리라네. 管領槐陰黃粟留[244].

31 망진루에 올라 [登望辰樓]

권석찬(權錫瓚; 1873~1957) 《시암집(是巖集)》(권1)

우뚝 솟은 높은 누대 북극성을 받들고, 屹立高軒揭北辰,
누대 오르니 모두 임금 바라보는 사람이네. 登臨皆是望君人.
평범한 날에 강과 호수의 길손들은, 尋常此日江湖客,
몰래 난간에 기대 임금님 사는 곳에 절하네. 悄依欄干拜紫宸[245].

243 馬郎(마랑): 중국 묘족(苗族)에서 미혼의 남성을 이르는 말이다.
244 黃粟留(황속류): 꾀꼬리를 말한다. 황앵(黃鶯) 혹은 황앵아(黃鶯兒)라고도 한다.
245 紫宸(자신): 천자가 있는 곳을 말한다. '자(紫)'는 자미원(紫微垣)으로 천제(天帝)의 자리를 말하고, '신(宸)'은 천자의 저택인 금중(禁中)을 말한다.

제남헌(濟南軒) 관련 시

제남헌(濟南軒)은 원래 흥해군의 동헌(東軒)이다. 1910년 경술국치 때 흥해국민학교로 사용되었다. 1925년 원래의 자리에서 동남쪽으로 70m가량 떨어진 곳으로 이건하여 읍 회의실로 사용되었다. 1976년에 다시 원래 자리인 현 위치로 옮겨 영일민속박물관으로 이용하고 있다. 《흥지도서(興地圖書)》와 《경상도읍지(慶尙道邑誌)》에 의하면, 제남헌은 흥해읍성(興海邑城)의 중심에 자리 잡고 있었다. 주위에는 흥해가 자랑하는 제월루(霽月樓)·부용정(芙蓉亭)·사의정(四宜亭) 같은 거각(巨閣)들이 즐비했다. 그러나 일제강점기 초기에 성이 모두 헐리고 거기서 나온 돌이 포항 항만공사에 사용될 때, 관아 건물은 헐리고 제남헌만 남았다고 한다. 다만 당시 성벽의 돌이 포항항만공사에 사용되었다는 사료는 발견되지 않고 있다. 건립 연대는 이축 당시에 나왔다는 '도광 15년(道光十五年)'이란 상량문 외에는 남아있는 것이 없다. '도광'은 청나라 도광제(道光帝)의 연호이고, 도광 15년은 1835년이다. 다만 이 기록은 건립 당시의 상량문에서 나온 것인지 중건상량문에서 나온 것인지는 분명치 않다.

제남헌은 정면 7칸, 측면 3칸 규모의 일(一)자형 건물이다. 1976년 이축 시에는 고증을 거쳐 옛 자재를 많이 사용하여 원형에 가깝게 복원했다고 하였지만, 주심도리 하부는 모두 새 자재를 사용하여 원형을 많이 상실한 상태이다. 그러나 경상북도에 거의 남아있지 않는 동헌 건물이란 점에서 중요한 건축물로 평가받는다.

---

1 제남헌을 노래하며 [題濟南軒][246]

홍언철(洪彦喆; 1729~?)[247]

백 척 붉은 난간의 곡강 누대에서, 朱欄百尺曲江樓,
고금의 외로운 신하는 대궐 그리네. 今古孤臣戀闕愁.

---

246 이 시는 《일월향지(日月鄕誌)》 〈제남헌(濟南軒)〉조에서 발췌했고, 저자는 "홍언철(洪彦喆) 군수(郡守)"로 되어있다.

247 洪彦喆(홍언철): 조선 후기의 문신이다. 남양(南陽)이다. 자는 치명(稚明)이다. 조부는 홍주서(洪周敍)이고, 부친은 진사(進士) 홍창진(洪昌震)이다. 영조 38년(1762) 식년시에서 생원 3등 61위로 합격했고, 진사 3등 51위로도 합격했다. 영조 39년(1763) 증광시 문과에 병과 20위로 급제했다. 이후 대교(待敎)·장령(掌令)·정언(正言) 등을 역임했다.

태수가 신명으로 다시 꾸미니, 太守神明復雕飾,
명승지의 경치는 더욱 멋있어지네, 名區物色更風流.
한림원의 잠과 홀은 꿈으로 돌아가고, 木天[248]簪筒應歸夢,
부평초 뜬 강에서 거문고와 술로 노네. 萍水琴罐却勝遊.
나도 한때는 임금 모셨던 벼슬아치, 我亦當時香案吏[249],
지방에 머무른 지 이년 됐다네. 周南[250]已是二年留.

2 제남루에 올라 [登濟南樓]

류시봉(柳時鳳; 1869~1951) 《외산문집(畏山文集)》(권1)

대양 동쪽의 아득한 제남루, 南樓迢忽大洋東,
먼지와 연기 가득한 저자에 해는 한 가운데. 滿市塵煙日正中.
온갖 재화가 파사성에 쌓이고, 百千貨積波斯城[251],
열다섯 명의 사람들은 열자의 풍류 읊네. 旬五人吟列子風.
멀리 다리에서 말 길들이고 관사의 버들 푸르며, 調馬遠橋官柳碧,
기운 성가퀴에서 꾀꼬리 노래 듣고 들의 해당화 붉네. 聽鶯斜堞野棠紅.
유공께서는 아직도 이 고을에 있을까, 庾公[252]倘在玆州否,
오늘 저녁 함께 달 보고자 기다려보네. 留待今宵見月同.

---

248 木天(목천): 한림원(翰林院)의 다른 이름이다.

249 香案吏(향안리): 옥황향안리(玉皇香案吏)의 줄임말로, 궁정에서 임금을 모시는 관리를 말한다. 당(唐)나라의 시인 원진(元稹; 779~831)이 《이주택과우낙천(以州宅夸于樂天)》에서 "나는 옥황의 향안 아전이라, 귀양살이도 오히려 봉래산에 산다네(.我是玉皇香案吏, 謫居猶得住蓬萊)."라고 했다.

250 周南(주남): 낙양(洛陽)을 말한다. 한(漢) 무제(武帝) 초기 태사공(太史公) 사마담(司馬談)이 낙양에 있던 관계로 봉선 의식에 참여하지 못했다는 것에서 유래한 것으로, 지방에 있음을 의미한다.

251 波斯城(파사성): 페르시아의 성의 의미인데, 이곳에서는 흥해를 말하는 것이 아닌가 싶다. '파사'는 페르시아의 음역어이다.

252 庾公(유공): 진(晉)나라의 문인인 유량(庾亮)을 말한다. 그가 태위(太尉)로 무창(武昌)에 있을 때 하속(下屬)인 은호(殷浩)와 왕호지(王胡之) 등이 달밤에 남루(南樓)에 올라 막 시를 읊고 있었다. 이때 그가 그 자리에 나타나자 하속들이 일어나 자리를 피하려 했다. 그가 "제군들은 잠시 더 머물라. 이 늙은이도 이러한 일에 흥이 얕지 않다."라고 말하고, 호상(胡床)에 걸터앉아 함께 시를 읊으며 놀았다고 한다. 《진서(晉書)·유량전(庾亮傳)》(권73)에 보인다.

차군루(此君樓) 관련 시

차군루에 대해 상세하게 기록한 문헌은 보이지 않고, 지리지(地理志)나 읍지(邑誌)에 간략하게 언급되어있다. 《신증동국여지승람(新增東國輿地勝覽)》(21권) 〈흥해군〉조에는 "객관 동쪽에 있다(在客館東)."라고 했다. 또 박경신(朴慶新; 1539~1594)의 [차군루를 노래하며(題此君樓)]에서 "차군루는 망진루에 잇닿았다(此君樓接望辰樓)."라고 한 것으로 보아 망진루와도 가까운 거리에 있었음을 알 수 있다. 1929년에 나온 《영일읍지(迎日邑誌)》에서 "유지(遺址)가 있다."라고 한 것으로 보아, 1930년 무렵에는 이미 터만 남은 상태였던 것으로 보인다.

현재 전해지는 차군루 관련 시를 보면, 고려 말기부터 1600년대 중반까지 지어졌음을 알 수 있다. 아쉽게도 대부분이 《일월향지》에 수록되어 있는데, 《일월향지》는 작가만 밝히고 있어 시들의 정확한 출전은 알 수 없다. 필자가 《일월향지》에서 밝힌 작가들의 문집을 검색해보았으나 차군루 관련 시는 보이지 않았다. 이에 대해서는 좀 더 정밀한 고증이 필요해 보인다.

1 차군루를 노래하며 [題此君樓][253]

정사룡(鄭士龍; 1491~1570)

서생이 입맛 다실 건 절인 채소와 소금뿐,	書生口業只虀鹽,
밥 차리고 기다리나 나는 웃음 못 참겠네.	飣餖盃盤笑不廉.
집안에 엎드려서 웃음소리 내니,	坦腹庭軒仍笑傲,
늦가을 단풍잎이 처마에 떨어지누나.	晩風黃葉落空簷.

253 이 시는 《일월향지(日月鄕誌)》 〈제차군루(題此君樓)〉조에서 발췌했다.

2 차군루를 노래하며 [題此君樓][254]

조사수(趙士秀; 1502~1558)[255]

기분은 상쾌하고 하늘 맑은데,	氣霽天初肅,
길은 평탄하고 말도 좋다네.	金平馬亦良.
나그네 옷은 오직 하얀 갈포요,	征衣惟白葛,
행장도 단지 깨끗한 상자라오.	行篋只淸箱.
들은 익어서 추수는 끝났는데,	野熟曾孫稼,
산에는 아직 감당나무 남았네.	山餘召伯棠[256].
부끄럽네, 소공(召公) 석 같은 재주 없어,	愧無賢似奭[257],
덕으로 백성들 위로하지 못함이.	宣化慰黔蒼[258].

254 이 시는 《일월향지(日月鄕誌)》 〈제차군루(題此君樓)〉조에서 발췌했다.

255 趙士秀(조사수): 조선 전기의 문신이다. 본관은 양주(楊州)이다. 자는 계임(季任)이고, 호는 송강(松岡)이다. 조부는 조수견(趙壽堅)이고, 부친은 조방좌(趙邦佐)이다. 중종 26년(1531) 식년문과에 갑과로 급제했다. 제주목사·이조참판·경상도관찰사 등을 지냈다.

256 召伯棠(소백당): 소백(召伯), 즉 소공(召公) 석(奭)의 감당나무를 말한다. 주(周)나라 소공 석이 순행하던 중 마침 농번기를 맞자, 마을로 들어가지 않고 감당나무 아래서 정사를 처리하는 등 백성들을 위하는 선정을 펼쳤다. 이에 백성들은 감당나무를 베지 않고 이를 칭송하는 노래를 지어 불렀다고 한다.

257 奭(석): 주(周)나라의 대신 소공(召公) 석(奭)을 말한다. 주공(周公) 단(旦)과 더불어 주나라를 건국한 개국공신 중의 한 명이다. 후에 주 문왕(文王)·주 무왕(武王)·주 성왕(成王)·주 강왕(康王)까지 4명의 군주를 섬겼다. 주 성왕 때는 삼공(三公)과 태보(太保)를 지내기도 했다.

258 黔蒼(검창): 백성들을 이르는 말이다.

3 차군루를 노래하며 [題此君樓][259]

윤탁연(尹卓然; 1538~1594)[260]

칠십이나 되는 여러 읍성에서,	七十諸城邑,
이천 섬이라면 대견하다네.	二千石帷良.
지방관은 학식과 안목이 없는데,	按廉[261]無識鑑[262],
행장 속에는 시책이 있네.	行李有詩籍.
두려운 건 하염없이 길을 돌다가,	只恐馳周道,
까닭 없이 감당나무 버리게 될라.	無由舍召棠[263].
단심은 아직도 남아있는데,	丹心餘一寸,
하늘만 푸르고 아득하구나.	天宇自蒼蒼.

4 차군루를 노래하며 [題此君樓][264]

박경신(朴慶新; 1539~1594)

차군루는 망진루에 잇닿았는데,	此君樓接望辰樓,
다시 와서 가다 보니 꼭대기에 이르네.	復到行行上上頭.
오십 년 발자취 옛날 같아서,	五十年踪如昔日,
그대로 두 번째 고향이라네.	惕然奚啻舊幷州[265].

259 이 시는 《일월향지(日月鄕誌)》 〈제차군루(題此君樓)〉조에서 발췌했다.

260 尹卓然(윤탁연): 조선 중기의 문신이다. 본관은 칠원(漆原)이다. 자는 상중(尙中)이고, 호는 중호(重湖)이다. 조부는 윤문형(尹文亨)이고, 부친은 우봉현령 윤이(尹伊)이다. 명종 13년(1558) 생원시에 합격하고 1565년 알성 문과에 병과로 급제했다. 경상도관찰사·형조참판·함경도도순찰사 등을 지냈다. 송익필(宋翼弼)·이산해(李山海) 등과 팔문장가의 한 사람이었을 정도로 시문에 뛰어났다. 함흥의 창의사(彰義祠)에 제향되었다. 저서로는 《계사일록(癸巳日錄)》이 있다.

261 按廉(안렴): 조선 초기, 지방 장관의 일종이다. 태조 2년(1393)에 도관찰출척사(都觀察黜陟使)로 바뀌었다.

262 識鑑(식감): 학식과 사람을 잘 알아보는 감식력을 말하다.

263 召棠(소당): 위의 조사수(趙士秀)의 시에 보이는 소백당(召伯棠)과 같은 말이다.

264 이 시는 《일월향지(日月鄕誌)》 〈제차군루(題此君樓)〉조에서 발췌했다.

265 舊幷州(구병주): 병주지정(幷州之情)의 줄임말로, 보통 제2의 고향을 그리워함을 나타낸다. 당(唐)나라의 시인 가도(賈島)는 병주(幷州)에 오래 살다가 떠나면서 《상건강을 건너며(度桑乾)》라는 시를 지었다: "나그네로 병주에 머물기 어언 10년, 돌아가고파 밤낮으로 고향 함양

5 차군루를 노래하며 [題此君樓][266]

임숙영(任叔英; 1576~1623)[267]

곡강은 군성을 감돌아 흐르는데, 曲江紫抱郡城流,
두보(杜甫)의 높은 풍모 간직했구나. 子美[268]高風萬古流.
앞뒤의 충성심은 매한가진데, 前後忠誠元一撥,
이 가운데 망진루가 우뚝하도다. 此中況有望辰樓.

생각하였노라. 뜻하지 않게 상건강을 건너 더 먼 곳으로 가게 됨에, 돌아서 병주 바라보니 오히려 거기가 내 고향 같네(客舍幷州已十霜, 歸心日夜憶咸陽. 無端更渡桑乾水, 卻望幷州是故鄕)." 지금까지 10년 동안 고향에 돌아가고 싶다는 마음으로 살아온 병주 땅이기는 하지만, 이번에 상건강(桑乾江)을 건너 더욱 북쪽으로 가게 되면서 병주를 뒤돌아보니까, 거기가 흡사 고향인 듯이 그리워진다는 것이다.

266 이 시는《일월향지(日月鄕誌)》〈제차군루(題此君樓)〉조에서 발췌했다

267 任叔英(임숙영): 조선 중기의 문신이다. 본관은 풍천(豊川)이다. 자는 무숙(茂淑)이고, 호는 소암(疎庵) 또는 동해산인(東海散人)이다. 조부는 창락찰방 임숭로(任崇老)이고, 부친은 감역 임기(任奇)이다. 선조 34년(1601) 진사가 되고, 성균관에서 10년 동안 수학했다. 박사·부수찬·등을 지냈다. 어려서 시를 잘 짓고 기억력이 뛰어났다. 고문(古文)에 힘썼으며, 중국 육조(六朝)의 사륙문(四六文)에 뛰어났다. 그의《통군정서(統軍亭序)》는 명나라 학자들의 호평을 받았다고 한다.

268 子美(자미): 당(唐)나라의 대시인 두보(杜甫)의 호이다.

사의정(四宜亭) 관련 시

현재 사의정에 대해서는 문헌상 관련 기록이 거의 보이지 않는다. 다만《영일읍지(迎日邑誌)》에서 "옛날에 읍내에 있었으나 지금은 폐허가 되었다."라고 한 것으로 보아《영일읍지》가 나온 1929년 전후로는 이미 사라진 것으로 추정된다.

사의정 관련 시로 보면 이 누대 역시 아주 오래전에 지어진 것임을 알 수 있는데, 1500년대 후반에서 1800년대까지 관련 시가 지어진 것으로 보인다. 이곳의 시도《영일읍지》와《일월향지》에 수록되어 있는데, 앞의 차군루 관련 시처럼 작가만 밝히고 있다. 정확한 출전에 대해서는 앞으로 정밀한 고증이 뒤따라야 할 필요가 있다.

---

1 사의정을 노래하며 [題四宜亭][269]

민여임(閔汝任; 1559~1627)[270]

들머리에 서 있는 한 채의 띠 정자,	一架茅屋大野頭,
누대에 올라가서 둘러본다네.	臨觀安用上高樓.
달은 밝아 바야흐로 밤은 낮인데,	月明方沼宵疑樓,
바람이 처마 스쳐 여름 역시 가을이네.	風過前□夏亦秋.
서리 와서 꽃 모양도 노랗게 잡혀,	霜花容黃可掬雨,
비 온 뒤 산에는 푸른빛 떠도네.	餘山色翠交浮箇.
개중에는 경치가 너무 맑아,	中光景渾淸節邦,
어느 때나 여러분과 함께 노닐고.	得諸君與共遊留.

269 이 시는《일월향지(日月鄕誌)》〈제사의정(題四宜亭)〉조에서 발췌했다.

270 閔汝任(민여임): 조선 중기의 문신이다. 본관은 여흥(驪興)이다. 자는 성지(聖之)이고, 호는 취옹(醉翁) 또는 진의(振衣)이다. 조부는 찬성 민제인(閔齊仁)이고, 부친은 군수 민사용(閔思容)이다. 선조 24년(1591) 진사가 되고, 1594년 별시 문과에서 병과로 급제했다. 형조정랑·예조정랑·사헌부지평 등을 역임했다.

2 사의정을 노래하며 [題四宜亭][271]

성환(成瑍; 1655~1734)[272]

오산의 남쪽 기슭 곡강 변에,	鰲山南畔曲江邊,
해마다 향 피우고 제사지내네.	香火年年薦豆遂.
풍속은 때로 변했지마는,	習俗化眞齊一變,
연원은 멀리 송나라 현인들이네.	淵源來白宋郡賢.
규모는 백대로 청풍처럼 멀고,	規模百代淸風遠,
천년 누각 달처럼 둥그네.	樓閣千秋霽月圓.
벽 위의 천은 옛 자취 간직하고,	壁上紗籠[273]留實蹟,
용주(龍洲)의 남은 필적 다 얻었네.	龍州[274]遺筆儘堪得.

3 사의정에 홀로 앉아 [四宜堂獨坐]

정민교(鄭敏僑; 1697~1731)[275] 《한천유고(寒泉遺稿)》(권1)

취해도 근심 오니 마음 편치 않고,	醉亦愁來心不平,
신의 도움 없으니 시구 만들기 어렵네.	詩無神助句難成.
빗속에서 말없이 청산을 바라보니,	靑山雨裏悄相對,
앵무새는 숲속에서 어찌 홀로 우나.	黃鳥林間何獨鳴.

---

271 이 시는 《일월향지(日月鄕誌)》 〈제사의정(題四宜亭)〉조에서 발췌했다. 《흥해군읍지(興海郡邑誌)》에는 제목이 《제월루(霽月樓)》로 되어있다.

272 成瑍(성환): 조선 후기의 문신이다. 본관은 창녕(昌寧)이다. 자는 계휘(季輝)이고, 호는 유촌(柳村)이다. 조부는 관찰사 성신구(成信耉)이고, 부친은 성후주(成後周)이다. 음직(蔭職)으로 통덕랑(通德郎)이 되었다. 숙종 16년(1690) 식년 문과에 을과로 급제했다. 해미현감·흥해현감·청송현감 등을 지냈다.

273 紗籠(사롱): 현판(懸板)에 먼지가 앉지 못하도록 덮어 씌우는 천을 말한다.

274 龍州(용주): 흥해군수를 지낸 조경(趙絅; 1586~1669)의 호이다. 이곳의 '주'는 '주(洲)'가 되어야 할 것으로 보인다.

275 鄭敏僑(정민교): 조선 후기의 시인이다. 본관은 창녕(昌寧)이다. 자는 계통(季通)이고, 호는 한천(寒泉)이다. 부친은 첨지중추부사 정차징(鄭次徵)이다. 어려서 형 정내교(鄭來僑)에게서 글을 배웠다. 29세 때인 영조 1년(1725) 진사가 되어 성균관에 들어갔으나 곧 그만두고 여항시인(閭巷詩人)으로 행세했다. 시뿐만 아니라 효행으로도 유명했다. 저서로는 《한천유고(寒泉遺稿)》가 있다.

여행길 옷과 음식 이미 사라진 것 탄식하고,	已歎道途衣食走,
머리에 흰 눈 서리 생겨날까 두렵네.	恐添頭髮雪霜生.
내일 아침 다시 평원으로 가야 하니,	明朝更向平原去,
바다의 달과 관문의 구름을 어찌 견디리.	海月關雲可耐情.

4 사의정에서 앞사람의 시에 이어 차운하며 [四宜亭追次前人韻]

이효상(李孝相; 1774~?)《일재유고(逸齋遺稿)》

용전 나루터의 짐승 형상 바위에,	龍田渡口獸巖頭,
풀 덮인 누대 하나 언제부터 엮었나.	結構何年一草樓.
냇가와 뭍은 이미 30년 되었지만,	川陸已經三變海,
세월 속에도 네 가지 마땅함은 바뀌지 않았네.	風煙不改四宜秋.
평탄한 둑 십 리엔 행인들이 쉬고,	平堤十里行人歇,
근처 성곽 들판엔 울창한 나무 떠 있네.	近郭千郊積樹浮.
마침 강가의 노인 찾아와 가리켜 주고,	時有溪翁來指點,
들꽃과 지저귀는 새 예전에 노닌 것 알아보네.	野花啼鳥認前遊.

5 사의정을 노래하며 [題四宜亭][276]

권엄(權𥕦)[277]

수많은 대 숲들 모여 있는 모래강변,	無盡叢篁沙岸邊,
사당 있어 해마다 제사 올리네.	遺風歲歲折爲邊.
남쪽 고을 열 집에는 많은 선비 모여 있고,	南州十室猶多士,
우리나라 천년에는 두 현인이 있다네.	東國千年有兩賢.
절벽은 강을 통하며 굽어 있고,	絶壁通江巴字曲,
들녘은 달빛 받아 밝기도 하다.	平效受月極團圓.
달전의 소나무와 잣나무, 오동나무 고을의 돌,	達田松栢桐鄕石,
빛을 내어 아득히 도와 함께 전한다.	生色遐鄕道普傳.

276 이 시는《일월향지(日月鄕誌)》〈제사의정(題四宜亭)〉조에서 발췌했다.《흥해군읍지(興海郡邑誌)》에는 제목이《제월루(霽月樓)》로 되어있고, 작가는 권엄(權欕)으로 되어있다.

277 權𥕦(권엄): 조선 후기의 문신이다. 본관은 안동(安東)이다. 자는 공저(公著)이고, 호는 섭서(葉西)이다. 조부는 권엄(權弇)이고, 부친은 첨지중추부사(僉知中樞府事) 권밀(權謐)이다. 영조 41년(1765) 식년 문과에 갑과로 급제했다. 병조판서·지중추부사·한성판윤 등을 지냈다.

천곡사(泉谷寺) 관련 시

천곡사는 흥해의 대표적인 사찰이자 신라 선덕여왕의 전설이 서린 고찰이다. 흥해의 진산인 도음산(禱陰山) 자락에 있다.

천곡사의 '천곡'은 도음산 자락에 있는 천곡령(泉谷嶺)이라는 고개 이름이다. 이 고개는 석천(石泉)이라는 유명한 샘 때문에 이렇게 이름했다. 이 샘은 홍수나 가뭄 때도 항상 맑은 물이 솟아나고, 이 샘물을 마시면 만병을 고칠 수 있다고 전한다. 신라 제27대 임금 선덕여왕(善德女王)은 오랫동안 피부병을 앓았는데, 좋다는 약은 모두 써보았으나 효험이 없었다. 선덕여왕이 신하들의 권유로 천곡령 아래에 있는 석천의 약수로 며칠간 목욕한 후에는 피부병이 완치되었다. 선덕여왕은 약수의 효험에 감탄하여 서라벌로 돌아오자, 자장율사에게 석천이 있는 곳에 절을 짓게 하고, 영험한 샘이 나는 골짜기의 의미로 천곡사라고 명명했다.

이때의 샘물이 지금 경내에 보존되어있는 석정(石井) 혹은 소천(素泉)이라 부르는 우물이다. 이 우물은 신기하게도 정월 대보름이면 물이 용솟음쳤으며 가뭄이 아무리 극심해도 물이 마르는 법이 없다고 한다. 또 우물물은 스스로 자정력(自淨力)을 보인다고 한다. 날씨가 차가워지면 뿌여졌다가, 따뜻해지면 2.2m 우물 밑바닥의 모래알 하나하나를 셀 수 있을 만큼 수정같이 맑아진다고 한다.

무엇보다 천곡사의 빼어난 점은 그 역사적 전설과 명승뿐만 아니라 바다 전망까지 볼 수 있다는 점이다. 천곡사 관음전에 서면 멀리 영일만 앞바다와 호미곶이 바라다 보인다. 밤이면 오징어잡이 배의 불빛이 장관을 이루고, 새벽이면 일출로 장관을 이룬다.

천곡사는 6.25 전쟁으로 소실된 후 1958년에 3칸의 요사채를 지었다. 1960년에는 주지 이경수 스님과 뜻이 있는 인사들이 과거 관음전 터에 대웅전을 건립한 후 3칸의 양철지붕과 초가집으로 명맥을 이어왔다. 그러다 1998년에 다시 소실되었고, 2014년에 또 다시 중건하여 지금에 이르고 있다.

천곡사 관련 시는 1600년대 초반부터 1900년대 초반까지 꾸준히 지어졌다. 시의 내용은 천곡사의 전설을 읊은 것, 천곡사에 노닐며 경물과 개인의 감회를 읊은 것, 천곡사를 방문하고 절의 스님을 만난 후의 소회 등이 대부분이다. 시들은 그윽한 절의 분위기와 잘 어울려 음미할수록 참신하고 유장한 느낌을 준다.

1 천곡사에서 노닐며 [遊泉谷寺]

이의온(李宜溫; 1577~1636) 《오의정선생문집(五宜亭先生文集)》(권1)

한가한 날 천곡사 찾았는데,	暇日尋泉寺,
풀 속에 희미한 길만 있네.	草中僅有程.
누대 높으면 바람 맞기 쉽고,	樓高風易得,
산에 가까우면 달 맞이하기 어렵네.	山近月難迎.
계곡엔 기이한 새 소리 어지럽고,	澗鳥奇聲亂,
감실에는 길한 기운이 서려 있네.	龕雲瑞氣縈.
무지한 촌 아낙네들은,	無知村女輩,
부처님에게 거듭나길 비네.	祈佛願重生.

2 천곡사를 노래하며 [題泉谷寺]

정호의(鄭好義; 1602~1655) 《상화집(常華集)》(권4)

산허리 길을 도니 사찰이 보이고,	路轉山腰見梵宮,
금줄은 원래 세상에 통하지 않는다네.	金繩元不世間通.
봉래와 영주는 지팡이에 얼마나 가까운가,	蓬瀛何在笻頭近,
창해는 끝없고 눈은 다함이 있네.	滄海無邊眼力窮.
천 척 절벽엔 푸른 아지랑이 오르고,	千尺斷崖生碧靄,
여러 층의 높은 누각 푸른 하늘과 이어졌네.	數層高閣接靑空.
스님에게 이 절 꾸려온 날 물어보니,	問僧此寺經營日,
사찰건물을 지정 연간에 새로 지었다 하시네.	棟宇曾新至正[278]中.

278 至正(지정): 원(元)나라 혜종(惠宗)의 세 번째 연호로, 기간은 1341~1370년까지이다.

3 천곡사 [泉谷寺]

이채(李埰; 1616~1684) 《몽암집(蒙庵集)》(권2)

늦게 사찰 경내에 들어오니, 暮入招提境,
이끼 깊고 돌길은 그윽하네. 苔深石逕幽.
산의 모습은 안목을 열어주는 그림 같고, 山容開活畵,
우물의 울림은 구슬 구르는 소리 같네. 泉響戛鳴球.
땅은 부상 경계와 접하고, 地接扶桑界,
누대는 큰 바다 머리에 닿았네. 樓臨大海頭.
처량하게 내리는 밤비, 蕭蕭一夜雨,
나를 잠시 더 머물게 하네. 借我暫遲留.

4 흥해 천곡사에서 옛 정원을 기억하며 [興海泉谷寺, 憶故園]

정식(鄭栻; 1664~1719) 《명암집(明庵集)》(권3)

망망한 운해와 서로 떨어진지 오래, 茫茫雲海久相離,
어제 꿈에 분명 어린 아들 보았네. 昨夢分明見小兒.
적막한 선방의 창에 말없이 앉으니, 寂寞禪窓無語坐,
옛 정원의 소식을 달은 알겠지. 故園消息月應知.

5~6 천곡사 우물 [泉谷寺井]

정식(鄭栻; 1664~1719) 《명암집(明庵集)》(권3)

넓은 하늘에 2천 리의 귀로는, 遼天歸路二千長,
물 험하고 산 높으며 눈과 비 차갑네. 水險山高雨雪凉.
남쪽 강 머리 보이니 이곳은 어딘가, 南望頭流[279]何處是,

279 頭流(두류): 지리산(智異山)을 말하는 것이 아닌가 싶다. 경상남도와 전라남도 및 전라북도에

푸른 하늘 경계 없고 바다는 망망하네. 碧天無際海茫茫.

창 아래 수 장 깊이 맑은 우물, 窓下盈盈數丈泉,
샘물은 어느 큰 원류와 이어졌는지. 泉從何處大源連.
도 닦는 스님은 샘물 다함이 없고, 山僧只道波無竭,
그 위 둥근 물방울에 작은 하늘 있다 하네. 其上團圓有小天.

7 천곡사 스님을 찾아서 [訪泉谷寺行上人[280]]

채구장(蔡九章; 1684~1743) 《운와집(耘窩集)》(권2)

영롱한 그림 같은 누각 나무숲 속에 있고, 畫閣玲瓏萬樹中,
초록 담장 깊은 곳에 통하는 길 하나. 綠蘿深處一路通.
멀리서도 암자 안은 속세의 근심이 없어, 遙知庵裏無塵慮,
평상에서 늙은 학을 따라 같아짐을 알겠네. 一榻應隨老鶴同.

8 천곡사로 향하며 [向泉谷寺]

채구장(蔡九章; 1684~1743) 《운와집(耘窩集)》(권2)

비 개인 푸른 산의 곳곳엔 꽃들, 雨過青山山面花,
비스듬한 개울가에서 한 가닥 길을 찾네. 行尋一路澗邊斜.
우뚝 솟은 용마루 연무 낮게 깔리는 곳, 飛甍突兀雲烟底,
불자들의 천년 집이라고 말하네. 云有千年釋子家.

걸쳐있고, 소백산맥 남단에 속하는 고산(高山)이다. 봉우리 중 천왕봉이 높이 1,915m로 가장 높다.

280 上人(상인): 승려에 대한 존칭으로, 스님을 말한다.

9~12 천곡사에 마음대로 읊조리며 [泉谷口呼]

채구장(蔡九章; 1684~1743) 《운와집(耘窩集)》(권2)

학 떠난 후 소나무 끝의 푸름만 좋아했는데,	獨愛松梢鶴後青,
연일 비만 주룩주룩 내리니 어찌하나.	如何連日雨冥冥[281].
산의 창문은 적막하고 할일은 없어,	山牕寂寂仍無事,
동자승과 사찰 마당에서 장난치고 노네.	更玩禪童戲佛庭.
전설 속 봉도를 엿보려니 길은 아득하고,	欲窺蓬島路漫漫,
묻노니 푸른 바다는 언제 마르나.	借問何年碧海乾.
나는 신선이 정말로 황당함을 아니,	我識神仙眞妄誕,
일신의 안위 신경 쓰느니만 못하리.	不如存眷[282]一身安.
절에서 단정히 앉아 마음대로 읊을 제,	禪家端坐浪吟餘,
꽃 떨기에 맺힌 세찬 빗방울 자세히 보네.	細看花叢雨脚[283]餘.
스님께선 네게 무슨 일 하는지 물으시고,	衲子問余何事業,
산대 흔들고 웃으며 책상의 책 가리키시네.	揮籤笑指一床書.
정겨운 기러기 떼 너른 들에 내려앉고,	雝雝[284]雁陣投平野,
백로 또한 짝지어 내려오네.	更有雙雙白鷺下.
호수와 바다에서 노님이 어찌 그리 더딘가,	湖海清游何太遲,
아이 불러 돌아가 내 말 안장을 꾸려라 하네.	呼童歸去裝吾馬.

281 冥冥(명명): 비 오는 모습을 형용하는 말이다.
282 存眷(존권): 신경을 쓰는 것을 말한다.
283 雨脚(우각): 줄이 진 것처럼 굵고 세차게 내리치는 빗방울을 말한다.
284 雝雝(옹옹): 화평하고 즐거운 것을 말한다.

13 천곡사에서 묵고 곡강으로 향하며 [宿泉谷寺向曲江]

이상정(李象靖; 1711~1781) 《대산집(大山集)》(제2권)

삐걱삐걱 가마 타고 언덕에서 내려가니,	肩輿伊軋下中阿[285],
솔과 계수 빼곡하고 복숭아 살구 꽃 피었네.	松桂深深桃杏華.
이런 장관 평생토록 보지 못한 광경이고,	壯觀平生曾未有,
삐죽 솟은 산과 동쪽 바다는 끝이 없구나.	亂山東畔海無涯.

14~16 천곡사에서 손성악 어르신과 수창하며 [泉寺與孫上舍星岳酬唱]

정경(鄭炅; 1741~1807) 《호와집(好窩集)》(권2)

옛날 생각하니 이곳에서 책 읽은 지 언제,	憶昔何年此讀書,
지금 오니 옛 진리는 보이지 않네.	今來不見舊眞如[286].
염불 소리 근심스레 듣는데 숲 새들 지저귀고,	愁聽念佛啼林鳥,
대나무 목어를 깃든 것을 보며 웃네.	笑看懸樓竹木魚.
쇠락한 명월당 아직 터만 남았고,	明月堂頹基尙在,
텅 빈 백운암 주춧돌만 부질없이 남았네.	白雲庵廢礎空餘.
골짜기 나와 배회하다 다시 고개 돌리니,	徘徊出洞重回首,
삼월 초라 온 나무엔 꽃이 만발했네.	滿樹花開三月初

오늘 그댈 만나 얼굴이 활짝 펴지고,	得君今日好顔開,
밤비 겨우 그치니 아름다운 경치 오네.	宿雨纔收麗景來.
우주의 백 년 동안 나그네 신세 슬프고,	宇宙百年悲作客,
꽃피는 삼월에는 누대 오르기 귀찮네.	烟花三月倦登臺.
산의 모습은 저물고 뜬구름은 어두워지며,	山容晩帶浮雲晦,
봄기운은 먼저 뭇 새들이 알려주네.	春色先教衆鳥媒.

285 中阿(중아): 산 중턱을 말한다. '아'는 산기슭을 말한다.
286 眞如(진여): 우주 만유의 보편한 본체로서, 현실적이며 평등무차별한 절대의 진리를 말한다.

종이 가득 옥 울리는 소리는 옛 울림을 증명하고, 滿紙瑣琚徵舊響,
동쪽 성곽의 그리운 사람 꿈에서 막 돌아오네. 懷人東郭夢初回.

만장의 맑은 무지개 큰 강을 두르고, 萬丈晴虹繞大川,
해지는 천곡사 누대에서 색종이에 시를 적네. 泉樓斜日寫華牋.
나는 삼천 년 뒤에 학으로 변할 사람 아니고, 吾非化鶴三千歲,
그대는 불문을 연지 오십 년이라네. 子是開門五十年.
늙어 가면 몇 번이고 현안의 병을 읊조리고, 老去幾吟玄晏疾[287],
시름 지면 효선처럼 경전 생각하며 잠자네. 愁來還做孝先眠[288].
나의 일을 진실로 그저 운명에 맡기니, 騰騰任運[289]眞吾事,
가는 곳마다 술 한 잔에 시 한 구절이네. 隨處一觴又一聯.

17 천곡사에서 물을 보며 시에 차운하며 [次泉寺觀水韻]

정경(鄭炅; 1741~1807)《호와집(好窩集)》(권3)

저 차가운 샘은 쉼 없이 흐르고, 冽彼寒泉流不息,
종일 살펴보니 그윽한 마음 시원해지네. 終朝注目爽幽襟.
도의 근원은 이로 드러난다고 누가 말했나, 誰言道體因玆見,
나는 선현들이 깊은 뜻 기탁했음을 알겠네. 我識先賢托意深.
바람 없어 거울처럼 비치니 그대의 성품을 보고, 鏡面無風看爾性,
근원에 비추는 해가 내 마음을 알려주네. 源頭照日證吾心.

287 玄晏疾(현안질): 현안의 병이란 의미다. '현안'은 진(晉)나라 때의 은사인 황보밀(皇甫謐)의 호이다. 그는 조정의 부름을 받고도 한 번도 벼슬길에 나아가지 않았다. 또 풍비(風痺)라는 병에 시달리면서도 책을 손에 놓지 않아 후인들이 그를 서음(書淫)이라고 불렀다. 일찍이 좌사(左思)를 위해《삼도부(三都賦)》의 서문을 지어주어 낙양의 종이 값이 뛰어올랐다는 고사가 전한다.

288 孝先眠(효선면): 효선의 잠이란 의미다. '효선'은 동한 때의 문인인 변소(邊韶)를 말한다. 그가 수백 명의 문도를 가르칠 때 한 번은 낮잠을 잔 적이 있었다. 어떤 제자가 그를 조롱하며 "변효선은 배가 똥똥하여 글 읽기는 싫어하고 잠만 자려고 한다(邊孝先, 腹便便, 懶讀書, 但欲眠)."라고 했다. 변소가 이 말을 듣고 "똥똥한 내 배는 오경의 상자이고, 낮잠 자는 것은 전경을 생각하기 위함이다(腹便便, 五經笥, 但欲眠, 思經事)."라고 했다고 한다.

289 任運(임운): 운명에 맡기는 것을 말한다.

그대와 함께 있어 눈물 흐르고 탄식하니, 因君共發臨流歎,
인간 세상 불신함은 예나 지금이나 있었네. 不信人間有古今.

18 천곡사에서 동호 숙부의 시에 삼가 차운하며 [泉谷寺, 奉次東濠叔韻]

남경희(南景羲; 1748~1812) 《치암집(癡庵集)》 (권1)

멀리 보며 그윽함 찾으려니 흥이 나 미혹되지 않고, 望遠探幽興不迷,
거센 파도는 경계 없고 뭇 산들 나지막하네. 海濤無際衆山低.
창 밝아 해가 움직인 것 일찍부터 깨닫고, 窓明早覺陽烏[290]動,
나무 우거질 때 기이한 새들 지저귀는 소릴 듣네. 樹密時聞怪鳥啼.
순식간에 꽃구름이 땅에서 올라오니, 頃刻雲霞從地出,
붓과 종이 흥건해지고 절로 글 지어지네. 淋漓[291]筆札自天題.
샘물 모이는 것 보니 빈 곳을 채우는 뜻이니, 觀泉會得盈科意[292],
앉아서 여파를 즐기고 다시 계곡물에 들어가네. 坐翫餘波轉入溪.

290 陽烏(양오): 해를 말한다. 태양 속에 다리 셋을 가진 까마귀가 있다는 전설에서 유래했다.
291 淋漓(임리): 피·땀·물 따위의 액체가 흘러 흥건한 모양이나 글씨나 그림이 힘찬 것을 말한다.
292 盈科意(영과의): 영과이후진(盈科而後進)에서 유래한 말이다. 물이 흐를 때는 조금이라도 오목한 데가 있으면 우선 그곳을 가득 채우고 아래로 흘러간다. 배움의 길도 속성으로 이루려 하지 말고 처음부터 차근차근 닦아야 함에 비유하는 말이다

19 배 국사 사당 중수 시에 차운하며 [次裵國師[293]祀堂重修韻]

흥해 천곡사에 있다(在曲江泉谷)

김재윤(金在瑌; 1808~1893) 《운고집(雲皐集)》(권2)

한 줄기 푸른 산은 본원으로 거슬러 오르고, 一派靑山溯本源,
아주 먼 내력은 이미 억겁의 시간을 지났네. 遙遙來歷已三元[294].
옛 가문의 혁혁한 공은 화려한 투구에 나타나고, 古家閥閱[295]旌華冑,
고려의 의관은 높으신 분을 빛내주네. 麗代衣冠縟達尊.
세상과 부침하며 풍류와 운치를 이루고, 與世升沈風韻達,
세태의 변화에 따라 모범 되심을 간직하네. 隨時沿革典型存.
훌륭한 어진 후손들은 사당을 기꺼이 얽고, 嘉乃賢孫能肯構,
지금 시축을 따라 선비들 모두 고하네. 從今尸祝[296]士偕論.

293 裵國師(배국사): 고려 때의 고승(高僧) 진각국사(眞覺國師) 배천희(裵千熙; 1307~1382)를 말한다. 흥해 출신이고, 호는 설산(雪山)이다. 충숙왕 6년(1319) 13세에 화엄(華嚴) 반룡사(盤龍寺)에 들어가 일비대사(一非大師)에게서 계율을 받았다. 1325년 19세 때 승과에 급제한 후 금생사(金生寺)·덕천사(德泉寺)·부인사(符仁寺) 등에서 주지를 지냈다. 후에 원나라에 들어가 강남(江南)의 몽산(蒙山)에서 의발(衣鉢)을 받고 귀국한 후에 치악(雉嶽)에 은거했다. 우왕 11년(1385) 소백산에서 입적했다. 대사가 국사로 책봉될 무렵 대사의 출생지인 흥해가 군(郡)으로 승격되었다. 시호(謚號)는 진각(眞覺)이다.

294 三元(삼원): 세상의 시작과 중간과 끝을 아울러 이르는 말이다.

295 閥閱(벌열): 나라에 공을 세우거나 큰 벼슬을 지낸 사람이 많은 집안을 말한다.

296 尸祝(시축): 제문(祭文)을 읽어주는 사람을 말한다.

20~21 단오절에 천곡사에서 노닐며 [端午日遊泉谷寺]

안종덕(安鍾悳; 1841~1907) 《석하집(石荷集)》(권2)

관아에서 단오절 지냄은 예년과 같고,	郡齋端午送如年,
한 번 선루에 오르니 마음 상쾌해지네.	一上禪樓卽爽然.
한가한 날 날아오니 섭령이라 칭하고,	暇日飛來稱葉令[297],
명산에 머무는 곳은 불연을 증명하네.	名山宿處證桑緣.
풍경 빼어난 곡강에는 외로운 암자 있고,	曲江形勝孤庵在,
신라 시대 때부터 무성한 고목이 전하네.	羅代繁華古木傳.
밤이 되니 자라섬의 달 더욱 기다려지고,	後夜更期鼇島月,
잠시 고기 잡는 배에 명을 내리네.	且須分付釣魚船.

절 누각 앞에는 고목이 있는데, 대대로 신라 때 심은 것이라고 전한다.(寺樓前有古木, 世傳新羅時所種云.)

저녁 무렵 고요한 산 노승은 애달파하고,	日落山空老衲哀,
농촉 한 쌍 사람에게 보내 수리하네.	一雙籠燭送人裁.
높은 가지의 새는 흰 구름과 함께 머물고,	高枝鳥伴白雲住,
좁은 길 사이로 나그네들 흐르는 물처럼 오네.	微逕客從流水來.
빼어난 곳엔 모두 지팡이와 신발이 머물만하니,	勝地皆堪留杖屨,
어찌 굳이 누대를 세우려고 에워싸리오.	故圍何必起樓臺.
이리저리 오가며 개산조사에게 물으려니,	彷徨欲問開山祖,
수 척의 이끼 낀 비석 황무지에 누워있네.	數尺苔碑臥草萊.

절은 신라 선덕여왕 때 자장율사가 지은 것인데, 비석이 있다.(寺卽新羅善德王時慈藏律師所創, 有碑)

297 葉令(섭령): 동한(東漢) 때의 사람 왕교(王喬)를 말한다. 섭현령(葉縣令)을 지냈기 때문에 이로 이름했다. 그가 섭현령으로 있을 때 매월 삭망(朔望) 때마다 거가를 타지 않고 머나먼 길을 와서 조회에 참여하자, 임금이 이를 이상하게 여겨 사람을 보내 알아보게 하였다. 관리가 살펴보더니 그가 올 때마다 오리 두 마리가 동남쪽에서 날아온다고 알렸다. 그물을 쳐서 오리를 잡아보니 바로 왕교의 신발이었다고 한다.

22 천곡사에서 기우제를 지내니, 이날 저녁 큰비가 내려 [泉谷寺祈雨, 是夕大雨]

1905년(乙巳)

장태흠(張泰欽; 1871~1940) 《복재문집(復齋文集)》(권1)

좋은 날 십 리 하늘에 점을 치고,	諸天十里卜良宵,
안개 속의 청산은 가까운 듯 머네.	霧裏青山近却遙.
샘물 솟는 용의 기운은 변화할 수 있고,	龍氣噴泉能變化,
바다의 붕새 구름은 곧장 힘차게 일어나네.	鵬雲出海直扶搖[298].
저녁에 사람 발자국 소리에 기뻐서 신을 끌고,	跫音[299]有喜乘昏屐,
전생에 인연 많아 푸른 숲에 깃드네.	宿契[300]多緣棲碧樵.
새벽 비에 앞 계곡물 얼마나 깊어졌는지,	曉雨前溪深幾許,
농민들 잠시 적막함도 끝내야 마땅하리.	田家應罷一時寥.

298 扶搖(부요): 힘차게 움직여 일어나는 것을 말한다. 붕새가 북명(北冥)에서 남명(南冥)으로 옮아갈 때 회오리바람을 치고 9만 리로 올라갔다고 한 것에서 유래했다. 《장자(莊子)·소요유(逍遙遊)》에 보인다.

299 跫音(공음): 사람의 발자국 소리를 말한다.

300 宿契(숙계): 전세의 약속을 말한다.

오도(烏島) 관련 시

오도(烏島)는 원래 부둣가에서 100m 정도 떨어진 세 개의 커다랗고 질펀한 검은 바위로 이뤄진 작은 바위섬이다. 섬이 '까마귀 머리' 같이 생겼다고 해서 '까마귀'의 의미인 '오(烏)'자를 붙여 명명했다.

바위섬을 자세히 들여다보면 칼이나 도끼로 삼등분한 모양을 하고 있다. 이중 남쪽에 있는 가장 큰 바위섬은 옆쪽이 약간 잘린 것 같은 모습을 하고 있다. 또 이 섬에는 흥해의 어떤 군수가 심었다고 전하는 울창한 소나무 숲이 있었다. 후에 이 숲은 일제강점기 때 일본 사람들에 의해 모두 베어졌다고 한다.

1914년 일제의 행정구역 개편 때 한가심이·검댕이·섬목 같은 자연부락을 합하여 오도라고 불렀다. 지금은 행정구역상 오도리(烏島里)라고 부르며, 칠포해수욕장과 사방기념공원 사이에 있다.

이곳은 예로부터 일출과 기이한 바위섬으로 유명하여 시인묵객들의 발길이 끊이지 않았다. 관련 시도 흥해의 다른 지역에서 지어진 것보다 많은 편이다. 시는 1600년대 초반부터 1900년대 중반까지 꾸준히 지어졌다. 시의 내용은 오도의 기이한 바위 모습을 읊은 것, 오도 주위의 아름다운 풍광과 일출을 읊은 것 등이 대부분이다. 오도 관련 시의 한 가지 특징은 흥해지역의 승경시(勝景詩)에 수록되어 많이 읊조려진 것이다. 특히 [오도의 달밤(烏島夜月)]이라는 제목으로 많이 지어졌다. 이는 오도의 풍광이 그만큼 아름다웠음을 말해주는 것이다.

1 흥해 원님과 오도에서 노닐며 [與興海倅遊烏島]

이의온(李宜溫; 1577~1636) 《오의정선생문집(五宜亭先生文集)》(권1)

넓고 평평한 오도의 바위,	盤盤烏島石,
바다 가운데 떠다니네.	浮在海中流.
천지간에 끝없이 살며,	天地無窮壽,
근심에 뒤집어지지 않네.	不爲顚覆憂.

2 세찬 파도에 오도를 노닌 것에 느낌이 있어 [歎狂濤戱鰲島遊]

채구장(蔡九章; 1684~1743) 《운와집(耘窩集)》(권2)

멀리서도 칠포 바다 가운데 섬이라 알겠고,	遙知漆浦海中洲,
노인과 다박머리 아이 같이 배를 탔네.	白首髫童共一舟.
하백은 속세 손님을 들이기 싫어하고,	水伯應嫌迎俗客,
어부는 관리들 진귀한 음식 하령에 괴로워하네.	漁人政苦索珍羞.
자라섬의 삼신산 세계 말하지 마소,	休云鰲嶼三山界,
고래가 만장 거품을 뿜움이 족히 두렵다오.	足怕鯨噴萬丈漚.
특별한 풍광은 음미해야 하는 것,	特地風光須領略,
고상한 말로는 귀신 울리지 못하리.	淸詞能泣鬼神不.

3 오도를 노닐며 장난삼아 [戱鰲島遊]

채구장(蔡九章; 1684~1743) 《운와집(耘窩集)》(권2)

사람들은 신선 마을 가깝다고 말하고,	人說仙區近,
신령한 자라는 머리를 반쯤 드러냈네.	靈鰲半露頭.
바다 가운데 맑고 얕은 곳,	海中淸淺地,
파도 밖의 맑고 아득한 섬.	波外測茫洲.

서복(徐福)은 노를 두어야 했고,	徐氏[301]應留棹,
안기생(安期生)은 배를 묶어두었네.	安期[302]或繫舟.
양후는 수시로 노하며 소리치고,	陽侯[303]時吼怒,
기꺼이 속인 노니는 것 허락하네.	寧許俗人遊.
시인들이 익히려는 것 가소롭고,	可笑詩家習,
신선들은 화두로 삼네.	神仙作話頭.
그 누가 날개 달린 신선을 만날 수 있으랴,	誰能邀羽客[304],
세상 사람들 도리어 영주를 그리워하네.	世反慕瀛洲.
오도는 진경이 아니니,	鰲島非眞境,
나루터 사람들은 낚싯배 대네.	津人泊釣舟.
한가한 틈에 가는 것 알맞으니,	只合乘閒去,
반나절은 유유자적 둘러보네.	逍遙半日遊.

4 오도 [烏島]

최천익(崔天翼; 1712~1779) 《농수선생문집(農叟先生文集)》(권1)

들쭉날쭉 바위 모양 서로 얼키고 설키어,	參差石勢互縈紆,
굳게 박힌 층층 뿌리 어두워 특별한 절경이라.	盤據層溟境絶殊.
단색 단장하여 오니 마치 옷 칠한 듯하고,	一色粧來渾似漆,
갖가지로 새겨 나오니 모두 검은 빛 되었네.	千般雕出摠成烏.
오르는 것만으로 마음과 눈 탁 트이고,	登臨可但恢心目,

301 徐氏(서씨): 진(秦)나라 때의 방사(方士) 서복(徐福)을 말한다. 진시황의 불로초를 구하기 위해 기원전 219년에서 기원전 210년 사이에 진황도(秦皇島)를 떠난 한국을 거쳐 일본까지 항해하였다. 이때 60척의 배와 5,000명의 일행 및 3,000명의 동남동녀와 각기 다른 분야의 장인들이 동반했다고 한다. 이후 다시는 돌아오지 않았다고 한다.

302 安期(안기): 고대 중국의 신선으로 알려진 안기생(安期生)을 말한다. 해변에서 약을 팔며 장수하여 천세옹(千歲翁)이라 하였다. 진시황이 동쪽을 순시할 때 3일 밤낮으로 이야기하고 금옥(金玉)을 내렸으나 받지 않고 떠나며 "훗날 봉래산(蓬萊山)에서 찾아 달라"라는 말을 남기고 자취를 감추었다고 한다.

303 陽侯(양후): 바다의 큰 물결을 이르는 말이다. 중국 진(晉)나라의 능양국후(陵陽國侯)가 익사한 뒤에 해신(海神)이 되어 풍파를 일으켜 배를 뒤집어엎었다는 데서 유래했다.

304 羽客(우객): 전설에 나오는 날개가 있는 신선을 말한다.

점철하니 참으로 그림을 그렸네. 點掇眞堪作畫圖.
이날 상서로운 바람이 거울처럼 비치며 부니, 是日祥飆浮鏡面,
문득 날아 봉래산에 내려왔나 싶네. 却疑鳧舃下蓬壺.

5 오도 [烏島]

최기대(崔基大; 1750~1813) 《사정집(思亭集)》(권1)

푸른 바다 고리는 은하수처럼 맑고, 碧海環如雲漢晴,
들쭉날쭉 바위엔 오작교 걸쳐있네. 參差石勢鵲橋[305]橫.
어찌하여 남쪽 적벽의 그림자가 날아왔나, 何來赤壁南飛影,
서린 내린 누대에선 한밤중에 소리 들리는 듯. 宛聽霜臺夜半聲.
거친 파도 세차게 부딪쳤다 물러나고, 怒觸波濤還自退,
겹겹이 둘러싸인 산악은 평평히 보이네. 重圍山岳却看平.
조물주가 큰 도끼로 정성을 들였으니, 化翁巨斧精神費,
높디 높은 북극성은 정이 있는 듯하네. 拱北峩峩若有情.

6 오도에서 돌아오는 길에 삼가 성 서쪽 외곽의 이기응에 화창하며 [烏島歸路奉和西郭李箕應]

이정익(李鼎益; 1753~1826)[306] 《감화문집(甘華文集)》(권2)

내 길은 분명 멀리 떠도는 것에 있으니, 吾道分明在遠遊,
빼어난 공은 이로 모두 원래대로 거두네. 奇功自是一原收.

---

305 鵲橋(작교): 음력 칠월 칠석 저녁에 견우와 직녀를 만나게 해주기 위하여, 까마귀와 까치가 은하수에 모여서 자기들의 몸을 잇대어 만든다는 전설상의 다리를 말한다.

306 李鼎益(이정익): 조선 후기의 문신이다. 본관은 여주(驪州)이다. 자는 중겸(仲謙)이고, 호는 감화(甘華)이다. 회재(晦齋) 이언적(李彦迪)의 8세손이고, 부친은 이헌경(李憲經)이다. 순조 4년(1804) 갑자식년사마시(甲子式年司馬試)에서 진사 2등으로 합격했다. 《주서절요(朱書節要)》·《심경(心經)》 등의 책을 깊이 연구했다. 구암서사(龜巖書舍)를 지어 후학을 양성했다. 경주부윤(慶州府尹) 이덕현(李德鉉)이 그를 불러서 향약(鄉約)을 제정했다. 문집으로는 《감화문집(甘華文集)》이 있다.

적은 물과 고인 물은 큰물 되기 어렵고, 涓涔便覺難爲水,
큰 그릇은 결국 가려지고 흐르지 않는다네. 大器終成不擇流.
안석에 기댄 늙은이는 박식하지 않고, 隱几濠翁非達識,
바다 보는 하백은 빈 모래밭에 앉아 있네. 望洋河伯坐空洲.
멀리 병든 학이 매일 같이 나는 것 가련하고, 遙憐病鶴飛無日,
어부가 쳐놓은 그물에 걸릴까 두렵네. 却怕漁人取以罦.

7-9 오도에서 같이 즐긴 시에 차운하며 [烏島同樂韻]

장사경(張思敬; 1756~1817) 《이계선생문집(耳溪先生文集)》(권1)

안개와 구름 걷힌 가을 하늘 드넓고, 烟收雲盡廓秋天,
좋은 날 아득한 곳에 자리를 여네. 吉日開筵縹緲邊.
산성의 주막 깃발 섬을 둘러싸고, 山廓酒旗環島嶼,
강촌의 고기잡이 불 다락배 에워쌌네. 江村漁火擁樓船.
물가의 물새들 현령을 맞이하고, 繞汀鷗鷺迎飛舃[307],
파도 일으키는 어룡도 거문고 소릴 듣네. 吹浪魚龍聽緩絃.
오래 앉았어도 찬바람과 이슬 싫지 않고, 坐久不嫌風露冷,
봉래가 지척이라 거의 신선이라네. 蓬萊咫尺庶幾仙.

아득한 안개와 물은 하늘보다 푸르고, 茫茫烟水碧於天,
동녘의 부상에서 해가 떠오르네. 東指扶桑日出邊.
칠원의 노인은 당시 바다만큼 떠벌렸고, 漆叟[308]當年誇是海,
진나라 동자들은 배 타고 어디서 늙었는가. 秦童何處老於船.

---

307 飛舃(비석): 현령(縣令)을 말한다. 동한(東漢) 때 왕교(王僑)가 섭현령(葉縣令)이 되어 먼 곳에서 매월 삭망(朔望) 때마다 반드시 조회에 왔다. 임금은 그가 수레도 없이 자주 오는 것을 괴이하게 여겨 사람을 보내 그가 오는 것을 바라보게 하였다. 그가 올 때 오리 두 마리가 동남쪽에서 날아왔는데, 그물을 쳐서 잡아보니 신 한 발짝만 걸렸다는 고사가 전한다. 《후한서(後漢書)·방술전(方術傳)》에 보인다.

308 漆叟(칠수): 전국(戰國) 시기의 사상가 장자(莊子)를 말한다. 장자가 몽(蒙) 땅의 칠원(漆園)에서 관리로 있었기 때문에 붙여진 이름이다.

허공에 걸린 무지개 가인의 칼을 둘렀고, 半空虹繞佳人釰,
만 리 바람은 태수의 거문고를 불러오네. 萬里風來太守絃.
우스워라 인간 세상의 구루령이여, 却笑人間句漏令[309],
단사로 신선술 익히며 참으로 괴로워함이여. 丹砂良苦學神仙.

푸르디 푸른 외로운 섬 반은 하늘로 솟고, 孤島蒼蒼半落天,
안개 낀 파도 바라보니 경계도 없이 넓네. 烟波一望浩無邊.
술 동이를 여니 구월의 국화주이고, 樽開九月黃花酒,
사람들 천 년 전 띄운 적벽의 배에 맡기네. 人倚千年赤壁船.
바람이 허공을 의지하니 홀연히 소매 끌고, 倐爾憑虛風引袂.
유유히 오래 앉으니 달빛이 현을 비추네. 悠然坐久月侵絃.
그대는 이곳 사람들 바다같이 마음 넓어, 君看此地人如海,
작은 고을에 태반이 신선인 것이 보이는가. 十室吾鄕太半仙.

10 오도 [烏島]

흥해에 있다(在興海)

이근오(李覲吾; 1760~1834) 《죽오유집(竹塢遺集)》(권1)

신이 만든 것이 아니면 분명 하늘에서 왔으니, 似非神造必由天,
나는 이를 보고자 작은 배를 띄우네. 吾欲觀之泛小船.
자라 등은 창망하고 산은 비취색으로 이어지고, 鰲背蒼茫山接翠,
검은 머리는 붉은 석류에 떨어지네. 烏頭錯落石留玄.
바다에는 더이상 이러한 섬 없으니, 海中無復如玆島,
세상에 누가 신선이 없다고 말하는가. 世上誰云未有仙.
몸이 만일 크게 쇠약해져 노닐 수 없다면, 身若甚衰遊不得,
맑은 강과 호수 볼 날은 또 내년이겠지. 江湖淸興又明年.

309 句漏令(구루령): 동진(東晉) 사람 갈홍(葛洪)이 선술(仙術)을 좋아하여 교지(交趾)에 단사(丹砂)가 많이 난다는 말을 듣고 그곳에 있는 구루(句漏)의 수령을 자원한 일을 말한다. 이곳에서는 허황된 꿈을 좇는 사람들을 말한다.

11 오도 [烏島]

최승우(崔昇羽; 1770~1841) 《이재와집(耳宰窩集)》(권3)

강 고을에서 파직되어 말 머리 동쪽으로 돌리고, 江院罷歸馬首東,
바다의 구름 속에서 섬 찾아 나섰네. 行尋島嶼海雲中.
멀리서 보니 까마귀 무리 모인 듯하고, 遙看恰似群鴉集,
가까이 보니 기이한 바위 모였음을 알겠네. 近椄方知怪石叢.

12 오도로 향하면서 사익 정우필의 시에 차운하며 [向烏島, 次鄭士益禹弼韻]

류휘문(柳徽文; 1773~1832) 《호고와선생문집(好古窩先生文集)》(권2)

그대는 풍류 넘치던 하지장(賀知章)이고, 君是風流賀季眞[310],
호수의 산은 섬계 물가와 꼭 닮았네. 湖山絶似剡溪[311]濱.
앞길의 바람과 파도의 사나움 걱정하지 마시게, 莫愁前路風濤惡,
맑은 날 보리 물결일 때를 즐겁게 볼 것이네. 晴日欣看麥浪[312]新.

310 賀季眞(하계진): 당나라의 시인 하지장(賀知章; 659~744)을 말한다. '계진'은 그의 자이다.

311 剡溪(섬계): 중국 절강성(浙江省) 승현(嵊縣) 남쪽에 있고, 일명 대계(戴溪)라고도 한다. 진(晉)나라의 왕희지(王羲之)가 눈 내리는 밤에 친구인 대규(戴逵)를 방문한 곳이다.

312 麥浪(맥랑): 보리의 파란 잎이 바람에 일렁여서 마치 물결이 이는 것처럼 보이는 것을 말한다.

13 오도 [烏島]

이병원(李秉遠; 1774~1840)[313] 《소암집(所菴集)》(권1)

뭇 까마귀들 아득히 날아가다,	漠漠[314]羣飛鴉,
쓸쓸히 바다 굽이진 곳에 내려오네.	蕭蕭下海曲[315].
바다 굽이진 곳의 물 시커멓고,	海曲水黝黝[316],
해에 그을려 몸을 씻을 수 없네.	日黔浴不得.
머리 들어 떨쳐 날아보고자,	矯首欲奮飛,
하늘의 끝을 바라보네.	擧望天之極.
오작교를 놓은 듯하여,	擬作牽牛橋[317],
어깨 나란히 하고 발을 붙이네.	幷肩仍貼脚.
이 마음 굳고 또 굳으니,	此心堅復堅,
한 조각 돌로 변하네.	化爲一片石.

14 오도 [烏島]

흥해에 있다(在曲江)

허찬(許纘; 1776~1835)[318] 《초호유집(草湖遺集)》(권1)

해도 가운데 이 섬만큼 기이한 섬 없고,	海島無如此島奇,

313 李秉遠(이병원): 조선 후기의 문신이자 유학자이다. 본관은 한산(韓山)이다. 자는 신가(愼可)이고, 호는 소암(所庵)이다. 조부는 대산(大山) 이상정(李象靖)이고, 부친은 홍문관교리(弘文館校理)를 지낸 간암(艮巖) 이완(李埦)이다. 천사(川沙) 김종덕(金宗德)의 문하에서 수학했고, 사서(四書)와 성리학을 익혔다. 순조 1년(1801) 음직으로 목릉참봉(穆陵參奉)·의금부도사(義禁府都事)·청하현감(淸河縣監) 등을 지냈다. 저서로는 《소암선생문집(所庵先生文集)》이 있다.

314 漠漠(막막): 광활하고 아득한 것을 말한다.

315 海曲(해곡): 해안이 안쪽으로 쑥 들어간 곳을 말한다.

316 黝黝(유유): 물이 시커먼 것을 말한다.

317 牽牛橋(견우교): 칠월 칠석에 견우와 직녀가 만난다는 오작교(烏鵲橋)를 말한다.

318 許纘(허찬): 조선 후기의 학자이다. 자는 자술(子述)이다. 부친은 통덕랑(通德郞)을 지낸 허감(許橄)이다. 인조 20년(1642) 임오(壬午) 식년시(式年試)에서 생원 3등(三等)으로 급제했다. 저서로는 《초호유집(草湖遺集)》이 있다.

여기 머무는 까마귀 보니 하늘이 만든 것이네. 　瞻烏爰止[319]是天爲.
머리마다 얽히고설키어 진경이 펼쳐지고, 　頭頭錯落開眞境,
봉래가 가까우니 역시 기약할 수 있다네. 　不遠蓬萊亦可期.

15 오도 [烏島]

사공억(司空檍; 1805~1841) 《다천집(茶泉集)》(권3)

동쪽으로 돌아가는 어미 까마귀 부지런히 수 놓고, 　烏母東歸繡劫賖,
몸을 담근 기이한 바위 어디 보낼 곳도 없네. 　浸身幻石寄無何.
온 머리에 뼈가 드러나니 천 봉우리의 기세이고, 　頭回皆骨千峯勢,
부상의 날개를 흔들어대니 만 리 파도가 이네. 　翼簸扶桑萬里波.
춤추는 학이 갑자기 세상 밖에 이르고, 　舞鶴忽逢空外至,
관을 쓴 자라는 실로 볼 것 많다 생각하네. 　冠鰲良覺望中多.
아득히 노 저으며 쌍적을 부노니, 　悠悠蕩槳[320]雙吹笛,
안기생(安期生)처럼 약이나 팔며 지내리. 　浪似安期[321]採藥過.

16 오두고도 [烏頭故島]

이진구(李震久; 1840~1911) 《석송당유고(石松堂遺稿)》(권1)

여와(女媧)가 하늘 꿰매고 남은 돌이 섬의 터가 되고, 　媧天[322]餘石島成基,
차가운 까마귀는 한 마리씩 훌륭한 덕 모으네. 　箇箇寒鴉集羽儀[323].

---

319 爰止(원지): 이곳에 머무름을 말한다.

320 蕩槳(탕장): 노를 젓는 것을 말한다.

321 安期(안기): 진(秦)나라 때의 은자인 안기생(安期生)을 말한다. 자신을 포박자(抱朴子)라고 부르며, 바닷가에서 약을 팔았다. 진시황(秦始皇)이 그와 사흘 밤을 함께 이야기를 나누고서 그에게 황금과 백벽(白璧)을 주며 "천년 이후에 나를 봉래산(蓬萊山)에서 찾아달라."라고 한 전설이 전한다.

322 媧天(와천): 중국의 신화 전설 속 여와(女媧)가 구멍이 난 하늘을 다섯 가지의 돌로 메꾸었다는 이야기를 말한다.

323 羽儀(우의): 《주역(周易)·점괘(漸卦)·상구효(上九爻)》에 나오는 말로, 지위도 높고 재덕(才德)

은하수 가에 다리 놓는 가약 맺고, 佳約作橋銀漢畔,
상서로운 징조는 맹진 나루의 집에 흐르네. 休徵[324]流屋孟津[325]湄.
우이의 집은 세 개의 붉어진 자취에서 가깝고, 嵎夷[326]宅近三蹤赤,
어사의 숲은 깊어 뭇 깃촉은 검네. 御史林深衆翮緇.
바다 소년에게 어찌 딸 것 분부하는가, 分付海童何首采,
봉래 선약은 이 가운데 기묘하다네. 蓬萊仙藥此中奇.

17~18 오도 [烏島]

섬은 흥해군 바다에 있다(島在興海郡海中)

안종덕(安鍾悳; 1841~1907) 《석하집(石荷集)》(권2)

진시황의 수레는 동쪽에 이르지 않았고, 秦皇東駕未窮東,
방사들의 누선은 바람을 잘못 갈랐네. 方士樓船錯解風.
예로부터 신선은 땅에서 올라가고, 自古神仙從地上,
나는 봉래에 와서 파도 속에서 나왔네. 我來蓬島出波中.
음식 포갠듯한 기암은 까마귀 머리처럼 검고, 奇巖飣餖[327]鴉頭黑,
되 비추는 빛 영롱하고 돛단배는 해를 등졌네. 返景玲龍帆背紅.
백 년의 아름다운 바다의 달 기록하고 취하니, 記取百年瑤海月,
붉은 구름 속 쌍적 소리 참된 사람 지나네. 絳雲雙篴過眞翁.

신선 찾음에 용을 탈 필요 없고, 尋仙不用駕龍茅,
만 리 동해가 바로 근교라네. 萬里東溟卽近郊.

도 겸비하여 다른 사람의 모범이 되는 것을 말한다.

324 休徵(휴징): 상서로운 징조를 말한다.

325 孟津(맹진): 옛 나루터 이름으로, 맹진(盟津)이라고도 한다. 낙양(洛陽) 동북쪽 황하(黃河) 변의 중요 나루터로, 군사상의 요충지였다. 주(周)나라 무왕(武王)이 은나라의 마지막 임금이자 폭군이었던 주(紂)를 칠 때 이곳에서 제후들을 크게 모아 출정했다고 한다. 지금의 하남성(河南省) 맹현성(孟縣城) 남쪽에 있다.

326 嵎夷(우이): 고대 중국의 산동성(山東省) 동부 바닷가 지역으로 해가 뜨는 곳으로 알려져 있다.

327 飣餖(정두): 안주나 과일을 포개놓은 것을 말한다.

물에 비친 붉은 석양빛에 돌 깃발 흔들거리고, 倒景沈紅翻石幃,
신령한 바람 어둠을 불어 구름가로 가게하네. 靈風吹黑動雲梢.
사람 사는 연기는 진나라 한나라와 통한적 없는데, 人煙未始通秦漢,
변한 자취는 태곳적 모습과 달라졌네. 化蹟如將判燧巢[328].
늙은이 수염난 얼굴 더 좋은데, 老子髭顔應更勝,
돌아오니 하인들 마음대로 조롱하네. 歸來僮僕[329]謾相嘲.

19 칠포 오도에서 노닐며 [遊七浦烏島]

이석관(李碩瓘; 1846~1921)[330] 《석우집(石愚集)》(권1)

끝없이 몰아치는 조수에 어부들 항구로 들어오고, 千潮落漲漁入港,
쌍적 소리는 날아서 태수의 배로 오네. 雙笛飛來太守船.
이곳은 시도 지을 수 있고 술도 마실 수 있으며, 此地可詩兼可酒,
백성들과 함께 앉아 즐기니 신선이 따로 없네. 與民同樂坐如仙.

328 燧巢(수소): 중국 고대 전설에 나오는 수인씨(燧人氏)와 유소씨(有巢氏)를 말한다. 수인씨는 불을 쓰는 법과 음식을 만드는 법을 전했고, 유소씨는 새가 보금자리를 만드는 것을 보고 사람들에게 집을 짓는 법을 가르쳤다고 한다. 본문에서는 이들이 상고시대의 사람인 관계로 '태곳적'의 의미로 번역해 보았다.

329 僮僕(동복): 말을 타고 갈 때 말 앞에서 고삐를 잡고 끌거나 말 뒤에서 따르는 하인을 말한다.

330 李碩瓘(이석관): 조선 후기의 관리이다. 본관은 여주(驪州)이다. 자는 희백(羲伯)이고, 호는 석우(石愚)이다. 조부는 국포(菊圃) 이동억(李東億)이고, 부친은 농오(農塢) 통정대부(通政大夫) 부호군(副護軍) 이한필(李漢弼)이다. 고종 27년(1890) 무과에 급제하여 부사과(副司果)로 관직에 나갔다. 시종원좌시어·통정대부(通政大夫)·흥해군수(興海郡守) 등을 지냈다. 이때 이미 일제에게 경찰권을 빼앗기고 고을의 수령으로서 백성에게 시정을 펼 방도가 사라지자, 인장(印章)을 봉송하여 보내고 향리로 돌아와 은둔했다. 시문집으로는 1929년 이상대(李相大)가 발행한 《석우집(石愚集)》이 있다.

20 오도 [烏島]

박승동(朴昇東; 1847~1922) 《미강집(渼江集)》(권1)

무수한 바위 섬이 되어 오도라고 부르고,	萬磬成島島名烏,
나그네는 한 척의 배로 칠포를 떠다니네.	翫客孤篷泛七湖[331].
오늘 수려한 옥국관에서 노님은,	今日觀奇遊玉局[332],
한때 여지도를 만져 잘 알아서라네.	曾年慣識按輿圖.
먹 눈썹 색깔 깊은 파도에 교룡은 굴로 숨고,	波深黛色潛鮫窟,
금빛 미끄러운 이끼에 조개와 진주가 나네.	苔滑金光産蚌珠.
서쪽 가만히 바라보니 모두 풍진 세상,	西望凝塵皆世界,
보아하니 모두가 변변치 않다네.	看來還作一區區.

21 작도 [鵲島]

박승동(朴昇東; 1847~1922) 《미강집(渼江集)》(권1)

섬 위에 우는 까치가 있었는데,	有鵲楂楂[333]島上鳴,
언제 날아가고 이곳에 이름만 남겼나.	何年飛去此留名.
긴 털 그림자 짙은 바위 구름에 떨어지고,	脩毛影落巖雲重,
하얀 배의 빛은 가벼운 물보라에 전해지네.	皓腹光傳浪雪輕.
빗속 잔잔한 물결에서 퍼드득거림을 엿보고,	雨暗平波窺潑剌[334],
달 밝은 맑은 밤에 퉁소와 생황을 맞이하네.	月明晴夜迓簫笙.
까마귀 와서 나란히 나는 것 실로 무슨 뜻인가,	烏來比翼誠何意,
직녀가 오작교를 건너길 기다리는 것이라네.	如待天橋帝女行.

---

331 七湖(칠호): 칠포(七浦) 앞바다를 호수에 비유하여 쓴 말이 아닌가 싶다.

332 玉局(옥국): 송대(宋代)의 저명한 도관(道觀)인 옥국관(玉局觀)으로, 소동파(蘇東坡)가 영주(永州)에서 사면을 받고 돌아와 옥국관 제거(提擧)가 되어 한가하게 노닐었던 고사가 있다.

333 楂楂(사사): 까치가 우는 모양을 말한다.

334 潑剌(발랄): 의성어로, 물고기가 물에서 팔닥팔닥거리는 것을 형용한다. 보통 역동적이거나 생명력이 넘치는 것을 나타내는 말로 쓰인다.

22 오도의 달밤 [烏島夜月][335]

박동희(朴東熺; 1872~1939) 《학파문집(鶴坡文集)》(권1)

까마귀 머리에서 나와 아래 세상 비추고,	出自烏頭照下臨,
사람의 마음과 눈 씻어 하늘 뜻 알려주네.	洗人心目覺天心.
멀리 달 궁전의 불사약 애석하니,	遙憐玉兎[336]宮中藥,
강산에 다듬이질을 일으키네.	惹起江山搗練砧.

23 오도의 달밤 [烏島夜月][337]

권석찬(權錫瓚; 1873~1957) 《시암집(是巖集)》(권1)

하늘의 밝은 기운 온 세상에 임하니,	一天光氣大千臨,
본디 이는 신이 만든 조물주의 마음.	自是神工造化心.
전쟁을 멈춘 것이 언제였던가,	休兵偃武[338]曾何世,
장안 뭇 세대의 다듬이질 소리 듣기 싫었더니.	厭聽長安萬戶砧.

24 오도의 비 갠 후 밝은 달 [烏島霽月][339]

권병기(權丙基; 1876~1945) 《농석집(聾石集)》(권1)

달 위 까마귀 머리는 바로 마음 시원케 하고,	月上烏頭卽爽襟,
갈아서 가져온 둥근 거울 하늘 가운데 걸렸네.	磨來圓鏡掛天心.

335 이 시는 원래 《호계잡영(虎溪雜詠)》에 수록된 시로, 《오도야월((烏島夜月)》 부분만 이곳에 수록했다.

336 玉兎(옥토): 전설 속 달 속에 산다는 토끼를 말한다. 이곳에서는 달을 의미한다.

337 이 시는 《박동희의 호리잡영 시에 차운하며(次朴東熺虎里雜詠)》에 수록된 시인데, 《오도야월(烏島夜月)》 부분만 발췌했다.

338 偃武(언무): 무기를 보관해 두고 쓰지 않는다는 뜻으로, 전쟁이 끝난 것을 이르는 말이다.

339 이 시는 《학파잡영에 차운하며(次鶴坡雜詠)》에 수록된 시인데, 《오도제월(烏島霽月)》 부분만 발췌했다.

완사의 물가 아래는 어느 집의 처자인가, 浣沙磯[340]下誰家女,
은은한 바람 빈번한 다듬이질 소리 보내네. 隱隱風便送數砧.

25 오두도에 올라서 [登烏頭島]

송은헌(宋殷憲; 1876~1946) 《강와집(剛窩集)》(권1)

일엽편주 바다에 떠서 오도에 오르네, 扁舟浮海上烏頭,
안계가 아득하여 모래밭 보이지 않네. 眼界茫茫不見洲.
하늘 가운데의 땅이 이 바닷물 받아들이니, 地在天中容此水,
바위 언덕 없었다면 어찌 받아들일 수 있었으리. 若無涯岸豈能收.

26 오도의 달밤 [烏島夜月][341]

이홍구(李洪久; 1878~1952)[342] 《옥애유고(玉涯遺稿)》(권1)

오도 동쪽을 보니 큰 바다와 닿았고, 烏島東望大海臨,
옥 바퀴 뜨면 마음은 푸른 파도에 있네. 玉輪浮上碧波心.
맑은 빛은 온 세상을 두루 비추는 것, 淸光遍照全世界,
장안 부인들 다듬잇돌에만이 아니네. 不但長安少婦砧.

---

340 浣沙磯(완사기): 비단을 씻은 물가의 의미로, 완사계(浣沙溪)라고도 한다. 절강성(浙江省) 소흥현(紹興縣) 남쪽의 약야산(若耶山) 아래에 있다. 서시(西施)가 이곳의 물가에서 비단을 빨았다 하여 완사계라고 한다.

341 이 시는 《박응집의 호촌팔경 시에 차운하며(次朴應集虎村八景)》에 수록된 시인데, 《오도야월(烏島夜月)》 부분만 발췌했다.

342 李洪久(이홍구): 조선 후기의 문인이다. 본관은 여주(驪州)이다. 자는 우범(禹範)이고, 호는 옥애(玉涯)이다. 조부는 갈옹(葛翁) 이재윤(李在潤)이고, 부친은 모와(慕窩) 이능기(李能騏)이다. 어려서 자질이 뛰어났다. 7세에 배움을 시작하여 8세에 《소학(小學)》을 공부했으며, 이후에는 경사(經史)를 익혔다. 극와(極窩) 조하영(曺河永), 농석(聾石) 권병기(權丙基), 진사(進士) 김태연(金太燮) 등과 교유했다. 문집으로는 《옥애선생문집(玉涯先生文集)》이 있다.

27 오도에서 노닐며 [遊烏島]

정종호(鄭宗浩; 1880~1950) 《일운문집(逸耘文集)》

진경 찾아 섬에 들어가 높은 머리 오르니,	尋眞入島上高頭,
시야엔 온통 푸른색 하나만 흐르네.	眼界蒼蒼一色流.
자라 등에 많은 해와 달 싣고 돌아가고,	鰲背載歸多日月,
까마귀 모양은 몇 해나 기이함 만들었나.	烏形幻出幾春秋.
볼록한 모양의 게 떼들 몰래 모여서 가고,	凹中蟹隊潛行集,
뾰족한 끝엔 조수 소리 쉬지를 않네.	尖末潮聲瀧不休
지척이 봉래인줄 이제야 알겠으니,	咫尺蓬萊今始得,
선가의 남은 인연은 내가 거둬들이리.	仙家餘分我將收.

28 오도 [烏島]

흥해에 있는데, 오두도라고도 한다(興海, 一云烏頭島)

이태능(李泰能; 1887~1961) 《양산유집(壤山遺集)》(권1)

오도 우뚝 솟아 하늘빛과 닿고,	烏頭矗矗[343]接天光,
출몰하는 바람과 파도 짧아지고 길어지네.	出沒風波短復長.
10년 동안 갈고 씻어도 희어지지 않으니,	磨洗十年猶未白,
연 태자의 원한 지금까지도 마음 아프네.	燕儲[344]寃恨至今傷.

343 矗矗(촉촉): 높이 우뚝 솟아있는 모양을 말한다.

344 燕儲(연저): 전국(戰國) 시기 연(燕)나라의 태자 단(丹; ?~ 기원전 226)을 말한다. 연나라의 마지막 태자로, 연왕(燕王) 희(喜)의 아들이다. 성은 희(姬)이고, 이름은 단(丹)이다. 일찍이 진시황(秦始皇)을 살해하려고 자객 형가(荊軻)를 보냈으나 실패했다. 이로 진(秦)나라의 공격을 받아 10개월 만에 수도가 함락되자, 요동(遼東)으로 달아났다. 진나라 군사들은 태자 단을 끝까지 추격하여 그 수급을 진시황에게 올렸다. '저'는 '태자'의 의미이다.

29 오도를 지나며 [過烏島]

이은우(李殷雨; 1893~1965) 《송람일고(松嵐逸稿)》

명산 모두 감상하고 사찰을 지나,	名山賞盡過禪樓,
이곳에 오니 시인의 흥 끝나지 않네.	到此騷人興不收.
짧은 돌과 볼록한 바위 옆으로 갈라져 쌓여,	短石突岩橫斷積,
세찬 파도가 뿜는 물보라에 씻기고 갈려 흘러가네.	驚濤噴雪洗磨流.
늙은 어미에게 먹이 물어준 좋은 명성 언제였고,	令名反哺[345]曾何世,
세상의 변화를 몇 년이나 지내왔던가.	閱歷滄桑過幾秋.
저무는 해는 아직도 노는 손님 가는 길 재촉하니,	斜日還催遊客路,
돌아가는 배를 갈매기 머무는 모래사장에 띄우네.	歸舟放下白鷗洲.

30 오도에 배를 대며 [舟泊烏島]

박곤복(朴坤復; 1896~1948) 《고암문집(古庵文集)》(권1)

멀리서 보니 작은 배처럼 외로이 떠 있고,	遙望孤浮若少舟,
가까이서 보니 겹겹이 접힌 비단 병풍 같네.	卽看重疊錦屛收.
머리마다 천금의 부처 묶어 세우고,	頭頭束立千金佛,
얼굴마다 옥 같은 누대로 치장했네.	面面粧成一玉樓.
상전벽해 두려워 않고 오랜 세월 온전하며,	不畏桑田全上世[346],
넘실대는 창해에 의지하여 한 가운데 서 있네.	憑淩滄海立中流.
칠포 바닷가 오작도,	七夕浦邊烏鵲島,
사람들 견우와 직녀처럼 즐겁게 가을 맞이하네.	人如牛女喜迎秋.

345 反哺(반포): 까마귀 새끼가 자라서 늙은 어미에게 먹이를 물어다 주는 것을 말한다. 보통 자식이 자라서 길러 준 부모를 지극 정성으로 모시거나 전날 은혜를 입은 사람에게 보답함을 의미한다.

346 上世(상세): 아주 오랜 옛날을 말한다.

31 오도의 바다에 노닐며 [遊烏島海]

정사년(丁巳)

이재목(李在穆; 미상)[347] 《경암문집(敬庵文集)》(권1)

가을 구름 허공처럼 광활하고,	九秋[348]雲物廓如空,
푸른 겹겹 바다는 이 눈 안에 있네.	一碧層溟此眼中.
땅을 포용하는 범위는 다 숨길 수 없고,	容地範圍藏不盡,
하늘과 이어진 형세는 커 같은 것 없네.	接天形勢大無同.
친구들과 함께 오니 먼저 약속한 것 많아지고,	携來朋伴多前約[349],
품었던 회포 거두니 더욱 탁 트이네.	收得襟懷更豁通.
지척의 오도 바위는 파도를 갈라 뿜음에도,	咫尺烏巖波噴隔,
긴 바람 부릴 길 없음을 한탄하네.	却歎無路駕長風.

347 李在穆(이재목): 조선 후기의 유학자. 본관은 여주(驪州)이고, 호는 경암(敬庵)이다. 조부는 이정진(李鼎搢)이고, 부친은 이연상(李淵祥)이다. 고종 15년(1878) 영남의 유림들과 함께 서원 복구를 청하는 상소를 올렸다. 저서로는 《경암집(敬庵集)》이 있다.

348 九秋(구추): 음력 9월을 가을이라는 뜻에서 비유적으로 이르는 말이다.

349 前約(전약): 앞서 약속한 것을 말한다.

32~33 오도를 보고 느낌을 읊으며 [觀烏島述懷]

조호래(趙鎬來; 미상) 《근암선생문집(近庵先生文集)》(권2)

일 많은 조화옹이 다른 곳 열어,	多事化翁開別區,
높은 바위 뭇 까마귀로 교묘히 깎았네.	巉巖巧斲一羣烏.
지금 사람들에게 모친의 은혜 갚게 한다면,	若爲今人敎反哺,
장수 기원하려고 북당의 모퉁이로 돌아오겠지.	海籌[350]歸獻北堂[351]隅.

동쪽 끝 바다의 가장 빼어난 곳,	滄海東頭第一區,
연오랑이 떠나자 돌은 까마귀 되었네.	迎烏郎去石爲烏.
만 리 먼 해 뜨는 부상에서 아침 해 뜨니,	扶桑萬里昇朝旭,
우리나라 구석을 밝게 비춰줄 수 있다네.	可使文明鰈域[352]隅.

350 海籌(해주): 해옥주첨(海屋籌添)의 줄임말이다. 바닷가의 집에 산가지를 더한다는 말로, 무병장수를 의미하는 말로 쓰인다. 북송(北宋)의 문장가 소식(蘇軾)의 《동파지림(東坡志林)·삼로어(三老語)》에서 "일찍이 세 명의 노인이 만난 적이 있다. 어떤 사람이 노인들에게 나이를 물었다……한 노인이 '바닷물이 뽕밭으로 바뀔 때, 나는 산가지 하나를 내려놓는데, 근래에 내 산가지가 이미 열 칸 집을 가득 채웠다오'라고 말했다(嘗有三老人相遇, 或問之年……一人曰: '海水變桑田時, 吾輒下一籌, 邇來吾籌已滿十間屋')"라고 한 것에서 유래했다.

351 北堂(북당): 집에서 모친이 거처하는 방을 말한다.

352 鰈域(접역): 가자미 모양으로 생긴 지역을 말하거나 가자미가 많이 난다고 하여 한때 우리나라를 이르던 말로 쓰인다

부용정(芙蓉亭) 관련 시

부용정은 흥해군 안에 있던 정자이다. 부용정 관련 문헌 기록은 현재 많지 않은데, 읍지(邑誌)에 이름 정도만 나와 있는 정도이다. 《교남지(嶠南誌)》(권7) 〈흥해군〉조에는 "읍내에 있다(在邑內)."라고만 했다. 정자 이름과 본편에 수록한 시를 통해 정자 인근에 연꽃이 장관을 이루어 많은 문인들의 시상을 자극했을 것으로 추측된다.

부용정 관련 시는 1700년대 후반부터 지어지기 시작했다. 이중 최기대(崔基大; 1750~1813)의 [부용정팔경(芙蓉亭八景)]은 부용정과 그 주위의 아름다운 경치를 잘 보여준다.

---

1 부용정 시에 차운하며 [次芙蓉亭韻]

정경(鄭炅; 1741~1807) 《호와집(好窩集)》(권3)

복숭아와 오얏 막 그늘져 또 연자 뿌리니, 桃李新陰又種蓮,
풍류가 어찌 귤 속의 두 신선 같겠는가. 風流何似橘中仙[353].
꽃과 수석 품평하는 일은 모두 한가한 일이나, 題花品石渾閒事,
요는 마음 차분해지고 지혜도 원만해지는 것이네. 要在心平智亦圓.

2~3 부용정에 올라 '연'자를 얻고서 [登芙蓉亭得蓮字]

최기대(崔基大; 1750~1813) 《사정집(思亭集)》(권1)

새 정자의 화려한 배는 옥련을 두르고, 畵舫新亭匝玉蓮,

353 橘中仙(귤중선): 귤중수(橘中叟)라고도 한다. 옛날에 파공(巴邛)에 사는 어떤 사람이 자신의 귤원(橘園)에 아주 큰 귤이 열려 이를 쪼개보니, 그 속에 백발의 두 노인이 서로 마주 앉아 바둑을 두며 즐겁게 담소를 나누고 있었다. 그중에 한 노인이 "귤 속의 즐거움은 상산(商山)에 뒤지지 않네."라고 말한 고사가 전한다. 《현괴록(玄怪錄)·파공인(巴邛人)》(권3)에 보인다.

물 가운데 섭령의 오리와 노닌 신선 되었네. 中流泛泛葉鳧仙.
나란히 바람 퍼지니 향기를 얻고, 因風併播馨香得,
늘 고상한 선비 얻어 원만하게 만나니 좋으네. 常得衿紳好會圓.

수정 주렴 아래에 금당의 연꽃 있어, 水晶簾下金塘蓮,
더러운 진흙에 물들지 않고 고고하게 피었네. 不染汙泥皭皭然.
묻노니 정자 가운데 무엇이 있나, 試問亭中何所有,
조공의 거문고에서 나는 맑은 소리라네. 一琴淸響趙公[354]絃.

4~11 부용정 팔경 [芙蓉亭八景]

최기대(崔基大; 1750~1813) 《사정집(思亭集)》(권1)

그윽한 곳에 임한 화려한 배 [幽臨畵舫]
화려한 익조가 실버들 우거진 곳에 날아오고, 彩鷁飛來絲柳陰,
돛단배는 움직이지 않고 깊은 못은 푸르네. 征帆不動碧潭深.
뱃전 치니 순간 소식(蘇軾)이 일어나 읊조리니, 扣舷忽起蘇仙詠,
아득한 하늘가로 아름다운 마음을 바라보네. 渺渺天涯望美心.

평지의 금강산 [平地金剛]
산 모습 정교히 쪼고 푸른 이끼 수놓으며, 巧琢山容繡碧苔,
부처의 물빛이 눈을 뜨게 해주네. 毗盧[355]水色眼中開.
어렵지 않게 한 걸음에 힘껏 기어오르니, 不勞一脚攀躋力,
일만 이천 봉우리가 왔음을 대체로 알겠네. 萬二千峯領略來.

354 趙公(조공): 제월루(霽月樓)가 있는 곡강서원(曲江書院)에 배향된 조경(趙絅; 1586~1669)을 말하는 것이 아닌가 싶다.
355 毗盧(비로): 비로자나불(毘盧遮那佛)의 약칭이다. 부처의 몸에서 나오는 빛과 지혜의 빛이 세상을 두루 비추어 가득하다는 의미로, 부처의 진신(眞身)을 이른다.

난간에 걸린 계곡 소리 [掛檻溪聲]

아홉 구비 맑은 시내 난간 사이에 있고,	九曲晴川在檻間,
아무것도 없는 곳에 갑자기 물 졸졸 흐르네.	無中生有忽潺潺.
조용히 들어보니 하늘에서 온 듯하니,	靜聽似是從天下,
은하수에 흐르는 구름 능히 오를 듯하네.	銀浦流雲若可攀.

다리를 지나가는 연꽃 [穿橋蓮花]

한 줄기 긴 무지개 거울 면에 걸치더니,	一帶長虹鏡面橫,
비단 버선 신고 파도 위 걷듯 살며시 오가네.	凌波羅襪往來輕.
꽃 감상하는 노니는 나그네들 얼마나 알까,	翫花遊客知多少,
아리따운 아가씨 걸음걸이에만 생기지 않음을.	不獨佳姬步步生.

물 위에 뜬 정자 [水面浮亭]

나는 제비들 축하하며 봄바람에 말하고,	賀成飛燕語春風,
화려한 기둥과 용마루 조각 옥경 속에 있네.	畫棟雕甍[356]玉鏡中.
오묘한 진리를 이곳에서 볼 수 있다면,	若使玄眞曾見此,
배 띄워 동과 서로 기꺼이 나아가겠네.	肯將舴艋走西東.

성 모퉁이 성긴 대숲 [城角疎篁]

우수수 떨어지는 차가운 소리 아득하고,	寒聲摵摵[357]色蒼蒼,
천간에 세운 옥 성가퀴에 기대네.	玉立天竿傍女墻.
만고의 아름답고 무성함은 봄에도 늙지 않고,	萬古猗猗[358]春不老,
위(衛) 무공(武公) 찬미한 빼어난 글 남겨 보네.	留看衛武斐然章[359].

356 雕甍(조맹): 조각한 용마루의 의미로, 이곳에서는 장식이 화려한 것을 말한다.

357 摵摵(색색): 바람에 잎들이 우수수 떨어지는 소리를 말한다.

358 猗猗(의의): 아름답고 무성한 모습을 말한다.

359 衛武斐然章(위무비연장): 위(衛)나라 무공(武公)을 찬미한 빼어난 글이란 의미이다. 이와 관련해서《시경(詩經)·위풍(衛風)·기욱(淇奧)》은 "저 기수 가 언덕을 보니, 푸른 대나무가 무성하고 아름답네. 문채 빛나는 우리 님이여, 짐승의 골각을 끊고 갈 듯, 옥석을 쪼고 갈 듯하도다(瞻彼淇奧, 綠竹猗猗. 有匪君子, 如切如磋, 如琢如磨)."라고 했다. 이에 대해 주희(朱熹)의《시집전(詩集傳)》은 "위(衛)나라 사람들이 무공(武公)의 덕을 찬미하여, 푸른 대나무가 처음 생겨나 아름답고 무성한 것으로 그의 학문과 수행이 진보됨을 이끌어 낸 것이다."라고 했다.

남루에서 맞이하는 달 [南樓迎月]

부용정 가의 제남루, 芙蓉亭畔濟南樓,
가까운 물은 햇빛 맞아 계수나무 그림자 흐르네. 近水光迎桂影流.
오늘 밤 흥이 얕지 않음을 알겠고, 庾興今宵知不淺,
한결같은 맑은 뜻을 천고에 물어보네. 一般淸意問千秋.

연무 머금은 버드나무 [渭柳含烟]

먼지 적시는 아침 비 옛 성을 지나가고, 浥塵朝雨過古城,
백 척의 실버들 비단 기둥을 스치네. 百尺烟絲拂綺楹.
한 잔 술에 이별의 양관곡을 연주하니, 一盃欲奏陽關曲[360],
꾀꼬리가 먼저 재촉하며 함께 부르네. 黃鳥先催喚友聲.

기문(記文)

부용정기 [芙蓉亭記]

최기대(崔基大; 1750~1813) 《사정집(思亭集)》(권3)

옛날에 꽃을 좋아하는 사람들은 많았지만 도연명(陶淵明)이 국화를, 임포(林逋)가 매화를, 주돈이(周敦頤)가 연꽃을 사랑한 것만 세상에 잘 알려져 있다. 이것은 대체로 그 사람의 후각과 미각이 사물과 서로 맞아떨어졌기 때문이다. 그러나 사물을 사랑하는 자는 반드시 사람을 사랑해야 한다. 세 군자로 하여금 세상에 나와 다스리게 하면 사물도 그들을 사랑할 것이다. 하물며 백성들은 더 말할 것도 없을 것이다. 오는 사람 위로하고 부드러운 말로 교화함에는 반드시 재배하는 것보

360 陽關曲(양관곡): 이별을 슬퍼하는 곡 이름이다. '양관'은 중국 감숙성(甘肅省) 돈황(敦煌)의 서남쪽에 있었던 관문이다. 옥문관(玉門關) 남쪽에 있었기 때문에 양관이라고 하였다. 옥문관과 더불어 서역(西域)으로 통하는 요충지에 있었다. 이 말은 당(唐)나라의 대시인 왕유(王維; 699~759)의 시 《안서로 사신으로 나가는 원이를 보내며(送元二使安西)》 제4구에 나온다. 이 시는 중국 시 중에서 이별의 아픔을 가장 잘 나타낸 시로 평가받는다.

다 몇 배나 더 부지런해야 한다.

군의 동각 앞에 있는 부용이 핀 연못은 오래되었다. 연못 가운데 작은 섬에는 푸른 버드나무가 서남쪽 모퉁이를 가리고, 숲의 나무들이 성가퀴를 뒤덮고 있는데, 울창하여 어렴풋이 산 같다. 나뭇잎이 선명해질 때면 무척 즐기고 감상할 만한데 노닐고 볼 곳 없는 것이 안타까웠다. 임술년(1802), 우리 이 현감께서 새로 부임하시어 어느 것 하나 백성을 사랑하는 마음에서 하지 않는 것이 없었다. 이듬해 봄에 부용이 핀 연못에 작은 정자 한 칸을 지으셨다. 신의 도움을 받은 것처럼 백성들을 수고롭게 하지 않으셨다. 이것은 대체로 당연히 관아에 남은 목재가 있었기 때문이었다. 난간은 익조의 꼬리로 대체하니 단청이 물에 빛이 났다. 이를 바라보면 신선의 배 한 척이 표연히 봉래산에서 나오고, 아득한 가운데에 돌로 만든 솟은 인공의 쌍봉들이 서로 마주하며, 옥탑과 사찰이 함께 섞여 있는 것 같다. 그 가운데 아홉 구비의 물을 끌어들여 졸졸 흐르게 하였는데, 옥경의 소리와 서로 조화를 이루었다. 경물의 빼어남과 기이함은 부용 하나에만 국한되지 않았다. 이에 이를 팔경(八景)이라 하였는데, '그윽한 곳에 임한 화려한 배' · '평지의 금강산' · '걸려있는 난간의 시냇물 소리' · '다리를 지나가는 연꽃' · '물 위에 뜬 정자' · '성 모퉁이의 성긴 대숲' · '남루에서 맞이하는 달' · '연무 머금은 버드나무'가 이것이다. 모두 이 현감께서 지었다.

음력 유월 보름 신사일에 낙성할 때는 성상의 생신이어서, 문무전에 장을 설치하였다. 덕성 원님 김명연·오천 원님 류득원 등이 함께하여 갓과 수레 덮개가 서로 바라보였고, 생황의 연주 하에 돌아가며 노래를 불렀다. 위로는 마을 어르신에서 아래로는 서민들까지 매우 기뻐하고 즐거워했다. 모두가 어진 풍속의 온화함 속에서 춤추고 노래를 불렀다. 술잔을 잡은 사람은 시를 지었고, 가죽옷 입은 사람은 과녁을 쏘고, 화장한 사람은 거문고를 연주했다. 이 모두가 부용정의 도움 때문이었다.

아! 이곳에 연못을 파고 꽃을 심은 지 몇 년이나 되었지만 사람들은 부용이 핀 연못에 정자가 없었다는 사실을 알지 못한다. 오늘 팔경 속으로 훨훨 날아 아름답고 성대하게 지낸 것은 누구의 덕택인가. 이것이 이 현감이 정자를 지은 까닭이다. 아름다움을 즐기고 보는 것만이 아니라 사물을 사랑하는 마음도 있다. 사물을 사랑함에 이렇게 백성들을 사랑하니, 현감이 공무에서 물러나 한가할 때 검은 두건을 쓰고 학창의를 입고 무지개다리를 걸어서 바람 부는 난간에 기대어 한들거리는 가을 향내를 뜨고 곧은 연근과 장난치는 것이 그가 사물을 사랑하는 것이 아니겠는가. 그래서 이 현감이 사물을 사랑하는 것은 어진 백성들에게서 비롯된 것임을 알 수 있다. 삼가 기문을 적어본다.

(古之愛花者多而獨陶之菊, 林之梅, 周濂溪之芙蓉最名於世者. 蓋以其人之臭味與物相胳故也. 然愛物者必先愛人, 使三君子出而爲治, 則物猶愛之. 况民乎哉, 勞來之化呴嚅之澤, 其必倍蓰於栽培之勤矣. 郡之芙蓉塘在東閣前者厥維久矣. 中有小島, 碧柳掩暎西南隅, 林木負雉堞, 而蔥鬱隱然若山阿. 每當樹葉發艶之時, 頗可玩賞, 但恨無游觀之所. 歲在壬戌, 我侯李公新莅, 凡有所施, 爲無一不出於愛民之心. 越明春仍作小亭一間於芙蓉塘上. 不勞民力, 如得神助. 蓋因自然堂之餘材也. 欄檻則替以鷂尾, 丹雘耀水中. 望之飄飄如一葉仙舟出沒於蓬壺, 渺茫之間, 石假雙峯屹然相向, 玉塔琳宮雜錯. 其中引九曲水爲溪淙淙潺潺, 與玉磬聲相和. 物色之瑰奇, 不特一芙蓉而已. 遂目之爲八景, 曰幽林畵舫, 曰平地金剛, 曰掛檻溪聲, 曰穿橋蓮花, 曰水面浮亭, 曰城角踈篁, 曰 南樓迎月, 曰渭柳含烟. 皆侯所命名也. 迺以流頭(음력 유월 보름)月辛巳落之節, 聖上千秋節也, 於是設文武戰藝場. 德城金倅命淵,烏川柳倅得源皆與焉冠蓋相望, 笙歌迭奏. 上自鄕老下至黎庶, 熙熙焉洋洋焉. 咸鼓舞於仁風和煦之中. 操觚者宜詠詩, 韎韋者宜射鵠, 粉黛者宜鼓琴. 此皆芙蓉亭之所助也. 嗟乎, 鑿斯池種斯花幾年于玆, 而人不知有芙蓉塘者以無是亭也. 今日之突兀翬飛於八景之中者, 伊誰之力猗歟盛哉. 然則侯之所以作是亭也. 非爲游觀之美爲有愛物之心. 愛物如此愛民, 可知公退之暇, 戴烏巾, 被鶴氅, 步虹橋, 倚風欄, 挹秋香之冉冉, 弄玉藕之亭亭. 此非其愛物歟. 然則侯之愛物, 自仁民始爾. 謹爲之記)

12 곡강 부용정 현판 시에 차운하며 [曲江芙蓉亭次板上韻]

김응건(金應楗; 1808~1885) 《기암문집(棄嵒文集)》(권1)

태을의 정령인 옥정의 연꽃,	太乙[361]靈精玉井蓮,
올라가서 몇 번이나 신선을 보냈던가.	登臨化送幾番仙.
바다 동쪽 돌아가는 길에 빼어난 풍광 더했으니.	海東歸路添奇勝,
오늘 가는 길에 좋고 기쁜 일 있음을 느끼네.	便覺今行好事圓.

13 부용정에 올라 [登芙蓉亭]

흥해(興海)

이석관(李碩瓘; 1846~1921) 《석우집(石愚集)》(권1

관아는 절의 누각처럼 한가로운데,	公門閒似佛家樓,
넘치는 시상에도 시 짓지 못할까 걱정.	詩思飜催擁鼻[362]愁.
남쪽의 만 송이 부용은 맑고 깨끗하며,	百朶芙蓉南淑淨,
북쪽의 천 그루 소나무엔 내가 흐르네.	千根松樹北川流.
주민들은 부지런히 농공업에 힘쓰고,	居民不懶農工業.
걱정 없는 태수는 나팔 불며 놀러 가네.	太守無憂▩角遊.
날짐승도 연못 버들 아름다움을 알고,	禽鳥亦知塘柳美,
때때로 소리 내며 머물다 오가네.	時時引響去還留.

361 太乙(태을): 음양설(陰陽說)에서 북쪽 하늘에 있으면서 병란(兵亂)·재화(災禍)·생사(生死) 등을 맡아 다스린다는 신령한 별을 말한다.

362 擁鼻(옹비): 코를 가리고 내는 소리라는 의미로, 소리를 길게 빼는 우아한 음영(吟詠)을 형용하는 말로 쓰인다. 진(晉)나라 때 사안(謝安)은 비질(鼻疾)이 있어 시를 읊을 때 소리가 탁하게 나왔다. 당시의 유명 인사들이 그 소리를 좋아하여 흉내를 내려 하였으나 되지 않았다. 그래서 어떤 사람은 일부러 손으로 코를 가리고서 그 소리를 흉내 냈다는 데서 유래한 말이다. 《진서(晉書)·사안전(謝安傳)》에 보인다.

칠인정(七印亭) 관련 시

칠인정(七印亭)은 포항에서 소티재를 넘어 흥해로 가는 7번 국도에서 나와 서쪽으로 약 4km가량 떨어진 초곡리 인동 장씨 집성촌에 있다. 입구에는 500여 년이 된 느티나무가 우뚝 서 있어 역사와 전통이 오래된 곳임을 알 수 있다.

칠인정은 고려 말인 공민왕 때 정6품의 무인으로 흥의위(興義衛) 보승랑장(保勝郎將) 출신의 장표(張彪)가 조선 태종(太宗) 9년(1409) 세운 정자이다. 장표는 이성계가 고려를 무너뜨리고 조선을 건국하자 귀순하지 않고 고향 인동(지금의 구미·칠곡 지역)으로 내려왔다. 이곳에서 다시 영일의 도음산 자락의 초곡으로 숨어들어 초막을 짓고 은거했다.

이곳에 은거하던 장표는 태종 9년, 즉 1409년에 환갑을 맞이했다. 이때 급제한 그의 네 아들과 세 명의 사위가 모두 관복을 입고 허리띠를 차고 축하연에 참석했다. 그들은 이를 기념하려고 관복의 인끈을 풀어 기념 식수한 느티나무에 묶었다고 전한다. 7명의 인끈이 걸렸다고 해서 칠인정이라고 했다.

칠인정은 정남향의 경사면에 세워졌다. 정면 3칸, 측면 2칸이고, 왼쪽이 효우재(孝友齋), 오른쪽이 경수당(慶壽堂)이다. 가운데 개방형 마루에는 사간정 정언 남경희(南景羲; 1748~1812)의 《칠인정기(七印亭記)》와 후손 장택영, 장석영이 쓴 《칠인정중수기(七印亭重修記)》, 권엄(權欕; 1729~1801)의 상량문, 회재의 후손 이정엄(李鼎儼)의 방문기 등이 걸려있다.

칠인정 관련 시는 흥해의 정자 중에 가장 많다. 관련 시는 1600년대부터 1900년대 중반까지 꾸준히 지어졌다. 시의 내용은 장표의 충절과 아들과 사위가 일곱 개의 인끈을 걸었다는 이야기를 읊은 것, 칠인정 주위의 아름다운 자연환경을 노래한 것 등이 있다.

1-2 칠인정 시에 차운하며 [次七印亭韻]

이지한(李之翰; 1604~?) 《행정문집(杏亭文集)》(권1)

옛날 융성하게 어르신 생신을 축하해준 정자를 생각하고,	憶昔繁華慶壽亭,
가문의 명성은 옛날 푸른 모전을 욕되게 하지 않았네.	家聲不忝舊氈青.
추모하는 연무 드리운 굴에 그리움을 기탁하고,	羹墻[363]寓慕烟霞窟,
남긴 지팡이와 신발의 자취 수석 병풍에 남아있네.	杖履留痕水石屛.
만고의 맑은 기풍과 백이와 숙제 같은 절개,	萬古淸風孤竹節[364],
백 년의 울창한 그늘과 느티나무 정원.	百年喬蔭老槐庭.
난간에 기대니 머리와 가슴이 탁 트임을 느끼고,	憑欄便覺腦襟豁,
달이 맑은 못에 비치니 북두칠성을 세어보네.	月印澄潭點七星.
나그네가 구름 숲속 학을 놓은 정자에 와서,	客到雲林放鶴亭,
들르는 곳마다 담소하고 푸른 눈을 닦네.	逢場談笑拭眸青.
골짝 하늘의 소나무는 나무 그늘 덮개 되고,	洞天松作童童[365]蓋,
빼어난 곳의 바위는 겹겹이 병풍 펼치네.	勝地巖開疊疊屛.
시와 예의는 어진 어르신들께 전해지고,	詩禮相傳賢父老,
대문 마당은 네 필의 수레를 수용할 수 있네.	駟車容得大門庭.
한나절 동안 틈을 내니 돌아갈 길 잊고,	偸閒半日忘歸路,
고개 넘어 채찍 다그치며 별을 올려보네.	踰嶺催鞭仰見星.

363 羹墻(갱장): 죽은 사람에 대한 간절한 추모의 정을 말한다. 요(堯) 임금이 세상을 떠난 후에 순(舜)이 3년 동안 사모하는 정을 이기지 못한 나머지, 밥을 먹을 때는 요 임금의 얼굴이 국그릇 속[羹中]에 비치는 듯하고, 앉아 있을 때는 담장[墻]에 요 임금의 그림자가 어른거리는 듯했다는 고사에서 유래했다.

364 孤竹節(고죽절): 백이(伯夷)와 숙제(叔齊)의 절개라는 의미이다. '고죽'은 중국 은(殷)나라 탕왕(湯王) 때 제후국으로 봉해진 나라로, 은나라 말에 주(周)나라에 귀순하길 거부하며 수양산(首陽山)에 숨었든 백이(伯夷)와 숙제(叔齊)의 나라이다.

365 童童(동동): 나무 그늘이 울창하게 드리워져 있음을 말한다.

3-5 장씨의 칠인정 시에 차운하며 [次張氏七印亭韻]

정경(鄭炅; 1741~1807) 《호와집(好窩集)》(권2)

거친 소나무와 대나무 외로운 정자 껴안고,	荒松老竹擁孤亭,
초막에 그늘 드리운 홰나무는 아직 푸름 남았네.	草幕[366]槐陰未了靑.
비 온 뒤 앞 시내에는 보배로운 거울이 열리고,	雨過前溪開寶鑑,
봄 돌아오니 먼 봉우리는 푸른 병풍을 치네.	春回遠峀展蒼屛.
지금까지 계곡 가에 있는 삼간 초가집은,	至今臨壑三間屋,
옛 성 태수의 칠인정에 있었네.	在昔專城[367]七印庭.
정자 꾸며 계속 깃들 계획을 세우고,	肯搆仍存棲息計,
덕 있는 가문이 다투어 보니 문곡성이 빛나네.	德門爭覩耀文星[368].

시냇가에 몇 개의 시렁 갖춘 정자를 얽고,	縛得溪邊數架亭,
선대의 유업 지키니 단청이 빛나네.	好將先業耀丹靑.
그윽한 곳 찾으니 청량한 세상 열리고,	尋幽地闢淸涼世,
숨은 산을 익히니 크고 작은 병풍이 열리네.	習隱山開大小屛.
바람 멀리서 오니 인끈과 부절 나무에 걸고,	風遠組符曾掛樹,
구름 개이니 시와 예의가 옛 뜰로 나아가네.	雲晴詩禮舊趍庭.
백 년의 훌륭한 종적을 어디서 증명할까,	百年逞跡徵何處,
가문의 연혁은 해와 별처럼 빛나네.	掌故家中炳日星.

백운 깊은 곳의 정자를 본받고 생각하며,	白雲深處倣思亭,
위태로운 난간에 기대어 눈 비벼도 푸르네.	徙倚危欄眼拭靑.
앞산에 꽃피어 비단 장막 설치하고,	花發前山排錦帳,
새들 지저귀는 가파른 골짝은 노래로 병풍 두르네.	鳥鳴絶壑擁歌屛.
지금부터 땅이 열리고 문장은 공허해지니,	從今地闢文章洞,

366 草幕(초막): 짚이나 풀 따위로 지붕을 만들어 조그맣게 지은 막집을 말한다.

367 專城(전성): 한 성(城)의 주인이란 의미로, 주목(州牧)이나 태수(太守) 등의 지방 장관을 말한다. 그 권력이 성 하나를 다스릴만하기 때문에 앞에 '전'자를 붙인 것이다.

368 文星(문성): 문운(文運)을 맡은 별을 말하는데, 문창성(文昌星) 혹은 문곡성(文曲星)을 말한다.

예로부터 사람들은 효도와 우애의 뜰이라 했네. 自古人稱孝友庭.
풍악은 일찌감치 보검 묻었음을 알았고, 豊嶽早知埋寶劍,
용천검의 빛이 밤에 북두칠성과 견우성을 쏘네. 龍光[369]夜射斗牛星.

6 칠인정 시에 차운하여 유백 장응걸에게 화답하며 [次七印亭韻和張孺伯應杰]

이정익(李鼎益; 1753~1826) 《감화문집(甘華文集)》(권1)

아리따운 산 계곡에 작은 정자 세우고, 窈窕溪山闢小亭,
백 년 번창한 가문의 옛 푸른 모전이 있네. 華門百載舊氈靑.
석씨 집안의 내사는 마을로 달려가고, 石家內史趨閭巷,
주 왕실의 모든 인재는 나라의 긴 병풍 되네. 周室全材作翰屛.
돌 축하하는 좋은 날 성심으로 잔을 들고, 愛日誠心晬日觶,
붉은 옷 사위가 꾸민 뜰보다 낫네. 朱衣舞勝彩衣庭.
큰 홰나무와 옛 마을은 지난 이야기 전해오고, 疎槐古里傳遺事,
바다에는 언제 덕성이 모이려나. 海上何年聚德星[370].

7 칠인정 [七印亭][371]

장사경(張思敬; 1756~1817) 《이계선생문집(耳溪先生文集)》(권1)

선령들께서 완연히 다시 찾으니, 先靈宛復臨,
다시 뵙는 듯 두렵기만 하구나. 怵惕[372]如將見.

---

369 龍光(용광): 옛날의 명검인 용천검의 광채를 말한다.

370 聚德星(취덕성): 참석한 사람들이 모두 어진 덕을 가진 사람이라는 말이다. 동한(東漢)의 명사 진식(陳寔)이 자제들을 이끌고 순숙(荀淑) 부자(父子)를 찾아갔을 때 하늘에 덕성(德星)이 모이는 천문현상이 일어났다는 고사가 있다.

371 이 시는 《다시 열 곳을 읊으며(又十詠)》에서 《칠인정》 부분만 발췌했다.

372 怵惕(출척): 두려워서 조심함을 말한다.

아이처럼 장난친 정성에 감동했을까, 爲感弄雛[373]誠,
주렴 걷자 어린 제비가 날아 들어오네. 開簾納乳鷰.

8 선조의 정자에서 운을 짚어 '청'자를 얻고서 [先亭拈韻得青字]

장사경(張思敬; 1756~1817) 《이계선생문집(耳溪先生文集)》(권1)

조상께서 남긴 터에 이 정자가 있었는데, 先祖遺墟有是亭,
정자 앞 그 나무 지금도 푸르네. 亭前某樹至今青.
비파 울리듯 수석에는 물이 부딪히고, 盤渦水石琤鳴瑟,
병풍 두른 듯 산안개 겹겹이 끼어있네. 疊巘烟霞繞作屛.
가는 버들이 큰길에 그늘 드리우고, 細柳陰垂客騶巷,
긴 대나무 그림자는 무반 했던 뜰을 덮었네. 脩篁影覆舞班[374]庭.
효우로 이름을 나란히 했던 일 생각하니, 追惟孝友名齊義,
후손이 선조를 욕되게 했을까 부끄럽네. 慚愧雲仍忝聚星.

9 정자 아래에 작은 연못을 파고, 바로 한 수 지으며 [亭下築小潭, 仍賦一篇]

장사경(張思敬; 1756~1817) 《이계선생문집(耳溪先生文集)》(권1)

조용히 거문고와 책으로 마음을 씻고자, 靜對琴書欲洗心,
일부러 정자 그늘 가까이 물 흐르게 하였네. 故敎流水近亭陰.
나무에 핀 꽃은 언덕을 붉게 물들이고, 浮紅岸勢來花樹,
환한 대나무 숲은 촌락을 푸르게 적시네. 滴翠村容炫竹林.
한껏 깨끗해진 모래톱에서 본성을 회복하고, 盡淨沙痕回本姓,

373 弄雛(농추): 초(楚)나라의 효자인 노래자(老萊子)가 70세가 되어서 두 어버이를 즐겁게 해드리기 위해서 어린애처럼 색동저고리를 입고 새 새끼를 가지고 장난을 하며 놀았다는 고사에서 유래했다.

374 舞班(무반): 일곱 명의 자식과 사위가 장표(張彪) 앞에서 어울린 것을 말한다.

바위틈에서 은은히 울리는 소리 맑네. 微鳴石竇有淸音.
난간 밖 빈 밭에는 몇 이랑 남아있어, 欄外閒田餘半畝,
내년 봄에 손질하면 연못이 더 깊어지려나. 明春料理一塘深.

10 정자에서 우연히 읊으며 [亭中偶吟]

장사경(張思敬; 1756~1817) 《이계선생문집(耳溪先生文集)》(권1)

비 개인 산속 정자에서 달 먼저 만나니, 霽後山齋得月先,
하늘과 땅 모두 본 모습 드러내네. 端倪呈露渾然天[375].
누대를 끼고 졸졸 흐르는 물은 멀어지고, 淙淙水抱棲臺逈,
골짝 점점이 두른 봉우리는 완연하네. 點點峯圍洞壑圓.
한가할 때 농사 이야기는 온통 기장과 벼이고, 暇日農談多黍稌,
좋은 밤 시 이야기는 태반이 구름과 연기라네. 良宵詩話半雲烟.
어쩌면 터 닦아 집 지을 계획 이루어, 何由得遂誅茅[376]計,
오래도록 친척들과 베개를 나란히 해볼까. 永與諸宗一枕聯.

11~17 칠인정의 여러 시에 화답하며 [和七印亭諸詠]

이효상(李孝相; 1774~?) 《일재유고(逸齋遺稿)》

도음령 [禱陰嶺]
땅의 정기를 크게 응집하고, 磅礡儲坤精,
옆으로 두른 것이 서쪽 풍경과 다르네. 橫蟠倒西景.
언제나 새는 공덕 숨기니, 不由[377]藏泄功,
어찌 신령한 곳임을 증험하리. 那得驗靈境.

375 渾然天(혼연천): 혼연천성(渾然天成)의 줄임말로, 힘을 들이지 않고 자연적으로 본 모습을 이룸을 말한다.
376 誅茅(주모): 띠 풀을 베어내고 터를 닦아 편안히 머물 집을 지음을 말한다.
377 不由(불유): '늘' 내지 '언제나'의 의미이다.

대양산 [對陽山]

둥글기가 깎아 놓은 지주산 같고,　圓如削砥柱[378],
거센 물살 흐르듯 우뚝 서 있네.　屹若立頹波[379].
실로 앞의 땅으로 말미암았으니,　亶由面前地,
양강의 기운을 유독 많이 받았네.　陽剛禀獨多.

쌍계 [雙溪]

나눠질 때는 다른 듯하다가,　分時疑有別,
합해지니 조금도 빈틈이 없네.　合處儘無間.
설사 멍하니 합해지더라도,　縱然[380]沕有合,
가면서 여유를 부리지 않네.　猶有逝不閒.

서주 [西疇]

처세는 다른 사람에 앞서는 것 꺼리고,　處世忌人先,
농사는 남보다 뒤처지는 것 경계하네.　課農戒人後.
경작 게을리하면 굶주리는 아이가 있고,　慢耕有餒兒,
부지런히 실 짜면 추위에 떨 아낙 없다네.　勤織無凍婦.

도태동 [道泰洞]

세상사에는 험함이 많고,　世道多嶮巇[381],
나의 도는 태연하고 좋다네.　吾道泰然好.
어찌 평탄한 길을 버리고,　云胡[382]捨坦途,
나날이 심히 굽은 길로 가는가.　日趨半腸老.

---

378 砥柱(지주): 삼문협(三門峽)을 통해 흐르는 황하의 한복판에 있는 산 이름이다. 황하의 거센 물결에도 쓸려나가지 않고 굳건하게 서 있다고 한다.
379 頹波(퇴파): 거세게 아래로 흘러내려 가는 물살을 말한다.
380 縱然(종연): '설사~하더라도'의 의미이다.
381 嶮巇(험희): 산이 높고 험함을 말한다.
382 云胡(운호): '어찌~하겠는가'의 의미이다.

간반송 [澗畔松]

줄기 곧으면 도끼가 먼저 오고, 直幹先來斧,
좋은 재목이면 바람에 쉽게 떨어지네. 高材易落風.
쓸쓸히 시냇물 아래에 숨어서, 瑟然藏澗底,
추운 겨울에도 오래도록 무성했네. 長葆歲寒中.

만두석 [灣頭石]

본디 스스로 갈리고 쪼개졌으니, 本自離礱斲,
이끼에 덮혀 묻힌들 어떠하리. 何妨沒蘚苔.
혹시라도 곁의 사람이 보고는 恐被傍人見,
석공을 잘못 부를까 걱정이지. 枉呼石丈來.

18 계속 칠인정 시에 차운하며 [追次七印亭韻]

김재윤(金在玶; 1808~1893) 《운고집(雲皐集)》(권2)

새겨진 일곱 이름 한 정자에 모이고, 七印芳名萃一亭,
높고 큰 솔과 버들 함께 푸르네. 喬松踈柳共青青.
전하는 향기에 사람들 읊고 땅은 빼어나며, 遺芬人誦輿圖勝,
누대 올라 옛 자취 노래하니 그림 병풍 살아있네. 往蹟歌登活畵屏.
사씨 집안 준재들 함께 경사 난 집안이라 하고, 謝樹[383]應同稱慶室,
순씨 집안 준재들 마당 아래서 춤을추네 荀龍[384]如下舞班庭.
당시 시 짓는 재주 뛰어났더라면, 當時若有工詩史,
우리 동쪽에 모인 덕성을 환히 드날렸을 것을. 昭揚吾東聚德星.

---

383 謝樹(사수): 사씨(謝氏) 집안의 준재(俊才)들을 말한다. 중국 진(晉)나라의 사안(謝安)과 그 종형(從兄)인 사상(謝尙)의 자손들 중에 뛰어난 인재들이 많았던 것이 비유한 말이다.

384 荀龍(순룡): 순씨(荀氏) 집안의 준재(俊材)들을 말한다. 동한(東漢) 사람 순숙(荀淑)의 아들에게 뛰어난 인재들이 많았던 것을 비유한 말이다.

19 장씨의 칠인정 시에 차운하며 [次張氏七印亭韻]

이재강(李在康; 1814~1884)[385] 《자고유고(紫皐遺稿)》(권1)

텅 빈 땅 모퉁이에 정자 하나 있어,	地角呀然[386]有一亭,
인끈에 새긴 일곱 사람 바다 고장에서 푸르네.	芳名七印海邦靑.
구름 날리는 남쪽 포구에 화개가 날리고,	雲飛南浦翩華蓋[387],
산이 지켜주는 중당에 줄지은 병풍 끝없네.	山護中堂列畫屛.
큰 복이 어찌 후세에 전해짐이 드물겠고,	圓福蓋稀遺後世,
영광이 어찌 앞마당에 빛남과 같으리.	榮光何似耀前庭.
그때 태사가 말하지 않았던가,	當時太史言耶未,
그 위엔 분명 덕성이 모였을 것이라고.	其上分明聚德星.

20 칠인정 시에 차운하며 [次七印亭韻]

김재성(金在性; 1840~1886)[388] 《직암집(直菴集)》(권1)

당시 일곱 개의 인끈이 한 정자에 모여,	七組當時會一亭,
지금의 전한 자취에는 단청이 빛나네.	至今遺躅耀丹靑.
누가 모의(毛義)처럼 조서 받고 기뻐하지 않으리,	慶壽誰非毛奉檄[389],

385 李在康(이재강): 조선 후기의 유학자이자 문장가이다. 본관은 여주(驪州)이다. 자는 영백(寗伯)이고, 호는 자고(紫皐)이다. 출신지는 경주 안강읍(安康邑)이다. 이언적(李彦迪)의 후손으로, 증조부는 이헌모(李憲謨)이고, 부친은 이오상(李五祥)이다. 경사자집(經史子集)을 섭렵했고, 정주학(程朱學)에 전념했다. 과거에 여러 차례 응시하여 낙방하자 더 이상 뜻을 두지 않았다. 철종 8년(1857) 하계(霞溪)의 동쪽에 모옥(茅屋) 무구정(無求亭)을 짓고 벗들과 자연을 벗 삼아 시를 읊으며 지냈다. 고종 13년(1876) 마용동(馬龍洞)으로 옮긴 후에는 저술과 후학양성에 힘썼다. 저서로는 《자고유고(紫皐遺稿)》가 있다.

386 呀然(하연): 속이 텅 빈 모양을 말한다.

387 華蓋(화개); 옛날 임금의 수레 위에 세우던 일산(日傘)을 말한다.

388 金在性(김재성): 조선 후기의 유학자이다. 본관은 김녕(金寧)이다. 자는 경선(景善)이고, 호는 직암(直菴)이다. 외암(畏菴) 김도명(金道明; 1803~1873)에게 수학했다. 고종 11년(1874) 생원시에 급제했으나 이후 과거를 포기하고 초야에서 강학과 저술에 전념했다. 저술로는 《직암집(直菴集)》이 있다.

389 毛奉檄(모봉격): 모군봉격희(毛君奉檄喜)의 고사를 말한다. 이곳의 '모군'은 동한 사람 모의(毛義)를 말한다. 모친은 늙고 집은 가난했던 모의가 어느 날 뜻밖에도 수령으로 부르는 부(府)의 격소(檄召)를 받고는 희색이 만연했다. 그를 본 이들이 모두 그를 천히 여겼다. 이후 그

시서를 공리(孔鯉)가 급히 마당 지나간 것처럼 보네. 詩書又見鯉趨庭[390].
성세의 공명은 사서에 기록될 만하고, 盛代功名堪著史,
옛 가문의 큰 가르침은 병풍에 남길 만하네. 古家謨訓可銘屛.
이 사람이 다행히 즐겁게 올라가서, 鯫生[391]幸得登臨樂,
일어나 동남 땅에 덕성이 비춤을 보네. 起看東南照德星.

21 칠인정에서 응여 정용제 어른을 만나 기증한 현판 시에 차운하며 [七印亭遇鄭上舍應汝龍濟, 次贈板上韻]

김재성(金在性; 1840~1886) 《직암집(直菴集)》(권1)

어찌 이 정자에서 만남이 이뤄질 줄 알았으리, 那知萍會適斯亭,
아름다운 말 계속 더해지니 눈을 비벼 맑아지네. 談屑[392]沾沾眼拭靑.
방문(榜文)에 이름 함께 올랐으니 얼마나 행운인가, 何幸芳名同署榜,
좋은 운치로 함께 병풍에 시 짓는 것 보네. 且看瑤韻共題屛.
그림 속 산수의 맑음이 벽에서 나오고, 畵中山水淸生壁,
비 온 뒤 솔과 대 그림자 뜰에 들어오네. 雨後松篁影入庭.
남은 술독을 굳게 잡고 길에서 작별하니, 强把餘樽臨別路,
삼성이 상성과 절로 갈라지는 것과 같다네. 參辰[393]自是隔商星.

의 모친이 세상을 떠나자 효렴(孝廉)으로 천거되었으나 끝내 응하지 않아 사람들이 그때서야 그의 진의를 알고 감탄했다는 것이다.

390 鯉趨庭(이추정): 공자의 아들 공리(孔鯉)가 마당을 급히 지나간 것을 말한다. 《논어(論語)·계씨(季氏)》는 "진항(陳亢)이 백어(伯魚; 공리)에게 물었다. "그대 역시 특별한 것을 들었소?" 공리가 대답했다. "없습니다. 일찍이 혼자 계실 때 내가 정원을 지나가는데 시를 배웠냐고 물으셔서 배우지 않았다고 대답했더니, 시를 배우지 않으면 말을 할 수 없다고 하시기에 물러 나와 시를 배웠습니다(陳亢問於伯魚曰: 子亦有異聞乎. 對曰: 未也. 嘗獨立, 鯉趨而過庭, 曰學詩乎. 對曰, 未也. 不學詩, 無以言. 鯉退而學詩)"라고 했다.

391 鯫生(추생): 작고 변변하지 못한 사람이라는 뜻으로, 자신을 낮춰 이르는 말이다.

392 談屑(담설): 아름다운 말이 마치 톱질을 할 때 톱밥이 끊임없이 계속 나오듯 이어지는 것을 말한다.

393 參辰(삼신): 삼상(參商)과 같은 말이다. 삼성(參星)은 서쪽에, 상성(商星)은 동쪽에 서로 등져 있어 동시에 두 별을 볼 수 없으므로, 친한 사람과 서로 헤어져 만나지 못하는 것에 비유해서 쓰인다.

22 칠인정의 현판 시에 차운하며 [次七印亭板上韻]

김재헌(金在憲; 1842~1904) 《산촌문집(山村文集)》(권1)

산 아래 마을 물 위의 정자,	山下村居水上亭,
유가의 소양 전래되고 옛 모전은 푸르네.	傳來儒素[394]舊氈青.
훈계하는 경구는 빈 벽에 쓰여있고,	箴銘存警題虛壁,
마음 좋게 하는 시화는 겹겹의 병풍과 마주하네.	詩畵怡神對疊屛.
십 리 연무 구름은 신선 사는 곳에 숨고,	十里煙雲藏洞府[395],
온 뜰의 꽃과 대나무는 가정을 지켜주네.	一園花竹護家庭.
당시 칠인정에 오른 후에,	當時七印登臨後,
명성은 남쪽 고을 흔들고 북두성을 우러러보네.	名動南州仰斗星.

23 칠인정 시에 차운하며 [次七印亭韻]

최재휘(崔在翬; 1843~1920) 《회와유고(悔窩遺稿)》(권1)

여행길의 꿈에 산의 정자에 기탁하고,	一宵旅夢寄山亭,
정자 위의 유풍은 야사에 빛나네.	亭上遺風野史青.
개울물 소리 문에 들어오니 빈번히 베개 다시 베고,	溪聲入戶頻傾枕,
아지랑이 그림자의 가로놓인 처마는 절로 병풍 되네.	嵐影橫軒自作屛.
대대로 향기로운 덕 흘러 자주 빛 인끈을 걸고,	世德流芳懸紫綬,
궁리하며 도 닦는 마음으로《황정경(黃庭經)》을 외우네.	道心窮理誦黃庭[396].
이로 강가 성의 노래를 멋지게 지으니,	自是麗藻江城曲,
태을성이 갑절로 빛나네.	一倍煌煌太乙星[397].

394 儒素(유소): 유가(儒家)의 사상에 부합되는 고상한 품격과 덕행을 갖춘 것을 말한다.

395 洞府(동부): 신선이 사는 곳을 말한다.

396 黃庭(황정): 황정경(黃庭經)을 말하는데, 도교에서 쓰는 경문이나 경전을 말한다.

397 太乙星(태을성): 음양설에서 북쪽 하늘에 있으면서 병란·재화·생사 따위를 맡아 다스린다는 신령한 별을 말한다.

24 칠인정 중수 시에 다시 차운하며 [更次七印亭重修韻]

최재휘(崔在翬; 1843~1920) 《회와유고(悔窩遺稿)》(권1)

그 옛 제도를 늘여서 때에 맞추고,	增其舊制適其時,
물 누르고 산을 도니 이치 바른 땅이네.	壓水環山地理直.
후세에 천하를 다스릴 계책을 알았으니,	也知後世經營策,
당시 생신 축하하던 광경을 생각하네.	面憶當年慶壽色.
일곱 자식과 사위 오니 후손들은 다복하고,	七子壻臨多後福,
여섯 아이 훌륭하여 이른 시기에 부응하네.	六兒郞偉應前期.
맑은 못에 새겨진 달은 오래도록 희고,	澄潭印月千秋白,
돌 뚫는 약한 물줄기 느리기만 하네.	穿石微流故故[398]遲.

25 칠인정 현판 시에 차운하며 [次七印亭板上韻]

박승동(朴昇東; 1847~1922) 《미강집(渼江集)》(권1)

훌륭한 나라의 옛 신하 정자 하나 남기고,	勝國遺臣有一亭,
구름은 대대로 귀한 모전은 푸르네.	雲仍世世寶氈靑.
개울물 소리 문에 들어오면 구슬 소리 같고,	溪聲入戶如鳴玉,
연이은 처마의 산색은 숨은 병풍 같네.	山色連簷似隱屛.
고사리 캔 이야기는 괜히 지어낸 것 아니니,	採薇[399]稗說[400]非虛筆,
관인을 걸었던 홰나무 그늘은 늘 뜰에 가득하네.	掛印槐陰尙滿庭.
바다 따라 서쪽에서 얼마나 많은 나그네 왔던가,	遵海西來多少客,
마음 터놓고 모여 앉아 즐거이 별 되었네.	論襟會坐弁成星.

398 故故(고고): '때때로' 내지 '왕왕'의 의미이다.

399 採薇(채미): '고사리를 캐다'는 의미로, 지조와 절개를 지키는 선비의 의미로 쓰인다. 은(殷)나라 말 백이(伯夷)와 숙제(叔齊) 형제가 은나라에 대한 충절을 지키려고 수양산(首陽山)에서 고사리를 캐먹다가 굶어 죽은 이야기에서 유래했다.

400 稗說(패설): 민간에서 떠도는 신기하고 재미있는 이야기를 말한다.

26 흥해 칠인정에서 경숙 장경홍, 장치일과 함께 지으며 [興海七印亭與張景淑敬泓、張致一共賦]

권상현(權象鉉; 1851~1929) 《만와선생문집(晩窩先生文集)》(권1)

서늘한 가을 빛 되비추어 붉고,	秋色蒼凉返照紅,
다시 두 노인 만나니 기쁘기 그지없네.	重逢二老喜無窮.
먼지 묻은 갓끈을 푸른 물결에 씻은 듯하고,	塵纓似濯滄浪水,
세상 시름은 또 말의 귀를 스치는 바람 같네.	世慮還消馬耳風.
집은 남산의 박달목서 아래에 굽어 있고,	家枉南山丹桂[401]下,
마음은 동해의 흰 갈매기와 노니네.	心遊東海白鷗中.
후일 언제 다시 만날지 알려면,	更爲後會知何日,
원기 왕성한 노인을 열심히 생각해야 한다네.	努力當思矍鑠翁[402].

27 장씨의 칠인정 현판 시에 차운하며 [次張氏七印亭板上韻]

권병락(權炳洛; 1873~1956) 《하산문집(何山文集)》(권1)

관인 걸었던 당시 이 정자를 지었고,	掛印當年作此亭,
오래된 홰나무는 봄기운에 일곱 가지 푸르네.	老槐春色七枝靑.
졸졸 벽을 돌아 흐르는 시냇물은 비파처럼 울리고,	寒淙遶壁鳴瑤瑟,
겹겹의 산과 이어진 구름은 그림 병풍처럼 서 있네.	疊嶂連雲列畫屛.
대대로 어진 아들과 딸들에게 계승되니,	世代相承賢子姓,
동남지역에서는 큰 가문이 있다고들 말하네.	東南謂有大門庭.
이 후배가 일찍이 올라가고픈 바람을 품었는데,	晩生[403]夙抱登臨願,
지금까지 발을 헛디뎌 머리카락 이미 희어지네.	跎到于今髮已星[404].

---

401 丹桂(단계): 박달목서의 꽃을 말한다. 꽃향기가 좋아 정원에 심으며, 우리나라·일본 등지에 분포한다.

402 矍鑠翁(확삭옹): 늙은 나이에도 젊은이처럼 원기가 왕성하여 용맹스러운 사람을 말한다.

403 晩生(만생): 선배를 대하여 자기를 겸손하게 가리키는 말이다.

404 星(성): 머리가 희끗희끗한 모양을 말한다.

28 칠인정 시에 차운하며 [次七印亭韻]

권석찬(權錫瓚; 1873~1957) 《시암집(是巖集)》(권1)

듣기로 동남에서 이 정자가 으뜸이고,	聞道東南擅是亭,
청산은 옛날처럼 푸르기만 하네.	青山依舊只麼青.
작은 시내 낭랑하게 흘러 거문고 필요 없고,	小流鏘奏何須瑟,
늘어선 봉우리 에워싸 절로 병풍이 되네.	列峀環圍自作屛.
시문이 정중하니 어진 선비들 우애롭고,	鄭重詩章賢士友,
예절에 두루 힘쓰니 가문 훌륭하네.	周旋[405]禮節好家庭.
올라가니 어두운 길은 잊혀지고,	登臨忘却昏衢色,
난간에 걸린 해와 별도 알아보겠네.	也識欄頭揭日星.

405 周旋(주선): 일이 잘되도록 중간에서 여러 가지 방법으로 두루 힘을 씀을 말한다.

백련사(白蓮寺) 또는 백련암(白蓮庵) 관련 시

백련사는 신라 때 창건한 흥해 매산리에 있던 절이다. 《신증동국여지승람》(권22) 〈흥해조〉에는 도음산 자락에 있다고 하였다. 《일월향지(日月鄕誌)》에 의하면, 대웅전(大雄殿)·산령각(山靈閣)·독성각(獨聖閣)·칠성각(七星閣)·팔성각(八星閣)·상로전(上爐殿)·하로전(下爐殿) 등 13채의 건물이 있던 큰 절이었다고 한다. 또 절이 언제 없어졌는지는 알 수 없는데, 일설에는 임진왜란 때 왜병들의 방화로 소실되었다고 한다. 1929년에 나온 《영일읍지》는 "지금은 없다."라고만 했다.

백련사는 조선 시대 흥해군의 많은 문인과 백성들의 나들이 명소였다. 특히 봄날 북천수를 따라 만발한 꽃을 보면서 백련사로 오는 길은 당시 사람들에게 멋진 풍광을 제공했다. 이러한 점은 백련사 관련 시에도 많이 보인다. 그래서인지 백련사 관련 시는 채구장(蔡九章; 1684~1743)·장사경(張思敬; 1756~1817)·이효상(李孝相; 1774~?)·최기대(崔基大; 1750~1813) 같은 우리 지역 출신 문인들이 많이 지었다. 시의 내용도 백련사의 옛 영화를 생각하고 지금의 쇠락한 모습에 대한 진한 아쉬움을 토로한 것, 백련사 일대에서 풍광을 보면서 노닐었던 것을 읊은 것이 많다.

1~2 백련사의 새벽 종소리 [蓮寺鍾聲][406]

채구장(蔡九章; 1684~1743) 《운와집(耘窩集)》(권1)

새벽바람 저편에 종소리 한 번 울리니, 五更[407]風外一聲鍾,
자다깨서 뒤척이며 벽 뒤 귀뚜라민가 했네. 睡覺翻疑壁後蛩.
새벽 일찍 일어나는 고승들을 생각해보니, 想得高僧晨起早,
촌마을의 늙은이 게으른것 아닌지. 不知村舍老儂慵.

연기 비 내리는 서산에 새벽 종 울리니, 烟雨西山報曉鍾,
골짜기 나온 메아리 귀뚜라미처럼 가느네. 餘音出洞細猶蛩.
백련사의 어르신들 모임에 맞추려니, 欲追蓮社羣英會,
해마다 지팡이와 신발 게을러짐 한탄하네. 自歎年來杖屨慵.

3 백련암을 중수한 것을 보고, 당나라 사람의 시에 차운하며 [見白蓮菴重修, 次唐人韻]

최천익(崔天翼; 1712~1779) 《농수선생문집(農叟先生文集)》(권1)

한 두 분의 스님이 무슨 힘으로, 一二僧何力,
허물어진 암자를 다시 지었을까. 頹菴得再修.
뜰의 동산에서 옛 대나무를 보고, 除園看舊竹,
성근 시내에서 흐르는 물소리 듣네. 踈澗聽新流.
떠난 부처님 바야흐로 돌아보시고, 去佛方回顧,
오는 사람들 기꺼이 노닐려 한다네. 來人始肯遊.
단풍나무 아래서 이리저리 거니니, 徘徊紅樹下,
마치 그 옛날의 가을 같네. 宛似昔年秋.

---

406 이 시는 《서숙십팔영(書塾十八詠)》에서 발췌하였다.

407 五更(오경): 하룻밤을 다섯으로 나눴을 때의 다섯 째 부분으로, 지금의 오전 3시에서 5시까지에 해당한다.

4 백련사에서 여러 벗과 해를 보내며 [白蓮寺與諸友送歲有吟]

최천익(崔天翼; 1712~1779) 《농수선생문집(農叟先生文集)》(권1)

보내고 맞이함은 산사에서 할 필요 없고,	餞迎不必於山寺,
좋은 벗들과 좋은 곳 노니면 된다네.	要與良朋作勝遊.
가없는 구름바다는 어디서 끝날까,	雲海蒼茫何處盡,
넓고 적막한 천지에 암자 하나 떠 있네.	乾坤寥闊一庵浮.
백 년 세월 보냄은 참으로 꿈만 같고,	百年假寄眞如夢,
한밤에 즐겁게 노니 근심 잊기 족하네.	五夜[408]團欒足忘愁.
청산을 대하고 세상사 말하지 마시게,	莫對靑山談世事,
집에 있으면 골치 안 아픈 날 없다네.	在家無日不搔頭.

5 백련사에서 장경부에게 주며 [白蓮寺贈張敬夫]

정경(鄭炅; 1741~1807) 《호와집(好窩集)》(권3)

나는 이미 늙어 책 읽을 때 놓쳤고,	吾衰已失讀書時,
늦게나마 제군들에게 원래의 바람을 말하네.	晩向諸君說素期.
안으로 먼저 올바른 줄기를 탐구해야 하건만,	近裏先須探正脈,
뿌리 찾음에 어찌 번잡한 가지만 보는가.	尋根奚但見繁枝.
선한 마음 붙들고 간직하는 법 삼가 행하고,	要將敬作操存[409]法,
마음이 유혹되어 빼앗기게 되면 안 되네.	莫使心爲誘奪移.
관건을 여는 것은 그 다음의 일이니,	啓鍵抽關次第事,
그 과정에서 공 올림 늦었다고 탄식 말라.	箇中休歎奏功遲.

408 五夜(오야): 오후 일곱 시부터 오전 다섯 시까지의 하룻밤을 갑야(甲夜)·을야(乙夜)·병야(丙夜)·정야(丁夜)·무야(戊夜)의 다섯으로 나누어 부르는 말이다.

409 操存(조존): 선한 마음을 잡아 간직한다는 말이다.

6 백련암 [白連菴]

최기대(崔基大; 1750~1813) 《사정집(思亭集)》(권1)

오랜 나무와 층층 바위 사방을 두르고,	老樹層巖四面回,
조물주께서 이 정자와 누대를 여셨네.	天公爲闢此亭臺.
평탄한 모래밭엔 갈매기 줄지어 함께 모이고,	平沙隊隊盟鷗集,
깊은 골짜기에선 활기찬 물 콸콸 흐르네.	邃谷溶溶活水來.
좋아하는 시와 책으로 후학들 맞이하고,	好色詩書迎後學,
거문고와 술로 그윽한 회포를 풀어내네.	不徒琴酒暢幽懷.
빼어난 곳 둘러보니 즐거움 무궁하여,	逍遙勝地無窮樂,
해 저문 저녁 경치 재촉함도 순간 잊네.	頓忘桑楡[410]暮景催.

7~8 한식일에 백련사에 기거하며 운을 따서 [寒食寓白蓮寺拈韻]

장사경(張思敬; 1756~1817) 《이계선생문집(耳溪先生文集)》(권1)

산 다리를 다 쓸고 나니 한낮이 되었고,	掃盡山橋到午時,
시간 있어 산책하자는 약속 저버리지 않았네.	閒來不負踏靑[411]期.
시축 채우기 위해 먼저 수레부터 멈추고,	詩要滿軸[412]先投轄[413],
술잔 세려 이미 가지 꺾어두었네.	酒爲文籌已折枝.
방초 자란 못 가에는 봄비 개이고,	芳艸塘邊新雨霽,
살구꽃 핀 담장밖엔 저녁 해가 옮겨 가네.	杏花牆外夕陽移.
갈림길에 주막 들러 다시 술 마시니,	臨岐更向壚頭飮,
황혼의 들 주점에선 손님을 더디 보내네.	野店黃昏送客遲.

410 桑楡(상유): 서쪽의 해가 지는 곳을 말한다.

411 踏靑(답청): 봄에 파랗게 난 풀을 밟고 거닌다는 의미로, 보통 청명절(淸明節)에 야외에 나가서 산책하며 노니는 것을 말한다.

412 軸(축): 시축(詩軸)으로, 시를 저는 두루마기를 말한다.

413 投轄(투할): 수레바퀴가 빠지지 않도록 굴대 머리 구멍에 지르는 큰 못인 비녀장[轄]을 빼내 던져버려서 수레를 타고 가지 못하게 하는 것이다.

이미 꽃놀이를 마음껏 즐겼으니, 邀遊已是辦花時,
방초 무성해질 때 다시 만나세나. 芳艸繁陰更後期.
먼 골짜기에서 날아온 새들 다정히 재잘대고, 鳥語丁寧來遠谷,
높은 가지엔 매미가 처량하게 노래하네. 蟬歌廖亮抱高枝.
시원한 바람 베개에 들자 시내 소리 맴돌고, 凉飇入枕泉聲轉,
흰 달이 누각 비추자 나무 그림자 옮겨가네. 皓月當樓樹影移.
이곳의 맑은 회포를 누가 헤아릴 수 있을까, 此地淸懷誰料得,
산의 멋진 풍경에 나가는 걸음만 더디네. 入山奇絶出山遲.

9 백련사에 오르기로 벗과 약속하며 [約友登白蓮寺]

이효상(李孝相; 1774~?) 《일재유고(逸齋遺稿)》

아침 연대 위의 백운 서쪽으로 가고, 蓮臺朝上白雲西,
벗들 짝을 이뤄 나란히 걸음 걷네. 朋侶雙雙步屧齊.
천년 고불의 잎이 누렇게 진 사찰, 古佛千年黃葉寺,
사람 가는 십 리 시냇가의 푸른 버들. 行人十里綠楊溪.
숲의 샘은 가녀린 가을꽃을 약속하고, 林泉有約秋花細,
세월은 무정하고 저녁 새는 우네. 歲月無情夕鳥啼.
웃으며 산 막걸리 잡고 서로 따르고, 笑把山醪三五酌,
일어나 고갯마루의 낮게 지는 해를 보네. 起看斜日嶺頭低.

10 초여름 백련암에 올라 [首夏陟白蓮庵]

이효상(李孝相; 1774~?) 《일재유고(逸齋遺稿)》

물가 버들 피어나고 밭의 보리는 펴져, 汀柳初齊隴麥敷,
수많은 밭의 푸름은 무성히도 이어지네. 千畦一色綠連蕪.
백발노인 지팡이 짚고 천천히 일어나니, 依遲白髮扶藜起,
푸른 들에 학이 서는 그림이 그려지네. 畵出靑田鶴立圖.

11 4월 초 백련암에 오르려 대추밭 가게를 지나다 취해서 지으며 [四月初將陟白蓮庵過棗田店醉題]

이효상(李孝相; 1774~?)《일재유고(逸齋遺稿)》

남과 북의 마을이 비 오니 모두 김매고, 村北村南雨一鉏,
수많은 이랑의 진한 푸름은 비단 무늬 같네. 千畝濃綠錦紋如.
지팡이 짚고 웃으며 백련암 가는 길로 향하다, 聯笻笑向蓮庵路,
동쪽 사당에서 여러 잔 하니 아직 낮잠 잘 때네. 東社三盃午睡餘.

12 백련암 [白蓮菴][414]

박동희(朴東熺; 1872~1939)《학파문집(鶴坡文集)》

불도 따르고 시간 기록하지 않는 산 암자, 經紀山菴不記年,
곡강 위 도음산 앞에 있다네. 曲江之上禱山前.
연못에는 아직도 태곳적의 달이 있고, 蓮池猶有先天月,
향기로운 뿌리 따느라 밤잠 못 드네. 採採芳根夜未眠.

13 백련암 [白蓮菴][415]

권석찬(權錫瓚; 1873~1957)《시암집(是巖集)》(권1)

암자는 언제 지어졌는지 알 수 없고, 不知菴築昔何年,
푸성귀와 보리로 가득한 터는 이미 옛날이네. 葵麥遺墟已屬前.
분명 외로운 선승은 입정에 들 생각하며, 必有孤禪思入定[416],

---

414 이 시는《호리잡영(虎里雜詠)》에 수록된 시인데,《백련암》 부분만 이곳에 수록했다.

415 이 시는《박동희의 호리잡영 시에 차운하며(次朴東熺虎里雜詠)》에 수록된 시인데,《백련암》 부분만 이곳에 수록했다.

416 入定(입정): 불교 용어로 스님이 조용히 앉아 마음을 집중하여 일체의 잡념이 일어나지 않게 하는 것을 말한다.

밤새 기도하느라 잠들지 못했겠지.	終宵祈祝未能眠.

14 백련암 [白蓮菴][417]

권병기(權丙基; 1876~1945) 《농석집(聾石集)》(권1)

듣기로 불문은 이미 옛날이 되었고,	聞說沙門已昔年,
푸른 산 앞에선 담화가 떨어지네.	曇花[418]搖落碧山前.
백련의 세계는 지금 어디 있나,	白蓮世界今安在,
솔 사이 잠자는 늙은 학만 보일 뿐.	秖見松間老鶴眠.

417 이 시는 원래 《학파잡영에 차운하며(次鶴坡雜詠)》 에 수록된 시인데, 《백련암》 부분만 이곳에 수록했다.

418 曇花(담화): 불교 전설에 나오는 우담발화(優曇鉢華)로, 3천 년이 한 번 꽃이 핀다고 한다. 이 꽃이 피면 금륜명왕(金輪明王)이 나와 태평성세가 열린다고 한다.

四

신광면(神光面)

신광(神光) 관련 시

신광(神光)은 포항시 북쪽 가운데에 위치한 면이다. 북쪽으로 죽장면, 동쪽으로 청하면과 흥해읍, 서쪽으로 기북면과 기계면, 남쪽으로 경주시 강동면과 접해 있다. 흥해읍을 통해 동해로 빠져나가는 곡강천 상류의 넓은 분지에 자리 잡고 있으며, 남쪽 일부는 기계천의 지류에 걸쳐있다.

신광면은 신광현(神光縣)에서 유래했다. 《삼국사기지리지》는 이 지역이 동잉음현(東仍音縣)에서 경덕왕 16년(757) 신광현으로 바뀌었다고 하였다. 신광의 유래에 관련해서 전해오는 전설로는 이렇다. 신라 제26대 진평왕이 법광사에서 하룻밤을 묵은 적이 있었다. 그날 밤 비학산에서 밝은 빛줄기가 찬란하게 뻗어 나왔다. 이를 본 진평왕은 신령스런 빛이라 하여 이 지역을 신광이라 했다고 한다. 고려 태조 13년(930) 성을 쌓고 신광진(神光鎭)으로 바꾸었다. 이후 《세종실록지리지》 〈경주〉조와 《신증동국여지승람》 〈경주〉조에는 신광현이 경주의 속현으로 기록되어 있다. 1750년대에 나온 《해동지도》와 1789년에 나온 《호구총수(戶口總數)》 〈경주〉조에는 신광면으로 나온다. 1914년 영일군의 신광면이 되었다가 1995년 포항시 북구에 속하게 되었다.

신광면은 예로부터 청하나 흥해에서 기계나 경주로 가는 길목에 있었기 때문에 많은 문인들이 이 지역에서 며칠 묵거나 지나가면서 시를 남긴 경우가 많다. 그러나 전체적인 시로 보면 인근 고을에서 지어진 시보다는 그 수량이 훨씬 적다.

1~2 신광현에서 흥해로 가는 오수규 어르신과 작별하며 [神光縣別吳上舍壽奎赴興海]

박세정(朴世貞; 1492~1552) 《한와와문집(閒臥窩文集)》(권1)

새벽 기운 창망한데 떠나니, 曉色蒼茫欲發行,
갈림길에서 손잡고 아쉬운 정 나타내네. 臨岐握手去留情.
함께 쫓겨난 신하 되어 나는 얼마나 멀어졌던가, 同爲逐臣[1]吾何遠,
고향으로 고개 돌리니 절로 눈물 흐르네. 回首桑鄕涕自零.

밤의 구름 걷히니 산 경치 드러나고, 宿雲初散露山顔,
시냇물은 겹겹의 봉우리 돌아 졸졸 흐르네. 疊峀縈回澗水潺.
말 타고 채찍 휘둘러도 사람 보이질 않고, 走馬揚鞭人不見,
골짝에는 꽥꽥거리는 새소리만 들려오네. 谷中惟聞鳥關關[2].

3 신광에서 사람을 기다리며 [神光待人]

정희(鄭熺; 1723~1793) 《몽암집(蒙巖集)》(권1)

아침에 신광현에 도착하여, 朝到神光縣,
사람 한참 기다려도 오질 않네. 待人久不來.
하인에게 말에게 풀 더해주라 하고, 勒奴添馬草,
뒷짐 지고 담 모퉁이에 기대네. 負手倚墻隈.
말없이 앞의 길 헤아려 보고, 默默前程計,
기우는 서쪽 해를 보네. 看看西日頹.
촌 아이 갑자기 손님이 옴을 알리니, 村童忽報客,
너른 집에서 마음이 탁 트이네. 軒闊使心開.

---

1 逐臣(축신): 쫓겨서 귀양을 간 신하를 말한다.

2 關關(관관): 새들이 즐겁게 지저귀는 소리를 말한다. 《시경(詩經)·국풍(國風)·주남(周南)》은 "꽥꽥 우는 물수리, 모래섬에 정답듯이. 아리따운 아가씨는, 군자의 좋은 짝이라네(關關雎鳩, 在河之洲. 窈窕淑女, 君子好逑)"라고 했다.

4 신광 가는 길에서 [神光道中]

정경(鄭炅; 1741~1807) 《호와집(好窩集)》(권2)

십 리 신광 길,	十里神光路,
오고 가니 가을빛 속이라네.	去來秋色中.
단풍 진 산은 수놓은 비단 같고,	楓丹山錦繡,
모래는 희고 물은 영롱하네.	沙白水玲瓏.
들 앞의 벼엔 무거운 서리 내리고,	野重霜前稻,
비 온 뒤 하늘 높고 바람 부네.	天高雨後風.
해가 질 무렵 흥은 무한하고,	斜陽無限興,
모래톱에선 노인이 낚싯대 잡고 있네.	洲渚把竿翁.

5 비 때문에 신광의 주막에서 하루 묵으며 [新光店滯雨一日][3]

심규택(沈奎澤; 1812~1871) 《서호선생문집(西湖先生文集)》(권6)

비에 신광의 주막에서 머물러,	滯雨新光店,
안개 속 봉우리 근심스럽게 보네.	愁看霧里峰.
나그네는 천 리 길을 갔으니,	客路行千里,
고향 산은 몇 겹이나 막혔을까.	鄕山隔幾重.
오래 떠도니 자잘한 일도 걱정되고,	淹留憫瑣屑,
말을 함에는 침착함을 좋아하네.	談話喜從容.
낮잠을 청해도 잠은 오지 않고,	午枕難成睡,
시편 고치는 것도 귀찮아지네.	詩篇點檢慵.

3 이 시의 제목에서 '신광(新光)'은 '신광(神光)'이 되어야 할 것으로 보인다. 그 이유는 두 가지이다. 첫째는 이 시가 목차에서 청하현과 기계 사이에 수록되어있다는 점이다. 작가는 청하를 거쳐 기계로 넘어간 것으로 보이는데, 이 시는 신광에 이르렀을 무렵 비를 만나 이곳 신광에서 하루를 체류할 때 지은 것이다. 둘째는《비 때문에 신광의 주막에서 하루 묵으며 네 번째(其四)》에서 "황량한 마을은 옛날 신라에 속했고(荒村地屬古新羅)"라고 한 구절이다. 역사적으로 신광은 신라의 영역에 속했는데, 이 구절과 일치한다.

6 비 때문에 신광의 주막에서 하루 묵으며 두 번째 [其二]

심규택(沈奎澤; 1812~1871) 《서호선생문집(西湖先生文集)》(권6)

외진 거리에서 누구와 말할까,	僻巷同誰語,
괜히 붓을 놀려보네.	無端戲筆峰.
시 지어 잠시 번민을 삭이고,	爲詩聊遣悃,
시구 얻음은 중복을 꺼리지 않네.	得句不嫌重.
고운 어른은 못된 버릇 야단치고,	華老譏淫癖,
배추 가꾸는 노인은 야윈 얼굴 비웃네.	菘翁笑瘦容.
강호의 사람 된 것 가련하고,	自憐湖海客,
타고난 자질은 평생 게을렀네.	生氣一生慵.

7 비 때문에 신광의 주막에서 하루 묵으며 세 번째 [其三]

심규택(沈奎澤; 1812~1871) 《서호선생문집(西湖先生文集)》(권6)

빗소리 속에 하루가 다 가고,	終日雨聲裏,
시로 달리 솟은 봉우리 읊조리네.	詩談別起峰[4].
이리저리 도니 바다와 산은 멀고,	旅遊海山遠,
길은 막히고 고개 구름은 겹겹이네.	路阻嶺雲重.
빙빙 도는 붕새의 날개 모방하다,	擬附摶鵬翼,
결국 여윈 학의 모습 되었네.	終成瘦鶴容.
곤궁하여 생긴 근심 어찌 다 말하리,	窮愁那足道,
객관에서 낮에 게으르게 잠이나 자네.	客館晝眠慵.

4 起峰(기봉): 잇달아 있는 산줄기의 봉우리 가운데 가장 높이 솟아 있는 봉우리를 말한다.

8 비 때문에 신광의 주막에서 하루 묵으며 네 번째 [其四]

심규택(沈奎澤; 1812~1871) 《서호선생문집(西湖先生文集)》(권6)

황량한 마을은 옛 신라에 속하고,	荒村地屬古新羅,
산과 바다의 돌아가는 길에 잠시 지나가네.	山海歸程得暫過.
며칠 동안 지팡이와 신발로 멀리 쫓아다니다,	幾日筇鞋追逐遠,
한 번의 필묵으로 수창한 것 많네.	一番觚墨[5]唱酬[6]多.
곤궁한 나그네에게는 청평검이 있고,	窮途客有靑萍劍[7],
하리(下里) 듣는 이에게는 백설의 노래가 없네.	下俚人無白雪[8]歌.
갈매기와 백로가 전에 모인 곳은 어디인가,	鷗鷺前盟何處是,
꿈에서도 낙강의 물결을 기억하네.	夢中猶記洛江波.

9 비 때문에 신광의 주막에서 하루 묵으며 다섯 번째 [其五]

심규택(沈奎澤; 1812~1871) 《서호선생문집(西湖先生文集)》(권6)

비 온 뒤 시냇가 산엔 한 점 티끌도 없고,	雨後溪山絶點埃,
검은 구름 흩어지니 바다와 하늘이 열리네.	黑雲分散海天開.
타향의 풍속을 있는 그대로 지내고,	異鄉謠俗尋常過,
앞길 바람과 연기는 차례로 오네.	前路風烟次第來.
무거운 소매엔 번민 없애줄 글귀 담은 경전 있으나,	袖重有傳排悶句,
빈 주머니엔 시름 씻을 줄 잔 의지할 곳 없네.	囊空無賴滌愁盃.
나그네의 고달픈 모습 정말 웃을 만하니,	客中苦況眞堪笑,
내일은 수레 타고 돌아가리.	明日肩輿歸去哉.

5 觚墨(고묵): 사각으로 된 먹을 말한다.

6 唱酬(창수): 시가나 문장, 노래 따위를 지어 서로 주고받으며 부르는 것을 말한다.

7 靑萍劍(청평검): 옛날의 보검(寶劍) 이름이다.

8 白雪(백설): 전국(戰國) 시기 초(楚)나라의 도읍 영도(郢都)의 고상한 가곡 이름이다. 송옥(宋玉)의 《대초왕문(對楚王問)》은 "어떤 사람이 영중(郢中)에서 먼저 하리(下里)와 파인(巴人)이라는 노래를 불렀는데, 그 소리를 알아듣고 화답하는 사람이 수천 명이었다. 이어서 양아(陽阿)와 해로(薤露)를 부르자, 사람이 수백 명으로 줄어들었고, 양춘(陽春)과 백설(白雪)을 부르자 화답하는 사람이 수십 명으로 줄어들었다."라고 했다.

10 아침에 신광의 주점에서 출발하며 [新光店早發]

심규택(沈奎澤; 1812~1871) 《서호선생문집(西湖先生文集)》(권6)

여관의 아침 비 날리는 먼지 씻어주고,	旅亭朝雨洗行塵,
천지가 청명하니 햇빛이 새롭네.	天地淸明日色新.
역로의 바람과 연기가 거둬지면,	驛路風烟收拾後,
옛 산에 돌아가 유유자적하는 사람 되려네.	故山歸去作閒人.

11 아침에 신광의 주점에서 출발하며 두 번째 [其二]

심규택(沈奎澤; 1812~1871) 《서호선생문집(西湖先生文集)》(권6)

짚신 신고 바다와 산 먼지 모두 밟으니,	芒鞋踏盡海山塵,
마을의 풍속 가는 곳마다 새롭네.	土俗鄕風處處新.
십 일 동안 힘든 일 하러 가는 것이,	莫言十日苦行役,
명리 길에 바쁜 사람보다 낫다 말 마소.	猶勝名途奔走人.

비학산(飛鶴山) 관련 시

포항시 북구 기북면 탑정리와 신광면 기일리와 죽성리에 걸쳐있는 산이다. 해발고도는 739m이다. 인근 지역에서 가장 높은 산이기 때문에 신광면과 기북면의 넓은 분지가 한눈에 조망된다. 《신증동국여지승람》 〈경주〉조에는 비학산이 신광현 서쪽 15리에 있다고 하였다. 《영남지도》에는 비학산이 법광사를 둘러싼 것처럼 그려져 있다. 《여지도서》에는 비학산이 두 번째로 기록되어있을 뿐만 아니라 신광현 서쪽 5리에 있고 마북산에서 산줄기가 온다고 기록되어있다.

비학산은 학이 날아 하늘로 올라가는 비학상천형(飛鶴上天形)이기 때문에 붙은 이름이라고 한다. 가뭄이 심하면 이곳에서 기우제를 지내기도 했고, 산에 묘를 쓰기만 하면 날이 가문다는 이야기도 전해진다. 또 산기슭에는 신라 진평왕 때 세운 법광사가 있었는데, 지금은 터만 남아 있다.

비학산은 산세가 웅장하고 주위 풍광도 아름다울 뿐만 아니라 학과 불교와 관련된 전설이 전해와서 역대로 많은 문인의 시상을 자극했다. 비학산 관련 시를 보면 한 편의 그림을 보는 듯한 느낌이 들 정도로 묘사가 빼어난 시들이 많다. 내용은 주로 비학산의 모습과 그 주위의 풍광, 비학산 자락의 법광사와 관련된 전설 등이 대부분이다. 비학산 관련 시는 승경시의 일부로도 들어간 경우가 많은데, 본편에서는 이를 따로 발췌하여 수록했다.

1 서쪽으로 비학산을 바라보며 [西瞻飛鶴山]

채구장(蔡九章; 1684~1743) 《운와집(耘窩集)》(권1)

서쪽으로 비학산 바라보니 청천에 꼽혀, 西瞻飛鶴揷靑天,
아래로는 한 줄기 살며시 피는 연기 있네. 下有輕輕一抹烟.
멀리 생각하면 새벽에 예불 드리는 곳에, 遙想淸晨供佛處,
온 선방이 난과 계수나무를 태웠겠네. 燒蘭燃桂滿堂禪.

2 비학산 [飛鶴山]

이진구(李震久; 1840~1911) 《석송당유고(石松堂遺稿)》(권1)

한밤에 날아가니 우뚝하여 따라갈 수 없고, 飛出中宵[9]屹莫遵,
고귀한 자태는 천년의 봄을 미혹하네. 遼陽仙骨幻千春.
현무가 쌓여 나오니 모습은 기이하고, 積生玄霧全怪面,
백운을 가늘게 토하니 온몸을 에워싸네. 細吐白雲渾繞身.
치술령이 나눠지니 함께 날개를 퍼득이고, 鵄嶺分形同奮翼,
계림에 맥을 전하고 새벽을 울리네. 鷄林傳脈或司晨.
만고의 동도의 나라로 날아오니, 飛來萬古東都國,
바다 밖의 오손이 먼지를 적시지 못하네. 海外烏孫[10]莫染塵.

9 中宵(중소): 깊은 밤중을 말한다.

10 烏孫(오손): 한(漢)나라 때 서역(西域)에 있었던 나라로, 천산산맥 북쪽에 살던 유목 민족이다. 당시에 이미 철기를 사용했으며, 한 무제가 흉노를 견제하기 위하여 장건(張騫)을 파견하기도 하였다. 5세기 후반의 남북조 시대에 유연(柔然)의 침입으로 서쪽 총령산맥으로 이주했다. 이곳에서는 외국의 나라들을 말하는 것으로 보인다.

3 비학산 아래에서 [飛鶴山下]

이집로(李集魯; 1846~1920) 《삼소유고(三素遺稿)》(권2)

비학산 앞의 봄 이미 늦고,	飛鶴山前春已晩,
버들은 바람이 움직이고 초목은 무성하네.	柳花風動草離離.
머리 돌려 흰 구름 깊은 곳을 보니,	回首白雲深處見,
그윽한 집의 노 선사 생각 많이 나네.	想多幽广老仙師.

4 비학산 [飛鶴山]

박동희(朴東熺; 1872~1939) 《학파문집(鶴坡文集)》(권1)

신선이 된 구름 낀 하늘 만고에 푸르고,	羽化雲霄[11]萬古靑,
황금빛 부용이 떨어져 나와 우뚝 섰네.	金芙削出立亭亭.
높이 나는 새들 그윽한 골짜기에 숨고,	衆鳥高飛幽壑沒,
이는 조각구름은 깎이지는 절벽 앞에 멈췄네.	片雲中起斷崖停.
큰 바다 앞두고 낮게 거울을 대하고,	大海當前低對鏡,
산들은 두른 후에 작게 돌아 막아주네.	羣山繞後小回屛.
밤이 와도 서쪽 봉우리의 달 계속 있고,	夜來猶有西峯月,
양주로 흘러 비추니 옛꿈에서 깨어나네.	流照楊州舊夢醒.

11 雲霄(운소): 구름 낀 하늘을 말한다.

5 비학산 [飛鶴山][12]

박동희(朴東熺; 1872~1939) 《학파문집(鶴坡文集)》(권1)

어둠을 뚫고 날아올라 구름 가를 타고,	冲宵飛上駕雲邊,
거대하게 생긴 모습 속세 인연을 벗었네.	磅礴形容脫俗緣.
'학'자는 실로 편액을 걸만하니,	鶴字丁寧[13]宜揭額,
높은 곳에 올라 새 깃털 입은 신선 보고 싶네.	登高想見羽衣僊.

6 비학산 [飛鶴山][14]

박동희(朴東熺; 1872~1939) 《학파문집(鶴坡文集)》(권1)

산 암자 돌보느라 때를 기록하지 않았는데,	經紀山菴不記年,
곡강의 상류이자 도음산의 앞이라네.	曲江之上禱山前.
연못에는 아직도 태곳적 달이 있고,	蓮池猶有先天月,
향긋한 뿌리 캐려고 밤잠 못 이루네.	採採芳根夜未眠.

7 비학산 [飛鶴山][15]

권석찬(權錫瓚; 1873~1957) 《시암집(是巖集)》(권1)

빼어나게 바다 동쪽에 우뚝한데,	魏然屹立海東邊,
휘돌며 춤추는 학은 인연이 있는 듯하네,	舞鶴蹁躚[16]若有緣.
자라 등의 삼신산이 서로 대치하니,	鰲背三山相對峙,
사람들 부질없이 나는 신선 보려 하네.	凭虛遺世挾飛仙.

12 이 시는 원래 《호계잡영(虎溪雜詠)》에 수록된 시인데, 《비학산》 부분만 이곳에 발췌했다.

13 丁寧(정녕): 거짓 없고 진실함을 말한다.

14 이 시는 원래 《호리잡영(虎溪雜詠)》에 수록된 시인데, 《비학산》 부분만 이곳에 수록했다.

15 이 시는 원래 《박동희의 호리잡영 시에 차운하며(次朴東熺虎里雜詠)》에 수록된 시인데, 《비학산》 부분만 이곳에 수록했다.

16 蹁躚(편선): 휘돌며 춤추는 모양을 말한다.

8 비학산 [飛鶴山][17]

권병기(權丙基; 1876~1945) 《농석집(聾石集)》(권1)

정위의 성곽이 이 산을 미혹되게 만들어,	丁威[18]古廓幻玆山,
짧은 깃촉의 보통 새는 넘을 수 없네.	短翮凡禽不可攀.
나무꾼의 피리 소리 구름 밖으로 나가니,	樵笛一聲雲外出,
신선이 타는 학이 세상에 내려온 듯.	猶疑笙鶴[19]下人間.

9 비학산에 올라 동쪽 들녘을 바라보며 [登飛鶴山望東野]

정우택(鄭宇澤; 1891~1972)[20] 《학강집(鶴岡集)》

학을 탄 신선 날아가자 나그네 이곳에 오고,	鶴仙飛去客來斯,
우뚝 솟은 봉우리들 가지런하고 빼어나네.	立立峯巒井井奇.
위로는 구름 만 리 뻗은 창천이 있고,	上有蒼天雲萬里,
아래로는 수천 갈래의 대지가 보이네.	下看大地路千岐.
세상의 흥망성쇠 두렵건만 산은 말 없고,	愓世興亡山不語,
크고 작은 강들을 바다가 어찌 알리.	奔川多小海能知.
초라한 오두막집에 틀어박히니 적막도 기꺼운데,	跧伏[21]窮廬甘索莫,
오늘 산에 오르니 시름겨운 눈썹이 펴지네.	登高今日展愁眉.

17 이 시는 원래 《학파잡영에 차운하며(次鶴坡雜詠)》에 수록된 시인데, 《비학산》 부분만 이곳에 수록했다.

18 丁威(정위): 한나라 때 요동(遼東) 사람이다. 영허산(靈虛山)에 도를 닦아 신선이 된 후 천 년이 지난 뒤에 학이 되어 요동으로 돌아와 화표주(華表柱)에 앉아 시를 지었다고 한다. 그 시는 "새여 새여 정령위여, 집 떠난 지 천년 만에 오늘에야 돌아왔네. 성곽은 의구한데 사람들은 아니로세. 어찌 신선 아니 배워 무덤이 총총하뇨."라고 했다. 《수신후기(搜神後記)》에 보인다.

19 笙鶴(생학): 신선이 타는 학을 말한다.

20 鄭宇澤(정우택): 본관은 영일(迎日)이다. 부친은 정운익(鄭雲翼)이다. 병자년(丙子年) 무과(武科)에 급제했다.

21 跧伏(전복): 자기 처소에 들어가 틀어박혀 있는 것을 말한다.

10 비학산 [飛鶴山]

김규운(金奎運; 미상) 《화암일고(花巖逸稿)》(권1)

춤추듯 비상하는 듯 고을을 지키니,	如舞如翔鎭一州,
만 년 동안 어찌 절고 자빠지는 근심 있었겠나.	萬年那有蹇崩憂.
달리는 말이 산맥을 따라 오는 듯하고,	宛然躍馬從來脈,
어린 비둘기는 정상에 얼씬도 못하네.	不敢稚鳩到上頭.
붉은 봉황은 남쪽 우뚝한 바위로 날아오고,	丹鳳[22]南飛巖石屹,
큰 자라는 떠다니는 동해 파도를 지고 있네.	巨鰲東戴海波浮.
점차 연면히 내려와 여록이 되니,	連綿[23]漸降爲餘麓[24],
석양 진 조현에서는 소를 칠 수 있네.	槽峴斜陽可抹牛.

22 丹鳳(단봉): 원의는 목과 날개가 붉은 봉황을 말한다. 이 말은 비유적으로 궁궐(宮闕)이나 조서(詔書)를 의미하는 말로도 쓰인다.

23 連綿(연면): 끊이지 않고 이어지는 것을 말한다.

24 餘麓(여록): 산소 근처에 있는 산 중에서 주산(主山)·청룡(青龍)·백호(白虎)·안산(案山) 이외의 산을 말한다.

법광사(法廣寺) 관련 시

법광사는 신광면 비학산 자락에 소재한 신라 때의 고찰이다. 법광사는 신라 진흥왕 10년(549)에 중국 양나라 사신 심호(沈湖)가 불사리 22과를 신라에 들여오자, 이것을 신라 제26대 진평왕이 원효대사에게 법광사를 창건하여 봉안토록 명하면서 창건되었다. 당시에는 신라의 대가람으로 방만 500여 칸에 이르는 불국사와 견줄 만큼 크고 웅장한 절이었다.

그러나 숭유억불 정책을 펼쳤던 조선 시기에 오면 명맥만 유지되는 정도에 이른다. 그러다 조선 후기 철종 14년(1863) 무렵에 이 지역 토호의 사주를 받은 한 나무꾼의 방화로 완전히 소실되었다. 이와 관련해서 구전으로 이런 이야기가 전해온다. 법광사가 소실되기 3개월 전, 신광면 죽성(대골)리에 박노래라는 노인이 살았다. 노인은 17세 때인 어느 날 밤 소변을 보러 마당에 나갔다가 법광사 쪽에서 큰 불덩어리가 하늘 높이 치솟아 비학산 정상까지 올라가더니 남쪽으로 날아갔는데 법광사 일대가 대낮같이 밝은 것을 보았다고 하였다. 박 소년이 다음 날 연세가 80여 세 된 서씨라는 풍수 노인에게 어젯밤 법광사의 이상한 불덩어리의 광경을 얘기하니, 서씨 노인은 처음부터 끝까지 박 소년의 얘기를 다 듣고 나서 탄식하며 "이제는 법광사의 기운과 산천 정기가 다했구나! 법광사는 가까운 장래에 폐사가 될 것이고, 양산 통도사가 이제 융성하게 될 것이다."라고 말했다. 박 소년이 서씨 노인에게 그 이유를 묻자, 서씨 노인은 "비학산을 중심으로 한 신광지역은 예로부터 학이 알을 안고 호수에 접하여 있는 지형인데, 호리(虎里)쪽 계곡의 호수를 메워 신광 분지를 조성한 지 천년이 지났고, 학은 호수 가에 서식하는 조류로서 호수가 없어진 이 땅에 비학산의 지운과 정기가 장구하게 머물리가 만무하다. 따라서 어젯밤에 네가 보았다는 불덩어리는 이 땅의 지정이며, 이 땅이 산강수약(山强水弱) 하니 어찌 장구하게 머물 리가 있겠느냐? 그 지정이 남으로 날아가 버렸으니 필시 산강수다(山强水多)한 양산의 통도사에 떨어졌을 것이다. 그러므로 머지않아 법광사는 폐사가 될 것이고, 또 비학산 남쪽 30여 리 도음산 밑에 있는 천곡사도 머지않아 폐사가 될 것이 분명하니 개탄할 일이로구나!"라고 했다. 이에 박 소년이 "법광사는 폐사가 되는 것이 이해 가나 천곡사는 무슨 관련이 있기에 폐사가 되는지요?"라고 묻자, 서씨 노인은 "천곡사도 비학산의 일맥이니 비학산의 지정이 뜨면 천곡사도 폐사가 될 것이 분명한 일이다."라고 했다. 이런 일이 있고 3개월 후에 법광사에 불이나 폐사가 되었다고 한다. 지금은 전각들은 남아있지 않고 주춧돌로 사용되던 돌무더기만 남아있다. 법광사지 가운데 있는 아주 큰 불좌를 통해서 그 옛날 법광사의 규모를 엿볼 수 있다.

법광사 관련 시는 김시습(金時習)·서산대사 휴정(休靜)·류숙(柳潚)·황명하(黃命河)·최천익(崔天翼) 같은 명망 있는 인사들이 남긴 것이 많다. 시의 내용은 법광사의 옛 영화를 생각하며 개인의 소회를 노래한 것이 대부분인데, 시의 분위기가 다소 쓸쓸하고 침울하다.

1 신광현 법광사에 묵으며 [宿神光縣法廣寺]

김시습(金時習; 1435~1493) 《매월당시집(梅月堂詩集)》(권12)

오래된 벽의 단청이 떨어졌으니,	古壁丹青剝,
흘러간 세월 오래이기도 하구나.	經營歲月深.
새는 지저귀나 사람은 참으로 고요하고,	鳥啼人正靜,
꽃은 떨어지고 잎은 그늘이 되었네.	花落葉成陰.
향기로운 풀은 섬돌을 따라 짙고,	芳草沿階綠,
맑은 바람은 나무 그늘에 불어오네.	清風入樹陰.
별봉에서 호소하듯 울부짖는 표범 소리에,	別峯啼謝豹,
문득 고향 그리는 마음이 일어나네.	忽起故山心.

2 법광사를 지나며 [過法光寺]

휴정(休靜; 1520~1604)[25] 《청허집(淸虛集)》(권2)

오랜 세월의 비바람 겪은 천 칸의 절인데,	風雨千間屋,
수많은 금빛 부처님은 이끼와 먼지에 쌓였네.	苔塵萬佛金.
분명히 알겠네, 나 같은 선객들의 눈물이,	定知禪客淚,
예서 흘러내림을 금할 수 없다는 것을.	到此不應禁.

25 休靜(휴정): 조선 중기의 유명한 스님이다. 이름은 여신(汝信)이다. 자는 현응(玄應)이고, 호는 청허(淸虛)이다. 별호로는 백화도인(白華道人)·서산대사(西山大師) 등이 있고, 법명은 휴정이다. 성균관에서 3년 동안 글과 무예를 익혔다. 과거를 보았으나 뜻대로 되지 않아 친구들과 같이 지리산의 화엄동(華嚴洞)·칠불동(七佛洞) 등을 둘러보면서 여러 사찰에 기거하던 중, 영관대사(靈觀大師)의 설법을 듣고 불법(佛法)에 전념했다. 이곳에서 불교의 오묘한 교리를 탐구하던 중, 깨달은 바 있어 스스로 시를 짓고 삭발한 다음 숭인장로(崇仁長老)를 스승으로 모시고 출가했다. 임진왜란 때는 전국에 격문을 돌려서 각처의 승려들이 구국에 앞장서도록 하였다. 저술로는 《청허당집》·《선교결》·《심법요초》 등이 있다.

3 법광사에서 매월당 시에 차운하며 [法廣寺次梅月堂韻]

류숙(柳潚; 1564~1636) 《취흘집(醉吃集)》(권3)

처량한 천년 고찰, 寥落千年寺,
이어진 좁은 길엔 잡목들 무성하고. 荊榛一逕深.
먼지 덮인 금불은 어둡고, 塵埋金佛暗,
소나무에 덮인 석단은 그늘졌네. 松覆石壇陰.
기거하는 노승만이, 只有居僧老,
길손인 나에게 매월당 시를 전해주네. 能傳過客吟.
먼저 매월당의 시구를 읊었는데, 上頭梅月句,
듣고 나니 마음 다시 맑아졌네. 聽罷更清心.
듣자 하니 신라 진평왕은, 聞道眞平主,
기원정사에서 불교 숭배에 힘썼다지. 祇園[26]用力深.
용 못 메워 황룡사 보배로운 절 지을 땅 열었고, 龍淵開寶地,
이층 금당 구층 목탑 신기루 같은 누각 세웠지. 蜃閣結層陰.
망한 나라는 기러기처럼 가버리고, 亡國如鴻去,
빈산엔 새소리만 들리네. 空山有鳥吟.
부처님은 몸들일 곳 없으니, 佛身無所托,
인간사는 더욱 마음을 아프게 하네. 人事益傷心.
옛 전각은 우뚝하니 솟아 있으나, 古殿嵬然在,
담장 안으로 낙조만 깊숙이 비추네. 罘罳落照深.
눈이 개자 들판은 넓어 보이고, 雪晴平野闊,
구름이 지나가자 봉우리마다 그늘졌구나. 雲度亂峯陰.
우연히 혜원선사의 백련 결사에 의지했다가, 偶托遠公社[27],
결국 오자재(吳子才)처럼 불문에 귀의했네. 還爲信父吟[28].

---

26 祇園(기원): 기원정사(祇園精舍)의 줄임말이다. 옛날 중인도 마가다 사위성(舍衛城) 남쪽에 있던 절이다. 석가모니의 수도와 설법을 위해 수달장자(須達長者)가 세웠다.

27 遠公社(원공사): 동진(東晉)의 고승 혜원(慧遠)이 여산(廬山)에 동림사(東林寺)를 세우고 명승(名僧)·명유(名儒) 등과 함께 백련사(白蓮社)를 결사하고 함께 종유한 것에서 유래했다. 이곳의 '원공'은 혜원선사(慧遠禪師)를 말한다.

28 信父吟(신부음): 신부의 읊조림이란 의미이다. '신부'는 북송(北宋) 사람 오자재(吳子才)를 말

향불 사르자 방장실이 고요하여, 燒香方丈靜,
늘그막에 어리석은 마음을 뉘우치네. 頭白悔癡心.
도연명처럼 유건(儒巾) 쓰고 멀리 절 찾고, 陶巾尋寺遠,
사령운처럼 나막신 끌고 구름 깊은 곳에 들었지. 謝屐入雲深.
이웃 사람 차밭을 찾았고, 隣客從茶圃,
시골 스님 삼각산에서 매월당과 대화했네, 鄕僧話漢陰.
청산은 옛 성곽을 둘러 있고, 靑山圍古郭,
양춘백설가(陽春白雪歌)를 소리 높여 읊었네. 白雪動高吟.
천지간에 외로이 떨어져서, 牢落乾坤內,
늙을 때까지 서러운 마음으로 살았지. 偏傷歲暮心.

4 남쪽으로 법광사를 유람하고 즉흥적으로 지으며 [南遊法廣寺口占]

황명하(黃命河; 1651~1765)[29] 《해헌선생문집(懈軒先生文集)》(권3)

내 처음 법광이란 명칭을 알고, 法廣名稱我始知,
불교가 널리 퍼질 때를 생각해보네. 憶曾竺敎廣施之.
일천 년 후의 신라의 자취, 一千年後新羅跡,
오 백여 칸의 옛 전각 터. 五百餘間古殿基.
앉은 금불상은 전쟁의 시대를 거치고, 金像坐經兵火世,

하는 것으로 보인다. 그의 자는 신수(信叟)인데, 본문의 '신부'를 말하는 것으로 보인다. 그는 높은 관직에 있었으나 부귀영화를 탐하거나 부러워하지 않았다. 관리가 된 후 관 한 짝을 만들어 매일 관속에서 잠을 잤다. 이때 가동을 시켜서 관을 두드리게 하면서 "오신수(吳信叟)여, 돌아가자! 삼계(三界)는 불안하여 머물 수 없고, 서방 정토에 연태(蓮胎)가 있으니, 어서 돌아가자"라는 노래를 부르게 했다 . 이 노래를 들은 오자재는 바로 일어나 정좌하고 염불 했다. 하루는 그가 정좌하고 염불을 하고 있다가 그의 가족들에게 조용히 들어보라고 했는데, 들어보니 하늘 음악이 허공에서 울리고 있었다. 이때 그는 이미 편안하게 극락세계로 왕생했다고 한다.

29 黃命河(황명하): 조선 중기의 학자이다. 본관은 평해(平海)이다. 자는 자윤(子潤)이고, 호는 해헌(懈軒)이다. 부친은 통덕랑(通德郞) 황석건(黃石建)이다. 평해로 귀양 온 강석규(姜錫圭)의 문하에서 수학했다. 타고난 자질이 뛰어나 어려서 도량이 넓어 세상일에 구속받지 않았다. 문장이 뛰어나 명성이 높았으나 벼슬에 뜻이 없어 평생 학문 연구에만 전념했다. 유고로 시문집 《해헌집(懈軒集)》이 있다.

비단 같은 꽃엔 향기로운 길한 가지 가득 열렸네. 綵花開滿瑞香枝.
머리 돌려 보니 고국의 산하는 그대로인데, 回看故國山下在,
묻노니 번성한 태평성세는 언제였는가. 盛世繁華問幾時.

5 법광사를 노닐다, 도착한 날 밤에 글귀를 얻고 감회를 쓰며 [遊法廣寺, 至日夜得句寫懷]

황명하(黃命河; 1651~1765) 《해헌선생문집(懈軒先生文集)》(권3)

말년에 굳은 마음을 산속 스님에게 기탁하고, 暮年心契寄山僧,
명리 떠난 담박한 생애가 내 벗이라네. 淡泊生涯是我朋.
다시 선방에 들어와 삼 일을 머무니, 再入雲房三夜宿,
일단의 속세의 잡념이 아주 깨끗해지네. 一端塵念十分澄.
옥 대롱에 재 날리면 양기 비로소 움직이고, 灰飛玉管陽初動,
구름 걷히면 어두운 하늘에는 달이 떠오르네. 雲捲瑤溟月欲昇.
시구를 얻어 수시로 붓과 벼루를 열고, 得句時時開筆硯,
거듭 스님에게 일어나서 등 들어 달라 하네. 數教禪子起挑燈.

6 저녁에 법광사에 들어와서 [暮入法光寺]

채구장(蔡九章; 1684~1743) 《운와집(耘窩集)》(권1)

해 저문 송관에서 말 가는 대로 가고, 日暮松關[30]信馬[31]行,
스님은 밤에 수시로 절구질 소릴 전해오네. 山僧時送夜舂聲.
시내의 새들도 내 얼굴 알아보고, 溪禽亦識吾顏面,
숲에서는 함부로 놀라지 말 것 당부하네. 分付林間莫謾驚.

30 松關(송관): 산골 마을에서 집안으로 들어오는 입구에 늘어선 소나무가 자연적으로 이룬 문을 말한다.

31 信馬(신마): 말이 가는대로 가는 것을 말한다. 이곳의 '신'은 '맡기다'의 의미이다.

7 법광사에서 김시현을 방문하며 [自法光訪金時見]

채구장(蔡九章; 1684~1743) 《운와집(耘窩集)》(권1)

아침에 비학산 앞의 절을 거닐다가, 朝遊飛鶴峯前寺,
다시 산속의 내 친구 사는 곳 묻네. 更問山中我友居.
소나무 아래 스님이 멀리 가리키니, 松下孤僧遙指點,
한 굽이진 긴 둑에 초가집이 있네. 長堤一曲有茅廬.

8 법광사에 올라 거안 스님이 화엄경을 설법하는 것을 보고 한 수 보내며 [上法廣寺, 見巨眼上人說華嚴經, 贈一律]

최천익(崔天翼; 1712~1779) 《농수선생문집(農叟先生文集)》(권1)

적막한 절집 안에, 寂寞桑門裏,
스님만이 부처님의 신령함 천명하네. 惟師闡佛靈.
우연히 법광사에 오니, 偶來法廣寺,
널리 화엄경을 설법하시네. 普說華嚴經.
사라쌍수의 풍모가 아직 남아, 雙樹[32]風猶在,
중생의 꿈을 깨우려 하시네. 稠林夢欲醒.
인연 따라 온 떠도는 나그네, 隨緣三宿[33]客,
푸른 바다와 산으로 길게 휘파람부네. 長嘯海山靑.

32 雙樹(쌍수): 사라쌍수(沙羅雙樹)를 말한다. 석가가 열반에 들 때 그 사방에 한 쌍씩 서있던 나무를 말한다.

33 三宿(삼숙): 승려가 수행 길에서 뽕나무 아래서 쉬되 한 나무 아래서는 3일을 쉬지 않고 자리를 옮기는 것을 말한다. 이는 한곳에 오래 머물다 이에 연연하는 마음이 생기는 것을 경계하기 위함이다.

9~11 법광사에 올라 화엄회 중의 여러 스님에게 드리며 [上法廣寺, 贈會[34]中諸上人][35]

최천익(崔天翼; 1712~1779) 《농수고(農叟稿)》

새 벗과 평소의 친구를 가리지 않고, 不揀新知與素親,
꽃 떨어진 자리에 둘러 앉아 불경 소리 들었네. 聽經團坐雨花茵.
백발의 나도 무슨 일로 기뻐하는가, 白頭歡喜緣何事,
다음 세상 몸을 얻을지 부처님께 묻고 싶어서지. 欲向如來問後身.

나는 알겠네, 세속의 정 초월한 석가모니가, 我識瞿曇[36]度世情,
어리석고 둔한 사람 때문에 설법 분명히 했음을. 只緣癡鈍說分明.
누가 서방 정토 구품 연화대를 일찍이 보았나, 有人曾見蓮臺否,
반드시 경전 봐야 극락왕생하는 것은 아니라네. 未必看經爲往生.

훗날 명산을 또 만날지 기약하기 어려워, 名山後會正難期,
꽃그늘에서 크게 웃으면서도 잡은 손 더디 놓았지. 三笑[37]花陰解手遲.
화엄경 한 편의 이해하지 못한 뜻을, 一部華嚴未了意,
깊숙이 숨은 새소리가 사람을 깨닫게 하네. 數聲幽鳥報人知.

---

34 會(회): 화엄회(華嚴會)를 말한다. 《화엄경》의 강설과 찬탄 등을 중심으로 행하는 불교 의례로, '화엄법회' 또는 '화엄도량'이라고도 한다.

35 이시는 《국역농수선생문집(國譯農叟先生文集)》(권1)에는 《우증청경제상인(又贈聽經諸上人)》이라는 제목으로 2수, 즉 두 번째 시와 세 번째 시가 수록되어있다.

36 瞿曇(구담): 인도의 석가(釋迦) 종족의 성(姓)이다. 산스크리트어 '가우타마(Gautama)' 혹은 '고타마(Gotama)'의 음역어이다. 불교에서 도를 닦아 이루기 전의 석가모니를 이르는 말로 쓰인다.

37 三笑(삼소): 크게 한바탕 웃는 것을 말한다. 중국 진(晉)나라의 고승 혜원(慧遠)은 여산(廬))의 동림사(東林寺)에 은거하면서 손님을 배웅할 때는 속세와 경계가 되는 호계를 넘어가지 않았다. 그런데 도연명(陶淵明)과 육수정(陸修靜)을 배웅할 때는 이야기에 심취하여 그만 호계를 지나쳐 버렸다. 이에 세 사람이 한바탕 크게 웃었다고 한다.

五

기계면(杞溪面)

기계(杞溪) 관련 시

기계(杞溪)는 포항시 북구에 속하는 면이다. 이곳은 포항시에서 청송군과 안동시 등 북부 내륙 지방으로 통하는 국도 제31호선 길목에 위치한다. 북쪽으로는 기북면과 죽장면, 동쪽으로는 신광면과 경주시의 강동면, 남쪽으로는 경주시의 안강읍, 서쪽으로는 영천시 임고면과 자양면에 접해 있다. 비학산과 운주산 등의 준봉으로 둘러싸여 있고, 그 가운데로 기계천이 만들어 낸 비옥한 옥토가 펼쳐져 있다.

《삼국사기지리지》에 의하면, 기계면은 원래 모혜현(芼兮縣) 또는 화계현(化鷄縣)으로 불리다가 경덕왕 때 기계현(杞溪縣)으로 바뀌었다. 조선 시대 때는 경주부에 속했다가 1895년에 흥해군으로, 1914년에는 영일군으로 옮기기도 했다. 1967년에 생긴 기북출장소가 1986년에 기북면으로 승격되면서, 현재의 기계면 영역이 정해졌다. 현재 현내리·지가리·봉계리 등 16개의 법정리를 관할한다.

기계 관련 시는 현재 수량이 많이 보이지 않는다. 시의 내용은 이 지역의 풍광을 읊은 것, 이 지역을 지나가면서 사람을 만나고 읊은 것, 이곳을 지나면서 느낀 소회 등을 읊은 것이 대부분이다. 이중 조선 중기의 학자 이홍리(李弘离; 1701~1778)의 [기계를 두루 읊으며(杞溪雜詠)] 13수는 기계 지역 최초의 승경시이자 기계의 여러 지역을 이해하는데 중요한 시라고 할 수 있다.

1 기계에서 은자에게 주며 [杞溪贈隱者]

심동구(沈東龜; 1594~1660) 《청봉집(晴峯集)》(권2)

외진 땅에 청산은 많고, 地僻青山衆,
연무와 노을 속의 마을 한 곳. 烟霞有一村.
푸른 버들 있는 곳이 원량의 집이고, 綠楊元亮[1]宅,
붉은 비 내리는 곳이 무릉도원이라네. 紅雨武陵源.
들에서 술 따르니 줄곧 많이 권하고, 野酌偏多勸,
새 시는 꼼꼼하게 지어야 한다네. 新詩要細論.
서로 배웅해야 하는 것이 한스럽고, 依然相送恨,
돌아가는 길은 달 뜬 황혼 녘이라네. 歸路月黃昏.

2 기계 가는 길에서 [杞溪途中]

권적(權迪; 1626~1679)[2] 《구곡문집(鳩谷文集)》(권1)

강남의 봄 늦어 이제야 푸르고 무성하며, 江南春晚綠初肥,
온갖 자태 뽐내며 모두 날려고 하네. 萬紫千紅欲盡飛.
하늘 광활하고 길은 길어 사람은 피곤한데, 天闊路長人正倦,
온화한 바람은 나그네 옷에 계속 불어오네. 和風一任拂征衣.

---

1 元亮(원량): 벼슬을 버리고 전원에 살면서 시와 술로 즐거움을 삼았던 동진(東晉)의 대시인 도잠(陶潛)을 말한다. 원량(元亮)이 이름이라고도 하고, 자(字)라고도 한다.

2 權迪(권적): 조선 후기의 문신이다. 본관은 안동(安東)이다. 자는 계경(啓卿) 또는 계여(啓余)이고, 호는 구곡(鳩谷)이다. 조부는 권백룡(權伯龍)이고, 부친은 권미윤(權美胤)이다. 효종 5년(1654) 생원 진사시에 합격했고, 현종 1년(1660) 식년 문과에 병과로 급제했다. 예조좌랑·강원도사·형조정랑 등을 지냈다. 저서로는 《구곡문집(鳩谷文集)》이 있다.

3 기계(杞溪)

권두경(權斗經; 1654~1725)[3] 《창설재선생문집(蒼雪齋先生文集)》(권4)

동생과 조카를 데리고 가다가,	我行攜弟姪,
저녁에 기계 마을을 지나가네.	晩過杞溪里.
아는 사람 중에 호의 베푸는 이 있어,	故人有陳子,
문에서 맞이하고 웃으며 바라보네.	迎門笑相視.
이년 여 동안 멀리 떨어져 있어,	隔闊二紀餘,
옛일 말하니 희비가 교차하네.	叙舊有悲喜.
잠시 후 배반을 올리니,	俄頃進杯盤[4],
진귀한 술안주 더욱 감미롭네.	肴珍酒更旨.
말안장 내려놓고 객관에 머무니,	卸鞍留客宿,
친한 이웃들 비녀와 가죽신 모아주네.	親隣萃簪履.
나그네의 떠돔은 인정을 중시하니,	旅遊重人情,
이끌려 머문들 또 무슨 방해가 되리.	何妨被援止.

4~16 기계를 두루 읊으며 [杞溪雜詠]

이홍리(李弘离; 1701~1778)[5] 《용와집(慵窩集)》(권1)

두봉산 [頭峰山]

드리운 머리는 뜻이 있는 듯하고,	垂頭如有意,

3 權斗經(권두경): 조선 후기의 문신이자 학자이다. 본관은 안동(安東)이다. 자는 천장(天章)이고, 호는 창설재(蒼雪齋)이다. 조부는 군자감정 권석충(權碩忠)이고, 부친은 권유(權濡)이. 이현일(李玄逸)의 문인으로, 이재(李栽) 등과 교유했다. 숙종 5년(1679)에 사마시에 합격했다. 형조좌랑·전라도사·사간원정언 등을 역임했다. 문장에 뛰어났고, 시에도 뛰어났다. 저서로는 《창설집(蒼雪集)》 등이 있다.

4 杯盤(배반): 술상 위에 술과 안주를 차려놓은 그릇 또는 거기에 담긴 음식을 말한다.

5 李弘离(이홍리): 조선 중기의 학자이다. 본관은 경주(慶州)이다. 자는 맹유(孟猷)이고, 호는 용와(慵臥)이다. 거주지는 영천(永川)이다. 부친은 이해겸(李海謙)이다. 훈수(塤叟) 정만양(鄭萬陽)과 지수(篪叟) 정규양(鄭葵陽) 형제의 문하에서 수학했다. 경학(經學) 뿐만 아니라 제자백가서(諸子百家書)와 천문(天文)·율려(律呂)·지리(地理)·역수(曆數) 등에도 해박했다. 문집으로는 《용와집(慵窩集)》이 있다.

산 아래는 백 가구의 마을이라네. 山下百家村.
순박하고 고풍스러운 삼한의 풍속은, 淳古三韓俗,
유사 이래 몇 번이나 바뀌었나. 由來歲幾翻.

여래산 [如來山]
묻노니 여래의 부처가, 借問如來佛,
몇 년이나 산에 살았나. 何年住此山.
열반하여 극락으로 돌아가니, 涅槃歸上界,
저문 구름 속에 뼈를 걸었네. 掛骨暮雲端.

운주산 [雲住山]
산에 용이 오랫동안 있어, 山上龍長在,
후하고 부니 구름이 생기네. 嘘來便作雲.
때에 맞춰 비가 지나가며, 有時行雨過,
세상 티끌 모두 씻어주네. 滌盡世間氛.

토월봉 [吐月峰]
한밤에 동쪽 하늘 바라보니, 半夜東天望,
산머리에 흰 옥 바퀴 솟았네. 山頭白玉輪.
맑은 빛이 집에 가득 흐르니, 淸光流滿室,
번뇌 어린 시구를 보지 못하네. 不見句惱詩.

비학산 [飛鶴山]
학은 광활한 가을 하늘에 의지하고, 鶴倚秋空闊,
그 가운데 알을 몇 년이나 감쌌던가. 中包卵幾年.
신선의 이치를 나는 믿지 않으니, 仙經吾不信,
배속 아이 가르치는 말만 괜히 전하네. 胎化語空傳.

좌봉암 [坐鳳巖]
바위 위에서 머리 돌려 바라보니, 巖上回頭望,

훨훨 나는 봉황이 날개 드리우네. 盤空[6]鳳翼乘.
문왕이 지금 다시 몸을 일으키면, 文王[7]今再作,
봉황 춤추는 모습 아까워하지 않으리. 無惜一來儀.

성산 [城山]

성이 산 위를 둘러싸니, 城圍山上宛,
어느 대에 이곳을 경영했나. 何代此經營.
옛것을 돌봄에 한이 없질 않으니, 撫古非無恨,
거친 풀과 지는 해가 지키네. 荒草落日守

태화산 [太華山]

태화산을 말하자면, 開說太華山,
산 정상에는 옥정이 두 개 열렸네. 頂雙開玉井.
지팡이 짚고 한결같음을 생각하고, 蓮携笻思一,
가벼운 연무 하늘거림을 즐기네. 賞裊但輕煙.

낙연봉 [落鳶峰]

솔개 날아 하늘 끝에 닿고서, 鳶飛天際戾,
다시 가장 높은 산에 내리네. 更下最高山.
굶주린 새 쫓아가지 않고, 不逐飢鳥去,
구름에 의지해 홀로 유유자적. 倚雲自在閒.

조현 [早峴]

해 저물어 이 고개를 넘는데, 日晩踰玆嶺,
어찌하여 '조'란 이름 갖고 있나. 胡爲帶早名.

6 盤公(반공): 허공을 훨훨 나는 것을 말한다.

7 文王(문왕): 주(周)나라 건국의 토대를 닦은 군주이다. 계력(季歷)의 아들로, 이름은 희창(姬昌)이다. 만년에는 위수(渭水)에서 만난 현상(賢相) 여상(呂尙), 즉 태공망 太公望)의 도움을 받아 덕치(德治)에 힘썼다. 재위 기간은 50년이다. 유교 역사가들이 칭송하는 성군 가운데 한 명이다.

산속엔 맹수 많아, 山中多猛獸,
해지기 전에 안 가면 쫓아온다오. 要趂未暝行.

단산 [丹山]
꽃이 바람 따라 피니, 花從風后放,
수놓은 비단처럼 온 산 붉네. 錦繡滿山丹.
누구 집에서 삼해주(三亥酒) 익나, 亥酒[8]誰家熟,
올해 2월의 빗장을 보네. 看今二月闌.

고현기 [古縣基]
신라 때는 모혜현, 羅代芼兮縣,
고려 때는 의창이라 했네. 高麗號義昌.
옛날 노래하고 춤추던 곳, 昔年歌舞地,
방목장 된 것을 슬퍼하네. 惆悵牧牛場.

화대리 [禾垈里]
옛날에 김 절도사는, 昔年金節度[9],
천고의 염파 장군에 비견되네. 千載兩[10]廉頗[11].
저 세상 사람 다시 나오기 어렵고, 泉下人難作,
남은 옛터엔 석양만 비추네. 遺墟夕照斜.

8 亥酒(해주): 삼해주(三亥酒)로, 정월의 세 해일(亥日)에 담가 익힌 술의 일종이다. 정월 상해일上亥日)에 찹쌀가루로 죽을 쑤어 식힌 다음 누룩 가루와 밀가루를 섞어서 독에 넣고, 중해일(中亥日)에 또 찹쌀가루와 멥쌀가루를, 하해일(下亥日)에 흰쌀을 쪄서 식힌 뒤 독에 넣고 익혀 버들개지가 날릴 때 마셨다는 술이다.

9 金節度(김절도): 조선 중엽 경상우도병마절도사(慶尙右道兵馬節度使)를 지낸 김순(金洵)을 말한다. 마을 북쪽 하천에 제방을 쌓아 안전지대를 형성하고 벼농사를 진작시켰다고 한다.

10 兩(양): '비견되다' 또는 '짝하다'의 의미이다.

11 廉頗(염파): 전국(戰國) 시대 조(趙)나라의 명장으로, 백기(白起)·왕전(王翦)·이목(李牧)과 더불어 '전국사대명장(戰國四大名將)'으로 불린다. 주(周) 난왕(赧王) 32년(기원전 283), 제(齊)나라를 쳐서 상경(上卿)이 되었다. 장평(長平) 전투에서 진(秦)나라의 공격을 막아냈고, 연(燕)나라의 도성을 포위하여 다섯 개의 성을 얻기도 했다. 조 도양왕(悼襄王)이 즉위하자 뜻을 얻지 못해 위(魏)나라와 초(楚)나라로 달아났다. 기원전 243년에 세상을 떠났다.

17 기계 가는 길에서 [杞溪路中]

심규택(沈奎澤; 1812~1871) 《서호선생문집(西湖先生文集)》(권6)

기계로 가는 길의 아침 햇살,	杞溪朝日路,
하늘은 마침 막 밝아졌네.	天氣正新晴.
사방을 보아도 모두 산 빛깔,	四顧皆山色,
앞에선 또 물소리가 들려오네.	前臨又水聲.
지체 높은 곳이라고 전하니,	流傳華閥[12]地,
몇 번이나 사람을 감탄토록 했던가.	感歎幾人情.
멀리 경주의 경계가 보이고,	遙望東都界,
연무와 노을이 한눈에 들어오네.	烟霞滿眼生.

18 기계에 도착하여 [抵杞溪]

류장식(柳璋植; 1875~1949)[13] 《가림문집(可林文集)》(권1)

중천에 꽂힌 봉우리들 몇 번 지나니,	群峯幾涉揷中天,
비로소 탁 트인 너른 들판에 이르네.	始到平郊眼豁然.
노곤한 다리 비틀거리며 종일 가니,	困脚蹣跚終日去,
송림 일대가 긴 하천까지 이어졌네.	松林一帶亘長川.

12 華閥(화벌): 널리 알려진 지체 높은 가문을 말한다.

13 柳璋植(류장식): 일제강점기 때의 유학자이다. 본관은 전주(全州)이다. 자는 규범(圭範)이고, 호는 가림(可林) 또는 치려(癡廬)이다. 부친은 류연부(柳淵溥)이다. 학문이 뛰어난 호고와(好古窩) 류휘문(柳徽文; 1773~1827)이 고조부이다. 친척인 부계(芙溪) 유동수(柳東秀)에게 경전과 역사서를 배웠다. 만년에는 주자(朱子)나 퇴계(退溪)의 저서 및 《대학》·《중용》 등을 연구했다. 한말 의병장이었던 척암(拓庵) 김도화(金道和)와 3·1운동 당시 안동 지방 만세시위를 주도하였던 류연구(柳淵龜) 그리고 협동학교를 운영했던 류연식(柳寅植) 등의 항일지사들과 교분이 깊었다. 문집으로는 《가림문집(可林文集)》이 있다.

운주산(雲住山) 관련 시

포항시의 서북쪽에 있는 기계면, 영천시의 자양면과 임고면의 경계에 걸쳐 있는 산(806m)이다. 동북쪽은 형산강의 지류인 기계천, 서남쪽은 금호강의 지류인 임고천과 자호천 유역에 속한다. 멀리서 보면 구름이 머무는 것처럼 보인다고 하여 이름했다. 운주산(雲柱山)이라고 기록한 경우도 있다.

《신증동국여지승람》 〈경주〉조에는 기록이 보이지 않고, 《영남지도》에 처음으로 운주산(雲住山)이라는 이름으로 나온다. 이어 《조선지도》와 《대동여지도》에도 운주산(雲住山)으로 표기된다.

산세가 험난해 방어지로 적합하여 임진왜란 때 백암 김륵의 부대가 성을 쌓고 진터를 설치하여 왜적과 항전을 벌였다. 1910년대에는 산 아래에 있던 안국사(安國寺)가 포항지역 의병부대인 산남의진(山南義陳)의 근거지로 알려져 일제에 의해 불태워지기도 하였다.

운주산 관련 시는 1600년대 중후반부터 1900년대 초반까지 계속 지어진 것으로 보인다. 시의 내용은 운주산의 빼어난 풍광, 운주산 아래의 성회(盛會), 운주산에 깃들고 싶은 마음과 염원을 읊은 것이 많다.

1　운주산에 올라서 [登雲住山]

이지한(李之翰; 1604~?)《행정문집(杏亭文集)》(권2)

신라 때의 명산은 옛 도읍 지키고,　　羅代名山鎭古都,
꼭대기에 올라 우둔하게 앉아보네.　　登臨絶頂坐如愚.
못의 용 누운 곳엔 구름이 늘 머물고,　　潭龍臥處雲常住,
송학의 보금자리 가엔 외로운 달 뜨려 하네.　　松鶴巢邊月欲孤.
비밀 굳게 간직한 곳에 나그네 머물고,　　慳秘靈區留待客,
맑고 미친 듯한 나의 시벽 누가 알아주리.　　清狂[14]詩癖孰知吾.
노년에 좋은 모임 실로 얻기 어려우니,　　衰年勝會誠難得,
향산의 아홉 노인들의 그림에 들어가네.　　九老香山[15]入畫圖.

2　운주산 백련암 [雲住山白蓮庵]

정석달(鄭碩達; 1660~1720)[16]《함계집(涵溪集)》(권1)

세상의 모든 일에서 일절 물러나서,　　謝盡人間千萬事,
청명한 3월에 숲의 샘에 누워본다.　　清明三月臥林泉.
산의 비 종일 쏴쏴 내리는데,　　山雨蕭蕭終日下,
진달래꽃은 작은 누대 앞에 핀다.　　杜鵑花發小樓前.

14　清狂(청광): 마음이 깨끗하여 청아한 맛이 있으면서도 그 하는 짓이 상규에 어긋남을 말한다.

15　九老香山(구로향산): 당(唐)나라의 대시인 백거이(白居易; 772~846)가 만년에 형부상서(刑部尙書)에서 물러나 향산거사(香山居士)로 자처하며 여덟 명의 원로들과 구로회(九老會)를 결성하여 서로 왕래하며 풍류를 즐겼다는 것에서 유래한 말이다.

16　鄭碩達(정석달): 조선 중기의 유학자이다. 본관은 영일(迎日)이다. 자는 가행(可行)이고, 호는 함계(涵溪)이다. 출신지는 영천(永川)이다. 부친은 대호군(大護軍) 정시심(鄭時諶)이다. 정시연(鄭時衍)의 문하에서 수학했다.《소학》·《맹자》·《근사록》 등을 즐겨 읽었다. 이유장(李惟樟)·이형상(李衡祥)·정시한(丁時翰) 등과 도의(道義)로써 교유했다. 문집으로는《함계집(涵溪集)》이 전한다.

3~4 운주산에 올라서 [登雲住山]

정석달(鄭碩達; 1660~1720) 《함계집(涵溪集)》(권2)

구름 자욱한 산 오르려고 쉬고 쉬어,	欲上雲山休便休,
흰 구름 멈추는 곳이 앞쪽 언덕이네.	白雲停處是先丘.
샛길 앞에서 기운 빠지고 산의 해 저무니,	困到隧前山日暮,
혼자 슬픈 뜻 갖고 거듭 흐느끼네.	獨將哀意泣三周.
적막한 산비탈에는 인가의 연기 끊기고,	山阿寂寂絶人煙,
참배하고 돌아오니 눈물 절로 줄줄 흐르네.	展拜[17]歸來涕自漣.
언제 몇 칸의 집이라도 지을 수 있을까,	何日創成數間屋,
가끔 남아 살피며 차가운 샘에 의지하네.	有時留省倣寒泉.

5 운주산에서 바다를 바라보며 [雲住山望海]

정석달(鄭碩達; 1660~1720) 《함계집(涵溪集)》(권2)

구름 속 봉우리는 높고 무성하며,	雲峯自是鬱嵯峩,
동으로 창해의 만 리 파도를 누르네.	東壓滄溟萬里波.
돌 위에 앉아 잡념 잊으니 해는 저물고,	石上坐忘[18]斜日暮,
바다의 하늘과 구름 속 달 함께 천천히 도네.	海天雲月共婆娑[19].

17 展拜(전배): 궁궐이나 종묘, 능묘, 문묘 등에 나아가 절하고 뵈는 것을 말한다.
18 坐忘(좌망): 정좌하여 현재의 세계를 잊고 잡념을 버려 무아의 경지에 들어가는 것을 말한다.
19 婆娑(파사): 천천히 도는 모양을 말한다.

6 동헌의 옛 이름은 낙민당인데, 누구의 필치인지 모르겠다. 낮에 누대에 앉아 동쪽으로 운주산을 대하고 임의로 지어본다 [東軒舊名樂民堂, 不知誰筆也 日坐樓上, 東對雲住山漫賦]

황윤석(黃胤錫; 1729~1791)[20] 《이재유고(頤齋遺藁)》(권5)

깃들 곳 없는 외로운 학과 먹을 것 없는 기러기, 隻鶴無棲鴈少粱,
거울 속 희끗한 머리는 바람 불어 서늘해지네. 鏡中華髮颯新凉.
돌아가고픈 마음은 잠시 산의 구름에 막히고, 歸心且被山雲住,
그저 하늘의 광대함이 끝까지 빛나기를. 只爲天褒到底光.

7 운주산을 노래하며 [題雲住山][21]

이술현(李述賢; 1736~1822)[22] 《인와문집(忍窩文集)》(권1)

짙푸른 쪽진 머리처럼 아름답고, 翠黛[23]如鬟美且都[24],
찾아오니 잠깐 사이 지혜롭고 어리석어지네. 探來無間知而愚.
깊고 붉은 골짜기에서 떨어지는 꽃 보고, 紅深一洞看花落,
꽂힌 푸른 세 봉우리로 외로운 새들 가네. 蒼插三峯去鳥孤.
장관이 화악을 오르는 것뿐이겠는가, 壯觀不徒登華岳,
멀리서 임하니 황홀해 중천의 곤오를 보는 듯. 迥臨怳若望昆吾[25].

---

20 黃胤錫(황윤석); 조선 후기의 학자이다. 본관은 평해(平海)이다. 자는 영수(永叟)이고, 호는 이재(頤齋)·서명산인(西溟散人) 등이다. 김원행(金元行)의 문인이다. 영조 35년(1759) 진사시에 합격했다. 장릉참봉(莊陵參奉)·목천현감·전의현감(全義縣監) 등을 지냈다. 실학의 학풍을 이어받아 발전시켰고, 북경을 거쳐서 전래된 서구의 지식을 받아 소개하기도 했다. 저서로는 《이재유고(頤齋遺稿)》·《이재속고(頤齋續稿)》 등이 있다.

21 이 시는 이정익(李鼎益)의 《감화문집(甘華文集)》(권2)에도 《운주산(雲住山)》이라는 제목으로 똑같이 수록되어 있는데, 정확히 누구의 작품인지 고증이 필요하다.

22 李述賢(이술현): 조선 후기의 문신이다. 본관은 청안(淸安)이다. 자는 학조(學祖)이고, 호는 인와(忍窩)이다. 부친은 이익초(李益初)이다. 외모가 씩씩하고 논의를 명쾌히 하는 성품을 지녔다. 효성이 지극했다. 영조 4년(1765) 을유식년사마시(乙酉式年司馬試)에 진사(進士) 3등으로 합격했다. 동몽교관(童蒙敎官)을 지냈다. 문집으로는 《인와문집(忍窩文集)》이 있다.

23 翠黛(취대): 검푸른 것을 말한다.

24 都(도): '아름답다'는 의미이다.

25 昆吾(곤오): 곤오(錕鋙)로, 해가 중천에 떠 있는 곳을 이른다.

시인의 좋은 모임에 여러 어른과 함께하니, 詩人勝會同諸老,
그때 그린 그림에 딱 들어맞네. 正合當時作畵圖[26].

8 운주산을 노래한 시에 차운하며 [次題雲住山韻]

이수인(李樹仁; 1739~1822)[27] 《구암집(懼菴集)》(권3)

명산 아래 안국사 범왕은 빼어나니, 名山安國梵王[28]都,
언제 혜안으로 어리석은 중생들 지휘했나. 慧眼何年指衆愚.
고개 지키는 장군을 누가 감히 모멸하리, 嶺衛將軍誰敢侮,
봉우리와 이웃한 덕은 외롭지 않다네. 峯鄰道德不爲孤.
중천은 높아서 모두 그댈 바라보고, 中天偃蹇[29]俱瞻爾,
평지는 기복 있어 절로 나를 비웃네. 平地昻藏自笑吾.
영령들이 다른 부류 부른 것 애석한데, 可惜英靈招異類,
연무와 노을 진 좋은 곳은 탑이라네. 煙霞好處入浮圖[30].

9 운주산 [雲住山]

권종락(權宗洛; 1745~1819) 《갈산집(葛山集)》(권1)

만장의 구름 봉우리 신라의 수도를 껴안고, 雲岑萬丈拱羅都,
길한 자욱한 기운 짙고 민속은 우둔하네. 瑞靄濛濃民俗愚.

26 畵圖(화도): 여러 종류의 그림을 통틀어 이르는 말이다.

27 李樹仁(이수인): 조선 후기의 학자이다. 본관은 도안(道安)이다. 자는 성안(性安)이고, 호는 구암(懼庵) 또는 두항거사(杜巷居士)이다. 부친은 동도팔사(東都八士)의 한 사람인 이위현(李渭賢)이다. 가학(家學)을 이어받았고, 경사자집(經史子集)을 두루 섭렵했다. 특히 《대학》과 《중용》을 탐독했다. 공명에 대한 뜻을 버리고 독서와 의리에 힘썼으며, 중년에는 《자경설(自警說)》과 잠(箴) 50여 편을 지어 일생 동안 자신을 책려하며 살았다. 정조 20년(1796) 경상도관찰사가 학행으로 천거하여 선공감가감역(繕工監假監役)에 임명되었다. 문집으로는 《구암문집(懼庵文集)》이 있다.

28 梵王(범왕): 대범천 또는 대범왕이라고도 하는데, 불교에서 말하는 호법신의 하나이다.

29 偃蹇(언건): 높음을 말한다.

30 浮圖(부도): 불교에서 승려의 사리를 안치한 탑을 말한다.

남녀들 높은 박달나무 평상으로 다퉈 나아가고,	士女爭趨檀榻屹,
성상은 거듭 변하니 고개의 소나무는 외롭네.	星霜[31]累變嶺松孤,
온 땅의 맑은 그늘은 그대가 쉬기에 알맞고,	淸陰滿地宜休爾,
맑은 기운 하늘에 가득 퍼져 나를 잘 키우네.	淑氣彌天善養吾.
시사의 풍류는 옛일을 전하고,	詩社風流傳古事,
어질고 은혜로운 절은 더욱 그림을 더하네.	慈恩寺裏更添圖.

10 운주산을 읊으며 [詠雲住山]

이관영(李觀永; 1839~?) 《소우재문집(踈迂齋文集)》(권1)

한 줄기 길한 구름이 도성에서 오니,	一朶祥雲自帝都,
덕망 높은 스님은 그때 중생들 깨우쳤네.	當時慧錫[32]喩羣愚.
지형은 트인 북으로는 용이 씩씩하게 감싸고,	地形北坼龍盤壯,
산세는 비스듬한 동으로는 봉황이 외로이 앉았네.	山勢東迤鳳坐孤.
신선 사는 곳 어디인지 말하지 말라,	莫道仙鄕何處是,
내가 경물을 봄에 좋아하지 않을 수 없으니.	喜看風物莫非吾.
올라와도 맑고 여유로운 정취가 있으니,	登臨也得淸閑興,
이 여정 일찍 도모하지 못 한것 한스럽네.	却恨玆遊不早圖.

11 운주산에 올라 [登雲住山]

조병하(曺秉夏; 미상) 《민암문집(敏菴文集)》(권1)

울적하고 그윽한 마음 풀 수 없어,	鬱積幽懷不可瀉,
산 아래서 돌다가 시냇가로 가네.	逗遛[33]山下復溪邊.

31 星霜(성상): 수 관형사 뒤에서 의존적 용법으로 쓰여, 햇수를 비유적으로 이르는 말이다.

32 慧錫(혜석): 원래 의미는 지혜로운 석장(錫杖)을 말한다. 이곳에서는 수행이 높거나 덕망이 높은 스님을 말한다. '석'은 '석장(錫杖)'의 의미로, 스님들이 짚고 다니는 지팡이를 말한다.

33 逗遛(두류): 객지에 한동안 머물러 있음을 말한다.

간간이 어여쁜 새들 숲속에 앉아 있고, 間關好鳥林中坐,
이 사람의 막막한 뜻 풀어주는 듯하네. 似解斯人意漠然.

12 운주산 [雲住山]

김규운(金奎運; 미상) 《화암일고(花巖逸稿)》(권1)

푸른 봉우리는 흰 구름 머물게 할 뜻이 있고, 碧峀有心住白雲,
세상은 사람들이 명리를 따른다고 말하네. 及人功利世皆云.
아침에 돌을 이리저리 만져보고, 觸來石面崇朝[34]遍,
여름에는 천둥 번쩍이는 소릴 듣네. 閃作雷聲夏日聞.
읍지는 경주에 명승이 있다고 말하고, 誌在東京稱勝地,
절은 안국에서 우리 임금님의 복을 전하네. 寺傳安國福吾君.
신령 내려온 큰 산엔 영험하게도 비가 많고, 岳降神靈靈雨霈,
가물 때 늙은 농부는 일어나 구름무늬를 보네. 旱時老農起看雯.

34 崇朝(숭조): 새벽부터 아침밥을 먹을 때까지의 시간을 말한다.

안국사(安國寺) 관련 시

안국사는 신라 때 도성 경주의 북방에 우뚝 솟은 운주산에 자리하여 나라를 지키는 절로 창건된 것으로 보인다.

흥해 군수로 부임했던 청성(青城) 성대중(成大中; 1732~1812)이 보경사 오암선사(鰲巖禪師; 1710~1792)의 문인 우징(宇澄) 스님의 요청으로 쓴 《안국사중수기(安國寺重修記)》와 우징 스님이 쓴 《보사공덕비(補寺功德碑)》에 따르면, 1786년 병오년 가을에 일어난 큰불로 불우(佛宇)·명부전(冥府殿)·종루(鐘樓)·요사(寮舍) 등의 웅장하던 전각들이 하룻저녁에 잿더미가 되었다. 이해 겨울에 우주(宇柱)·낙영(樂英)·극인(克仁) 등의 스님들과 신도들이 눈을 치우고 얼음을 깨며 중수 공사를 하여 다음 해 봄에 건물들을 재건하였다. 1811년 화재로 다시 절이 거의 탔다. 이후 스님들의 사찰계와 등언(等言) 스님의 재산 기부로 장릉(莊陵: 단종의 왕릉) 제사 비용 공납과 승사(僧舍)와 선방(禪房) 운영 등의 비용에 충당하여 절의 명맥을 유지하였다.

1905년 을사조약 뒤에 경북 동남지역에서 활약한 의병부대인 산남의진(山南義陣)의 총수 정환직(鄭煥直; 1844~1907)이 1907년에 대장인 아들 정용기(鄭鏞基; 1862~1907)를 몰래 안국사에서 만나 전국 의병의 서울 탈환 작전에 의진이 가담하도록 독려하였다. 의병의 항일전 근거지 중의 하나였던 안국사는 이 무렵에 일본군에 의하여 초토화되고 부도와 비석들까지 모두 부수어졌다. 이후 1917년에 현재의 안국사 암자가 중창되었다. 한국전쟁 때까지 남았던 관음암과 백련암 및 다비장도 지금은 터만 남아있다.

1 안국사에 묵으며 [宿安國寺]

주세붕(周世鵬; 1495~1554) 《무릉잡고(武陵雜稿)》(권3)

절 경내에 한 번 들어가니,	一入招提境,
뭇 봉우리들 마침 석양 때네.	諸峯正夕陽.
흰 구름은 가로지르며 건너가지 않고,	白雲橫不度,
재잘대는 꾀꼬리들은 비상하는 듯하네.	黃鳥語猶翔.
병 많은 노인은 고향 생각에 눈물 흘리고,	老病思鄕淚,
은총을 그리다 애간장 끊어지네.	恩榮戀闕腸.
부들방석에서 잠시 선잠을 자고,	蒲團[35]聊假寐[36],
밤새도록 《감당》 시에 부끄러워하네.	終夜愧甘棠[37].

2 안국사 백련암을 노래하며 [題安國寺白蓮庵]

이홍리(李弘离; 1701~1778) 《용와집(慵窩集)》(권1)

구름 서서히 가니 몸은 게을러지고,	雲閒身覺懶,
산이 좋으니 눈이 더욱 밝아지네.	山好眼增明.
읊조린 시들 모아 죄다 고치고,	詩彙吟餘改,
밥 먹은 후에 찻사발을 기울이네.	茶甌飯後傾.

35 蒲團(포단): 부들로 짜서 만든 둥근 방석을 말한다.

36 假寐(가매): 잠자리를 제대로 보지 않고 잠깐 잠자는 것을 말한다.

37 甘棠(감당): 어진 관리의 아름다운 정사를 말한다. 주(周)나라 때 소공(召公)은 북연(北燕)에 봉해져서 감당나무 아래서 어진 정치를 펼쳤다. 소공이 죽자 백성들은 소공을 그리워하여 감당나무를 베지 않고 《감당지시(甘棠之詩)》를 지어 그를 기렸다고 한다.

3 안국사 법회에서 [安國寺會中][38]

이술현(李述賢; 1736~1822) 《인와문집(忍窩文集)》(권1)

짚신과 죽장으로 뭇 하늘을 찾고,	芒鞋竹杖訪諸天,
나무색과 노을빛이 걸음마다 들어오네.	樹色霞光步步穿.
속세의 유람객들 반나절만 한가하고,	浮世遊人閒半日,
정사에 모인 많은 분은 모두 진선이라네.	給園[39]多士摠眞仙.
여래 세계가 구름을 열어 스님을 낳았고,	如來界僻雲生衲,
태고의 산은 깊어 낮이 일 년 같네.	太古山深晝似年.
남은 생애에 불법 좇는 것 우연이 아니니,	追逐殘齡非偶爾[40],
매미 울 때면 속세 인연으로 탈바꿈하겠지.	蜩鳴時節蛻塵緣.

4 안국사를 방문하고, 계속 서암을 오르며 [訪安國寺, 仍上西菴]

을사년(1785) 여름, 향종이 막곡에서 전염병에 걸렸다. 나와 종형이 들어가 구했다. 병세가 좋아지자 산사를 유력하며 감회를 나타냈다(乙巳夏, 嚮從在幕谷遘疑疾. 余與從兄入救. 向減後遊歷山寺以紓懷)

이수인(李樹仁; 1739~1822) 《구암집(懼菴集)》(권1)

그의 열심히 떠도는 자취를 비웃어도,	笑他奔遊跡,
계속 선가의 집을 찾네.	仍得訪禪扉.
꾀꼬리 소리는 사람 귀에 맑고,	鶯語淸人耳,
꽃향기는 나그네의 옷에 스며드네.	花香上客衣.
한때 연무와 노을에 빠져,	煙霞曾有癖,
유력하며 사사로운 마음을 잊을 수 있었네.	遊歷可忘機.

38 이 시는 이정익(李鼎益)의 《감화문집(甘華文集)》(권2)에도 《운주산거접회염운공부(雲住山居接會拈韻共賦)》라는 제목으로 똑같이 수록되어있는데, 정확히 누구의 작품인지는 고증이 필요하다.

39 給園(급원): 기수급고독원(祇樹給孤獨園)의 줄임말로, 석가모니 붓다가 설법을 행한 장소이다. 석가모니가 재세(在世) 시절에 설법을 행했던 이른바 천축 5대 정사(精舍)의 하나이다.

40 偶爾(우이): 어떤 일이 아무런 인과 관계없이 뜻하지 않게 일어나는 것을 말한다.

하얀 장삼의 고승은 몸을 낮추고, 雪衲高僧枉,
서로 부여잡으니 더욱 돌아가지 못하겠네. 相留更未歸.

5 안국사의 글 모임 시에 차운하며 [次安國寺會中韻]

이수인(李樹仁; 1739~1822) 《구암집(懼菴集)》(권3)

운주산의 하늘에는 구름 엷고, 雲住山中雲淡天,
푸른 깃의 유생들 십 리 녹음 길 지나가네. 靑衿[41]十里綠陰穿.
영재들은 동도의 인사들을 잘 뽑고, 英材妙選東都士,
노인들은 모두 다른 세계의 신선 되네. 耆老[42]渾成別界仙.
세속에서 닷새 덤으로 즐기니, 剩得浮生閒五日,
속세가 어떤 때인지 알지 못하겠네. 不知塵世是何年.
두항 선생 이렇게 늙어감이 가련하고, 可憐杜巷[43]一黃耉,
좋은 모임에 동참할 인연이 있지 않네. 香社同參未有緣.

6 안국사의 글 모임 [安國寺文會]

권종락(權宗洛; 1745~1819) 《갈산집(葛山集)》(권1)

운주산 하늘 반쯤에 높게 꽂혀있고, 雲住山高揷半天,
바쁜 와중에 오늘 좁은 길 지나네. 偸閒[44]今日一蹊穿.
시 속에 바람과 달을 읊는 재미가 있고, 吟風弄月詩中趣,
세속을 떠나니 땅 위의 신선 되네. 謝世超塵地上仙.

---

41 靑衿(청금): 청색 깃의 옷이라는 뜻으로, 유생(儒生)을 가리키는 말이다.

42 耆老(기로): 육십 세 이상의 노인을 말한다.

43 杜巷(두항): 작가 이수인(李樹仁)의 호이다. 조선 순조 때의 성리학자이다. 공명에 대한 뜻을 버리고 독서와 의리의 독행에 힘썼으며, 중년에 《자경설(自警說)》과 잠(箴) 50여 편을 지어 일생 동안 자신을 갈고 닦으며 살았다. 정조 20년(1796)에 경상도관찰사가 학행으로 천거하여 선공감가감역(繕工監假監役)에 임명되었다. 저서로는 《구암문집(懼庵文集)》이 있다.

44 偸閒(투한): 한가한 시간을 훔친다는 뜻으로, 바쁜 가운데 틈을 내거나 틈을 내서 일함을 이르는 말이다.

낙사기영회(洛社耆英會)의 원우 선비들이고,	洛杜耆英[45]元祐[46]士,
난정에서 술잔 들고 시 읊던 영화 연간이네.	蘭亭觴詠永和年[47].
노년에 모여 말하는 것 실로 우연이 아니니,	白頭團話誠非偶,
술 잡고 사귐을 논하니 좋은 인연임을 만끽하네.	把酒論交儘好緣.

7 안국사를 방문하여 [訪安國寺]

남경희(南景羲; 1748~1812) 《치암집(癡庵集)》(권1)

말을 몰아 사찰을 찾다가,	策馬訪禪家,
산이 깊어 갈 바를 잃었네.	山深迷所去.
날 저물어 스님들 돌아가니,	落日有歸僧,
스님들 가는 곳만 찾네.	但尋僧去處.

8 안국사 [安國寺]

김규운(金奎運; 미상) 《화암일고(花巖逸稿)》(권1)

노승이 수도함에 구름이 반 칸 차지하고,	老僧修禮半間雲,
고요한 밤의 목탁 소리를 달 아래서 듣네.	夜靜鐸音月下聞.

45 洛社耆英(낙사기영): 송나라 때 문언박(文彦博)·부필(富弼)·사마광(司馬光) 등 낙양(洛陽)의 나이가 많은 사람 13명이 모여서 술을 마시며 즐긴 낙사기영회(洛社耆英會)를 말한다. 《송사(宋史)·문언박전(文彦博傳)》은 "문언박이 부필·사마광 등 13명과 더불어 백거이(白居易)의 구로회(九老會) 고사를 따라 술을 마시면서 시를 읊으며 즐겼는데, 관직의 높고 낮음에 관계없이 나이에 따라 자리를 정했다. 이를 낙양기영회(洛陽耆英會)라고 했는데, 호사가들이 모두 부러워했다"라고 했다.

46 元祐(원우): 북송(北宋) 철종(哲宗; 재위 1085~1100)의 연호이다. 이때 당론(黨論)이 아주 심하여 사마광(司馬光)을 중심으로 한 문언박(文彦博)·소식(蘇軾) 등의 구파(舊派)와 왕안석(王安石)을 중심으로 한 신파(新派)가 심하게 대립했다. 이후 왕안석의 우익인 채경(蔡京)·증포(曾布) 등이 득세하자 구파는 간당(奸黨)으로 몰려 유배를 당하거나 희생되었다.

47 蘭亭觴詠永和年(난정상영영화): '난정'은 중국 회계(會稽) 산음(山陰)에 있던 정자 이름이다. 동진(東晉) 목제(穆帝) 영화(永和) 9년(353) 3월 3일에 회계내사(會稽內史)로 있던 왕희지(王羲之)를 비롯한 손작(孫綽)·사안(謝安) 등 당시의 명사 42명이 이곳에 모여 계제사(禊祭祀)를 지낸 뒤에 술을 마시고 시를 지으며 놀았다. 《난정고(蘭亭考)》(권1)에 보인다.

대웅전에 걸린 등은 천불을 수놓고,	寶殿燈懸千佛繡,
하늘에 비 지나가니 갖은 꽃들 향기롭네.	諸天雨過百花芬.
그 청정함을 지키니 우리나라 평안하고,	守其清淨安吾國,
바라건대 성군께서 오래 사시길 기도하네.	願以壽祈禱聖君.
스님들이 주계를 엄격히 지킨다면,	若道沙門[48]嚴酒戒,
봄 산의 나들이객들은 마구 취하겠지.	春山遊客浪成醺.

48 沙門(사문): 출가(出家)하여 수행하는 사람을 통틀어 일컫는 말이다. 인도에서는 출가자를 가리키는데, 삭발하고 나쁜 일을 하지 않으며 신심을 가다듬어 선행하고, 깨달음을 얻기 위하여 노력하는 사람을 말한다.

학남정(鶴南亭) 관련 시

기계 학야리(鶴野里)에 있는 월성 이씨 재실이다. 학야리는 여래산과 성산이 이루는 계곡에 형성된 마을이다. 1914년 학골의 '학(鶴)'자와 들이 있어야 학의 식량이 풍족해진다는 뜻으로 '야(野)'를 합해 학야리라고 하였다. 학남정은 성산 중턱에 있다.

---

1 학남정에 올라 [上鶴南亭]

조학승(曺學承; 1825~1894)[49] 《야옹유고(野翁遺稿)》(권1)

여름 다하고 가을 되니 작물이 익을 때고,	夏盡秋新歲熟時,
정자로 느릿느릿 한가로이 걷네.	向亭閒步仍遲遲.
구름 깊은 돌 가의 시내는 속세의 자취 드무니,	雲深石澗稀塵跡,
어찌 풍월을 읊고 돌아오지 않으리.	何不來風咏月歸.

2 달 아래서 학남정의 연못에서 읊으며 [鶴南亭塘上月下吟]

조학승(曺學承; 1825~1894) 《야옹유고(野翁遺稿)》(권1)

한가로이 걷다 살짝 읊으며 서성대고,	微吟閒步却徘徊,
구름 물러가니 하늘 끝이 면면히 열리네.	雲斂乾端面面開.
보름달 뜬 찬 연못은 이리도 깨끗한데,	月滿寒潭何太潔,
내 마음은 티끌에 흐려져 부끄럽기만.	愧吾心鏡瞀塵埃.

---

49 曺學承(조학승): 조선 후기의 유학자이다. 자는 경여(敬汝)이고, 호는 야옹(野翁)이다. 조부는 조창극(趙昌極)이고, 부친은 조봉오(趙鳳梧)이다. 어려서 자질이 뛰어났고, 몸이 건장하고 준수했다. 어릴 때부터 아이들과 장난치며 놀지 않고 서책을 가까이했다. 문집으로는《야옹유고(野翁遺稿)》가 있다.

3 기계 학남정에 머무르며 [留杞溪鶴南亭]

조학승(曺學承; 1825~1894) 《야옹유고(野翁遺稿)》(권1)

어찌 빼어난 경관이,	麗景何如地,
학남정 아래 한쪽만 하겠는가.	鶴南下一邊.
반듯한 연못은 흰 달을 머금고,	方塘呑皓月,
먼 봉우리는 창천에 꽂혔네.	遠峀揷蒼天.
밤엔 산속의 정취 고요하고,	夜靜山間意,
깊은 숲 새들은 평온히 자네.	林深鳥穩眠.
가만히 위와 아래를 보니,	沈默看上下,
온 눈엔 모두 물고기와 솔개네.	滿目揔魚鳶.

4 학남정에 모여 이야기 하며 [鶴南亭會話]

권석찬(權錫瓚; 1873~1957) 《시암집(是巖集)》(권2)

가는 비 내린 후의 아침 햇살에 푸른 이끼 미끄럽고,	朝陽細雨滑蒼苔,
지친 다리 편히 하고 구불구불한 나무를 안아보네.	倦脚休休抱樹回.
새는 거문고 타고 시 읊음에 수창하며 짝지어 가고,	鳥酬絃誦[50]雙雙去,
근원에서는 살아있는 물 세차게 굽이쳐 나오네.	水活淵源滾滾[51]來.
사방의 푸른 산은 땅으로 빼어나고,	四面靑巒因地勝,
천 가닥 백발은 사람을 재촉하네.	千莖白髮使人催.
이곳에는 모든 것이 정다운 말을 주고받으니,	此間儘有論情話,
많은 속세의 근심을 술 한 잔에 날려 보내네.	萬斛[52]塵愁付一盃.

50 絃誦(현송): 거문고 타며 시를 읊는 것을 말한다.

51 滾滾(곤곤): 물이 세차게 굽이쳐 흐르는 모양을 말한다.

52 萬斛(만곡): 10만 말을 말한다. 이곳에서는 아주 많음을 말한다. '곡'은 용량의 단위로, 1곡은 10말에 해당한다.

5 학남정 시에 차운하며 [次鶴南亭韻]

조극원이 지은 것이다(趙克源所築)

황헌(黃𡓳; 1875~1972) 《금주문집(錦洲文集)》(권1)

흰 구름으로 고개 돌리니 학남정이고,	白雲回首鶴南亭,
하늘이 보낸 문성이 신령한 땅을 차지하네.	天遣文星[53]占地靈.
천년의 철적은 크고 요란하게 울리고,	千年鐵笛轟轟[54]響,
한 자리 차지한 갈매기 모래 물가에 서 있네.	一席鷗沙立立汀.
강과 호수는 해 지나도 여전히 아침저녁이고,	江湖閱世[55]仍朝暮,
달과 바람에 머무는 사람 마음껏 취하고 깨네.	風月留人任醉醒.
다시 새로워진 고목은 푸르러져 다시 열리고,	古樹重新淸更豁,
세속의 바다 내려 보고 덧없는 영화 무시하네.	俯瞰塵海傲浮榮.

6 어떤 손님이 학남정에 올라 [有客登鶴南亭]

이은우(李殷雨; 1893~1965) 《송람일고(松嵐逸稿)》

외로운 정자 땅은 끊기고 산은 깊고,	亭孤地沒又山深,
소매 들고 산 오름에 몇 번이나 봉우리 넘네.	奉袂登臨幾越岑.
좁은 연꽃 연못에는 작은 시내 흐르고,	偏窄荷塘通小磵,
험한 산길은 그윽한 숲으로 이어지네.	崎嶇石路穿幽林.
평상에 술독 놓고 시를 읊기에 여유 있고,	咏同罇榻空餘癖,
멋진 풍경을 좋아하니 이 마음 만족하네.	懽極風情滿此心.
새들도 고상한 나그네의 운치 알아주니,	禽鳥亦知高客韻,
읊조리듯 화창하듯 청아한 소리 보내주네.	如吟如和送淸音.

53 文星(문성): 문운(文運)을 맡은 별로, 문창성(文昌星) 또는 문곡성(文曲星)을 말한다.
54 轟轟(굉굉): 아주 크고 요란스럽게 울리는 소리를 나타내는 말이다.
55 閱世(열세): 여러 해를 지낸 것을 말한다.

7 손님과 학남정에 올라 [與客登鶴南亭]

이은우(李殷雨; 1893~1965) 《송람일고(松嵐逸稿)》

물과 구름 위아래 솔개와 물고기 있으니, 水雲上下有鳶魚,
내 조상께서는 만년에 이곳에 기거하셨네. 吾祖於斯晩起居.
이날 정자에 올라 그대와 함께 함에, 此日登臨君共得,
가을바람에 시 읊으면 이만한 흥 어디 있을까. 秋風嘯詠[56]興何如.
수많은 계획은 지금 시속과 어긋나고, 百千營算今違俗,
게으르게 지낸 오십 년 이미 책과 담쌓았네. 五十踈慵已負書.
난간에 기대 멀리 지는 노을 다시 보니, 倚欄復看殘照遠,
하늘의 맑은 모습 갓 떠오른 달 같네. 虛明景似月來初.

56 嘯詠(소영): 시가를 운율에 따라 외거나 읽는 것을 말한다.

봉강재(鳳岡齋) 관련 시

봉강재는 파평윤씨(坡平尹氏) 시조인 태사공(太師公) 윤신달(尹莘達; 893~973)의 묘소를 관리하기 위해 1752년에 창건한 재사(齋舍)이다. 28세손인 윤광소(尹光紹)가 안동부사(安東府使)로 재임 시 헌금 50량과 목재 15칸분을 헌납하여 창건한 후, 26세손 윤동도(尹東度)가 경상감사 재직 시(1762)에 수축하였다. 1763년 경상감사 윤광안(尹光顔)과 안동부사 윤성대(尹聲大)가 위토(位土)를 늘리고 재사를 중수하였다.
봉강재는 조선 중기 건축양식을 잘 보존한 건물로 평면구성에서 독특한 점이 있고, 치목 수법이 우수하며, ㄱ자형 팔작지붕에 겹처마로 정면 6칸, 측면 4칸의 구조로 되어있다. 현재 경상북도 문화재 자료 201호로 지정되어있다.

---

1 봉강재에서 비 때문에 머물며 [滯雨鳳岡齋]

권석찬(權錫瓚; 1873~1957) 《시암집(是巖集)》(권2)

나뭇잎 쏴쏴 하며 창 너머로 소리 내고,	蕭蕭葉語隔窓吟,
머리 긁적이며 깊은 촛불 그림자를 서로 보네.	搔首相看燭影深.
천 갈래 길의 변화무쌍한 세상 말리기 어렵고,	世翻難挽千岐路,
외진 골짜기는 아직도 태고의 마음 간직했네.	洞僻猶存太古心.
맑고 고고한 운치 긴 대나무에서 생기고,	淸絶韻生修竹裏,
절조 지킴의 약속은 노송에게 기탁하네.	後凋[57]期托老松陰.
이날 이 자리에 군자들 빠져서 안 되니,	此日此筵君莫少,
가지 하나에 옛 시문을 빌릴 수 있다오.	一枝能借舊詞林[58].

57 後凋(후조): 세한후조(歲寒後凋)의 줄임말이다. '늦게 시든다'의 의미로, 어려움을 견디며 굳게 절조를 지키는 것에 비유하여 쓰인다. 《논어(論語)·자한(子罕)》에 "날이 추워진 후에야 소나무와 잣나무가 나중에 시든다는 것을 알 수 있다(歲寒然後, 知松柏之後凋也)."라고 했다.
58 詞林(사림): 시문을 모아 엮은 책을 말한다.

六
기북면(杞北面)

덕연(德淵) 또는 덕동(德洞) 관련 시

덕동은 포항시 북구 기북면 오덕1리에 위치해있다. 덕동문화마을로도 잘 알려져 있다. 덕동이란 '덕이 있는 사람들이 사는 마을'이란 의미이다. 동서로 비학산과 침곡산이 감싸고 남북으로는 운주산과 성법령이 둘러싸고 있어 병풍을 둘러싼 듯한 작은 분지를 이룬다.

마을 입향조인 사의당(四宜堂) 이강(李壃; 1621~1688) 공은 회재(晦齋) 이언적(李彦迪; 1491~1553)의 동생인 농재(聾齋) 이언괄(李彦适; 1494~1553)의 현손(玄孫)이다. 이강은 광해군 때 폐비 윤씨 사건으로 정국이 어지러워지자 벼슬의 뜻을 포기하고, 인조가 삼전도의 굴욕을 당하는 것을 보고 경주 북쪽의 자금산(紫金山) 아래에 있는 덕동에 은거하게 되었다. 이강은 덕동에 자리를 잡은 후 여러 채의 건물을 세우고 조상을 섬기며 마을을 일구어 나갔다.

덕동에는 현재 여강 이씨가 동성 마을을 이루며 살아가고 있다. 명승으로는 용계정과 덕동 마을 숲 및 문화재로 지정된 고택 등이 있다.

1 새벽에 덕동 마을을 떠나며 [曉發德淵村]

박세채(朴世采; 1631~1695)[1] 《남계선생박문수공문외집(南溪先生朴文純公文外集)》(권1)

강촌에 닭 울면 좋은 꿈 꾸기 어려운데, 江村鷄唱夢難圓,
동쪽으로 돌아오는 지친 나그넷길 묘연하네. 倦客東歸路杳然.
눈앞의 무한한 멋진 풍경 가장 좋아, 最是眼前無限好,
새벽 구름과 차가운 달 높은 하늘에 숨었구나. 曉雲寒月隱高天.

2 새벽에 덕동을 떠나며 [曉發德洞]

남구명(南九明; 1661~1719) 《우암선생문집(寓庵先生文集)》(권1)

새벽 가는 비가 정자와 누대에 흩어지다, 侵晨[2]微雨灑亭臺,
어두운 짙은 구름 되어 밀려오네. 轉作濛濛密雲來.
옷이 다 젖어도 아깝지 않음은, 濕盡衣裘猶不惜,
온 산의 모습 시 소재가 되기 때문이네. 滿山雲物入詩材.

---

1 朴世采(박세채): 조선 후기의 문신이자 학자이다. 본관은 반남(潘南)이다. 자는 화숙(和叔)이고, 호는 현석(玄石) 또는 남계(南溪)이다. 부친은 홍문관교리 박의(朴漪)이다. 인조 27년(1649) 진사가 되어 성균관에 들어갔다. 대사헌·이조판서·우참찬 등을 역임했다. 많은 저술 가운데 예학에 관해 큰 업적을 남겨 '예학의 대가'라는 평가를 받았다. 저술로는 《범학전편(範學全編)》·《시경요의(詩經要義)》·《남계독서기(南溪讀書記)》 등이 있다.

2 侵晨(침신): 통틀 무렵 또는 새벽을 말한다.

3 중양절에 덕연에서 노닐며 [重陽遊德淵]

정일찬(鄭一鑽; 1724~1797)[3] 《죽비선생문집(竹扉先生文集)》(권1)

붉은 나무 그늘 밑 백 척 언덕의,	紅樹陰中百尺丘,
명승지에서 함께 손잡고 한가히 노니네.	共携諸勝辦優遊.
울긋불긋한 산으로 옮겨 높은 곳 오르니,	地移紫岳登高處,
바람 불어 용산에 모자 떨어진 가을이라네.	風送龍山落帽[4]秋.
웃으며 국화 쥐고 흥취를 돋우고,	笑把菊花挑逸趣,
수유주(茱萸酒) 기우려 한가한 근심 씻네.	細傾萸酒滌閒愁.
석양에 모두 취해 돌아가려 하니,	夕陽盡醉將歸去,
맑은 밤 달 감상하려 머무는 이 더욱 없네.	玩月淸宵更少留.

3 鄭一鑽(정일찬): 조선 후기의 학자이다. 호는 죽비(竹扉)이다. 자세한 행적은 알 수 없다. 문집으로는 《죽비선생문집(竹扉先生文集》 이 있다.

4 龍山落帽(용산낙모): 용산에서 모자가 떨어진 것을 말한다. 진(晉)나라 때 맹가(孟嘉)는 정서대장군(征西大將軍) 환온(桓溫)의 참군(參軍)으로 있었다. 환온이 9월 9일에 용산(龍山)에서 주연을 베풀었다. 마침 바람이 불어 맹가의 두건이 땅에 떨어졌는데, 정작 맹가 자신은 이를 모르고 있었다. 환온은 좌우의 사람들에게 말하지 말게 하고 그가 어떻게 행동하는지를 보고자 했다. 맹가가 화장실에 간 사이에 환온은 모자를 두어다 그 자리에 두고, 손성(孫盛)에게 맹가를 조롱하는 글을 지어 맹가의 자리에 붙어 두게 하였다. 맹가가 돌아와 보고 곧바로 화답했는데 그 글이 매우 아름다워 모두 감탄했다고 한다.

세덕사(世德祠) 관련 시

세덕사는 정조 기해년(1779)에 용계정 뒤쪽 후원에 이강의 5대 조부 찬성공 이번(李番; 1463~1500)과 찬성공의 아들 농재 이언괄을 배향하기 위해 지은 사당이다. 세덕사 현판은 단원(檀園) 김홍도(金弘道; 1745~?)와 자하(紫霞) 신위(申緯; 1769~1845)의 스승인 표암(豹庵) 강세황(姜世晃; 1713~1791)이 썼다. 후에 많은 여강 이씨 종친들이 이곳 세덕사에 와서 선조인 이언괄 부자를 추모하면서 많은 시문을 남기기도 했다.

1 삼가 세덕사 시에 차운하며 [謹次世德祠韻]

이지한(李之翰; 1604~?) 《행정문집(杏亭文集)》(권1)

아홉 굽이의 원천은 쉼 없이 흐르고,	九曲源泉不舍[5]流,
덕연의 깊은 곳은 이름난 곳이라네.	德淵深處是名區.
신주 섬김에 고요한 새로운 사당 있으니,	妥靈[6]有侐[7]新祠宇,
옛 원루에 큰 체면이 서네.	生色[8]無邊舊院樓.
노송은 바람 맞아 거문고 소리 내고,	松老迎風琴韻奏,
맑은 못에 씻긴 돌에는 빗소리 남아있네.	潭淸潄石雨聲留.
시냇가 산에 다행히 노닐곳 얻었으니,	溪山幸得絃歌地,
개울가 새와 바위의 꽃은 걱정하지 말게나	澗鳥巖花儘莫愁.

5 不舍(불사): 멈추지 않음을 말한다.
6 妥靈(타령): 신주를 섬겨 모시는 것을 말한다.
7 侐(혁): 고요하거나 적막함을 말한다.
8 生色(생색): 다른 사람들 앞에 떳떳이 나설 수 있는 체면을 말한다.

2 세덕사로 다시 돌아와서 [環歸世德祠]

이지한(李之翰; 1604~?) 《행정문집(杏亭文集)》(권1)

작별 아쉬워 말 타고 나란히 가다,	惜別仍聯騎[9],
서쪽으로 세덕사에 왔네.	西來世德祠.
삼 년 동안 수시로 꿈에 들어오고,	三年頻入夢,
하루 밤새 꼼꼼하게 시를 논하네.	一夜細論詩.
흰 머리 자주 보기 어렵고,	白首難常見,
국화는 때 놓치면 안 된다네.	黃花莫失期.
단구가 멀지 않음을 아니,	丹邱[10]知不遠,
고개 넘을 때마다 생각나네.	踰嶺每相思.

3~4 세덕사에서 어르신들과 운자를 따서 함께 지으며 [世德祠與諸老拈韻共賦]

이지한(李之翰; 1604~?) 《행정문집(杏亭文集)》(권1)

예의는 악기를 공경하게 타지 않음을 싫어하고,	禮嫌絲竹未參齋,
물 위의 달은 배회하며 시냇가로 천천히 걷네.	水月徘徊緩步溪.
두견화 전을 부쳐 내가 배부르게 먹게 하고,	爲煮杜鵑留我飽,
옛날 나그네의 말을 그대와 함께하게 했네.	故教客馬與君偕.
밤 오니 베개 나란히 하며 이전의 약속 어기고,	來宵聯枕違前約,
저녁 무렵 옷깃 부여잡으니 작별의 마음 배가 되네.	落日摻裾倍別懷.
나이 들어 노니는 것 몇 번이나 할 수 있겠고,	白首追遊能復幾,
결국 한 해의 일은 염계를 기다리는 것임을 알겠네.	終知歲事等塩雞.

9 聯騎(연기): 말을 나란히 가는 것을 말한다.

10 丹邱(단구): 바다 가운데 있다는 이상향을 말한다. 이곳에서는 세덕사가 있는 덕동 마을에 비유한 것으로 보인다.

평생 지은 시들 사마상여(司馬相如)에 부끄럽고, 平生詞賦愧長卿[11],
모과를 던지니 좋은 옥으로 보답해주네. 投以木瓜報以瓊[12].
난정(蘭亭)에서 노인과 젊은이가 잔 띄우니, 蘭社流觴咸少長[13],
한식과 청명절이 만나는 때라네. 介山佳節[14]際清明.
받쳐 든 시통(詩筒)엔 파릉(巴陵)의 운치 노래하고, 傳筒題詠陽巴[15]韻,
재미난 놀이에는 초한의 병사들이 서로 다투네. 戲局交爭楚漢兵.
전날 밤에 비가 지나가니 봄은 저무려 하고, 雨過前宵春欲暮,
난간에 기대어 밤새도록 샘물 소리를 듣네. 憑欄竟夕[16]聽泉聲..

5 덕동 세덕사 시에 차운하며 [次德洞世德祠韻]

남용만(南龍萬; 1709~1784)《활산문집(活山文集)》(권2)

형산강의 원류는 도봉에서 흐르고, 兄江源自道峯流,
한 줄기 산이 나그네의 경치 좋은 곳 나누네. 一脈山分客勝區.
어진 부친의 맑은 제단은 효자들이 전하고, 賢父靑壇傳孝子,
이름난 정원과 푸른 벽은 화려한 누대 마주하네. 名園翠壁對雕樓.

---

11 長卿(장경): 서한(西漢)의 문학가인 사마상여(司馬相如)의 자이다. 사부(辭賦)를 잘 지은 것으로 유명하다. 한(漢) 무제(武帝)는 그가 지은 《자허부(子虛賦)》를 읽고 조정으로 불러들여 총애했다. 작품으로는 《상림부(上林賦)》·《대인부(大人賦)》 등이 있다.

12 投以木瓜報以瓊(투이목과보이경): 모과를 던져주고 좋은 옥을 받았다는 의미로, 사소한 선물에 훌륭한 답례를 받음을 나타낸다. 《시경(詩經)·위풍(衛風)·목과(木瓜)》는 "나에게 모과를 던져 오기에, 어여쁜 옥으로 갚아 주었지. 꼭 보답하고자 하기보다는, 길이 사이좋게 지내보자고……(投我以木瓜, 報之以瓊琚. 匪報也, 永以爲好也……)."라고 했다.

13 咸少長(함소장): 이 구절은 왕희지(王羲之)의 《난정집서(蘭亭集序)》에 보인다. "회계산 북쪽 난정에 모여 계제사를 드렸다. 나이를 불문하고 빼어난 인사들이 모두 모였다.(……會於會稽山陰之蘭亭, 修禊事也.. 群賢畢至, 少長咸集……)"라고 했다.

14 介山佳節(개산가절): 24절기의 하나인 한식(寒食)을 의미한다. '개산'은 춘추(春秋) 시기 진(晉)나라 사람 개자추(介子推)가 숨어 살다가 죽은 산의 이름이다. 진나라 문공(文公)을 따라 19년간 망명 생활을 하다가 귀국한 뒤 자신에게 봉록이 수여되지 않자 모친과 함께 개산에 숨었다. 문공이 그를 나오게 하려고 산에 불을 질렀으나 나무를 껴안고 불에 타죽었다고 한다. 후에 개자추를 기리기 위해 불을 금하고 찬 음식을 먹는 한식(寒食)의 풍습이 생겼다고 한다.

15 陽巴(양파): 파릉(巴陵)을 말하는 것으로 보인다. 중국 호남성(湖南省) 악양(岳陽)의 옛 지명이다. 동정호(洞庭湖)의 물이 양자강(揚子江)으로 흘러나가는 출구에 위치한다. 이곳에 위치한 악양루(岳陽樓)는 예로부터 동정호와 양자강을 전망하는 웅대한 경관으로 유명하다.

16 竟夕(경석): '온 밤' 내지 '밤 내내'를 말한다.

느릅나무 드리운 옛 사에는 신령한 뿌리 굵고, 枌楡故社靈根厚,
물풀이 떠다니는 신궁에는 올바른 기운 남았네. 蘋藻[17]神宮正氣留.
천 년 동안 굳게 감춰진 이곳을 가르고, 劈破[18]千年慳秘地,
길이 보존하여 큰 신령의 근심 더욱 위로하네. 藏修更慰巨靈愁.

6 덕동 세덕사에서 봉안할 때 희도 이상원의 시에 차운하며 [德洞世德祠奉安時次李希道象遠韻]

정희(鄭熺; 1723~1793)《몽암집(蒙巖集)》(권1)

한 줄기 차가운 샘물 굽이굽이 돌아, 一道寒泉百折流,
이르는 곳의 못은 이름난 곳 되네. 到成潭處是名區.
중원의《채숙》시에서처럼 뭇 인사들 달려와, 中原采菽[19]趨多士,
끝 길에서 이 누대의 풍모 듣고 우러러보네. 末路聞風仰此樓.
어진 형의 그늘이 있음에 즐거워하고, 樂得賢兄庥[20]有蔭,
선생을 낳으니 마땅히 은택 오래오래 남네. 宜生夫子澤長留.
지금 골짜기 입구에 말과 수레가 많고, 從今谷口多車馬,
돌길이 거칠어도 근심할 필요 없다네. 石逕崎嶇不用愁.

---

17 蘋藻(빈조): 물 위에 떠 있는 풀과 물속에 잠겨 있는 풀을 말한다.

18 劈破(벽파): 쪼개서 깨뜨리는 것을 말한다.

19 采菽(채숙): 콩을 딴다는 의미이다.《시경(詩經)·소아(小雅)·채숙(采菽)》은 "콩을 따서 콩을 따서, 모진 광주리 둥근 광주리에 담네. 군자님들 내조하셨는데, 무얼 내려주셨나?(采菽采菽, 筐之筥之. 君子來朝, 何錫予之(……)."라고 했다. 이 시는 제후들이 천자에게 내조(來朝)하는 모습을 노래했다. 이곳에서는 사람들이 세덕사에 오는 성대한 모습을 나타낸다.

20 庥(휴): 나무 그늘을 말한다.

7 여강 이씨 세덕사 시에 차운하며 [次驪江李氏世德祠韻]

남기만(南基萬; 1730~1796)[21] 《묵산선생문집(默山先生文集)》(권1)

높은 산 우러러보고 푸르고 풍부한 물 흐르는,	仰止[22]高山薦碧流,
여강 이씨 세덕사는 이곳의 이름난 곳이라네.	驪江世德此名區.
연무와 아지랑이가 계곡의 무성한 나무에 쌓이고,	烟嵐晻藹溪邊樹,
빛과 그림자는 물 위의 누대를 배회하네.	光影徘徊水上樓.
원래 정학은 신을 따르면서 함께 시작되었고,	元定學[23]從神與始,
사당은 이를 모아 도와 함께 그대로 지켰네.	凝之祠幷道原留.
고개 돌려 자옥산 앞의 돌을 보니,	回看紫玉山前石,
서관의 만고 시름을 그대로 갖고 있는 듯하네.	猶帶西關萬古愁[24].

8 여강 이씨 세덕사 시에 차운하며 [次驪江李氏世德祠韻]

이양오(李養吾; 1737~1811)[25] 《반계집(蟠溪集)》(권2)

양대의 훌륭한 전통은 백세까지 전하고,	兩世遺芳百世流,
오래 일구어 지금 이름난 곳 얻었네.	藏修今日得名區.
푸른 옷깃의 선비들 모여 향기로운 사당 오르고,	靑衿士集香升廟,

21 南基萬(남기만): 조선 후기의 문신이다. 본관은 영양(英陽)이다. 자는 백온(伯溫)이고, 호는 묵산(默山)이다. 영해 출신이다. 조부는 남필명(南弼明)이고, 부친은 남국규(南國珪)이다. 영조 29년(1753) 소과에 합격한 뒤, 묵산재(默山齋)를 짓고 경학 연구에 전념했다. 1774년 증광 문과에 을과로 급제했다. 승문원주서·장릉별검·정언 등을 지냈다. 경학에 밝아 뜻과 행동이 일치했다. 저서로는 《묵산집(默山集)》이 있다.

22 仰止(앙지): 덕망이나 인품 때문에 우러르고 사모하는 것을 말한다.

23 定學(정학): 불교의 계학(戒學)과 혜학(慧學)과 더불어 삼학(三學)의 하나이다. 흩어진 마음을 안정시켜 고요하고 평안한 경지에 머물게 하는 학문이다.

24 西關萬古愁(서관만고수): 회재(晦齋) 이언적(李彦迪)이 평안북도 강계(江界)로 유배를 갔다가 그곳에서 명종 8년(1553)에 세상을 떠난 일을 말한다. '서관'은 황해도와 평안도를 통틀어 이르는 말인데, 회재 선생의 유배지가 있었던 곳이다.

25 李養吾(이양오): 조선 후기의 유학자이자 문장가이다. 본관은 학성(鶴城)이다. 자는 용호(用浩)이고, 호는 반계(磻溪)이다. 조부는 이시발(李時發)이고, 부친은 이의채(李宜埰)이다. 7세에 19사(史)를 읽기 시작했다. 정조 10년(1786) 모친상을 당한 이후 과거시험에 뜻을 접고 경서 연구에 전념했다. 장자(莊子)·사마천(司馬遷)·반고(班固) 등의 문장을 규범으로 삼아 글을 썼다. 문집으로는 《반계집(蟠溪集)》이 있다.

자옥산에는 여덟 개의 푸른 누대가 이어졌네.	紫玉山連翠八樓.
정씨 형제 타고나며 화목하니 함께 논의함이 있고,	程氏[26]宜生公論在,
진씨 집안 우열 가리기 어려운 형제 큰 명성 남겼네.	陳家難弟[27]令譽留.
성대한 위의(威儀)는 직접 볼 수 없어,	盛儀不得身親見,
세속에서 괜히 바빠 근심하는 것 부끄럽네.	慙愧塵中碌碌[28]愁.

9 세덕사 [世德祠]

권종락(權宗洛; 1745~1819) 《갈산집(葛山集)》(권1)

고요히 깊이 흐르는 물은 진원을 거슬러 오르고,	淵淵[29]流水溯眞源,
바람을 읊으려 돌아오니 술통에 술 가득하네.	風詠歸來酒滿罇.
백발에 함께 길을 나선 것은 모두 즐거운 일이고,	白髮聯筇皆樂事,
상자 안 주희의 책은 모두 좋은 말이네.	朱書在篋摠嘉言.
글이 예리한 후생은 두려워할 만하니,	後生可畏詞鋒銳,
선현들 서로 존중하며 사당의 모습을 받드네.	前哲互崇廟貌尊.
단오 가절에 글로 모이니,	令節端陽[30]文以會,
고택의 규범이 어진 후손들에게 남아있네.	古家模範有賢孫.

26 程氏(정씨): 북송의 이학(理學)을 철학의 학파로 발전시킨 형제 철학자인 정호(程顥; 1032~1085)와 정이(程頤; 1033~1107)를 말한다.

27 陳家難弟(진가난제): 진씨 집안의 두 아들의 우열을 가리지 어려움을 말한다. 이곳의 진씨 집안은 동한(東漢) 말 사람 태구현령(太丘縣令)을 지낸 진식(陳寔)의 두 아들 원방(元方) 진기(陳紀)와 계방(季方) 진심(陳諶)을 말한다. 이와 관련해서 《세설신어(世說新語)·덕행(德行)》은 "진원방의 아들은 자가 장문인데, 영특한 재주를 가졌다. 진계방의 아들 진효선과 서로 자기 아버지의 공적과 덕행을 논하였다. 두 사람은 결말이 나지 않자, 할아버지인 태구현령 진식에게 물었다. 진식이 이렇게 말했다. "원방을 형이라고 하기도 어렵고, 계방을 아우라고 하기도 어렵구나(陳元方子長文, 有英才, 與季方子孝先, 各論其父功德, 爭之不能決, 咨於太丘. 太丘曰, 元方難爲兄, 季方難爲弟)"라고 했다. 시에서는 이언적(李彦迪)과 이언괄(李彦适) 형제를 말한다.

28 碌碌(녹녹): 사무가 번잡하고 쓸데없이 바빠 고생하는 모양을 말한다.

29 淵淵(연연): 고요하고 깊음을 말한다.

30 端陽(단양): 전통 명절의 하나로, 음력 5월 5일 단오절을 말한다.

10 세덕사에서 수창하며 [世德祠酬唱[31]]

이정익(李鼎益; 1753~1826) 《감화문집(甘華文集)》(권2)

차례를 매기는 정은 모두 같은 뿌리여서고, 爲敍倫情共一源,
연연루 상의 술독엔 술이 가득하네. 淵淵樓上酒盈罇.
주고받은 노래 세 절은 속되어 부끄럽고, 歌慙下俚酬三疊,
시는 장성을 본받고 오언으로 화답하네. 詩效長城和五言.
대대로 덕 쌓은 우리 집안의 어짐은 기술할 만하고, 世德吾家賢可述,
이날 향기로운 정원의 모든 어르신 숭고하시네. 芳園是日齒皆尊.
나그네는 열흘 동안의 고초를 잊을 수 없는데, 經旬客未忘辛楚[32],
단오 가절에 자손들이 모였네. 佳節端陽竹有孫[33].

11 덕동 세덕사에서 두루마기의 시에 차운하며 [德洞祠謹次軸中韻]

이원조(李源祚; 1792~1872)[34] 《응와선생문집(凝窩先生文集)》(권2)

자옥산의 같은 원류는 덕동에 흐르고, 紫玉同源德洞流,
하나의 산이 두 이름난 곳 나눠 차지했네. 一山分占兩名區.
형제와 부자가 강 남쪽에 살고, 弟兄父子河南宅,
초목과 연무는 물 북쪽 누대에 있네. 草樹雲烟水北樓.
바람 부는 정자에 음식 장만하니 현손들 모이고, 風亭設食賢孫在,
먼 길 가는 나그네는 왕대 진 벽의 시를 보네. 篔壁看詩遠客留.

31 酬唱(수창): 시나 노래를 서로 주고받으며 읊는 것을 말한다.

32 辛楚(신초): 맵고 시다는 뜻으로, 삶의 괴로움을 비유적으로 이르는 말이다.

33 竹有孫(죽유손): 원래는 유죽손(有竹孫)이라 해야 한다. '죽손'은 대나무 뿌리에서 다시 옆으로 뻗어 나온 작은 대나무를 말하는데, 자손을 뜻하는 말로 사용된다.

34 李源祚(이원조): 조선 후기의 문신이다. 본관은 성산(星山)이다. 자는 주현(周賢)이고, 호는 응와(凝窩)이다. 조부는 이민겸(李敏謙)이고, 부친은 이형진(李亨鎭)이다. 순조 9년(1809) 별시 문과에 을과로 급제했다. 헌종 3년(1837) 정언으로서 사족(士族)들은 사치를 일삼고 백성들은 흉년으로 극심한 고통을 겪고 있는 점을 극력 간언했다. 경주부윤·대사간·공조판서를 지냈다. 문집으로는 《응와선생문집(凝窩先生文集)》이 있다.

아홉 물줄기에 나아가 먼저 발을 쉬고, 九曲前行先歇脚,
어부는 길을 찾음에 근심할 필요 없네. 漁郎覓路不須愁.

12 무오년(1858) 9월 5일, 세덕사에 들어가 제사를 거행했다. 종친 중에 모인 사람들이 많게 3~40명에 이르렀다. 그중에는 제사에 참여하려고 멀리서 온 손님도 있었다. 제사가 끝난 후에 제사를 올릴 때의 원래 운에 삼가 차운하여 종친들에게 보여주었다. [戊午九月初五日, 入世德祠行祀事. 族中會者多至三四十人, 亦有遠客來參者. 齊罷後謹次立享時原韻, 以示族中諸君]

이종상(李鍾祥; 1799~1870)[35] 《정헌선생문집(定軒先生文集)》(권1)

참 근원은 곧바로 자계로 흐르고, 眞源直接紫溪流,
집과 산이 어우러져 으뜸가는 곳 되었네. 合作家山第一區.
일이 있으면 줄곧 화수회가 되고, 有事仍成花樹會[36],
없을 땐 물 위 구름 누대 올라가는 것 좋아하네. 無時喜上水雲樓.
하늘 닿은 훌륭한 성품은 사람들 함께 얻고, 極天彝性人同得,
이날 공양하는 자리에 나그네도 남았네. 是日齊筵客亦留.
제군들이 대대로 화목함을 일궈나가는 것이, 若使諸君修世睦,
내 백 년의 시름이 당당히 풀리는 것이리. 尋常寬我百年愁.

35 李鍾祥(이종상): 조선 후기의 문신이자 학자이다. 본관은 여주(驪州)이다. 자는 숙여(淑汝)이고, 호는 정헌(定軒)이다. 경주 출신이다. 조부는 이헌석(李憲錫)이고, 부친은 이정열(李鼎說)이다. 입재(立齋) 정종로(鄭宗魯)의 문인이다. 순조 31년(1831) 진사시에 합격했다. 이후 장릉 참봉·돈녕부주부·한성부판관·강원도사 등을 지냈다. 저서로는 《정헌문집(定軒文集)》·《역학여작(易學蠡酌)》 등이 있다.

36 花樹會(화수회): 같은 성을 가진 사람들이 친목을 꾀하기 위하여 이룬 모임을 말한다.

연연루(淵淵樓) 관련 시

연연루는 지금의 용계정을 말한다. 용계정은 계천(溪川)이 굽어 보이는 높은 벼랑에 세워진 누대로, 덕동 마을의 상징적인 건물이다.

원래 명종 1년(1546) 정문부가 별서로 사용하던 것을, 이후 여강이씨 문중에서 소유하면서 숙종 12년(1686)에 다시 크게 지어졌다. 당시 이름은 '사계절 따라 경치가 마땅하다'라는 의미에서 '사의당'이라고 했다. 용계정 뒤쪽 후원에 세덕사를 지을 때 사의당 본채를 문루로 바치면서 연연루(淵淵樓)라고 했다. 그러니까 연연루가 용계정이 되는 것이다. 이름이 다른 것은 용도에 따라 명명한 것이기 때문이다.

연연루의 현판은 강세황(姜世晃; 1713~1791)과 더불어 당대의 명필로 이름을 떨친 이조판서 송하옹(松下翁) 조윤형(趙允亨; 1725~1799)이 썼다. 지금 용계정에는 연연루 현판이 걸려있다.

---

1 덕동 이사에서 연연루를 노래하며 [德洞里社[37]題淵淵樓]

권석회(權錫晦; 1789~1851) 《역파문집(櫟坡文集)》(권1)

연연루 아래는 물 깊고 고요히 흐르며,	淵淵樓下水淵淵,
양쪽 언덕의 기암은 한 줄기 하늘이네.	兩岸奇巖一線天.
이제야 알겠네, 회재 어르신의 가학은,	始知晦老家庭學,
근원이 유장하여 후손에게 미친다는 것을.	源遠流長及後賢.

37 里社(이사): 마을에서 지신(地神)을 위하여 마련한 사당을 말한다.

2 임진년(1892) 5월 덕동 연연루에 나갔다가 마침 모임에 오신 백여 명의 어르신을 살폈다. 장인 어르신께서 기쁘게 운자를 따서 사율 한 수를 지어 모인 어르신들에게 보여주자, 모두 이에 화답했다. 나도 삼가 이 시에 차운하여 지었다 [壬辰五月, 德洞淵淵樓出巡, 會考老伴者百餘員, 氷翁[38]台拈韻, 四律一首投之會中諸老, 皆和之, 余亦謹次云]

권주욱(權周郁; 1825~1901) 《포암문집(逋庵文集)》(권1)

구곡의 삽연은 돌아 깊이 들어가고,	九曲鍤淵[39]轉入深,
오월의 솔바람 속된 마음을 맑게 해주네.	松颸五月爽塵襟.
노년의 즐거움은 지팡이 자취 이어짐이고,	老年樂事聯筇跡,
좋은 날 풍류는 나무 그늘에 앉는 것이네.	勝日風流坐樹陰.
어진 푸른 옷깃의 유생들은 간 먹을 열고,	愛爾青衿[40]開研墨,
성근 짧은 머리의 귀인들이 모였네.	蕭然短髮會纓簪[41].
돌아오니 활시위와 화살 나눠지듯 슬프고,	歸來却悵分弦矢[42],
전처럼 천 겹 푸른 산이 갈라놓네.	依舊千重隔翠岑.

38 氷翁(빙옹): 아내의 부친을 말한다.

39 九曲鍤淵(구고삽연): 덕연구곡(德淵九曲) 중의 구곡에 해당하는 삽연을 말한다. 덕연구곡은 포항시 북구 기북면 오덕리 아랫마을 경계 부분에 있는 계곡의 시작과 끝나는 지점까지의 경관이 수려한 아홉 곳을 정하여 붙인 명칭이다. 삽연은 농기구의 일종인 가래[鍤]처럼 생긴 연못이라는 의미이다. 와룡암 북쪽에 있었으나 용계천 변에 조성된 보(洑)로 인해 원형이 많이 훼손된 상태이다.

40 青衿(청금): 푸른 깃의 옷이란 의미로, 유생(儒生)을 달리 이르는 말이다. 《시경(詩經)·정풍(鄭風)·자금(子衿)》의 "푸르고 푸른 그대의 옷깃(青青子衿)"에서 유래한 말이다.

41 纓簪(영잠): 갓끈과 비녀의 의미로, 고관(高官)이나 귀인(貴人)을 의미하는 말로 쓰인다.

42 弦矢(현시): 활시위와 화살의 의미로, 친밀한 관계를 나타내는 말로 쓰인다.

3 덕동 연연루에 올라서 [登德洞淵淵樓]

정만재(鄭萬載; 1894~1930) 《초로유고(草盧遺稿)》(권1)

연연루 아래는 물 깊고 고요히 흐르며,	淵淵樓下水淵淵,
세덕사에서 보니 삼백 년.	世德從看三百年.
골짝의 구름 드리운 숲은 옛날 그대로,	洞裡雲林猶似古,
벽 사이의 금슬 이미 전의 모습이 아니네.	壁間琴瑟已非前.
집에서 새끼 꼬는 노인은 가을 모습을 대하고,	軒繩有老秋容對,
문 청소하는 아이는 세상사에 얽매임 없네.	門灑無童世路牽.
돌아가는 나그네 지팡이 멈추고 무슨 생각 하나,	歸客停笻何意思,
맑은 산 정취가 이리도 자연스러운데.	一山淸趣自天然.

기문(記文)

연연루기 [淵淵樓記]

이헌경(李獻慶; 1719~1791)[43] 《간옹선생문집(艮翁先生文集)》(권20)

물이 흐르면 시내가 되고, 고이면 연못이 되는 것은 한결같은 이치이다. 물은 아래로 흐르는 것으로 공로로 삼으니, 연못은 실로 시내에 미치지 못한다. 그러나 물의 고임이 있지 아니하면 어찌 오래도록 흘러갈 수 있겠는가. 시내는 반드시 연못에 의지해야 하니, 연못의 공로는 적지 않은 것이다.

월성의 선비 이정응(李鼎凝)은 그의 종숙 함창공(咸昌公) 이헌락(李憲洛)의 서신을 갖고 나를 찾아와 '연연'이라 하는 누대로 기문을 지

43 李獻慶(이헌경): 본관은 전주(全州)이다. 자는 몽서(夢瑞)이고, 호는 간옹(艮翁)이다. 1743년 진사로 정시문과에 병과로 급제했다. 사간원사간·사헌부집의·대사간 등을 지냈다. 문집으로는 《간옹집(艮翁集)》이 있다.

어줄 것을 부탁했다. 내가 "'연연'이란 어떤 뜻인가?"라고 물으니, 그가 "우리 선조 찬성공 이번(李蕃)께서는 회재 선생의 부친이 되십니다. 찬성공께서는 학문과 문장으로 가문을 번창시켰습니다. 회재 선생의 아우이신 농재공(聾齋公)도 부모에게 효도하고 형제간에 우애 있는 지극한 행실로써 가문의 미덕을 이으셨습니다. 이에 후손들의 추모와 우러러봄이 수백 년이 된 지금까지도 쇠하지 않았습니다. 이에 덕연 마을에 세덕사를 지어 제사를 지내게 되었습니다. 그리하여 세덕사 앞의 누대에 '연연루'라는 편액을 달았습니다. 이는 가학의 연원이 여기에 있음을 말하는 것입니다. 회재 선생께서는 절학을 크게 제창하시어 동방 유학의 종주가 되셨습니다. 퇴계 이황 선생도 '선생의 가학은 실로 유래가 있다.'라고 하셨으니, 어찌 가정에 연원이 있는데 다른 것에서 꼭 찾아야 할 필요가 있겠습니까. 아! 찬성공께서는 이미 가학의 연원이 되시고, 또 본보기가 되는 아우가 그 연원을 이었습니다. 그리고 회재 선생의 학문은 그 흐름을 이끌어 더욱 크게 하였으니, 이는 너무 세차서 막을 수 있는 것이 없는 것과 같습니다. 저는 후인들이 그 흐름을 따르면서도 그 근원을 잊는 것이 두려워 '연연'으로 편액을 했습니다."라고 했다.

나는 자세를 바로 하고 이렇게 말했다. "일찍이 (정호(程顥)와 정이(程頤) 형제의 부친인) 정태중(程太中)과 (주희(朱熹)의 부친이신) 주위재(朱韋齋)의 행적을 읽고, (정호·정이·주희) 세 분 선생의 학문이 근본하는 바가 있음을 알았네. 지금 그대가 한 말을 들으니, 회재의 학문도 유래한 바가 있음을 알겠네. 실로 고이지 않고 흐르며, 연못이 아니라 시내 같다고 말할 수 있을 것이네. 나는 누대 왼편에 용반연(龍盤淵)이 있다고 들었는데, 연못의 깊이가 수백 장이 되는지는 알지 못하네. 공의 자손이 연못의 물길을 터서 시내에 물을 대주어 콸콸 흐르게 하게나. 붕어에게나 부어줄 물이 될지 바다에 도달할 큰 물결이 될지는, 오직 어떻게 노력하는가에 달려있네. 그러니 그대가 어찌 면려하지 않을 수 있겠는가." 삼가 기문을 적는다.

(水一也. 流爲川滀爲淵. 以其下施爲功則淵固不及於川. 不有其滀, 流何以長. 川必資於淵, 淵之功爲不少. 月城李斯文鼎凝以其宗叔咸昌公書, 來諗于不佞, 以樓號淵淵者請爲之記. 不佞曰淵淵何義, 曰吾祖贊成公, 卽晦齋先生之皇考也. 贊成公以學問文章倡于家. 晦齋之季君持平公, 又以孝友至行, 趾其美. 後裔之追慕景仰.至今累百年不衰. 乃建世德祠于德淵之里以祀之. 而前爲之樓, 扁以淵淵者. 謂家學之淵源在玆也. 晦齋先生倡明絶學, 爲東方儒宗. 而退陶李先生爲之讚曰先生家學, 固有所自來. 豈不以淵源在家庭, 非可他求也歟. 噫! 贊成公旣爲之淵, 又有足法之弟接其源. 而晦齋導其流而益大之, 若是其沛然莫禦也. 吾懼後人之沿其流而忘其源也, 故以是扁諸樓也. 不佞作而對曰嘗讀程太中朱韋齋行蹟, 知三先生之學有所本. 今聞吾子所云, 又知晦齋之學, 亦有所自. 尙可謂不滀而流, 不淵而川乎. 吾聞樓之左有龍盤淵, 淵之深不知爲幾百丈. 使公之子孫疏以漑之, 將混混乎來矣. 射鮒之波, 稽天之浸, 惟在用力如何. 子盍勉之. 謹爲記.)

七

죽장면(竹長面)

죽장(竹長) 관련 시

죽장면은 포항시에서 가장 북단에 있는 면이다. 북쪽은 청송군의 부남면과 현동면 및 영덕군의 달산면과 인접했고, 동쪽은 신광면과 기북면, 남쪽은 기계면, 서쪽은 영천시의 자양면과 인접해있다. 대부분 지역이 금호강의 최상류 중 하나인 자호천 유역에 있고, 동북쪽 일부가 영덕읍을 거쳐 동해로 빠져나가는 오십천 지류의 최상류에 자리 잡고 있다.

고려 시대에는 죽장부곡(竹長部曲)이라 했고, 《세종실록지리지》 〈경주〉조와 《신증동국여지승람》 〈경주〉조에는 죽장부곡이 모두 경주의 속현으로 기록되어있다. 《동경잡기》에는 1개의 방(坊)을 가진 죽장현으로 나오고, 《해동지도》와 《호구총수》 〈경주〉조에는 모두 죽장면으로 나온다. 일제강점기인 1914년 행정구역 개편 때부터 영일군에 속하기 시작했고, 1995년 시군 통폐합 때 포항시 북구에 편입되었다.

주요 문화재로는 입암서원(立岩書院)·일제당(日躋堂)·만활당(萬活堂) 등이 있다. 상옥리에는 2001년 개원한 경상북도수목원이 있다.

1　죽장 가는 길에 느낌이 있어 [竹長途中有感]

이의활(李宜活; 1573~1627)[1] 《설천선생문집(雪川先生文集)》(권1)

조상 제사 지내고 떠돌며 배우는 두 마음,	祭先遊學兩關情,
남과 북으로 오가다 늙어버린 일생이라네.	北去南來老一生.
말의 발톱 빠지니 모두 험난하고,	路脫馬蹄皆險隘,
가을 기운 머금은 산은 더욱 맑고 처량하네.	山含秋氣更凄淸.
무거운 짐을 진 마부는 수시로 쉬는데,	僕夫負重頻休憩,
생각 많은 나그네는 괴롭게 길을 재촉하네.	客子思多苦促行.
눈에 들어온 소나무와 오동나무 슬피 바라보니,	悵望松楸森在眼,
언제 향을 피우고 산소를 쓸까나.	瓣香何日掃封塋.

2　죽장 [竹長]

권두경(權斗經; 1654~1725) 《창설재선생문집(蒼雪齋先生文集)》(권4)

푸르른 저녁이 되니,	蒼蒼夕景時,
지는 해는 산을 돌아 내려가네.	落日下山轉.
나그네는 머무를 곳 잃어,	行人迷所宿,
죽장현이 어딘지 묻네.	借問竹長縣.
시내 따라 십여 리,	緣溪十里餘,
다리 건너니 얼음은 하얀 명주 같고.	跨橋冰如練.
해가 져서 문을 보고 들어가니,	侵昏望門投,
하필이면 아는 사람이네.	何必舊知面.

1　李宜活(이의활): 조선 중기의 문신이다. 본관은 여주(驪州)이다. 자는 호연(浩然)이고, 호는 설천(雪川)이다. 경주 출생이다. 조부는 문원공 이언적(李彦迪)이고, 부친은 이응인(李應仁)이다. 광해군 2년(1610) 성균관에 들어가 수학하고, 2년 뒤에 진사시에 합격했다. 호조좌랑·함경도사·흥해군수 등을 지냈다. 저서로는 《설천문집(雪川文集)》이 있다.

나그네를 맞아 소나무 태워 밝혀주고, 延客焫松明,
밤에 채소와 장으로 음식을 차려주네. 蔬醬供夜膳.
땅은 외져도 소박한 풍습 그대로이니, 地僻醇風存,
마음이 편안해져 피로가 풀리네. 坦然展疲倦.

입암(立巖) 관련 시

입암(立巖)은 마을 앞에 200여 년 느티나무 대여섯 그루가 가사천(佳士川) 변에 남아있고 물가에 20m 높이의 선 바위가 하나 있어 붙여진 이름이다. 일제강점기 때인 1914년에는 행정구역을 통폐합하면서 솔안·큰마을·골안을 1리로, 장터·구장터·명미마을을 2리로 나누어 입암으로 통칭하였다. 지금은 죽장면 면소재지이다.

입암에는 송림 울창한 언덕에 여헌(旅軒) 장현광(張顯光; 1554~1637)을 주향하고 있는 입암서원(立岩書院)과 400여 년생 향나무와 300여 년생 은행나무가 있으며, 입암서원 근처에는 일제당이 있고, 서원 우측에는 여헌(旅軒) 장현광(張顯光) 선생의 처소였던 만활당(萬活堂)이 있다. 노계(蘆溪) 박인로(朴仁老)가 이곳에서 지은 시조 입암이십구곡(立巖二十九曲)이 전해지고 있다. 임진왜란 때 권극립(權克立)이 피난 와서 살게 되었는데, 그 증손자대에서 평지(平地)마을(큰마을)을 일구었고, 같은 시기에 이천서씨(利川徐氏)가 골안에 정착하여 골안마을을 일구었다 전한다. 솔안마을에는 지통(紙通; 종이공장)이 있었으며, 1960년대 초까지 만해도 정병환(鄭柄煥)씨가 황모(黃毛)와 장액(獐腋)의 고운 털로 만든 붓이 유명하였다. 서원 뒤쪽 마을을 별도로 서원마을이라 부르기도 한다. 정월대보름에 400여 년생 느티나무 당산목에서 제사를 지낸다.

죽장면 입암리는 가히 포항에서 내연산·보경사와 더불어 시 창작이 가장 활발했던 곳이었다. 입암 관련 시는 1400년대 후반부터 1900년대 초반까지 지어졌다. 시는 입암을 지나가면서 풍물과 인물들에 대한 추억과 칭송, 입암 곳곳의 아름다운 풍광을 보면서 느낀 개인의 소회와 다짐 등의 내용이 많이 보인다. 입암 관련 시에서 눈에 띄는 점은 입암의 28곳의 풍광을 노래한 '입암 28경' 시가 많이 지어졌다는 것이다. 정욱(鄭煜; 1708~1770)·손동걸(孫東杰; 1757~1818)·권주욱(權周郁; 1825~1902)·권병기(權丙基; 1876~1945) 등의 문인들이 모두 '입암 28경'으로 시를 짓기도 했다. 이러한 점들은 이곳의 역사가 유구하고 풍광이 빼어나다는 점을 잘 보여주는 것이라 하겠다.

1 입암 [立巖]

성현(成俔; 1439~1509)[2] 《허백당시집(虛白堂詩集)》(제12권)

우뚝 솟은 한 덩이의 바위봉우리,	一片高峯石,
가파르게 시냇가에 치솟았는데.	巉巖枕澗湄.
비에 씻겨 차갑기는 숫돌과 같고,	洗雨森礪刃,
허공에 우뚝함은 송곳보다 날카롭네.	聳空利於錐.
돌에 소리쳐서 양 만들던 날인 듯하고,	却疑叱羊[3]日,
지아비를 기다리는 모습 같구나.	還似望夫時.
송인이 닥나무를 잘 깎았지만,	宋人善刻楮,
이보다는 기이하지 않을 듯하네.	比此未爲奇.

2 입암에 이르러 노닐며 [到立巖遊翫]

기대승(奇大升; 1527~1572)[4] 《고봉집(高峯集)》(권1)

기이한 바위 하늘이 깎아 세워,	奇巖天試削,

2 成俔(성현): 조선 전기의 학자이다. 본관은 창녕(昌寧)이다. 자는 경숙(磬叔)이고, 호는 용재(慵齋)·부휴자(浮休子)·허백당(虛白堂) 등이다. 부친은 지중추부사(知中樞府事) 성염조(成念祖)이다. 세조 8년(1462) 23세로 식년 문과에 급제했고, 1476년 문과중시에 병과로 급제했다. 부제학·대사간·형조참판·강원도관찰사 등을 지냈다. 음률에 정통하여 류자광(柳子光) 등과 당시의 음악을 집대성하여 《악학궤범(樂學軌範)》을 편찬했다. 저서로는 《허백당집(虛白堂集)》·《악학궤범》·《부휴자담론(浮休子談論)》 등이 있다.

3 叱羊(질양): 돌에 소리치자 돌들이 양으로 변했다는 이야기이다. 《신선전(神仙傳)》(권2)는 "황초평(黃初平)은 14세 때 양을 먹이다가 금화산(金華山)에 들어가 40년 동안 나오지 않았다. 그의 형 황초기(黃初起)가 마침내 동생을 찾아 양의 소재를 묻자, 뒷산에 있다고 하여 가서 보니 흰 돌만 있었다. 황초평이 흰 돌을 향해 '양들아, 일어나라!'라고 하자, 흰 돌이 모두 양이 되어 일어났다."라고 했다.

4 奇大升(기대승): 조선 전기의 문신이자 학자이다. 본관은 행주(幸州)이다. 자는 명언(明彥)이고, 호는 고봉(高峯) 또는 존재(存齋)이다. 부친은 기진(奇進)이다. 이황(李滉)의 문인이다. 명종 4년(1549) 사마시(司馬試)에 합격했고, 1558년 식년문과에 을과로 급제했다. 성균관대사성·대사간·공조참의 등을 지냈다. 1558년 문과에 응시하기 위하여 한양으로 가던 중 김인후(金麟厚)·이항(李恒) 등을 만나 태극설(太極說)을 논했다. 정지운(鄭之雲)의 천명도설(天命圖說)을 읽고 이황을 찾아가 의견을 나누었다. 이후 이황과 12년에 걸쳐 서신을 교환하였는데, 그 가운데 1559년에서 1566년까지 8년 동안에 이뤄진 사칠논변(四七論辨)은 유학사에서 큰 영향을 끼친 논쟁으로 평가받는다. 저서로는 《논사록》·《왕복서(往復書)》·《고봉집(高峯集)》 등이 있다.

칼날처럼 삐죽삐죽 날카롭게 솟았네.	釰立鋒差差.
눈을 흘겨 그 꼭대기 우러러보니,	抉眥仰其巔,
뭉게뭉게 검은 구름 드리웠네.	翕翕[5]玄雲垂.
옛날 혼돈의 천지가 생기기 전,	鴻濛[6]昔未剖,
웃음 드리는 뭇 왕비들 조화 이뤘지.	獻笑調羣妃.
서로 이어 층층으로 보태니,	相承輒層累,
절벽에 구슬을 연이은 듯.	截壁而連璣.
뛰어남 참으로 다 형용이 안 되니,	瑰瑋[7]儘難狀,
괴이하고 특출함을 그 누가 알까.	詭特誰能知.
푸른 비자나무 깊이 뿌리 내려,	蒼榧托幽根,
해묵어 가지도 늘어졌고.	歲久枝葉低.
두어 떨기의 꽃들도,	亦有數叢花,
햇볕 받아 처음으로 자태를 머금었네.	媚日初含姿.
호탕한 기백으로 고루함을 비웃고,	宕魄笑余陋,
시초를 탐색하며 먼 생각해보았네.	探始窮遐思.
현묘한 조화의 권위는,	冥冥造化權,
이를 어찌 신기하다 하리.	此豈爲神奇.
강함과 부드러움이 열리고 닫히면서,	剛柔一闔闢,
융합하고 응결되는 기틀 절로 따르네.	融結機自隨.
술잔 잡고 먼 바람에 임하여,	把酒臨長風,
붓을 뽑아 새로운 시 쓰노라.	揮筆題新詩.
어찌하면 불사약을 구해서,	安求不死藥,
모두 사라질 때까지 볼 수 있을까.	看盡消磨時.

5 翕翕(흡흡): 많은 것이 한꺼번에 일어나는 것을 말한다.

6 鴻濛(홍몽): 우주가 형성되기 이전부터 있어 온 천지의 원기 또는 그와 같은 혼돈 상태를 가리키는 말로, 끝없이 펼쳐진 바다나 하늘을 뜻하기도 한다.

7 瑰瑋(괴위): 진기하거나 화려한 것을 말한다.

3 입암동 입구에서 비를 만나 [立巖洞口逢雨]

안민학(安敏學; 1542~1601)[8] 《풍애집(楓崖集)》(권1)

하루 종일 물과 돌 사이를 오가며 노래하고,	盡日行吟水石中,
무성한 잡목에서 길을 잃고 비는 추적추적.	荊榛迷路雨濛濛.
선경을 찾으려 다시 도화원으로 들어가니,	尋眞更入桃源洞,
가을 바위의 절벽에 물든 단풍이 눈에 가득.	秋染巖崖滿眼楓.

4 입암 [立巖]

장현광(張顯光; 1554~1637)[9] 《여헌선생문집(旅軒先生文集)》(권1)

땅이 개벽할 초기부터 우뚝이 솟아,	立從地闢始,
지금까지 바뀌지 않고 있네.	抵今方不易.
풍우의 변고 몇만 번이던가,	風雨幾萬變,
그 오랜 세월 누가 기억할는지.	歲月誰記曆.
우뚝한 한 면목을 가지고,	巍將一顏面,
어찌 천 번의 뒤바뀜을 따르겠는가.	肯隨千飜革.
이 모양 이미 만고에 그러하였으니,	此樣旣往萬,
이 모양 응당 억세에도 그러하리.	此樣應來億.

8 安敏學(안민학): 조선 중기의 문신이자 학자이다. 본관은 광주(廣州)이다. 자는 습지(習之) 또는 이습(而習)이고, 호는 풍애(楓崖)이다. 부친은 찰방 안담(安曇)이다. 어려서 《소학》·《효경》 등을 읽었고, 20세 전후하여 《심경(心經)》·《근사록(近思錄)》 등의 성리학 서적에 섭렵했다. 과거에 뜻을 두지 않고 경사(經史)와 백가(百家)를 널리 읽었다. 후에 희릉참봉(禧陵參奉)·아산현감 등을 지냈다. 학문은 대체로 이이 계열에 속하고, 필법에도 뛰어났다. 저서로는 《풍애집(楓崖集)》이 있다.

9 張顯光(장현광): 조선 중기의 학자이다. 본관은 인동(仁同)이다. 자는 덕회(德晦)이고, 호는 여헌(旅軒)이다. 부친은 증이조판서 장열(張烈)이다. 명종 22년(1567) 진사 장순(張峋)에게 학문을 배웠다. 공조좌랑·용담현령·합천군수 등을 지냈다. 1636년 12월 병자호란이 일어나자 여러 군현에 통문을 보내어 의병을 일으키게 하고 군량미를 모아 보냈다. 일생을 학문과 교육에 종사했고 정치에 뜻을 두지 않았으나, 왕과 대신들에게 도덕 정치의 구현을 강조했고, 인조반정 직후에는 공신들의 횡포를 비판하고 함정수사를 시정하게 하는 등의 영향력을 행사하기도 하였다. 1636년 병자호란 이 일어나자 각 주와 군에 격문을 보내 근왕(勤王)의 군사를 일으켰다. 이듬해 삼전도에서의 항복 소식을 듣고 입암에 들어갔고, 6개월 후에 세상을 떠났다. 저서로는 《여헌집(旅軒集)》·《성리설(性理說)》·《용사일기(龍蛇日記)》 등이 있다.

치우치지 않음은 바로 중도이며, 不倚是中道,
간사하지 않음은 떳떳한 덕이라오. 不回惟經德.
추위와 더위 절로 왕래하고, 寒暑自往來,
어둠과 밝음 닫힘과 열림에 맡기네. 晦明任闔闢[10].
시냇물은 흘러 다시는 돌아오지 않고, 溪流流不返,
꽃들은 어지러이 피었다 졌다 하네. 百卉紛開落.
구름과 내는 서로 모양 바꾸는데, 雲煙互變態,
너만 홀로 예나 지금이나 똑같구나. 爾獨今猶昔.
한번 서 영원히 우뚝하니, 一立立終古,
어느 물건이 너를 동요시킬까. 何物能撓得.
너를 위해 작은 집 지어놓고, 爲爾設小齋,
말을 잊은 채 밤낮으로 마주하네. 忘言對日夕.

5~17 입암 13영 [立巖十三詠]

장현광(張顯光; 1554~1637) 《여헌선생문집(旅軒先生文集)》(제1권)

입암촌 [立巖村]
외로운 마을 바위 밑에 있으니, 孤村巖底在,
작은 집이지만 본성 기를 수 있네. 小齋性足頤.
늙어서 갈 만한 곳 없으니, 老矣無可往,
이제부터 변함없는 저 바위 배우리. 從今學不移.

만욱재 [晩勖齋]
말로에 인간사 하도 많으니, 末路人事茂,
그 누가 일찍부터 노력할 줄 알까. 誰從早時勖.
이는 실로 늙은이의 고민이라, 此固耄翁悶,
부디 힘써 미치지 못할 듯 하여야지. 勉修如不及.

10 闔闢(합벽): 닫고 열고 하는 것을 말한다.

사사헌 [四事軒]

당시 강절 선생의 뜻, 康節[11]此時意,
산중 사람의 입에 오르내리네. 膾炙[12]山人口.
비록 세상일 관여치 않으나, 雖不關世務,
가난함 속에 부유함이 있다네. 自有貧中富.

수약료 [守約寮]

근래 생각하니 노년의 사업은, 近思耄年業,
검소함을 지킴이 제일 중요하네. 守約爲大要.
일마다 번다하지 않을 수 있다면, 事事能不煩,
이내 몸 하늘 높이 솟아나리. 身可出雲霄.

계구대 [戒懼臺]

성인의 가르침 위미(危微) 경계했으니, 聖訓戒危微[13],
그 누구인들 이 마음 없을까. 何人無此心.
이 학문 전해지지 않은 지 오래이니, 此學不傳久,
묵은 책 어느 누가 다시 찾을런가. 陳篇誰復尋.

학욕담 [鶴浴潭]

산은 낙문사 뒤에 있는데, 山在樂聞後,
이곳에 학욕이란 못이 있다오. 有潭名鶴浴.
학 또한 영물인데, 鶴亦物之靈,
그림자 끊기니 언제 한번 목욕할까. 影斷何嘗浴.

---

11 康節(강절): 송(宋)나라의 유학자 소옹(邵雍; 1011~1077)을 말한다. 소강절(邵康節) 또는 소요부(邵堯夫)로 불린다. 《주역》의 역리(易理)에 심취하여 태극을 우주의 본체로 보았다. 유일(遺逸)로 추천받아 관직에 제수되었으나 사절하고 소문산(蘇門山)에서 독서에 열중했다. 자신을 안락와(安樂窩)라고 했다. 저술로는 《황극경세서(皇極經世書)》·《이천격양집(伊川擊壤集)》 등이 있다.

12 膾炙(회자): 회와 구운 고기라는 의미로, 널리 칭찬을 받으며 사람들의 입에 오르내림을 뜻하는 말이다.

13 危微(위미): 위태하고 미묘한 것을 말한다. 《서경(書經)·대우모(大禹謨)》에서 "인심은 위태하고, 도심은 미묘하다(人心惟危 道心惟微)"라고 한 것에서 유래한 말이다.

피세대 [避世臺]

시중에 은자(隱者)가 있으니, 隱有市中者,
하필 깊은 곳에서 찾아야 할까. 何須深處覓.
농군들 벼랑길 끊어놓으니, 農人斷崖徑[14],
나뭇가지가 자취를 쓰는 것보다 낫구려. 猶勝枝掃迹.

인학산 [引鶴山]

학욕담 위에 있는 산, 浴鶴潭上山,
인학산이라 부르네. 山名稱引鶴.
그동안 학이 오지 않았으니, 邇來鶴不至,
어떤 사람 우학이라 이름하였나. 何人名耦鶴.

상천봉 [象天峯]

수많은 봉우리 둥글게 늘어서니, 團圓秀列峀,
상천봉이란 이름 마땅하구려. 得名宜象天.
사는 사람들 산을 닮고자 한다면, 居人欲象山,
마음가짐을 어찌 편벽되게 하리. 立心盍無偏.

산지령 [産芝嶺]

지초(芝草) 찾아도 지초 보이지 않고, 覓芝芝不見,
다급해져 뭔가 잃은 듯하네. 遑遑[15]如有失.
하필 밖에서 구할 것이 있나, 何必求諸外,
경(敬) 자 하나의 효험 기이하고 진실하오. 一敬奇效實.

---

14 農人斷崖徑(농인단애경): 공치규(孔稚圭)가 지은 북산이문(北山移文)은 "혹은 나뭇가지를 날려 수레를 부수기도 하고, 혹은 나뭇가지를 낮게 드리워 속인(俗人)의 자취를 쓸어버린다(或飛柯以折輪, 或低枝而掃迹)"라고 했다. 이곳에서는 농군들이 벼랑길을 끊어놓으니, 저절로 속인들이 오지 않아 굳이 자취를 쓸어 없앨 필요가 없음을 말한다.

15 遑遑(황황): 황급한 모양 내지 마음이 안정되지 않은 모양을 말한다.

구인봉 [九仞峯]

산봉우리 아홉 길에 이르니, 有峯仞至九,
어찌 삼태기의 흙으로 쌓아 만들었겠나. 豈待簣土積.
와서 입암과 마주해 있으니, 來爲立巖對,
아침저녁으로 항상 바라보며 향하노라. 瞻向窮朝夕.

도덕방 [道德坊]

몸 가는 곳마다 도(道) 아님 없고, 身往無非道,
마음에 둔 것 모두가 덕이라오. 心存皆是德.
우리 인간 똑같이 얻은 것이니, 吾人所同得,
지(知)와 행(行) 내 어찌 홀로 하겠는가. 知行我何獨.

경운야 [耕雲野]

산중에 살며 한 해를 마치려, 峽居謀卒歲,
쟁기와 호미 메고 새벽에 나갔다 저녁에 돌아오네. 耒鋤以晨昏.
구름과 연기 속을 왕래하며, 往來雲煙裏,
부자와 형제간 함께 한다오. 父子與季昆.

18 입암을 생각하며 [思立巖]

송영구(宋英耈; 1556~1620)[16] 《표옹선생유고(瓢翁先生遺稿)》(권1)

슬한 괴로움과 원망을 힘겹게 노래하고, 苦吟多苦恨,
좋은 시절엔 좋은 기약이 적네. 佳節少佳期.
깊은 골짝에는 푸른 시냇물 흐르고, 深洞碧溪水,

16 宋英耈(송영구): 조선 중기의 문신이다. 본관은 진천(鎭川)이다. 자는 인수(仁叟)이고, 호는 표옹(瓢翁)·일호(一瓠)·백련거사(白蓮居士)이다. 조부는 송억수(宋億壽)이고, 부친은 송영(宋翎)이다. 성혼(成渾)의 문인이다. 선조 17년(1584) 유학으로서 친시 문과에 병과로 급제했다. 사간원정언(司諫院正言)·경상도관찰사 등을 지냈다. 풍채가 단아하고 언행이 발랐다. 강직한 성격이었으나 남의 잘못은 너그럽게 용서하여 뭇사람들의 존경을 받았다. 전주의 서산사(西山祠)에 제향되었다. 저술로는 《표옹선생유고(瓢翁先生遺稿)》가 있다.

가을바람에 단풍 질 때라네. 秋風紅葉時.
벼슬살이 한가하고 길도 멀지 않은데, 官閒路不遠,
와서 오래 볼 수 있을 것을 어찌 이리 늦는가. 來久見何遲.
만물이 쇠락하니 한 해는 장차 저물어, 搖落歲將暮,
배회하며 그리운 바가 있어라. 徘徊有所思.

19 입암으로 가서 가을을 감상하려는데, 아내가 병이 나서 가길 멈추며 [將往立巖賞秋, 因妻病停行]

송영구(宋英耈; 1556~1620) 《표옹선생유고(瓢翁先生遺稿)》(권1)

이번에 형제간 모임을 맞이해, 逢此弟兄會,
산수에서 노닐기로 약속했네. 約爲山水遊.
흥이 생겨 가려는 찰나에, 將歸方引興,
가지 못하니 시름은 더해가네. 未去轉添愁.
백발노인은 천 리를 왔으나, 白髮來千里,
국화 피는 가을을 저버리네. 黃花負一秋.
고향에는 친척과 친구들 있어, 故鄕親友在,
꿈속 아득히 서로 그리워하네. 相憶夢悠悠.

20 입암촌(立巖村)

이준(李埈; 1560~1635) 《창석선생문집(蒼石先生文集)》(권2)

먼지 속에서 자취 끊길까 근심하고, 塵中愁滯迹,
병 안에서 그댈 만난 것 기뻐하네. 壺裏喜逢君.
노송은 푸른 이끼 길러주고, 松老封蒼蘚,
높은 누대는 진홍색 구름을 갈랐네. 臺高切絳雲.
옥 퉁소 소리는 고개 중간에서 들리고, 玉簫聞半嶺,
든든한 산은 외로운 마을 지켜주네. 金障護孤村.

돌아와 남겠다고 약속하니,	留得歸來約,
산신령께서 돌에 글 새기는 것 면해주네.	山靈免勒文[17].

21 입암에서 세마 정사진을 그리며 [立巖懷鄭洗馬[18]四震[19]]

조형도(趙亨道; 1567~1637) 《동계문집(東溪文集)》(권2)

아침에 안덕현을 출발하여,	朝辭安德縣[20],
정오에 죽장천에서 쉬었네.	午憩竹長川.
천 장의 돌은 아직도 서 있고,	立石猶千丈,
높으신 분은 이미 돌아가셨네.	高人已九泉.
산림은 적막함을 두르고,	山林帶寂寞,
길에서 비련함이 일어나네.	行路起悲憐.
오늘 서쪽 고을에서 온 나그네,	今日西州客,
지나감에 몇 년을 건너뛰었나.	經過隔幾年.

17 勒文(늑문): 글을 새기는 것을 말한다. '늑'은 '새기다'의 의미이다.

18 洗馬(세마): 조선 시대, 세자익위사(世子翊衛司)에 두었던 정구품(正九品) 벼슬이다. 동궁을 모시고 경호하는 일을 맡았으며, 좌우에 각 한 명씩 두었다.

19 鄭洗馬四震(정세마사진): 세마(洗馬)의 직을 지낸 정사진(鄭四震; 1567~1616)을 말한다. 조선 후기의 학자이다. 본관은 영일(迎日)이다. 자는 군섭(君燮)이고, 호는 수암(守菴)이다. 일찍이 뜻이 맞는 사람들과 자양동에 들어가 과거 공부를 폐하고 학문에만 전념했다. 장현광(張顯光)의 문하에서 학덕이 높은 사람들과 교유하여 학행이 조정에까지 알려졌다. 선조 39년(1606) 왕자의 사부(師傅)를 제수받았고, 광해군 3년(1611) 세마(洗馬)와 시직(侍直)을 제수받았으나 모두 나가지 않았다. 입암서원(立巖書院)에 제향되었다.

20 安德縣(안덕현): 경상북도 청송군 안덕면·현동면·현서면 일대에 있던 옛 고을이다.

22 입암 [立巖]

정문익(鄭文翼; 1571~1639)[21] 《송죽당문집(松竹堂文集)》(권2)

예로부터 알았네 조물주의 공력 신묘해,	從知造化神工巧,
벽옥의 기암이 바닷가에 있음을.	碧玉奇巖大海邊.
언제 우 임금이 도끼로 깎아 세웠나,	削立何曾經禹斧,
몰고 와도 붉은 채찍 자국 보이질 않네.	驅來亦不見秦鞭[22].
천 층의 노한 파도는 벽을 향해가고,	千層怒浪走衝壁,
만 장의 뾰족한 끝은 하늘 지고 있어라.	萬丈尖頭擬戴天.
기상은 높아 다시 보는 것 좋아하고,	氣象巍然看更愛,
마음 함께 굳건하길 바란 것 누가 알리오.	心期誰識暗同堅.

23 입암에서 읊조려서 만취당에 부치며 [立巖吟, 寄晩翠堂]

정영방(鄭榮邦; 1577~1650)[23] 《석문선생문집(石門先生文集)》(권3)

그대 촉 땅 가는 길 어렵다고 말하지 말라,	君莫言蜀道難,
남아의 품성은 쩨쩨할 필요가 없다네.	男兒性命未須慳.
옛날 바람 불고 먼지 일던 큰 골짜기 생각하여,	憶昔風塵鴻洞兮,

21 鄭文翼(정문익): 조선 중기의 문신이다. 본관은 초계(草溪)이다. 자는 위도(衛道)이고, 호는 송죽당(松竹堂)이다. 조부는 증좌승지 정경윤(鄭景倫)이고, 부친은 첨정 정응택(鄭應澤)이다. 선조 39년(1606) 진사가 되고, 광해군 3년(1611) 별시문과에 장원급제했다. 사간원정언·이조좌랑·홍문관교리 등을 지냈다. 저서로는 《송죽당집(松竹堂集)》이 있다.

22 秦鞭(진편): 진편석혈(秦鞭石血)의 이야기를 말한다. 진시황(秦始皇)이 바다를 건너서 해 돋는 곳을 보고자 하여 돌다리를 놓으려 하였다. 그러자 신인(神人)이 나타나서 돌들을 바다로 내몰자, 돌들이 저절로 바다로 달려갔다. 돌들이 빨리 가지 않자, 신인이 돌을 채찍질하니 돌에서 피가 흘렀다. 지금도 그 돌은 모두 붉다고 한다. 《예문류취(藝文類聚)》 (권79)에 보인다.

23 鄭榮邦(정영방): 조선 중기의 학자이다. 본관은 동래(東萊)이다. 자는 경보(慶輔)이고, 호는 석문(石門)이다. 조부는 진사(進士) 정원충(鄭元忠)이고, 부친은 정식(鄭湜)이다. 정경세(鄭經世)의 문하에서 성리학을 수학했다. 선조 38년(1605) 을사(乙巳) 증광시(增廣試) 진사(進士) 3등 64위로 생원진사시에 합격했다. 그러나 광해군이 실정(失政)을 거듭하자, 벼슬을 단념하고 진성(眞城)에서 학문으로 일생을 보냈다. 당시(唐詩)에 뛰어났다. 문집으로는 《석문집(石門集)》이 있다.

임금이 동쪽 순시할 때 종묘사직 제단을 떠났네.	翠華[24]東狩兮廟社離壇.
나는 동해로 돌아와 죽으려니,	吾將歸死東海兮.
눈 덮인 고개 하늘과 이어져 돌고 도는 것만 보이네.	但見雪嶺連天勢鬱盤.
어찌 이 골짜기가 인간 세상이 아님을 알았으리,	豈知有此洞壑非人寰,
편치는 않더라도 처자식은 거둘 수 있다네.	安頓妻孥[25]雖得少安兮.
백등산(白登山)으로 머리 돌려,	回首白登[26]兮,
나도 모르게 매에게 물으며 길게 탄식하네.	不覺叩膺而長嘆.
산을 돌든 물을 돌든,	無論山回與水環,
집은 무릎 펼 수 있게 받아주지 않네.	室未容膝猶爲寬.
들판의 노인들도 왕왕 나를 보러 와서,	田翁野叟亦往往而來觀兮,
나에게 돌아가지 않고 임의로 머물러선 안 된다 하네.	云我亂定留無還.
산의 은행 이제야 금 구슬 같음을 보고,	初看山杏若金彈,
다시 서리진 잎이 부들방석을 메웠음을 깨닫네.	轉覺霜葉埋蒲團.
서쪽에서 고향 돌아와 어찌 즐거움이 없겠는가,	西歸鄉里豈無歡,
두려운 길에서 지금까지 치아는 시리네.	畏途至今齒生酸.
난새와 학 타고 봉래와 영주 오감을 마다하지 않고,	不辭乘鸞駕鶴往來 蓬瀛間,
구름과 무지개 드날리며 옥 방울 울리니,	揚雲霓而鳴玉鑾,
인간 세상에서 삼한이 어디에 있는가.	人間何處是三韓.
해곡의 가을은 붉고 옥돌처럼 푸른데,	嶰谷[27]秋老紅[28]琅玕[29],
일곱 가지 보석 장식된 난간에 홀로 누워도,	雖然獨臥七寶欄,
숲과 샘이 자취 숨기고 사립문이 되려 잠긴 것만 못하네.	未若掩迹林泉兮柴 門反關.

24 翠華(취환): 옛날 임금이 출행(出行)할 때 쓰던 물총새의 깃으로 장식한 기(旗)를 말한다.
25 妻孥(처노): 아내와 자식을 말한다.
26 白登(백등): 산서성(山西省)에 있는 산 이름이다. 한(漢) 고조(高祖)가 흉노의 묵돌(冒頓)을 치다가 이 산에서 7일간 포위되어 곤욕을 당했다.
27 嶰谷(해곡): 곤륜산(崑崙山) 북쪽에 있는 골짜기 이름으로, 옛날에 황제(黃帝)가 영륜(伶倫)을 시켜 이곳에서 자라는 대나무를 잘라 황종(黃鍾)의 관(管)을 만들게 했다고 전한다.
28 老紅(노홍): 암홍색을 말한다.
29 琅玕(낭간): 옥과 비슷한 아름다운 돌을 말한다.

강가의 돌은 우뚝 서 있으니 자태는 굳고 완고하며,	江干一石截然獨立兮姿堅頑,
위는 푸른 하늘을 갈고 아래는 푸른 파도를 꽂았네.	上磨靑穹下揷滄波.
원숭이와 쥐가 마음대로 오르지 못하게 하고,	不許猿猱鼯鼠之亂攀.
지나가는 사람은 모골이 서늘해지니,	行人凜凜毛骨寒.
이곳에서는 정신이 온전해지기 힘드네.	到此鮮有精神完.
올곧고 고고한 천성은 평안하니,	貞孤高苦素性攸安兮,
내가 스스로 견주려 함이 여기 있고,	凡吾所以自況[30]者在此,
은거하는 현인을 섬기려는 것이 아니네.	非徒事乎考槃[31]也.
우주 간에 절개와 의리가 사람에게 있지만,	宇宙間一種節義雖在人,
이 역시 세태의 흥망을 따라,	而亦隨世之隆殘兮,
추상과 뜨거운 태양 같음이 있기도 하고,	或有如秋霜烈日,
벌레의 팔과 쥐의 간이 되는 것도 있다네.	或有爲虫臂鼠肝.
내 연로한 손위 처남은 기개와 도량 굳세고,	吾老外兄[32]氣宇[33]桓,
표범이 남산에 숨은 것 무늬 때문이 아니라네.	豹隱南山非爲斑.
수시로 평소의 뜻을 글에 기탁함은,	時將素懷付毫端[34],
내가 물결 일으킬 수 있게 도와주기 위함이네.	意欲使我推波而助瀾.
만취당에서 삼가하고 조심함은,	晩翠之堂倚孱顔[35],
용마루나 기둥 위해서도 아니고 단청 위해서도 아니네 ,	不棟不楹非靑非丹,
성대하게 호를 지음은 사당이나 산에 있지 않으니	猗歟取號不在堂不在山,
누가 다시 이를 알고 누가 감히 헐뜯겠는가.	誰復知之誰敢訕.
빗댄 뜻은 그저 일반적인 것이 아니고,	不但寓意自一般,

30 自況(자황): 남을 자기와 비교함을 말한다.
31 考槃(고반): 세상에 나가지 않고 은거(隱居)하는 현인을 말한다.
32 外兄(외형): 손위의 처남을 말한다.
33 氣宇(기우): 기개와 도량을 말한다.
34 毫端(호단): 붓의 뾰족한 끝을 말한다.
35 孱顔(잔안): 삼가고 조심하는 모습을 말한다.

마음 함께 하는 말은 난초를 드는 것과 같으니, 同心之言如握蘭[36],
내 말이 졸렬하나 형이 어찌 지울 수 있으리. 我語雖拙兄何刪.

24 계구대에서 절구 한 수 지어, 함께 놀러 온 벗들에게 보여주며 [戒懼臺成一絶, 示同遊諸友]

신즙(申楫; 1580~1639) 《하음선생문집(河陰先生文集)》(권3)

반평생 동안 힘든 시절 맛보면서, 半世嘗艱險,
세속의 마음 오래전에 재가 되었네. 塵心久已灰.
평생 조심하고 두려운 마음 가졌어도, 平生戒懼意,
오늘 누대를 오름에는 겁이 나네. 今日㤼登臺.

25 3월 19일, 벗들과 여헌 할아버지를 모시고 입암으로 향했다. 여헌 할아버지께서는 도착하시자 시를 구하느라 크게 근심하셨다. 바로 그 자리에서 시를 써서 삼가 올렸다 [三月十九日, 與諸友陪旅爺[37]向立巖. 旣到旅爺索詩甚勤 書卽事伏呈]

신즙(申楫; 1580~1639) 《하음선생문집(河陰先生文集)》(권3)

늘 연기와 노을 진 곳을 꿈꾸다가, 每有煙霞夢,
오늘 지팡이와 신발과 함께 노니네. 今陪杖屨遊.
비녀 뽑고 돌 위에 외로이 서보고, 抽簪[38]石孤立,
젖은 거울 같은 물은 두 줄기로 흐르네. 涵鏡水雙流.
세속의 행적은 부끄럽기 짝이 없고, 自媿風塵躅,

36 同心之言如握蘭(동심지언여악난): 이 구절은 《주역(周易)·계사상(繫辭上)》의 "마음을 함께 하는 말은, 그 냄새가 난초와 같다(同心之言, 其臭如蘭)"라고 한 것에서 유래했다.

37 旅爺(여야): '여'는 여헌(旅軒)으로, 장현광(張顯光)의 호이다.

38 抽簪(추잠): 원의는 비녀를 뽑는다는 의미이다. 이 말은 벼슬을 그만두고 은거하는 것을 비유하는 것으로도 쓰인다.

강태공(姜太公)과 부열(傅說) 같은 생각 없었네. 曾無釣築[39]謀.
이 여정 실로 명승지 감상하는 것이니, 玆行眞勝賞,
흥에 겨워 더욱 오래 머무네. 乘興更遲留.

26 입암에서 노닐며 [遊立巖]

박인(朴絪; 1583~1640)[40] 《무민당선생문집(無悶堂先生文集)》(권1)

옛사람들 노닐었던 이곳, 昔人遊此地,
사람은 가도 땅은 이름을 남겼네. 人去地留名.
시냇가의 돌은 수 길이나 되고, 數仞溪邊石,
떠난 뒤의 모습 의연도 하네. 依然去後形.

27 빗속에 입암의 그윽한 거처를 찾아 [雨中訪立巖幽居]

박기봉(朴岐鳳; 1643~1712) 《해은유고(海隱遺稿)》(권1)

이끼 낀 길을 찾아 떠났다가 석양에 돌아오니, 行尋苔逕夕陽歸,
흩날리는 산의 비는 비췻빛 옷에 스며드네. 山雨霏霏翠襲衣.
고요히 살 꿈을 꾸다가 이제야 오니, 夢想幽居今始到,
천 겹의 옥 같은 봉우리들 눈에 그대로. 玉峯千疊眼中依.

39 釣築(조축): 때를 만나지 못해 큰 뜻을 펴지 못함을 말한다. '조'는 주(周)나라의 여상(呂尙)이 반계(蟠溪)에서 낚시한 것을 말하고, '축'은 은(殷)나라의 부열(傅說)이 공사장에서 부역을 한 것을 말한다. 강태공(姜太公) 여상은 위수(渭水)에서 낚시하다가 주나라 문왕(文王)에게 발탁되었고, 부열은 부암(傅巖)에서 죄인들과 무너진 길을 수축하다가 은나라 고종(高宗)에게 발탁되어 재상이 되었다.

40 朴絪(박인): 조선 중기의 학자이다. 본관은 고령(高靈)이다. 부친은 박수종(朴壽宗)이다. 어려서 자질이 뛰어나서, 10세 때 문장을 지을 줄 알았다. 22세 때 향시에 1등으로 합격했으나 벼슬에 뜻을 두지 않았다. 이후 부모의 권유로 과거에 응시는 했으나 급제에 마음을 두지 않고 학문에만 뜻을 두었다. 55세 때 인조가 청에게 항복하는 삼전도의 국치를 당하자 거처하는 곳의 이름을 무민당(无悶堂)으로 고쳤다. 58세로 고산정사(孤山精舍)에서 세상을 떠났다. 저서로는 《무민당선생문집(無悶堂先生文集)》이 있다.

28 입암 [立巖]

배정휘(裵正徽; 1645~1709)[41] 《고촌선생문집(孤村先生文集)》(권1)

여와가 남긴 돌조각,	女媧遺片石,
만 겹 구름에 우뚝 서 있네.	身聳萬重雲.
하늘로부터 얼마 안 되는 곳,	去天纔咫尺,
안개 숨겨 천지의 기운이 늘 성하네.	藏霧恒絪縕[42].
무성한 소나무 끝 더욱 곧고,	松茂頭愈矗,
얼룩진 쓸바귀 줄기 절로 무늬 지네.	苦斑體自文.
천지가 특별히 뜻을 세우니,	乾坤特立意,
예로부터 누구와 함께했나.	從古與誰群.

29 입암촌에 묵으며 [宿立巖村]

황명하(黃命河; 1651~1715) 《해헌선생문집(懈軒先生文集)》(권3)

아득한 천지가 평평히 깎일 무렵,	荒茫天地削平初,
누가 이렇게 우뚝한 기암을 세웠나.	孰立奇巖屹屹如.
두 산이 높이 나와 갈라진 곳은,	高出兩山分坼處,
웅장하게 늘어선 두 물줄기 합류하네.	雄排二水合流虛.
영웅호걸 기르니 길함은 끝이 없고,	釀成人傑祥無極,
요상한 기운 눌러 물리치니 큰 경사 있네.	壓勝妖祲慶有餘.
내 벗 성지는 이 골짜기에 살면서,	吾友性之居此洞,
시간 남아 한가하면 농사짓고 물고기 잡네.	剩將閒趣老耕漁.

41 裵正徽(배정휘): 조선 후기의 문신이다. 본관은 성주(星州)이다. 자는 미숙(美叔)이고, 호는 고촌(孤村)이다. 부친은 증 병조참판 배세위(裵世緯)이다. 현종 14년(1673) 진사로 식년 문과에 을과로 급제했다. 이후 사간원정언(司諫院正言)·사헌부지평(司憲府持平)·평강현감(平康縣監) 등을 역임했다. 1679년에 이유정(李有湞)의 투서 사건 당시 그 우두머리로 송시열(宋時烈)을 지목하여 탄핵하기도 하였다. 글씨를 잘 쓴 것으로 유명했다. 저술로는 《고촌선생문집(孤村先生文集)》 등이 있다.

42 絪縕(인온): 하늘의 기운과 땅의 기운이 서로 합해져 성해지는 것을 말한다.

30 입암 [立巖]

권두경(權斗經; 1654~1725) 《창설재선생문집(蒼雪齋先生文集)》(권4)

입암은 우뚝 서고,	亭亭卓立巖,
석봉과 마주하여 문이 되네.	石峯對爲門.
산의 그윽한 소나무와 계수나무 숲,	山幽松桂林,
그 가운데 큰 사람의 정원 있네.	中有碩人園.
희미하게 보이는 일제당은,	縹緲日躋堂,
강물에 임하여 날아오르려 하네.	臨水欲飛騫.
푸른 대나무는 손수 심었으나,	綠竹經手植,
백세 동안 외로운 뿌리만 남았네.	百歲留孤根.
강물과 돌은 너무나 깨끗하고,	水石絶瀟洒,
맑아서 먼지나 흙의 흔적 없네.	淸無塵土痕.
세상을 등진 날 생각해보면,	緬憶避世日,
팔방의 바람과 먼지가 혼탁했네.	八表[43]風埃昏.
강습한 곳에 지금 이르니,	到今講習地,
부르고 낭송한 것 유생들이 지키네.	絃誦諸生存.
가르침의 방울 소리 오랫동안 끊어졌으니,	敎鐸久絶響,
누가 뜻깊은 말을 궁구할 수 있으리.	何人究微言[44].

43 八表(팔표): 팔방(八方)의 구석 또는 팔방의 한없는 끝을 말한다.

44 微言(미언): 뜻이 깊은 말을 말한다.

31 입암 [立巖]

정석달(鄭碩達; 1660~1720) 《함계선생문집(涵溪先生文集)》(권1)

만 겹 산속에 백 척의 사람,	萬疊山中百尺身,
높고 험한 기상은 멀리 세속을 초탈했네.	巖巖氣像逈超塵.
의연히 군자처럼 우뚝 서 있으니,	依然卓立如君子,
여헌(旅軒) 옹이 이곳의 이웃임을 알겠네.	也識軒翁爲此鄰.

32 계구대 [戒懼臺]

정석달(鄭碩達; 1660~1720) 《함계선생문집(涵溪先生文集)》(권1)

한 조각 가파른 대 시냇가 누르고,	一片危臺壓澗濱,
올라보면 놀라 정신 번쩍 들게 하네.	登臨惕若竦精神.
이끼 흔적의 돌 색은 모두 그대로인데,	苔痕石色渾依舊,
그때 조심하고 두려워할 것 깨쳐준 분 보이질 않네.	不見當年戒懼人.

33 입암 [立巖]

박세정(朴世貞; 1667~1732) 《한와와문집(閒臥窩文集)》(권1)

가다가 입암 앞에 이르니,	行至立巖前,
기쁘게 나그네의 채찍이 멈추네.	欣然住客鞭.
별천지가 골짜기에 열리고,	別天開洞壑,
외진 곳엔 노을과 연무가 움직이네.	僻地動霞烟.
뚝뚝 떨어지는 깨끗한 샘의 원류는,	瀝液[45]泉源潔,
숫돌에 간 돌처럼 곱다네.	如磨石面姸.

45 瀝液(역액): 뚝뚝 떨어지는 샘물을 말한다.

돌아다니다 갈 길을 잃고, 徘徊忘去路,
서산의 해는 산꼭대기에서 사라지네. 西日忽山顚.

34 입암을 지나는데, 청송(靑松)의 네 벗이 마침 와서 여러 날 토론하고, 손하숙 어르신이 먼저 운 네 개를 부르자, 이어서 화답하며 [遊立巖, 靑鳧[46]四友適來討話數日, 孫丈夏叔先唱四韻, 續和]

정제(鄭梯; 1689~1765)[47] 《남창선생문집(南窓先生文集)》(권1)

소나무와 학 경관에 멀리 말 재갈 흔들리는데, 松鶴風光動遠鑣,
머리와 살쩍 가 많이 희끗해진 것 불쌍하네. 却憐華髮鬢邊饒.
덧없는 인생에 해후한 것 실로 큰 행운이고, 浮生邂逅誠奇幸,
좋은 곳에서 즐겁게 지내니 어찌 적막하리. 勝地團圞豈寂寥.
나이 들어 새 벗들과 〈벌목〉편 불러보고, 衰暮新交歌伐木[48],
꺾인 옛일 생각하니 파초 당기기 부끄럽네. 摧頹舊業愧抽蕉.
영지를 주어 작별함을 그대는 아시는가, 靈芝[49]贈別君知否,
잠시 봄바람 기다렸다 다시 만나길 바라네. 且待春風幸再邀.

---

46 靑鳧(청부): 경상북도 청송(靑松)의 옛 이름이다.

47 鄭梯(정제): 조선 중기의 유학자이다. 본관은 영일(迎日)이다. 자는 가승(可升)이고, 호는 남창(南窓)이다. 부친은 정사제(鄭思齊)이다. 기암(企菴) 정만양(鄭萬陽)과 지수(篪叟) 정규양(鄭葵陽)의 문하에서 수학했다. 향시에는 여러 차례 합격했으나 대과에서 뜻을 이루지 못하자 학문에만 정진했다. 학문적으로 교유한 인물로 정중기(鄭重器)·정간(鄭幹) 등이 있다. 문집으로는 《남창선생문집(南窓先生文集)》이 전한다.

48 伐木(벌목): 《시경(詩經)·소아(小雅)》에 수록된 〈벌목(伐木)〉 시를 말한다. 친구들과 모여서 잔치를 벌이면서 깊은 정과 우의를 나누는 내용을 담고 있다.

49 靈芝(영지): 삼신산(三神山)에 있다는 신초(神草) 이름이다. 두보(杜甫)의 시 《정분에게 드리다(贈鄭十八賁)》는 "……영지는 뭇 향기 중에 으뜸인데, 어찌 가까이하지 않겠는가(……靈芝冠衆芳, 安得闕親近……)"라고 했다. 여기서는 길 떠나는 친구의 고고함을 나타내는 말로 쓰였다.

35 현감 윤봉오의 입암 시에 차운하며 [次尹明府鳳五[50]立巖韻]

정제(鄭梯; 1689~1765) 《남창선생문집(南窓先生文集)》(권1)

깊고 그윽한 골짜기 하늘에 속세 모습 끊기고,	洞天幽邃絶塵容,
늦봄의 꽃과 새는 서른여섯 동천에 있네.	花鳥春深六六宮[51].
활기찬 솔개와 물고기 그 속을 지나가고,	潑潑鳶魚流化裏,
층층 누대는 공중으로 서 있네.	層層樓閣起空中,
시원한 맑은 바람 바위 위 대나무에 머물고,	淸風蕭灑留巖竹,
비 갠 후 달은 시냇가 오동나무 또렷하게 비추네.	霽月分明照磵桐.
누가 산신령 귀찮게 신비함 지켜달라 했나,	誰勅岳靈煩護秘,
산문이 열리자 문옹이 맞이해주시는 것을.	山門初啓迓文翁[52].

36 토월봉 [吐月峯]

정제(鄭梯; 1689~1765) 《남창선생문집(南窓先生文集)》(권1)

높디 높은 토월봉,	巍巍吐月峯,
예로부터 몇 사람이나 올랐던가.	從古幾人攀.
구름 일구는 언덕을 누르는 기세로,	勢壓耕雲峙,
돌 받침대 위에 나란히 서 있네.	氣齊立石盤.
푸른 그늘의 소나무 울창하고,	淸陰松鬱鬱,
차가운 계수나무 그림자 둥글디 둥그네.	寒影桂團團[53].

50 尹明府鳳五(윤명부봉오): '명부'는 한 고을을 다스리는 관리로, 현감(縣監)을 말한다. '윤봉오'는 조선 후기의 문신이다. 본관은 파평(坡平)이다. 자는 계장(季章)이고, 호는 석문(石門)이다. 숙종 40년(1714)에 생원시와 진사시 두 시험에 합격하여 일찍이 왕세제(王世弟)를 측근에서 보필했다. 이후 홍천현감·대사헌·동지의금부사 등을 지냈다. 문집으로는 《석문집(石門集)》이 있다.

51 六六宮(육육궁): 36개의 동천(洞天)의 의미로, 신선이 사는 별세계를 말한다.

52 文翁(문옹): 한(漢)나라 여강(廬江) 사람이다. 경제(景帝) 말에 촉군태수(蜀郡太守)로 있으면서 성도(成都)에 관학(官學)을 설치하여 고을의 자제들을 불러모아 배우게 하고 그들의 요역을 면제해 주었다. 이들 중 성적이 우수한 자는 고을 관리로 보임했는데, 이로 이 마을의 문풍이 크게 진작되었다고 한다.

53 團團(단단): 아주 둥근 모양을 말한다.

반나절 동안 오른 후에,	半日登臨後,
실로 사뿐히 걸어서 돌아오네.	飄然信步還.

37 욕학담 [浴鶴潭]

정제(鄭梯; 1689~1765) 《남창선생문집(南窓先生文集)》(권1)

구름 사이 학에게 묻노니,	借問雲間鶴,
언제부터 이곳에서 노닐었나.	何年浴此中.
푸른 물결 속 물고기 물풀과 장난치고,	波淸魚戱綠,
고요한 산엔 새들 꽃들 노래하네.	山靜鳥啼紅.
뜬구름 같은 인생 앞과 뒤 다르고,	浮生前後異,
경물은 예나 지금이나 같네.	景物古今同.
하루 종일 즐겁게 노닐던 곳에서,	盡日團圞[54]地,
마음 나누니 은근히 절로 통하네.	交情暗自通.

38~65 입암 28경 [立巖二十八景][55]

정욱(鄭煜; 1708~1770)[56] 《매헌공정욱유집(梅軒公鄭煜遺集)》(권2)

탁립암 [卓立巖]

홀로 우뚝 선 지 만천 년,	獨立萬千年,
높고 단단해 끝내 흔들리지 않았네.	高堅終不拔.
바람과 파도라도 쉽게 견뎌내니,	風波容易度,
장부의 절개와 흡사하네.	能似丈夫節.

54 團圞(단란): 서로 즐겁게 지내 화목함을 말한다.

55 이 시의 번역은 김윤규 교수의 《죽장 입암 시가 산책》(2011, 포항문화원)을 참고했다.

56 鄭煜(정욱): 본관은 영일(迎日)이다. 자는 여휘(汝輝)이고, 호는 매헌(梅軒)이다. 조부는 군수 정연(鄭沇)이고, 부친은 통덕랑 정상문(鄭相文)이다. 문장에 뛰어나 향시에 여러 번 합격했으나 문과에는 급제하지 못했다. 산수에 자적하며 글 쓰는 것을 즐거움으로 삼았다.

계구대 [戒懼臺]

깊은 물 머리를 굽어보면서, 俯臨深水頭,
뾰족한 바위 끝을 우러러보네. 仰眺尖巖頂.
오로지 안위만 생각하는 곳, 一念安危地,
올라오면 누가 공경하지 않으리. 登來誰不敬.

경심대 [鏡心臺]

골짜기 깊어 티끌 하나 없고, 硐邃塵無染,
바람은 잔잔해 물결 일지 않네. 風微波不侵.
거울 같은 맑음이 이와 같은데, 似鏡淸如許,
내 마음 물 가운데 비치고 있네. 吾心照水心.

수어연 [數魚淵]

맑은 물이 새 거울 만든 것 같고, 止水開新鏡,
저 물속 물고기도 살필 수 있겠네. 潛魚察可知.
물과 함께 흐르는 끝없는 마음, 同流無限意,
새 지나갈 때도 볼 수 있겠네. 看取鳥過時.

상두석 [象斗石]

돌이 어찌 하늘 모양을 알까, 石豈知乾象,
굳기가 본래 영물이 아닌 것을. 頑然本不靈.
조물주 워낙 일하는 것 좋아해, 化翁太喜事,
땅에 하늘 모양 또 만들었지. 在地又成形.

구인봉 [九仞峯]

산이 온통 돌로 만들어져서, 有山皆石面,
한 삼태기 흙도 쌓을 수 없네. 簣土不容積.

명성은 쉽게 허물어지는 것, 只借易虧名,
후학들 진실하게 깨우치네. 丁寧[57]戒後學.

물막정 [勿幕井]

이 우물을 물막이라 이름함은, 勿幕名斯井,
우리가 알기에 불식의 가르침. 吾知戒不食[58].
어찌하여 당시 사람들은, 如何當世人,
선생의 은혜를 입지 못했을까. 未被先生澤.

향옥교 [響玉橋]

차분한 걸음으로 패옥 소리 들으며, 穩步聽環珮,
좁은 다리 걸으면 아름다운 돌 소리. 危行奏磬聶.
불가의 개념으로 헤아려 보면, 肯數梵家物,
청운교(青雲橋)와 백운교(白雲橋)라네. 青雲與白雲[59].

청운과 백운은 모두 다리 이름이다 (青雲、白雲皆橋名)

답태교 [踏苔橋]

물이 넘으면 위가 모두 잠기고, 水漲頭全沒,
인적 드물어 이끼 반쯤 덮였네. 笻稀綠半封.
누가 알리 이렇게 깊은 산속에, 誰知山磵裏,
구름 못 탄 용이 누워있음을. 猶臥未雲龍.

57 丁寧(정녕): 거짓 없이 진실한 것을 말한다.

58 戒不食(계불식): 불식의 가르침이란 의미로, 바르게 정돈하여 사는 가르침을 말한다. 《논어(論語)·향당(鄉黨)》에서 "고기를 반듯하게 자르지 않으면 드시지 않았고, 양념장이 제대로 되어있지 않으면 드시지 않았다(割不正, 不食, 不得其醬, 不食)"라고 했다.

59 青雲與白雲(청운여백운): 경주 북국사의 청운교(青雲橋)와 백운교(白雲橋)를 말한다. 두 다리는 대웅전을 향하는 자하문(紫霞門)과 연결된 다리로, 다리 아래 일반인의 세계와 다리 위 부처의 세계를 이어주는 상징적인 의미를 갖고 있다.

피세대 [避世臺]

대는 무심히 있을 뿐이지만,	臺自無心在,
사람은 세상 피해 오곤 하지.	人因避世來.
말하지 말게 성군의 시대에,	莫言明聖際,
암혈에 좋은 인재 숨어있다고.	巖穴有遺材.

경운야 [耕雲野]

남의 손에 먹는 일 누가 좋다 하나,	代食誰云好,
몸소 밭 가는데 다른 무엇 바라랴.	躬耕夫豈欲.
흰 구름 언덕 위로 짙어지면,	白雲隴上多,
옛 백성들의 즐거움 배우고 싶어라.	願學先民樂.

산지령 [産芝嶺]

신령한 뿌리 정말로 있을까,	靈根眞有否,
사람들 저 산에서 절개를 우러르네.	人仰彼山節.
약초 영지가 귀한 것이 아니라,	不是芝爲貴,
상산(商山) 남쪽에서 노래한 이가 현인이지.	商顔歌者[60]哲.

상엄대 [尙嚴臺]

동강에 낚시 드리운 늙은이,	桐江垂釣叟[61],
땅이나 사람이나 아득하구나.	地與人俱遠.
벗 존중함에 누가 성의 없는가,	尙友誰無意,
이 대가 바로 내 원하던 곳이네.	此臺適我願.

---

60 商顔歌者(상안가자): 상산(商山)의 남쪽에서 노래를 불렀던 사람이란 의미이다. 이곳에서 '상안'은 상산의 남쪽을 의미한다. 상산은 진(秦)나라 말기 혼란을 피해 네 명의 은자가 은거했던 곳으로 유명하다. 이들은 각각 동원공(東園公)·하황공(夏黃公)·녹리선생(甪里先生)·기리계(綺里季)라고 불렸다. 이들은 모두 수염이 희었기 때문에 상산사호(商山四皓)라고도 부른다. 이들은 장생불사한다는 영지를 캐 먹으며 자지가(紫芝歌)를 불렀다고 한다.

61 桐江垂釣叟(동강수조수): 동한(東漢)의 개국 군주 광무제(光武帝) 유수(劉秀)의 벗인 엄광(嚴光)이 동강(桐江) 칠리탄(七里灘)에서 낚시하며 종신토록 출사하지 않음을 말한다.

욕학담 [浴鶴潭]

학은 지금 어디에 있는지, 仙禽今底露,
내 바라기는 함께 씻었으면. 我欲與同浴.
연못 물은 공연히 깊고, 空然潭水深,
한 번 간 뒤로 자취 없구나. 一去難尋躅.

토월봉 [吐月峯]

돌로 하늘 기웠다고 들었는데, 曾聞石補天[62],
지금 보니 봉우리가 달을 토하네. 今看峯吐月.
떠올라 마음속을 비춰주니, 來向懷中照,
비치는 곳마다 바다처럼 넓어지네. 任他滄海闊.

기여암 [起予巖]

고매한 여헌 계시던 터에 솟아오른 땅, 特地高標旅老墟,
복상에게 주신 말씀 공자님 가르침. 一般商[63]賜孔門於.
대나무 또한 무심하지 않은 것이, 此君[64]不是無心在,
바위 아래 꼿꼿이 서 나를 또 일으키네. 巖下亭亭又起予.

바위 밑에 대나무가 있어 이렇게 말했다(巖下有竹故云)

소로잠 [小魯岑]

공자님과 선생님이 다 마찬가지로, 夫子先生若是班,
각각 마음 터놓으니 한 구역을 이뤘네. 各將胸次[65]小區寰.
비록 성현에 고하가 있다 해도, 縱然賢聖殊高下,

62 石補天(석보천): 태곳적에 하늘의 서북쪽이 이지러진 것을 보고 여와씨(女媧氏)가 오색(五色)의 돌을 달구어서 하늘을 때웠다는 전설에서 온 말이다.

63 商(상): 공자의 제자 자하(子夏)를 말한다. 이름이 복상(卜商)이다. 공자의 제자 중에서 문학(文學)으로 이름이 높았다. 집안이 가난했으나 근면하고 배우기를 좋아했다. 기원전 483년 노(魯)나라로 건너와 공자에게서 수학했다. 《시경(詩經)》에 조예가 깊었다.

64 此君(차군): 대나무의 별칭이다.

65 胸次(흉차): 겉으로 드러내지 않고 마음 속에 품은 생각을 말한다.

동산이 이 산보다 낫다고는 못할 것. 未必東山[66]勝此山.

화리대 [畵裏臺]

조물주 어느 해에 이 공력을 드러내, 造物何年効此工,
절벽 깎아 병풍처럼 둘렀는지. 斷崖疑展小屛風.
예로부터 수석은 다 보여줌을 싫어하는데, 由來水石嫌全露,
기이한 곳 바라보니 그림 속 같구나. 奇處當看似畵中.

야연림 [惹烟林]

냇물 밖엔 긴 숲 숲 밖엔 마을, 川外長林林外村,
밥 짓는 연기 한 줄 아침저녁 알려주네. 炊烟一抹報朝昏.
바람 따라 숲에 들어 장막처럼 둘러싸니, 隨風入樹籠成帳,
청백색 새 치장이 마을을 꾸미었네. 靑白新粧侈洞門.

함휘령 [含輝嶺]

산은 사람 때문에 좋은 이름을 얻었지만, 山因人得美名歸,
사람 가고 산만 있어도 이름은 그대로. 人去山存名不非.
현인처럼 가운데에 같은 옥을 품었으니, 賢馥中藏同蘊玉,
골짜기며 바위들이 모두 광채 나는 것을. 洞天巖壑摠生輝.

정운령 [停雲嶺]

솟은 구름 한 조각 높은 선비 비슷하여, 攙雲一髮似高人,
생각건대 당시의 네 벗님 친함 같애. 想得當年四友親.
백 년이 지난 지금 아직도 감동 있어, 曠百如今猶有感,
그 모습 생각하며 공경하고 명심하네. 思將風味敬書紳[67].

66 東山(동산): 산 이름이다. 동진(東晉)의 사안(謝安)이 뛰어난 재능을 갖고도 조정의 부름에 응하지 않고 회계(會稽)의 동산(東山)에 집을 짓고 은둔 생활을 하면서 왕희지(王羲之)와 지둔(支遁) 등과 교류하며 풍류를 즐겼다고 한다.

67 書紳(서신): 중요한 말을 잊지 않도록 허리에 맨 띠에 적어 두는 것으로, 공자가 충신(忠信)과 독경(篤敬)에 관해 말하자, 자장(子張)이 이를 띠에 적었다는 것에서 유래했다. 《논어(論語)·위령공(衛靈公)》에 보인다.

합류대 [合流臺]

산을 낀 두 줄기 물 서로 엇갈렸는데, 挾山雙水到成叉,
큰 바위 용 같은 반석 늙은 뗏목 이고 있네. 巨石龍盤戴老査.
다른 흥취 함께 흐르니 무엇 취할 건지, 異趣同流焉足取,
다만 한가히 앉아 물고기나 벗하고 있네. 只堪閑坐侶魚蝦.

심진동 [尋眞洞]

여기서 지팡이 던짐은 인연 깨달은 것, 此地投笻悟有因,
세속 사람에게 쓸데없이 찾게 하랴. 肯敎凡骨謾探眞.
흰 구름 또한 앞길을 막지 말 것이, 白雲且莫遮前路,
나 또한 안개 덮인 골짜기 안 사람이니. 我亦烟霞洞裏人.

채약동 [採藥洞]

서린 용과 범이 신선 되어 갔으니, 鼎蟠龍虎羽流功,
약초를 캐는데 어찌 이 골짝뿐이리. 採藥胡爲此洞中.
백성 살리는 길은 우리의 일이어서, 壽民却是吾家事,
선현들은 계속 《참동》을 풀이하셨네. 前脩猶自註參同[68].

초은동 [招隱洞]

세상에선 어떤 선비 막힌 생각 벗어나나, 世間何士脫盆膠,
썩은 쥐들 밀고 당기며 욕심만 가득한데. 腐鼠[69]爭拏意自饕.
소나무 계수나무 온산인데 사람은 없고, 松桂滿山人不見,
우리 본분 따라갈 뿐 부른들 무엇하리. 遂初吾賦豈須招.

조월탄 [釣月灘]

낚시를 드리움은 고기 잡자는 게 아니고, 不是求魚把釣垂,
맑은 흥취 많고 마음 느긋해지기 때문이네. 爲多淸趣故遲遲.

---

68 參同(참동): 한(漢)나라 위백양(魏伯陽)이 지은 책 이름이다. 《주역(周易)》의 효사(爻辭)에 맞추어 연단(鍊丹)하는 방법을 논한 내용이다.

69 腐鼠(부서): 썩은 쥐라는 의미로, 작고 천한 물건이나 사람을 비유적으로 이르는 말이다.

아련한 달그림자 함께 노니는 듯, 無端蟾影如相戱,
물결 속에 떨어지더니 낚싯줄에 올라오네. 落在波心欲上絲.

세이담 [洗耳潭]
생각 많은 세상일 다 말해 무엇하리, 悠悠世事不須談,
구름과 함께 늙어감이 분수에 감사한 일. 伴老雲烟分所甘.
귀 있지만 억지로 씻을 일도 없는 것이, 有耳莫將潭水洗,
천추에 소보라도 세 번 한 건 아니라네. 千秋巢父[70]未應三.

격진령 [隔塵嶺]
두 산이 엇갈리며 동문을 이루고, 兩山交峙洞門成,
돌길에 샘물이 흘러 길도 맑은 것을. 石竇流泉一道清.
잿마루만 넘어서면 세상일 단절되니, 纔度嶺來塵事斷,
고개 다시 돌려 헛된 영화 흠모하랴. 肯教回首慕浮榮.

66 기여암에 올라 [登起予巖]

정일찬(鄭一鑽; 1724~1797)[71] 《죽비선생문집(竹扉先生文集)》(권1)

만활당의 방석과 자리 비고, 萬活堂中几席虛,
시냇가 산은 백 년 넘게 바뀌지 않았네. 溪山不改百年餘.
노닐어 온 날의 남긴 자취를 찾으니. 來遊此日尋遺躅,
층층이 선 바위들 모두 나를 일으켜주네. 立立層巖摠起予.

70 巢父(소보): 요(堯) 임금 때의 은사이다. 나무 위에 새처럼 둥지를 짓고 살았던 것 때문에 소보라고 했다. 요 임금이 일찍이 허유(許由)에게 천하를 물려주겠다고 하자, 이를 들은 허유는 자신의 귀를 더럽혔다고 생각하여 영수(潁水) 가에 가서 귀를 씻었다. 이때 마침 소보는 송아지에게 물을 먹이려고 나왔다가 허유가 귀를 씻는 것을 보고 그 물조차 더럽다고 여겨 송아지에게 그 물을 먹이려고 하지 않았다, 이에 소보는 소를 끌고 상류(上流)로 올라가서 물을 먹였다는 전설이 있다.

71 鄭一鑽(정일찬): 조선 후기의 학자이다. 호가 죽비(竹扉)이다. 정석달(鄭碩達)의 손자이자 매산(梅山) 정중기(鄭重器)의 아들이다. 어려서 효성이 지극하고 품성이 반듯하여 고을에서 칭찬이 자자했다. 조부와 부친의 가학을 물려받고 대산(大山) 이상정(李象靖) 등과 교유하며 퇴계학의 정수를 전수했다. 조부 정석달의 학덕을 기리기 위해 함계정사(涵溪精舍)를 중건했다.

67 입암 [立巖]

정동환(鄭東煥; 1732~1800)[72] 《노촌공유집(魯村公遺集)》(권1)

물 위 마을에 기암들이 서 있고, 立立奇巖水上村,
일제당엔 하늘빛과 구름 그림자 드네. 天光雲影日躋軒.
시냇가 산은 원래 한가한 사람이 주인, 溪山自是閒人主,
선생이 있기에 땅이 높아졌어라. 以有先生地以尊.

68 조카가 입암에서 돌아와 지난날을 기록한 것 때문에 [因姪兒自立巖歸記往事]

정동환(鄭東煥; 1732~1800) 《노촌공유집(魯村公遺集)》(권2)

연무에 휩싸인 울창한 나무는 세속과 끊어지고, 烟樹蒼蒼絶世塵,
온 산의 꽃과 달은 귀향한 사람에게 머무네, 滿山花月住歸人[73].
시냇가 바위는 외롭지 않게 고고함과 노니니, 溪巖不獨淸奇翫,
이 역시 선생의 의표가 참됨을 증명해주네. 亦驗先生意象眞.

69~73 입암의 여러 곳을 읊으며 [立巖諸詠]

류휘문(柳徽文; 1773~1832) 《호고와선생문집(好古窩先生文集)》(권2)

만활당 [萬活堂]

물소리보다 꾀꼬리 소리 높고, 鸎語溪聲外,

72 鄭東煥(정동환): 조선 후기의 문신이다. 본관은 영일(迎日)이다. 자는 낙첨(洛瞻)이고, 호는 노촌(魯村)이다. 부친 정사하(鄭師夏)에게 가학을 전수받았다. 영조 36년(1760) 서울에 올라와 공부했다. 초시(初試)에 합격했으나 아버지의 권유로 과거의 뜻을 버리고 시골에 내려와 학문 연구로 일생을 보냈다. 이언적(李彦迪)과 이황(李滉)의 저서를 중심으로 성리학 연구에 힘썼고, 예학(禮學)에 밝았다. 정조(正祖) 때 공사(貢士)로서 수령(守令)의 추천을 받았으나 사양했다. 저술로는 《노촌공유집(魯村公遺集)》이 있다.

73 歸人(귀인): 고향으로 돌아온 사람을 말한다.

물빛 가운데 사람 사는 집 있네. 人家水色中.
하늘의 작용이 활발한 뜻은, 天機活潑意,
가는 곳마다 예나 지금이나 같네. 觸處古今同.

탁립암 [卓立巖]
얼마나 정직하게 하늘을 받치는가, 撑天何正直,
땅을 차지하고도 맑고 그윽하네. 占地又淸幽.
여기에 훌륭한 유학자의 자취 얻었으니, 更得儒賢躅,
이 두 가지는 영원토록 전해지리. 千秋兩絶留.

일제당 [日躋堂]
차가운 곳 밟으니 샘물 소리 가깝고, 冷踏泉聲近,
푸른 곳을 헤아리니 큰 산의 빛깔이 오네. 靑斟嶽色來.
가벼운 바람은 세속 밖의 흥취 재촉하니, 輕風催逸興,
해 저물 때 또 누대를 오르네. 斜日又登臺.

구인봉 [九仞峯]
가파르고 우뚝하여 산봉우리 되었으니, 嵂屼天成峀,
어찌 쌓인 공을 논할 수 있겠는가. 何論積累功.
인력이 이르는 것을 보라, 請看人力到,
평지에서 똑같이 받드는 것을. 平地一般崇.

피세대 [避世臺]
구불구불한 절벽 아래의 돌, 盤陀崖下石,
초연하게 맑은 시냇물 내려 보네. 超絶頫淸流.
비록 사람들의 이목 피했어도, 縱避人間識,
그 명성은 세상을 움직인다네. 聲名動九區.

74 저녁에 입암에 도착해서 [暮抵立巖]

류치호(柳致皜; 1800~1862) 《동림집(東林集)》(권1)

저녁에 입암의 집에 투숙하니,	暮投立巖院,
집은 맑은 시냇가에 이르네.	院枉淸溪干[74].
많은 소나무 숲은 비취색 띠고,	萬松森翠色,
몇 굽이 차가운 여울에서 울리네.	幾曲鳴寒湍.
옛날의 장현광 어르신 생각하니,	憶昔張夫子,
속세를 피해 이곳에 사셨네.	避地居此間.
천 길의 돌이 우뚝 서 있고,	卓立千丈石,
홀로 해지는 구름 가에 남았네.	獨留暝雲端.
영정은 단청에 의탁하고,	遺像寄丹靑,
다시 절하니 감탄이 일어나네.	再拜興感歎.
얼른 물러나 빈 재에 앉아,	趨退坐空齋,
말없이 청산을 대하네.	默然對靑山.

75~102 입암 28경 시에 차운하며 [次立巖二十八景韻]

권주욱(權周郁; 1825~1902)[75] 《선고통암문집(先考通庵文集)》(권1)

탁립암 [卓立岩]

가파른 높은 바위는 하늘이 만든 외나무다리,	危石嶄嶄天作榷,
우뚝 서서 속세의 먼지 벗었네.	挺然特立脫塵殼.

74 干(간): '물가'의 의미이다.

75 權周郁(권주욱): 조선 후기의 학자이다. 본관은 안동(安東)이다. 자는 문수(文叜)이고, 호는 포암(逋庵) 또는 산석(山石)이다. 죽장면 입암리 출생이다. 부친은 권흔(權炘)이다. 종조부 명추(命樞)의 문하에서 수학했다. 어려서 총명해서 11세에 이미 경사(經史)에 정통했다. 벼슬에 뜻을 두지 않고 학문과 후진 양성에 전념했다. 조선 500년의 역사를 편년체로 엮은 《동감(東鑑)》을 편찬했고, 《이정전서(二程全書)》·《주자대전(朱子大全)》·《퇴계전서》 중의 중요한 부분을 발췌하여 차록(箚錄)을 남겼다. 성리학에도 조예가 깊었다. 저서로는 《동감》과 《포암문집(逋庵文集)》 등이 있다.

옛날부터 군자 같은 위의 있음 알아, 從知君子威儀在,
모난 곳 언덕 있고 바른 곳 각이 졌네. 稜處有隅正處角.

기여암 [起予巖]
곧게 뻗은 바위 사이로 햇살 드리우니, 有巖矗矗日蹄傍,
백 년의 고아한 풍취 아직도 드높구나. 百載高風尙激昂.
《주역》을 볼 당시에도 '기여'라 했으니, 觀易當時亦起予,
높되 우두머리 짓 않고 항용(亢龍) 경계하네. 高而無首戒龍亢[76].

피세대 [避世臺]
동해에 걸어갈 대의는 주례를 존중하고, 蹈海大義[77]尊周禮,
은하수 당겨 시원하게 한 번 씻으려네. 欲挽銀河快一洗.
이제부터 산에 돌아와 이치를 말하려면, 從此還山談理好,
피세대의 나무에 뿌리가 있음을 보시라. 請看臺樹有本氏.

초은동 [招隱洞]
해 저문 깊은 산의 계수나무 향기, 歲暮深山桂樹芳,
나는 내 벗 부르고 벗은 날 찾네. 卬招卬友友須卬.
이제야 참 인연 있음을 깨달으니, 如今覺得眞緣在,
생각 깊은 바위 신령이 골짝 방 여네. 有意巖靈闢洞房.

경심대 [鏡心臺]
지팡이 짚고 구름 지나 푸른 물가 이르니, 手杖穿雲到碧潯,

76 龍亢(용항): 하늘 끝까지 올라가서 내려올 줄 모르는 용을 말한다. 《주역(周易)·건괘(乾卦)》에 육효(六爻)의 뜻을 설명한 효사(爻辭)에 나오는 "항용유회(亢龍有悔)"에서 유래했다. 이 말은 높이 올라간 용은 후회한다는 의미인데, 이를 공자는 《주역·문언전(文言傳)》에서 이렇게 설명했다. "존귀하나 지위가 없고, 너무 높아 민심을 잃으며, 현사들이 낮은 지위에 있어 그들의 보필을 받을 수 없다. 이 때문에 움직이면 후회한다(子曰, 貴而無位, 高而無民, 賢人在下位而無輔, 是以動而有悔也)."라고 했다.

77 蹈海大義(답해대의): 동해를 밟겠다는 대의로, 나라의 위기에서 절개를 지켜 죽겠다는 태도를 말한다. 이 말은 전국(戰國) 시기 제(齊)나라의 고사(高士) 노중련(魯仲連)이 진(秦)나라가 황제로 자처하는 것을 보기 싫어 차라리 동해에 빠져 죽겠다고 한 이야기에서 유래했다.

대에 오르니 걸음마다 맑은 물결 들어오네.	登臺步步玉流侵.
활수가 근원으로 모임을 가만히 바라보니,	靜觀活水源頭會.
물에 비친 한 조각 달그림자가 내 마음일세.	一片空明是我心.

수어연 [數魚淵]

맑은 모래 하얀 돌 사이로 자란 갈대,	沙晶石白間生葦,
아래에 노는 물고기 그 수가 몇 마린지.	下有游魚厥數幾.
이제부터 천기가 흘러 발랄한 곳에는,	自是天機流潑處,
애써 긴 꼬리 흔들 필요가 없겠네.	不須用力棹莘尾[78].

토월봉 [吐月峯]

깊고 그윽한 산세 높고 기이하고,	谽谺山勢特高奇,
달은 산마루에 천천히 떠오르네.	月上其巓故故遲.
처음엔 미미하나 끝에는 큰 달 되어,	始若微微終吐大,
바위마다 비추어 키처럼 흩어지네.	千巖簸照散如箕.

상두석 [象斗石]

셋이면 홀수 되고, 넷이면 짝수인데,	三爲奇數四爲偶,
수중에 줄지어 있어 물살이 소리치네.	列在水中水自吼.
인간 세상 아닌 곳에 한 구역 열어두고,	別有乾坤開一區,
분명 뜻이 있어 북두성을 내렸구나.	分明有意降星斗.

답태교 [踏苔橋]

부귀란 인간에게 거품과 같다는데,	富貴人間等洙漚,
산중의 높은 발길 돌다리에 이르네.	環山高蹈石橋頭.
물가에 섰다가 해넘이를 잊었더니,	臨流不覺斜陽促,
문득 보니 마을에선 소 몰고 내려가네.	忽見巖村下括牛.

78 莘尾(신미): 긴 꼬리를 말한다. '신'은 '긴 모양'을 말한다.

세이담 [洗耳潭]

오랑캐 천지가 된 압록강 가에서,　　羯奴天地鴨江渚,
귀에 가득한 수치의 먼지 문질러도 안 없어져.　　滿耳羞塵刮未去.
맑은 못에 들어가 한 번 씻는 것만 못한데,　　莫若淸潭歸一洗,
장안 어디서 여인들의 노래 시끄럽나.　　長安何處鬧歌女.

화리대 畫裡臺]

하늘이 아낀 명승에 큰 사람 살았고,　　天慳勝地碩人居,
바위 아래 대가 있고 대 아래 개울 있네.　　巖下有臺臺下渠.
온 골짜기는 단풍이 수놓은 비단 편 듯,　　滿壑靑紅鋪錦繡.
조물주 그림 솜씨 현묘하고 심오하네.　　造翁工畫得玄虛.

계구대 [戒懼臺]

오르고 올라 우뚝 서니 곧 떨어질 듯,　　登登兀兀若將虧,
한 걸음 붙여두고 한 걸음 재고 있네.　　一步常存一步規.
군자의 공부는 오직 두려워함에 있으니,　　君子工夫只在懼,
조심하며 이르는 곳 계구대가 높구나.　　操心到處此臺危.

경운야 [耕雲野]

가랑비 오는 산들에 농부가 나오니,　　細雨山郊耘者出,
한가한 늙은이 일에 게으름 부리지 않네.　　閒翁心事自無逸.
짧은 보습 종일토록 구름 빛을 갈다가,　　短耟盡日埋雲光,
달을 안고 솔 아래 집으로 돌아오네.　　帶月歸來松下室.

정운령 [停雲嶺]

세모에 임금님 그립고 왕도의 바람 멀며,　　苓榛[79]歲暮王風逖,

79 苓榛(영진): 원의는 감초와 개암나무이다. 《시경(詩經)·패풍(邶風)·간혜(簡兮)》는 "산에는 개암나무가 있고, 습지에는 감초가 있네. 누구를 그리워하는고, 서방의 미인이라네(山有榛, 隰有苓, 云誰之思, 西方美人)"라고 했다. 따라서 '영진'은 보통 한 해가 저물 때 도성에 있는 임금이 더욱 그리워진다는 의미로도 쓰인다.

옛사람 생각나나 아직 못 뵈었네.	我思古人猶未觀.
돌아와 고산을 대하며 아침저녁 읊는데,	歸對高山日夕岑,
뜬구름 흩어지지 않고 앞 벽 지나가네.	浮雲不散過前壁.

함휘령 [含輝嶺]

고운 정기 품은 산이 옥을 낳더니,	山孕美精産出圭,
그 옥빛은 능히 야광주와 비슷하네.	孚尹[80]能興夜光齊.
선생의 네 벗님이 동쪽으로 오신 날,	先生四友東歸日,
별자리가 응하여 다섯별이 모였으리.	應動星文聚五奎.

산지령 [産芝嶺]

빛나는 자줏빛 영지 세모에도 그윽한데,	燁燁紫芝歲暮幽,
지금까지 남은 향기 푸른 산에 그대로네.	至今遺馥碧山留.
아홉 줄기 능히 단사의 비방과 합치되니,	九莖能合丹砂訣,
바라건대 오래도록 하늘의 별과 마주하길.	願備仙齡上應婁.

채약동 [採藥洞]

자그만 계수나무 잡꽃들과 섞였어도,	小山幽桂雜芳卉,
도가의 매운 향내 능히 구제하겠구나.	能濟道家香辣味.
이 노인 자기 몸만 좋게 한단 말 것이,	莫謂斯翁獨善身,
장차 세속에 먼지 낀 창자 고쳐 줄 것을.	且將世俗醫塵胃.

조월탄 [釣月灘]

가느다란 낚싯대에 물결도 일지 않는데,	籊籊一竿波不攪,
고기 잡는 것 배 부르려는 것이 아니네.	貪魚非是貧其飽.

80 孚尹(부윤): 옥의 광채를 형용하는 말이다. 《예기(禮記)·빙의(聘義)》는 "옛날에 군자가 덕을 옥에 비유했는데, 온윤하되 윤택함은 인이요……부윤이 사방으로 미침은 신이다(夫昔者君子比德於玉焉, 溫潤而澤仁也……孚尹旁達信也)."라고 했다. 부윤에 대해 정현(鄭玄)의 주석은 "옥의 채색을 말한다."라고 했다.

때에 따라 달그림자 오락가락하더니, 時隨月影徘徊頻,
통발에 보이는 건 삼성(參星)과 묘성(昴星). 滿霤只看參與昴.

구인봉 [九仞峯]

흙 쌓기는 치밀히 배움 쌓는 것과 같으니, 積土有如積學密,
아홉 길 높이라도 한 치에서 시작한다네. 成於九仞始於一.
나아감도 나 때문, 물러남도 나 때문이니, 進由吾進退由吾,
한 삼태기 덜 하고서 다했단 말 못하리. 簣不虧時能事畢.

욕학담 [浴鶴潭]

맑은 못에 천 길 절벽 맑은 물가에, 潭澄千丈湜其湄,
선학 날개 흩날리며 하얀 자태 씻누나. 仙羽飄飄浴雪姿.
산 밖에는 거친 흐름 비바람 험한데, 山外洪流風雨惡,
날아와 깃털 하나라도 어찌 적시리오. 肯教飛下一濡觜.

소로잠 [小魯岑]

대동 천지에서 제일 높은 봉우리, 大東天地一高岑,
공자님 당시에 바른 눈 지녔도다. 夫子當年道眼臨.
조그마한 이 나라 볼 것도 없으니, 眇眇此邦無足視,
어찌하면 태산에 올라 별을 따보리. 何如登泰摘星參.

물막정 [勿幕井]

서늘한 찬 샘에 두레박줄 당기며, 冽冽寒泉用引綆,
사방 이웃 긷느라 고요할 틈 없구나. 四隣爭汲甃無靜.
산 늙은이 좋기야 맑은 물맛 나누는 일, 山翁最愛分淸味,
우물 치던 당시에 덮지 말라 경계했지. 渫梵當年戒幕井.

심진동 [尋眞洞]

한 조각 길한 구름이 어둑한 구름 보듯, 一抹雲祥望靉靆,
그리운 그대 못 봐 부질없이 한숨 쉬네. 思君不見空嘘唏.

깊고 깊은 자하동에 신선 세계 열렸으니, 深深紫洞闢仙宮,
응당 산신령이 도깨비들 꾸짖은 듯. 應有山靈噤呵鬼.

야연림 [惹烟林]
도도한 명리의 구덩이 일찌감치 피하여, 夙避滔滔名利臼,
바위 찾아 아침저녁 검푸른 산을 보네. 尋巖朝暮對山黝.
궁한 삶에 일용할 것 가난하지 않음은, 窮居日月不須貧,
눈에 가득 푸르르고 버들마다 안개이니. 滿眼靑靑烟萬柳.

상엄대 [尙嚴臺]
상엄대 아래의 칠 리 모래사장서, 臺下平沙七里汀,
미치광이 고사로 산신령께 묻노라. 狂奴故事問山靈.
누가 천 길 절벽에 돌만 괜히 있다 말했나, 誰云千丈空留石,
그이 또한 동강에 근본 없는 떠돌이. 翁亦桐江[81]一客星.

향옥교 [響玉橋]
개울물 돌에 부딪쳐 옥 소리 내니, 澗流觸石戛琳琅[82],
다리로 삼을 것이지 깎을 수는 없겠네. 可以爲橋不可方.
아침저녁 행인들이 지팡이 멈추고서, 朝暮行人頻住杖,
혹시나 궁상각치우 연주하나 의심하네. 却疑宮角五音張.

합류대 [合流臺]
산의 옆구리에 언덕이 우뚝 솟아, 有臺兀起山之側,
그 아래 계곡물 쉼 없이 흐르네. 其下溪流流不息.
이치는 모름지기 생동하는 곳에 있어, 萬理須從活處看,
합하면 몸이 되고 나누면 날개 되네. 合而爲體分而翼.

81 桐江(동강): 동한(東漢) 광무제(光武帝) 때의 고사(高士) 엄광(嚴光)이 은거하여 낚시하던 곳이다. 광무제가 즉위하자 간의대부(諫議大夫)에 제수되었으나 사양하고 절강성(浙江省) 부춘산(富春山)에 은거하여 동강에서 낚시하며 세상에 나오지 않았다고 한다.
82 戛琳琅(알림랑): 옥이 쟁강하고 부딪치는 소리를 말한다.

격진령 [隔塵嶺]

일천 척 큰 바위 형세 가팔라서, 穹巖千尺勢嶙嶙,
세상일은 뜬구름 가소롭기만 하구나. 世事浮浮堪一哂.
일부러 산 병풍을 겹겹이 둘렀더니, 故作山屛回萬疊,
사람들이 감히 세상 자취 못 끼치네. 遊人不敢列塵軫.

103 입암을 지나며 [過立巖]

김흥락(金興洛; 1827~1899)[83] 《서산선생문집(西山先生文集)》(권1)

강 감도는 좁은 길을 느릿느릿 가니, 江盤峽束去遲遲,
열 번 건넌 냇가는 구절양장처럼 위태하네. 十渡川如九折危.
우뚝한 절벽 하나 사람 얼굴처럼 섰는데, 峭壁忽從人面立,
돌아가는 구름이 마침 말머리를 휘감네. 歸雲時繞馬頭馳.
신령한 선계는 속세처럼 있고, 靈仙界若尋常在,
인지의 마음을 가는 길에선 알 수 없네. 仁智心非行路知.
돌을 쓸고 냇물 가에 오래 앉아 있으니, 掃石臨流仍坐久,
산의 해가 서쪽으로 옮겨간 것도 잊었네. 却忘山日欲西移.

83 金興洛(김흥락): 조선 후기의 유학자이다. 본관은 의성(義城)이다. 자는 계맹(繼孟)이고, 호는 서산(西山)이다. 부친은 능주목사(綾州牧使) 김진화(金鎭華)이다. 류치명(柳致明)의 문인이다. 1845년 4월 류치명의 제자가 되면서 이황(李滉)·이상정(李象靖)·류치명으로 이어지는 영남학파의 학통을 계승했다. 한말 영남의 대 유학자로 이돈우(李敦禹)·권연하(權璉夏) 등과 교유했으며, 학자·의병·독립운동가 등 수많은 제자를 양성했다. 사후 소계서당(邵溪書堂)에 입향되었다 저서로는《서산집(西山集)》이 있다.

104 입암 [立巖]

곽종석(郭鍾錫; 1846~1919)[84] 《면우선생문집(俛宇先生文集)》(권7)

옥 같은 시내 맑고 깨끗해 산의 푸르름 바래고, 玉澗澄明山失青,
지나가는 사람들 여기 오면 몸과 마음을 잊네. 行人至此坐忘形.
높은 가지를 대하고 우뚝한 기둥 보고도, 對面高標瞻屹柱,
세상 사람들은 그대의 우뚝함을 감탄하질 않네. 世間嗟少爾亭亭.

105 입암 [立巖]

윤주하(尹冑夏; 1846~1906)[85] 《교우선생문집(膠宇先生文集)》(권2)

차고 오래된 향기에 산은 절로 푸르고, 寒老遺芬山自青,
맑은 노인의 옛 자취는 돌에 남았네. 晴翁舊跡石留形.
시냇물은 밤낮으로 끊임없이 흐르는데, 溪水滔滔日夜逝,
저 천고에 우뚝 서 있는 이 가련하네. 憐渠千古立亭亭.

84 郭鍾錫(곽종석): 조선 후기의 유학자이다. 본관은 현풍(玄風)이다. 자는 명원(鳴遠)이고, 호는 면우(俛宇)이다. 부친은 곽원조(郭源兆)이다. 4세부터 부친 이홍렬(李鴻烈)에게 사서오경(四書五經) 등을 배웠다. 12살 되던 해에 아버지를 여읜 뒤 선진((先秦) 시기의 유가 경전과 도가(道家) 및 불가(佛家)의 경전까지 섭렵했다. 한때 고종의 부름을 받기도 했으나 거절하고 고향으로 돌아왔다. 저술로는 《한주집(寒洲集)》·《면우문집(俛宇文集)》 등이 있다.

85 尹冑夏(윤주하): 조선 후기의 학자이다. 본관은 파평(坡平)이다. 자는 충여(忠汝)이고, 호는 교우(膠宇)이다. 철종 14년(1863)부터 2년에 걸쳐 과거에 응시했으나 번번이 떨어지자 과거에 뜻을 두지 않고 성현의 학문에 정진하며 평생을 보냈다. 고종 21년(1884), 면우(俛宇) 곽종석(郭鍾錫)을 방문하여 학문의 대의(大義)와 방도(方道)를 질의하고 논의했다. 이승래(李承來)·이영훈(李永薰)·박종권(朴鍾權)·윤계하(尹啓夏) 등과 교유했고, 문인으로 윤희도(尹禧道)·최효근(崔孝根)·윤정하(尹貞夏) 등이 있다. 향년 61세를 일기로 세상을 떠났다. 저서로는 《교우선생문집(膠宇先生文集)》이 있다.

106~133 입암 28영 시에 차운하며 [次立巖二十八詠]

강시형(姜時馨; 1850~1928)[86] 《농은집(聾隱集)》(권3)

탁립암 [卓立巖]

우뚝한 저주산(砥柱山)처럼 하늘로 서고, 有立一天砥柱[87]卓,
천 년 동안 바다의 소라 껍데기처럼 변했네. 變移千歲溟螺殼.
비바람에 갈고 씻기어 절로 높고 견고한데, 風磨雨洗自高堅,
이끼 무늬가 산 바위의 모서리에 섞여 있네. 錯落苔文山骨角.

기여암 [起予巖]

기여암은 입암 곁에 섰는데, 起予巖立立巖傍,
함께 시를 논하듯 낮고도 높구나. 可與言詩低復昂.
성인이 당시에 자공에게만 허락한 것이니, 大聖當年偏許賜,
높은 곳에서 진항에게 답한 것을 보길. 請看高處答陳亢[88].

피세대 [避世臺]

이곳에 오르면 시·서·예 강학하기 좋고, 登斯合講詩書禮,
은하를 당겨다 세속 더러움도 씻고 싶네. 欲挽銀河汚俗洗.
대 아래에는 먼지 가린 짙은 숲이 있어, 臺下遮塵有萬林,
봄 올 때마다 뿌리 돋음을 느껴보네. 春來每驗生根氐.

초은동 [招隱洞]

구름 그윽한 계수나무 누굴 위해 향기롭나, 雲冥桂樹爲誰芳,

86 姜時馨(강시형): 조선 후기의 문신이다. 본관은 진양이다. 자는 주형(周亨)이고, 호는 농은(聾隱)이다. 강기영(姜紀永)의 아들로 칠곡 상지에서 살았다. 동당시(東堂試)와 향시(鄕試)에 합격했고, 장릉참봉에 제수되었다. 문장이 뛰어났다. 저서로는 《농은집(聾隱集)》이 있다.

87 砥柱(저주): 중국의 삼문협(三門峽)을 통해 흐르는 황하의 한 가운데에 있는 산 이름으로, 황하의 거센 물결에도 쓸려나가지 않고 굳건하게 서 있다고 한다.

88 陳亢(진항): 공자의 제자이다. 진항이 공자의 아들인 공리(孔鯉)에게 공자로부터 특별히 배운 것이 있는지를 묻자, 공리가 특별히 배운 것은 없고 시와 예를 공부하라고 하셨다고 대답하였다. 진항이 이 말을 듣고는 기뻐하며 말하기를 "하나를 물어서 세 가지를 들었다. 시를 듣고, 예를 들었으며, 또 군자(君子)가 그 자식을 멀리하는 것을 들었다."라고 했다. 《논어(論語)·계씨(季氏)》에 보인다.

남들은 나루를 건너도 나는 건너지 않네. 人涉要津獨否卬[89].
회남소산(淮南小山)의 《초은사(招隱士)》[90] 불러보고, 試唱淮南招隱操,
차가운 곳에 사니 어디에 고요한 방 있는가. 寒棲何處靜櫳房.

경심대 [鏡心臺]
물가에 우뚝 솟은 바위 언덕, 巖臺屹立水之潯,
탁한 찌끼 어두운 먼지 스며들지 못하네. 滓濁塵昏不敢侵.
맑은 물에 낯을 대면 보배 거울 열리니, 當面澄虛開寶鏡,
천고의 도인의 마음 비춰 보게 하네. 照看千古道人心.

수어연 [數魚淵]
작은 배 가는 대로 맡겨두니 못의 고기 뛰고, 魚躍于淵縱一葦[91],
놀라 숨어버리니 일의 낌새도 아네. 驚駭潛伏又知幾[92].
낚시하는 늙은이는 바라보며 탄식하는데, 釣翁望見爲長歎,
드넓은 굴에서 꼬리 치며 노니네. 丙穴[93]洋洋掉厥尾.

토월봉 [吐月峯]
구름 걷힌 청천에 기이한 봉우리 드러나고, 靑天雲捲露峯奇,
한밤에 차가운 달은 늦지 제때 떠오르네. 五夜氷輪出不遲.

89 人涉要津獨否卬(인섭요진독부앙): 이 구절은 《시경(詩經)·패풍(邶風)·포유고엽(匏有苦葉)》에서 "뱃사공은 손짓하여 부르고 부르지만, 남들은 건너도 나는 건너가지 않노라. 남들은 건너도 나는 건너가지 않음은, 나는 내 벗이 부르기를 기다려서 라네(招招舟子, 人涉卬否. 人涉卬否, 卬須我友)"라고 한 것에서 유래했다. '앙(卬)'은 1인칭 '나'의 의미이다.

90 淮南招隱操(회남초은조): 회남소산(淮南小山)의 《초은사(招隱士)》를 말한다. 회남소산은 한(漢)나라의 회남왕(淮南王) 유안(劉安) 문하에서 활동한 문객이다. 《초은사》는 은거하는 어진 선비를 불러 모으는 내용을 담고 있다. 이 작품은 현재 《초사(楚辭)》에 수록되어있다.

91 縱一葦(종일위): 작은 배가 가는 대로 맡겨두는 것을 말한다. 소식(蘇軾)의 《전적벽부(前赤壁賦)》는 "작은 배 가는 대로 맡겨두고, 아득한 넓은 바다를 넘어가니, 호연한 기상은 마치 허공에 의지하여 바람을 타고 가는 듯하여 그칠 바를 모르겠고, 표연한 마음은 속세를 버리고 홀로 서서 학이 되어 신선이 되는 듯하였다(縱一葦之所如, 凌萬頃之茫然, 浩浩乎如憑虛御風而不知其所止, 飄飄乎如遺世獨立, 羽化而登仙)"라고 했다.

92 知幾(지기): 일이 돌아가는 낌새를 알아차리는 것을 말한다.

93 丙穴(병혈): 맛 좋은 물고기가 나오는 곳이다. 동혈(洞穴)의 입구가 병향(丙向)으로 뚫렸다 하여 붙여진 이름이다. 진(晉)나라 좌사(左思)의 《촉도부(蜀都賦)》는 "좋은 물고기는 병혈에서 나오고, 좋은 나무는 부곡에서 나온다(嘉魚出丙穴, 良木攢褒谷)"라는 했다.

한 번 솟으면 사해를 고루 비춤을 알겠고, 一吐吾知同四海,
배회하는 달그림자는 북두성에 걸렸네. 徘徊影子斗牛箕.

상두석 [象斗石]

하늘이 내신 별의 정기 맞먹을 자 없어, 天降星精應不偶
천년 풍상 울부짖어도 스스로 태연했네. 千年自在風霜吼
대장부 기상은 본래 이와 같은 것, 丈夫氣象本如斯
남국의 높은 명성은 북두에 걸렸네. 南國高名懸北斗

답태교 [踏苔橋]

이끼 낀 다리 가에 작은 연못 있고, 莓苔橋畔小池漚,
거기서 나온 돌들 서 있네. 立立那邊出石頭.
나무 베는 소리에 산은 더 적막한데, 伐木丁丁[94]山更寂,
저물녘 나무꾼 노래에 누런 소 밟고 가네. 樵歌日夕踏黃牛.

세이담 [洗耳潭]

저녁 구름 물가에 맑은 못이 탁해지면, 淸潭一濁暮雲渚,
천 년 전 귀 씻던 소보(巢父)와 허유(許由) 떠나네. 洗耳千年巢許去.
구르는 돌은 끝없이 푸른 이끼에 넘치고, 漂石無端漲碧苔,
달이 훤할 땐 빨래하는 여인이 보인다네. 月明時見浣紗女[95].

화리대 [畵裏臺]

신선 중에 혹시 누각 생활 좋아하면, 仙人若有好樓居[96],
하수구에 고운 모습 비치기 부끄러워하지. 綽約[97]還羞映汚渠.

---

94 丁丁(정정): 나무를 베느라고 도끼로 잇따라 찍는 소리를 나타낸다.

95 浣紗女(완사녀): 완사계(浣紗溪)에서 빨래하는 여인이라는 의미이다. 소흥(紹興)의 약야산(若耶山)에서 나온 시내 약야계(若耶溪)는 미인 서시(西施)가 일찍이 이곳에서 비단을 빨았다 하여 일명 완사계라고도 한다.

96 好樓居(호루거): 누각에 사는 것을 좋아한다는 의미이다. 이 말은 한(漢) 무제(武帝) 때 방사(方士) 공손경(公孫卿)이 무제에게 "선인은 누각에 거주하기를 좋아하옵니(仙人好樓居)"라고 한 것에서 유래했다.

97 綽約(작약): 단아하고 아름다운 것을 형용하는 말이다. 《장자(莊子)·소요유(逍遙遊)》에 "묘고

안개구름 몽롱하고 비단 폭은 짧은데, 雲霧朦朧綃幅短,
청색 홍색으로 어떻게 선경을 그려낼까. 丹青那得像靈虛[98].

계구대 [戒懼臺]
찬 그릇은 기울고 달도 차면 이우나니, 器滿而欹月滿虧,
계구대 위에서는 이 마음을 법도 삼네. 戒懼臺上此心規.
깊은 못에 서고 얼음 밟듯 세상일 행하고, 臨深履薄宜行世,
오늘 비록 평안해도 위태함을 잊지 말리. 今日雖安莫忘危.

경운야 [耕雲野]
도연명은 구름이 무심히 나오는 데 빠졌고, 淵明誤落無心出[99],
도홍경은 붙잡혔다가 종신토록 은거했네. 弘景被留終歲逸[100].
어찌 들을 기름지게 가득 갈기만 했겠는가, 詎但彌漫饒野耕,
돌아와서도 유가의 책 소장한 석실을 지켰네. 歸來亦護藏書室[101].

정운령 [停雲嶺]
돌길은 비스듬하고 구름 재는 아득하니, 石逕橫斜雲嶺迯,

야 산에 신인이 살고 있는데, 살결은 빙설과 같고, 예쁘기는 처녀와 같으며, 오곡을 먹지 않고 바람을 마시며 이슬을 먹는다(藐姑射之山, 有神人居焉, 肌膚若氷雪, 綽約若處子, 不食五穀, 吸風飮露)"라고 했다.

98 靈虛(영허): 신선이 산다는 산의 이름이다. 한(漢) 나라 때 요동(遼東) 사람 정령위(丁令威)가 일찍이 영허산(靈虛山)에 들어가 선술(仙術)을 배웠다. 후에 학(鶴)으로 변하여 고향에 돌아가서 성문(城門)의 화표주(華表柱)에 앉았다. 한 소년이 활을 가지고 그를 쏘려 하자, 그 학이 날아올라 공중을 배회하면서 "새여 새여 정령위가, 집 떠난 지 천 년 만에 이제야 돌아왔네. 성곽은 예전 같은데 사람은 간 곳 없어라, 어이해 신선 안 배우고 무덤만 즐비한고(有鳥有鳥丁令威, 去家千年今始歸, 城郭如故人民非, 何不學仙冢纍纍)"라고 했다고 한다

99 無心出(무심출): 도연명(陶淵明)의 《귀거래사(歸去來辭)》는 "구름은 무심히 멧부리 위에서 나오고, 새는 날다 지치면 돌아올 줄 아네(雲無心以出岫, 鳥倦飛而知還)"라고 했다.

100 弘景被留終歲逸(홍경피유종세일): 남북조남북조 때의 사람 도홍경(陶弘景)은 젊었을 때 갈홍(葛洪)의 《신선전(神仙傳)》을 읽고 양생(養生)의 뜻을 품었다. 남조 제(齊)나라 고제(高帝) 때 좌위전중장군(左衛殿中將軍)에 제수되었으나 구곡산(句曲山)에 은거했다. 천성이 저술을 좋아하고 기이한 것을 숭상했으며, 음양(陰陽)·오행(五行)·지리(地理)·의술(醫術)에 정통했다. 《양서(梁書)·도홍경전(陶弘景列傳)》에 보인다.

101 藏書室(장서실): 진(秦)나라 때 장서실을 돌로 만들었던 것을 말한다. 《사기(史記)·태사공자서(太史公自序)》에 "진(秦) 나라가 고문(古文)을 없애고, 시(詩)·서(書)를 불태워버렸기 때문에 명당(明堂) 석실(石室)에 서적이 어수선하게 흩어져 있었다."라고 했다.

여기서는 신선을 꼭 만날 듯. 此間彷彿幽人覿.
저녁 무렵 쓸쓸히 혼자서 돌아오는데, 暮天怊悵獨歸來,
무슨 일로 단원은 푸른 절벽에 사는가. 底事丹元[102]棲翠壁.

함휘령 [含輝嶺]
날 따습고 연기가 피면 길 잃지 않고, 日暖烟生路不迷,
누가 능히 옥을 캐러 여기를 올랐던가. 誰能採玉此攀躋.
영천은 예로부터 인걸이 많이 난 곳이니, 永陽[103]終古鍾人傑,
휘황한 빛 규성(奎星)에 모여도 이상치 말길. 休怪輝光爛聚奎.

산지령 [産芝峯]
영지가 나는 이 산은 그윽하여, 靈芝所産此山幽,
상산사호 살던 산과 길이 이어질 듯. 四皓商岑路有由.
반짝반짝 구운 단약 장수한 사람 많으니, 燁燁燒丹多壽考,
봉우리 이름이 해부루 나라에 떨쳤네. 一峯名擅國扶婁[104].

채약동 [採藥洞]
의약의 첫 근원에 모든 풀을 맛봤더니, 醫藥源初嘗百卉,
산중의 고기 과일이 바로 별미로구나. 山中魚果是兼味.
평생토록 캐고 캐면 영약을 얻으리니, 終年採採得靈根,
한 번만 먹으면 세속 위장 불을 끄리. 一服應消烟火胃.

조월탄 [釣月灘]
물 따라가는 조각배에서 낚싯대를 던지고, 扁舟逐水手竿攬,

102 丹元(단원): 송나라 정초(鄭樵)의 《통지(通志)·천문략(天文略)》에 의하면, 단원자(丹元子)는 수(隋)나라의 은자(隱者)라고 했다.

103 영양(永陽): 경상북도 영천(永川)의 옛 이름이다. 현재의 포항 죽장면 입암리는 조선 시대에 영천에 월경지(越境地)로 속해 있었다.

104 國扶婁(해부루): 해부루(解夫婁)를 말하며, 북부여의 시조 해모수(解慕漱)의 아들이라는 설과 단군과 하백(河伯)의 딸 사이에서 태어난 아들이라는 설이 있다. 부루는 단군 127년, 즉 하우씨(夏禹氏) 18년에 도산(塗山)에서 우(禹) 임금에게 조회를 하였다고 한다.

밤에 묵은 갈대꽃에 여울 밥이 배부르네.	夜宿蘆花灘飯飽.
이같이 자적함이지 고기 잡으려는 것 아냐,	取適如斯非取魚,
새벽까지 주살 던지니 달은 묘성(昴星)으로 가네.	曉來投繳月移昴.

구인봉 [九仞峯]

평지를 떠난 봉우리 가장 정밀한데,	峯離平地最精密,
구인봉 높을수록 하나에서 시작하지.	九仞增高爰始一.
요순시대 옛 문화도 여기에 의지하여,	舊物唐虞[105]賴有玆,
옛사람 노력도 마지막 삼태기에 끝나네.	昔人努力簣功畢.

욕학담 [浴鶴潭]

못에는 물 가득 물가에는 구름 가득,	水滿於潭雲滿湄
학이 야윔은 병이 아니라 고고한 자태.	鶴癯非病自高姿.
맑은 밤 울음소리 물결 가운데 번져오니,	淸宵唳入波心沒,
일렁이는 물결에 찬 하늘의 별들 비치네.	凌亂寒天映畢觜[106].

소로잠 [小魯岑]

귀음 땅 소로봉은 동쪽으로 오른 산,	龜陰小魯陟東岑,
지난날 귀한 자태 공자님이 임하셨지.	憶昔珠衡[107]孔聖臨.
오늘날 이름을 따져 일월성신을 징험하면,	今日顧名[108]徵象緯[109],
동쪽 하늘 분야에는 노나라 땅이 삼성(參星)이지.	東天分野魯墟參.

105 唐虞(당우): 중국 고대의 임금인 도당씨(陶唐氏) 요(堯)와 유우씨(有虞氏) 순(舜)을 아울러 이르는 말이다. 중국 역사에서 가장 이상적인 태평 시대로 꼽힌다.

106 畢觜(필취): 별자리 이름인 필수(畢宿)과 취수(觜宿)를 말한다. 이곳에서는 별을 가리킨다.

107 珠衡(주형): 눈두덩이 구슬을 꿰어놓은 것처럼 생긴 골상(骨相)으로, 옛날에 관상가(觀相家)들이 성현(聖賢)의 상으로 여겼다.

108 顧名(고명): 고명사의(顧名思義)의 준말로, 어떤 일을 대할 때, 자신의 명예를 더럽히는 것은 아닌지와 의리에 어긋나지 않는지를 생각함을 말한다.

109 象緯(상위): 상수(象數)와 참위(讖緯)를 합해서 부른 말로도 쓰이기도 하고, 성상(星象)의 경위(經緯)를 가리키기도 하는데, 일월(日月)과 오성(五星)을 말한다.

물멱정 [勿羃井]

덮지 않아도 깊고 깊어 두레박으로 긷는데, 勿羃深深垂汲綆,
몽천의 바른 맥으로 내 고요함을 기르네. 蒙泉[110]正脈養吾靜.
다만 해와 별이 서로 함양하기 좋음을 보니, 但看星日好相涵,
하늘을 보겠다고 와서 우물 속에 앉지는 마오. 莫遣觀天來坐井.

심진동 [尋眞洞]

골짜기 깊은 곳엔 구름이 자욱한데, 洞天深處有雲黷,
진인을 못 만나니 마음이 쓸쓸하네. 不見眞人心自唏.
순박함을 사랑하는 마을 풍속이 어질어, 可愛淳尨里俗仁,
진인도 내가 귀신이 아님을 알겠네. 眞人我識非神鬼

야연림 [惹烟林]

깊이 잠긴 야연림은 속세와 나눠지고, 惹煙深鎖隔塵臼,
저녁 새 숲으로 드니 나무들도 컴컴해. 宿鳥依林林樹黝.
바위 앞에 가까이 둘러 한 격조 더한 것은, 近繞巖前添一格,
봄 물결 넘실대는데 작은 못가의 버드나무. 漫漫春水小塘柳.

상엄대 [尙嚴臺]

옛날 칠리탄 동강의 낚시하던 물가, 七里桐江[111]舊釣汀
높은 대에 완연히 자릉의 영령 강림했네. 危臺宛降子陵靈.

110 몽천(蒙泉): 어리석음을 깨우치는 우물을 의미한다. 《주역(周易)·몽괘(蒙卦)·상전(象傳)》에서 "산 아래에서 샘물이 나오는 것이 몽이니, 군자는 보고서 행실을 과단성 있게 하며 덕을 기른다(山下出泉, 蒙. 君子以, 果行育德)"라고 했다. 이에 대해 정이(程頤)는 전에서 "산 아래에서 샘물이 나오는데 험한 지형을 만나 갈 곳이 없는 것이 몽의 상이니, 마치 사람이 몽매하고 어려서 갈 곳을 모르는 것과 같다(山下出泉, 出而遇險, 未有所之, 蒙之象也. 若人蒙穉, 未知所適也)"라고 했다.

111 七里桐江(칠리동강): 동한(東漢) 광무제(後漢光武帝)는 즉위한 후 어릴 적 함께 수학했던 엄광(嚴光)을 불러 간의대부(諫議大夫)로 삼고자 하였다. 그러나 엄광은 벼슬을 사양하고 부춘산(富春山)에 은거하여 동려현(桐廬縣) 칠리탄(七里灘)에서 낚시를 즐기며 일생을 마쳤는데, 그의 청아한 절개가 당시의 혼탁한 세상을 바로잡았다 하여 사람들이 "동강의 한 가닥 낚싯줄이 한나라의 구정을 붙들었다(桐江一絲, 扶漢九鼎)"라고 칭송했다.

맑은 풍채 남궁 화상(畫像)에도 안 들어갔는데, 清標不入南宮畫[112],
무슨 마음으로 황제의 자리에 객성이 범했나. 帝座何心動客星.

향옥교 [響玉橋]

신선향을 진동하는 쇠 피리 소리 들은 듯해, 如聞鐵笛[113]動仙鄕
누가 이교를 건너 신묘한 방술 배우는가. 誰步圯橋[114]學妙方.
우는 학이 오가면서 남은 울림 바뀌더니, 唳鶴徘徊餘響轉,
선명한 가을 달에 퉁소 소리 퍼져가네. 丁寧秋月吹簫張.

합류대 [合流臺]

합류하는 두 물 깊이는 헤아리기 어려워서, 合流二水深難測
좌우에서 근원을 만나듯 공부를 쉴 수 없네. 左右逢源[115]工不息.
함양하면 구름 걷히듯 거울처럼 열리리니, 涵得天雲一鑑開,
그 위에 임한 합류대 날아가는 날개 같네. 有臺臨上如飛翼.

격진령 [隔塵嶺]

푸르른 동남쪽으로 산마루를 쳐다보니, 蒼翠東南望巉嶙
신선이 그 위에서 은근히 웃고 있네. 仙人在上微微哂
바쁜 세상 하토에는 도사가 넘치는데, 囂然下土漲緇黃[116]
몇몇이나 우러러보고 달려가 절하려나. 幾輩低昂馳軾軫.

---

112 南宮畫(남궁화): 한(漢)나라 남궁(南宮) 안에 운대(雲臺)라고 하는 누대(樓臺)가 있는데, 동한(東漢) 명제(明帝)가 선대(先代)의 공신을 추념하여 등우(鄧禹) 등 28명의 공신의 화상(畫像)을 이곳에 안치하였다.

113 鐵笛(철적): 쇠로 만든 피리이다. 주로 은자(隱者)나 고사(高士)들이 이것을 잘 불었다고 한다. 주희(朱熹; 1130~1200)의 《철적정서(鐵笛亭序)》에 의하면, 무이산(武夷山)에 사는 은자 유군(劉君)은 "철적을 잘 불었는데, 구름을 뚫고 돌을 찢는 소리가 난다(善吹鐵笛, 有穿雲裂石之聲)"라고 했다.

114 圯橋(이교): 한(漢)나라의 장량(張良)이 이교에서 어떤 노인을 만났는데, 그 노인이 신발을 고의로 이교 밑으로 떨어뜨리고는 장량에게 주워오게 하였다. 이에 장량이 신을 주워다가 노인에게 신기자, 그 노인이 장량에게 《태공병법》을 주었다고 한다.

115 左右逢源(좌우봉원): 학문의 조예(造詣)가 깊으면, 자신의 주위에서 어떤 일을 취할지라도 물의 근원을 만나듯 도(道)의 근원을 알게 된다는 뜻이다. 《맹자(孟子)·이루하(離婁下)》에 보인다.

116 緇黃(치황): 치의(緇衣)와 황관(黃冠)을 말한다. 승려는 치의를 입고, 도사(道士)는 황관을 쓰므로 승려와 도사를 일컫는 말이다.

134 입암에서 5일 머물며 가성 권석한 어르신과 함께 즉흥으로 지으며 [留立巖五日與權丈可聖錫翰占韻共賦]

이중수(李中洙; 1863~1946) 《이류재문집(二柳齋文集)》(권1)

비린 먼지 이십 년간 큰 재앙을 일으키고,	腥塵劫雨[117]廿年間,
서로 옛날의 얼굴을 뒤집고 의심하네.	相對翻疑舊日顔.
10년의 잔잔한 샘물은 모두 추세를 바꾸고,	十年平泉都幻局,
한 가지의 꽃 봉우리는 어느 산에서 다했나.	一枝華蕚忽何山.
노년에는 허물이 적고 도를 구해야 하며,	桑榆[118]寡過應求道,
사서에 마음 두고 여유로움을 길러야 한다네.	書史留心合養閒.
다섯 날 밤 동안 등 앞에서 열심히 술 권하고,	五夜淸燈勤勸酒,
내일 아침 내 말은 양관을 나갈 것이라네.	明朝我馬出陽關[119].

135 입암 [立巖]

송준필(宋浚弼; 1869~1943)[120] 《공산선생문집(恭山先生文集)》(권1)

구름을 범하는 특별한 곳의 옛 모습,	特地干雲老古形,
뭇 산들 비바람에도 홀로 우뚝하네.	萬山風雨獨崢嶸.
어떻게 이처럼 굳건하게 발을 세우고,	如何立脚堅如許,
세상 명리를 깨달아 흔들리지 않는가.	名利關頭透不傾.

117 劫雨(겁우): 불교어로 중생과 세계가 괴멸하는 괴겁(壞劫)의 시기 끝에 내려 큰 재난을 일으키는 것을 말한다.

118 桑榆(상유): 서쪽의 해가 지는 곳을 말하는데, 노년에 비유하는 말이다.

119 陽關(양관): 현재의 감숙성(甘肅省) 서부와 돈황(敦煌)의 서남에 있던 관문이다. 옥문관(玉門關) 남쪽에 있었기 때문에 양관이라고 불렀다. 옥문관과 더불어 서역(西域)으로 통하는 요충지였다. 이곳에서는 이번에 작별하면 더 이상 만나기 어려움을 우회적으로 말했다.

120 宋浚弼(송준필): 일제강점기 때의 학자이다. 본관은 야성(冶城)이다. 자는 순좌(舜佐)이고, 호는 공산(恭山)이다. 부친은 송기선(宋祺善)이다. 이진상(李震相)의 강학에 참석했고, 고종 23년(1886)부터 장복추(張福樞)의 문하에서 수학했다. 후에 영남의 석학들 문하와 왕래하며 수학했다. 1919년 유림의 독립청원운동인 파리장서사건(巴里長書事件)에서 곽종석(郭鍾錫)·장석영(張錫英) 등과 활동하며 민족정신을 고취했다. 저술로는 《대산서절요(大山書節要)》·《오선생미언(五先生微言)》·《공산집(恭山集)》 등이 있다.

136~163 입암 28경 시에 차운하며 [次立巖二十八景韻][121]

권병기(權丙基; 1876~1945) 《농석집(聾石集)》(권1)

탁립암 [卓立巖]

안개 노을을 묶어 구름다리 만들었으니,	總括煙霞饒作榷,
이 산 밖에는 헛된 이름만 많았더라.	此山之外多虛殼.
구름 끝까지 높이 우뚝 솟았으니,	挺然高出雲端危,
하늘 궁전 한 모퉁이가 드러난 듯.	也是天台露一角.

기여암 [起予巖]

일제당 옆에 우뚝 솟은 바위 있어,	有巖矗立日躋傍,
공자님 높은 풍도 격앙을 숭상하네.	夫子高風尙激昂.
복상이 나를 일으킴에 함께 칭찬했듯,	卜氏起予同睿奬,
높고 높음은 거만하다는 뜻이 아님을.	巍巍不是志亢亢[122].

피세대 [避世臺]

우리 동방 대의가 주례를 존중하니,	蹈東大義尊周禮,
푸른 바다 끌어당겨 씻어보고 싶구나.	挽得滄溟欲一洗.
피세대 앞 천 그루 소나무 찬찬히 보니,	第看臺前千挺松,
풍상 앞에 높은 절개 뿌리에서 나왔구나.	風霜高節出根氐.

초은동 [招隱洞]

남산에 가을 깊어 계수 꽃 피었는데,	南山秋暮桂花芳.
골짜기 안에서는 서로 불러 우러르네.	洞裏招招欲與卬.
숨은 선비들 왜 하필 원숭이와 학만 벗하나,	大隱何須猿鶴友,
신선의 땅이 사는 곳에서 먼 것이 아닌데.	仙鄕知是不離房.

121 이 시의 번역은 김윤규 교수의 《죽장 입암 시가 산책》(2011, 포항문화원)을 참고했다.
122 亢亢(항항): '거만하다' 또는 '도도하다'의 의미이다.

경심대 [鏡心臺]
구름 엷고 파도 맑아 굽어보니 푸른 물결, 雲淡波澄俯碧潯,
세상 먼지 조금도 침노함이 없구나. 絶無塵蘚逼相侵.
공평한 거울 표면은 사사로이 비춤이 없어, 空平鏡面無私照,
한 조각 신령한 터전 내 마음과 비슷하네. 一片靈臺似我心.

수어연 [數魚淵]
맑고 맑은 물결 속 꼿꼿한 갈대, 淡淡波心立立葦,
물속을 헤엄치는 몇 마리 물고기. 有魚潛伏數凡幾.
일찍이 이 이치를 훤하게 알았는지, 從知此理孔昭昭.
활발한 천성으로 스스로를 꼬리 치네. 活潑天機自掉尾.

토월봉 [吐月峰]
푸른 하늘 씻은 듯한데 솟아오른 봉우리, 碧天如洗一峰奇,
그 꼭대기 달 떠올라 심심함을 밀어내네. 月上其巓故遣遲.
문득 광명에 이르러 밝은 세상 되었으니, 忽到光明治世象,
옛이야기 여기 내렸나 잠깐 의심하였네. 乍疑傳說降精箕.

상두석 [象斗石]
집 앞에 늘어섰는데 숫자는 짝이 안 맞아, 石列堂前數不偶,
바람과 비에 씻겨 서로 부딪쳐 소리 나네. 風磨雨洗輒相吼.
창창한 깎인 색깔 여와가 하늘 메운 것, 蒼蒼鍊色補媧天,
별자리 쳐다보니 북두성을 닮았구나. 仰看星文好象斗.

답태교 [踏苔橋]
건너가는 사람 적고 물은 맑게 뿜어, 故渡人稀水噴漚,
이끼는 돌을 덮고 바위 머리 깎였네. 蒼苔沒石篆橋頭.
몸 숨길 곳으로는 산만한 곳이 없어, 筮身無若還山隱,

도옹이 소 그려 보임을 생각하게 되네. 念到陶翁畫示牛[123].

세이담 [洗耳潭]

세상 먼지 씻고자 하여 옛 물가를 물었는데, 洗羞塵問古渚,
그 누가 송아지 먹이려 상류로 올라갔나. 誰能飮犢上流去.
수 천 년 흘러도 기수(箕水)와 영수(穎水) 얘기, 云云箕穎[124]數千年.
병자년 높은 풍모 사람들을 놀라게 하네. 丙子高風[125]驚士女.

화리대 [畫裏臺]

새 비단 폭 속에 이 대가 있으니, 生綃幅裏此臺居,
대 아래 맑은 물을 누구에게 물어볼까. 臺下淸流爲問渠.
진짜 경계 모두 그리긴 참으로 어려우니, 眞境誠難抽寫盡,
다시 소식(蘇軾)에게 능허대를 쓰게 하네. 更敎蘇子記凌虛[126].

계구대 [戒懼臺]

층층 절벽 깎아 세워 금방 넘어질 듯, 層巖削立勢如虧,
이 대에서 걸으려면 이것을 조심해야. 欲步斯臺此可規.
힘써 걷고 오르는 데 깊은 교훈 있으니, 努力躋攀深有戒,
한 발만 잘못 디뎌도 엄청 위험한 걸. 才蹉一足十分危.

---

123 陶翁畫示牛(도옹화시우): 양(梁)나라 무제(武帝)가 도홍경(陶弘景)을 출사시키려고 간절히 청하였는데도, 도홍경은 오지 않고 그림을 한 폭 그려서 보냈다. 그 그림에는 소 두 마리를 그렸는데, 한 마리는 자유롭게 물가에서 풀을 먹고 있고, 한 마리는 머리에다 금(金)으로 굴레를 씌워서 한 사람이 채찍을 들고 고삐를 쥐고 따르고 있었다. 양나라 무제는 그 그림을 보면서 "이 사람은 오지 않겠구나."라고 했다. 이곳에서는 벼슬하여 얽매여 사는 것보다 자연에서 자유로이 사는 것이 나음을 비유하여 쓰였다.

124 箕穎(기영): 기산(箕山)과 영수(穎水)를 말하는데, 요(堯) 임금 때 허유(許由)가 기산(箕山)에 숨어 영수(穎水)에 귀를 씻은 이야기를 말한다. 요 임금이 허유에게 왕위를 물려주려 하자, 허유는 받지 않고 기산에 들어가 은거하였다. 또 요 임금이 자신을 구주(九州)의 장(長)으로 삼으려 하자, 그 말을 듣고 자기의 귀가 더러워졌다며 영수의 강물에 귀를 씻었다고 한다.

125 丙子高風(병자고풍): 장현광(張顯光)이 병자호란이 일어난 이듬해(1637) 2월에 인조가 삼전도에서 항복했다는 소식을 듣고 입암으로 내려온 것을 말한다.

126 凌虛(능허): 능허대(凌虛臺)를 말한다. 이 누대는 북송 진희량(陳希亮)이 봉상(鳳翔)이 태수로 있을 때 관사 후원에 지은 누대이다. 소식(蘇軾)이 이곳에서 남산(南山)을 바라보며 술을 마시며 풍류를 즐기는 광경을 묘사한 능허대기(凌虛臺記)를 지었다.

경운야 [耕雲野]

구름을 다 못 갈고 구름은 다시 나오고, 耕不盡雲雲更出,
산 사람은 여가 없어도 스스로 편안하네. 山人無暇自安逸.
잠시만 버려둬도 모조리 황폐해지니, 若敎暫捨都荒蕪,
마음 쓰며 아침에 나와 저녁에 돌아가네. 用意朝來暮入室.

정운령 [停雲嶺]

구름이 산골짝에서 나오되 이는 곳은 아득하여, 出峀無心起處遡,
한가한 구름이 들어오니 숨은 이만 바라보네. 閒雲時入幽人覿.
기이한 봉우리 첩첩한 잿머리에 머무르니, 奇峰疊疊嶺頭停,
그 아래 절벽까지 천 길 낭떠러지 끊어졌네. 陡絶千尋其下壁.

함휘령 [含輝嶺]

독처럼 깊은 산에 오랫동안 보석 품어, 似櫝深山久韞圭,
순수한 밝은 기운은 야광주와 맞먹네. 粹明瑞氣夜光齊.
다섯 별이 모인 것과 증험이 똑같으니, 五星聚井同符驗,
하늘 뜻 현인을 낳으매 꼭 규성에 응하리니. 天意爲賢必應奎.

산지령 [産芝嶺]

세 가닥 솟은 영지 골짜기는 그윽한데, 三秀靈芝洞轉幽,
노래 듣고 깨달으니 약초 캐러 왔었구나. 聞歌始覺採來留.
신선의 땅에 해 저무는데 어디로 갔는지, 金丹歲暮人何去,
괜히 푸르고 푸른 잿마루 별만 바라보네. 徒見蒼蒼嶺上婁.

채약동 [採藥洞]

작은 골짝 그윽하여 백초를 기르는데, 小洞幽深長百卉,
뉘 능히 맛보아서 뭇사람을 구제하리. 誰能濟衆嘗其味.
그날에 좋은 의원 손에 들어갔더라면, 當年採入良醫手,
기꺼이 우리들 속된 뱃속 고쳤으리. 肯使吾人病俗胃.

조월탄 [釣月灘]

한 줄기 바람 일자 파도가 일렁이네, 一絲風動波心攪,
고기 잡을 생각 없이 흥만 가득하지. 志不在魚興自飽.
낚시 걷어 오는 길 밤은 깊어 가는데, 罷釣歸來至夜深.
남으로 비낀 북두 서쪽으로 기울었네. 南傾北斗西傾昴.

구인봉 [九仞峰]

공을 논함에는 쌓인 공 세밀함에 있고, 論功要在積功密,
아홉 길 산도 마지막에는 한 주먹 돌. 九仞終成拳石一.
묻노니 산 앞에 삼태기 멘 사람이여, 借問山前荷簣人,
쌓인 먼지에 흙 쌓으면 언제 끝나는가. 累塵築土幾年畢.

욕학담 [浴鶴潭]

모래 곱고 돌 흰데 강가에 가득한 물, 沙晶石白水盈湄,
흰 저고리 정결하게 하얀 몸을 씻어내네. 爲潔縞衣浴雪姿.
학은 가고 못은 빈데 가을 달만 휘영청, 鶴去潭空秋月映,
이끼를 쪼던 부리만 흔적으로 남았구나. 餘痕留在啄苔觜.

소로잠 [小魯岑]

우리 땅은 작아서 한 줌 작은 산만 해, 三韓窄窄一拳岑,
인간을 훑어보는 큰 눈이 임하였네. 睥睨人間大眼臨.
동산에서 노나라 작다는 뜻깊은 말, 小魯東山深意在,
공자님 도를 증자(曾子)가 전하였네. 聖門傳道有曾參[127].

물막정 [勿幕井]

담 깊고 입구 작은데 짧은 줄을 드리우고, 甃深瓶小短垂綆,
여러 사람 다퉈 길어내니 맑을 여가 없네. 羣汲相爭不得靜.

127 曾參(증삼): 중국 노(魯)나라의 유학자이다. 자는 자여(子輿)이다. 공자의 덕행과 사상을 조술(祖述)하여 공자의 손자인 자사(子思)에게 전했다. 후세 사람이 높여 증자(曾子)라고 불렀다. 저서로는 《증자(曾子)》와 《효경(孝經)》이 있다.

산 이웃들과 맑은 맛 나눔을 좋아하니, 爲愛山隣淸味分,
물막이란 이름은 우물과 같은 말이네. 名之勿幕許同井.

심진동 [尋眞洞]

이리저리 흩어진 구름 보니 아득하고, 散漫遊雲望靉靆,
품은 것 볼 수 없어 언제나 한탄스러워. 所懷不見長噓唏.
이 산에만 있다지만 어디서 찾을까, 此山只在尋何處,
진인이 귀신과 섞인 것은 아니라네. 非是眞人雜糅鬼.

야연림 [惹煙林]

아침일 낮에 마쳐 산머리를 나서니, 朝籠午起出山臼,
큰 나무 우뚝우뚝 곳곳에 검은 그늘. 著樹輕輕散地黝.
다행히 동풍이 불어 가지 않았더니, 幸有東風吹不消,
푸른 실 냇가 버들에 이어서 엮이었네. 綠絲連織岸邊柳.

상엄대 [尙嚴臺]

흘러오는 동강 칠리 물가에서, 髣髴桐江七里汀,
한가한 늙은이 마음 산신령에게 묻네. 閒翁心事問山靈.
높음을 숭상함은 엄자릉만이 아니어서, 尙高不獨嚴陵在,
곳곳에 하늘 가운데 객성이 움직이네. 隨處天心動客星.

향옥교 [響玉橋]

맑은 물 돌에 닿아 영롱한 소리 나고, 淸流觸石響琳瑯,
그 위에 놓인 다리 자연스런 모양이네. 其上爲橋不可方.
다시는 세간에서 손을 댈 필요 없이, 無復世間顧陸手,
그림으로 그려도 어찌 다 그려내리. 畵圖那得盡夸張.

합류대 [合流臺]

두 냇물 한 언덕 옆에서 합쳐져서, 二川襟合一臺側,
밤이나 낮이나 쉼 없이 흘러가네. 晝夜盈科流不息.

나뉜 뒤에 비로소 함께함을 알았으니,	分異方知合處同,
병행하는 이치가 새 두 날개 비슷하네.	幷行理似鳥之翼.

격진령 [隔塵嶺]

층층이 하늘을 가려 형세는 가파른데,	層嶂揷天勢巉嶙,
세상의 온갖 일들 한 웃음에 부쳤노라.	塵寰萬事付之哂.
덩굴풀 우거진 속 바위벼랑 깎은 길,	藤蘿丈丈巖巖路,
이래서 유람한 이들 수레에 못 올랐지.	自是遊人不上軫.

164 입암에 들어와 길옆에서 묵으며 [入立巖路傍宿]

장영석(張永奭; 미상) 《학초문집(鶴楚文集)》(권1)

텅 빈 물가에 해지니 나그넷길은 아득하여	日落汀空客路賒,
산을 지나 작은 초가집에 들어가네.	過山因入小茅家.
창포 침상에 몸을 붙이니 한기에 떨고,	蒲床着體寒生粟,
고사리 반찬에 치아 떨며 씹으니 모래 같네.	蕨飯聱牙啖便砂.
희미한 많은 마을엔 비를 따라 어두워지고,	隱約叢村隨雨暗,
고개의 나무는 들쭉날쭉하고 구름 비스듬하네.	參差嶺樹逸雲斜.
줄곧 보답하는 거 좋아하고 괴롭게 지으며,	從來愛償翻成苦,
남은 등 아래서 밤새도록 꽃을 찬찬히 세네.	細數殘燈一夜花.

165 입암 [立巖]

장영석(張永奭; 미상) 《학초문집(鶴楚文集)》(권1)

진리를 찾으니 있는 듯 없는 듯,	尋眞似有似還無,
막다른 땅은 여전히 이 그림이네.	極地依然是此圖.
우뚝한 한 정자는 두 바위와 서 있고,	一亭危與雙巖立,
구불구불한 뭇 산은 아홉 길 만큼 높네.	衆嶽盤來九仞高.

단풍 진 늦가을 절벽에는 풀들 시들고, 秋紅晩壁千叢萎,
하얀 달 속으로 진주 한 알 지나가네. 月白中流一顆珠.
고개지(顧愷之)와 육탐미(陸探微)가 전체 모습 그리면, 若敎顧陸[128]模全景,
물가의 절경엔 푸른 부들이 펼쳐지리. 絶勝汀洲展碧蒲.

166 피세대 [避世臺]

장영석(張永奭; 미상) 《학초문집(鶴楚文集)》(권1)

푸른 산의 피세대에 한 번 오르니, 一上靑山避世臺,
남은 자취는 이끼에 있는 듯. 似看遺跡在莓苔.
그윽한 풍광은 사람에게 버려지지 않아, 不敎幽景人間落,
선생께서 이 골짜기 안에 왔다네. 自是先生峽裏來.
맑은 내의 설색은 대숲 모래에서 일고, 川晴雪色籠沙起,
고요한 밤 호수 빛은 달이 꾸며주네. 夜靜湖光綴月開.
지난 일 생각하다 슬퍼지니, 回首前塵一悵望,
북받치는 감정 가득 따른 술에 맡겨보네. 且將趁興付深盃.

167 입암에서 우연히 읊조리며 [立巖偶吟]

정원직(鄭元直; 미상) 《양곡시고(暘谷詩稿)》(권1)

물속의 달은 하얀 창을 대하고, 水月當窓白,
솔바람이 꿈속에 들어 차갑네. 松風入夢凉.
온 사람 보이지 않음을 깨닫고, 覺來人不見,
새벽녘 산색은 푸르기도 하여라. 山色曉蒼蒼.

128 顧陸(고육): 중국의 유명한 화가 고개지(顧愷之)와 육탐미(陸探微)를 말한다.

입암서원(立巖書院) 관련 시

입암서원은 포항시 북구 죽장면 입암리에 있다. 효종 8년(1657)에 지방 유림의 공의로 장현광(張顯光; 1554~1637)의 학문과 덕행을 추모하기 위해 창건하여 위패를 모셨다. 숙종 29년(1713) 정사진(鄭四震; 1567~1616)을 추향하고, 이후 권극립(權克立; 1558~1661)·정사상(鄭四象; 1563~1623)·손우남(孫宇男; 1564~1623)을 모시게 되었다.

선현 배향과 지방 교육의 일익을 담당하여 오던 중 고종 5년(1868) 흥선대원군의 서원철폐령으로 훼철되었다가 1913년에 강당이 복원되었고, 1974년에는 사당이 복원되었다. 서원에서는 매년 2월 하정(下丁)에 향사를 지낸다. 서원 일대는 1986년에 경상북도 기념물 제70호로 지정되었다.

1~2 입암서원을 찾아서 [謁立巖書院]

여헌 선생께 올리다(享旅軒先生)

장진(張瑨; 1635~1707)[129] 《모암선생문집(茅庵先生文集)》(권2)

그윽한 골짜기에 천지가 숨어있고,	洞幽天地秘,
우뚝 선 바위는 귀신이 지켜주네.	巖立鬼神持.
향긋한 자취는 어제처럼 남았으니,	芳躅留如昨,
유생들이 의지함에 손색이 없네.	斯文賴不虧.
선 바위는 높아 쳐다보기 어렵고,	立石高難仰,
맑은 샘은 다함 없이 흘러가네.	淸泉逝不窮.

129 張瑨(장진): 조선 후기의 문신이다. 본관은 인동(仁同)이다. 자는 군옥(君玉)이고, 호는 모암(茅菴)이다. 적개공신(敵愾功臣) 장말손(張末孫)의 6대손이고, 부친은 장원경(張元慶)이다. 유학(幼學)으로 현종 6년(1665) 별시 문과에 병과에 급제했다. 숙종 19년(1693) 장령이 되었으나 곧 사직하고, 향리인 영천(榮川)에 돌아가 학문에만 전념했다. 저서로는 《모암집(茅庵集)》이 있다.

원류 깊고 뿌리 깊은 곳임은, 源深根厚處,
도의 이치가 이곳과 같다네. 道體與之同.

3 입암서원을 찾아 절구 한 수 읊으며 [謁立巖書院吟成一絶][130]

손여두(孫汝斗; 1643~1713)[131] 《노잠문집(魯岑文集)》(권1)

우란재 아래서 시를 짓고 돌아가니, 友蘭齋下詠而歸,
남은 향기 내 옷에 스며드는 것 좋아하네. 却喜餘香襲我衣.
아침에 바라보고 절하니 존경심이 일고, 起敬淸朝瞻且拜,
책 속 스승의 모습 아직 그대로이네. 書中師範尙依依.

4 영천의 여헌 장현광 서원 [永川張旅軒書院]

김창흡(金昌翕; 1653~1722) 《삼연집(三淵集)》(권8)

소자는 처음에 고요함을 배웠고, 邵子[132]始習靜,
옷깃 바로 하고 모든 들판에 앉았네. 整襟坐百原.
마음을 몰입하고 구슬 부리며, 心專乃弄丸,
하늘의 맨 끝을 오갔네. 來往卽天根.
미지의 입암 사는 노인, 未知立巖叟,

130 이 시는 박기봉(朴岐鳳; 1643~1712)의 《해은유고(海隱遺稿)》(권1)에도 수록되어있는데, 원문은 같고, 제목이 《입암서원을 찾아서(謁立巖書院)》로 되어있다.

131 孫汝斗(손여두): 조선 중기의 문신이다. 본관은 경주(慶州)이다. 자는 망지(望之)이고, 호는 노잠(魯岑)이다. 경절공(景節公) 손중돈(孫仲暾)의 6세손이다. 부친은 손현(孫鉉)이다. 갈암(葛庵) 이현일(李玄逸)의 문하에서 성리학을 수학했다. 숙종 1년(1675) 을묘 진사시에 합격하고 성균관에 들어갔다. 이후 입암서원(立巖書院) 근처에 집을 짓고 서원에 나가 유생들에게 《역학도설(易學圖說)》과 성리서(性理書) 등을 강독했다. 성품이 인자하고 고상했다. 저서로는 《노잠문집(魯岑文集)》이 있다. 포항시 죽장면에는 그와 동생 손여규(孫汝奎)를 추모하고자 채악당과 소로정이 건립되어 있다.

132 邵子(소자): 송나라 때의 대학자인 소옹(邵雍)을 말한다. 소강절(邵康節) 또는 소요부(邵堯夫)라고도 한다. 북송의 오대현자(五大賢者) 중의 한 사람으로, 성리학의 이상주의 학파에 큰 영향을 끼쳤다. 또 자신이 거처하는 곳을 안락와(安樂窩)라 하고, 자신을 안락선생(安樂先生)이라 했다. 청빈한 삶을 산 것으로 유명했다.

과연 이 문을 엿볼 수 있었네. 果能窺此門.
평생 자리 바뀜의 이치를 기술하고, 平生註易處,
이로 산울타리를 좋아했네. 自是好山樊.
돌아 흐르는 시냇물은 콸콸 흐르고, 廻溪水流活,
좋은 나무에는 새 소리 요란하네. 嘉木鳥音繁.
조물주의 공 크고 작음을 보려면, 觀物功淺深,
원류에서 찾는 것이 오묘하네. 妙在能探元.
일찍이 세운 말씀을 보니, 嘗觀所立言,
종횡으로도 물결이 일고 뒤집어지네. 橫竪亦瀾翻.
큰 죽과 맑은 찬물에는, 大羹與玄酒[133],
자연의 맛이 남아있네. 自然氣味存.
누룩시를 많이 넣으면, 如添蘖豉多,
맛이 상해 진짜 흐려질 것이네. 恐或爽眞渾.
서책은 네 벽에 가득하고, 圖書滿四壁,
그림 가리키면 번거로움 마다 않네. 指畫不耐煩.
깨끗하고 고요한 곳을 바랄려면, 要之潔靜地,
말하지 않는 것이 좋은 말이라네. 不言卽善言.
어떤 이유로 한번 불러오게 하면, 何由一喚來,
이 뜻을 더불어 세세하게 논해주네. 此意與細論.
소나무 대나무에 기대 길게 노래하니, 長嘯倚松篁,
미풍이 휘저어 요란해지네. 微風攪作喧.

133 玄酒(현주): 제사를 지낼 때 술 대신 쓰는 맑은 찬물을 말한다.

5 입암서원 [立巖書院]

류세창(柳世彰; 1657~1715)[134] 《송곡선생유집(松谷先生遺集)》(권2)

입암의 샘물과 돌은 동경에서 최고이고,	立巖泉石甲東京,
은밀하고 기이한 천지가 어진 이를 기다리네.	地祕天慳待賢明.
영정 보고 절하면 가장 환하게 느껴지고,	瞻拜眞容最曠感,
해쓱해진 얼굴과 백발은 타고난 듯하네.	蒼顔白髮若天生.

6 입암서원에서 사당을 찾고 읊조리며 [立巖書院謁廟吟]

안처택(安處宅; 1705~1775)[135] 《동오선생문집(桐塢先生文集)》(권1)

겹겹의 푸른 병풍은 나그네 위해 길 열어주고,	重疊蒼屛爲客開,
냇가의 물고기와 구름 속 새는 이리저리 배회하네.	川魚雲鳥任徘徊.
그중에 지팡이와 신발로 유유자적하는 곳을 보니,	從看杖履逍遙處,
여헌 노인이 점을 쳐서 고른 곳에 왔음을 알겠네.	也識軒翁卜地來.

134 柳世彰(류세창): 조선 후기의 유학자이다. 조선 후기의 유학. 본관은 문화(文化)이다. 호는 송곡(松谷)이고, 부친은 유희(柳禧)이다. 유집으로는 《송곡선생유집(松谷先生遺集)》이 있다.

135 安處宅(안처택): 조선 중기의 학자이자 의병이다. 본관은 순흥(順興)이다. 자는 인백(仁伯)이고, 호는 동오(桐塢)이다. 부친은 안천보(安天輔)이다. 20세가 넘어서 훈수(壎叟) 정만양(鄭萬陽)과 지수(篪叟) 정규양(鄭葵陽) 형제의 문하에서 수학했고, 매산(梅山) 정중기(鄭重器)·명고(鳴皐) 정간(鄭幹) 등과 교유하며 학문적으로 큰 성취를 거두었다. 향시에는 여러 번 합격했으나, 회시에 합격하지 못하다가 부모상을 당한 후로 더 이상 과거에 뜻을 두지 않고 학문에만 전념했다. 영조 4년(1728) 이인좌의 난이 일어나자 스승 정규양을 도와 의병을 일으켰다. 유고로 1935년에 간행된 《동오집(桐塢集)》이 전한다.

7 경오년(1810) 봄에 동도를 향해서 골짜기 길에 따라가다 입암서원에서 묵으며 [庚午春, 向東都, 由峽路, 宿立巖書院]

이이순(李頤淳; 1754~1832)[136] 《후계집(後溪集)》(권2)

험준한 고갯길 힘들어 땀이 나고,	嶺路崟嶔苦流汗,
어디서 마음을 놓을 수 있을지 모르겠네.	不知何處可寬懷.
갑자기 갈라진 골짜기에서 물소리 들리니,	忽聞水聲劈峽來,
이곳에 절경을 자랑하는 물굽이 있겠지.	此間應有奇絶隈.
길 가는 사람에게 물어서 거슬러 가보니,	爲問征夫溯而行,
길가의 장송은 티끌 하나 일으키지 않네.	挾道長松不起埃.
바위마다 지탱하는 돌은 몇 십 장이 되고,	巖巖維石幾十丈,
우뚝 솟은 것은 재주 출중한 사람 같았네.	卓立如人出羣才.
가운데는 예쁘고 큰 골짜기 마을이 있고,	中有洞府窈而廓,
곳곳에 누대와 정자가 가지런히 서 있었네.	處處亭臺分布排.
굽이굽이 흐르는 맑은 물은 곳곳에 미치고,	水流曲曲韶匀動,
집집마다 꽃 피어 수놓은 비단 쌓여있네.	花發家家錦繡堆.
도화원에 들어온 것 같으니,	依然如入桃源界,
큰 사람은 이미 가고 새들만 슬피 우네.	碩人已去鳥鳴哀.
개울가에서 말에 내려 인가의 문 찾으니,	溪邊下馬尋院門,
건물 벽은 깨끗하여 이끼 하나 자라지 않네.	宮墻淨掃不生苔.
손을 씻고 서로 인사하며 사당 참배하니,	盥手齊敬拜遺祠,
높으신 어르신의 기상 보는 듯하네.	如見夫子氣象巍.
문을 나와 일제당으로 가니,	出門轉向日躋堂,
멋진 건물과 밝은 창이 물가에 열려있네.	畫棟明窗臨水開.
지금까지도 향기는 사라지지 않고,	至今芬馥猶未沫,
유풍 흠모하며 홀로 이리저리 돌아보네.	想慕遺風獨低徊.

136 李頤淳(이이순): 조선 후기의 문신이다. 본관은 진보(眞寶)이다. 자는 치양(穉養)이고, 호는 후계(後溪)·만와(晩窩) 등이다. 이황(李滉)의 9세손이고, 부친은 이구몽(李龜蒙)이다. 8세 때 팔촌 형 이세윤(李世胤)에게서 《소학》을 배웠다. 정조 3년(1779) 생원시에 합격했다. 의금부도사·군자감주부은진현감 등을 지냈다. 문장에 뛰어났고, 음양서와 농공 기술에도 정통했다. 문집으로 《후계집(後溪集)》이 전한다.

스물여덟 승경의 어떤 언덕을,	二十八勝某某邱,
찾았으나 가리키며 알려주는 사람 없네.	搜得無人爲指媒.
이층 단에 오니 마음은 조심스러워지나,	却臨層壇心戰戰,
이곳이 두렵게 만드는 누대가 아님을 알겠네.	此地知非恐懼臺.
예로부터 하늘이 이 절경을 만들었으나,	從來天造絶異境,
그 사람을 만나지 못해 대부분 매몰되었네.	不遇其人多沒埋.
동남의 명승지 중 이곳이 가장 빼어나니,	東南形勝此爲最,
선생이 권강재에게서 얻은 곳이라네.	先生得之權彊哉[137].
오고 가며 어짐과 지혜의 즐거움을 논하니,	往來探討仁智樂,
우란재 안에서 몇 번이나 함께 잔 기울였던가.	友蘭齋裏幾同杯.
선비들 실로 특출난 곳을 따르길 원하니,	士固願附地特著,
천고의 이름들에 결코 뒤지지 않네.	並與千古名不頹.
시냇물 세차게 흐르고 바위는 우뚝하니,	溪流汨汨巖矗矗,
나그네의 탄식 소리만 더해주네.	只使遊人增歎咳.
내일 아침 산을 나가 남쪽으로 가다가,	明朝出山向南去,
겹겹의 산으로 몇 번이나 고개 돌리겠지.	疊嶂重巒首屢回.

강재는 권동봉의 자이다. 동봉이 처음에 입암의 승경을 얻어 장 선생과 함께 거하기로 약속했다. 선생은 재를 우란이라고 명명했는데, 지금의 일제당이다(彊哉權東峯字. 東峯始得立巖之勝, 約與張先生同栖. 先生命齋名友蘭, 今日躋堂是也)

137 權彊哉(권강재): 조선 중기의 유학자 권극립(權克立; 1558~1611)을 말한다. 본관은 안동이다. 자는 강재(强哉)이고, 호는 동봉(東峯)이다. 문절공(文節公) 권중화(權仲和)의 6세손이다. 구봉(龜峯) 주박(周博)의 문하에서 수학하여 학문과 행실로 당시 현자들의 존중을 받았다. 여헌(旅軒) 장현광(張顯光)과 더불어 도의를 전수하였다. 여헌이 도의로 맺어진 네 명의 벗 중의 한 명이었다. 1611년 54세를 일기로 세상을 떠났다. 저술로는《동봉유고(東峯遺稿)》가 있다.

8-35 입암서원 28경을 읊으며 [立巖書院二十八景吟][138]

손동걸(孫東杰; 1757~1818)[139] 《노촌세고(魯村世稿)·함취정일고(含翠亭逸稿)》(권4)

탁립암 [卓立巖]

누가 크고 신령한 도끼를 빌려,	誰借巨靈斧,
우뚝한 바위로 깎았나.	劈成卓爾巖.
높고 굳어 더욱 우러러 사모하니,	高堅彌鑽仰[140],
성인의 길은 이를 거울로 삼아야 하리.	聖道宜玆監.

계구대 [戒懼臺]

평평한 들판에 갑자기 솟아올라,	平原忽陟起,
물을 굽어보며 깎은 대 서있네.	俯水削立臺.
두렵고 조심스럽게 한마디 한다면,	戰兢[141]一言要,
어른을 모신 듯 황공하네.	怳如函丈[142]陪.

기여암 [起予巖]

마주 바라봐도 둘이 싫지 않은,	相看兩不厭,
한 기이한 바위 우뚝 솟았네.	特立一奇巖.
자하(子夏)에 비유하시니,	引以喩商也,
훌륭한 말씀 남다름을 알 수 있네.	名言知不凡.

138 이 시의 번역은 김윤규 교수의 《죽장 입암 시가 산책》(2011, 포항문화원)을 참고했다.

139 孫東杰(손동걸): 조선 후기의 유학자이다. 본관은 경주(慶州)이다. 자는 진백(震伯)이고, 호는 함취(含翠)이다. 경절공(景節公) 손중돈(孫仲暾)의 후손이다. 조부는 일휴재(逸休齋) 손여규(孫汝奎)이고, 부친은 송와(松窩) 손시의(孫是倚)이다. 유고로 《함취정일고(含翠亭逸稿)》가 있다. 이 책은 1921년 조부 손여규의 《일휴재일고(逸休齋逸稿)》·부친 손시의의 《송와일고(松窩逸稿)》와 합본되어 《노촌세고(魯村世稿)》로 간행되었다.

140 鑽仰(찬앙): 학덕이나 공덕 따위를 우러러 사모함을 말한다.

141 戰兢(전긍): 매우 두려워하여 벌벌 떨며 조심하는 것을 말한다. 《시경(詩經)·소아(小雅)·소민(小旻)》에 나오는 말이다.

142 函丈(함장): 스승이나 은사 같은 자신을 가르치고 바르게 이끌어 주는 사람을 말한다.

상두석 [象斗石]

조물주는 본디 정이 많으시어, 造物本多情,
일곱 돌을 별처럼 늘어놓았네. 星羅[143]七點石.
지금도 늘 동쪽을 가리키니, 至今常指東,
마치 변함없는 봄날과 같네. 正似春無易.

경심대 [鏡心臺]

물줄기 세차게 흘러 돌 표면 씻고, 奔流洗石面,
물이 마르면 문득 좌대가 되네. 水落卽爲臺.
단정히 앉아 사심을 잊는 곳에선, 端坐忘機[144]處,
이 마음 한 점 티끌도 없다네. 此心無點埃.

답태교 [踏苔橋]

돌길에 사람 종적은 끊어지고, 石逕人蹤斷,
푸른 이끼 사이로 작은 다리 생겼네. 蒼苔生小橋.
노래 읊으며 막대 짚고 지나면, 浪吟扶杖過,
세상 근심 불현듯 사라지네. 塵慮頓除消.

수어연 [數魚淵]

맑은 냇물은 돌 위를 흐르고, 淸川流石上,
그 속 구덩이는 깊은 연못 되었네. 中坎作深淵.
앉아서 헤엄치는 물고기 셀 뿐, 坐數魚游泳,
너를 잡으려는 것 아니네. 非吾負爾然.

소로잠 [小魯岑]

공자님 동산에 오르시던 날, 夫子東山日,
나라 땅은 산봉우리 하나만큼 작았지. 邦畿眇一岑.

143 星羅(성라): 하늘의 별과 같이 많이 늘어선 것을 말한다.
144 忘機(망기): 이해타산을 따지거나 남을 해치려는 마음을 품지 않는 것을 말한다.

기자(箕子) 봉한 땅도 작아서,	箕封[145]亦地狹,
노나라만 하니 어찌 무심할 수 있으리.	比魯豈無心.

토월봉 [吐月峯]

달은 바다에서 뜬다고 들었는데,	曾聞月出海,
이제 보니 동봉에서 솟아오르네.	今見吐東峯.
보이는 경치 실로 이러하면,	即景固如是,
봉우리는 겹겹의 바다보다 높다네.	峯高隔海重.

피세대 [避世臺]

물은 봉우리 돌아 감싸 안고,	峯轉水環抱,
층층의 바위는 좌대를 이루었네.	層層石作臺.
속세의 생각 끊어진 줄 알았다면,	已知塵想絶,
어찌 봉래산에 꼭 가야만 하나.	何必到蓬萊.

물막정 [勿幕井]

지세는 쟁반 가운데 같은데,	地勢似盤中,
맛난 샘 있어 찬물이 솟네.	甘泉有洌井.
예로부터 물막이라 이름한 것은,	從來勿幕稱,
복희씨 주역에서 깊이 성찰하라는 것.	羲易發深省.

구인봉 [九仞峯]

한 삼태기 흙 때문은 아니겠지만,	非關覆蕢土,
우뚝 솟아 스스로 봉우리가 되었네.	屹立自成峯.
성인의 길이 비록 멀다 말해도,	聖道雖云遠,
오르고 또 밟으면 발자취 닿을 것을.	攀躋可攝蹤.

145 箕封(기봉): 조선을 말한다. 주(周) 무왕(武王)이 기자(箕子)를 조선 땅에 봉했다는 말에서 유래한 말이다.

함휘령 [含輝嶺]

좋은 옥이 깊은 산에 있으니, 良玉在深山,
그 빛은 첩첩이 산봉우리에 나는구나. 光輝生疊嶺.
그 가운데 반드시 진수가 있으리니, 存中必粹盎,
성인의 가르침에 깨달음이 뚜렷하네. 聖訓宜要領.

상엄대 [尙嚴臺]

깊고 깊은 것이 칠리탄(七里灘) 같은데, 深深似七里[146],
고기 낚는 좌대까지 있네. 更有釣魚臺.
옛사람 정취를 생각해보니, 想像古人趣,
낚싯대에 세찬 맑은 바람 오네. 一竿淸飈來.

심진동 [尋眞洞]

산은 들어갈수록 더욱 그윽하고, 入山山更幽,
구름은 신선 마을의 빗장을 질렀네. 雲鎖神仙洞.
이제부터 진인을 찾고자 한다면, 從此欲尋眞,
봉래산에서 먼저 꿈에 들어야 하네. 蓬壺[147]先入夢.

욕학담 [浴鶴潭]

물소리 온 골짜기를 에워싸고, 水聲籠一壑,
힘차게 떨어져 연못을 이루었네. 湍激下成潭.
선학은 때때로 날개를 고르고, 仙鶴時調羽,
맑은 울음 푸르스름한 이내를 지나가네. 淸音徹翠嵐[148].

146 七里(칠리): 칠리탄(七里灘)을 말하는 것으로 보인다. 동한(東漢)의 은사(隱士) 엄광(嚴光)이 낚시하던 절강성(浙江省) 동려현(桐廬縣)의 남쪽 여울을 말한다. 이 말은 보통 은사의 거처를 가리키는 말로 쓰인다.

147 蓬壺(봉호): 봉래산(蓬萊山)을 말한다. 영주산(瀛州山)·방장산(方丈山)과 더불어 중국 신화 전설에 나오는 삼신산(三神山)의 하나이다. 이 산에는 신선이 살고 불사의 영약이 있다고 전한다.

148 翠嵐(청람): 멀리 푸르스름하게 보이는 이내를 말한다.

향옥교 [響玉橋]

쟁쟁 맑은 옥소리 울리고,	琤琤戞玉響,
걸음걸음 차가운 돌다리 생겼네.	步步生寒橋.
거문고 연주 기다릴 것 있으랴,	不待彈琴曲,
마음엔 세상 소리 끊어진 지 오랜데.	襟懷絶世囂.

야연림 [惹煙林]

남과 북으로 맑은 연기 올라,	南北淸煙起,
아련하게 작은 숲을 둘러쌌네.	依微籠小林.
산새는 날아가 오지 않으니,	山禽飛不到,
마침 그물의 가운데를 피하였네.	正避網羅心.

화리대 [畫裏臺]

꿈만 같더니 다시 보니 그림 같고,	如夢復如畫,
의연히 그 가운데 높은 대 있네.	依然中有臺.
대 위에 올라 한 번 바라보니,	登臨試一望,
내가 하늘 궁전 오른 듯 황홀하네.	恍我訪天台.

경운야 [耕雲野]

엄광은 부춘에서 늙어갔고,	嚴光老富春,
이윤은 신야에서 밭갈이했지.	伊尹在莘野.
예로부터 마음에 품은 땅 없다더니,	從古無懷地,
숨은 선비들 경운야에게 부탁했네.	耕雲付隱者.

산지령 [産芝領]

신령한 버섯은 본래 셋이 솟아,	靈芝本秀三,
연하 잿머리에 자라고 있다지.	生在煙霞嶺.
어찌하면 그 뿌리를 캐어 볼까,	安得採其根,
저문 햇살 아래 단약 만지작거리네.	練丹挽暮景.

합류대 [合流臺]

동에서 흐르는 물 북에서 오는 물, 流東復自北,
냇물 가 언덕에서 서로 만나네. 相會澗邊臺.
밤낮으로 구덩이 채워 나가서, 日夜盈科進,
마침내 큰 강 되어 바다에 이르네. 朝宗入海隈.

정운령 [停雲嶺]

높은 산엔 구름 마구 피어나니, 高山縱出雲,
신비한 일들 이 봉우리에 나타나네. 靈異著玆嶺.
어제저녁 문득 구름 이는가 했는데, 昨暮忽油然[149],
오늘 아침 온 산하에 폭우 쏟아지네. 今朝霈四境.

조월탄 [釣月灘]

낚싯줄 드리우니 해 저문 줄도 잊고, 垂綸忘日暮,
달그림자는 앞 시내에 떨어지네. 蟾影落前灘.
이 늙은이는 잡는 사람 아니니, 此老非漁者,
장차 달이나 낚아 보려네. 將期月上竿.

채약동 [採藥洞]

산중 늙은이 산을 나가지 않고, 山翁不出山,
흰 구름 골짝에서 약이나 캐네. 採藥白雲洞.
산삼이나 백출(白朮)이면 배고픔 이기고, 蔘朮[150]自療飢,
가슴 속 아픔도 치유해주지. 胸中煎疾痛.

격진령 [激塵嶺]

큰 산이 동과 서를 지키고, 巨嶽鎭東西,
서로 엇갈려 한 봉우리 같네. 相叉若一嶺.

149 油然(유연): 구름 따위가 뭉게뭉게 피어나는 모양을 말한다.
150 蔘朮(삼출): 산삼(山蔘)과 백출(白朮)을 말한다. 백출은 삽주 뿌리를 말린 약재이다.

도원이나 무릉이라도, 桃源與武陵,
어찌 이곳만큼 그윽하리. 爭似[151]此幽靜.

세이담 [洗耳潭]
영수는 맑기가 거울과 같고, 穎水[152]明如鏡,
못은 잔 티끌에도 오염되지 않았네. 纖塵[153]不汚潭.
어떻게 하다가 조심 없이 귀를 씻어, 如何謾洗耳,
예로부터 문득 부끄럽게 되었을까. 終古却懷慚.

초은동 [招隱洞]
사물 밖은 늘 청량하지만, 物外常清凉,
속세에는 정해지지 않은 것 많아. 塵中多澒洞[154].
명리에 잡힌 이들 부르고 부르노니, 招招名利人,
부하고 귀한 것은 실로 꿈이라오. 富貴眞如夢.

36~46 입암서원 28경 [立巖書院二十八景]

11수를 수록함(取十一)

이원조(李源祚; 1792~1872) 《응와선생문집(凝窩先生文集)》(권2)

탁립암 [卓立巖]
굳세고 빼어난 그림 사다리 본떴고, 乾奇一畫象爲榷,
그림 앞에 조개껍질 배치해 두었네. 畫前包在先天殼.

151 爭似(쟁사): '어찌~와 같겠는가'의 의미이다. '쟁'은 '어찌'으 이미이다.
152 穎水(영수): 허유(許由)가 자신의 귀를 씻었다고 한 강 이름이다. 요(堯) 임금이 천하를 허유에게 맡기려 하자, 허유는 받지 않고 영수(穎水)의 양지쪽 기산(箕山) 아래에 숨어버렸다. 그러자 요 임금이 다시 그를 불러 구주(九州)의 장관(長官)으로 삼으려 하자, 허유는 듣지 않고 귀를 더럽혔다 하여 영수에서 씻었다 한다.
153 纖塵(섬진): 가늘고 매우 잔 티끌을 말한다.
154 澒洞(홍동): 하늘과 땅이 아직 나누어지지 않아 혼돈한 상태를 말한다.

높은 선비 자리 잡아 단단한 돌 만나니, 高人命筮遇介石[155],
눕지 않고 곧게 서 머리를 쳐들었네. 不橫而直森出角.

피세대 [避世臺]

오랑캐들 회맹의 예의도 모르니, 西戎不講會盟禮,
노중련의 수치는 바다로도 못 씼네. 魯連[156]之耻海難洗.
온 세상에《춘추》읽을 곳 없어, 寰區無地讀春秋,
이 나라 동쪽 땅 해 뜨는 곳에 임했네. 析木[157]東臨日出氐.

초은동 [招隱洞]

큰 뜻이 작은 예쁜 꽃 되기 아까우니, 遠志羞爲小草芳,
잣대 없이 임의로 남과 나를 비교 말라. 莫謾厲揭[158]較人卬.
입암의 여헌 선생 크신 힘과 도량은, 立巖先生大力量,
방 나가지 않고도 천지에 마음 쓴다네. 遊心天地不出房.

경심대 [鏡心臺]

물속의 달 잡으려고 시냇가에 왔더니, 虛撈水月到溪潯,
물찬 제비 노는 고기 매양 서로 노리네. 鳶蹴魚游每遣侵.
불교에선 억지로 경대 없는 거울 찾지만, 禪家强覓無臺鏡,
움직임과 고요함은 본래 따로가 아니라네. 動靜元非兩樣心.

---

155 介石(개석): 절개가 돌같이 단단하다는 말로, 굳게 절의를 지킴을 이르는 말이다.

156 魯連(노련): 전국(戰國) 시기 제(齊)나라의 고사(高士)인 노중련(魯仲連)을 말한다. 조(趙)나라에 있을 때 진(秦)나라 군대가 조나라의 수도 한단(邯鄲)을 포위했다. 이때 위(魏)나라가 신원연(新垣衍)을 보내 진나라 임금을 천자로 섬긴다면 포위를 풀 것이라고 전했다. 이에 노중련이 "진나라가 방자하게 천자로 참칭한다면, 나는 동해를 밟고 빠져 죽을 것이다."라고 하자, 진나라 장군이 이 말을 듣고 군사를 후퇴시켰다고 한다.《사기(史記)·노중련열전(魯仲連列傳)》(권83)에 보인다.

157 析木(석목): 별자리 분야(分野)인 십이성차(十二星次)의 하나이다. 십이진(十二辰)에서는 동쪽인 인(寅)에 해당하고, 이십팔수(二十八宿)에서는 미수(尾宿)와 기수(箕宿)에 해당하는데, 우리나라와 중국의 연(燕)나라, 즉 유주(幽州)가 이 위치에 해당한다.

158 厲揭(여게): 상황에 맞게 처신하는 것을 비유한 말이다.《시경(詩經)·패풍(邶風)·포유고엽(匏有苦葉)》에 "허리띠에 찰 정도로 물이 깊으면 입은 채로 건너고, 물이 무릎 아래 정도로 차면 바지를 걷고 건너간다(深則厲, 淺則揭)"라는 한 것에서 유래했다.

상두석 [象斗石]

한 줄에 큰 돌 네 짝 보태어 넣었더니,	一行添入四大偶,
조물주 전령을 내어 밤중에 천둥 치네.	乖翁發秘雷夜吼.
하늘에선 별이 되고 땅에선 돌인데,	在天爲星在地石,
점쟁이들 쓸데없이 북두칠성 본떴다네.	緯家[159]謾說步罡斗[160].

세이담 [洗耳潭]

하류에서 송아지 물 먹이기 부끄러워,	下流猶耻飮犢渚,
산 시냇물 인간 세상에 못 가게 하지.	山溪莫敎人間去.
귀 씻기도 내 마음 씻기만은 못하니,	洗耳不如洗我心,
도인은 더 이상 옥녀 꿈을 안 꾸네.	道人無復夢玉女.

계구대 [戒懼臺]

한 발짝 모자라면 공든 탑도 허사라니,	一脚不到功便虧,
구인산 백척간두 참 좋은 잣대로다.	仞九竿百是良規.
욕심 바다 정욕 구덩이 딱 반걸음 사이,	慾海情坑在跬步[161],
길 갈리면 천지 차이 은미하고 위태롭네.	路頭燕郢卽微危.

함휘령 [含輝嶺]

푸른 재 높고 높아 규각처럼 깎였는데,	碧嶺岧岧削如圭,
발을 물에 담그고 구름과 어깨동무.	下趾浸水上雲齊.
산중 사람 쪽빛 연기 기운 어찌 알겠나,	居人那識藍烟氣,
사슴 타고 오던 신선 밤중에 별을 보네.	騎鹿仙人夜覘奎.

159 緯家(위가): 미래의 길흉화복의 조짐이나 앞일에 대하여 예언하는 사람을 말한다.

160 步罡斗(보강두): 도교의 보강탑두(步罡踏斗) 의식으로, 도사가 북두칠성의 별자리 모양을 따라 걸으며 신령을 부르거나 보내는 것을 말한다. 이곳에서는 북두칠성을 나타낸다. '강(罡)'은 북두칠성의 두병(斗柄)을 말한다.

161 跬步(규보): 반걸음 또는 반걸음 정도의 가까운 거리를 말한다.

소로잠 [小魯岑]

구몽은 작고 작은 산에 불과하지만, 龜蒙[162]不過小小岑,
천재일우 요행으로 성인이 임하셨지. 幸得千載聖一臨.
서라벌 강산은 옛날 공자 맹자 고향, 徐伐江山古鄒魯[163],
두 번째 즐거움에 진리가 의연하네. 二樂[164]中間道倚參.

물멱정 [勿冪井]

대쪽 갈라 물 대니 두레박 안 쓰고, 折箭引水不費綆,
물은 움직이는 것 멈추면 고요하지. 水是動物止則靜.
명필이 보고 즐겨 물멱을 본떴으니, 羲繇[165]觀翫象勿冪[166],
한결같이 흐르는 하늘이 옛 샘을 낳았네. 天一涓涓生古井.

합류대 [合流臺]

길 끝에 산초나무 물가에 있는데, 行盡山椒與水側,
분합하며 솟았으니 둘 다 쉬지 않네. 分合融峙兩不息.
마음의 눈은 옛날 태초에서 왔으니, 心目須從古初來,
동정과 기우가 수레바퀴와 날개 같네. 動靜奇偶如輪翼.

---

162 龜蒙(구몽): 노나라의 영토 안에 있던 두 산인 구산(龜山)과 몽산(蒙山)을 말한다. 구산은 산동성(山東省) 사수현(泗水縣)에, 몽산은 비현(費縣)의 서북쪽에 있다.

163 鄒魯(추로): 공자(孔子)와 맹자(孟子)를 아울러 이르는 말이다. 공자는 노(魯)나라 사람이고, 맹자는 추(鄒)나라 사람인 것에서 유래한 말이다.

164 二樂(이락): 군자의 세 가지 즐거움 중에 두 번째 즐거움을 말한다. 《맹자(孟子)·진심상(盡心上)》은 "군자에게는 세 가지 즐거움이 있다. 천하에 왕 노릇하는 것은 여기에 끼지 않는다. 부모가 다 생존하고 형제가 무고한 것이 첫 번째 즐거움이다. 위로는 하늘에 부끄럽지 않고 아래로는 사람에게 부끄럽지 않는 것이 두 번째 즐거움이다. 천하의 영재를 얻어 교육시키는 것이 세 번째 즐거움이다(君子有三樂, 而王天下不與存焉, 父母俱存, 兄弟無故, 一樂也. 仰不愧於天, 俯不怍於人, 二樂也. 得天下英才而教育之, 三樂也)"라고 했다.

165 羲繇(희요): 서예로 유명한 진(晉)나라의 왕희지(王羲之)와 종요(鍾繇)의 병칭이다.

166 勿冪(물멱): 《주역(周易)·정괘(井卦)·상육(上六)》은 "우물을 거두더라도 덮개는 씌우지 않는다. 신념이 있으니, 근원이 길하다(井收勿冪, 有孚, 元吉)"라고 했다.

47 입암서원에 들어와서 [入立巖書院]

류장식(柳璋植; 1875~1949) 《가림문집(可林文集)》(권1)

언제 거칠지 않은 너른 땅 몰래 감춰뒀나,	秘慳何日闢無荒,
선생께서 이 건물 짓게 남겨두었네.	留待先生創是堂.
백세 동안 제기로 거듭 흠모의 마음 보이고,	百世豆籩伸寓慕,
열 칸의 재실에서 마침 안부를 묻네.	十間齋室適暄凉.
규모로는 봄여름에 악기 연주하고 시 읊으며,	規模春夏絃而誦,
형승으로는 높은 하늘에 그림자와 빛이라네.	形勝雲天影與光.
그중에 진짜 기상을 알려면,	欲識箇中眞氣像,
천 장의 우뚝한 바위 선 개울 옆이라네.	卓巖千丈立溪傍.

48 입암서원 [立巖書院]

홍재하(洪載夏; 1882~1949) 《우석문집(愚石文集)》(권1)

우뚝한 바위의 대 명경 같아 진경에 들고,	巖卓臺明境入眞,
지금까지도 정신은 앞사람을 우러러보네.	至今精彩仰前人.
당시 문 앞에서 서니 눈이 날리고,	當年立立門前雪,
이날은 쓸쓸히 자리에 앉으니 봄이라네.	此日寥寥座上春.
수려한 정운봉은 수시로 비를 보내고,	峰秀停雲頻送雨,
빈 욕학담은 맑고 티끌 하나 없네.	潭空浴鶴淨無塵.
이 생애에 가을에 독서할 곳이 없고,	此生無地陽秋讀,
백수로 늙어서 다시 오니 감개가 새롭네.	白首重來感慨新.

일제당(日躋堂)을 노래한 시

일제당은 입암서원의 부속 건물로, 선조 33년(1600)에 건립되었다. 조선 중기의 학자인 여헌(旅軒) 장현광(張顯光), 수암(守菴) 정사진(鄭四震), 윤암(綸庵) 손우남(孫宇男) 등이 학문을 강론하던 장소였으며 인조 7년(1629)에는 가사 문학의 대가인 노계(蘆溪) 박인로(朴仁老)가 들러 [입암이십구곡(立巖二十九曲)]과 [입암별곡(立巖別曲)]을 남기기도 하였다. 순종 1년(1907) 산남의진(山南義陣)이라는 의병조직이 일본군 영천수비대를 맞이하여 전투를 벌일 때 소실되었다가 1914년 복원되었다.

일제당의 '일제'는 성스러움과 공경함이 날로 진전되어 가는 것을 이르는 말로, 《시경(詩經)·상송(商頌)·장발(長發)》의 "탕왕(湯王)의 탄생이 늦지 않으시어, 성스러움과 공경함이 날로 진전되네(湯降不遲, 聖敬日躋)."라고 한 것에서 유래했다.

일제당은 입암 관련 시 중에서 창작이 가장 많이 일어난 곳 중의 한 곳이다. 이름난 문인들의 강학 장소였기 때문에 많은 문인들이 이곳에 들러 장헌광과 함께 배향된 인물들의 학덕을 추모했다. 그래서인지 시의 내용도 이곳에서 학문을 토론했던 문인들에 대한 추념과 흐른 세월에 대한 감개를 표출하고 있는 것이 많다.

---

1 일제당 [日躋堂]

장현광(張顯光; 1554~1637) 《여헌선생속집(旅軒先生續集)》(제1권)

성탕도 지혜롭고 공경하였으니,	成湯[167]聖且敬,
하물며 우리가 뜻이 없을 수 있겠는가.	況吾初無志.
바라건대 제때 넓히고 쌓아서,	恢築願及時,
길이 강학할 장소가 되었으면.	永作藏修地.

167 成湯(성탕): 중국 고대의 왕조인 은(殷)나라를 개국한 군주이다. 하(夏)나라의 폭군 걸왕(桀王)을 정벌하고 천자(天子)가 되었다고 한다. 삼황오제(三皇五帝)·하나라의 시조 우왕(禹王)·주(周)나라의 시조 문왕(文王)과 함께 중국 역사에서 성군(聖君)으로 일컬어진다.

2 홀로 일제당에 있으면서 [獨處日躋堂]

손여두(孫汝斗; 1643~1713) 《노잠문집(魯岑文集)》(권1)

바람 맑고 오동나무의 달 흰데, 風淸梧月白,
한밤중에 홀로 난간에 기대네. 中夜獨憑欄.
마음을 깨우는 곡조 달리 있음에, 別有醒心曲,
물가의 흰 돌 소리 맑다네. 泠泠白石灘.

3~12 일제당에서 퇴계 선생의 절구 10수에 차운하며 [日躋堂用退陶先生十絶[168]韻]

손여두(孫汝斗; 1643~1713) 《노잠문집(魯岑文集)》(권1)

기이한 바위 우뚝하게 섰는데, 卓爾奇巖立,
둥그렇게 첩첩 산이 늘어섰네. 隆然疊嶂羅.
그윽한 선비 여기 살았었는데, 幽人棲此地,
빼어난 구름경치 자랑할 만했네. 雲物富堪誇.

오늘날 우리가 즐기는 것들은, 此日吾儕樂,
일찍이 여헌 선생 시작하신 것. 曾從旅老開.
오동에 달빛이 맑게 갠 밤에, 梧桐淸霽夜,
보이는 건 서성이는 달뿐. 唯見月徘徊.

바위 골짝에 봄빛 생기 돌자, 春色生巖壑,
골짜기에 풍광이 가득해졌네. 風光滿洞門.

---

168 退陶先生十絶(퇴도선생십절): 《퇴계집(退溪集)》(권2)에 수록된 《계당우흥십절(溪堂偶興十絶)》을 말한다. 이 차운시는 전반적으로 원운(原韻)과 같은 글자를 따라 썼고, 제3수의 결구 '온(縕)'을 '온(氳)'으로 바꾼 것이 다르다.

따뜻한 기운이 덕택을 베푸니,　陽和布德澤,
천지의 기운 모두 어울렸네.　天地儘氤氳[169].

긴 여름에 모든 숲이 우거지자,　長夏林林邃,
깊은 산엔 모든 일이 운치 있고.　窮山事事幽.
무심한 구름 한 조각,　無心雲一片,
산 굴에서 유유히 나오는구나.　出峀政悠悠.

맑은 서리 내려 깨끗한 가을날,　淸霜灑素秋,
붉은 비단이 푸른 봄보다 낫네.　紅錦勝靑春.
벼 익고 고기 살져 흥겨운 날은,　稻熟魚肥興,
가난한 집이라도 부자와 같구나.　貧家若富人.

해가 저무니 문을 닫아야 하는데,　律窮宜塞戶,
눈이 가득 내리니 창문 열고 싶네.　雪滿喜開牕.
골짜기마다 엄동설한 가혹해도,　萬壑巖威虐,
외로운 소나무 항복하지 않구나.　孤松獨不降.

네 계절에 삼라만상을 보니,　四時觀萬象,
좋은 흥취가 근심을 씻어주네.　佳興破閒愁.
마음에 얻은 것 없다 탄식하며,　却歎無心得,
유유히 지내다가 벌써 흰 머리.　悠悠已白頭.

편한 집에서도 정신은 편치 않아,　安宅神難穩,
산 계곡에는 풀이 이미 푸르네.　山磎草已靑.
아는 대로 행하면 관문이 겹겹이니,　知行關複疊,
작은 힘으로 어찌 헤쳐 나갈까?　綿力詎經營.

169 氤氳(인온): 하늘의 기운과 땅의 기운이 서로 합하여 어울리는 것을 말한다.

나는 원래 고루함을 자탄하는데, 我自歎孤陋,
그 누가 홀로 사는 것을 묻는가. 人誰問索居[170].
밝은 창 아래에는 다른 일 없고, 明牕無外事,
그저 성현의 서책만 있을 뿐. 惟有聖賢書.

도산의 경치를 마음으로 상상하고, 想象陶山[171]勝,
한가히 퇴계 선생 시를 읊네. 閒吟退老[172]詩.
회포를 적어 그저 혼자 보는 것, 寫懷聊自遣,
어찌 감히 남들이 알아주길 바라리. 何敢較人知.

13~18 일제당에서 경주부윤 병와 이형상 공의 시에 차운하며 [日躋堂次東京尹甁窩李公衡祥[173]韻]

손여두(孫汝斗; 1643~1713) 《노잠문집(魯岑文集)》

산중에 흥취 그윽한 진인이 드물더니, 溪山幽趣鮮能眞,
부윤께서 오늘 오시니 새로 흥이 일어나네. 大尹今來興轉新.
덩굴 사이의 달과 솔바람을 모두 관장하시니, 蘿月松風都管領,
공께서 부르는 노래가 넉넉함을 알겠네. 知公哦詠不爲貧.

170 索居(삭거): 이군삭거(離群索居)의 줄임말로, 벗들과 떨어져 외로이 사는 것을 말한다.

171 陶山(도산): 경상북도 안동군 도산면(陶山面) 토계리(土溪里)에 있는 조선시대의 서원이다. 선조 7년(1574) 퇴계(退溪) 이황(李滉)의 문인(門人)과 유림(儒林)이 중심이 되어 그의 유덕(遺德)을 기리어 세웠다. 장서(藏書)와 장판(藏版) 및 이황의 유품이 소장되어있다.

172 退老(퇴로): 조선 중기 주자의 성리학을 심화하고 발전시킨 이황(李滉)을 말한다. 자는 경호(景浩), 호는 퇴계(退溪)이다. 1548년 단양군수·풍기군수를 지내다가 이듬해 병을 얻어 퇴계의 서쪽에 한서암(寒棲庵)을 짓고 공부했다. 이후 성균관대사성으로 임명되고 여러 차례 벼슬을 제수 받았으나 대부분 사퇴했다. 1560년 도산서당을 짓고 강학과 저술에 전념했다. 선조에게 《무진육조소(戊辰六條疏)》를 올리고, 《사잠(四箴)》·《논어집주(論語集註)》 등을 진강했으며 《성학십도(聖學十圖)》를 저술해 바쳤다. 이듬해 낙향했다가 병이 깊어져 70세의 나이로 세상을 떠났다.

173 甁窩李公(병와이공): 조선 후기의 문신인 이형상(李衡祥; 1653~1733)을 말한다. 본관은 전주(全州)이고, 자는 중옥(仲玉), 호는 병와(甁窩)이다. 숙종 3년(1677)에 사마시를 거쳐 1680년에 별시문과에 급제했다. 제주목사·한성부윤 등을 지냈다. 정조 20년(1796)에는 청백리에 뽑혔다. 시조에 큰 관심을 가져 많은 자료를 모았고, 시조를 한역한 작품 77수를 남겼다. 저서로는 《병와집(甁窩集)》·《강도지(江都志)》 등이 있다.

여헌 선생의 정사는 깊은 골짜기에 있고, 旅翁精舍在深陬,
남은 향기 아직도 작은 누대에 가득하다네. 餘馥依然滿小樓.
다행히 영공께서 수고로이 멀리서 찾아주시니, 何幸令公勞遠訪,
마음 통함이 참으로 옛사람 같다네. 襟期眞是古人流.

산에 오르고 물에 임하다 저녁이 되니, 登山臨水帶斜暉,
관심은 날다 지친 새들 숲에 깃드는 것에 있네. 興在投林倦鳥飛.
욕학담이 비자 선학의 그림자는 없어지고, 浴鶴潭空仙影斷,
가을 서리 진 달밤에 시를 짓고 늦게 돌아오네. 朗吟霜月夜深歸.

학이 씻은 후 날아올랐다고 들었는데, 聞昔玄裳[174]浴後騰,
지금까지 폭포수는 층층이 구슬 같네. 至今縣瀑玉層層.
시선 이백은 전에는 양주 사람이었는데, 詩仙自是楊州客[175],
이날은 의연히 학의 등을 탔다네. 此日依然鶴背乘.

산세는 굽이굽이 감돌고 수세는 널찍한데, 山勢重回水勢盤,
명승에 그윽한 흥이 나의 한가함에 족하네. 別區幽興屬吾閒.
흰 구름 언덕에서는 가벼운 쟁기를 잡고, 白雲壟上扶輕耟,
달 밝은 낚시터에서는 낚싯대를 잡았네. 明月磯頭把籊竿.
암학에 이 한 몸 즐거움을 달게 여기는데, 巖壑已甘身逸樂,
진세에 인생 괴로움을 어찌 염려하리. 塵埃寧患路辛艱.
공이 지금 먼 길에 유적지를 찾아오니, 公今遠溯尋遺躅,
그 당시 큰선비의 넓은 도량을 보는 듯. 如得當年碩士寬.

옛 괴시와 행단에 늙어 은퇴하려, 休老槐壇[176]古,

174 玄裳(현상): 호의현상(縞衣玄裳)의 줄임말로, 흰옷과 검은 치마를 의미이다. 이 말은 두루미의 깨끗하고 아름다운 모습을 비유한 말로 쓰인다.

175 詩仙自是楊州客(시선자시양주객): '시선'은 원래 당나라의 시인 이백(李白)을 가리키는 말이었으나, 이곳에서는 상대인 이형상을 말한다. '양주객'은 이형상이 1691년 양주목사로 있다가 1692년 경부부윤으로 왔기 때문에 한 말이다.

176 槐壇(괴단): 괴시(槐市)와 행단(杏壇)을 말한다. 괴시는 서한(西漢) 때 도성인 장안(長安)의 동

곡구의 하늘 아래 깊이 숨었네.	深藏谷口[177]天.
상쾌한 바람에 오뉴월 더위도 없고,	爽颭無夏六,
맑은 나무는 천 사람의 그늘이라.	淸樾蔭人千.
땅이 궁벽하니 정자도 필요 없고,	地僻何須榭,
모래가 맑으니 대자리도 쓸데없네.	沙明不用筵.
부르고 청하여 옛 자취 이야기에,	招邀談古蹟,
해가 서녘으로 기운 것도 잊었네.	忘却日西遷.

19 일제당에서 밤에 읊으며 [日躋堂夜吟]

정석달(鄭碩達; 1660~1720) 《함계선생문집(涵溪先生文集)》(권1)

좋은 방에 한가로이 누우니 밤은 고요하고,	閒臥高齋夜寂寥,
바윗가 흐르는 물소리 귓가에 고이 들리네.	巖邊流水耳中韶.
인간의 갖은 시름을 모조리 없애주니,	人間萬慮渾消去,
소리 안에선 여전히 모든 근본이 드러나네.	腔裏依然一本昭.

20 일제당에 묵으며 [宿日躋堂]

정석달(鄭碩達; 1660~1720) 《함계선생문집(涵溪先生文集)》(권1)

달빛과 뭇 산들 희고,	月色千山白,
바람 소리와 뭇 골짜기는 맑네.	風聲萬壑淸.
품은 먼지는 이로 사라지니,	塵懷從此絶,
꿈에서 뵌 어른 무슨 부끄러움 있으리.	何愧夢先生.

쪽 상만창(常滿倉) 북쪽에 있던 시장 이름이다. 이곳은 수백 그루의 홰나무가 있어 붙여진 이름으로, 태학(太學)과 가까워 학생들이 초하루와 보름에 이곳에 모여 서적이나 악기 등을 교환하였다고 한다. 행단은 살구나무가 있는 단으로 강학하는 곳을 말한다. 시에서 이 둘을 병칭한 것은 학문을 토론하는 장소를 의미한다.

177 谷口(곡구): 중국 섬서성(陝西省) 예천(醴泉)의 동북쪽에 있다. 서한(西漢) 말에 고사(高士) 정박(鄭樸)이 이곳에 은거했다고 전한다.

21 새벽에 일제당에 앉아 [日躋堂曉坐]

정석달(鄭碩達; 1660~1720)《함계선생문집(涵溪先生文集)》(권1)

서늘한 서리 기운에 어젯밤엔 바람까지 불고,	霜氣凄凄昨夜風,
새벽이 오니 온 숲엔 맑은 바람 소리 전하네.	曉來淸籟滿林中.
순간 창문을 열고 보니 앞산 아름다운데,	開牕忽看前山好,
반은 푸르고 반은 붉네.	半是爲靑半是紅.

22 일제당 [日躋堂]

정석달(鄭碩達; 1660~1720)《함계선생문집(涵溪先生文集)》(권1)

작은 누각은 땅 없는 곳에 임하고,	小閣臨無地,
난간에 기대니 해는 지려 하네.	憑闌日欲低.
개울물 맑아 단풍잎이 비치고,	澗淸紅葉暎,
우뚝한 바위에는 백운이 깃드네.	巖屹白雲棲.
넘어진 소나무에 층층 산봉우리 오래되고,	松倒層巓老,
이끼 생기니 돌길을 잃네.	苔生石逕迷.
영원히 얻지 못할 것 생각하니,	永懷終不得,
가을 빛깔은 마침 처량하구나.	秋色正凄凄.

23 일제당에서 우연히 읊으며 [日躋堂偶吟]

정석달(鄭碩達; 1660~1720)《함계선생문집(涵溪先生文集)》(권1)

나는 안개와 노을 보는 버릇 있어,	我有煙霞癖,
산수 간에 누워 자러 왔네.	來臥山水間.
속세의 인연 깊어 통할 길 없으나.	塵緣杳莫通,
그윽한 새 소리나 들었으면.	但聞幽鳥.
책을 보고 거문고를 만지니,	觀書且撫琴,

내 얼굴이 펴지기에 족하고.	足以怡吾顔.
고인들 비록 이미 멀리 있으나,	古人雖已遠,
남은 모습 아직 의지할 수 있네.	遺風尙可攀.
건물 서쪽 바위는 솟아있고,	軒西巖屹屹,
건물 남쪽 강물은 졸졸 흐르네.	軒南水潺潺.
맑은 경관이 그윽한 골짝에 가득하고,	淸景滿幽壑,
위아래를 보니 마음 절로 한가해지네.	俯仰心自閒.
유유자적 세월 잊으니,	優游忘歲月,
후련하게 인간 세상 벗어난 듯하네.	灑若出人寰.

24 늦가을, 덕삼 김상정 선생과 금양으로 가다가, 일제당에 묵으며 [季秋, 與仁伯金德三尙鼎向錦陽, 宿日躋堂]

정석달(鄭碩達; 1660~1720) 《함계선생문집(涵溪先生文集)》(권1)

달은 청천에 이르고 날은 차가운데,	月到靑天天氣凉,
산의 빛과 강물 색은 모두 푸르네.	山光水色共蒼蒼.
잠 못드는 은자는 시 짓는 것이 버릇되어,	幽人不寐吟成癖,
만고의 긴 세월 생각하는 마음 거침없네.	磊落[178]襟懷萬古長.

25 일제당에서 경물을 보고 그 자리에서 지으며 [日躋堂卽景]

정석달(鄭碩達; 1660~1720) 《함계선생문집(涵溪先生文集)》(권1)

높은 누각은 숲 끝에서 솟고,	高閣起林杪,
난간에 기대니 온 생각이 일어나네.	憑闌興滿襟.
골짜기는 갖은 비단 빛깔 간직하고,	洞藏千錦色,
샘은 다섯 가락의 소리를 토하네.	泉吐五絃音.

178 磊落(뇌락): 마음이 넓고 비범하며 세속을 벗어난 모양 내지 확 트인 기상을 말한다.

나는 거품은 왔다 다시 돌아가고, 飛白來還去,
드리운 단풍은 뜨고 가라앉네. 垂紅汎復沉.
누가 그 무한한 뜻을 알리오, 誰知無限意,
모두가 이 깊은 곳에 있음을. 都在此中深.

26 일제당 [日躋堂]

여헌 장현광 선생의 무제시 운을 사용함(用旅軒張先生無題詩韻)

정중기(鄭重器; 1685~1757) 《매산집(梅山集)》(권1)

집을 지음은 경치 찾아 놀자는 것 아니고, 卜築非耽選勝遊,
많은 책을 갖춰 들고 수양하려 함이라. 好携墳典託藏修.
기이한 바위는 물가에 우뚝하고, 奇巖卓立臨流屹,
첩첩 산마루는 세상을 막아 그윽하네. 疊嶺重遮隔世幽.
대나무 달과 소나무 바람은 고상한 흥취 주고, 竹月松風供雅趣,
못의 물고기와 구름의 학은 한가한 벗 되네. 淵魚雲鶴作閒儔.
이제부터 단 앞의 나무와 늙어가려는데, 秖今休老壇前樹,
찬 안개 오래 끼어 종일토록 걱정일세. 長帶寒烟盡日愁.

27 일제당 [日躋堂]

정욱(鄭煜; 1708~1770) 《매헌공정욱유집(梅軒公鄭煜遺集)》(권2)

정립한 기암의 형세 서로 겨루는 듯, 鼎立奇巖勢互凌,
산 계곡이 주인 얻어 좋은 이름 더했네. 溪山得主美名增.
그윽한데 더 좋은 건 소나무에 대나무, 幽貞可愛松兼竹,
거울 같은 물을 보고 얼음 같은 달도 보네. 瑩澈須看月又冰.
나의 시가 있기 전에 경치는 원래 있었고, 無我詩前佳景在,
이 정자 있은 후에 몇이나 올랐던가. 有斯亭後幾人登.

우리 선조 노시던 곳 이제 와 올라보니, 今來先祖從遊地,
삼가 유풍을 모셔 슬픔을 못 이기겠네. 敬挹遺風愴不勝.

28 일제당에서 종형의 시에 차운하며 [日躋堂次從兄韻]

정일찬(鄭一鑽; 1724~1797) 《죽비선생문집(竹扉先生文集)》(권1)

옛 성인들 날로 발전하심이 오묘하니, 古聖日躋妙,
원래는 공경할 '경'자에 있었다네. 元存敬字中.
당을 세우니 깊은 뜻이 있어, 揭堂深意在,
천 년의 뭇 어리석은 이들을 계도했네. 千載啓羣聾.

29 일제당에서 고을 수령의 현판 시에 차운하며 [日躋堂次主倅板上韻]

1751년(辛未)

정일찬(鄭一鑽; 1724~1797) 《죽비선생문집(竹扉先生文集)》(권1)

옛 선현들이 숨어 살기 좋아했던 곳, 昔賢嘉遯地,
누각이 공중에 서 있네. 樓閣起空中.
흐르는 물에는 참 근원이 있고, 流水眞源在,
우뚝한 바위는 큰 도를 존중하네. 卓巖大道崇,
오동나무는 천고의 달을 머금고, 梧含千古月,
소나무는 사시의 바람을 두르네. 松帶四時風.
태수는 좋은 글귀를 남기니, 太守留佳句,
궁상이 고상하게 잘 어울렸네. 調高協羽宮[179].

179 羽宮(우궁): 고대의 오음계인 궁상각치우(宮商角徵羽)에 속하는 음계의 일종이다.

30 일제당에서 이도희에게 주며 [日躋堂贈李道希]

손동걸(孫東杰; 1757~1818) 《노촌세고(魯村世稿)·함취정일고(含翠亭逸稿)》(권4)

깊은 산에 사니 손님도 드문드문,	境深稀客到,
늦가을 산 경치도 혼자 보고 있네.	獨對晩山秋.
가난하여 막걸리조차 사기 어려우니,	白酒貪難辦,
단풍의 흥취를 감당하지 못하네.	丹楓興不收.
그대 만나 사흘 나눈 이야기가,	逢君三日話,
내 평생의 근심을 씻어주었네.	滌我百年愁.
새로운 취미를 달리 더했으니,	別有添新趣,
성근 오동 위엔 비 갠 후의 달 흘러가네.	踈桐霽月流.

31 일제당에서 운을 불러 정매헌에게 주며 [日躋堂呼韻贈鄭梅軒]

손동걸(孫東杰; 1757~1818) 《노촌세고(魯村世稿)·함취정일고(含翠亭逸稿)》(권4)

잡고 싶은 단풍 비단 그대 오길 기다렸는데,	欲留楓錦待君來,
어찌하리, 가을이 깊어 낙엽 되어 쌓이네.	其柰秋深葉自頹.
쌓인 낙엽 산에 가득, 산길이 막혔으니,	頹葉滿山山逕閉,
돌아가려고 바위 밖에 나가기를 서둘지 말게.	莫摧歸轄出巖隈.

32 입암서원 일제당에서 운을 불러 함께 읊으며 [立巖書院日躋堂呼韻共賦]

류정문(柳鼎文; 1782~1839) 《수정재집(壽靜齋集)》(권1)

하늘과 땅이 갈라지지 않은 때를 바로 보고,	直睹鴻濛[180]未判時,
밤이 오니 산수는 더욱 맑고 빼어나네.	夜來山水更淸奇.

180 鴻濛(홍몽): 하늘과 땅이 아직 갈리지 않은 상태를 말한다.

두 바위가 부축하여 높은 정자에 살게 해주니,	兩巖夾定高亭住,
마치 선생의 공경함과 의로움을 가진 듯하네.	恰似先生敬義持.

33 일제당에 올라 [登日躋堂]

이중수(李中洙; 1863~1946) 《이류재문집(二柳齋文集)》(권1)

20년 전에 이 당에 올랐고,	二十年前登此堂,
대재앙이 다가오니 갑자기 세상이 바뀌네.	邇來劫灰[181]忽翻桑.
다시 새로워짐은 여러분의 힘입은 바이고,	重新辛賴羣公力,
네 어른의 동네 예전처럼 전하네.	依舊相傳四老坊.
푸른 오동나무의 달 차갑고 거문고의 뜻 고아하며,	梧月蒼凉琴意[182]古,
못의 원류는 활발하니 도를 기르는 마음 길어지네.	潭源活潑道心長.
동쪽으로 간 지난날의 자취를 누구에게 물어보나,	蹈東往蹟憑誰問,
탁립암 가에 아득히 새가 지나가네.	卓立巖邊過鳥茫.

34 일제당에서 조촐하게 모여 [日躋堂小會]

권석찬(權錫瓚; 1873~1957) 《시암집(是巖集)》(권1)

선생께서 언제 이 산에 계셨는지,	先生何日此山中,
깎아지는 뭇 봉우리는 도학의 기운 높네.	削立羣峯道氣隆.
나무마다 흔적마다 선생의 혜택 입고,	萬樹痕生三日雨,
꽃마다 향기로이 선생의 바람이 이네.	百花香送一軒風.
흰 물새 나는데 좋은 손님 오셨고,	白鷗心上佳賓到,
꾀꼬리 노래 끝에 저녁 안개 흩어지네.	黃鳥聲邊暮靄空.

181 劫灰(겁회): 화재나 전란 등의 대재난을 겪은 흔적을 말한다.
182 琴意(금의): 거문고를 탈 때 기탁한 뜻을 말한다.

웃음 짓는 난간 앞을 흘러가는 저 물결, 笑爾檻前流去水,
사람 살아 항상 조용할 수 없었으니. 人間長出不從容.

35 기원의 벗들과 일제당에 올라 [與杞園諸友登日躋堂]

권석찬(權錫瓚; 1873~1957) 《시암집(是巖集)》(권1)

한 굽이 맑은 아지랑이 그대로 흩어지니, 一曲晴嵐散不收,
운하에 묻힌 자취는 바둑과 낚시로구나. 雲霞沒屐逼碁釣.
선철들의 거문고 귀한 상자에 소장하고, 先哲瑤徽[183]藏寶匣,
손님의 비단 두루마기에 술잔 분주히 오가네. 佳賓錦軸錯觥籌[184].
기상은 천 길 절벽 숭상하기에 충분하고, 氣像尙餘千仞壁,
성심은 오로지 수 칸의 누대에 기탁하네. 誠忱只寓數間樓.
벗을 부르는 멋진 소리는 내 귀를 깨워주고, 喚友巧音醒我耳,
꾀꼬리 나와 돌아가다 머무름이 가련하구나. 爲憐黃鳥出還留.

36 서경과 일제당에 올라 [同瑞瓊登日躋堂]

권석찬(權錫瓚; 1873~1957) 《시암집(是巖集)》(권1)

우뚝 솟은 높은 누대 절벽 사이에 있고, 屹立高樓絶壁間,
사람은 돌아가도 지저귀는 새 한가한 적 없네. 人歸鳥咏不曾閒.
바람과 연기 끝없어 시의 소재가 되고, 風烟無限詩前料,
물과 돌을 모두 그림 속에서 보네. 水石都從畵裏看.
후배 된 마음 마땅히 느낌 있고, 爲後輩心當寓感,
선현들의 넉넉한 자취에 배로 생기 돋네. 餘先賢躅倍生顔.

183 瑤徽(요휘): 거문고를 말한다. 요주(瑤柱)에 줄[徽]을 매었다는 것을 말한다.
184 錯觥籌(착굉주): 굉주교착(觥籌交錯)에서 유래한 말이다. 술잔과 산가지가 어지럽게 늘려있는 것을 말하는데, 술자리가 아주 흥겨운 것을 말한다.

그대는 괴로운 세속의 바다 말하지 마소,　　塵寰苦海君休說,
하늘가의 뜬구름은 자유로이 오간다오.　　天際浮雲任往還.

37 혼자 일제당에 앉아 [獨坐日躋堂]

권병기(權丙基; 1876~1945) 《농석집(聾石集)》(권1)

입암 이십팔경이 그림 속에 펼쳐지고,　　卄八洞天闢畫圖,
선현의 남긴 자취 여기가 명승이라.　　先賢遺躅是名區.
숲 바람 얼굴에 부니 부채가 공이 없고,　　林風上面扇功薄,
봉우리 달 창에 비쳐 촛불 그림자 외롭구나.　　峰月當窓燭影孤.
좋은 시는 짓기 어려운데 동종은 자주 치고,　　嘉什難成頻擊鉢,
한가한 근심 떨치지 못해 억지로 술잔 잡네.　　閒愁未遣强操觚.
물새 다 흩어지니 바위 꽃이 떨어지고,　　渚禽散盡巖花落,
차츰 무료해져 다시 술잔을 당기네.　　漸覺無聊復引盃.

만활당(萬活堂) 관련 시

여헌(旅軒) 장현광(張顯光)이 임진왜란 때 피난 와서 기거하던 곳이다. 정면 3칸, 측면 단칸의 맞배지붕 구조로 되어 있다.

---

1 만활당부 [萬活堂賦][185]

병서(幷序)

장현광(張顯光; 1554~1637) 《여헌선생문집(旅軒先生文集)》(제1권)

나는 일찍이 《중용(中庸)》의 비은장(費隱章)[186]을 보고, 연비어약(鳶飛魚躍)의 시(詩)[187]를 인용하여 "상하(上下)의 이치가 잘 드러났다."라고 말했다. 이에 대해 정자(程子)는 "자사(子思)가 사람을 위해 긴요하게 깨우친 것으로, (생동감이 넘친다는 의미의) 활발발(活潑潑)한 부분이다."라고 했다. 이른바 '활발발'이란 바로 하나의 근본에서 만 가지로 달라질 때 유동하고 충만하여, 저절로 없을 수 없고, 저절로 그칠 수 없어서, 빈틈이 없고 정체함이 없는 것이다. 그러나 이 이치가 우주 사이에 있는 것은 어느 물건인들 그렇지 않으며 어느 때인들 그렇지 않겠는가. 시인(詩人)은 한때에 위로는 높이 날아 하늘에 이르는 솔개와 아래로는 깊은 못에서 뛰노는 물고기만 보았기 때문에 솔개와 물고기를 취하여 말한 것이니, 위에 있는 것이 어찌 홀로 솔개뿐이며, 아래에 있는 것이 어찌 물고기뿐이겠는가. 또 어찌 혈기(血氣)가 있는 동물의 무리만이 이 이치를 얻었겠는가. 모든 날짐승과 물속에 잠겨 있는 것을 비롯한 모든 동물과 식물들도 이런 이치를 얻지 않음이 없는 것이다. 또 어찌 만물의 무리에만 국한되겠는가. 하늘에 나타나 삼광(三光)[188]이 된 것, 땅에 나타나 오악(五嶽)과 사독

---

185 이 시의 번역은 성백효의 《여헌선생문집(旅軒先生文集)》 번역본을 참고했다.

186 《중용》 제12장에 나오는 말로, 가장 앞 부분이 "군자의 도는 갖추어 있으면서도 숨겨져 있다.(君子之道, 費而隱)"로 시작한다.

187 이 구절은 《시경(詩經)·대아(大雅)·한록(旱麓)》에 "솔개는 날아 하늘에 이르고, 물고기는 연못에서 뛰어논다(鳶飛戾天, 魚躍于淵)"라고 한 것에서 유래했다.

188 三光(삼광): 세 가지 빛나는 것으로, 곧 일(日)·월(月)·성신(星辰)을 가리킨다.

(四瀆)[189]이 된 것, 천지 사이에 유행하여 추위와 더위, 낮과 밤, 바람과 구름, 우레와 비가 된 것 또한 모두가 이런 이치를 얻지 않음이 없는 것이다. 그래서 '활발발'함은 천지 사이에 가득한 것 모두를 말하는 것인데, 사람만 그 이치를 살피지 못할 뿐이다. 사람이 이 이치를 살피지 못하는 까닭은 딴 이유가 있는 것이 아니다. 스스로 형기(形氣)의 작은 것에 구애되어 이기(理氣)의 큰 것을 통하지 못하기 때문이다. 그렇지 않으면 마음을 공적(空寂)에 두고 도(道)를 허무(虛無)한 것으로 여겨서이니 이러한 자들은 내 마음이 실로 천지 만물과 서로 유통하여 천지 만물의 이치가 모두 내 마음 속에 갖추어 있음을 알지 못한다. 그렇다면 그 마음이 이미 스스로 활물(活物)이 되지 못하니, 또 어찌 우주에 가득한 것이 모두 활발발한 이치임을 알겠는가.

내 이제 궁벽하게 산재(山齋)에 거처하여 이 몸이 비록 흙덩이와 같은 한 물건에 불과하나 그 마음은 진실하여 이치가 통하지 않음이 없고 사물이 포괄되지 않음이 없다. 그러므로 당(堂)의 이름을 '만활'이라 하여 스스로 살피는 자리로 삼는 바이다. 만일 이 도가 천지에 있는 것이 이와 같음을 안다면 내 몸에 있는 것도 또한 이와 같을 것이니, 밖에 있는 사물의 활발한 이치를 인식하여 자신에게 있는 활발한 이치를 알고, 자신에게 있는 활발한 이치를 몸소 행하여 밖에 있는 사물의 이치를 징험하여 정(靜)할 때에 동(動)의 이치를 간직하고, 동할 때 정(靜)의 쓰임을 행하여, 정하더라도 허무에 빠지지 않고 동하더라도 정욕에 흐르지 않게 하여야 한다. 이렇게 한다면 거의 편벽되지 않고 기울지 않으며 과(過)하지 않고 불급(不及)하지 않아, 위로 올라갈 수 있고 아래로 내려올 수 있으며, 행할 수 있고 그칠 수 있으니, 중용(中庸)의 도가 여기에 있게 될 것이다. 다만 노쇠하고 어두운 자가 과연 이것을 잘할지 알 수 없다. 마침내 다음과 같은 사(辭)를 짓는다(嘗見中庸費隱章, 引鳶飛魚躍之詩而曰, 言其上下察也. 程子以爲子思喫緊爲人處活潑潑地. 所謂活潑潑者, 乃是一本萬殊, 流動充滿, 不容自無, 不容自已.無空缺無停息者是也, 然此理之在宇宙間者, 何物不然, 何時不然哉. 詩人特以一時所見者, 上有戾天之鳶, 下有躍淵之魚. 故取鳶魚言之也, 而在上者何獨鳶, 在下者何獨魚. 又豈但動物血氣之類, 得是理哉. 凡飛凡潛, 若動若植, 無非此也. 又豈但萬物之類乎. 象於天而爲三光, 形於地而爲五

189 五嶽四瀆(오악사독): 다섯 가지 큰 산과 네 가지 큰 강물을 말한다. 중국에서는 동악(東嶽)인 태산(泰山)·서악(西嶽)인 화산(華山)·남악(南嶽)인 곽산(霍山)·북악(北嶽)인 항산(恒山)·중악(中嶽)인 형산(衡山)을 오악, 양자강(揚子江)·황하(黃河)·회수(淮水)·제수(濟水)를 사독이라 했다.

嶽四瀆, 流行於兩間而爲寒暑晝夜風雲雷雨者, 亦無非此也. 然則所謂活潑潑者, 滿天地間皆是也, 顧人不能察其理耳. 人之所以不能察夫是理者, 無他. 自梏於形氣之小, 不能通於理氣之大故也. 不然則棲心空寂, 擬道虛無者, 不知吾心實與天地萬物相爲流通, 而天地萬物之理, 皆具於吾方寸之中, 則其心旣自不能爲活物, 又安知夫盈宇宙者, 皆是此理之活哉. 吾今僻處於山齋, 此身雖是塊然一物, 而其心則實理無所不通, 物無所不括. 故遂以萬活名堂, 而爲自省之地. 苟有以知夫此道之在天地者旣如此, 則在吾身者亦如此, 認在外之活, 反在我之活, 體在我之活, 驗在外之活, 靜而涵動之理, 動而行靜之用, 靜不淪於虛無, 動不流於情欲. 則庶乎不偏不倚, 無過不及, 可上可下, 可行可止, 而中庸之道, 其在是矣. 第不知衰老昏墜者, 其果能否. 遂爲之辭.).

가장 영특한 우리 인간은,	最靈吾人,
혈기를 얻어 몸을 소유하니,	得血氣而有身,
생명이 없는 마른 나무가 아니며,	非枯木之無生,
알고 깨달아 마음을 쓰니,	能知覺而爲心,
어찌 감정이 없는 꺼져버린 재이겠는가.	豈死灰之無情.
머리 위에 이고 있는 것은 모두가 하늘이요,	戴無往而非天,
발로 밟고 있는 것은 가는 곳마다 땅이라오,	履無適而非地,
눈으로 보는 것은 모두가 물건이요,	目無觸而非物,
손으로 하는 것은 모두가 일이라오,	手無爲而非事,
오직 있는 곳마다 다 이치이니,	惟在在焉皆理,
이 때문에 보는 것마다 모두 활발하다오.	故見見其都活.
고요히 봄에 더욱 징험할 수 있으니,	益可驗於靜觀,
당호를 이것으로 걸어놓았네.	堂用是而揭目.
위와 아래에 드러난 것 살펴보니,	察夫上下察者,
바위는 어이하여 항상 서 있으며,	巖何爲而常立,
시냇물은 어이하여 쉬지 않고 흐르는가.	澗何爲而不息.
산은 어찌하여 높고 낮으며,	山何爲而高低,
골짝은 어찌하여 종횡으로 있는가,	壑何爲而橫直,

숲의 나무는 그 누가 꽃피고 시들게 하며,	林孰使之榮枯,
새는 그 누가 날고 멈추게 하는가,	鳥孰使之飛止,
바람은 무슨 마음으로 오고 가며,	風何心而往來,
구름은 무슨 정으로 없어졌다 일어나나,	雲何情而滅起,
소나무는 바위 모서리에 천 년 동안 우뚝하고,	松千歲於巖角,
버섯은 아침에 났다가 저녁에 없어지네.	菌朝生而不夕.
만일 태극이 법이 되지 않는다면 ,	苟非太極之爲極,
어찌 물건마다 각기 형체와 색깔을 간직하고 있을까.	烏能物物兮各形其形各色其色.
봄이면 사방에 비단 병풍 둘러쳐서,	若乃爛錦屛於四圍,
조화의 오묘함 다 펼치며,	敷化工之妙蘊,
여름이면 우레소리 구름 속에 일어나,	虩驚雷於屯雲,
온갖 물건 다투어 분발하게 하네.	沛百彙之競奮.
가을이면 시원한 바람 창문으로 들어와,	爽涼颷之入牖,
옥처럼 깨끗한 집 고요하고 넓다오,	已玉宇之寥廓,
겨울이면 골짝이 아득하여,	恍洞天之迷茫,
소나무 우뚝한 산에 눈발이 날리누나.	見松崖之騰六.
달은 겨우 차면 반드시 이지러지며,	月纔盈而必虧,
해는 남쪽으로 가면 다시 북쪽으로 돌아오지,	旣南而復北,
어찌하여 한 이치가 운행하여,	夫何一理之宰運,
갖가지 변화가 차례로 일어나나,	紛萬變之迭作,
산중이라 이미 그윽하니,	山中旣云幽邃,
당은 절로 조용하네.	堂自爲之闃寂.
우두커니 책상 대해 한 해를 보내니,	塊對案而窮年,
사물을 관찰하는 요부인 듯,	剩堯夫[190]之觀物,
귀신의 훌륭한 일을 탐구하며,	探鬼神之能事,

190 堯夫(요부): 송(宋)나라의 학자 소옹(邵雍; 1011~1077)의 자이다. 낙양(洛陽)에 거의 30년이나 살면서 거처하는 곳을 안락와(安樂窩)로 명명하고, 스스로를 안락선생(安樂先生)이라 했다. 《주역(周易)》에 뛰어났다.

조화의 기이한 자취 찾아보네. 　　　　　　翫造化之奇迹.
떳떳한 이치를 말하면 , 　　　　　　以言其常兮,
만고를 지나도 어제와 같이 변함없고, 　　　　　　歷萬古而如昨,
변하는 이치를 말하면, 　　　　　　以言其變兮,
비록 하루도 측량하기 어려워라, 　　　　　　雖一日而莫測,
각기 다른 입장에서 관찰하면, 　　　　　　自其異者而觀之,
크고 작은 것이 종류로 나누어지고 　　　　　　幾巨細之類族,
모두 같은 입장에서 관찰하면, 　　　　　　自其同者而觀之,
어느 것인들 하늘의 법칙 아니겠나. 　　　　　　孰非性夫天則.
소이연의 묘한 이치 발견하니, 　　　　　　見得及乎所以然之妙兮,
자신도 모르게 손으로 춤추고 발로 뛴다오, 　　　　　　手舞足蹈之不覺,
주인옹은 배고프면 산나물 먹고, 　　　　　　主人翁飢喫山蔬,
목마르면 차가운 샘물 마시며, 　　　　　　渴飮泉寒,
낮에는 서책을 대하고, 　　　　　　晝伴黃卷,
밤이면 여울물 소리 듣는다오, 　　　　　　夜聽鳴湍.
한가로운 가운데 예와 지금 하나로 보고, 　　　　　　一今古於閒中,
고요한 속에 건곤의 이치 생각하니, 　　　　　　心乾坤於靜裏,
도는 이미 형체의 밖을 통하고, 　　　　　　道已通於形外,
생각 또한 사물의 시초 연구하네. 　　　　　　思亦窮乎物始.
삼재(三才)에 참여하는 사업 거두어, 　　　　　　卷參三之事業,
한 방의 도서(圖書)에 부쳐두며, 　　　　　　付一室之佔畢,
만 가지를 꿰뚫는 도리 모아, 　　　　　　會貫萬之道理,
마음속에 홀로 즐거워하니, 　　　　　　爲方寸之獨樂,
궁벽한 산속 한 초가집에 앉고 누워서, 　　　　　　夫孰知窮山裏一茅堂坐臥,
천지 만물과 서로 유통하여, 　　　　　　有可以與天地萬物相爲流通,
항상 너르고 충만함 알겠는가. 　　　　　　恒浩浩而洋洋.
이러한 경지에 이르면, 　　　　　　到此地頭,
나의 집이 천지인가, 　　　　　　吾堂爲天地耶,
천지가 나의 집인가, 　　　　　　天地爲吾堂耶,
만물이 나인가, 　　　　　　萬物爲我耶,

내가 만물인가 ,
금일이 태고인가,
태고가 금일인가 알 수 없네.
형체가 크고 작음으로 나뉘고,
바탕이 저것과 이것으로 나뉘며,
때가 앞뒤로 나뉘는 것을,
수(殊)라고 이르니,
하늘과 땅은 각자 하늘과 땅이요.
나의 집 역시 나의 집이라,
나는 나이고 물건은 물건이며,
지금은 지금이고 옛날은 옛날이라오.
크고 작은 것이 모두 한 이치이고,
저것과 이것이 모두 한 이치이며,
앞과 뒤가 모두 한 이치인 것을,
일(一)이라고 이르니,
나의 집이 바로 천지이고,
나의 몸이 바로 만물이며,
금일이 바로 태고라오.
이는 여헌 노인(旅軒老人)이 이 집에
임시 주인이 되고,
'만활'을 취해 깊은 뜻을 두어,
일찍이 스스로 가난함을 모르는 이유라오.
다음과 같이 명한다
천지의 큰 덕은 물건을 낳는 것이며,
낳는 이치가 유행함을 '활(活)'이라 하네.
이 이치는 하루만 유행하지 않으면,
천지가 천지가 되지 못하니,
하물며 만물이 만물이 될 수 있겠는가.
그렇다면 이 천지의 가운데에 서서,
이 만물의 우두머리가 되어,

我爲萬物耶,
今日爲太古耶,
太古爲今日耶.
形分大小,
質分彼此,
時分前後者,
殊之謂兮,
天地自天地,
吾堂自吾堂,
我自我物自物,
今自今古自古也.
大小皆此理,
彼此皆此理,
前後皆此理者,
一之謂兮,
吾堂而天地,
吾身而萬物,
今日而太古也,
此旅翁之假主乎玆堂,
取萬活爲其契活,
曾不自知其貧窶者也.
銘曰:
天地之大德曰生,
生之理流行曰活.
此理一日不流行,
天地不能爲天地,
萬物況得爲萬物.
然則立此天地之中,
首此萬物之上,

이 이치 알고 몸소 행할 것을 생각하지 않겠는가.	盍思有以體會夫此理.
몸소 행함은 어떻게 하여야 하는가,	體之伊何,
공경 한 가지뿐이라오.	曰敬而已.
풀어놓으면 육합에 가득하고,	放之則彌六合,
거두면 은밀한 이치에 감추어짐은,	卷之則退藏於密者,
공경으로 공부의 시작과 끝이 이뤄지니,	由一敬之終始,
하루라도 공경하지 않으면,	一日不敬,
하루 동안 마음이 죽게 되고,	心死一日,
한 시각이라도 공경하지 않으면,	一刻不敬,
한 시각 동안 마음이 죽으니,	心死一刻,
마음이 죽으면,	其心死兮,
낳는 이치가 종식되는 법.	生之理息.
주인은 부디 노력하여,	勖哉主人,
항상 이 마음 살아있게 하라.	常令此心活也.

2 만활당을 중수하면서 손 어르신의 시에 차운하며 [萬活堂重修次孫丈韻]

정제(鄭梯; 1689~1765) 《남창선생문집(南窓先生文集)》(권1)

고택 중수한 지 백여 년, 古宅重修百載餘,
앞이 남쪽이고 북쪽을 등진 곳이 바로 옛터이네. 前南背北卽遺墟.
가지런한 당실은 모두 예전 그대로고, 整齊堂室皆仍舊,
나는 솔개와 튀는 물고기는 처음 모습 바꾸지 않네. 流動鳶魚不改初.
선 바위 나를 일깨워주니 빼어난 모습 알 수 있고, 巖立起予知卓爾,
누대 높으니 세상 피해 돌아오고 싶네. 臺高避世想歸歟.
멀리서도 알겠네, 저녁에 높은 곳에 올라 흥이 일면, 遙知一夕登臨興,
십년 동안 혼자 옛 책 보는 것보다 나음을. 猶勝十年獨古書.

3 입암서원 만활당 중수운에 차운하며 [立巖書院萬活堂重修韻]

이홍리(李弘离; 1701~1778) 《용와집(慵窩集)》(권1)

어진 족적 홀로 남기시니 명승은 여유가 있고, 賢躅獨留勝界餘,
옛 당의 터에 다시 새로운 건물을 짓네. 新堂更葺舊堂墟.
좋은 바람이 수시로 성긴 오동나무를 흔들고, 好風時攪疎桐過,
어슴푸레한 달은 여린 버들에 다시 돌아왔네. 淡月重還嫩柳初.
두 건물 사이 흐르는 것들 귀를 시원케 하니, 流動兩間皆活耳,
몸과 마음을 적셔주는 사람은 누구인가. 體涵方寸[191]是誰歟.
난간에 기대니 그저 늦게 태어나서, 憑欄偏恨吾生晩,
선생의 성리서 강의 못 와서 한스럽네. 未及先生講理書.

---

191 方寸(방촌): 속마음을 이르는 말이다. 사람의 마음은 가슴속의 한 치 사방 넓이 속에 깃들어 있는 것이라는 의미이다.

八
연일읍(延日邑)

연일(延日) 또는 영일(迎日) 관련 시

연일(延日)은 포항시의 서쪽에 위치해있다. 북쪽으로는 형산강, 동쪽으로는 제철동, 남쪽으로는 대송면, 서쪽으로는 경주시의 강동면과 인접해있다. 동해남부선과 울산 방면을 잇는 국도가 읍 중앙부를 가로지른다.

이 지역은 삼국시대에는 신라의 근오지현(斤烏支縣) 또는 오량지현(烏良支縣)이었다. 신라가 삼국을 통일한 후 경덕왕 16년(757)에 임정현(臨汀縣)으로 개칭했다. 고려 초인 태조 23년(940)에 오늘날 익숙한 이름인 영일현으로 이름을 고쳤다. 이 명칭은 조선 시대에도 그대로 사용되었다. 후에 영일현은 1896년의 13도제 실시로 경상북도 소속이 되었다.

영일현의 읍성은 현재의 포항시 오천읍 원동 고현성 부근에 있다가 1389년경(고려 공양왕 1)에 현재의 남구 장흥동에 읍성을 쌓아 옮긴 후 1439년(세종 21)까지 있었다. 1439년부터 1747년(영조 23)까지는 대송면 남성리에, 1747년부터 1866년까지는 장흥동의 고읍성 지역에, 1866년부터 1871년까지 연일읍 생지리에, 1871년부터 1886년까지 남구 대잠동에 옮겼다가 1886년에 다시 생지리로 이전한 후 1914년 일제에 의한 행정구역 개편으로 군현체제는 종말을 고한다. 1914년 영일현의 읍치가 있던 생지리와 읍내면과 서면을 합해 영일현의 옛 이름을 따서 연일면이라고 하였다. 1980년 연일읍으로 승격되고, 1995년 포항시에 편입되었다.

옛 기록들에는 영일과 연일의 두 이름을 섞어서 쓰는 편이었으나 영일(迎日)로 쓰는 경우가 많다. 《고려사지리지》에는 연일(延日)로 나오고, 《신증동국여지승람》에는 영일로, 《여지도서》에는 연일로 기록되어 있다. 유물과 유적으로는 달전리의 주상절리·상달암·달전재사·하악재 등이 있다.
연일 또는 영일은 우리 지역에서 유서 깊은 곳이다. 관련 시들도 아주 이른 시기부터 지어진 것으로 보인다. 고려 후기의 문신인 정사도(鄭思道; 1318~1379)의 시를 시작으로 1900년대 초중반까지 지어졌음을 볼 수 있다. 시의 내용은 영일 지역을 지나가는 길에서의 모습, 정몽주(鄭夢周)를 배출한 충절의 고장에서 느끼는 감회를 읊은 것이 많이 보인다. 또한 정헌교(鄭獻敎; 1876~1957)》의 [연일 청어(延日靑魚)]는 이 지역의 명물인 '청어'와 관련된 내용을 읊고 있어 흥미로운 시라고 하겠다.

---

1 영일에서 한가로이 거하며 [迎日閑居]

정사도(鄭思道; 1318~1379)[1] 《동문선(東文選)》(제22권)

촌 초막에 자취 감췄으매 수레와 말이 드문데,	屛迹村廬車馬稀,
문을 나가 눈을 보기 한참 동안.	出門看雪立移時.
고기잡이의 도롱이를 그릴 만한 저문 강 위에,	漁蓑堪畫晩江上,
다만 한하노니 도관같이 좋은 시가 없구나.	只恨都官無好詩[2].

1 鄭思道(정사도): 고려 후기의 문신이다. 연일(延日) 출신이다. 조부는 정윤(鄭潤)이고, 부친은 정유(鄭侑)이다. 고려 충목왕 3년(1347) 대언(代言)으로 정방제조(政房提調)가 되었다. 밀직제학·첨서밀직·지밀직사사 등을 지냈다. 우왕 1년(1375) 권신 이인임(李仁任)을 죽이려 했다고 의심받아 정몽주(鄭夢周)·김구용(金九容)·이숭인(李崇仁) 등과 함께 유배되었다. 1379년 향년 62세로 세상을 떠났다. 시호는 문정(文貞)이다.

2 都官無好詩(도관무호시): 당(唐)나라 시인 정곡(鄭谷)이 눈[雪]을 두고 지은 시에 "강 위에 저녁 때 그림 그릴 만한 곳은 어옹이 한 도롱이를 입고 돌아간다(江上晩來堪畫處, 漁翁披得一簑歸)."는 구(句)가 있다. 정곡의 벼슬이 도관(都官)이었다. 이 시의 작자 정사도(鄭思道)가 정곡과 성이 같으므로 이렇게 인용하였다.

2 영일에서 포은의 옛 거주지를 물으며 [迎日問圃隱舊居]

어득강(魚得江; 1470~1550) 《관포선생시집(灌圃先生詩集)》

대대로 이어진 오천 동쪽 물가의 가문,	家世烏川東海濱,
운제산에 와서 지금은 평민이 되었네.	來雲今已作編民.
진교의 정변으로 충신 한통은 죽었으니,	陳橋有變[3]韓通[4]死,
만고에 공과 같은 사람은 두 명뿐이리.	萬古如公只二人.

3 영일현을 지나며 [過迎日縣]

이정(李楨; 1512~1571) 《구암선생문집(龜巖先生文集)·속집(續集)》(권1)

임정은 옛날 인빈의 땅이어서,	臨汀[5]昔日寅賓[6]地,
큰 기운이 전적으로 이 바다에 들어오네.	元氣全輸此海頭.
저녁 무렵 보잘것없는 사람 뜻 무한하고,	歲晚齒人無限意,
오천을 바라보니 문득 근심이 생기네.	烏川一望輒生愁.

3 陳橋有變(진교유변): 진교(陳橋)에서 정변이 일어난 것을 말한다. 후주(後周) 현덕(顯德) 7년(960)에 조광윤이 후주의 공제(恭帝)에게 황제를 선양 받아 송나라를 건국한 사건을 말한다. 진교역(陳橋驛)에서 군사들이 조광윤(趙匡胤)에게 술을 먹이고 황포를 입혀 강제로 추대하였다고 한다. 조광윤은 부하들에게 못 이기는 척하며 개봉(開封)에 입성하여 황제를 선양 받고 송나라를 건국하였다.

4 韓通(한통; ?~960): 후주(後周) 때의 장수이다. 병주(幷州) 태원(太原) 사람이다. 후주 세종(世宗) 때 여러 차례 큰 공을 세워 검교태위(檢校太尉)·동평장사(同平章事) 등을 지냈다. 조광윤(趙匡胤)이 진교(陳橋)에 정변을 일으키자, 이를 막으려고 하다가 왕언승(王彦升)에게 살해되었다. 조광윤은 제위에 오른 후 그에게 중서령(中書令)을 추증했다.

5 臨汀(임정): 영일현의 신라 때의 이름이다. 신라 때 근오지현(斤烏支縣) 또는 오량지현(烏良支縣)으로 불리다가 신라 경덕왕 16년(757)에 임정현(臨汀縣)으로 개칭되었다.

6 寅賓(인빈): 인빈출일(寅賓出日)의 줄임말로, 삼가 공경하게 뜨는 해를 맞이한다는 말이다. 《서경(書經)·요전(堯典)》에 보인다.

4 연일현재에서 흥해군수 정공 이길 정사수에게 보내며 [在延日縣齋, 寄興海郡守鄭令公士修以吉]

박여량(朴汝樑; 1554~1611)[7] 《감수재선생문집(感樹齋先生文集)》(권1)

오천 관아에서는 봄비를 맞이하고, 烏川館裏逢春雨,
흥해 성두에서는 옛 지기를 그리네. 興海城頭憶故人.
꽃이 가득 핀 늦 삼월의 곡강, 花滿曲江三月暮,
연무와 파도 속에 짧은 노로 진리 찾누나. 烟波短棹倘尋眞.

5 연일 [延日]

조비(趙備; 1616~1659) 《계와집(桂窩集)》(권5)

길 떠난 말 짧고 긴 역참 모두 지나고, 征驂歷盡短長亭,
가을 지난 솟은 봉우리는 아직도 푸르네. 秋後尖峰尙自靑.
연일 성문이 새벽에 열리면, 延日城門開曉日,
머리에 인 별 행색은 첨성을 에워싼 듯. 戴星[8]行色遶瞻星.
조수는 먼 물가에 일고 돛은 바람에 넘어가며, 潮生別浦風帆偃,
안개는 들을 가리고 바다 시장엔 비린내. 霧掩平原海市腥.
높은 산봉우리는 손의 가리킴에 의지하니, 鰲岫衡巒憑指點,
모두가 한때의 옛 강산. 江山摠是舊曾經.

---

7 朴汝樑(박여량): 조선 중기의 문신이다. 본관은 삼척(三陟)이다. 자는 공간(公幹)이고, 호는 감수재(感樹齋)이다. 함양 출신이다. 부친은 승사랑(承仕郎) 박현좌(朴賢佐)이다. 노상(盧祥)의 문인이다. 선조 33년(1600) 별시 문과에 병과로 급제했다. 예문관검열(藝文館檢閱)·사간원정언(司諫院正言)·세자시강원문학(世子侍講院文學) 등을 지냈다. 임진왜란 때 곽재우(郭再祐)가 의병을 일으킨다는 소문을 듣고 격문을 돌려 지원했고, 정유재란 때는 의병으로 황석(黃石)에 들어가 여러 고을에 통문을 돌려 군량을 조달했다. 평생을 성리학 연구에 전념했고, 정온(鄭蘊)·오장(吳長)·박이장(朴而章) 등과 교유했다. 저서로는 《감수재문집(感樹齋文集)》이 있다.

8 戴星(대성): 별을 머리 위에 이고 있다는 의미로, 아침 일찍 집을 나가 저녁 늦게야 돌아옴을 비유적으로 이르는 말이다.

6 연일 포은촌에서 [延日圃隱村]

이시선(李時善; 1625~1715)[9] 《송월재선생집(松月齋先生集)》(권6)

대현이 멀리 남명의 마을에서 나오고, 大賢遠出南溟[10]邑,
천년의 큰 이름은 팔방의 끝을 덮네. 千載英名蓋八垓[11].
사람들 가리키며 엣 터는 비었다 하고, 舊址空餘人指點,
지는 해에 물든 구름 속을 홀로 배회하네. 黃雲落日獨徘徊.

7 연일 가는 길에서 [延日道中]

정식(鄭栻; 1664~1719) 《명암집(明庵集)》(권3)

서쪽 방장산을 유람하고 다시 동으로 돌아오니, 西遊方丈[12]又東還,
선계에 들어와 괴이한 귀신들 물리칠 기약 있네. 期入仙區破鬼慳.
산과 강물 서로 이어지니 남은 일 보잘것없고, 山水係緣餘事小,
천지에 의탁할 곳 없어 이번 길은 어렵네. 乾坤無托此行艱.
가없는 바다의 동쪽 바람과 거센 파도는 밖에 있고, 天長左海風濤外,
해 저무는 관문과 하천은 운우 사이에 있네. 日落關河雨雪間.
봉도로 간 삼천 동자의 귀로는 아득하고, 蓬島[13]三千歸路遠,
앞 봉우리로 머리 돌리니 달은 다시 굽어졌네. 前峯回首月重彎.

---

9 李時善(이시선): 조선 중기의 학자이다. 본관은 전주(全州)이다. 자는 자수(子修)이고, 호는 송월재(松月齋)이다. 과거(科擧) 공부를 하다가 그만두고 명산(名山)과 대천(大川)을 유력했다. 돌아와서 송월재(松月齋)를 짓고 내면의 수양에 힘썼다. 경사(經史)와 노장(老莊) 및 제자(諸子)·병가(兵家)·지리(地理)·복서(卜筮) 등의 서적을 섭렵했다. 만년에는 안동의 춘양(春陽)에 은거하여 세상일에 초연했다. 80세에 호군(護軍)에 제수되었고, 91세로 세상을 떠났다. 저서로는 《송월재집(松月齋集)》·《사보략(史補略)》 등이 있다.

10 南溟(남명): 남쪽에 있는 큰 바다를 말한다.

11 八垓(팔해): 팔방(八方)의 끝 또는 그 경계를 말한다. '해'는 '끝' 내지 '경계'의 의미이다.

12 方丈(방장): 방장산(方丈山)으로, 지리산을 말한다. 지리산은 예로부터 두류산 또는 삼신산으로 불려왔다. 높이 1,915.4m로 남한에서 두 번째로 높은 산이다.

13 봉도(蓬島): 영주산(瀛州山), 방장산(方丈山)과 함께 중국의 전설에 나오는 삼신산(三神山)의 하나이다. 이 산에는 신선이 살고 불사의 영약이 있으며 짐승은 모두 빛깔이 희고, 금은으로 지은 궁전이 있다고 전한다.

8 나는 남쪽에 와서 한 해를 보냈는데, 당시 재상의 배척으로 연이어 글을 올려 면직되길 청하느라 여러 읍을 순행할 기회가 없었다. 이제 벼슬을 내려놓고 돌아가려 할 적에 부질없이 칠언 절구를 지어, 한 도의 산천과 풍속을 낱낱이 적어 유람에 대체하고자 한다
[余來南經年, 而以時宰之斥, 連章乞免, 不得巡行列邑. 今將遞歸, 漫賦七絶, 歷敍一路山川風俗以替遊覽][14]

이의현(李宜顯; 1669~1745) 《도곡집(陶谷集)》(권1)

연오랑의 지난 자취 본시 황당하니, 迎烏往跡本荒唐,
괴이한 전설은 자세히 알 수 없다오. 怪說流傳不足詳.
오직 땅이 신령하여 현철을 길렀으니, 惟是地靈能毓哲.
지금도 정공의 고향을 우러른다네. 至今人仰鄭公鄕.

영일은 오천이라 한다. 《삼국유사》에 나오는 영오의 일을 가지고 이름한 것인데, 그 말이 매우 황당하다. 포은 정몽주는 바로 이 고을 사람이다(迎日號烏川. 以《三國遺事》迎烏事名, 其說誕甚. 圃隱卽縣人)

9 연일 [延日]

채구장(蔡九章; 1684~1743) 《운와집(耘窩集)》(권2)

큰 강은 동으로 흘러 창해로 향하고, 大江東走朝滄海,
높은 고개 남으로 와서 뒷산에 읍하네. 巨嶺南來揖後山.
푸른 들판과 맑은 모래 나란히 펼쳐진 곳, 綠野明沙平衍[15]處,
상선과 어선이 그 사이를 오가네. 賈舟漁船去來間.
오천 노인의 옛 자취를 누가 다르게 전하나, 烏翁[16]往迹誰傳異,

14 이 시는 총 92수가 수록되어있는데, 그중에 9번째인 영일 부분만 발췌하여 수록하였다.
15 平衍(평연): 평평하게 펼쳐져 있음을 말한다.
16 烏翁(오옹): 오천(烏川)의 노인이란 의미로, 이곳에서는 포은(圃隱) 정몽주(鄭夢周)를 말한다. 정몽주의 고향이 영일이었기 때문에 이렇게 이름한 것으로 보인다.

포은 선생의 유풍 아직도 곧게 서있네. 　　圃老遺風尙立頑.
천고의 지역이 아무리 좁아도, 　　千古幅員[17]何太狹,
부평초 한 잎도 눈 속엔 하늘이라네. 　　浮萍一葉眼中圜.

10 영일현에 들어가 시조의 제단에 참배하고, 돌아서 오천서원으로 가서 사당을 알현했다. 이어서 종인을 만나서 대송촌 집에서 함께 잤다 [入迎日縣, 拜始祖祭壇, 轉造烏川書院, 謁廟宇 仍遇宗人, 同宿大松村舍]

정중기(鄭重器; 1685~1757) 《매산선생문집(梅山先生文集)》(권1)

새벽에 형산강을 건너, 　　曉渡兄江水,
선조의 자취가 서린 고향 찾았네. 　　來尋桑梓鄕[18].
단 앞에 와서야 경의를 표하고, 　　壇前纔致肅,
사당 아래서 다시 향을 태우네. 　　廟下更焚香.
작은 성안의 비문은 없어지고, 　　小堞碑文沒,
청림은 세월 따라 황폐해졌네. 　　青林[19]歲月荒.
종친들 모두 나의 숙소에서, 　　宗人偕我宿,
밤새 함께 옷에 눈물을 적시네. 　　終夜共沾裳.

영일성은 옛날 고읍에 있었다. 이축할 때 무덤 앞의 석물을 철거하여 성안에 들여놓았다고 한다. 지금은 미루어 볼 수 있는 길이 없어 마음이 매우 아프다. 서원 동쪽에는 청림의 옛터가 있는데 자세하게 알 길이 없다. 이 역시 슬플 따름이다(迎日城舊在古邑, 移築時撤墓前石物, 入于堞中云. 而今無推見之路, 極可痛心. 書院東有青林舊基. 而先代幾世居住, 無由詳知, 是亦可慨耳)

17 幅員(폭원): 땅이나 지역의 넓이를 말한다.
18 桑梓鄕(상재향): 선대의 자취가 남아있는 고향이란 의미이다. 원의는 뽕나무와 가래나무의 고향이란 의미이다. 옛날에는 선대의 무덤가에 뽕나무와 가래나무를 심어 후손들에게 선대를 잊지 말 것을 당부했다고 한다.
19 青林(청림): 포은(圃隱) 정몽주(鄭夢周)의 옛 집터가 있다고 알려진 곳이다.

11~12 영일에 묵고 봉산으로 향하는데, 폄적지에 막 도적들이 지나갔다는 것을 전해 듣고, 마음이 아파 즉흥적으로 읊으며
[宿迎日, 將向蓬山, 傳聞謫所新經盜賊, 心折口號]

민우수(閔遇洙; 1696~1756)[20] 《정암집(貞菴集)》(권1)

만 리 바다는 가없는데,	萬里滄溟大,
삼 년 동안 풍토병이 들어왔네.	三秋瘴癘侵.
기아와 추위는 계속 뼈에 사무치고,	飢寒仍到骨,
도적들로 마음은 더욱 놀라네.	盜賊更驚心.
고국의 서신은 끊어지고,	故國音書斷,
타향에서 세월은 깊어가네.	他鄕歲月深.
작은 아들 가련하니,	堪憐小兒子,
다시 남쪽에서 서신을 적어보네.	已復作南音.

바다 밖에서 외로이 정벌하던 날,	海外孤征日,
여생은 갖은 일로 슬프다네.	餘生萬事悲.
부질없이 〈요아〉편의 아픔을 생각해보고,	空懷蓼莪痛[21],
영원히 할미새 시를 저버리는구나.	永負鶺鴒詩[22].
백 세의 근심은 그치기 어렵고,	百歲憂難輟,
중년이 되니 귀밑머리는 쇠하네.	中年鬢欲衰.
가을바람에 옛 생각 나니,	秋風感古意,
죽림사에서 눈물을 뿌리누나.	淚灑竹林祠[23].

---

20 閔遇洙(민우수): 조선 후기의 문신이자 학자이다. 본관은 여흥(驪興)이다. 자는 사원(士元)이고, 호는 정암(貞庵)이다. 부친은 문충공(文忠公) 민진후(閔鎭厚)이다. 20세 전 사마시(司馬試)에 장원으로 합격했고, 21세 때 성균관에 들어가 학문을 닦았다. 권상하(權尙夏)를 사사(師事)했다. 사헌부지평·사헌부대사헌·세자찬선(世子贊善) 등을 지냈다. 저서로는 《정암집(貞庵集)》이 있다.

21 蓼莪痛(요아통): 〈요아(蓼莪)〉 시의 아픔이란 의미이다. '요아'는 《시경(詩經)·소아(小雅)》에 나오는 시로, 총 6편으로 되어있다. 이 시는 효자가 부모의 봉양을 뜻대로 하지 못하여 슬퍼하는 내용이다.

22 鶺鴒詩(척령시): 할미새 시의 의미이다. '척령'은 할미새의 의미로, 《시경(詩經)·소아(小雅)》·상체(常棣)》에 나오는 구절이다. 이 시는 어려울 때 서로 돕는 형제간의 우애를 노래한 내용이다.

23 竹林祠(죽림사): 숙종 33년(1707) 지방 유림의 공의로 오도전(吳道全)·서유원(徐惟遠)·황보헌

13 청명각 동쪽 뜰 아래로 열 그루의 대나무를 옮겨 심고서 [淸明閣[24]東階下移種十挺竹]

이상정(李象靖; 1711~1781) 《대산집(大山集)》(권2)

대나무 몇 그루를 빗속에 옮겨 심었으니,	幾箇叢篁帶雨移,
이끼 낀 뜨락에서 맘껏 새 가지 자라겠지.	苔階隨意長孫枝.
한가한 도화 버들은 봄빛을 다투지만,	等閒桃柳爭春色,
해 저물어도 곧은 마음 나만이 알겠어라.	歲暮貞心只自知.

14 연일을 지나면서 느낌이 일어 [過延日有感]

박재헌(朴載憲; 1875~1926) 《도산집(道山集)》(권2)

서풍에 말 서 있으니 뜻은 아득하고,	四風立馬意悠悠,
우리 조상이 선정 펼친 곳이 이 고을이네.	吾祖桐鄕[25]卽是州.
묻노니 당시 훌륭한 자취 전하였는지,	試問當年遺愛蹟,
백운과 유수가 반 천년이라네.	白雲流水半千秋.

(皇甫憲) 등이 우암(尤庵) 송시열(宋時烈)의 학문과 덕행을 추모하기 위해 창건되었다. 후에 오도전 등 장기 향림들과 대구의 주용징·전극화 등이 주축이 되어 우암이 장기를 떠난 지 28년 만인 1716년 10월 신주를 봉안하고 훗날 죽림서원이 되는 죽림원(竹林院)을 설립했다. 포항 남구 장기면 읍내리에 있다.

24 淸明閣(청명각): 연일(延日) 관아에 딸린 전각 이름이다.

25 桐鄕(동향): 중국 안휘성(安徽省) 동성현(桐城縣)에 있는 지명으로, 수령이 어진 정사를 베푼 고을을 뜻한다.

15 연일 청어 [延日靑魚]

정헌교(鄭獻敎; 1876~1957) 《지암문집(止菴文集)》(권1)

만 마리는 짚신처럼 크니,	萬尾鞋如大,
올해 경상도의 바다 풍년이네.	今年道海豐.
천 개의 돛대 가벼운 파도에서,	千檣輕濤裡,
가는 빗속에 북을 치네.	一鼓細雨中.
등은 젖고 하늘엔 푸른 파도가 넘실넘실,	背染波天碧,
뺨에 취기 돌고 바다에는 해가 떠서 붉네.	腮醺海旭紅.
향긋한 바람에 옥 같은 기름 흐르니,	香風玉脂泣,
화로에 불 쬐기 가장 좋은 곳이라네.	最可地爐烘.

16 연일 마을 [延鄕]

정헌교(鄭獻敎; 1876~1957) 《지암문집(止菴文集)》(권2)

아득히 문충리(文忠里)가 보이고,	悠然望文里[26],
말에 내려 석양 속을 거니네.	下馬步斜陽.
나그네는 잔치 여는 사당을 슬퍼하고,	遊子悲燕社,
이곳 사람은 정몽주의 고향이라 말하네.	居人說鄭鄕.
실로 서하의 미담을 알아보셨고,	信識西河[27]美,
기꺼이 북해의 황량함을 말하시네.	肯云北海[28]荒.
아아! 같은 고을의 사람들 중에,	于嗟同邑子,
누가 다시 그 숭고한 빛을 이으려나.	誰復結晶光.

26 文里(문리): 포은(圃隱) 정몽주(鄭夢周)가 태어난 문충리(文忠里)를 말한다.

27 西河(서하): 전국(戰國) 시기 위(魏)나라 땅으로, 오늘날 섬서성(陝西省) 동부와 황하(黃河) 서쪽 일대를 말한다. 공자의 제자 자하(子夏)가 이곳에서 아들을 잃고 통곡하다 실명하였다고 전한다.

28 北海(북해): 중국의 요동 반도와 산동 반도에 둘러싸인 황해의 만(灣)에 해당한다. 중국인들은 발해만(渤海灣)이라고 부른다.

17 연일 여관에서 주인과 화답하며 [延日賓館和主人]

정헌교(鄭獻敎; 1876~1957) 《지암문집(止菴文集)》(권2)

백로 진 푸른 노을 속에 한 사람 있는데,　蒼霞白露有伊人,
강가 마을 쓸쓸하여 누구와 이웃할까.　江郡蕭條誰與隣.
날 추운 북쪽 변방엔 천리마가 귀를 드리우고,　塞北[29]天寒驥垂耳,
어두운 안개의 산 남쪽엔 표범이 몸을 감추네.　山南霧暗豹藏身.
상자 속의 검을 어찌 이리 늦게 만났나,　匣中有鋏逢何晚,
주머니 필요 없는 비법에 더욱 새로워짐을 느끼네.　肘後[30]無囊感更新[31].
깨달음을 어찌 장황하게 말하여 얻을 수 있으리,　安得菩提[32]長廣舌[33],
한때의 설법은 세속의 번뇌에서 구해 줄 수 있다네.　一時說法濟迷津[34][35].

---

29 塞北(새북): 북쪽 변방을 말한다.

30 肘後(주후): 중국 진(晉)나라의 갈홍(葛洪)이 쓴 의서(醫書)인 《주후비급장주후비급장》을 말하는 것으로, 책이 많지 않아서 겨드랑이에 끼고 다닐 수 있을 정도여서 이렇게 이름 했다고 한다. 후에 이 말은 간편하게 갖고 다니는 의서나 몸을 보양하는 약을 지칭하는 말로 쓰였다.

31 [原註(원주)] 肘後無囊感更新(주후무낭감갱신): 주인이 막 아들 상을 당하여 이렇게 말한 것이다(主人新喪子故言).

32 菩提(보제): 불교에서 말하는 궁극적인 깨달음을 말한다.

33 長廣舌(장광설): 쓸데없이 번잡하고 길게 늘어놓는 말을 비유적으로 이르는 말이다.

34 迷津(미진): 잘못 든 길 또는 세속의 번뇌를 의미한다.

35 [原註(원주)] 一時說法濟迷津(일시설법제미진): 당시 연일과 장기가 가장 개발이 안 되었다고 말했다(時延鬐最云未開).

영일동헌(迎日東軒)과 영일객관(迎日客館) 관련 시

1　연일 객사에서 [延日客舍]

영암(靈巖)이라고도 한다(或云靈巖)

류관(柳寬; 1346~1433)[36] 《하정선생유집(夏亭先生遺集)》

청산 대하고 앉으니 다시 부끄러움 일고,	坐對青山更起羞,
한 자 되는 널빤지에 오래 머물려고 하네.	却將尺素[37]久淹留.
시구 찾다가 안 되어 도리어 붓 던지고,	尋詩未得還投筆,
경물 좋아해 돌아감 잊고 홀로 난간에 기대네.	愛景忘歸獨倚樓.
큰 바다는 아득하고 하늘가는 멀며,	巨海漫漫際天遠,
긴 강은 굽이쳐 성을 감싸고 흐르네.	長江滾滾抱城流.
소박한 마음에 창주의 달 아래 자리 만들면,	野情[38]編坐滄洲月,
파도 위의 흰 갈매기가 나를 받아줄지.	波上白鷗容我不.

2　연일 동헌을 노래하며 [題延日東軒]

김정국(金正國; 1485~1541)[39] 《사재집(思齋集)》(권2)

남쪽의 여러 읍을 돌아보니 시를 지어놓은 현판이 있는 곳이 아주 많았다. 계림에서

36　柳寬(류관): 조선 전기의 문신이다. 본관은 문화(文化)이다. 자는 몽사(夢思) 또는 경부(敬夫)이고, 호는 하정(夏亭)이다. 부친은 삼사판관 류안택(柳安澤)이다. 고려 공민왕 20년(1371) 문과에 급제했다. 고려 말기에 봉산군수·성균사예(成均司藝)·사헌중승(司憲中丞) 등을 지냈다. 1392년 조선이 건국되자 개국원종공신이 되었다. 후에 형조판서·대제학·우의정 등을 지냈다. 문화의 정계서원(程溪書院)에 제향되었다. 저서로는 《하정집(夏亭集)》이 있다.

37　尺素(척소): 예전에 길이가 한 자 정도 되는 글을 적어 놓은 널빤지를 말한다.

38　野情(야정): 소박한 마음을 말한다.

39　金正國(김정국): 조선 전기의 문신이자 학자이다. 본관은 의성(義城)이다. 자는 국필(國弼)이고, 호는 사재(思齋) 또는 은휴(恩休)이다. 부친은 예빈시참봉(禮賓寺參奉) 김연(金璉)이다. 김안국(金安國)의 동생이다. 중종 4년(1509) 별시문과에 장원으로 급제했다. 이조정랑·황해도관찰사·경상도관찰사 등을 지냈다. 성리학과 역사 및 의학에 밝았다. 저서로는 시문집인 《사재집(思齋集)》·《성리대전절요(性理大全節要)》 등이 있다.

언덕을 따라 고개를 올랐는데, 날이 저물어 이곳에 도착했다. 벽 위를 돌아보니, 판이 하나도 없는 것이 이상했다. 율시 한 수를 적어 잠시 주인에게 주어 뜻을 나타낸다(巡歷南中列邑, 所在題板鱗櫛. 自鷄林緣岡陟磴, 日暮抵此. 回瞻壁上, 怪無一板. 吟成近律, 聊付主人示意)

구불구불한 산길 몇 번이나 돌았나,	逶迤山路幾盤回,
첩첩 산등성이 모두 올라보니 갑자기 트이네.	陟盡重岡望忽開.
남은 성가퀴는 가없는 바닷가에 임하고,	殘堞俯臨窮海畔,
작은 관아는 높이 쌓고 산굽이는 끊겼네.	小軒高築斷山隈.
벽 위를 바라보니 쓴 글씨 없어,	顧瞻壁上無題字,
대청 사이에 홀로 앉아 잔 들고 읊조리네.	坐嘯廳間獨把杯.
시의 소재로 나그네 눈에 든 것이 없음은,	詩料豈無供客眼,
황량한 변방에 오는 사람 적기 때문이겠지.	只緣荒徼少人來.

3-5 영일헌 시에 차운하며 [次迎日軒]

황준량(黃俊良; 1517~1563) 《금계선생문집(錦溪先生文集)·외집(外集)》(권4)

태어나신 지 오백 년이 되어,	生期當五百,
문덕의 교화가 우리나라에 열렸네.	文敎大東開.
정기로 사람의 지극한 도를 돕고자,	正氣扶人極,
충혼이 바다 모퉁이에 떨어지셨네.	忠魂落海隈.
여러 성현과 함께 할 공은 있었으나,	有功同列聖,
술잔을 올릴 만한 사당이 없다네.	無廟可陳杯.
옛 마을에 연기와 풀만 황량한 곳,	古社荒煙草,
해 비낄 무렵에 나 홀로 왔네.	斜陽我獨來.

포은의 옛 마을에 반 칸의 사당도 없는 것을 보았다(見圃隱古里無半間廟)

멀리 간 신하는 별을 보며 대궐을 연모하고,	遠臣瞻辰戀闕,

나그네는 구름 바라보며 고향을 그리워하네. 遊子望雲思鄕.
산새가 시인의 꿈을 불러 되돌렸는데, 山鳥喚回詩夢,
바람에 날리는 꽃이 봄빛을 줄이누나. 風花減卻春光.

서쪽으로 기운 해 아직 떨어지지 않았는데, 西陽猶未落,
저녁 안개가 이미 그늘진 데서 생겨나네. 夕靄已生陰.
몸은 멀리 와 있건만 다시 병이 많고, 身遠還多病,
높은 누대는 깊은 곳 굽어보고 있네. 樓危更俯深.
세찬 조수는 바닷가 고을을 삼킬 듯하고, 驚潮飜海國,
우는 새는 봄 숲을 들썩거리게 하네. 啼鳥動春林.
훌륭한 경치 대하고도 좋은 시 없어, 對景無佳句,
그저 왕중임에게 부끄러울 뿐이네. 多慙王仲任[40].

6 영일 동헌 시에 차운하며 [次迎日東軒韻]

유홍(兪泓; 1524~1594) 《송당집(松塘集)》(권1)

먼 나무 한들하고 외로운 새 돌아오는데, 依依遠樹鳥孤回,
구름 같은 독기는 없어지질 않네. 瘴氣如雲撥不開.
멀리 하늘의 북극을 지나서 바라보고, 望眼長穿天北極,
남은 뼈는 바다 동쪽 가에 남아있네. 殘骸猶滯海東隈.
시흥이 일면 수시로 글을 짓고, 爲因詩興時揮筆,
근심 삭이고자 몇 번이고 잔을 잡네. 欲遣覊愁數把盃.
이십 년 전의 사람 이미 바뀌었으니, 二十年前人已換,
누가 비단옷 입고 올 줄 알았겠는가. 誰知曾着繡衣來.

40 王仲任(왕중임): 중국 동한(東漢)의 사상가이자 문장가인 왕충(王充)을 말한다. 중임은 그의 자이다. 낙양(洛陽)에 유학했고, 《한서(漢書)》의 저자로 유명한 반고(班固)의 부친 반표(班彪)에게 사사했다. 대표적인 저서로 전통적인 당시의 정치나 학문을 비판한 《논형(論衡)》 85편이 있다.

7 연일 동헌 시에 차운하며 [延日東軒韻]

홍성민(洪聖民; 1536~1594) 《졸옹집(拙翁集)》(권2)

한 자락 뿔피리 소리에 꿈에서 돌아오고,	一聲殘角夢初回,
가까운 바다의 자욱한 연무는 걷히질 않네.	近海蠻煙鬱不開.
바람 불고 비 오는 가운데 잎은 떨어지고,	落葉嘯風飄雨裏,
주린 까치는 낮에 지저귀다 성 구석에 내려오네.	飢鴉噪晝下城隈.
바삐 뛰느라 부질없이 국화 피는 시절 저버리고,	奔忙虛負黃花節,
병들어 목마르니 백옥 술잔을 멈추네.	病渴仍停白玉杯.
타향의 물색은 나를 더욱 자극하고,	物色異鄕撩我甚,
근심 오니 달랠 수 없어 또 시를 짓네.	愁來未遣又詩來.

8 연일 동헌 시에 차운하며 [延日東軒韻]

홍성민(洪聖民; 1536~1594) 《졸옹집(拙翁集)》(권4)

하늘 위에 있으니 귀신이 옆에 임하고,	在上天臨鬼在旁,
이 사람 이 뜻은 이 고장에 있네.	斯人斯意在斯鄕.
푸른 산 아래의 드넓은 바다,	蒼蒼山下洋洋海,
이백 년 동안 밝은 빛 그대로이네.	二百年來猶耿光.

9 가을날을 보내면서 영일 객관에서 지으며 [送秋日, 題延日客館]

남용익(南龍翼; 1628~1692) 《호곡집(壺谷集)》(권8)

바닷가 만에서 아침 해를 맞이하고,	海曲迎朝日,
하늘가에서 늦가을을 보내네.	天涯送晩秋.
어느덧 천 리 길의 나그네 되니,	居然千里客,
또 한 해의 시름이라네.	又是一年愁.

10 연일현 관아에서 [延日縣衙]

최재휘(崔在翬; 1843~1920) 《회와유고(悔窩遺稿)》(권1)

따뜻한 봄날 관아에서 주렴을 걷으니,	陽春官閣捲朱簾,
먼 호수와 산엔 맑은 기운 더해지네.	百里湖山淑氣添.
연오랑의 해의 정기는 천추의 그림자이고,	烏郎日氣千秋影,
바다 고래의 일렁이는 물빛은 만 섬 소금이네.	鯨海波光萬石鹽.
매헌에서 교화의 자취는 품고 보호하는 것,	梅軒化跡如懷保,
초막의 생령들은 검소해야 한다고 말하네.	蔀屋[41]生靈必曰廉.
그저 연꽃의 성을 지켰음을 알린 후에,	惟願蓮城爪報後,
반짝이는 돌을 함께 바라보는 마음뿐.	煌煌石面所同瞻.

41 蔀屋(부옥): 풀로 지붕을 이은 오막살이집을 말한다.

형산(兄山)과 형산성(兄山城) 관련 시

형산성(兄山城)은 경주시 강동면 국당리에 있는 형산 정상에 돌로 쌓은 성이다. 길이는 720m에 달한다. 옛날에는 북형산성(北兄山城)·형제산성(兄弟山城)·돌산성(突山城) 등으로도 불렸다. 형산은 신라 시대 때 사빈제(四濱祭)를 지낸 아주 유서 깊은 산이다. 이 성은 나당전쟁(羅唐戰爭)이 한창이던 신라 문무왕 13년(673) 9월에 말갈과 거란 및 동해로 침입하는 왜구를 막기 위해 축조되었다. 이때 신라에서는 국원성(國原城)·소문성(召文城)·이산성(耳山城)·주양성(走壤城)·주잠성(主岑城)·만흥사산성(萬興寺山城) 등도 함께 쌓았다. 이곳은 주변 산에 비해 높은 해발 265.5m에 위치한다. 산성은 경사가 심하고 북쪽 형산강이 흐르고 있어 북쪽으로부터의 침입을 방어하기 위해 지어진 것임을 알 수 있다. 산성 안쪽에서 사방을 내려다보면 북동쪽에 형산강 하류와 포항 시가지가 한눈에 들어온다. 지금은 봉수대가 있는 산 정상부에 성곽 일부를 찾아볼 수 있다. 이밖에 건물터와 성문 자리 및 연못도 확인할 수 있다.

형산성에서 의미 있는 곳은 산 정상에 있는 왕룡사와 형산봉수대(兄山烽燧臺) 터이다. 왕룡사는 김부 대왕, 즉 경순왕(敬順王)과 마의태자 김충 태자의 목상을 모셔두고 있다. 이와 관련해서 흥미로운 이야기가 전한다. 후삼국(後三國) 시기 경순왕 때 형산과 제산은 하나로 합쳐져 있었다. 북천(北川)·남천(南川)·기계천(杞溪川) 등에서 흘러나오는 물로 지금의 안강(安康) 지역에는 큰 호수가 만들어졌다. 이 때문에 물난리가 잦아 치수에 애를 먹었다. 이 문제를 해결하기 위해서는 왕이 용으로 승천하여 그 산을 갈라 물길을 터주어야만 했다. 왕은 승천하려고 기도를 했다. 이때 용이 되는 조건이 바로 누군가가 승천한 왕을 용으로 불러줘야 했다. 하지만 사람들은 승천한 왕이 뱀처럼 보여 모두 큰 뱀이라고 했다. 그런데 유금(有琴)이라는 한 어린 아이만은 뱀이 아닌 용으로 불렀다. 그때서야 왕은 용으로 승천할 수 있었다. 그 덕택에 산이 갈라지면서 물이 빠져나가게 되었다. 물이 빠져나간 뒤에 생긴 들판을 그 아이의 이름을 빌려 '유금'이라고 불렀다. 지금의 유금리(有琴里)는 바로 이 전설과 관련이 있다.

형산봉수대 터에는 그 중앙에 무기를 보관하는 건물이 한 채 있었다. 이것은 군사들이 유사시에 적을 물리칠 수 있게 해둔 시설이었다. 그런데 고종 3년(1894)에 동학농민운동이 일어나자 패잔병들이 형산봉수대를 강점하고 봉수군을 쫓아내 버렸다. 경주에서는 이들을 소탕하기 위해 관군을 보냈다. 격렬한 전투 끝에 패잔병들이 달아날 때 이 건물에 불을 놓는 바람에 내부의 귀중한 유물이 모두 전소되었다고 한다.

1 마을의 옛 성에 올라 옛날을 생각하며 [登州古城懷古][42]

안축(安軸; 1282~1348)[43] 《근재선생집(謹齋先生集)》(권1)

저녁 무렵 성 위에 서서 옛일 생각하니,	暮天懷古立城頭,
붉고 노란 꽃들 온 눈에 가득.	赤葉黃花滿眼秋.
담 안에 가까운 재앙이 숨어있음을 모르니,	不覺蕭墻[44]藏近禍,
바다의 섬을 근거로 깊은 계략을 짜네.	惟憑海島作深謀.
백 년의 구릉에는 정이 있는 풀은 없고,	百年丘隴無情草,
십 리 바람과 연기에 서신 전하는 꾀꼬리 있네.	十里風煙有信鸝.
멀리 북쪽을 바라보며 부질없이 탄식하니,	遙望朔方空歎息,
강의 피리 소리 사람을 수심에 잠기게 하네.	一聲江笛使人愁.

2~4 북형산으로 가는 길에서 [北兄山途中]

어득강(魚得江; 1470~1550) 《관포선생시집(灌圃先生詩集)》

호수와 바다의 봉우리는 모자 차양에 들고,	湖海諸峯入帽簷,
신라가 그저 즐거이 합병하는 것을 보네.	斯羅[45]只看喜幷兼.
흥하는 마을의 태수는 강산을 보면서도,	興州太守江山眼,
위임받은 땅에서 홀로 청렴해지는것 싫어하네.	却恨提封[46]取獨廉.

42 이 시는 형산성(兄山城) 관련 시인지 의심스러우나 박일천(朴一天)의 《일월향지(日月鄕誌)》 〈북형산성지(北兄山城址)〉조에 《옛 성에서 옛날을 생각하며(古城懷古)》라는 제목으로 수록되어있어, 본편에서 수록했다.

43 安軸(안축): 고려 후기의 문신이자 문인이다. 본관은 순흥(順興)이다. 자는 당지(當之)이고, 호는 근재(謹齋)이다. 조부는 안희서(安希諝)이고, 부친은 안석(安碩)이다. 지밀직사사·첨의찬성사·판정치도감사 등을 지냈다. 경기체가 《관동별곡(關東別曲)》과 《죽계별곡(竹溪別曲)》을 지어 명성이 높았다. 충렬(忠烈)·충선(忠善)·충숙(忠肅) 세 왕의 실록 편찬에도 참여했다. 저서로는 《근재집(謹齋集)》이 있다.

44 蕭墻(소장): 화기소장(禍起蕭墻)의 줄임말이다. 재앙이 담장 안에서 일어난다는 의미로, 내부에서 재앙이 비롯되는 것을 비유한다.

45 斯羅(사라): 시조 박혁거세(朴赫居世)가 기원전 57년에 지금의 경주를 중심으로 하여 세운 나라이다. 7세기 태종무열왕 때에 삼국을 통일하여 한반도 최초의 통일국가를 형성하였으며, 935년에 고려 태조 왕건에게 멸망했다.

46 提封(제봉): 제후로 봉할 때 내리는 땅을 말한다.

이곳 강산은 모두 옛날에 노닐었고, 是處江山摠舊遊,
20년 만에 다시 와서 천천히 고개 돌리네. 重來廿載謾回頭.
안강 서쪽으로 가면 구름 자욱한 산이 좋고, 安康西去雲山好,
푸른 고둥을 반쯤 잘라 놓은 곳이 영주라네. 割半青螺是永州.

삼 년 동안 북형산을 무수히 지나가니, 三年百過北兄山,
강가의 새와 물고기도 나의 얼굴 알아보네. 江鳥江魚識我顔.
옛 산의 원숭이와 학이 웃으며 호응해주고, 應被故山猿鶴笑,
백발노인은 무슨 일인지 돌아갈 줄 모르네. 白頭何事不知還.

5 형산 아래를 지나며 [過兄山下]

진성일(陳聖一; 1664~1743)[47] 《눌용재집(訥傭齋集)》(권1)

해 질 무렵 형산 아래에서, 西日兄山下,
긴 바람에 길 가기 어렵네. 長風行路難.
가파른 풀더미엔 웅크린 범이 울고, 危叢虓虎踞,
기울어진 길엔 모인 올챙이 노하네. 斜徑怒蚪蟠.
위아래로 천지를 보니 좁고, 俯仰乾坤窄,
동남의 호수와 바다는 넓네. 東南湖海寬.
탄식해보네, 오랫동안 실의하고, 自嗟寥落久,
오가며 갖은 고생 한 것을. 來往飽辛酸.

47 陳聖一(진성일): 조선 중기의 문인이다. 본관은 경주(慶州)이다. 자는 청지(清之)이고, 호는 눌용재(訥傭齋)이다. 조부는 통덕랑(通德郎) 진세형(陳世馨)이고, 부친은 병암(屛庵) 진홍조(陳弘祖)이다. 어려서 총명하여 경학(經學)을 두루 공부했다. 장성한 후에는 권두기(權斗紀)·권만(權萬) 등과 교유했다. 문집으로는 《눌용재문집(訥傭齋文集)》이 있다.

6 형산성 터를 지나며 [過兄山城趾][48]

박응한(朴應漢; 1835~1904)[49]

형산성 옛터 앞에 풀이 시들어, 城趾委衰草,
지나는 나그네 더 애달파하네. 行客思悠悠.
이 성 지킨 장수들 이제 어디 있는가, 帥領今何處,
형산강 물과 같이 흘러갔다오. 兄江終自流.
싸움터엔 연기만 멀리 흐르고, 孤烟村戍遠,
가을비에 바다도 캄캄하구나. 愁雨滄溟暗.
노래도 끝난 뒤에 발길 돌리니, 吟罷獨歸去,
내 마음 깊은 시름 하늘에도 사무쳤네. 風雲吾慘愁.

7 형산의 봉화 [兄山烽火]

최재휘(崔在翬; 1843~1920) 《회와유고(悔窩遺稿)》(권1)

도성에서 천 리 길은 눈 깜짝할 사이고, 京城千里瞬時間,
번개처럼 별 같이 빠르게 해관을 넘었네. 電邁星奔越海關.
근래에는 군대의 옛 제도가 사라지고, 近日兵家殊舊制,
궁궐 안에선 오히려 일이 한가롭네. 甘泉宮[50]裏事還閒.

---

48 이 시는 현재 정확한 출전을 알 수 없다. 본편에서는 박일천(朴一天)의 《일월향지(日月鄕誌)》의 〈북형산성지(北兄山城址)〉조에 수록된 시를 수록했다.

49 朴應漢(박응한): 조선 후기의 문신이다. 본관은 울산(蔚山)이다. 자는 원칠(元七)이고, 호는 신암(新菴)이다. 부친은 도정(都正) 박선(朴鐥)이다. 미서(薇西) 김재현(金在縣)과 고산(鼓山) 임헌회(任憲晦) 등과 교유했다. 음사(蔭仕)로 통훈대부(通訓大夫) 전행경릉영(前行敬陵令)을 지냈다. 유고로는 《신암집(新菴集)》이 있다.

50 甘泉宮(감천궁): 중국 산서성(山西省) 순화현(淳化縣) 북서쪽의 감천산(甘泉山)에 있던 이궁(離宮)이다. 진(秦)나라 때에 만들어졌으며, 한(漢) 무제(武帝)가 증축했다. 이곳에서는 임금이 거주하는 궁궐을 말한다.

의운정(倚雲亭) 관련 시

의운정은 《신증동국여지승람》 〈누정(樓亭)〉조와 《영일읍지》 〈누대(樓臺)〉조에 의하면, “객관 북쪽에 있다(在客館北).”라고 했다. 이곳은 현재 포항 대송면 남성2리 정몽주(鄭夢周)의 시조 정습명(鄭襲明)의 단소(壇所)가 있는 언덕 부근으로 추정된다. 조선 중엽에 철거되었다고 전한다.

---

1 의운정을 노래하며 [題倚雲亭][51]

설장수(偰長壽; 1341~1399)[52]

산나물 바닷고기 진수성찬 차려놓고,	山肴海錯托珍羞,
물통의 촌 막걸리로 오랜 머무름 위로하네.	野榼村醪慰久留.
한밤에 깊은 시름 나그네 꿈에 스미고,	半夜窮愁侵客夢,
옷깃의 시원한 바람은 누구의 누대에 있나.	一襟爽氣在誰樓.
흥이 나면 붓을 놓고 시편 거듭 읊다가,	興來落筆詩篇重,
늙어가는 시름에 겨워 눈물 자주 흘리네.	老去傷情涕泗流.
이 원한 씻을 길 결국에는 희망 있으려나,	昭雪此寃終有望,
하늘이 나를 알고 다시 구해주실지?	皇天還肯濟吾不.

51 이 시는 정확한 출전을 알 수 없다. 본편에서는 《조선환여승람(朝鮮寰輿勝覽)》에 수록된 시를 발췌했다.

52 偰長壽(설장수): 고려 후기의 문신이다. 본관은 경주(慶州)이다. 자는 천민(天民)이고, 호는 운재(芸齋)이다. 부친은 부원후(富原侯) 설손(偰遜)이다. 본래 위구르(Uighur) 사람으로, 공민왕 7년(1358) 부친 설손이 홍건적(紅巾賊)의 난을 피해 고려로 올 때 함께 따라와 귀화했다. 고려에서 문하찬성사·판삼사사·검교문하시중 등을 지냈다. 시와 글씨에 뛰어났다. 저서로는 《직해소학(直解小學)》·《운재집(芸齋集)》이 있다.

2 의운정을 노래하며 [題倚雲亭][53]

정몽주(鄭夢周; 1337~1392)[54]

한낮에 고현성을 지나서 오니,	日午來過古縣城,
푸른 그늘 깊은 곳 바람 시원하네.	綠陰深處暑氣淸.
정중히 벽을 털고 시 구절 적을 제,	殷勤拂壁題句句,
문득 들려오는 꾀꼬리 소리.	起取黃鳥第一聲.

3 영일현 의운정에서 군대를 점검하며 [迎日縣倚雲亭點兵]

김종직(金宗直; 1431~1492)[55] 《점필재집(佔畢齋集)》(권3)

궁한성에서는 나팔 소리 울리는데,	弓漢城[56]頭鼓角[57]驚,
칼 뽑고 긴 노끈 청하는 사람 없네.	無人彈劍請長纓[58].

53 이 시는 정몽주의 《포은집(圃隱集)》에 보이지 않아 정확한 출전을 알 수 없다. 본편에서는 《조선환여승람(朝鮮寰輿勝覽)》에 수록된 시를 발췌했다.

54 鄭夢周(정몽주): 고려 후기의 문신이자 학자이다. 본관은 영일(迎日)이고, 출생지는 영천(永川)이다. 자는 달가(達可)이고, 호는 포은(圃隱)이다. 추밀원지주사(樞密院知奏事) 정습명(鄭襲明)의 후손으로, 부친은 정운관(鄭云瓘)이다. 공민왕 6년(1357) 감시(監試)에 합격했고, 1360년 문과에 장원급제했다. 문하찬성사·예문관제학·인물추변도감제조관 등을 지냈다. 어려서 학문을 좋아했고, 성리학에 대한 조예가 깊었다. 시문은 호방하고, 대표작인 시조 《단심가(丹心歌)》는 정몽주의 충절을 대변하는 작품으로 잘 알려져 있다. 문집으로는 《포은집(圃隱集)》이 있다.

55 金宗直(김종직): 조선 전기의 문신이자 학자이다. 본관은 선산(善山)이고 밀양 출신이다. 자는 효관(孝盥) 내지 계온(季昷)이고, 호는 점필재(佔畢齋)이다. 부친은 김숙자(金叔滋)이다. 정몽주와 길재의 학통을 계승하여 김굉필·조광조로 이어지는 조선 시대 도학 정통의 중추적 역할을 했다. 단종 1년(1453) 진사가 되고, 세조 5년(1459) 식년문과에 정과로 급제했다. 병조참판·홍문관제학·공조참판 등을 지냈다. 문장에도 뛰어나 많은 시문과 일기를 남겼다. 저서로는 《점필재집(佔畢齋集)》·《유두류록(遊頭流錄)》·《청구풍아(靑丘風雅)》 등이 있다.

56 弓漢城(궁한성): 고려 예종(睿宗) 때 윤관(尹瓘)이 여진족 정벌을 위해 궁한이촌(弓漢伊村)에 세운 길주성(吉州城)을 말하는 것이 아닌가 싶다

57 鼓角(고각): 고대에 군대에서 호령할 때 쓰던 북과 나팔을 이르던 말이다.

58 請長纓(청장영): 국가를 위하여 충성심을 나타내는 사람을 비유한 말이다. 한(漢) 나라 때 종군(終軍)이 긴 노끈을 받아 가지고 가서 남월왕(南越王)을 잡아다가 궐하(闕下)에 바치기를 원한다고 자청한 데서 온 말이다. 《한서(漢書)·종군전(終軍傳)》에 보인다.

민간에선 얼굴 찌푸리며 손가락질하는데,	閭閻蹙頞[59]爭相指,
백면서생은 또 군대를 점검하누나.	白面書生又點兵.

4 의운정 시에 차운하며 [倚雲亭韻]

홍성민(洪聖民; 1536~1594) 《졸옹집(拙翁集)》(권1)

광활한 바다는 다함이 있을까 싶고,	海闊天疑盡,
높은 산의 해는 그늘지기 쉽네.	山高日易陰.
낙후된 마을은 물가에 의지해 어둡고,	蠻村依浦暗,
산의 윤곽은 깊은 연무와 닿아있네.	山郭着煙深.
실로 내 고향 아님에도 아름다우니,	信美非吾土,
이유 없이 옛 숲이 그리워지네.	無端憶故林.
여운을 남기는 뿔피리 일성에,	一聲殘角動,
객지 떠도는 마음 더욱 감당키 어렵네.	羈思更難任.

5 연일 의운정 시에 차운하며 [次延日倚雲亭韻]

정자의 북쪽에 인빈당 터가 있다(亭之北, 有寅賓堂舊址)

홍성민(洪聖民; 1536~1594) 《졸옹집(拙翁集)》(권3)

영남 동쪽의 구름과 바다는 창망하고,	雲水滄茫嶺以東,
하늘 모습과 땅 모습은 더더욱 가없네.	天形更與地形窮.
공손하게 나오는 햇빛 막힘이 없으니,	賓來出日光無礙,
실로 해의 정기는 지극히 공평하다네.	始信陽精本至公.

59 蹙頞(축알): 괴롭고 귀찮아서 콧마루를 찡그리는 것을 말한다.

6~7 의운정 시에 차운하며 [倚雲亭韻]

홍성민(洪聖民; 1536~1594)《졸옹집(拙翁集)》(권3)

구름 자욱한 험한 산과 바다의 원류는, 雲山巍業海淵源,
포은의 고명한 이름과 함께 논할 만하네. 圃隱高名可與論.
백골이 썩어 오니 하늘도 늙고, 白骨朽來天亦老,
일편단심은 죽지 않은 혼에 기탁하네. 丹誠猶托未亡魂.

영남의 끝은 동쪽 바다 옆이고, 嶠南之極海東傍,
이곳은 원래 열사의 고향이라 하네. 此地元稱列士鄕.
일편단심의 노래 더욱 애처로워, 一片丹心歌更慘,
천년의 백일과 빛을 다툴 만하네. 千年白日可爭光.

정자의 남쪽에는 운계가 있고, 산정의 북쪽에는 동해가 있어, 이렇게 언급한 것이다(亭之南有雲階, 山亭之北有東海, 故及之)

8 의운정 [倚雲亭]

권위(權暐; 1552~1630)[60] 《옥봉선생문집(玉峰先生文集)》(권1)

의운정 이미 오래되었고, 倚雲亭已古,
영일현에서 이렇게 부르네. 迎日縣徵名.
농작물은 너른 들판에 무성하고, 禾稼周原茂,
소나무 숲은 눈에 환하게 들어오네. 松林入眼明.
산속 나그네는 아침저녁으로 변하고, 山客變朝暮,

60 權暐(권위): 조선 중기의 문인이다. 본관은 안동(安東)이다. 자는 숙회(叔晦)이고, 호는 옥봉(玉峰)이다. 부친은 권심행(權審行)이다. 학봉(鶴峰) 김성일(金誠一)·유일재(唯一齋) 김언기(金彦璣)·월천(月川) 조목(趙穆)의 문하에서 공부했다. 선조 34년(1601) 식년시 문과에 급제했다. 공조좌랑(工曹佐郎)·해미현감(海美縣監)·형조좌랑(刑曹佐郎) 등을 지냈다. 숙종 13년(1687) 안동 북후면(北後面) 도계서원(道溪書院)에 배향되었다. 유고로 산천을 유람하고 읊은《동경일록(東京日錄)》등이 있다.

바다 빛깔은 본디 맑고 깨끗하네.　　海色本澄清.
백성들에게 임하는 자에게 한마디 하노니,　　寄語臨民者,
반드시 성심을 지키듯 최선을 다해야 하네.　　須殫若保誠.

9 의운정에 묵으며 [宿倚雲亭]

정자는 영일에 있다(亭在迎日)

조석윤(趙錫胤; 1606~1655)[61] 《낙정선생문집(樂靜先生文集)》(권3)

바다의 외로운 성에 해는 비스듬히 지고,　　海上孤城落月斜,
새벽녘의 성문에는 차가운 피리 소리.　　戟門[62]清曉咽寒笳.
시간은 벌써 해가 어렴풋이 움직일 때 가깝고,　　光陰已近微陽動,
관아 일은 괜히 양 귀밑머리 세는 것 재촉하네.　　簿牒[63]空催兩鬢華.
나그네는 해 아래서 돌아갈 날 꿈꾸고,　　客夢有時歸日下,
고향에서 온 편지는 하늘가에 닿지 않네.　　鄕書曾不到天涯.
먼 길에 그저 몸이 무탈할 수 있다면,　　長途但得身無恙,
어찌 아득히 집 생각에 괴로워할 필요 있으리.　　何用悠悠苦憶家.

61 趙錫胤(조석윤): 조선 후기의 문신이다. 본관은 배천(白川)이다. 자는 윤지(胤之)이고, 호는 낙정재(樂靜齋)이다. 조부는 조충(趙冲)이고, 부친은 대사간 조정호(趙廷虎)이다. 인종 4년(1626) 별시문과에 병과로 급제했으나 파방(罷榜)되고, 1628년 다시 별시 문과에 장원으로 급제했다. 대사헌·이조참판·동지중추부사 등을 지냈다. 금천(金川)의 도산서원(道山書院), 안변의 옥동서원(玉洞書院), 종성의 종산서원(鍾山書院)에 제향되었다. 문집으로는 《낙정집(樂靜集)》이 있다.

62 戟門(극문): 궁문(宮門) 또는 삼품(三品) 이상 되는 높은 관리의 집에 극(戟)을 세워놓은 문을 말한다.

63 簿牒(부첩): 관아의 장부와 문서를 말하는데, 이곳에서는 관아의 업무를 말한다.

인빈당(寅賓堂) 관련 시

1 인빈당 시에 차운하며 [次寅賓堂韻]

유홍(兪泓; 1524~1594) 《송당집(松塘集)》(권1)

높은 정자에 오르니 해는 저물고,	高亭徙倚晩,
붉은 난간엔 이층의 그늘이 졌네.	丹檻入層陰.
봉래 있는 바다는 너른 하늘과 이어지고,	蓬海連天濶,
산성은 짙은 안개에 어렴풋하네.	山城隱霧深.
싸늘한 바람 불 때 휘장을 걷으니,	凄風時卷幔,
머무는 새들은 이미 숲에 들어왔네.	宿鳥已投林.
떠도는 것 한스러운데 고향 생각 여전하니,	旅恨仍鄕思,
이유 없이 이 둘을 감당할 수 없네.	無端兩不任.

기문(記文)

영일현인빈당기 [迎日縣寅賓堂記]

김종직(金宗直; 1431~1492) 《속동문선(續東文選)》(권14)

동해 가에 영일(迎日)이라는 현이 있는데, 임정(臨汀)이라고도 한다. 대체로 신라 동쪽의 끝 땅이다. 신라 초기에는 혼란스러워 개발되지 못했고, 제도도 알려진 것이 없었다. 그 중엽에 이르러, 훌륭한 군주들이 계속 나오면서 중국과 교류했다. 문헌을 살펴보면, 아침 해와 저녁달은 《국어(國語)》에 실려 있고, 떠오르는 해에 공경하고 지는 해를 전송하는 것은 《상서(尙書)·요전(堯典)》에 기록되어있다. 이로 옛날 제왕들은 하늘을 공경하고 백성들에게 시간을 알려주었으니, 그 다스림이 이러했을 뿐이었다. [신라는] 비록 조종(祖宗)의 고사가 없지만 그래도 그 의례(義例)를 만들 수 있었기에, 태사(太史)의 벼슬을 두고, 첨성대(瞻星臺)를 높이 쌓았으며, 이어서 역법(曆法)이 점차 갖춰졌다. 이 현은 양곡(暘谷)의 위치에 해당했기에 이러한 이름을 얻었다.
고려 태조(太祖)가 나라를 세우고 제도를 바꿀 때, [신라 때의 명칭인] 임정(臨汀)을 버리고 지금의 명칭을 회복하였으니, 이 어찌 까닭이 없다고 하겠는가. 나는 일찍이 현의 동쪽 십 리쯤에 도기야(都祈野)가 있고, 그 들판에 일월지(日月池)가 있다고 들었다. 지금까지 사람들은 신라 때 하늘에 제사를 지내던 곳이라 하니, 이것이 곧 분명한 증거인 것이다. 민간에서 전하는 영오랑(迎烏郎)과 세오녀(細烏女) 부부 이야기는 너무 이치에 맞지 않는다. 신라 사람이 이런 정도로 괴이한 일을 좋아했으니 증거로 삼기에는 부족하다.
[명나라 헌종(憲宗)] 성화(成化) 12년(1477년, 고려 성종 8), 중원의 현감 어득호(魚得湖)가 무예(武藝)와 이재(吏才)로 이곳에 원님이 되었다. 그가 어진 정치를 하자 사람들이 믿고 따랐으며, 바다는 고요하고 풍년이 들었다. 어 현감은 의운정을 오가며 아름다운 경치를 감상했고, 또 놀러 오는 빈객들이 추울 때나 더울 때나 이곳에 머물 수 있게 다시 의운정 오른쪽에 당(堂)을 엮어 서늘한 방과 따뜻한 방을 갖추었다. 칠하고 바르는 일이 끝나자, 서신을 보내 나에게 기문을 청했다.
나는 일찍이 울성(蔚城) 막부의 막료로 있을 때, 가끔 군사를 모집하는 일로 이 현에 갔었다. 내가 의운정이라는 정자에 오르자, 현의 사람이 "이 정자는 옛날 현감 이지명(李知命)께서 지은 것입니다."라고 했다. 내가 눈을 들어보니, 남쪽으로 5리쯤에 운제(雲梯)라는 산이 있었는데, 우뚝하고 울창하며 구름을 뿜고 안개를 삼켰다. 그 산에는 소성거사(小性居士) 원효(元曉)의 자취가 있다. 동북쪽으로 7리쯤에는 큰 바다가 있었는데, 고래 같은 파도가 하늘에 닿고, 신기루가 저자를 이루었다. 이는 곧 일본(日本)의 서쪽 물가이다. 산과 바다 사이에는 밭과 들이 넓고 기름졌으며, 내와 못은 서로 겹쳐있었다. 또 피막(皮幕)이라는 언덕이 있고, 대송(大松)이라는 정자가 있었다. 모래톱

은 흰빛이 감돌고, 송죽은 푸른 빛을 보냈다. 울타리의 뽕나무와 삼대는 원근에 서로 비추었는데, 그 모습이 서로 도우면서 초문(譙門) 밖으로 가지를 드리웠다. 날이 저물어 하룻밤 묵고, 이튿날 새벽에 정자 위에 올라 머리를 들고 동녘을 바라보았다. 구름과 바다가 한 빛깔이었고, 밝아졌다가 어두워졌다가 하면서, 곧 붉은 빛이 수십 길이나 치솟더니 태양이 뛰어나와 하늘로 올랐다.

나는 놀라서 감탄했다. "오늘의 장관은 실로 현의 이름과 어울린다. 이 현감은 선배로서 호걸(豪傑)다운 선비이다. 그래서 그 제정한 방도는 이와 같이 하늘의 심오한 이치를 볼 수 있었다. 지금 현감은 이 현감보다 거의 40년 뒤에 왔지만, 이 현감이 미치지 못한 것을 보충하고 빛내주었으니, 이 당의 이름을 구차히 정자와 같게 할 수가 없어, 별도로 인빈(寅賓)으로 편액을 써서 현의 이름과 어울리게 한다."

아! 중국에는 바닷가의 땅이 한 군데가 아니건만 등래(登萊)의 우이를 해를 측정하는 장소로 삼았고, 우리 해동에도 바닷가의 당이 한 군데가 아니건만 계림(雞林)의 임정을 아침 해를 맞이하는 곳으로 삼았다. 현감은 비록 희씨(羲氏)와 화씨(和氏)처럼 역상(曆象)을 맡은 관리는 아니지만, 여섯 해 동안 하루도 부상(扶桑)에 떠오르는 해를 공경하게 맞이하지 않은 적이 없었으니, 내가 말한 '인빈'이라는 이름이 딱 들어맞는 말이 아니겠는가. 현감이 실로 이 글이 괜찮다고 여기면, 이 기문은 전해질 것이고, 그렇지 않게 여긴다면 다시 당대의 문장에 능한 이에게 부탁해 글을 써달라고 하는 것도 괜찮을 것이다.

(東海之濱, 有縣曰迎日. 或稱臨汀, 蓋新羅東表之地也. 新羅初, 渾沌未鑿, 制度無聞. 及其中葉, 賢君繼作, 始通中國. 稽攷彌文, 朝日夕月, 載諸國語, 賓出餞納, 紀於堯典. 以爲古昔帝王欽昊天, 授人時, 其政不過如斯而已, 雖無祖宗之故, 亦可以義起, 官置太史, 臺崇瞻星, 而曆象圭測之制. 隨以寢備于其時, 是縣當其暘谷之次, 故得號以是焉. 高麗太祖, 於代德沿革之際, 捨臨汀而復今名, 豈無謂歟. 嘗聞縣之東十里, 有都祈野, 野有日月池, 至今人稱羅時祭天之地, 此其明驗也. 諺所傳迎烏細烏夫婦之說, 何其不經之甚耶. 羅人之好怪類是, 不足徵也. 成化十三年, 中原魚侯得湖, 以武藝吏能, 剖竹于玆. 德孚而人信, 海晏而歲穰. 每徘徊倚雲亭, 以寄勝槩. 又欲使賓客之來遊者, 寒於斯, 暑於斯, 故更構堂于亭之右, 而涼房燠室, 具焉. 塗墍旣, 以書抵余請記. 余嘗泛蓮于蔚城, 往往因蒐兵至其縣, 而登所謂倚雲亭者, 縣人曰: 此舊李使君知命所作也. 余縱目觀之, 南五里許, 有山曰雲梯, 巑屹紆鬱, 噴雲吸霧, 山中有小性居士之遺蹟焉. 東北七里許, 有大海, 鯨濤接天, 蜃樓成市, 卽日本之西涯也. 山若海之間, 田原廣膴, 川澤相重. 有丘曰皮幕, 有亭曰大松, 沙洲逗白, 松竹送靑, 籬落桑麻, 映帶遠邇, 合形補勢, 以效枝於譙門之外. 暮而宿焉, 明日昧爽, 徙倚亭上, 翹首以望東方. 雲水一色, 乍明乍暗, 須臾紅光, 騰起數十丈, 而日輪躍出, 升于天矣. 余駭而嘆曰: 今日之環觀, 眞符於縣名矣. 李侯, 前輩豪傑之士也, 故其所規制, 能覷天之奧若此. 今侯, 後李侯幾四十年, 而能補李侯之所未及而潤色之, 斯堂之名, 不可苟同於亭也, 別以寅賓爲扁, 以配夫縣名. 噫! 海內濱海之地非一, 而登萊之嵎夷, 爲測景之所, 海東濱海之地亦非一, 而雞林之臨汀, 爲朝日之地. 侯雖非羲和之官, 而六載之間, 無一日不賓于扶桑之杲日, 則吾所云, 不其中的矣乎, 侯苟以爲可, 則斯記可傳, 否則更求之當世之能文者而發揮焉, 可也.)

九
오천읍(烏川邑)

오천(烏川) 관련 시

오천은 포항시 남구 남쪽에 위치한 읍이다. 북쪽으로 제철동, 동쪽으로 동해면과 장기면, 서쪽으로 대송면, 남쪽으로 경주시의 양북면에 접해 있다.
원래 일월지(日月池)가 있었다 하여 일월면이라 하였으나, 일제강점기인 1914년 행정구역 통폐합 때 고현면과 통합하면서 만들어졌다. 이때 신라 때의 옛 이름 중의 하나인 오천현(烏川縣)의 이름을 따서 불렀다. 오천읍의 현리에는 신라 때 영일현의 옛 이름인 근오지현의 중심지가 있었다고 하며, 고현성터도 현재까지 전해지고 있다. 이런 역사적 근거를 토대로 1914년의 행정구역 개편 때 영일현의 옛 이름 중 하나를 따서 면의 이름을 붙였다.
오천이라는 이름이 처음 나오는 기록은《신증동국여지승람》〈영일〉조이며, 이후 조선 시대의 기록에 대부분 등장한다. 1980년에 오천읍으로 승격되었으며, 1995년에 포항시의 관할에 들어가게 되었다. 현재는 원리·문덕리·항사리 등 11개 법정리를 관할하고 있다.
남쪽 경계 부분과 남서쪽 오어지(吾魚池)에서 발원한 냉천(冷川)이 북쪽으로 흘러 영일만으로 유입되며, 그 양안에 충적평야와 하안단구를 형성하여 주요 농경지를 이룬다. 벼농사 이외에 채소 재배가 활발하다. 철강 공단이 인접해있고, 근처에 해병부대가 있어 공단 근로자와 영외거주 군인이 주민의 대다수를 차지하며, 원주민은 17%에 불과하다. 시내와 장기면을 잇는 지방도가 지난다. 운제산(雲梯山) 밑에는 신라 진평왕(眞平王) 때 창건하고 고승 원효대사와 혜공(惠空)대사가 수도했다는 오어사(吾魚寺)가 있다.

문화재로는 오어사 동종(銅鍾)·일월지(日月池)·오어사 대웅전(大雄殿)·오천서원·고현 성터·정몽주 유허(遺墟)비각·오어사 원효암·오어사 승탑·항사동 지석묘 등이 있다.
역사적으로 오천은 영일 지역에 속했고 영일의 다른 이름으로도 불렸기 때문에 이곳의 시는 사실 영일 관련 시라고 봐도 무방할 것이다. 오천 관련 시는 이곳을 지나가거나 이 지역으로 유배를 와서 지은 경우가 많고, 내용은 이곳 출신인 정몽주와 연관 지어 그의 충절을 기리면서 개인의 소회를 읊는 것이 많이 보인다. 관련 시들 중 주목해야 할 시는 류명천(柳命天; 1633~1705)의 [오천 고사(烏川故事)] 10수이다. 이 시는 이 지역의 이름난 열 곳을 노래한 시로 당시의 모습을 보여주는 귀한 자료라고 할 수 있다.

---

1 오천 가는 길에서 [烏川路上]

이언적(李彦迪; 1491~1553) 《회재선생집(晦齋先生集)》(권1)

채찍 휘두르며 바다 모퉁이 나서서,	揮鞭發海隅,
눈 돌리니 끝없이 펼쳐진 들판.	擡眼極平蕪.
싱그러운 신록은 온 산을 덮고,	新綠千山遍,
남은 꽃 한 송이도 보이질 않네.	殘紅一點無.
즐거운 시절 맞아 모두 어울려,	樂時渾物我,
승경 찾아 강호를 두루 찾는데.	探勝歷江湖.
어찌하면 마음 맞는 벗 얻어,	安得携知己,
강가에서 마음껏 취해볼까나.	臨流倒百壺.

2 오천에서 정 문충공을 그리며 [烏川憶鄭文忠公[1]]

이덕홍(李德弘; 1541~1596)[2] 《간재선생문집(艮齋先生文集)》(권2)

천 년 동안 바다 동쪽에 학식 있는 이 못 들었건만, 海東千載學無聞,
오로지 오천의 순임금 본받은 문충공만 있어라. 惟有烏川祖舜文.
세찬 눈도 외로운 측백나무의 절개 넘지 못하고, 狂雪不渝孤栢節,
매서운 바람은 난 향기를 쓸어버리기 어려워라. 疾風難掃一蘭薰.
어찌 후세의 충의를 생각하여, 那堪後世思忠義,
임금께서 향기롭게 제사지내게 할 수 있을까. 能使時王祀苾芬.
나그네는 말을 세워 옛 자취 물으니, 客于停驂問古躅,
일생의 심사는 조정을 빛내는 것에만 있다네. 一生心事只朝昕.

3 오천 [烏川]

김시온(金是榲; 1598~1669)[3] 《표은선생문집(瓢隱先生文集)》(권1)

오천 길가에 와서 行到烏川畔,
쓸쓸히 석양을 대하네. 悽然對夕陽.
가을빛은 원근이 같고, 秋光同遠近,
사람의 일은 존망이 다르네. 人事異存亡.
사별하여 슬퍼한들 무슨 득 있겠고, 死別悲何益,

---

1 文忠公(문충공): 고려 말의 충신 정몽주(鄭夢周)의 시호이다.

2 李德弘(이덕홍): 조선 중기의 학자이다. 본관은 영천(永川)이다. 자는 굉중(宏仲)이고, 호는 간재(艮齋)이다. 조부는 습독(習讀) 이현우(李賢佑)이고, 부친은 증참판 이충량(李忠樑)이다. 10여 세에 이황(李滉)의 문하에 들어가 학문에만 열중했다. 역학에 밝았다. 선조 11년(1578) 조정에서 이름난 선비 아홉 사람을 천거할 때 제4위로 뽑혀 집경전참봉(集慶殿參奉)이 되었다. 이후 종묘서직장(宗廟署直長)·세자익위사부수(世子翊衛司副率) 등을 지냈다. 영주의 오계서원(迂溪書院)에 제향되었다. 저서로는 《주역질의(周易質疑)》·《간재집(艮齋集)》 등이 있다.

3 金是榲(김시온): 조선 후기의 학자이다. 본관은 의성(義城)이다. 자는 이승(以承)이고, 호는 도연(陶淵) 또는 표은(瓢隱)이다. 조부는 찰방 김수일(金守一)이고, 부친은 진사 김철(金澈)이다. 어려서 재주와 행실이 경상좌도에 이름났으나, 벼슬에는 뜻을 두지 않고 병자호란 이후에는 학문에만 전념했다. 예학(禮學)을 깊이 연구하여 예서의 편찬을 시작했으나 완성하지 못하였다. 문집으로는 《표은집(瓢隱集)》이 있다.

살아서 만나면 말은 더욱 길어지네. 生逢語更長.
십 년 동안 일어난 일들, 十年多少事,
모두 맑은 술 한 잔에 담네. 都入一淸觴.

4 오천에서 류 상국의 시에 다시 차운하며 [烏川追次柳相國韻]

정간(鄭榦; 1692~1757)[4] 《명고선생문집(鳴皐先生文集)》(권1)

우리 가문의 비조는 외로운 충정에 의지했고, 吾家鼻祖杖孤忠,
여기에 현손 중에는 포은 옹이 계신다네. 况復賢孫有圃翁.
들판의 예쁜 꽃은 떨어진 지 오래되었지만, 荒野好花零落久,
오늘 저녁 홀연히 다시 봄바람이 불어오네. 忽然今夜又春風.

석주의 시에 '황량한 초야에 어여쁜 꽃 더미'라는 말이 있어 언급했다(石州詩有'荒草野好花叢'之語, 故云)

5 오천을 아파하며 [傷烏川]

박세당(朴世堂; 1629~1703)[5] 《서계집(西溪集)》(권4)

만수산 앞엔 덩굴이 길게 뻗었고, 萬壽山[6]前藤蔓長,

4 鄭榦(정간): 조선 후기의 문신이다. 본관은 연일(延日)이다. 자는 도중(道中)이고, 호는 명고(鳴皐)이다. 조부는 정세진(鄭世振)이고, 부친은 정사징(鄭思澄)이다. 숙종 41년(1715) 사마시에 합격했고, 영조 1년(1725) 증광문과에 병과로 급제했다. 보령현감·청양군수·경주부윤 등을 지냈다. 문집으로는 《명고선생문집(鳴皐先生文集)》이 있다.

5 朴世堂(박세당): 조선 후기의 문신이자 학자이다. 본관은 반남(潘南)이다. 자는 계긍(季肯)이고, 호는 잠수(潛叟)·서계초수(西溪樵叟)·서계(西溪)이다. 조부는 좌참찬 박동선(朴東善)이고, 부친은 이조참판 박정(朴炡)이다. 13세 때 고모부 정사무(鄭思武)에게 수학했다. 현종 1년(1660) 증광 문과에 장원해 성균관전적에 제수되었다. 이후 예조좌랑·병조좌랑·함경북도 병마평사(兵馬評事) 등을 지냈다. 저서로는 《서계선생집(西溪先生集)》·《신주도덕경(新註道德經)》 등이 있다.

6 萬壽山(만수산): 경기도 개성시 북쪽에 있는 산이다. 고려 시대의 궁터였던 만월대가 있다. 높이는 488m이다.

송도의 궁궐은 날로 황량해지네. 崧都[7]宮闕日荒涼.
강남의 따뜻한 봄바람 미치지 않으니, 江南不及春風好,
서리 내린 날 취해 춤추며 국화 향 줍네. 醉舞霜天挹晩香.

6~15 오천 고사 [烏川故事] 십절(十絶)

갑술년(1694) 4월 당시 큰일이 일어나 대의 탄핵을 받았다. 처음에는 강진으로 유배를 당했다가 6월에 영일현으로 이배되었다(甲戌四月, 時事大變, 遭臺彈, 初配康津. 六月移玦迎日縣.)

류명천(柳命天; 1633~1705)[8] 《퇴당선생시집(退堂先生詩集)·오천록(烏川錄)》(권4)

의운정(倚雲亭)

객관 북쪽에 있고, 인빈당 서쪽에 있다. 점필 김종직 선생의 기문이 있다. 지금은 모두 없어졌다(在客館北, 寅賓堂在西. 佔金先生有記. 今皆廢)

인빈당과 의운정은 폐허가 되었고, 寅賓堂廢倚雲墟,
황량한 공관에는 풀과 나무 성기네. 公館荒涼草樹踈.
점필재(佔畢齋) 선생의 기문 있으니, 賴有翁[9]遺記在,
묵은 자취 가리켜 보니 백 년 넘었네. 陳蹤指點百年餘.

오천서원(烏川書院)

현 동쪽 15리에 있다. 지주사 정습명과 포은 정몽주 선생을 합향한다(在縣東十五里, 知奏事鄭襲明, 圃隱先生合享)

7 崧都(송도): 송악(松岳)으로, 개성의 옛 지명이다.

8 柳命天(류명천): 조선 후기의 문신이다. 본관은 진주(晉州)이다. 자는 사원(士元)이고, 호는 퇴당(退堂)이다. 조부는 류시행(柳時行)이고, 부친은 사인 류영(柳潁)이다. 효종 2년(1651) 사마시에 합격하여 진사가 되고, 현종 13년(1672) 별시문과에 갑과로 급제했다. 예조판서·판의금부사·판중추부사 등을 지냈다. 문집으로는 《퇴당선생시집(退堂先生詩集)》이 전한다.

9 翁(필옹): 조선 세조 때 성리학적 정치질서를 확립하려 했던 문신 김종직(金宗直; 1431~1492)을 말한다. '필'은 그의 호가 점필재(佔畢齋)이기 때문에 이렇게 말한 것이다.

물 돌아 흐르는 지주처럼 하늘에 충성한 사람은, 迴瀾砥柱[10]補天忠,
오백 년 왕조에서 포은 한 사람이라네. 五百王家獨圃翁.
세상의 강령이 모두 나에게 있으니, 宇宙綱常都係我,
멋진 산에서 어찌 봄바람을 찾겠는가. 好山何意覓春風.

일월지(日月池)

현 동쪽 10리에 있다. 연오랑과 세오녀의 일화가 전한다. 지금도 제단을 둔 곳을 일월지라고 한다(在縣東十里. 迎烏細烏事. 仍名其設祭之地爲日月池)

외로운 자취가 멀리 동쪽 변방에 떨어지니, 孤蹤遠落直東陲,
옛터는 기쁘게도 일월지에 의지하는구나. 舊址欣依日月池.
연오랑 세오녀의 영혼 아직 있음을 생각하니, 想得迎烏靈尙在,
남은 빛은 뒤집어진 그릇에 드리우네. 餘輝倘向覆盆垂.

오어사(吾魚寺)

운제산에 있다. 대대로 이렇게 전한다. 신라의 승려 원효와 혜공이 물고기를 잡아먹었다. 물에 용변을 보는데 물고기가 갑자기 살아나자, 그 물고기를 가리키며 내 물고기라고 하였다. 절을 지을 때 이로 이름 했다(在雲梯山. 世傳新羅釋元曉與惠空, 捕魚而食, 遺矢水中, 魚輒活, 指之曰吾魚. 構寺仍名)

담과 석탑은 반쯤 비스듬히 기울었는데, 宮墻塔劫[11]半傾攲,
오어사를 창건한 사람은 누구인가. 創設吾魚也是誰.
마음 넓고 뛰어나신 팔십 노승들 계시고, 八十老僧牢落[12]在.

10 砥柱(지주): 중국 황하 중류에 있는 기둥 모양의 바위이다. 위가 숫돌 같으며 격류에도 꿈쩍 않고 버티고 있어, 선비의 곧은 절개를 나타내는 말로도 쓰인다.

11 塔劫(탑겁): 석탑을 말한다. 이곳의 '겁'도 '탑'의 의미이다.

12 牢落(뇌락): 마음이 넓고 뛰어난 것을 말한다.

지금까지 원효대사의 일화가 전해오네. 至今傳說曉師[13]時.

대송정(大松亭)

현 동쪽 7리에 흰 모래 물가가 있다. 푸르른 소나무 수백 그루가 그 물가에 그늘을 만들고 있는데, 노닐고 감상하는 곳이다(在縣東七里, 有白沙汀. 蒼松數百株蔭其汀, 乃遊觀之處)

울창하게 덮인 송림은 그늘을 만들고, 蒼蒼松蓋薄陰成,
흰 모래 물가는 평평함이 손바닥 같네. 白白沙汀掌樣平.
화각 소리에 갈매기와 해오라기 흩어지고, 畫角[14]一聲鷗鷺散,
한가할 때 고을 원님 지나는 것을 보네. 偸閑時見使君行.

대서대(大嶼臺)[15]

현 동쪽으로 30리에 있다. 바다에 큰 바위가 서있다. 그 바위 아래에서 전복을 딴다(在縣東三十里. 有大岩立於大洋中. 其岩下摘生鰒)

바다에는 높고 큰 기둥이 솟아, 洋中一柱聳崔嵬,
봄 파도치는 조수가 위엄 있는 대를 만드네. 潮打波春儼作臺.
눈에 끝없이 깊은 곳으로 사람이 잠기더니, 眼底沒人深沒頂,
잠시 후 전복을 따서 돌아오네. 須臾採得鰒魚來.

---

13 曉師(효사): 당나라로 유학 가던 길에 해골에 담긴 물 일화를 통해 득도한 신라의 고승 원효대사(元曉大師; 617~686)를 말한다. 원효는 출가한 뒤의 이름으로, 의상과 함께 고구려의 고승인 보덕에게 《열반경》과 《유마경》 등을 배웠다. 661년 의상과 함께 당나라에 유학을 가기 위해 당나라의 항성으로 가는 중 어느 토굴에서 자다 목이 말라 바가지에 있던 물을 달게 마셨다. 다음날 아침에 보니 토굴이 아닌 무덤에서 해골에 고인 물을 마셨다는 것을 알고는 "마음이 일어나므로 갖가지 현상이 일어나고, 마음이 사라지니 땅막과 무덤이 둘이 아님을 알았다"라고 하며 깨달음을 얻은 뒤 유학을 포기했다. 불교뿐만 아니라 유교·도교·법가사상 등에도 해박했으며, 요석공주와의 사이에서 후일 대학자가 된 설총을 낳았다.

14 畫角(화각): 옛날 군중(軍中)에서 쓰던 대나무나 가죽 따위로 만든 나팔의 일종이다.

15 大嶼臺(대서대): 포항시 남구 동해면 입암동에 있다. 《영일읍지》에 의하면, 높이는 70척에 둘레는 40척의 송곳 모양의 바위로, 바위 꼭대기에는 장정 10여 명이 앉을 수도 있다고 한다.

여석굴(礪石窟)

운제산에 있다. 그 품질이 가장 뛰어나서 매년 공물로 올린다. 그러나 굴을 파다가 많은 백성들이 죽는다고 전한다(在雲梯山. 其品最佳, 每年貢獻, 而鑿窟之際, 民多致斃云)

형주의 가장 뛰어난 여석을 공물로 올리니,	第一荊州厥貢礪,
쇠의 소리와 옥의 덕에 기이한 무늬 섬세하네.	金聲玉德奇文細.
궁궐에서 어찌 백성들의 탄식을 알아차리오,	九重[16]豈燭小民咨,
굴을 깊이 파다가 장정들 잇따라 죽어나가네.	鑿窟千尋丁踵斃.

포자시(鋪子市)

현 서쪽 40리쯤에 있는데, 사방에서 모이는 곳이다. 물자는 다른 저자보다 훨씬 우수하다(在縣西十里許, 乃四方都會之地, 物貨比他市最優)

물고기 새우 섞여 비린내와 먼지 가득하고,	魚鰕雜遝漲腥塵,
상선과 수레는 사방에서 모여드네.	賈舶商車湊四鄰.
순간 저자 옆에 진주가 뒤섞이는 걸 보니,	忽見市傍珠錯落[17],
밤이 오면 응당 교인이 지나가겠네.	夜來應有過鮫人[18].

주진(注津)

형산강 하류에 있다. 매년 겨울에 청어가 반드시 먼저 이곳에서 잡힌다. 이것을 진헌한다(在兄江下流. 每歲冬, 青魚必先産於此. 而以此進獻)

16 九重(구중): 문이 겹겹이 이어진 깊은 궁궐이라는 뜻으로, 임금이 있는 대궐 안을 비유적으로 이르는 말이다.

17 錯落(착락): 물건이나 생각 따위가 뒤섞이는 것을 말한다.

18 鮫人(교인): 전설에서 남해에 산다는 물고기 모양의 사람으로, 울면 눈물이 구슬로 된다고 전한다.

창명의 일맥이 모여서 못이 되니, 滄溟一派爲淵,
시월의 청어는 광주리 안에 가득 하네. 十月青魚箇裏徧.
동북쪽 바람의 기세가 괜찮다면, 若也丑寅風[19]勢順,
동지 때 새로 얻은 제물 어기지 않고 올릴 수 있네. 薦新[20]冬至定無愆.

죽도(竹島)
현의 북쪽 10리에 있는데, 대나무 숲을 일구어 놓은 곳이다(在縣北十里, 乃竹林封植之地)

길한 기운 서린 산과 바다는 맑고 수려하며, 山海扶輿[21]秀氣淸,
강남의 대나무 화살은 모든 정교함을 타고 났네. 江南竹箭稟全精.
섬 안에 몇 년 동안 부지런히 대나무 북돋우어, 島中幾歲勤封植[22],
천 그루의 나무를 감싸 두 군영에 올리네. 包千章上兩營[23].

16 오천 [烏川]

박숙(朴潚; 1665~1749)[24] 《농와집(農窩集)》(권1)

가없는 하늘에 나는 바람이 치마를 스치니, 玄蓋翩翩[25]風拂裙,
길게 시 한 편을 읊고 돌아가네. 長吟歸去一篇文.
오천의 거센 물결은 눈을 아찔하게 만들고, 烏川水盛波紋眩,

19 丑寅風(축인풍): 동북 방향에서 부는 바람을 말한다.
20 薦新(천신): 새로 농사지은 과일이나 곡식을 먼저 사직이나 조상에게 감사하는 뜻으로 드리는 의식을 말한다.
21 扶輿(부여): 상서로운 기운을 말한다.
22 封植(봉식): 흙을 북돋아 심는 것을 말한다.
23 兩營(양영): 훈련도감(訓鍊都監)과 총융청(摠戎廳)의 두 군영을 아울러 이르는 말이다.
24 朴潚(박숙): 조선 중기의 학자이다. 본관은 무안(務安)이다. 자는 숙이(肅而)이고, 호는 농와(農窩)이다. 부친은 박문약(朴文約)이다. 갈암(葛庵) 이현일(李玄逸)과 이현일의 아들 밀암(密庵) 이재(李栽)의 문하에서 수학했다. 과거시험에서 수차례 떨어지자 관직에 나갈 뜻을 접고 학문에만 전념했다. 문집으로는 《농와집(農窩集)》이 있다.
25 翩翩(편편): 가볍게 훨훨 나는 모양을 나타내는 말이다.

기러기 등의 높은 찬바람 울리는 소릴 듣네.　雁背風高冷響聞.
강가에서 노래하니 모인 사람들로 뒤덮이고,　江上行謠人接被,
갈대 가 맑은 그림자엔 해오라기 무리 있네.　蘆邊淸影鷺鳥群.
시냇가 산은 가는 곳마다 가을빛 저물고,　溪山到處秋光老,
온 언덕의 단풍나무와 녹나무 크게 물들었네.　滿岸楓楠染十分.

17 오천에서 스물다섯 개의 운자로 감회를 서술하여 회동으로 보내며 [烏川寫懷二十二韻, 寄晦洞[26]]

신유한(申維翰; 1681~1752) 《청천집(靑泉集)》(권2)

베개에 기대니 밤새도록 북 쳐서 역귀 좇고,　攲枕通宵儺皷摐,
북풍이 눈을 몰아 새벽 창을 치네.　北風毆雪撲晨窓.
세 분 임금 섬긴 땐 모두 미천한 신분이었고,　三朝歷事[27]皆微分,
만권의 총서는 그저 뜨거운 마음이라네.　萬卷叢書但熱腔.
몇 해 전 눈물을 뿌리며 도성을 떠나서,　灑淚前年辭帝里,
얼음 녹아 흐르는 12월에 형강을 건넜네.　流澌[28]臘月渡兄江.
지금 살쩍이 벗겨진 관리는 종6품 참상관이고,　官今禿髩班參六,
마을은 장기현과 쌍벽을 이루네.　邑與長鬐縣作雙.
어두운 안개가 섬을 둘러 풍토병 걱정스럽고,　霧闇環洲愁瘴癘,
황량한 하늘에 늘어선 가옥은 순박함을 잃었네.　天荒比屋[29]喪淳厖.
고기잡이 등과 지저분한 벽은 어둡게 보이고,　魚燈涴壁看成黯,
이어진 처마의 수리부엉이 소리 들어도 무섭네.　鵂嘯連簷聽亦愯[30].
소나무를 읊으니 순간 속리가 아님을 깨닫고,　頓覺哦松非俗吏,

26　晦洞(회동): 서울에 있던 지명으로, 지금의 중구 충무로4가·인현동1가·인현동2가에 걸쳐 있던 마을이다.
27　歷事(역사): 여러 대의 임금을 내리 섬기는 것을 말한다.
28　流澌(유시): 얼음이 녹아서 흐르는 것을 말한다.
29　比屋(비옥): 가옥들이 줄지어 늘어서 있는 것을 말한다.
30　愯(쌍): '무섭다' 내지 '두렵다'의 의미이다.

류종원(柳宗元) 귀양 온 곳이 신선 사는 곳임을 알겠네. 深知謫柳[31]是仙邦.
비파로는 분강의 기녀를 만나지 못했고, 琵琶未遇湓江女[32],
시로는 적벽의 배를 어찌 논할 수 있겠으리. 詞賦何論赤壁艭[33].
허리는 마른 가지 같아 비록 부러지기 쉬우나, 要似枯枝雖易折,
기운은 태산 같아 굴복하지 않네. 氣如華岳故難降.
한 해 저무는 회수(淮水)의 산엔 淮山歲暮叢叢[34]桂,
계수나무 빽빽하고,
봄에 시름 하는 상수(湘水) 가엔 湘畔春愁采采[35]茳[36].
석초(席草) 무성하네.
여정에서 그냥 옛집으로 돌아오는 꿈을 꾸고, 旅夢尋常歸舊屋,
지척의 좋은 정원은 찬 다듬이질 소리로 보내네. 名園咫尺度寒砬.
반송의 잎 밑에 바둑 둘 자리를 깔고, 盤松[37]葉底鋪碁席,
아가위 꽃 사이로 술독을 따르네. 棠棣花間倒酒缸.
이부의 명예는 황옥을 노리개로 삼고, 吏部榮聲璜作佩,
글을 짓는 필력은 솥이라도 들 수 있네. 觀文筆力鼎能扛.
청운의 세대들은 빛을 다투고 흔들며, 青雲[38]一代光爭播,
천추의 백설은 난잡하게 울리지 않는다네. 白雪千秋響不哤.

31 謫柳(적류): 당(唐)나라의 대문호이자 당송팔대가(唐宋八大家)의 한 사람인 류종원(柳宗元; 773~819)이 먼 남쪽의 류주(柳州) 땅으로 귀양한 것을 말한다. 이곳에서는 작가 자신이 영일현으로 유배를 온 것에 비유한 말이다.

32 湓江女(분강녀): 분강의 비파 타는 여인이라는 의미로, 당(唐)나라의 시인 백거이(白居易)의 《비파행(琵琶行)·서문》에는 "원화 10년(815), 나는 구강군사마로 좌천되었다. 이듬해 가을, 손님을 배웅하러 분강 포구에 나갔다가, 배 속에서 비파 타는 소리를 들었다. 쟁쟁(錚錚)하게 울리는 그 소리를 들으니 전에 도성에서 듣던 소리였다. 그 사람에게 물어보니, 본래 장안의 기녀로 일찍이 목씨와 조씨라는 두 분의 뛰어난 분에게서 비파를 배웠다고 하였다……(元和十年, 予左遷九江君司馬. 明年秋, 送客湓浦口, 聞舟中夜彈琵琶者, 聽其音, 錚錚然有京都聲, 聞其人, 本長安倡女, 嘗學琵琶於穆曹二善才……)."라고 했다.

33 赤壁艭(적벽쌍): 북송(北宋)의 대문호 소식(蘇軾)이 적벽(赤壁)에서 배를 띄우고 손님과 달밤에 노닐면서 《적벽부(赤壁賦)》를 지은 일을 말한다. '쌍'은 '배'를 말한다.

34 叢叢(총총): 들어선 모양이 빽빽한 모양을 말한다.

35 采采(채채): 무성하여 많은 모양을 말한다.

36 茳(강): 풀 이름으로, 석초(席草)를 말한다. 다년생 초본식물로, 늪지나 연못 같은 곳에 많이 산다.

37 盤松(반송): 키가 작고 가지가 옆으로 뻗어서 퍼진 소나무를 말한다.

38 青雲(청운): 푸른색의 구름이 어두운 색의 구름보다 높이 떠 있다는 말인데, 보통 높은 지위나 벼슬을 비유적으로 이른다.

산에 거친 싸리나무 나듯 하찮은 이 재주 비웃고, 笑許[39]微才山出楛,
협곡의 여울로 달리는 것 같은 흘린 서체 즐겨 보네. 喜看狂草[40]峽奔瀧.
말구유에서 도화 말 타는 것 불쌍하고, 偏憐櫪上桃花馬[41],
문 앞에선 눈 속에 꼬리 치는 삽살개를 잘 알아보네. 慣識門前雪尾狵.
조용한 낮에 참선을 말하며 불경을 펴고, 晝靜談禪開貝葉,
긴 밤에 술을 사려고 은 등잔을 찾네. 夜長沽酒喚銀釭[42].
인생에는 기수(箕宿)와 두수(斗宿)로 나눠짐 있고, 人生有別分箕斗[43],
고갯길은 무정하게 깃발을 막네. 嶺路無情阻旆幢.
그저 옻이 아교 자랑하듯 인연을 논하고, 論契但誇膠在漆[44],
회포를 씀에 어찌 깃대 같은 붓을 얻어야 하겠나. 寫懷安得[45]管如杠.
외로운 성엔 해가 지고 뜬구름은 아득하며, 孤城落日浮雲杳,
창해는 하늘과 이어지고 괴이한 비는 흐르네. 滄海連天怪雨淙.
들보에 비친 달은 환한 낯 빛 같고, 樑月猶疑顏色朗,
얇은 책은 족히 귀뚜라미 소리에 비견되네. 尺書堪比足音跫.
교인(鮫人)의 진주 눈물 잡으니 그리움의 눈물 흐름에, 鮫珠[46]一掬相思淚,
홍문의 옥 국자처럼 내치지 마시길. 莫作鴻門玉斗[47]撞.

---

39 許(허): 지시대명사 '이'의 의미이다.

40 狂草(광초): 심하게 흘려 쓴 서체를 말한다.

41 桃花馬(도화마): 흰 털에 붉은 반점이 있는 말을 말한다.

42 釭(강): 등잔을 말한다.

43 箕斗(기두): 이십팔수(二十八宿)의 하나인 기성(箕星)과 두성(斗星)을 아울러 이르는 말이다. 《시경(詩經)·소아(小雅)·대동(大東)》은 "남쪽 하늘에 키가 있으나 곡식을 까불 수 없네. 북쪽 하늘에 국자가 있으나 술이나 국물을 뜰 수 없네(維南有箕, 不可以播揚. 維北有斗, 不可以挹酒漿)"라고 했다. 이 말은 보통 이름만 있고 실속이 없는 경우에 비유해서 쓰인다.

44 誇膠在漆(과교재칠): 아교를 자랑함은 옻에 있다는 의미이다. 아교와 옻은 서로 떼어놓을 수 없는 관계를 비유할 때 쓰는 말로 쓰이는데, 관계가 가까워 서로 치켜세워준다는 말이다.

45 安得(안득): '어찌~를 얻어야 하겠는가'의 의미이다. 이곳의 '안'은 의문대명사의 용법으로, '어찌'의 의미이다.

46 鮫珠(교주): 교인(鮫人)의 진주 눈물의 의미이다. 교인'은 중국 남해에 사는 괴인(怪人)으로 물 속에 나와 여러 인가에 살면서 비단을 팔고 떠날 때 주인에게 그 보답으로 그릇 하나를 달라고 한 다음 진주 눈물을 흘려 그릇을 가득 채워주었다고 한다. 진(晉)나라 사람 장화(張華)의 《박물지(博物志)》(권9)

47 鴻門玉斗(홍문옥두): 항우(項羽)와 패공(沛公) 유방(劉邦)이 홍문(鴻門)에 모여서 잔치할 때, 범증(范增)이 항우에게 패공을 죽이기를 권하였으나 항우는 듣지 않았다. 패공은 자리를 떠난 뒤 장량(張良)을 시켜 옥으로 만든 국자인 옥두를 범증에게 선사하게 했다, 범증은 이것을

18 오천에서 류 상국의 시에 다시 차운하며 [烏川, 追次柳相國韻]

정간(鄭幹; 1692~1753) 《명고선생문집(鳴皐先生文集)》(권1)

우리 가문의 비조는 외로운 충정 나타냈고,	吾家鼻祖杖孤忠,
여기에 현손 중에 포은 선생이 또 계시네.	况復賢孫有圃翁.
황량한 들의 어여쁜 꽃 떨어진 지 오래인데,	荒野好花零落久,
오늘 밤 갑자기 또 봄바람 불어오네.	忽然今夜又春風.

19 오천에서 하회마을 가는 길을 물으며 [從烏川問河回路]

남경희(南景羲; 1748~1812) 《치암선생문집(癡庵先生文集)》(권3)

멀리 산에 뜻을 두고 만 겹 봉우리를 돌아,	遠志山回萬疊峯,
진경을 찾으려니 길은 이리저리 복잡하네.	欲尋眞境路橫縱.
밭 가는 노인 날 위해 쟁기질 멈추고 말하며,	田翁爲我停犁語,
멀리 소나무 숲의 남쪽 언덕 가리키네.	遙指南岡一片松.

20 오천으로 돌아가는 길에서 [烏川歸路]

이효상(李孝相; 1774~?) 《일재유고(逸齋遺稿)》

대나무 지팡이가 가을 섬에서 울리고,	竹杖鳴秋嶼,
목란 장식의 노를 저녁 나루터에서 젓네.	蘭橈駕夕津.
연꽃이 일렁거리는 곳을 찾아가고,	行尋蓮子蕩,
돌아와서는 국화 필 때에 나아가네.	歸趁菊花辰.

받고 칼로 쳐서 깨뜨리며 "항왕(項王)의 천하를 빼앗는 자는 반드시 패공일 것이며, 우리들은 포로가 되고 말 것이다."라고 했다.

21 오천으로 돌아가는 길에서 [烏川歸路]

이효상(李孝相; 1774~?)《일재유고(逸齋遺稿)》

뭇 산들 밖에서 지팡이를 끄는데, 曳杖千山外,
매인 배는 두 강물 사이에 있네. 維舟二水間.
맞이하는 사람들 대부분 구면이고, 逢迎多舊識,
가고 멈춤에 임의로 여유를 부리네. 行止任長閒.
나날이 중양절에 가까워지니, 日日重陽近,
집집마다 잠자러 돌아오네. 家家一宿還.
돌아가서 개오동나무 아래의 길 찾으니, 回尋楸下路,
이제 막 뜬 달 숲이 진 산에 있어라. 初月在林巒.

22 오천으로 돌아가는 길에서 [烏川歸路]

이효상(李孝相; 1774~?)《일재유고(逸齋遺稿)》

십 일 동안 강과 호수엔 바람 한 점 없으니, 十日江湖不一風,
무사히 지팡이 짚고 읊으며 성 동쪽으로 돌아왔네. 吟笻無恙返城東.
가족들은 돌아온 시간이 늦었다고 묻지 말고, 家人莫問歸期晚,
내가 지은 시들 소매에 가득한 것 보게나. 看我詩牋滿袖中.

23 오천으로 돌아가는 길에서 읊으며 [烏川路上吟]

오형필(吳衡弼; 1826~1904) 《눌암집(訥庵集)》(권1)

신발 신고 지팡이 짚으며 장도에 오르니,	穿屐扶笻登遠程,
쓸쓸한 가을바람 성긴 백발에 불어오네.	金風蕭瑟吹星髮.
구름 도는 그윽한 골짝의 그림자 느릿느릿,	雲歸幽壑影遲遲,
잎 떨어진 나무의 성긴 숲엔 쇄쇄 소리.	木落踈林聲發發[48].
진흙 밟고 돌 건너니 발은 무게를 견디고,	踏泥踐石足容重,
물 건너고 산 넘으니 마음과 힘이 다하네.	涉水踰山心力竭.
소옹이 출입할 땐 봄과 가을이었건만,	邵翁[49]出入際春秋,
나는 무슨 일로 시월 겨울에 길 떠나나.	何事吾行冬十月.

24 저녁에 오천에 머무르며 [暮泊烏川]

김두석(金斗錫; 1857~1935) 《여암유집(旅菴遺集)》(권1)

반나절은 진흙길 가고 반나절은 바람 맞으니,	半日泥行半日風,
지난날 말 타고 몸을 크게 수고롭게 하였네.	曩年鞍馬劇勞躬.
나루터의 누런 모자 쓴 이와 만나 인사하니,	津頭黃帽邀相語,
올해 또 이 노인에게로 돌아온 것이네.	今歲重還此老翁.

48 發發(발발): 나무가 바람에 불려 내는 소리를 말한다.

49 邵翁(소옹): 송나라 때의 유학자 소옹(邵雍)을 말한다. 《주역(周易)》에 뛰어났다. 후에 관직을 제수받았으나 사양하고 소문산(蘇門山)에서 안락와(安樂窩)로 자처하며 독서에 심취하였다. 저서로는 《황극경세서(皇極經世書)》와 《이천격양집(伊川擊壤集)》 등이 있다.

오어사(吾魚寺) 관련 시

오어사는 포항시 남구에서 보경사에 버금가는 역사를 가진 고찰이다. 신라 선덕여왕의 부친이 되는 진평왕 때 창건되었다. 당시 이름은 항사사(恒沙寺)였다. '항사'는 '갠지스강의 모래'라는 의미로, 수량이 무한함을 의미한다. 《삼국유사》의 저자 일연 스님은 이를 "전하는 말에 항하수의 모래알처럼 수많은 사람이 세속을 벗어났으므로 항사동(恒沙洞)이라 부른다"라고 풀이했다.

오어사는 많은 고승과 시인묵객들이 다녀간 것으로 유명하다. 특히 신라의 4대 조사(祖師)인 자장(慈藏)·혜공·원효·의상(義湘)이 이곳에서 수행한 것으로 유명하다. 절의 북쪽에는 자장암과 혜공암이, 남쪽에는 원효암이, 서쪽에는 의상암 등의 수행처가 있었으나 지금은 자장암과 원효암만 남아 있다.

무엇보다 오어사를 방문하면 많이 듣는 이야기가 오어사의 유래이다. 신라의 고승 원효대사와 혜공선사가 함께 이곳의 계곡에서 고기를 잡아먹고 용변을 보았다. 그런데 용변에서 고기 한 마리가 나와서 두 사람은 서로 자기 물고기라고 하였다. 그래서 '나'의 의미인 오(吾)와 '물고기'의 의미인 '어(魚)'를 합해서 절 이름을 오어사라 하였다.

현존하는 당우로는 대웅전을 중심으로 나한전(羅漢殿)·열선당(說禪堂)·칠성각·산령각 등이 있다. 이중 대웅전을 제외한 당우들은 모두 최근에 건립되었다. 오어사의 대표적인 유물로는 원효대사의 삿갓이다. 지극히 정교하게 만들어진 이 삿갓의 높이는 1척, 지름은 약 1.5척이다. 뒷부분은 거의 삭아버렸지만 겹겹으로 붙인 한지에는 글씨가 새겨져 있다. 이 삿갓은 마치 실오라기 같은 풀뿌리를 소재로 하여 짠 보기 드문 유물이다.

오어사 관련 시는 보경사 관련 시와 비교해보면 그 수량이 훨씬 적어 아쉬움이 든다. 시의 내용은 오어사를 방문한 소회, 절의 고요한 정취와 풍광, 원효대사와 혜공대사의 전설 등에 관해 읊은 것이 주류를 이룬다.

1 오어사를 방문하여 [訪吾魚寺]

절은 연일에 있다(寺在延日)

이정(李楨; 1512~1571) 《구암선생문집(龜巖先生文集)》(권1)

맑은 강 일대에는 하얀 돌 차갑고, 一帶淸江白石寒,
보랏빛 연기는 저녁 구름 가로 이어지네. 紫煙橫抹暮雲端.
가을의 깊은 골짝엔 근심스런 생각 많고, 秋深洞壑多愁思,
국화를 가득 꽂고 관을 다시 바로 하네. 滿揷黃花更整冠.

2 오어사를 방문하여 [訪吾魚寺]

절은 영일현에 있다. 1562년(寺在迎日縣. 壬戌)

이정(李楨; 1512~1571) 《구암선생집(龜巖先生集)·속집(續集)》

산은 고요하고 가을 모습 서늘하며, 山靜秋容肅,
구름은 열리고 수면은 공허하네. 雲開水面空.
단풍 진 골짜기로 고개를 돌리고, 回頭楓滿壑,
서풍에 기대어 낭랑하게 읊어보네. 朗詠倚西風.

3 오천 원님 오경허를 방문하고, 계속 오어사에서 노닐며 [訪烏川倅吳景虛[50], 仍遊吾魚寺]

조형도(趙亨道; 1567~1637) 《동계문집(東溪文集)》(권2)

오어사 있는 항사골을 순례하니, 飛錫[51]恒沙谷[52],

50 吳景虛(오경허): 이름은 오여벌(吳汝橃; 1579~1635)이다. '경허'는 그의 자이다. 본관은 고창이고, 호는 경암(敬菴)이다. 1603년에 문과 급제하여 영천군수·청송부사·대구도호부사 등을 지냈다. 동계(東溪) 조형도(趙亨道)가 오어사에 왔을 때 오천 원님으로 있었다.

51 飛錫(비석): 승려나 도사가 종교적으로 의미 있는 곳을 찾아 참배하기 위해 돌아다니는 것을 말한다.

52 恒沙谷(항사골): 오어사(吾魚寺)의 원래 이름인 항사사(恒沙寺)에서 유래된 지명이다. 지금은

다시 수리한 옛 절은 고즈넉하네. 重修古寺閒.
양쪽 벼랑은 십 장이나 열리고, 雙崖開十丈,
하나의 누각은 세 칸 집 거느렸네. 一閣駕三間.
밤비에 시냇물은 질펀하고, 夜雨溪波闊,
아침 연무 속 굴의 문은 닫혀있네. 朝嵐洞戶關.
떠나기 아쉬워함은 옛정 때문이니, 留連賴舊識,
며칠 동안 돌아가길 재촉함이 싫어지네. 數日懶催還.

4~5 운제산의 오어사에 묵으며 [宿雲梯山吾魚寺]

정식(鄭栻; 1683~1746) 《명암집(明庵集)》(권3)

이곳은 뭇 신령의 보호받는 곳임을 알겠고, 此地應知護百靈,
법사의 지난 자취는 마치 천년이 된 듯하네. 法師陳迹宛千齡.
시냇가 철벽은 절을 마주하고 섰고, 溪邊鐵壁當軒立,
청산의 뜬 아지랑이는 그림 병풍보다 낫네. 積翠浮嵐勝畫屛.

운제산 안에서 돌아가는 종적 지체하여, 雲梯山裏滯歸蹤,
나그네 마음 시고 차가워 노승과 함께하네. 客裏酸寒老衲[53]同.
천 리 나그네 시름은 짧은 밤에 길어지고, 千里旅愁長短夜,
빗소리 중에 외로운 등불은 명멸하네. 一燈明滅雨聲中.

6 오어사에서 장난스럽게 읊으며 [吾魚寺戲吟]

혜공과 원효 두 승려가 일찍이 이곳 산에 거주한 적이 있다. 물고기를 먹고 용변을 보았는데, 다시 물고기가 되었다. 두 승려는 서로 물고기를 가리키며 "이것은 내 물고기이고, 저것은 자네 물고기이네"라고 했다. 절의 이름은 여기서

포항시 남구 오천읍 항사리(恒沙里)에 해당한다. '항사'는 '항하사(恒河沙)'의 줄임말로 인도 갠지스강의 모래라는 의미이다.

53 老衲(노납): 말하는 이가 나이든 승려일 때 자기를 낮추어 가리키는 말이다.

유래했다고 전한다(空惠,元曉兩釋, 嘗居此山中. 食魚遺矢, 復化爲魚. 兩釋相與指示曰: 此者吾魚, 彼者爾魚.寺名蓋出於此云)

정간(鄭榦; 1692~1757) 《명고선생문집(鳴皐先生文集)》(권1)

혜공선사와 원효대사가 옛날 이곳에 기거했고,	惠曉[54]禪師昔此居,
영궁이 아직도 백여 년 동안 우뚝 솟아있네.	靈宮猶屹百年餘.
기회 보는 마음은 확실히 부질없는 것,	機心若果空空了,
내 물고기와 그대 물고기라고 할 수 있는가.	肯教吾魚與爾魚.
구름 속 산봉우리엔 일찍이 몇 겁의 재가 날렸고,	雲峀曾飛幾劫灰,
눈은 옛 개울의 모퉁이에 날리네.	天花零落舊溪隈.
작은 물고기 같은 것을 도로 내뱉어내도,	纖鱗若果呑還出,
어찌하여 넋은 가고 돌아오지 않는가.	靈駕[55]胡爲去不回.

7 오어사에 묵으며 [宿吾魚寺]

1839년(己亥)

한운성(韓運聖; 1802~1863)[56] 《입헌문집(立軒文集)》(권1)

산비탈 아래의 연기와 노을은 옛 노님을 잇고,	初地[57]烟霞續舊遊,
기운 수놓은 감실은 바위 위에 기대있네.	繡龕攲側倚巖頭.
봄이 되니 진달래는 꽃을 피우려 하고,	一春花意杜鵑樹,
천 겁의 신선 자취는 학을 탄 누대에 있네.	千劫仙蹤駕鶴樓.

54 惠曉(혜효): 오어사(吾魚寺) 창건신화와 관련 있는 혜공선사(惠空禪師)와 원효대사(元曉大師)를 말한다. 신라 26대 진평왕(眞平王; 579~632) 때 이곳에서 수도하던 혜공이 원효에게 물고기를 잡아먹고 대변을 봤을 때 누구의 변에서 살아있는 물고기가 나오는지 경쟁할 것을 제안했다. 두 사람은 호수에 뛰어들어 물고기를 삼켰는데 두 마리 중 한 마리는 살아나오고, 나머지 한 마리는 죽어서 나왔다. 그러자 두 사람은 살아나온 물고기가 서로 자기 것이라 우겨서 (내 물고기의 의미로) 오어사로 명명했다고 한다.

55 영가(靈駕): 죽은 사람의 넋을 말한다.

56 韓運聖(한운성): 조선 후기의 학자이다. 호는 입헌(立軒)이다. 매산(梅山) 홍직필(洪直弼; 1776~1852)의 문하에서 수학하여, 전병순(田秉淳)·조병덕(趙秉悳)·임헌회(任憲晦)·소휘면(蘇輝冕)과 매문오현(梅門五賢)으로 불린다. 문집으로는 《입헌문집(立軒文集)》이 있다.

57 初地(초지): 산에서 비탈이 끝나는 아랫부분을 말한다.

밝은 달은 객지의 나그네를 싫어하지 않고, 明月非應嫌野客,
푸른 산이 승려에 속함은 어쩔 수 없네. 碧山無柰屬緇流[58].
호계 지날 즈음 또 여러 번 돌아보고, 虎溪[59]將渡猶三顧,
다시 새 시를 써서 벽 위에 남기누나. 更把新詩壁上留.

8 칠월 이렛날 벗들과 오어사에 묵으며 [七夕與諸益宿吾魚寺]

조성권(趙聖權; 1816~1889)[60] 《모헌선생문집(慕軒先生文集)》

백발의 스님들과 함께 선루에 오르니, 雪髦霞袂[61]共禪樓,
신선 사는 요대의 가장 높은 곳에 있는 듯. 如在瑤臺最上頭.
칠석인 오늘 연사에는 등불이 걸리어, 蓮社[62]香燈[63]今七夕,
천 년 후의 밝은 달 아래 마음을 북돋우네. 上封明月後千年.
깊은 밤까지 앉아 있으니 종소리 깨닫고, 坐到深更鍾發省,
얼굴 펴지니 푸른 절벽엔 비가 막 걷히네. 顔開蒼壁雨初收.
어지러운 세상사 어찌 말하기에 족하리오, 世事紛紛那足道,
마음대로 실컷 놀아보는 것도 괜찮으리. 不妨隨意作遨遊.

---

58 緇流(치류): 함께 모여서 수행하는 출가승의 무리를 말한다.

59 虎溪(호계): 여산(廬山)에 있는 계곡 이름으로, '호계삼소(虎溪三笑)'에서 유래했다. 여산에서 수도하던 혜원(慧遠)이 하루는 그의 옛 친구 도연명(陶淵明)과 육수정(陸修靜)의 방문을 받고 함께 놀다가, 두 사람이 돌아갈 때 그들을 전송했다. 혜원은 이야기에 심취하며 걷다가 자기도 모르게 '다시는 이 다리를 건너서 산 밖으로 나가지 아니하리라'라고 맹세했던 호계의 다리를 지나쳐 버렸다. 이를 안 세 사람이 손뼉을 치면서 크게 웃었다는 이야기이다.

60 趙聖權(조성권): 조선 후기의 유학자이다. 본관은 함안(咸安)이다. 자는 경여(經汝)이고, 호는 모헌(慕軒)이다. 부친은 조성동(趙性東)이다. 인산(仁山) 소휘면(蘇輝冕)의 문하에서 수학했다. 확재(確齋) 김옥중(金玉重)과 극재(克齋) 김공민(金公旼)과 교유하면서 경사(經史)를 토의하고 학문을 닦았다. 문집으로 《모헌선생문집(慕軒先生文集)》이 있다.

61 霞袂(하메): 운납하메(雲衲霞袂)의 줄임말로, 한 곳에 머물러 있지 않고 발길 닿는 대로 수행하는 스님을 지칭하는 말로 쓰인다. 이 말은 구름에 물어가는 길에 붉은 노을이 장삼 자락을 적시는 것에 유래한 말이다. 이곳에서는 스님을 말한다.

62 蓮社(연사): 서방 왕생의 정토 신앙을 내용으로 하는 염불수행(念佛修行)의 단체를 말한다.

63 香燈(향등): 불전(佛前)이나 신상(神像) 앞에 밤낮으로 켜두는 등불을 말한다.

9 죽와 이학기와 함께 오어사에서 노닐며 [同李竹窩學基遊吾魚寺]

황보집(皇甫鏶; 1853~1930)[64] 《노치당집(老癡堂集)》

오어사 바라보니 깊은 외진 곳에 있고,	望望吾魚僻處深,
길 찾아 바위 지나 숲의 샘으로 들어가네.	尋蹊穿石入泉林.
하늘에 오른 암자는 층층 구름에 터를 잡고,	騰空庵立層雲脚,
절벽에 거꾸로 선 긴 내는 활수의 마음이네.	倒壁川長活水心.
천 년 옛 불상에 본래 모습 생기니,	老佛千年生本面,
숲의 고요한 짐승들 기특한 소리로 보답하네.	幽禽多樹報奇音.
이번 여정은 적적한 것 같아 원망스러우나,	今行只恨如孤寂,
다행히 아는 사람 만나 즐겁게 한 번 읊어보네.	幸故人逢一快吟.

10 오어사 현판의 시에 차운하며 [次吾魚寺板上韻]

정헌교(鄭獻教; 1876~1957) 《지암문집(止菴文集)》(권2)

연기와 노을의 붉고 푸름 비춰 서로 이어지고,	烟霞丹碧映相連,
깊은 봄 골짜기 안에는 다른 세계가 있네.	洞裏深春別有天.
고요한 물에 물고기 자고 시내엔 달 하나,	水靜魚眠溪一月,
천년 골짝에 구름 사라지자 학은 가버렸네.	雲空鶴去洞千年.
스님의 말을 고송 아래의 바위가 듣고,	僧語石聽古松下,
금빛의 불광은 연꽃 앞을 깨끗이 해주네.	佛光金耀淨蓮前.
여러 꽃의 찬미하는 말은 찾을 곳이 없고,	雜花經偈[65]尋無處,
신발 한 짝 들고 떠나니 사대 선문 적막해졌네.	隻履[66]寥寥四大禪.

64 皇甫鏶(황보집): 일제강점기 때의 학자이다. 본관은 영천이고, 포항시 동해면 중양리 출신이다. 충정공(忠定公) 황보인(皇甫仁; 1387~1453)의 후손이다. 자질과 인품이 뛰어난 칭송을 받았다. 직접 농사를 지어 자급하면서 학문 연구과 후학양성에 전념했다. 만년에 노치당(老癡堂)을 지어 시를 지어 유유자적한 생활을 했다. 문집으로는 《노치당집(老癡堂集)》이 있다.

65 偈經(게경): 불경을 외기 전에 외는 부처의 공덕이나 가르침을 찬미하는 글귀를 말한다.

66 隻履(척리): 신발 한 짝의 의미이다. 달마대사(達磨大師)가 죽어 웅이산(熊耳山)에 장사지낸 지 3년이 지났을 때, 위(魏)나라의 사신 송운(宋雲)이 서역(西域)에 사신으로 갔다 돌아오는 길에 총령(葱嶺)에서 달마를 만났다. 달마가 이때 신 한 짝만 손에 들고 홀로 가면서 "나는 서

일월지(日月池) 관련 시

일월지(日月池)는 우리 지역의 구전설화인 연오랑과 세오녀의 이야기가 서려 있는 곳이다. 신라 시대 때부터 '해달못'이라 부르던 것을 한자가 전래되면서 일월지라고 불렀다. 또 해와 달의 빛이 다시 돌아왔다고 광복지(光復池)라고도 한다. 현재 못은 동쪽과 서쪽의 직경이 약 250m, 남쪽과 북쪽의 폭이 약 150m로, 총면적 약 5,000평 정도의 원형을 이루고 있다.

《삼국유사》에 의하면 이렇다. 신라 제8대 임금 아달라왕 즉위 4년(157)에 신라 땅 동쪽 일월동 바닷가에 연오랑과 세오녀라는 부부가 살고 있었다. 연오랑은 바다에 나가 고기를 잡았고, 세오녀는 베를 짜며 생활했다. 두 사람은 금슬이 아주 좋았다. 어느 날 연오랑이 바다에 나가 고기를 잡고 해초를 따던 중 갑자기 바위가 움직이기 시작하여 동쪽으로 흘러가 일본의 섬나라에 도착하게 되었다. 그곳 사람들은 바위를 타고 바다를 건너온 사람을 남달리 신비하고 비상한 사람으로 생각하고 연오랑을 왕으로 모셨다. 연오랑이 돌아오지 않음을 크게 슬퍼하던 세오녀는 연오랑을 찾아 헤매다가 연오랑의 신발이 놓인 바위에 올랐다. 그러자 바위는 다시 움직여 세오녀를 연오랑이 있는 섬나라로 데려갔다. 세오녀는 그곳에서 왕비가 되었다. 이후 신라에서는 해와 달이 갑자기 빛을 잃고 천지가 어두워졌다. 이에 놀란 아달라왕이 급히 점을 치게 하니 천지가 어두워진 연유는 연오랑과 세오녀 부부가 바다를 건너가고 없어 이 땅에 해와 달이 빛을 잃었다고 하였다. 이 말을 들은 왕은 사자를 불러 섬나라에 건너가 연오랑과 세오녀를 이 땅에 다시 불러오도록 명했다. 그러나 연오랑과 세오녀는 우리는 이미 하늘의 뜻을 좇아 이곳으로 건너와 왕과 왕비가 되었으니 다시 갈 수 없다고 말하면서 왕비가 손수 짠 비단 한필이 있으니 가지고 가서 내가 살던 못가에 단을 쌓고 나뭇가지에 이 비단을 길게 걸고 정성을 모아 하늘에 제사를 지내라고 했다. 돌아와 연오랑의 말대로 하니 기이하게 빛을 잃었던 해와 달이 빛을 찾아 신라 땅을 환하게 비추었다.

이 못은 현재 오천 해병부대 내에 있고, 못 가에는 근래에 세운 일월지사적비와 연오랑·세오녀 설화비가 있다.

역으로 간다."라고 했다. 송운이 돌아와서 이 사실을 임금에게 말하자, 임금을 사람을 시켜 달마의 탑을 열고 관을 꺼내보니 거기에도 신이 한 짝만 있었다고 한다.

1 영동사 [詠東史]

76번째(其七十六)

윤기(尹愭; 1741~1826)[67] 《무명자집(無名子集)·시고(詩稿)》(제6책)

연오랑과 세오녀 바위 타고 떠나더니,	烏郎烏女以巖奔,
비단으로 제사하자 일월 빛 돌아왔네.	綃祭能還兩曜魂.
죽령 길이 통하여 영일현과 연결되니,	竹嶺路開迎日縣,
이야기는 허탄하나 자취 남아 있다오.	事雖怪誕跡猶存.

동해의 물가에 영오랑과 세오녀 부부가 살았다. 하루는 바위 하나가 두 사람을 싣고 바다 건너 일본으로 갔다. 이로 신라에는 해와 달의 빛이 없어졌다. 천문을 보는 사람이 "해와 달의 정기가 지금 일본으로 갔으니 폐하께서는 사신을 보내 두 사람을 데려오소서."라고 했다. 영오랑은 "짐의 비가 짠 가는 비단이 있으니 이것으로 하늘에 제사를 지내면 될 것이오."라고 하며, 그 비단을 내려주었다. 사신이 돌아와 하늘에 제사를 지내니, 해와 달이 예전처럼 비추었다. 그 하늘에 제사를 지낸 곳을 영일현이라 하고, 조령의 길을 열었다.

(東海濱, 有迎烏郎細烏女夫婦而居. 一日有一巖負二人, 浮海歸日本. 自是新羅日月無光. 日者云日月之精, 今去日本, 王遣使求二人. 迎烏曰朕妃有所織細綃, 以此祭天可矣, 仍賜其綃. 使還祭之, 日月如舊. 名其祭天所曰迎日縣, 開竹嶺路)

---

67 尹愭(윤기): 조선 후기의 문신이자 학자이다. 본관은 파평(坡平)이다. 자는 경부(敬夫)이고, 호는 무명자(無名子)이다. 부친은 윤광보(尹光普)이다. 이익(李瀷)을 사사했다. 영조 49년(1773)에 사마시에 합격하여 성균관에 들어가 20여 년간 학문에 전념했다. 정조 16년(1792) 식년문과에 병과로 급제했다. 종부시주부(宗簿寺主簿)·남포현감(藍浦縣監)·황산찰방(黃山察訪) 등을 지냈다. 이후 다시 조정에 와서 《정조실록》의 편찬관을 지냈다. 저서로는 《무명자집(無名子集)》이 있다.

2 일월지를 노래하며 [題日月池][68]

최현기(崔鉉基; 미상)

천년 신라 오랜 꿈과 같으니,	羅代千年如夢遠,
기이한 신화 세상 사람들 어찌 알리.	靈區奇怪世難知.
연오랑세오녀의 옛 터전 여기니,	烏郎細女遺陳跡,
해와 달이 다시 비친 못이로구나.	日月光輝復出池.

68 이 시는 출전이 분명치 않는데, 본편에서는 박일천(朴一天)의 《일월향지(日月鄕誌)》 〈일월지(日月池)〉조에 수록되어있는 것을 발췌했다. 이곳에서는 저자를 최현기(崔鉉基)로 명시했고, '이조순조(李朝純祖)' 때의 사람이라고 했다.

오천서원(烏川書院) 관련 시

오천서원(烏川書院)은 선조 21년(1588) 영일현의 유림들이 현치(縣治) 동쪽에 있는 청림촌에 지주사(知奏事) 정습명(鄭襲明; 1095~1151)과 포은(圃隱) 정몽주(鄭夢周; 1338~1392)의 학문과 덕행을 추모하기 위해 창건하였다.

영일현감 이광악(李光岳; 1557~1608)이 부임하던 날, 밤에 한 노인이 꿈에 나타나 이렇게 말했다. "동쪽 10리쯤 되는 마을이 내가 살던 집인데, 없어진 지가 오래되어 의지할 곳이 없으니 다시 장만해 주기를 바라오." 다음날 현감은 마을 노인들을 불러 모아 꿈에 나타난 노인의 이야기를 하고 그 터를 물어보았다. 마을 노인들은 현감에게 옛 포은 정몽주 선생이 살던 청림촌 옛 집터를 알려주었다. 현감은 즉시 지금의 오천읍 구정리에 오천서원과 그 옆에 유허비를 세우도록 하였다.

포은 정몽주 선생의 위패를 모시고 제사를 지내던 오천서원은 임진왜란 때 안타깝게 전소가 되었다. 1612년 지주사(知奏事) 정습명을 합향했으며, 1613년 광해군의 사액을 받아 오천서원이 새롭게 창건되었다. 영조 16년(1740)에 정사도(鄭思道; 1318~1379)와 정철(鄭澈; 1536~1593) 선생을 추가로 배향하였다. 고종 5년(1868)에 흥선대원군의 서원철폐령으로 철거되었던 것을 고종 말엽에 다시 지금의 위치에 복원했고, 1975년과 2015년에 서원 건물들은 현재의 모습으로 대부분 복원되었다.

경내에는 시조 형양공(滎陽公) 정습명, 포은 정몽주, 문정공(文貞公) 정사도, 문청공(文淸公) 정철의 위패가 봉안된 3칸 규모의 사우 상경사, 8칸 규모의 명륜당, 각각 3칸의 동재와 서재, 2칸의 전사청, 2칸 장서각, 8칸 규모의 주소 등이 있다. 26개의 문중이 관리를 맡고 있으며, 해마다 봄과 가을에 제사를 지낸다.

1 오천서원을 찾아서 [謁烏川書院][69]

김종직(金宗直; 1431~1492)

지난날 북쪽으로 고죽국에 갔다가,	赴北曾經孤竹國[70],
지금은 남쪽 정공의 고향에 왔네.	南來今見鄭公[71]鄕.
이 몸은 남북 어딜 가나 다행해,	此身南北還多幸,
천고에 길이 빛날 충혼을 우러렀소.	景仰千秋拜耿光.

2 오천서원을 찾아서 [謁烏川書院][72]

김안국(金安國; 1478~1543)

맑고도 깨끗한 영일 바닷가,	蕭灑迎日海之傍,
들으니 이곳은 문충공 고향.	聞說文忠公故鄕.
절의와 문장이 길이 전해져,	節義文章傳不朽,
천고에 높이 빛날 이곳이라네.	千秋此地亦輝光.

69 이 시는 김종직(金宗直)의 《점필재시집(佔畢齋詩集)》에 보이지 않아 출전이 불분명하다. 본편에서는 박일천(朴一天)의 《일월향지(日月鄕誌)》 〈오천서원(烏川書院)〉조에 수록된 것을 발췌했다.

70 《조선환여승람(朝鮮寰輿勝覽)》에는 '부북(赴北)'이 북주(北走)로 되어있다.

71 鄭公(정공): 포은(圃隱) 정몽주(鄭夢周)를 말한다. 정몽주의 고향이 오천이기 때문에 이렇게 말한 것이다.

72 이 시는 김안국(金安國)의 《모재집(慕齋詩集)》에 보이지 않아 출전이 불분명하다. 다만 박일천(朴一天)의 《일월향지(日月鄕誌)》 〈오천서원(烏川書院)〉조의 이 시 끝에 시의 출전을 "구《읍지》·《조선정감》·《증보문헌비고》(舊邑誌, 朝鮮政鑑, 增補文獻備考)"라고 밝혀두었다. 본편의 시는 《일월향지》에 수록된 것을 발췌했다.

3 오천서원을 찾아서 [謁烏川書院][73]

오겸(吳謙; 1496~1582)[74]

우리나라 유학은 여기가 근원인데, 吾東道學此淵源,
절의와 문장이야 말할 것 없소. 節義文章不足論.
사시던 집 허물어져 물을 곳 없어, 舊宅荒凉無處問,
늦바람 저문 날에 혼백조차 시들라. 晩風斜日可鎖魂.

4 오천서원에서 사당을 꼼꼼히 살핀 다음 유숙하고, 계속 청림의 옛터를 찾아 둘러보다 슬픔이 일어, 시조 지주사 공의 시에 차운하여 감회를 나타내며 [烏川書院, 展廟留宿, 仍訪靑林舊址, 徘徊感悵, 伏次始祖知奏事公韻, 以寓懷]

정중기(鄭重器; 1685~1757)《매산집(梅山集)》(권1)

청림의 새벽 해 붉은데, 靑林曉日紅,
옛터를 찾아 왔네. 來訪古墟中.
이끼 낀 곳은 이슬에 젖고, 露濕莓苔地,
연무에 잠긴 쑥과 명아주는 무성하네. 烟沈蓬藋叢.
집은 몇 대째인지 잘 알겠고, 肯堂知幾代,
남은 사당에서 높은 풍도를 생각하네. 遺廟想高風.
게다가 집안 명성이 높음은, 况又家聲大,
후손에게 포은 어르신 있어서라네. 賢孫有圃翁.

---

73 이 시는 박일천(朴一天)의 《일월향지(日月鄕誌)》 〈오천서원(烏川書院)〉조에 수록된 것을 발췌했다.

74 吳謙(오겸): 조선 전기의 문신이다. 본관은 나주(羅州)이다. 자는 경부(敬夫)이고, 호는 지족암(知足庵) 또는 국재(菊齋)이다. 조부는 오자치(吳自治)이고, 부친은 부사(府使) 오세훈(吳世勳)이다. 중종 17년(1522) 사마시에 합격하여 진사가 되고, 1532년 별시문과에 을과로 급제하여 의령현감으로 나갔다. 이후 형조정랑·남원부사·대사헌·우의정 등을 지냈다. 《명종실록》 편찬에도 참여했다..

5 오천서원 [烏川書院][75]

정중기(鄭重器; 1685~1757) 《매산집(梅山集)》(권2)

이때부터 청림은 정몽주 선생의 고향,	青林自是鄭公鄉,
큰 조상과 훌륭한 후손 모두 이름 떨쳤네.	名祖賢孫幷擅芳.
사십 글자를 매개로 충정을 드러내고,	四十字媒[76]忠悃著,
억천의 귀머거리를 깨치니 도의 근원 아득하네.	億千聾啓道源長.
일가의 정기는 멀리까지 계속 전해지고,	一家正氣遙傳脈,
만세의 영궁에서는 영원히 맛난 음식 올리네.	萬世靈宮永薦香.
나는 옛날 주의 깊게 보며 옛 자취를 찾았고,	我昔展瞻尋舊跡,
산언덕은 적막하고 바다 파도는 크게 넘실대네.	山阿寂寂海波洋.

6 오천서원에서 포은 선생의 청림 유허를 바라보며 [烏川書院望圃老青林遺墟]

권만(權萬; 1688~1749) 《강좌선생문집(江左先生文集)》(권1)

오천서원의 맑은 가을 달,	烏院淸秋月,
청림의 엷은 저녁 연무.	青林薄暮煙.
동해의 푸른 파도에서,	滄波東海上,
멀리 노중련을 생각하네.	遠憶魯仲連[77].

---

75 이 시는 《삼가 봉계에서 상사 족숙 시에 차운하며(謹次鳳溪上舍族叔韻五首)》 중의 한 수로, 《오천서원(烏川書院)》 부분만 발췌했다.

76 四十字媒(사십자매): 궐문지기가 다른 사람이 지은 오언율시를 읊고 벼슬이 오른 것을 말한다. 고려 예종(睿宗) 때 어떤 궐문지기가 정습명(鄭襲明)이 지은 각촉시(刻燭詩)인 죽림화시(竹林花詩)를 외웠는데, 예종이 듣고 즉시 옥당(玉堂)에 보직했다고 한다. '사십'은 오언율시의 글자 수를 말한다.

77 魯仲連(노중련): 전국(戰國) 시대 제(齊)나라의 고사(高士)이다. 조(趙)나라에 가 있을 때 진(秦)나라 군대가 조나라의 서울인 한단(邯鄲)을 포위했는데, 이때 위(魏)나라가 장군 신원연(新垣衍)을 보내 진나라 임금을 천자로 섬기면 포위를 풀 것이라고 하였다. 이에 노중련이 "진나라가 방자하게 천자를 참칭(僭稱)한다면 나는 동해를 밟고 빠져 죽겠다."라고 하자, 진나라의 장군이 이 말을 듣고 군사를 후퇴시켰다고 한다. 자세한 내용은 《사기(史記)·노중련추양열전(魯仲連鄒陽列傳)》에 보인다.

7~8 영일에 있는 조상의 제단에서 제를 올린 후, 오천서원을 찾아서 느낌이 일어 [迎日先壇行祭後, 仍謁烏川書院有感]

정제(鄭梯; 1689~1765) 《남창선생문집(南窓先生文集)》(권1)

형양공 사당에 문충공을 배향하고,	滎陽公[78]廟配文忠,
어진 후손들은 큰 조상의 덕업을 계승하네.	名祖賢孫德業承.
산과 같은 절개와 의리를 함께 우러러보고,	節義如山人共仰,
구릉에 묻힌 풀은 대대로 의지하지 어렵네.	丘陵埋草世難憑.
빈 제단의 망제는 벅찬 성심 나타냄 부족하고,	虛壇望祭[79]微誠激,
사당에 와서 보니 눈물이 더욱 많이 나네.	靈宇來瞻感淚增.
홀로 차가운 사당에 올라 한참 슬퍼하니,	獨上寒齋惆悵久,
바다에 뜬 천고의 달이 응어리진 마음 비추네.	千秋海月照心凝.

오천의 정씨는 이곳에서 시작되고,	烏川之鄭此權輿,
비조께서는 당시 큰 덕을 쌓으셨네.	鼻祖當年積德餘.
화표로 돌아오니 어려서 집을 떠난 것 같고,	華表[80]歸來疑弱喪[81],
고향을 가리키면 늘 앞에 거하네.	梓鄉指點揔前居.
구름은 큰 골짜기에서 생기고 세상은 바뀌며,	雲生大洞滄桑改,
긴 밭의 풀은 거칠고 집 안은 비어있네.	草蕪長田宅里虛.
이 구름만이 여전히 무한한 아픔이니,	最是雲仍無限痛,
황량한 들판은 무덤 남쪽의 서원 묻어버렸네.	荒原埋沕壙南書.

78 滎陽公(형양공): 영일(迎日) 정씨(鄭氏)의 시조인 정습명(鄭襲明; 1095년~1151)을 말한다. '형양'은 그의 호이다. 향공으로 문과에 급제하여 내시에 들어갔고, 인종 때 국자사업·기거주·지제고를 지냈다. 의종 3년(1149)에는 한림학사와 추밀원지주사를 지냈다. 인종의 유명을 받들어 의종의 잘못을 거침없이 간하다가 왕의 미움을 샀다. 김존중과 정함 등의 무고를 받았으며 병이 들었을 때 김존중이 그의 자리를 차지하자 독약을 먹고 자결했다. 《동문선(東文選)》에 《석죽화 石竹花》를 비롯한 3편의 시 등이 전한다.

79 望祭(망제): 먼 곳에서 조상의 무덤이 있는 쪽을 향하여 지내는 제사를 말한다.

80 華表(화표): 무덤 앞 양쪽에 세우는 여덟 모로 깎은 한 쌍의 돌기둥을 말한다.

81 弱喪(약상): 어려서 집을 떠나 오래도록 타향에서 편히 살다 보니 마침내 고향에 돌아갈 줄 모르게 된 것을 말한다. 《장자(莊子)·제물론(齊物論)》에 보인다.

9 오천서원 옛터에서 느낌이 일어 읊으며 [烏川書院遺址感吟]

박재헌(朴載憲; 1875~1926) 《도산집(道山集)》(권2)

여말선초 선생께서 이 마을에서 일어나고,	麗李[82]先生起此州,
왕을 보좌할 재주는 의양의 역사이네.	才懷王佐義陽[83]秋.
정통의 학문은 온 나라가 제창하고,	淵源正學三韓倡,
일월 같은 높은 이름 백세에 남네.	日月高名百世留.
백동의 유허에서 들판의 사슴을 보고,	白洞遺墟看野鹿,
동림의 지난 세월을 모래 위 갈매기에게 묻네.	東林往劫問沙鷗.
지금 선죽교 가의 일을 말한들,	至今善竹橋[84]邊事,
뜻 있는 선비들 어찌 근심이나 하겠으리.	說到那堪志士愁.

10 오천서원에서 현판의 시에 차운하며 [烏川院謹次板上韻]

조호래(趙鎬來; 미상) 《근암선생문집(近庵先生文集)》(권2)

사당은 우뚝 솟은 푸른 봉우리 옆에 있고,	廟貌巋然碧峀傍,
바다 동쪽의 천지는 포은(圃隱) 선생의 고향.	海東天地圃翁鄉.
개성(開城) 소식 물어보는 사람 없어도,	松京[85]消息無人問,
밤마다 정신은 비 온 뒤 시원한 바람과 밝은 달.	夜夜精神霽月光[86].

82 麗李(여리): 고려와 이씨 조선의 의미로, 이곳에서는 고려 말 조선 초를 말한다.

83 義陽(의양): 정몽주(鄭夢周)의 충절을 기리는 사당이 있는 곳이다. 의양(義養) 또는 예양(禮養)이라고도 한다.

84 善竹橋(선죽교): 경기도 개성에 있는 돌다리이다. 고려 말기의 충신 정몽주가 이성계를 문병하고 돌아오다가 이성계의 아들 이방원이 보낸 조영규 등에게 철퇴를 맞고 죽은 곳이다.

85 松京(송경): 고려의 수도였던 개성의 옛 이름이다.

86 霽月光(제월광): 제월광풍(霽月光風)의 줄임말로, 비 온 뒤에 부는 시원한 바람과 밝은 달을 말한다.

기문(記文) 1

오천서원 중수기 [烏川書院重修記]

남경희(南景羲; 1748~1812) 《치암선생문집(癡庵先生文集)》(권6)

포은 정몽주 선생의 유허는 영일현 청림리에 있다. 명 성화(成化) 연간(1465~1487), 고을을 다스리던 이광악(李光岳)이 꿈에서 계시를 받아 고을 사람들과 건물을 짓고 제사를 지냈다. 100여 년 후, 서쪽의 임정(臨汀)에 있는 옛터로 옮기고도 유가의 전통과 서원의 모습을 잃지 않았다. 논자들은 선생이 고을 사람이 된 것은 형양공(滎陽公)에서 시작되었고, 형양공의 명성과 절개는 선생의 도덕과 앞과 뒤에서 서로 비추니, 두 분 모두 백대의 스승이 될 만하다고 여겼다. 이에 마침내 두 선생을 편히 모시자, 조정은 편액을 내려주며 '오천서원'이라 했다. 후에 또 그 옆에 사당을 지어 설곡(雪谷) 정사도(鄭思道)와 송강(松江) 정철(鄭澈)을 모시어 정씨 가문에 어진 이가 많음을 보여주었다. 그러나 서원의 핵심은 포은 선생에게 있다.

나는 일찍이 우리나라에 선생이 있는 것은 중국에 주렴계(周濂溪; 1017~1073)[87]가 있는 것과 같다고 여겼다. 주렴계는 공자와 맹자가 세상을 떠난 지 1500년 후에 태어났고, 선생은 기자(箕子)가 세상을 떠난 지 2000여 년 후에 태어났다. 이미 끊어진 곳에서 남은 자취를 찾고, 여러 현인의 연원을 열었으니, 그 공은 서로가 못하지 않는 것이다. 다만 주렴계는 평생을 태평성세에서 살았고, 선생은 무너져가는 나라에 몸을 내던졌다. 그 자취가 다름에도 절개와 의리를 말하는 자

87 周濂溪(주렴계): 북송(北宋)의 이학자(理學者) 주돈이(周敦頤)를 말한다. 소년 시절에 아버지를 잃어 모친의 일가인 용도각(龍圖閣) 대학사(大學士) 정향(鄭向)의 집에서 양육되었다. 분녕현주부(分寧縣主簿)를 시작하여 여러 현(縣)의 지사를 역임했다. 57세에 세상을 떠났다. 그의 학문은 유교 교의를 다시 해석하여 성리학의 중심사상인 이학의 바탕을 마련했다는 평가를 받는다. 그가 남안(南安)에 있을 때 정향(程珦)이라는 사람이 같은 관리로서 부임했다. 정향은 주돈이의 인품과 학문에 경의를 품고 친하게 교제함과 동시에 자기의 두 아들을 주돈이에게 나아가 배우게 하였는데, 이들이 북송 이학을 철학의 학파로 발전시킨 정호(程顥; 1032~1085)와 정이(程頤; 1033~1107) 형제였다. 저서로는 《태극도설(太極圖說)》과 《통서(通書)》 등이 있다.

들은 늘 구실을 대고 (주렴계를 추앙하고 선생의) 절개와 의리를 공격한다. 그러나 절개와 의리만으로는 선생의 위대함을 다 나타내기에 부족하다. 충신과 열사들이 그토록 오랫동안 서로 (선생을) 바라보았던 것은, 주렴계와 선생만이 그 큰 가치를 기자와 공자 및 맹자에게서 구했기 때문이었다.

무릇 천하에 일의 발단을 여는 것보다 어려운 것은 없다. 그래서 아무리 천한 기술이나 기예라 할지라도 그 발단은 반드시 지혜가 있는 이가 열어주어야 하건만, 하물며 지극히 귀중한 것이 있는 곳에서는 더욱 그러할 것이다. 도움을 주는 스승을 기다리지 않고, 온 세상이 어둡고 막힌 가운데서 드러나서 만세의 시작이 된다고 하면, 그 식견이 어떠하겠는가. 현자는 물론이고 지금 글 쓰는 사람들은 모두 공자는 나의 스승이고 불교는 이단이라고 말한다. 부인과 아이들은 모두 왼쪽으로 옷깃을 여미는 것을 부끄러워하고, 어리석고 천한 사람들도 모두 3년 상을 지키면서도 그 유래를 알지 못한다.

옛날의 군자들은 근본을 잊지 않았다. 술을 마심에 제사를 지내고서야 마셨고, 밥을 먹음에 제사를 지내고 먹었다. 동방의 학자들은 실로 선생을 잊지 않거늘, 어찌 선생의 고향인 이곳의 후생들만 그러하겠는가. 일찍이 자나 깨나 몸을 맡기고 혼백이 임하여 보시니, 더욱 그 거처와 말을 떠올릴 수 있을 것이다. 그래서 고을 사람들이 이곳에서 수백 년 동안 제사를 지내며 나태하지 않고 더욱 경건했다. 강당이 오래되어 무너지려 하자 새롭게 할 생각을 하였다. 그래서 의론하며 재실은 갖춰지지 않았고 문에는 누대가 없어 서원의 위엄을 나타낼 길이 없다고 말했다. 마침내 한꺼번에 모든 공사를 진행했다. 임술년(1802) 10월에 공사를 시작하여 이듬해 2월에 강당과 문루를 모두 지었고, 6월에 재실을 지었다. 이로 서원의 전체적인 모습이 갖춰졌고 면모도 일신되었다. 실제로 김건일(金建一)이 시종 공사를 주관했고, 이두원(李斗源)과 권상덕(權尙德)이 오가며 협력하여 지었다. 그러나 위에 있는 분들의 힘을 빌리지 않았더라면 목표한 바를 이룰 수 없었을 것이다. 관찰사 남공철(南公轍)과 지현(知縣) 류득원(柳得源)이 힘을 많이 보태었는데, 이들은 유학자이자 조정의 모범이 되는 분들이다. 시간과 여러분들의 노고 및 두 어르신의 힘써주심은 마땅히 모두 기록하여야 할 것이기에 나에게 글을 써달라고 부탁하니, 나는 사양할 길이 없었다. 서원을 소중히 여겨야 할 것이 실로 첫 번째 중요한 일이므로, 나는 이를 위해 깊이 내 뜻을 다했다. 낙성한 다음 날 16일, 영양 사람 남경희가 쓰다.

(圃隱鄭先生遺墟在迎日縣青林里. 明成化中, 知縣李侯光岳因夢感得之, 與縣人築宮而俎豆之. 後百餘年, 西徙臨汀故址, 猶不失爲闕里考亭. 議者以爲先生之爲縣人, 自滎陽公始, 而滎陽公名節, 與先生道德, 輝映前後, 皆可以爲百世師. 遂妥二先生, 朝廷賜額曰烏川書院. 其後又建祠其傍, 享雪谷,松江, 於以見鄭氏之多賢. 而書院之重, 在圃隱先生也. 景羲妄嘗以爲東方之有先生, 猶中國之有濂溪. 濂溪生於孔孟沒千五百年之後, 先生生於箕子沒二千餘年之後. 尋遺緖於旣絶, 啓羣賢之淵源, 而其功不相下也. 但濂溪沒齒於盛世, 先生殺身於末運. 其跡不同, 而談節義者, 輒藉口擊節, 然節義不足以盡先生之大. 而忠臣烈士相望於千古, 若其所大者則自箕子孔孟而求之, 惟濂溪與先生也. 夫天下莫難於開物, 故雖百工技藝之賤, 其始也必待上智而開, 况至貴之所在. 不待師資, 洞然得見於擧世晦塞之中而爲萬世權輿者, 其識見何如焉. 賢者勿論, 今操觚者, 皆曰孔子吾師, 佛氏異端. 婦人童子, 皆知左衽之羞. 至愚下賤, 皆執三年之喪, 寧可不知其所自耶. 古之君子不忘本. 飮則祭始爲酒者, 食則祭始爲飯者. 東方學者, 固不敢忘先生也, 豈獨桑梓後生爲然. 然而寢興之所嘗寄, 魂魄之所臨睨, 而益可以想像其居處言語. 故縣人俎而豆之數百年于玆而不懈益虔. 及講堂歲久將壞, 則圖所以新之, 因而議曰: 齋室不備, 門而無樓, 無以示書院之重. 遂同時幷擧. 歲玄黓閹茂十月始事, 明年二月, 講堂及門樓成, 六月左右齋室成. 於是乎規模大備, 煥然改觀. 實金君建一終始視事, 李君斗源,權君尙德往來夾助而成也. 然而非在上者假借之, 無以成其功. 而觀察使南公公轍, 知縣柳侯得源之力爲多, 此斯文鉅典也. 其顚末年月及諸君之勞, 二公之政, 法宜書, 故屬筆於景羲, 景羲不敢辭, 而書院之所以重, 實第一義, 故爲之三致意也. 落成之明日旣望, 英陽南景羲記.)

기문(記文) 2

제월루기 [霽月樓[88]記]

남경희(南景羲; 1748~1812) 《치암선생문집(癡庵先生文集)》(권6)

오천서원의 문루가 완성되자, 일을 보는 분들이 (누대의 이름을) 나에게 물었다. 내가 이렇게 말했다:

누대는 해 뜨는 부상(扶桑)의 비가 갠 후의 달과 서로 마주한다. 목은(牧隱) 선생은 포은(圃隱) 선생을 비가 갠 후의 달과 같은 분이라고 하셨으니, (그 의미인) '제월'로 이름하는 것은 가능한 것이다. 무릇 달이라는 것은 그 바탕이 둥글고 그 빛은 희어서, 더러운 것이 감히 미치지 못하고, 비바람이 어지럽힐 수 없으면서 하늘에 걸려 세상을 비춘다. 이는 군자가 흥망과 화복의 사이에 있으면서, 그 안으로 들어가지 않고 스스로 이렇게 되는 상황에 처하지 않는 것과 같다. 이러한 점은 포은 선생만이 갖고 있다. 선생은 마음을 흥망과 화복 밖에 두어 밝고 깨끗했으며, 만물을 비춤에 물질의 속박을 받지 않았다. 그래서 사당으로 갈 때의 수레와 관은 초라한 집과 허름한 천과 같이 소박했고, 고래와 같은 거대한 파도와 악어와 같은 사나운 물결이 일어도 잠자리에 있는 것이 평안했으며, (사람을 베는) 칼과 톱이나 (사람을 삶는) 솥과 가마솥 같은 형구에도 평소처럼 음식을 먹는 듯 차분했다. 그 몸은 죽일 수 있어도 그 마음은 굽히지 않아, 지금까지도 천지 간에 전해진다. 이는 바로 달에게 초승달·보름달·그믐달·초하루가 있으나 그 본질은 차거나 이지러지지 않아 만고를 밝게 해주어 사람들이 모두 우러러보는 것과 같다.

아! 선생의 마음은 이러할 뿐이다. 선생을 위해서 백세의 추모의 정을 기탁하고, 많은 선비가 책을 읽고 학문에 힘쓰는 곳을 꾸밈에, 선생의 마음을 몰라서야 되겠는가. 맑은 밤 난간에 기대면, 누대는 달빛으로 가득하다. 이것으로 선생의 마음을 얻고 드넓은 세상에 대한 느낌이

---

88 霽月樓(제월루): 오천서원의 문루(門樓)이다.

일어나며, 어진 이를 보고 그처럼 되려는 마음이 생긴다면, 세상의 많은 걱정 근심이 눈 녹듯 안개가 사라지듯 없어질 것이다. 비 갠 후의 한 조각 달은 하늘을 환하게 비춰줄 수 있으니, 어찌 선생의 후학으로서 책임을 다하지 않을 수 있겠는가. 내가 누대 이름을 이렇게 명명한 의도는 바로 여기에 있다. 여러 선생께서 나에게 기문을 구했으나 사실은 이미 [오천서원중수기(烏川書院重修記)]에 모두 써놓았다. 그래서 (이곳에서는 누대가) 이름을 얻게 된 까닭만 적으니, 여러 선생께서 잘 살펴주길 바랄 뿐이다. 계해년(1803) 가을 16일, 영양 사람 남경희가 쓰다.

(烏川書院之門樓旣成, 視事諸賢, 問名於景羲. 景羲曰: 樓與扶桑霽月相對, 霽月牧隱所以許圃隱先生者則名之以霽月可也. 夫月之爲物, 團團乎其質, 皎皎乎其光, 滓穢之所不敢及, 風雨之所不能亂, 而掛長空照下土. 如君子處夷險禍福之間, 無入而不自得, 而圃隱先生有之. 蓋先生之心立乎夷險禍福之外, 光明灑落, 照物而不爲物所拘. 故廟堂軒冕, 如草茅韋布; 鯨濤鰐浪, 如門戶枕席; 刀鋸鼎鑊, 如飮食裘葛. 其身可殺而其心不損, 至今如在於天地之間. 正如月之有弦望晦朔而本質無盈虧, 昭示萬古, 人皆仰之. 嗚呼, 先生之心, 如斯而已矣. 爲先生寓百世羹墻之慕, 餙多士藏修之所, 而不知先生之心可乎. 淸夜凴軒, 月色滿樓. 以之得先生之心而興曠世之感, 發思齊之念, 則世間許多物累, 如雲消霧散. 而一片霽月, 可以昭朗於本天,. 斯其無負爲先生後學, 而景羲所以名樓之意如此. 諸賢又徵記於景羲, 其實已並著於書院記. 故只記所以得名之義, 以資諸賢之顧思云爾. 昭陽大淵獻孟秋旣望, 英陽南景羲記.)

十

구룡포읍(九龍浦邑)

구룡포(九龍浦) 관련 시

포항시의 동남쪽에 위치한 읍이다. 동쪽으로 동해, 북쪽으로 호미곶면, 서쪽으로 동해면, 서남쪽으로 장기면과 접해 있다.

조선 후기에는 장기현(長鬐縣)의 북면에 속했으며, 1896년의 행정구역 개편 때 내북면과 외북면으로 나누어졌다. 1914년 사라리·신동리·창주리를 합해 지형이 구룡처럼 생겼다고 하여 구룡리라고 불렀다. 1923년에 방파제를 쌓고 부두를 만들어 본격적인 어항으로 발전했고, 1942년에 창주면의 이름을 구룡포읍으로 바꾸었다. 1995년 포항시에 편입되었다. 현재 구룡포리·삼정리·석병리 등 10개 법정리로 이루어져 있다.

《일월향지(日月鄕誌)》는 "구룡포리팔경(九龍浦里八景)"으로 용두산의 돌아오는 구름(龍頭歸雲), 옥산의 반조(玉山返照), 주잠리의 밝은 달(珠岑明月), 항구의 긴 제방(港口長堤), 동해의 아침 해(維溟朝日), 창주리의 저녁연기(滄洲暮烟), 우진의 그림 같은 배(盂津畫船), 석문리의 맑은 바람(石門淸風)을 들고 있다.

1 창주를 지나다 회암 선생을 그리며 [過滄洲[1]懷晦庵夫子]

오형필(吳衡弼; 1826~1904)[2] 《눌암집(訥庵集)》(권1)

주자 학파의 한 줄기가 이 마을에 있어, 一脈紫陽[3]落此洲,
오늘 산 좋아하는 사람이 어짐을 구하네. 樂山[4]今日以仁求.
창해와 맞닿은 남쪽에선 바람이 얼굴에 오고, 南連滄海風來面,
부상 가까운 동쪽에선 달이 머리를 내미네. 東近扶桑月出頭.
맑음과 여유를 아시어 집을 지으시고, 識得淸閒將築室,
하늘의 깨끗함을 차지하려 누대를 이루시네. 爲占乾淨欲成樓.
주희(朱熹) 선생 후의 천 년 동안, 考亭夫子[5]後千載,
땅도 서로 도모하는데 사람은 도모하지 않네. 地亦相侔人不侔.

2 창주에서 노닐며 [遊滄洲]

황보집(皇甫鏶; 1853~1930) 《노치당집(老癡堂集)》

이로운 숲에 지팡이 멈춰 저녁 경관을 거두고, 藥藪停笻晩景收,
아는 사람은 창해에 고기 잡는 배를 띄웠네. 故人滄海泛漁舟.
언덕의 덩굴진 숲에는 열매가 대부분 맺히고, 藤林徧岸多成子,
온 들의 벼와 기장은 가을에 크게 수확하네. 禾黍全坪大得秋.
관리와 약속 있어 가니 산에 햇빛이 되 비추고, 有約官行山返照,
무한한 시상에 술을 흐르는 물처럼 마시네. 無量詩思酒如流.

---

1 滄洲(창주): 구룡포의 옛 이름이다. 1942년 창주면(滄洲面)이 구룡포읍으로 승격되었다.

2 吳衡弼(오형필): 조선 후기의 유학자이다. 자는 경은(景殷)이고, 호는 눌암(訥庵)이다. 어려서 재주가 남달랐다. 한입헌(韓入軒)과 조병덕(趙秉悳) 문하에서 학문을 배웠고, 후에 많은 제자를 길러냈다. 문집으로는 《눌암집(訥庵集)》이 있다.

3 紫陽(자양): 송나라의 거유(巨儒) 주희(朱熹)를 말한다. '자양'은 주희의 호이다.

4 樂山(요산): 《논어(論語)·옹야(雍也)》에 "어진 이는 산을 좋아하고, 지혜로운 자는 물을 좋아한다(仁者樂山, 知者樂水)."라고 한 말에서 유래했다.

5 考亭夫子(고정부자): 송나라의 거유(巨儒) 주희(朱熹)를 말한다. 복건성(福建省) 건양현(建陽縣)에 있는 지명으로, 주희가 만년에 기거한 곳이다. 고정서원(考亭書院)이 사액을 받으면서 그를 일컫는 말이 되었다.

그대가 다시 진짜 노님을 지은 시를 준다 하니, 聞君更贈眞遊采,
모래사장의 새와 강의 구름도 이곳에 머무네. 沙鳥江雲此地留.

3 송고와 함께 구룡포에 머물며 [同松皐宿九龍浦]

이규준(李圭晙; 1855~1923) 《석곡산고(石谷散稿)》

바다의 만이 언덕 되니 강처럼 작고, 海灣爲岸小如江,
자라 등의 청산은 마주하여 짝을 이루네. 鰲背青山對出雙.
바위 걸쳐 만든 술 가게는 게시장으로 이어지고, 醝戶[6]架岩連蟹市,
고깃배 불빛 너머 나무에는 서창이 있네. 漁燈隔樹有書窓.
시인은 흥이 와서 백로만 찾고, 詩人來興偏尋鷺,
나그네의 익숙한 얼굴에 삽살개는 짖지 않네. 蠻客慣顔不吠狵[7],
배 타고 온 이민족들 땅을 돌아가며 유린하고, 舟船夷夏交蹂地,
고의로 소리 높여 노래하고 질항아리 깨뜨리네. 故放高歌打瓦缸.

6 醝戶(차호): 술을 파는 곳을 말한다. '차'는 '술'의 의미이다.
7 狵(방): 삽살개를 말한다.

4 구룡포 구룡두에 올라 바다를 바라보며 [登九龍浦九龍頭望海]

하동만(夏東萬; 1892~1968) 《서파문집(西波文集)》(권1)

구룡 선경은 무릉도원보다 낫고,	九龍仙境勝桃源,
돛단배는 하늘로 나아가니 물보라가 날리네.	風帆從天雪浪翻.
뭇 봉우리와 골짜기가 모두 물러가고,	邱壑峯巒都退却,
뭇 큰 강들이 모두 거두어지네.	江淮河漢[8]盡收呑.
구름은 약을 캐는 삼신산을 북돋우고,	雲封採藥三神島[9],
해는 두 나무의 뿌리에서 나오네.	日出扶桑兩樹根.
천 척의 깎아지는 바위는 큰 도를 받아들이니,	千尺割岩容大道,
지금 사람들은 벼락이 내리친 흔적이라 하네.	至今人說霹霳痕.

8 江淮河漢(강회하한): 중국의 대표적인 큰 강인 장강(長江)·회화(淮河)·황하(黃河)·한수(漢水)를 말한다.

9 三神島(삼신도): 삼신산(三神山)을 말하는 것으로, 동해에 신선이 살고 있다는 봉래산(蓬萊山)·방장산(方丈山)·영주산(瀛洲山) 세 산을 말한다.

삼정리(三政里) 관련 시

삼정리는 남쪽으로 구룡포와 북쪽으로 석병리에 접해 있는 바닷가의 경치가 아름다운 마을로서 1리에 해당하는 범진과 2, 3리에 해당하는 삼정 등 2개의 자연부락으로 이뤄져 있다.

삼정이라는 명칭은 신라 시대 세 명의 정승(政丞)이 살았던 곳이어서 붙여진 이름이다. 또 다른 일설에는 마을의 지세가 좋아 세 명의 정승이 날 것 같다고 하여 붙여진 이름이라고도 한다.

조선 세종 때는 목관(牧官)이 설치되었으나 지금은 모두 사라지고 관청과 성첩의 일부가 남아있다. 마을 앞바다에는 소나무가 울창하고 경치가 아름다워 바람 맑고 달 밝은 밤이면 신선이 놀았다고 하는 관풍대(觀風臺)라는 바위섬이 있는데, 육교가 가설되어 통행이 자유로우며, 횟집이 성업 중이다. 《영일읍지》는 이곳을 "물고기와 미역이 많이 생산되어 백성들이 살아가니 삼재(三災) 들지 않는 곳이라 이를 만하다."라고 했다.

1 삼정의 어부 집 [三丁[10]漁舍]

홍세태(洪世泰; 1653~1725) 《류하집(柳下集)》(권7)

어부 집의 가시나무 울타리 짧아, 漁家棘籬短,
바닷물이 문까지 들어오네. 海水入其門.
낚싯배는 바람에 수시로 흔들리고, 釣艇風常動,
밥 짓는 연기로 더욱 컴컴하네. 炊烟雨更昏.
나무는 모래에 기대 외로이 서 있고, 依沙獨樹立,
파도를 거스르는 큰 물고기 뛰네. 觸浪大魚翻.
나그네 어둑한 창에 누우니 날 캄캄한데, 客臥幽窗黑,
부상에서는 밤을 뚫고 아침 해 나오네. 扶桑生夜暾.

2 삼정에서 협서로 가다가 지으며 [自三丁洞向峽西作]

홍세태(洪世泰; 1653~1725) 《류하집(柳下集)》(권8)

오늘 아침 말 머리를 동쪽으로 돌리려니, 馬首今朝轉欲東,
이 몸은 바다 따라가는 물가의 기러기 같네. 此身遵海似賓鴻.
광활한 천지는 물이 아님이 없고, 天包地載無非水,
풀 짧고 모래 평평해 바람이 다하지 않네. 草短沙平不盡風.
포구 가까운 민가는 모두 하얀 뗏목이고, 近浦人家皆白舫,
산 따라 이어진 길은 반이 단풍 졌네. 緣山客路半丹楓.
곳곳의 궁한 백성들 세금징수에 탄식하니, 窮民到處嗟徵稅,
올가을 들녘은 비어있겠음을 더욱 잘 알겠네. 田野今秋更覺空.

10 三丁(삼정): 지금의 포항시 남구 구룡포읍 삼정리(三政里)를 말한다. 이곳은 조선시대 울산목장 소속이었던 장기목장의 관아가 있었던 마을이었다. '정(丁)'은 지금의 명칭에서는 정(政)으로 쓰이고 있는데, 발음이 같아서 통용된 것으로 보인다.

3 삼정동에서 비에 막혀 [阻雨三政洞]

이규준(李圭晙; 1855~1923) 《석곡산고(石谷散稿)》

끝없는 장맛비에 저녁 가고 아침 오니,	苦雨[11]支離暮復朝,
정인과 사공의 배는 서로 부르지 않네.	征人舟子不相招.
길 위 꿈에 조수가 절벽에서 생김에 자주 놀라고,	頻驚旅夢潮生壁,
말없이 돌아갈 길을 세나 다리에는 물이 차네.	默數歸程水滿橋.
담 모퉁이에서 술을 보내니 마을 인심 넉넉하고,	墻角送醪村俗厚,
헝겊으로 자리 깔고 보리밥 지으니 옛정 넘치네.	蔀巾炊麥舊情饒.
구름과 안개가 아득히 피어오르는 곳,	蓬雲香霧杳茫地,
하늘 밖 먼 여산(廬山)이 지척에 있다네.	咫尺匡廬[12]天外遙.

4 다시 삼정재로 돌아와서 [還到三政齋]

이규준(李圭晙; 1855~1923) 《석곡산고(石谷散稿)》

전날 밤 약속 있어 다시 찾았는데,	前宵有約復相尋,
벌목 소리 속에 정오의 해는 잠기네.	伐木聲中日午陰.
좁은 모랫길엔 방초들이 무성하고,	芳草萋萋沙路細,
깊은 석문엔 떨어진 꽃 쓸쓸하네.	落花寂寂石門深.
눈앞에 앉아서 아주 긴 시간을 보고,	眼前坐閱三桑劫,
술잔 위에서 지금 태초의 마음을 보네.	盃上方觀太素[13]心.
우리들은 세상 밖에서 노닐 것이라네,	便覺吾儕遊物外,
이 모임에서 물질을 바라지 않는다면.	除非[14]此會盡須金.

---

11 苦雨(고우): 날이 흐리고 침침하게 오랫동안 내리는 비를 말한다.

12 匡廬(광려): 중국 강서성(江西省)에 있는 여산(廬山)을 말한다. 은(殷)나라와 주(周)나라 교체기에 광속(匡俗)의 형제 7인이 이곳에 초막을 짓고 선도(仙道)를 닦았던 고사가 전한다.

13 太素(태소): 천지개벽(天地開闢) 전의 혼돈(混沌)의 시대를 말한다.

14 除非(제비): '오로지~하지 않아야' 내지 '~해야 만이……한다'는 의미이다.

석병리(石屛里) 관련 시

마을을 끼고 있는 긴 해안선이 깎아 세운 듯한 암벽으로 되어있는 곳이 많아 마치 병풍을 세워놓은 모양을 하고 있다 하여 석병이라 부르게 되었다. 마을 남쪽에는 길게 바다 쪽으로 뻗은 송림을 배경으로 하여 폐교된 석병초등학교 터가 있다. 마을 남동쪽 바닷가에는 병풍 모양을 하고, 끝이 뾰족한 아흔아홉 골짜기를 이루고 있다 하여 '아흔아홉골짜기'라고도 불리는 병풍바위가 있다. 진등 동쪽에는 흔히 '봉우재'라고 부르는 대곶봉수대(大串烽燧臺) 터가 있다. 이 봉수는 남쪽으로 뇌성산봉수, 북쪽으로 사지봉수에 응하였다고 한다.

---

1 석병리에 있는 객관에 머물며 [止石屛館]

이규준(李圭晙; 1855~1923) 《석곡산고(石谷散稿)》

덕을 좋아하며 시류 따르지 않음이 귀하고,	同樂和光[15]貴不流,
십리 길 천천히 도니 길은 아득하네.	遲回十里路悠悠.
길이 험해 석병관에 묵고,	間關[16]借宿石屛館,
지척의 명월루도 오르기 어렵네.	咫尺難攀明月樓.
억지로 마음 풀려고 깨면 다시 취하고,	强欲自寬醒復醉,
인연 아닌 어느 비구니 돌아와서 남네.	非緣或尼去還留.
비속에 소매 맞대니 무슨 일인지 알겠고,	雨中聯袂知何事,
물새와 산짐승은 각자 구하는 것이 있네.	水鳥山禽各有求.

15 和光(화광): 자신의 덕이나 지혜의 빛을 완화하여 감추고 드러내지 않음을 말한다.
16 間關(간관): 길이 울퉁불퉁하여 걷기 곤란한 상태를 말한다.

2　석병재 예원의 잔치 [石屛齋藝苑宴]

이규준(李圭晙; 1855~1923)《석곡산고(石谷散稿)》

우연히 문필가들의 사회에 오니 만감이 새로운데,	偶到騷壇[17]萬感新,
일찍이 이 모임에서 삼 년을 있었다네.	曾年玆會在三春.
꽃 피는 좋은 시절에는 나그네를 청할 수 있고,	花明柳暗能邀客,
춤추는 봉황과 뛰는 교룡은 사람이 될 수 있네.	鳳舞蛟騰可作人.
이 무성한 잡목 속에서 올바른 길을 잃고,	當此荊榛[18]迷正路,
봉래 바다의 좋은 이웃을 접한 그대가 가련하네.	憐君蓬海[19]接芳隣.
젊은이는 끊임없이 부지런히 힘쓰고,	勉旃[20]小子勤無住,
목표를 찾음에는 나름 진정이 있어야 한다네.	尋向上頭自有眞.

17　騷壇(소단): 문장가들의 사회를 말한다.
18　荊榛(형진): 가시나무와 개암나무라는 뜻으로, 무성한 잡목림을 말한다.
19　蓬海(봉해): 신화 전설 속의 섬인 봉래도(蓬萊島)가 있는 바다를 말한다.
20　勉旃(면전): 힘쓰는 것을 말한다. 이곳의 '전'은 지시대명사 '이' 내지 '이것을'의 의미이다.

광남서원(廣南書院) 관련 시

광남서원(廣南書院)은 정조 15년(1791) 지방 유림의 공의로 충정공(忠定公) 지봉(芝峯) 황보인(皇甫仁; 1387~1453)의 학문과 덕행을 추모하기 위해 창건되었다.

황보인은 태종(太宗) 때 과거에 급제했고, 세종 대와 문종 대에 사간원·집현전학사·병조판사·영의정 등을 지냈다. 세종 때는 김종서(金宗瑞)와 변방의 육진(六鎭)을 개척하고 여진족을 위무하여 변경의 안정에 큰 공을 세웠다. 문종(文宗)이 단명하자, 문종의 동생 수양대군에 맞서 단종(端宗)을 옹위했다. 그러나 1453년 계유정난 때 결국 오랜 벗이자 동지였던 김종서와 함께 역모죄로 처형되었다. 이때 황보인의 세 아들도 화를 당했다. 그러나 당시 황보씨 가문의 여종이었던 단량이 기지를 발휘하여 황보인의 손자 황보단만은 목숨을 구할 수 있었다. 훗날 단종 복위와 함께 신원이 회복되어 충정이라는 시호가 내려졌다.

순조 31년(1831)에 '광남(廣南)'이라 사액되어 사액서원으로 승격되었다. 고종 5년(1868)에 흥선대원군의 서원철폐령으로 철폐되었다가 1900년에 다시 복원되어 오늘에 이르고 있다.

현존하는 원내의 건물로는 외삼문인 3칸 복양문과, 8칸의 숭의당(崇義堂), 내삼문, 3칸의 충정묘, 각 3칸의 동재(東齋)와 서재(西齋) 및 3칸의 전시실이 있다. 사당 우측에는 추원단과 멸문지화를 막아준 충비 단량비가 있다. 유물로는 황보인의 책판과 문집 외에 서적 30여 권을 소장하고 있다.

1 광남재 [廣南齋]

황보집(皇甫鏶; 1853~1930) 《노치당집(老癡堂集)》

산 남쪽에 다시 재궁 하나를 지으니, 山陽再築一齋宮[21],
충정공의 선영이 그 가운데 오르고 내리네. 忠定[22]先瑩[23]陟降中.
영묘의 성신은 북극성으로 두 손을 맞잡고, 英廟星辰天北拱,
장릉의 무지개 비는 길 동쪽에서 다하네. 莊陵[24]虹雨路東窮.
천년의 곧은 절개에 제단의 소나무 푸르고, 千霜[25]勁節壇松碧,
만고의 우러러나는 마음에 바다 해는 붉네. 萬古生心海日紅.
예로부터 유림들이 숭모한 곳, 前後儒林崇慕地,
잘랑거리는 옷깃의 패옥은 영민한 신을 느끼네. 장장衿佩感神聽.

2 광남재 시에 삼가 차운하며 [敬次廣南齋韻][26]

단종 때의 충신 정공 황보인의 재사(端宗朝忠臣定公皇甫仁之齋舍)

이규준(李圭晙; 1855~1923) 《석곡산고(石谷散稿)》

뇌성산 아래에 모신 문묘가 있어, 雷城山下有齋宮,
충정공의 위의를 여기서 생각해보네. 忠定威儀想此中.

21 齋宮(재궁): 고대에 각 마을에 있는 문묘를 이르는 말이다.

22 忠定(충정): 조선 전기의 문신인 충정공(忠定公) 황보인(皇甫仁; 1387~1453)을 말한다. 본관은 영천(永川)이다. 자는 사겸(四兼) 또는 춘경(春卿)이고, 호는 지봉(芝峯)이다. 태종(太宗) 때 과거급제에 급제했고, 세종과 문종 때 사간원·집현전학사·병조판사·영의정 등을 역임했다. 세종 때 김종서(金宗瑞)와 변방의 육진(六鎭)을 개척하고 여진족을 위무하여 변경을 안정시키는데 큰 공을 세웠다. 문종(文宗)이 단명하자, 문종의 동생 수양대군에 맞서 단종(端宗)을 옹위했다. 1453년 계유정난 때 김종서와 함께 역모죄로 처형되었다. 훗날 단종 복위와 함께 신원이 회복되어 '충정'이라는 시호가 내려졌다.

23 先塋(선영): 조상의 무덤을 말한다.

24 莊陵(장릉): 강원도 영월군에 있는 조선 제6대 임금인 단종의 능이다. 강원도 영월군 영월읍 영흥4리에 있다. 단종이 세조의 왕위찬탈로 1457년 노산군(魯山君)으로 강등되어 영월에 유배되었다가 상왕복위계획이 탄로되어 처형되자, 영월호장 엄흥도가 비밀리에 장례를 치렀다. 선조 때 김성일(金誠一)·정철 등의 장계로 묘역을 수축하고 표석을 세웠다.

25 千霜(천상): 천년을 말한다. 이곳의 '상'은 '년(年)'의 의미이다.

26 이 시는 박일천(朴一天)의 《일월향지(日月鄉誌)》에는 《제광남서원(題廣南書院)》으로 되어있다.

일찍이 도리를 알아 마음 바꾸지 않았으니, 早辨熊魚[27]心不貳,
끝까지 제기를 닦아 예는 다함이 없네. 終修俎豆禮無窮.
문묘의 인륜에 고마워하고 동해는 푸르며, 文廟恩倫東海碧,
장릉의 유적에는 붉은 꽃이 떨어졌네. 莊陵遺跡落花紅.
흥망성쇠는 모두 하늘에 달려있으니, 榮枯幽顯皆天數,
혁혁하신 명왕께서 사방의 소리를 들으시네. 赫赫明王達四聽.

3 광남서원을 노래하며 [題廣南書院][28]

권병락(權丙洛; 1873~1956)[29]

재궁에서 엄숙하게 선생께 나아가고, 肅肅先生報祀宮,
뇌성산은 울창하고 가파르네. 雷城山色鬱嵯中.
처음부터 해의 근원은 하나였고, 當頭白日元無二,
창해의 끝없이 드넓음을 보네. 極目滄溟浩不窮.
한수의 용은 돌아오고 봄풀은 푸르른데, 漢水龍歸[30]春草綠,
노릉엔 두견새 울고 붉은 꽃 떨어지네. 魯陵[31]鵑哭落花紅.
아래에서 다시 유풍이 일어남을 보고, 下兹復見儒風起,
학업을 연마함에 수시로 인재들이 모이네. 肄業時時會俊聰.

---

27 熊魚(웅어): 원의는 곰 발바닥과 물고기로, 사람으로서 어떤 가치를 우선시해야 하는지를 아는 것을 말한다. 이 말은 《맹자(孟子)·고자(告子)》에서 "물고기도 내가 좋아한 것이요, 곰발바닥도 내가 좋아한 것이다. 두 가지를 모두 얻을 수 없다면 물고기를 버리고 곰발바닥을 취할 것이다. 삶도 내가 좋아한 것이요, 의도 내가 좋아하는 것이다. 두 가지를 모두 얻을 수 없다면, 삶을 버리고 의를 취할 것이다(魚, 我所欲也, 熊掌亦我所欲也. 二者不可得兼, 舍魚而取熊掌者也. 生亦我所欲也, 義亦我所欲也. 二者不可得兼, 舍生而取義者也)."라고 한 것에서 유래했다.

28 이 시는 권병락(權丙洛)의 문집 《하산집(何山集)》에는 보이지 않아 출전이 분명하지 않다. 본편에서는 《일월향지》 〈광남서원(廣南書院)〉조에 수록된 시를 발췌했다.

29 權丙洛(권병락): 일제강점기 때의 유학자이다. 본관은 안동이다. 자는 항길(恒吉)이고, 호는 하산(何山)이다. 죽장면 입암리에서 출생했다. 조부 포암(逋庵) 권주욱(權周郁)에게서 한학을 배웠고, 한양에서 문명을 떨쳤다. 동몽교관(童蒙教官)·승훈랑(承訓郎)·유릉참봉(裕陵參奉) 등을 지냈다. 1929년에는 《영일읍지》의 발간에도 참여했다. 문집으로는 《하산집(何山集)》이 있다.

30 漢水龍歸(한수룡귀): 이곳의 '한수'는 한강을 말하고, '용'은 군주를 말하는 것으로 보인다. 황보인이 옹호했던 단종이 후에 복위된 것을 두고 비유적으로 한 말로 보인다.

31 魯陵(노릉): 단종(端宗)의 능을 말한다. 노산군(魯山君)으로 강등되어 능 이름을 이렇게 부른 것이다.

4 광남서원을 노래하며 [題廣南書院][32]

황보준(皇甫濬; 미상)

만길 뇌산 아래 몇 길의 궁전,	萬丈雷山數仞宮,
송죽의 푸르름이 둘러 지키네.	綠森林竹護其中.
하늘 북쪽 북극성이 비춰주고,	還天北拱星臨照,
아침 바다 흐르는 물 끝이 있으랴.	朝海東流水不窮.
제갈량의 사당은 옛날 같이 솟고,	蜀相[33]祠堂依舊屹,
노릉의 해와 달은 지금도 밝네.	魯陵日月至今紅.
유림은 후대에도 더욱 그리워,	儒林異代羹墻慕,
삼조의 깊은 은혜 성총에 고한다.	恩霑三朝誥聖聰.

32 이 시는 출전이 분명하지 않는데, 본편에서는 《일월향지》 〈광남서원(廣南書院)〉조에 수록된 시를 발췌했다.

33 蜀相(촉상): 중국 삼국(三國) 시기 촉(蜀)나라의 재상이란 의미로, 제갈량(諸葛亮; 181~234)을 말한다. 자는 공명(孔明)이다. 유비(劉備)의 책사로 끝까지 유비를 보좌하여 삼국 통일의 대업을 이루려고 했다.

5 광남서원을 노래하며 [題廣南書院][34]

김용제(金鎔濟; 미상)[35]

만년에 좋은 정치 하려 이 서원을 세우시니, 暮寓羹墻[36]設此宮,
지봉의 위의 있는 모습 그 속에 완연하네. 芝峯[37]儀像宛然中.
바람 맑고 벼락 치는 높은 봉우리 건너기 어렵고, 風淸雷峀高難涉,
피가 쏟아지는 창해는 가없이 넓네. 血瀉滄溟浩不窮.
한수에는 해마다 봄풀이 푸르고, 漢水年年春草綠,
노릉은 그리워하여 진달래꽃 붉어졌네. 魯陵衣衣杜鵑紅.
죽어서도 충신의 혼은 죽지 않았으니, 死帷[38]無死忠臣魂,
당시 성총이 미쳤음이 더욱 느껴지네. 尤感當年達聖聰.

34 이 시는 출전이 분명하지 않는데, 본편에서는 《일월향지》 〈광남서원(廣南書院)〉조에 수록된 시를 발췌했다.

35 金鎔濟(김용제): 일제강점기 때의 학자이다. 《포항시사》에 보이는 김용제(金鎔齊)가 아닌가 싶다. 본관은 월성(月城)이고, 청하현 고현리에서 출생했다. 애향심이 뛰어나 영일군의 역사를 책으로 발간할 것을 기획했고, 1929년 《영일읍지》 3권을 출간했다. 관직은 통정대부(通政大夫)와 참서관(參書官)을 지냈다.

36 羹墻(갱장): 선인의 거룩한 업적을 사모하여 훌륭한 정치에 매진하는 것을 말한다. 《후한서(後漢書)·이고전(李固傳)》에는 "옛날 요(堯) 임금이 죽은 뒤에 순(舜)이 3년 동안이나 앙모한 나머지 앉아있을 때는 담벼락에 요 임금이 보이고, 식사할 때에는 국그릇 속에 보였다(坐卽見堯於墻, 食卽覩堯於羹)"라고 했다.

37 芝峯(지봉): 황보인(皇甫仁; 1387~1453)의 호이다.

38 帷(유): 이곳의 '유(帷)'자는 의미가 잘 통하지 않는데, 입력할 때 착오가 있었던 것으로 보인다. 문맥상 같은 발음인 '유(猶)'자가 들어가야 할 것으로 보인다. 본문은 이에 근거해 해석하였다.

十一
장기면(長鬐面)

장기(長鬐) 관련 시

포항시 남구 최남단에 위치한 면이다. 동쪽으로는 동해, 북쪽으로는 포항시 동해면과 구룡포읍, 서쪽으로는 오천읍, 남쪽으로는 경주시 감포읍과 양북면에 접해 있다. 장기천과 계천(桂川)이 동쪽으로 흐르면서 곡저평야를 형성한다.

장기라는 명칭은 《삼국사기지리지》에 처음으로 보이는데, "기립현(鬐立縣)은 본래 지답현인데, 경덕왕 때 기립현으로 고쳤다. 지금의 장기현이다."라고 기록되어 있다. 이후 고려 초에 장기현으로 명칭이 바뀌었다.

조선 후기에 지방 제도 개정으로 군(郡)이 되어 1895년에 동래부(東萊府) 관할에 들었다가, 1896년 도제 실시로 경상북도에 편입되었다. 1914년 행정구역 개편 때는 장기군이 폐지되고 현내면이 장기면으로, 서면이 봉산면으로, 내북면과 외북면이 창주면으로 통합되어 영일군에 편입되었다. 1934년 봉산면을 합해 장기현의 옛 이름 중 하나인 지답(只沓)의 이름을 따서 지답면으로 불렀다. 이 과정에서 '답(沓)'을 '행(杏)'으로 잘못 써서 지행면이 되었다. 1991년 옛 장기현의 중심지가 있었던 역사성을 반영하여 지행면을 장기면으로 바꾸었다. 현재 읍내리·마현리·금곡리 등 22개의 법정리를 관할하고 있다.

대표적인 문화재로는 장기읍성(長鬐邑城)·죽림서원(竹林書院))·석남사지(石南寺址)·동산재(東山齋)·고석사(古石寺) 석불좌상·남파대사석비(南破大師石碑) 등이 있다. 우암(尤庵) 송시열(宋時烈; 1607~1689)과 다산(茶山) 정약용(丁若鏞; 1762~1836)의 유배지로 유명하다.

장기는 풍광도 빼어나서 우리 지역에서 시가 많이 지어진 곳이다. 송시열과 정약용 같은 이름난 문인들도 시를 많이 남겨 우리 지역의 시문학에서 아주 중요한 곳이라고 할 수 있다. 장기 관련 시는 유배지라는 독특한 입지와 관련하여 문인들의 깊은 쓰라림과 안타까움에 장기의 풍광과 풍속이 결합하면서 [기성잡시(鬐城雜詩)] 27수와 [장기농가(長鬐農歌)] 10장 같은 걸출한 작품을 탄생시켰다. 이러한 시 창작은 장기를 시문학의 보고로 만들고, 더 나아가 우리 지역의 문화를 풍요롭게 해주었다. 문화의 불모지로 손꼽혔던 우리 지역으로서는 큰 행운이었다고 말할 수 있겠다.

---

1 손자들에게 보여주며 [示孫兒輩]

1675년 10월(乙卯十月)[1]

송시열(宋時烈; 1607~1689)[2] 《송자대전(宋子大全)》(권3)

성덕으로 신하의 죄를 용서하시어,	聖德寬臣罪,
타는 여름에 북쪽에서 귀양 왔다.	朱炎自北移.
삼시에 짧은 머리 빗질하며,	三時梳短髮,
다섯 달을 장기에 있음에.	五月在長鬐.
초가집에서 책을 펼쳐 읽으면서,	書展茅簷讀,
속으로 나라의 위태로움을 걱정했다.	心傷杞國[3]危.
너희들은 탓하고 원망하지 말라,	汝曹休咎怨,
살고 죽는 것은 사람이 할 바가 아니니.	生死匪人爲.

1 乙卯十月(을묘십월): 숙종 1년(1675)으로, 송시열의 나이 69세가 되던 해이다.

2 宋時烈(송시열): 조선 숙종 때의 문신이다. 자는 영보(英甫)이고 호는 우암(尤庵)이다. 17세기 중기 붕당 정치가 절정에 이르렀을 때 서인 노론의 영수로 활동했다. 1674년 효종비의 상으로 인한 제2차 예송에서 예론을 추종한 서인들이 패배하자, 예를 그르친 죄로 파직되었다. 숙종 1년(1675) 정월 덕원(德源)으로 유배되었다가 뒤에 장기(長鬐)와 거제 등지로 이배되었다. 후에 1689년 왕세자가 책봉되었을 때 이를 반대하는 상소를 했다가 후에 사사되었다. 저서로는 《우암집(尤庵集)》·《송자대전(宋子大全)》 등이 있다.

3 杞國(기국): 춘추(春秋) 시대 기(杞)나라의 어떤 사람이 쓸데없이 하늘이 무너지고 땅이 꺼질 것을 걱정한 일을 말한다.

2 손자들에게 보여주며 [示孫兒輩]

1675년 10월(乙卯十月)

송시열(宋時烈; 1607~1689) 《송자대전(宋子大全)》(권4)

타향은 고향과 다르다고 여길 필요 없고,	不必他鄕異故鄕,
겨울이 짧고 여름이 길게 이어지는 것 같네.	一同冬短夏舒長.
노복들은 내버려 두어도 벗처럼 예의 다하고,	任他[4]僮僕禮如友,
조부와 손자 싫어하지 않고 평상에서 글을 쓰네.	不厭祖孫書對床.
내 말과 행동 부끄러워 타고난 성품을 따르고,	愧我言爲循性氣,
사람의 좋음과 나쁨을 보니 종기가 생기네.	看人好惡生毛瘡[5].
문과 정원 나가지 않아도 천지에서 노니니,	戶庭不出遊天地,
작은 집과 낮은 처마가 악양루보다 낫네.	矮屋低簷勝岳陽[6].

3 가뭄으로 크게 걱정하고 있을 무렵, 봉산에 위리안치되었음을 듣고 [悶旱方極, 聞蓬山圍籬[7]]

유창(兪瑒; 1614~1690)[8] 《추담집(楸潭集)》[형권(亨卷)]

팔도가 모두 타들어 가니 만물이 근심하고,	八路[9]同焦萬物愁,
봉산엔 가시 울타리 쳐지고 바닷가는 고요하네.	蓬山栫棘[10]海濱幽.

4 任他(임타): 남의 행동을 간섭하지 않고 내버려 두는 것을 말한다.

5 毛瘡(모창): 남성의 수염이 난 부위의 모공(毛孔)이 계속해서 곪아 부스럼이나 붉은 응어리가 생기는 것을 말한다.

6 岳陽(악양): 중국 호남성(湖南省) 북동부의 동정호(洞庭湖)가 양자강으로 들어가는 수로의 기점에 있으며, 예로부터 풍광이 아름답기로 유명했다. 이곳의 악양루(岳陽樓)는 많은 시인묵객이 거쳐 가면서 주옥같은 명작을 남긴 곳이다.

7 圍籬(위리): 조선시대 유배된 죄인이 거처하는 집의 둘레에 가시로 울타리를 치는 일을 말한다.

8 兪瑒(유창): 조선 후기의 문신이다. 본관은 창원(昌原)이다. 자는 백규(伯圭)이고, 호는 추담(楸潭)·운계(雲溪)이다. 부친은 유여해(兪汝諧)이다. 인조 13년(1635) 생원이 되고, 효종 1년(1650) 증광 문과에 을과로 급제했다. 동부승지·충청도관찰사·병조참판 등을 지냈다. 문집으로는 《추담집(楸潭集)》이 있다.

9 八路(팔로): 조선시대 전국을 여덟 개의 도(道)로 나눈 행정구역을 말한다. 경기도·충청도·전라도·경상도·강원도·황해도·평안도·함경도를 이르는 말이다.

10 栫棘(천극): 가시울타리를 말한다. 조선시대 임금의 특지로 유배된 죄인이 바깥출입을 못하도

세 임금 섬긴 백발의 어진 스승은, 三朝白髮賢師傅[11],
지금 먼 유배지에서 죄인이 되었네. 萬里今爲楚澤[12]囚.

4~5 장기 배소에 도착하여 금오랑(金吾郞) 오수대가 조정으로 돌아감을 작별하며 [到長鬐配所[13], 別吳金吾[14]遂大還朝]

김수흥(金壽興; 1626~1690)[15] 《퇴우당집(退憂堂集)》(권1)

큰 바다는 동쪽 가까이 있고, 大海東臨近,
뭇 산들 멀리 북녘을 바라보네. 群山北望遙.
부질없는 인생 본디 이러하니, 浮生本如此,
떠도는 영혼 넋이라도 잃지 마시길. 莫遣旅魂消.

고갯길에는 봄바람 매섭고, 嶺路春風厲,
강과 못가의 풀색은 새롭네. 江潭草色新.
외로운 신하는 임금 생각하며 눈물 흘리고, 孤臣戀君淚,
북으로 돌아가는 사람에게 눈물을 뿌리네. 灑向北歸人.

록 거주하는 집 둘레에 가시울타리를 치는 것을 말한다.

11 三朝白髮賢師傅(삼조백발현사부): 이곳에서는 송시열(宋時烈; 1607~1689)을 말한다. 효종·현종·숙종 때 중용을 받았다. 송시열은 1675년 6월에 장기로 유배되었다가 1679년 4월에 거제도로 이배될 때까지 약 4년 동안 장기에 있었다.

12 楚澤(초택): 유배지를 말한다. 초(楚)나라의 굴원(屈原)이 조정에서 쫓겨나 상수(湘水) 가에서 임금을 걱정하는 노래를 짓은 것에서 유래했다.

13 配所(배소): 고대에 죄인이 귀양을 사는 곳을 이르던 말이다.

14 金吾(금오): 관직 이름인 금오랑(金吾郞)을 말한다. 조선 시대 의금부에 딸린 도사(都事)를 달리 이르던 말이다.

15 金壽興(김수흥): 조선 후기의 문신이자 학자이다. 본관은 안동(安東)이다. 자는 기지(起之)이고, 호는 퇴우당(退憂堂) 또는 동곽산인(東郭散人)이다. 부친은 동지중추부사(同知中樞府事) 김광찬(金光燦)이다. 인조 26년(1648) 사마시(司馬試)를 거쳐 효종 6년(1655) 춘당대문과(春塘臺文科)에 병과로 급제했고, 이듬해 문과중시에 역시 병과로 급제했다. 도승지·호조판서·영의정 등을 지냈다. 송시열(宋時烈)을 스승으로 존경했고, 《주자대전(朱子大全)》·《어류(語類)》 등을 탐독했다. 말년에 장기에 유배 와서 이곳에서 세상을 떠났다. 저서로는 《퇴우당집(退憂堂集)》이 있다.

6~7 봉산에서 느낀 바가 있어 [蓬山[16]卽事]

김수흥(金壽興; 1626~1690) 《퇴우당집(退憂堂集)》(권1)

줄줄 흐르는 처마 끝의 비는 밤새 내리고, 淋浪[17]簷雨夜連朝,
홀로 빈 집에 앉아 있으니 마침 적막하네. 獨坐虛堂正寂寥.
대나무 산에 가득하고 매화도 망울 터뜨리니, 脩竹滿山梅蕊動,
봄날 바다 마을에는 요란한 속세의 티끌 없네. 海村春事絶塵囂.

한양에서 십 년 동안 무슨 일을 했다고, 京洛[18]十年成底事,
천 리 밖 바닷가에서 남은 생애를 보내나. 海山千里寄殘生.
봄밤에 나그네 침상에서 계속 잠 못 들어, 春宵旅榻仍無寐,
누워서 큰 고래가 일으키는 파도 소리를 듣네. 臥聽長鯨鼓浪聲.

8 봉산에서 귀양살이하던 중 장난스럽게 생각을 읊으며 [蓬山謫中, 戲吟遣懷]

김수흥(金壽興; 1626~1690) 《퇴우당집(退憂堂集)》(권1)

수염 모두 하얘지고 마음 재 되었으며, 白盡髭鬚[19]心已灰,
십 년의 성과 저자엔 먼지 가득 하네. 十年城市飽塵埃.
약방의 담당 관리는 잘 있는지 묻고, 藥房掌務問安令,
비국의 낭청은 공무로 오는구나. 備局[20]郎廳[21]公事來.
더운 여름과 추운 겨울엔 병 무릅쓰고 일어나고, 夏熱冬寒扶病起,
조석의 비바람엔 옷 걷어 올리길 재촉하네. 風朝雨夜攬衣催.

16 蓬山(봉산): 장기(長鬐)의 옛 이름이다.
17 淋浪(임랑): 눈물이나 빗물 등이 끊이지 않고 흘러내리는 모양을 말한다.
18 京洛(경락): 한 나라의 중앙정부가 있는 곳을 말한다. 이곳에서는 한양을 말한다.
19 髭鬚(자수): 입술 위의 수염과 턱 아래의 수염을 아울러 이르는 말이다.
20 備局(비국): 조선 시대 군국(軍國)의 사무를 맡아보던 관아를 말한다.
21 郎廳(낭청): 긴급한 군사 사정·각 능의 제물 운반·비변사의 회람 공문을 전달하는 관리를 말한다.

가만 생각하니 문득 지난 밤의 꿈 같아, 沈思怳若前宵夢,
고요한 창가에 베개 베고 한 번 웃을 만하네. 攲枕閑窓可一咍.

9 장기현 [長鬐縣]

남용익(南龍翼; 1628~1692) 《호곡집(壺谷集)》(권8)

아침 해는 창해에서 나오고, 旭日生滄海,
거센 물결은 만 리를 여네. 波濤萬里開.
고래 등지느러미 아직 자르지 않았으니, 鯨鬐猶未翦,
어디서 신선 사는 봉래산을 볼까나. 何處覩蓬萊.

10 장기를 생각하며 [憶長鬐]

이기홍(李箕洪; 1641~1708)[22] 《직재집(直齋集)》(권1)

작년 서쪽 교외에서 전별하였는데, 去歲西郊別,
생각해보니 정말 망연하네. 想來正惘然[23].
추위를 견디며 북쪽 변방으로 옮겼다, 當寒遷北塞,
더위를 무릅쓰며 또 남쪽으로 가네. 冒熱又南邊.
바다 밖 소식은 이어지기 어려우니, 海外音難嗣,
하늘가에서 눈이 빠지게 기다리네. 天涯眼欲穿.
바람에 대하니 회포가 끝이 없어, 臨風懷不極,
그저 눈물만 절로 줄줄 흐르누나. 只自涕漣漣.

---

22 李箕洪(이기홍): 조선 후기의 학자이다. 본관은 전주(全州)이다. 자는 여구(汝九)이고, 호는 직재(直齋)이다. 부친은 부사과(副司果) 이숙(李塾)이다. 이지렴(李之濂)·송시열(宋時烈)의 문인이다. 학명이 높았으나 과거에 응시하지 않다가, 47세 때인 숙종 13년(1687)에 학행으로 효릉참봉(孝陵參奉)에 천거되었었다. 시강원자의(侍講院諮議)·종부시주부(宗簿寺主簿) 등을 지냈다. 이후 권상하(權尙夏)와 함께 경사(經史)를 강론했고, 화양동 등 사문(師門)의 유적을 찾아다니며 소일했다. 조정에서 여러 번 기용하고자 하였으나 부임하지 않았다. 저서로는 《자성편(自省編)》·《직재집》 등이 있다.

23 惘然(망연): 실의에 빠져 뭔가 잊어버린 듯 정신이 멍한 모양을 말한다.

11~13 또 장기를 생각하며 [又憶長鬐]

이기홍(李箕洪; 1641~1708) 《직재집(直齋集)》(권1)

귀양지의 눈 그치니 봄은 다시 오고,	湘潭[24]雪盡已回春,
외로운 신하는 백발 새로 자랐음 생각하네.	想得孤臣白髮新.
조정에서 둥근 옥 내리면 며칠 만에 올 것을,	九闕[25]賜環[26]來幾日,
마음 가라앉히고 저 큰 은택을 삼가 비네.	潛心祇祝彼蒼仁.
현인이 잘나가다 곤경에 빠지면,	聞說賢人處困亨,
세상에 탄식하는 소리 마구 내뱉는다지.	任他世上喞啾聲.
누가 이 사람에게 죄 씌워 유배 보냈는가,	誰將貶字終成罪,
일편단심만은 해를 향해 밝거늘.	惟有丹心向日明.
창해 동남쪽의 옛 나라의 성,	滄海東南故國城,
꿈에서 난꽃 노리개 찾아 선생에게 참배하네.	夢尋蘭佩拜先生.
몸은 험한 가릉협에 있음을 느끼니,	覺來身在嘉陵峽,
소쩍새 울음에 이별을 한스러워하네.	杜宇聲中恨別情.

24 湘潭(상담): 중국 호남성(湖南省)의 현(縣) 이름이다. 한(漢)나라 무제(武帝) 때 가의(賈誼)가 장사왕태부(長沙王太傅)로 좌천된 곳인데, 이로 귀양지의 별칭으로 쓰인다.

25 九闕(구궐): 구중궁궐을 말한다.

26 賜環(사환): '환'은 임금의 뜻을 전달하는 옥으로 된 고리를 말한다. 죄를 지은 신하가 변방으로 좌천되어 가면 3년이 지나도 돌아올 수 없는데, 임금이 환(環)을 주면 돌아오는 것을, 결(玦)을 주면 사사(賜死)한다는 의미를 갖고 있다.

14 선생이 장기로 이배되었다는 소식을 듣고 [聞先生移配長鬐]

이기홍(李箕洪; 1641~1708) 《직재집(直齋集)》(권1)

사나운 비와 짙은 연무가 울타리 되는 바닷가에,	蠻雨蜒煙海上籬,
선생께서 무슨 일로 이곳에서 곤경에 처했나.	先生何事困於斯.
옥 난간에 봄처럼 꽃이 핀 것이 어제였건만,	玉欄花發春如昨,
외로운 충정만은 성상께서 살펴 알아주시길.	惟有孤衷聖考知.

15 장기 가는 길에서 [長鬐途中]

홍세태(洪世泰; 1653~1725)[27] 《류하집(柳下集)》(권7)

바다와 시종 함께하니,	與海相終始,
이번 여정은 끝나지 않겠네.	玆行不可窮.
천 리 밖을 이리저리 보고,	眼橫千里外,
몸은 구월의 가을에 있네.	身在九秋中.
해가 지니 오는 기러기들 많고,	落日多來鴈,
가는 서리에 반은 단풍 들었네.	微霜半染楓.
시 짓고 나서 문득 쓸쓸해지니,	詩成輒蕭瑟,
서풍이 꼭 미운 것만은 아니라네.	未必恨西風.

27 洪世泰(홍세태): 조선 후기의 문신이자 시인이다. 본관은 남양(南陽)이다. 자는 도장(道長)이고, 호는 창랑(滄浪) 또는 류하(柳下)이다. 부친은 무관이었던 홍익하(洪翊夏)이다. 5세에 책을 읽었고 7~8세에는 글을 지을 만큼 뛰어난 재주가 뛰어났다. 시로 이름이 나서 김창협(金昌協)·김창흡(金昌翕)·이규명(李奎明) 등과 교유했다. 숙종 1년(1675) 을묘 식년시에 잡과인 역과(譯科)에 응시하여 한학관(漢學官)으로 뽑혀 이문학관(吏文學官)에 제수되었다. 이후 통례원인의(通禮院引義)·의영고주부(義盈庫主簿)·울산감목관(蔚山監牧官) 등을 지냈다. 그의 시는 중인 신분으로 좌절과 사회의 부조리에 대한 갈등이 담겨있다. 사후 6년 만인 영조 7년(1731)에 사위 조창회(趙昌會)와 그의 문인에 의해 《류하집(柳下集)》이 간행되었다.

16 장기 원님 성서구와 밤에 이야기를 나누며 [與長鬐倅成叙九夜話]

홍세태(洪世泰; 1653~1725) 《류하집(柳下集)》(권13)

나무들이 일제히 땅에 드리우고,	萬木齊垂地,
외로운 성의 밤기운은 어두워지네.	孤城夜氣昏.
머무는 손님이 술을 마실 때면,	每當留客飮,
주인의 은혜를 자주 보게 되네.	多見主人恩.
경륜의 계책으로 세상을 구제하고,	濟世經綸策,
감개 어린 말로 시대를 아파하네.	傷時慷慨言.
서로 바라보니 이미 늙어서,	相看嗟已老,
더 이상 솟구칠 뜻 없음에 탄식하네.	不復志騰騫.

17 2월 14일, 장인어른 김 상공께서 장기로 유배를 가다, 길에서 절구 한 수를 보내 보여주자, 삼가 그 시에 차운하여 보내며 [二月十四日, 婦翁金相公謫長鬐, 路中寄示一絶, 謹次其韻以寄]

1689년(己巳)

이희조(李喜朝; 1655~1724)[28] 《지촌집(芝村集)》(권1)

임금님께서 붕어하신 지 31년,	遺弓[29]三十一年間,
아득한 천운은 몇 번 오고 갔나.	天運悠悠幾往還.
오늘 교릉의 소나무 잣나무 길에서,	今日喬陵[30]松栢路,
마음 주체 안 되는데 또 봉산이라네.	不堪行色又蓬山.

28 李喜朝(이희조): 조선 후기의 문신이다. 본관은 연안(延安)이다. 자는 동보(同甫)이고, 호는 지촌(芝村)이다. 부친은 부제학을 지낸 이단상(李端相)이다. 송시열(宋時烈)의 문인이다. 송시열이 귀양을 간 뒤에는 양주의 지동(芝洞)으로 물러가 《대귀설(大歸說)》을 지었다. 대사헌과 이조참판 등을 지냈다. 저서로는 《지촌집(芝村集)》이 있다.

29 遺弓(유궁): 임금이 세상을 떠난 것을 말한다. 상고 시기 황제(黃帝)가 용을 타고 신선이 되어 떠날 때 신하들이 붙잡고 함께 올라가려 하자, 황제의 활이 땅에 떨어진 것에서 유래했다.

30 喬陵(교릉): 선대 임금의 무덤을 말한다.

18 나는 남쪽에 와서 한 해를 보냈는데, 당시 재상의 배척으로 연이어 글을 올려 면직되길 청하느라 여러 읍을 순행할 기회가 없었다. 이제 벼슬을 내려놓고 돌아가려 할 적에 부질없이 칠언 절구를 지어, 한 도의 산천과 풍속을 낱낱이 적어 유람에 대체하고자 한다.
[余來南經年, 而以時宰之斥, 連章乞免, 不得巡行列邑 今將遞歸[31], 漫賦七絕, 歷敍一路山川風俗以替遊覽][32]

이의현(李宜顯; 1669~1745) 《도곡집(陶谷集)》(권1)

기립의 외로운 성 큰 바다 모퉁이에 있고, 鬐立[33]孤城大海隈,
넓고 아득한 큰 물결은 봉래산에 닿아있네. 洪濤浩渺接蓬萊.때
로 소봉대 위에 올라 바라보면, 小峰臺上時登望,
눈 닿는 곳 구름 안개 만 리에 펼쳐졌네. 極目雲煙萬里開.

장기는 기립이라고 한다. 현의 남쪽에 있는 소봉대는 명승으로 불린다(長鬐號鬐立. 小峰臺在縣南, 稱名勝)

31 遞歸(체귀): 벼슬을 내놓고 돌아오는 것을 말한다.
32 이 시는 총 92수가 수록되어있는데, 그중에 12번째인 장기 부분만 발췌하여 수록하였다.
33 鬐立(기립): 장기(長鬐)의 옛 명칭이다. 장기는 신라 때 지답현(只沓縣)으로 불리다가, 경덕왕(景德王) 때 기립현(鬐立縣)으로 명칭을 바꾸었고, 고려 초에 장기현(長鬐縣)으로 바꾸어 경주(慶州)에 예속되었다.

19 홍봉조 학사께서 장기로 귀양 가는 길에 부쳐 [寄呈洪學士鳳祚[34]長鬐貶所]

정내교(鄭來僑; 1681~1757)[35] 《완암집(浣巖集)》(권2)

왕도가 탕평에 힘쓰니,	王道務恢蕩,
험한 돌산이 평탄해지네.	險砠成坦夷.
어슬렁거리며 다투어 관 털고,	于于[36]競彈冠[37],
성세를 찬미하려 모여드네.	彙進贊明時.
아아! 홍 학사는,	嗟哉洪學士,
남 따르지 않고 홀로 섰다네.	獨立弗詭隨[38].
상전벽해 무수히 이뤄졌어도,	桑海閱百變,
고상한 지조가 어찌 변하리.	雅操豈或移.
승명에서 숙직 섬을 싫어하고,	承明[39]厭豹直[40],
당상관은 머리 흔들며 사양했네.	緋玉[41]掉頭[42]辭.
영남의 동굴엔 독한 기운 나오고,	嶠南瘴烟窟,
길에는 뜨거운 햇볕이 내리쬐네.	道途赫炎曦.
빙그레 웃으며 친구와 인사하고,	莞爾[43]謝知舊,

34 洪學士鳳祚(홍학사봉조): 조선 후기의 문신 홍봉조(洪鳳祚; 1680~1760)를 말한다. '학사'는 그가 지낸 관직명으로 말한 것이다. 본관은 남양(南陽)이다. 자는 우서(虞瑞)이고, 호는 간산(盂山)이다. 부친은 관찰사 홍숙(洪璛)이다. 강원도관찰사·대사성 등을 지냈다. 글씨를 잘 쓴 것으로 유명했다.

35 鄭來僑(정내교): 조선 후기의 문장가이자 시인이다. 본관은 하동(河東)이다. 자는 윤경(潤卿)이고, 호는 완암(浣巖)이다. 출신이 미천했으나 시문에 특히 뛰어나 당대 사대부들의 추종을 받았다. 숙종 31년(1705) 역관으로 통신사의 일원이 되어 일본에 갔을 때 시문으로 명성을 얻었다. 저서로 《완암집(浣巖集)》이 있다.

36 于于(우우): 어슬렁어슬렁 걷는 모습을 말한다.

37 彈冠(탄관): 관의 먼지를 턴다는 뜻으로, 관리가 될 준비를 하는 것을 비유적으로 이르는 말이다.

38 詭隨(궤수): 옳고 그름을 돌아보지 않고 함부로 남을 따르는 것을 말한다. 《시경(시경)·대아(大雅)·민로(民勞)》는 "함부로 속이는 사람 따르지 말고, 어질지 못한 사람을 경계하네(無縱詭隨, 以謹無良)"라고 했다.

39 承明(승명): 한(漢)나라 때 시종신(侍從臣)의 입직소(入直所)였던 승명려(承明廬)의 줄임말이다. 후에는 조정에 들어가거나 조정에 있는 관원을 가리키는 말로 쓰였다.

40 豹直(표직): 휴일에 혼자서 숙직서는 것을 말한다.

41 緋玉(비옥): 조선 시대 비단옷과 옥관자라는 뜻으로, 당상관(堂上官)의 관복을 이르던 말이다.

42 掉頭(도두): 머리를 흔든다는 뜻으로, 어떤 일을 부정하는 모양을 이르는 말이다.

43 莞爾(완이): 소리 없이 빙그레 웃는 모양을 말한다.

초연히 필마를 내달리네. 超然匹馬馳.
장기는 열 집의 작은 마을, 長鬐十室縣,
수고 없이 누워서 다스렸네. 未曾勞臥治[44].
소나무 계수나무는 책 읽기 좋고, 松桂好讀書,
손님이 오면 가끔 바둑을 두네. 客至時圍棋.
흥망은 조물주에게 맡기고, 榮悴付造物,
동정은 땅을 따름이 마땅하네. 動息隨地宜.
군자가 나가는 곳은 의롭건만, 君子出處義,
세상 사람들은 의심 많이 하네. 世人多所疑.
공을 위로하노니 좋은 길 놔두고, 訝公違亨塗,
말년에 춥고 배고픔을 감내함을. 白首甘凍飢.

20 봉산의 자형 김광택 공께서 적소로 향하다, 도중에 감회가 있어 [向蓬山姊兄金公光澤[45]謫所, 途中感懷]

민우수(閔遇洙; 1694~1756) 《정암집(貞菴集)》(권1)

세월이 틈새 지나는 말 네 마리처럼 빠르고, 歲月飛騰隙駟[46]催,
부친 여읜 이 몸 오늘 또 남쪽으로 왔네. 餘生今日又南來.
외기러기 밤 경계하여 우니 자못 한스럽고, 孤鴻警夜聲何怨,
늙은 나무는 바람 많아 마음 절로 애달프네. 老樹多風意自哀[47].

44 臥治(와치): 누워서 다스리는 것을 말하는데, 힘들이지 않고 다스리는 것을 말한다.

45 姊兄金公光澤(자형김공광택): 정암(貞菴) 민우수(閔遇洙)의 둘째 누나의 남편인 김광택(金光澤; 1684~1742)을 말한다. 본관은 광산(光山)이다, 호는 존재(存齋)이고, 자는 덕휘(德暉)이다. 김만중(金萬重)의 손자이다. 경종 2년(1722) 목호룡(睦虎龍)이 노론 명문가의 자제들인 김용택(金龍澤)·이천택(李天澤)·이희지(李喜之) 등이 경종을 시해 내지 폐출하려 했다고 고변했는데, 이로 인해 김용택은 사사되고 그의 동생인 김광택(金光澤)은 경상북도 영일군 봉산면(지금의 장기면)에 유배되었다. 1725년 유배에서 풀려나 여주에서 살다가 생을 마쳤다.

46 隙駟(극사): 말 네 마리가 틈새를 지나간다는 의미로, 세월이 매우 빠름을 비유하는 말이다. 《예기(禮記)·삼년문(三年問)》에서 "삼년상이 스물다섯 달이면 끝나는 것을, 마치 사마가 좁은 틈새를 지나는 것 같이 여긴다(三年之喪, 二十五月而畢, 若駟之過隙)"라고 한 것에서 유래했다.

47 老樹多風意自哀(노수다풍의자애): 부모가 세상을 떠나 더 이상 봉양할 수 없어 슬퍼한다는 의미이다. 공자가 주(周)나라 구오자(丘吾子)에게 슬피 통곡하는 이유를 물으니, "나무는 조

머나먼 영해로 누이와 동생 헤어졌고, 嶺海迢迢分姊弟,
아득한 고향 산은 구름 먼지에 막혀 있네. 家山渺渺隔雲埃.
세상만사 결국 헤아리기 어려우나, 世間萬事終難料,
천시가 순환하는 이치를 믿어야 하리. 須信天時有往廻.

21~22 봉산에 도착하여 자형에게 써서 올리며 [到蓬山, 書贈姊兄][48]

민우수(閔遇洙; 1694~1756)《정암집(貞菴集)》(권1)

남으로 내려와 바닷가 적소를 방문하니, 海岸南來問謫居,
성근 대사립 엉성하게 뜰을 둘렀네. 竹籬疏短護前除.
근심으로 희어진 귀밑머리 풍상 속에 있고, 百憂雙鬢風霜裏,
죽다 살아난 육신 눈물 끝에 남아있네. 萬死殘骸涕淚餘.
회포는 떠도는 나날을 감내할 수 있으랴, 懷抱更堪羈旅日,
담소는 이별했던 처음에서 시작하누나. 話言仍自別離初.
하늘가에 있는 자식 밥 잘 먹으라고, 天涯骨肉加餐願,
어머니 정성스레 편지를 부치셨다오. 慈母慇懃寄尺書[49].

더운 변방에서 오랫동안 물고기와 지냈는데, 炎荒久共鼉魚居,
시절이 세모로 향하는 걸 또 깨닫네. 又覺天時向歲除.
문밖에는 바다 물결 그지없이 푸르고, 門外海波青不盡,
베갯머리엔 머리카락 남김없이 희어졌네. 枕邊霜髮白無餘.
등불 돋우며 세상만사를 보내고, 百年世事挑燈裏,
달 마주하여 먼 고향을 그리워하네. 萬里鄉愁對月初.

용히 있고자 하나 바람이 그치지 않고, 자식이 봉양하고자 하나 부모가 기다려 주시지 않습니다(夫樹欲靜而風不停, 子欲養而親不待)"라고 대답했다는 고사에서 온 말이다. 《공자가어(孔子家語)·치사(致思)》에 보인다.

48 이 시의 번역은 신향림 선생의 《정암집(貞庵集)》(2018) 번역본을 참고했다.

49 尺書(척서): 짧은 문서나 편지를 말한다.

예로부터 환란에 대처하는 요법이 있으니,	處患由來要法在,
죽창에서 종일 아이들에게 글 가르치시네.	竹窓終日課兒書.

23~31 봉산에서 출발해서 도중에 감회가 일어 [發蓬山, 途中感懷][50]

민우수(閔遇洙; 1694~1756) 《정암집(貞菴集)》(권1)

아침 해가 뜰의 나무를 비추는데,	朝日照庭樹,
나의 말은 벌써 갈림길에 서 있네.	我馬已臨歧.
당에 올라 누님에게 절하니,	上堂拜姊氏,
이 먼 이별을 어찌할거나.	奈此遠別離.
이번에 와서 십 일을 머문 것은,	今來十日留,
애초에 예정했던 일이 아니네.	亦非始所期.
그러나 골육의 정이 너무 깊어,	然以骨肉情,
어찌 많은 말을 다 할 수 있었으랴.	詎盡多少辭.
아스라한 북두성 너머,	遙遙北斗外,
까마득한 남쪽 바닷가.	渺渺南海湄.
각기 천 리나 떨어져 있는데,	相去各千里,
언제 다시 만날 수 있으랴.	相見復幾時

아아, 많은 우리 형제들,	嗟我衆兄弟,
갓난아이 때 죽었고.	零落在孩抱.
큰 누님 비록 장성했지만,	伯姊雖長成,
돌연 일찍 세상 떠났네.	奄忽棄世早.
오직 우리 세 남매만이,	獨有我三人,
병치레에도 살아남았으니.	多病得自保.
여윌까 두려워 늘 겁이 났고,	喪威[51]意常惕,

50 이 시의 번역은 신향림 선생의 《정암집(貞庵集)》(2018) 번역본을 참고했다.

51 喪威(상위): 상(喪)을 당하는 것을 두려워한다는 의미로, 《시경(詩經)·소아(小雅)·상체(常棣)》는 "죽어버릴까 두려워서, 형제간에 몹시 근심하네(死喪之威, 兄弟孔懷)"라고 했다.

형제 적어 정 더욱 지극했네.　　寡鮮情更到.하물며
부모님 마음이야,　　何況父母心,
어찌 근심하고 기도하지 않으시리.　　豈不憂且禱.
다만 어머님 곁에서 함께 살면서,　　只願同在側,
단란하게 늙어가길 바라네.　　懽樂以至老.

아아, 흉한 상사를 만났으니,　　嗚呼遘閔凶[52],
경자년을 차마 말할 수 있으랴.　　忍說庚子歲[53].
오래 지나도 애통함 가시지 않는데,　　日久痛未愈,
어느덧 다시 상기 마칠 때가 되었네.　　奄復至終制.
모진 이 목숨 누굴 위해 살아있나,　　頑然爲誰活,
늘 아프신 어머님이 계시다오.　　慈母病綿綴.
어찌 생각했으랴 우리 누님께서,　　何意我姊氏,
또 더운 바닷가로 몰려가게 될 줄을.　　又赴炎海裔.
슬프다 생이별의 한이여,　　哀哀生別恨,
영원히 떠나가 돌아올 기약이 없네.　　永去無歸計.
어찌 감히 원망하고 허물하랴,　　豈敢懷怨尤,
오로지 내 죄가 많기 때문인 것을.　　端由[54]我獲戾.

흐르는 세월 어찌 그리 빠른지,　　流光一何速,
삼 년이 실로 훌쩍 지났네.　　三載眞隙駟.
부끄럽게도 아직 살아있지만,　　靦然尙人面,
천지간에 다시 누구를 의지하랴.　　俛仰更何倚.
아스라한 산 너머 바다 멀리,　　迢迢嶺海外,
지친이 또 천 리나 떨어져 있어서.　　骨肉又千里.
길 떠나 성산으로 나아가고,　　逝將適星山,
발 돌려 다시 누이를 찾아가네.　　旋復訪姊氏

52 閔凶(민흉): 불행한 흉사(凶事)의 의미로, 부모상을 당한 것을 말한다.
53 庚子歲(경자세): 경자년(庚子年; 1720)을 말하는 것으로, 이 해에 작가는 부친상을 당했다.
54 端由(단오): '오로지~ 때문이다'의 의미이다. '단'은 '오로지'의 의미이다.

어머니 나의 옷 손질하시고,　　慈母理我衣,
먼 길 떠나는 나 배웅하시며.　　送我遠行李.
빨리 돌아오기를 기원하시고,　　祝我遄還家,
밥 잘 먹으라고 당부하셨지.　　勉我加餐食.

희미하게 고향 멀어지고,　　依依故鄉遠,
아득한 나그넷길 험난하네.　　杳杳征路難.
길 떠난 지 며칠 지났는가,　　我行問幾日,
홀연 성산에 도착했네.　　忽已到星山.
문 들어서자 다시 놀랍고도 기쁘니,　　入門更驚喜,
풍모가 옛날보다 나으시네.　　髭髮[55]勝昔觀.
봉해에 계신 분 유독 애처로우니,　　獨憐蓬海人[56],
근래 두루 고생 겪으셨네.　　邇來備辛艱.
그리움과 슬픔에 사무쳐,　　懷痛在中心,
눈물이 절로 줄줄 흐르네.　　有淚自汍瀾[57].
할미새의 날개를 달고서,　　思具鶺鴒[58]翼,
날아갔다 다시 날아오고 싶네.　　飛去又飛還.

봉산은 바닷가에 있으니,　　蓬山在海隈,
아침저녁 절로 장기 자욱하네.　　瘴氛自朝夕.
말 몰아 한 마을에 이르니,　　驅馬到一村,

---

55 髭髮(자발): 수염과 머리털의 의미로, 풍모를 의미하는 말로 쓰인다. 정이(程頤)가 부주(涪州)로 귀양 갔다가 돌아왔을 때 기색·용모·수염·머리털이 모두 예전보다 낫기에 문인(門人)이 "어떻게 하여 이럴 수 있었습니까?"라고 묻자, 정이가 "학문의 힘이다. 무릇 학문이란 환난(患難)과 빈천(貧賤)에 처하는 것을 배워야 하는 법이니, 부귀영달에 처하는 것은 배울 필요가 없다(學之力也, 大凡學者, 學處患難貧賤, 若富貴榮達, 卽不須學也)"라고 대답했다.

56 蓬海人(봉해인): '봉해'는 봉래섬이 있는 동해를 말한다. 이곳에서 말하는 봉해에 계신 분은 장기에 유배된 정암의 자형 김광택(金光澤)을 가리킨다.

57 汍瀾(환란): 눈물을 줄줄 흘리며 우는 모양을 말한다.

58 鶺鴒翼(척령익): 할미새의 날개란 의미로, 자형인 김광택의 어려움을 구원하고 싶은 마음에 급히 달려가고 싶은 마음을 표현한 것이다. 《시경(詩經)·소아(小雅·상체(常棣)》에 "할미새 들판에 있으니, 급할 때 형제들이 서로 돕는 법이라오(鶺鴒在原, 兄弟急難)"라는 한 것에서 유래했다.

그곳에 멀리서 유배 온 나그네 있네.	中有遠謫客.
종들 놀라고 또 소리 지르니,	婢僕驚且呼,
조카들 신 거꾸로 신고 뛰어오고.	童稚倒履屐.
누님 문밖으로 달려 나와서,	姊氏出戶外,
맞이하며 몹시 기뻐하고 슬퍼하네.	迎我悲喜劇.
마주 앉으니 얼이 빠져서,	相對意惝怳,
꿈인 듯 헛것을 보는 듯.	如夢非眞覿.
우선 마을에서 사온 술로,	且將買村酒,
잔 잡아 먼 길 온 이를 위로하네.	持以慰遠役.
북쪽 사람이 남방에 왔으니,	北人來南國,
살아갈 방법 실로 찾기 어려웠네.	生理誠難給.
땅을 개간하자니 노는 땅이 없고,	墾田無閑土,
소금 팔자니 평소 배운 바 아니네.	販鹽非素習.
게다가 흉년까지 만나서,	況値歲荒歉,
도적 떼 멋대로 약탈했으니.	羣盜恣簒刦.
열 식구 네 벽만 남은 집에서,	十口徒四壁[59],
어찌 굶주리지 않겠는가.	飢餒詎無及.
쓸쓸하게 대사립 엉성하고,	蕭蕭竹籬短,
막막하게 바닷바람 거세어라.	漠漠海風急.
이를 보고 걱정되어 늙으려 하니,	見此憂欲老,
마음 아파 눈물만 부질없이 흘리네.	悽惻空垂泣.
못 만날 땐 할 말 너무 많았는데,	不見語何長,
서로 만나니 할 말이 너무 없네.	相見語何少
이별할 때 남김없이 말했는데,	臨別語無餘,
이별 후에 생각하니 못다 한 말 있네.	既別語未了.

59 四壁(사벽): 가진 것이 없는 가난한 집을 의미하는 말이다. 한(漢)나라의 사마상여(司馬相如)가 집이 가난하여 집안에 값진 물건이 하나도 없고 네 벽만 서 있었다고 한 것에서 유래했다.

어찌하여 저 해를 붙잡아두어,	曷不留彼日,
실컷 담소하며 즐기지 못하는가.	懽洽盡言笑.
길 떠날 이 앉은 채 미적거리고,	客坐或遲遲,
어린 조카들 시끄럽게 울어대네.	兒啼或嗷嗷.
설령 이와 같지 않아도,	縱使不如此
마음 또한 급해서 걱정인데.	亦患心悤擾.
아득하고 아득한 이 회한이여,	悠悠此悔恨,
가고 가도 길이 나를 얽어매네.	去去長纏繞.
우리 누님 실로 어진 덕 지녔으니,	吾姊實賢德,
곁에 있으면 부모님 기뻐하셨네.	在側親意歡.
멀리 남쪽에 와있는 지금도,	迨玆遠在南,
편지로 늘 걱정 마시라 했지.	有書每相寬.
다만 사랑하는 어머니 마음에는,	顧以慈愛情,
추위 굶주림 염려하시니.	能不念飢寒.
내 돌아가면 노모께 절하고,	吾歸拜老母,
편안하다는 소식 알리리라.	庶報消息安.
이렇게 헤어지는 날에는,	獨此分離日,
먹먹하게 마음이 아파오니.	掩抑傷心肝.
부디 각자 탈 없이 지내서,	唯願各無恙,
해마다 만날 수 있길 바라네.	歲歲得相看.

32~34 외삼촌 홍연명 공이 장기현감으로 떠나는 것을 전송하며 [奉送舅氏[60]洪公廷命長鬐使君之任]

임희성(任希聖; 1712~1783)[61] 《재간집(在澗集)》(권1)

선생은 높이 될 그릇이라,	夫子青雲器,
젊었을 때 명성을 떨치셨네.	流譽在盛年.
훌륭한 성품과 재주에 장대한 생각은,	磊砢[62]鬱壯思,
현자들 가운데서 으뜸이었지.	卓犖[63]冠羣賢.
처음 관직 나아가서는,	謂言初解褐,
정통의 관직을 천천히 밟았다네.	徐步躡淸躔.
얼마 후 승진하지 못하자,	無幾困積薪[64],
후진들이 도리어 윗자리를 차지했네.	後者反居前.
조정에 십 년 동안 있어도,	臺省一十載,
요직은 엿본 적이 없었네.	未窺金華[65]筵.
외진 곳에 다시 수령으로 나가니,	荒隅復出守,
실각함은 누가 그리 한 것인가.	蹭蹬[66]誰使然.
실로 벼슬길 이렇게 모지니,	拙宦固乃爾[67],
영욕은 정말 하늘에 있다네.	榮辱信在天.
장기는 한 말 크기의 작은 마을,	長鬐如斗縣,

60 舅氏(구씨): 어머니의 남자 형제를 말한다.

61 任希聖(임희성): 조선 후기의 학자이다. 본관은 풍천(豐川)이다. 자는 자시(子時)이고, 호는 재간(在澗)·간옹(澗翁)이다. 부친은 응교 임광(任珖)이다. 영조 17년(1741) 생원시에 합격하고, 음보(蔭補)로 효릉참봉(孝陵參奉)을 거쳐 직장에 이르렀으나 벼슬에 뜻이 없어 사직하고 귀향했다. 경전을 연구했고, 성리학은 이이(李珥)의 설을 지지했다. 편저로는 《경서차록(經書箚錄)》·《국조상신열전(國朝相臣列傳)》·《재간집(在澗集)》이 있다.

62 磊砢(뇌라): 돌무더기를 쌓아 올린 모양 또는 성품과 쭈가 모두 뛰어남을 말한다

63 卓犖(탁락): 남보다 훨씬 뛰어남을 말한다. '탁'과 '락'은 모두 '뛰어나다'는 의미이다.

64 積薪(적신): 장작을 쌓는 데 있어 나중에 쌓는 것을 위에 올려놓듯이, 나중에 벼슬한 자가 전임자(前任者)보다 중용되고, 전임자는 항상 미관말직에 있게 되어 중용되지 못함을 한탄하는 말이다.

65 金華(금화): 금화성(金華省), 즉 문하성(門下省)을 말한다, 이곳에서는 중앙 관서를 말한다.

66 蹭蹬(층등): 발을 잘못 디뎌 길을 잃는 것을 말한다. 이곳에서는 조정에 실각한 것을 말한다.

67 乃爾(내이): '이와 같음'을 말한다.

땅은 교룡과 악어와 인접해있네.	地與蛟鱷鄰.
남쪽 구석은 풍토가 나빠,	維南惡風土,
조석으로 독한 기운이 일어나네.	日夕起瘴氛[68].
쫓겨나지 않고 보관에 임명되었으면,	除非黜補官,
이곳으로 건너오지 않았을 것을.	未嘗涉此津.
공이 지금 무슨 죄를 저질러,	公今何罪過,
이 외딴 바닷가에 버려지셨는가.	委此絶海濱.
주린 백성은 좋은 목민관을 기다리고,	民飢待良牧,
주군은 보좌할 신하 뽑음을 근심하네.	主憂揀侍臣.
평생 나라 위한 마음 가시셨는데,	平生叱馭[69]志,
이번 길을 어찌 감히 주저하리오.	此去敢逡巡[70].
선정 베푼 염숙도처럼 하면,	行矣廉叔度[71],
남쪽 사람들 칭송의 노래 부를 것이네.	有袴歌[72]南人.
술 또한 얼마나 좋은 것인지,	酒亦有何好,
죽림에서 일찍이 칭송했었지.	竹林[73]曾作頌.
오묘한 사람들은 이와 같아,	沉冥[74]徒爲爾,
세상에 쓰이지 못하였네.	此輩非世用.

68 瘴氛(장분): 축축하고 더운 땅에서 생기는 독한 기운을 말한다.

69 叱馭(질어): 마부를 다그쳐 말을 빨리 몰게 한다는 뜻으로, 국은(國恩)에 보답하기 위해 험한 길도 주저하지 않고 내달림을 말한다.

70 逡巡(준순): 조금씩 뒤로 물러서거나 어떤 일을 과감하게 하지 못하고 우물쭈물함을 말한다.

71 廉叔度(염숙도): 동한(東漢) 때의 대신인 염범(廉範)을 말한다. '숙도'는 그의 자이다. 의협심이 강했고, 은혜를 받으면 반드시 갚아 주었다고 한다. 흉노족을 물리쳤고, 촉군태수(蜀郡太守)로 있을 때 선정을 베풀어 백성들의 칭송을 받기도 했다.

72 袴歌(고가): 지방관의 선정(善政)을 비유한 말이다. 동한(東漢) 때 염범(廉范)이 촉군태수(蜀郡太守)가 되어 선정을 베풀자, 백성들이 좋아하며 "염숙도는 어찌 그리 늦게 왔는가……평생 속옷 한 벌도 없었는데 지금은 바지가 다섯 벌이라네(廉叔度, 來何暮?……平生無襦今五袴)."라고 노래했다고 한다.

73 竹林(죽림): 죽림칠현(竹林七賢)을 말한다. 삼국시대와 위(魏)·진(晉) 시대로 이어지는 혼란기에 위나라에서 공신인 사마씨(司馬氏) 일족이 국정을 장악하고 전횡을 일삼자 고고한 선비 일곱 사람이 대나무 숲으로 들어가 은둔생활을 했다. 이들은 술을 마시고 시를 지으며 고담준론을 펼쳤다.

74 沉冥(침명): 깊고 오묘한 경지를 말한다.

옛날 오왕(吳王)의 재상 원사에게는, 袁絲[75]昔相吳,
술 마실 것 권한 조카 원종(袁種)이 있었네. 勸飮有阿種[76].
날카로운 검에 찔릴 것 실로 두려워, 亮畏利劒刺,
자기 멋대로 하지 않았다네. 匪直爲放縱.
공은 이와 달리 행하여, 公行異於是,
근심을 나누고 큰 중임을 지셨네. 分憂責實重.
취함과 깸은 각자 때가 있으니, 醒醉各一時,
어찌 정사를 막히게 할 수 있으리. 豈使政乃壅.
또 술을 경계하는 말을 가지고, 還將酒箴語,
길 떠날 때쯤 잠깐 일러두네. 一爲臨路誦.

35~61 기성잡시 [鬐城雜詩][77]

정약용(丁若鏞; 1762~1836)[78] 《다산시문집(茶山詩文集)》(제4권)

3월 9일, 장기에 도착했다. 그 이튿날 마산리에 있는 늙은 군교(軍校) 성선봉(成善封)의 집을 정하여 있게 됐다. 긴긴 해에 할 일이 없어 때로 짧은 시구나 읊곤

75 袁絲(원사): 서한(西漢)의 대신 원앙(袁盎; 기원전 200~기원전 150)을 말한다. '사'는 그의 자이다. 성품이 강직하고 뛰어난 식견으로 한 문제(文帝)의 중시를 받았다. 그러나 직간을 너무 심하게 하는 바람에 한 문제로부터 미움을 사 농서도위(隴西都尉)로 좌천되었고, 얼마 후 다시 오왕(吳王)의 재상으로 자리를 옮겼다. 후에 오초칠국(吳楚七國)이 반란을 일으키자, 조조(晁錯)를 처형하여 민심의 분노를 가라앉힐 것을 주청하여 태상(太常)에 임명되었다. 오나라로 사신으로 나가 반란을 평정하고 초왕(楚王)의 재상이 되었다. 후에 양왕(梁王) 유무(劉武)를 태자로 세우는 것을 반대하였다가 양왕이 보낸 자객에게 살해되었다.

76 阿種(아종): 원종(袁種)을 말한다. 원종은 운앙(袁盎)의 형의 아들로, 원앙에게는 조카가 된다. 서한(西漢) 부풍(扶風) 안릉(安陵) 사람으로, 상시기(常侍騎)를 지냈다. 원앙이 오왕의 재상으로 가자, 원종은 오왕이 오랫동안 교만하고 그 나라에는 간교한 자들이 많은 것을 보고, 원앙에게 매일 술이나 마시며 아무 일 없는 듯이 보내면 화를 면할 수 있다고 했다. 원앙이 조카의 말을 따르자, 오왕은 과연 원앙을 후대하였다.

77 이 시의 번역은 양홍렬 선생의 《다산시문집(茶山詩文集)》(권4) 번역본을 참고했다.

78 丁若鏞(정약용): 조선 후기의 문신이자 실학자이다. 자는 미용(美鏞)이고. 호는 다산(茶山)·여유당(與猶堂) 등이다. 정조(正祖) 연간에 홍문관수찬·좌부승지·형조참의 등을 지냈다. 그러나 청년기에 접했던 서학(西學)으로 인해 장기간 유배 생활을 하였다. 유배 기간 자신의 학문을 더욱 연마해 육경사서(六經四書) 연구를 비롯한 총 500여 권에 이르는 방대한 저술을 남겼다. 이 저술을 통해서 조선 후기 실학사상을 집대성한 인물로 평가받고 있다. 저서로는 《목민심서(牧民心書)》·《경세유표(經世遺表)》 등이 있다.

하였는데, 뒤섞어 순서가 없다(三月初九日, 到長鬐縣. 厥明日, 安揷于馬山里老校[79]成善封之家. 長日無事, 時得短句, 雜而無次).

성산포 포구에는 바위가 수문인데, 星山[80]浦口石爲門,
동으로 부상까지 물만이 아스라하다. 東直扶桑水氣昏.
용이 와서 섬 없앴다는 말 믿을 수 있겠는가, 豈有龍來平島嶼,
계림의 육부 역시 황폐한 마을이었다네. 鷄林六部[81]亦荒村.

모려령 위엘랑은 제발이지 가지 말게, 莫向毛黎嶺山行,
우거진 숲 험한 비탈이 시름을 자아낸다. 蓁蓁[82]厓崿使愁生.
눈 앞에 펼쳐진 끝도 없는 푸른 물이, 眼前一碧無邊水,
섬 오랑캐 필련성을 보는 듯하네. 如見蝦夷[83]匹練城[84].

산꼭대기 쓸쓸하게 사십 채 있는 인가, 峯頂蕭條四十家,
비뚤어진 거적문이 지다 남은 꽃 속에 있네. 縣門攲側倚殘花.
물을 마실 샘이라곤 도무지 없어서, 都無一眼泉供飮,
성 위에다 줄 매달고 수차를 쓰리라네. 將謂縋城用水車.

조해루 용마루에 석양빛이 붉을 무렵, 朝海樓[85]頭落日紅,
관리가 나를 몰아 성 동쪽에 나왔더니. 官人驅我出城東.

79 校(교): 군교(軍校)를 말하는데, 조선 시대 각 군영 및 지방관아의 군무에 종사하던 낮은 직급의 벼슬아치를 통틀어 이르던 말이다.

80 [原註(원주)] 星山(성산): 성산은 경주에 있다. 현지인들은 신룡이 포구에서 나와 모든 섬을 다 깎아 없애버렸기 때문에 동해에는 섬이 없다고 한다(星山在慶州. 土人傳有神龍, 由浦口出, 削平島嶼, 故東海無島).

81 鷄林六部(계림육부): '계림'은 신라 탈해왕 때부터 한동안 불렀던 신라(新羅)의 다른 이름이다. '육부'는 신라 때 국도(國都)인 경주의 씨족을 중심으로 나눈 행정구역이다. 유리왕 9년(32)에 진한(辰韓) 시기에 있었던 육촌을 육부로 고쳐 각 부에 성씨를 하사했다. 이때 제정한 육부로는 양부(梁部)·사량부(沙梁部)·본피부(本彼部)·점량부(漸梁部)·한기부(漢祇部)·습비부(習比部)가 있다.

82 蓁蓁(진진): 초목(椒目)이 무성한 모양을 말한다.

83 蝦夷(하이): 고대 일본 북단에 거주하던 미개 종족을 말한다.

84 匹練城(필련성): 백마(白馬)를 사육하고 훈련하는 곳을 말한다.

85 朝海樓(조해루): 장기읍성 동문에 있던 누각 이름이다.

시냇가 자갈밭에 오막살이 한 채 있고, 石田茅屋春溪上,
농부가 있었는데 바로 그 집 주인일레. 也有佃翁作主翁.

집집마다 두 길 넘게 울짱을 세워두고, 樹柵家家二丈强,
처마 머리에 그물 치고 긴 창들을 꽂아놓았다. 欄頭施罟揷長槍.
왜 이다지 방비가 심하냐고 물었더니, 問渠何苦防如許,
예부터 기성에는 범과 이리가 많아서라네. 終古鬐城壯虎狼

여인들 말씨 화가 난 듯 또 어쩌면 애교스러워, 女音如惱復如嬌,
손목처럼 쓴다 해도 묘사를 다 못해. 孫穆[86]書中未盡描.
한 푼도 돈을 들여 다리 살 생각을 않고, 不用一錢思買髢,
두 가닥 머리채를 이마 앞에다 매둔다네. 額前紅髮揷雙條.

새로 짠 생선 기름 온 집안이 비린 냄새, 新榨魚油腥滿家,
들깨도 안 심는데 참깨가 있을쏜가. 靑蘇不種況芝麻.
김무침 접시에선 머리카락 끌려 나오고, 石苔充豆杺牽髮,
가마솥에 지은 돌벼밥엔 모래가 있네그려. 山穭烹銼飯有沙.

구름바다 사이의 한 조각 외로운 돛, 一片孤帆雲海間,
울릉도 갔던 배가 이제 막 돌아왔다네. 藁砧新自鬱陵[87]還.
만나자 험한 파도 어떻던가는 묻지 않고, 相逢不問風濤險,
가득 실은 대쪽만 보고 웃으면서 기뻐한다. 剞竹盈船便解顔.

애들은 항구에 가 고기 잡지 말지어다, 休放兒童港口漁,
여덟 발 문어에게 걸려들까 무서워야. 怕他纏著八梢魚[88].

---

86 孫穆(손목): 북송(北宋) 휘종(徽宗) 숭녕(崇寧) 초에 고려에 사신의 서장관으로 온 관리이다. 그가 지은《계림유사(鷄林遺事)》는 중국인의 안목으로 고려의 인정과 풍물을 기록한 책이다. 이 책은 토풍(土風)·조제(朝制)·방언(方言) 세 부분으로 이뤄져 있다. 이중 방언에는 고려 시대의 어휘 350여 개가 한자(漢字)로 표기되어 있어 고려어 연구에 귀중한 자료가 된다.

87 [原註(원주)] 鬱陵(울릉): 울릉도는 강릉 바다 속에 있다(鬱陵島在江陵海中).

88 [原註(원주)] 八梢魚(팔초어): 이 고기는 사람을 만나면 다리로 사람을 휘감아 물속으로 끌어

근년에는 해구신이 이상하게 값이 뛰어,	年來膃肭逢刁踊[89],
서울에서 재상들이 서신 자주 보낸다네.	頻有京城宰相書.
동산의 뇌록도 그 역시 진기하여,	東山磊碌[90]亦奇珍,
돌에 박힌 파란 줄기가 복신처럼 생겼구나.	石髓青筋似茯神[91].
염국에서 공물로 그를 받지 않았기에,	染局[92]不曾充歲貢,
영릉의 종유혈이 천 년 내내 계속이라네.	零陵乳穴自千春[93].
마산 남쪽에 자리 잡은 죽림서원,	竹林書院馬山南,
느릅나무 대나무가 궂은비 속에 있네.	脩竹新楡宿雨含.
멀리서 온 납촉을 줘도 받지 않으면서,	蠟燭遙來投不受,
그래도 마을 사람들 송우암은 들먹인다.	村人猶說宋尤庵[94].
온돌방 한 칸에다 시원한 마루 한 칸,	炕室涼軒各一間,
주인과 마주 보면 서로 웃는 얼굴이지.	主人相對有歡顏.
새로 막은 대나무 울 엉성하기 그물 같아,	新補竹籬疏似網,
앞산이 막혀서 못 볼 걱정은 없다네.	不愁遮斷面前山.

들인다(此魚遇人, 以股纏入水).

89 刁踊(조용): 교활한 방법으로 물가를 조정하고 농간하는 것을 말한다.

90 [原註(원주)] 磊碌(뇌록): 뇌성산에서 녹석이 나는데, 염료(染料)로 쓸 수 있다. 이 지방 사람들은 이것을 뇌록이라고 한다(磊城山産綠石, 可以施采. 土人謂之磊碌).

91 茯神(복신): 식물 이름이다. 산속의 소나무 뿌리 밑에서 기생하는 식물로, 겉은 검고 속은 희거나 혹은 약간 붉은 색을 띤다. 속에 소나무 뿌리의 심이 박혀있는 것을 복신(茯神)이라 하고, 심이 없는 것은 복령(茯苓)이라고 한다.

92 染局(염국): 옷감에 물감을 들이는 관서를 말한다.

93 영릉유혈자천춘(零陵乳穴自千春): 국가에서 뇌록을 공물(貢物)로 책정하지 않았기 때문에 백성들은 시달림을 받지 않고 뇌록은 뇌록대로 흥청망청 있다는 의미이다. 중국 영주(永州) 영릉현(零陵縣)에서 석종유(石鍾乳)가 생산되는데, 나라에서는 이것을 공물로 받았기 때문에 해마다 힘들여 그것을 채취하고서도 별 보상도 받지 못한 지방민들이 이에 싫증을 느끼고는, 그곳 석종유가 이제 바닥이 나고 없다고 보고하였다. 그러다가 이후 5년이 지나서 최민(崔敏)이 영주 자사(永州刺史)로 부임하여 선정(善政)을 펼치자, 그곳 백성들이 이제야 석종유가 되살아났다고 보고했다는 것이다. 류종원(柳宗元)의 《영릉복유혈기(零陵復乳穴記)》에 보인다.

94 宋尤庵(송우암): 조선 중기의 문신인 송시열(宋時烈; 1607~1689)을 말한다. '우암'은 그의 호이다. 송시열은 예송 논쟁에 휘말려 1675년 장기에 유배되었다.

제주도산 말총모자로 소나무와상 기대앉아,	乇羅[95]騣帽據松牀,
일본산 자기 잔에다 보리숭늉을 마신다.	日本瓷杯進麥湯.
금년에는 해초들이 모두 잘 말랐는데,	海菜今年都善曬,
이른 봄 날씨가 맑고 시원한 덕이라네.	早春風日幸淸涼.
밥은 쌀로 국은 고기로 그것이면 그만이고,	飯稻羹魚事便休,
꽃과 나무 그걸 놓고 한가한 시름 않아.	不將花木費閒愁.
울 사이에 울퉁불퉁 무슨 나무인지 몰랐다가,	籬間擁腫知何木,
잎 피기에 보았더니 그게 바로 석류였네.	新葉看來是海榴.
금화전에 오르고 옥당에 있을 생각 말게,	休上金華[96]倚玉堂
고기잡이 생리는 부러운 게 어부라네.	魚蠻生理羨漁郎
아내 맞이할 때는 고래수염 자를 주고,	迎妻好贈鯨鬚尺
자식 분가시킬 때는 게딱지솥 나눠준다.	析子皆分蟹甲[97]鐺.
밥 먹으면 잠 자고 잠 깨면 배가 고파,	飯罷須眠眠罷飢,
배고프면 술 찾고 담배도 태우라지.	飢來命酒爇金絲[98].
도무지 소일을 할 만한 일은 없고,	都無一事堪銷日,
이웃 영감 때로 와서 장기 두는 게 고작이야.	隣叟時來著象棋.
봄을 나자 습증이 중풍으로 변했는데,	病濕經春癱瘓成,
북녘 태생이 남쪽 음식에 적응을 못해서지.	北脾不慣喫南烹.
비방인 창출술을 먹었으면 좋겠는데,	思服禁方蒼朮酒[99],
약솥 들고 종은 와서 고향을 묻네 그려.	小奴持鑳問鄕名.

95 乇羅(탁라): 삼국 시기에 제주도에 있던 나라 이름. 백제·신라·고려의 각 조(朝)에 속했다가 고려 숙종 10년(1105)에 고려의 한 군현이 되었다.

96 金華(금화): 금화전(金華殿)으로, 한(漢)나라의 미양궁(未央宮)의 별칭이다. 한 성제(成帝) 때 장우(張禹) 등이 이곳에서《상서(尙書)》·《논어(論語)》 등을 진강(進講)했다고 한다.

97 [原註(원주)] 蟹甲(해갑): 작은 솥을 시속에서는 게딱지(蟹甲)라고 한다(俗呼小鐺爲蟹甲).

98 金絲(금사): 잘게 썬 담배를 말한다.

99 蒼朮酒(창출주): 삽주 뿌리로 담근 술을 말한다. '창출'은 국화과에 속한 여러해살이풀인 삽주 및 같은 속 식물의 뿌리를 말린 것이다.

이 인생 그르친 것 책인 줄을 잘 알기에,　　書卷深知誤此生,
여생 동안은 맹세코 그 은정 끊으렸더니.　　餘生逝與割恩情.
아직도 마음속엔 그 뿌리가 남아있어,　　心根苦未消磨盡,
이웃 아이 책 읽는 소리 누워서 듣노라네.　　臥聽隣兒讀史聲.

놀도 아니요 구름도 아닌 보리가 크는 하늘,　　非靄非雲養麥天,
복숭아는 술 취한 듯 버들눈은 조는 듯.　　小桃如醉柳如眠.
슬슬 걸어 산 구경 갈 생각이야 없으랴만,　　緩豈無步看山意,
틀어박혀 지은 죄를 생각할 뿐이라네.　　只得深居念罪愆.

옛날에 오서산에 올라 지는 해를 보았더니,　　憶上烏棲[100]落日看,
오늘은 또 동해에서 뜨는 해를 보네그려.　　桑溟又見浴金盤.
내 어찌 동해 서해 다 구경하는 몸이던가,　　吾遊豈盡東西海,
강토가 원래 그리 넓지를 않아서지.　　疆埸由來未許寬.

초봄에는 흰 털이 두 개가 났었지만,　　初春兩個白毛新,
한 개는 검은 편이고 하나만 하얗더니.　　一個猶玄一個純.
이곳에 와서는 또 하나가 더 보태져서,　　此地又來添一個,
세 개 모두 천연스레 하얗기가 은빛 같네.　　天然三個白如銀.

푹푹 찌는 비린내에 파리가 너무 많아,　　鮑腥蒸鬱苦多蠅,
밥은 늘 늦게 들고 잠은 늘 일찍 깨네.　　飯每徐抄睡早興.
이는 분명 하늘이 게으름을 징계함이리,　　天意分明懲懶散,
옛사람이 무단히 부를 써서 미워했지.　　昔人詞賦枉相憎[101].

100 烏棲(오서): 충청남도 보령시와 홍성군의 경계에 있는 산이다. 까마귀와 까치가 많이 서식하여 '오서'라고 불렀다. 그 정상에서는 서해를 바라볼 수 있다. [原註(원주)] 옛날 금정(金井)에서 귀양살이할 때 오서산(烏棲山)에 올라가 해지는 것을 구경한 일이 있었다(舊謫金井, 登烏栖山觀日入).

101 昔人詞賦枉相憎(석인사부왕상회): 북송(北宋)의 대문장가 구양수(歐陽修)가 《증창승부(憎蒼蠅賦)》를 지어 파리의 구차하고 얄미운 몰골을 생동감 있게 묘사한 바 있다.

살 깨무는 빈대 통에 잠을 잘 수가 없고,
벽에는 또 지네가 다녀 사람을 놀라게 하지.
작은 벌레들 이빨도 내 맘대로 못하는데,
그렇게 생각하고 저들 멋대로 하랄 수밖에.

鼈蝨嚼肌睡不成,
吳公[102]行壁又堪驚.
須知▩齒非吾有,
念此怡然順物情.

날 따뜻해 작은 밭에 장다리꽃 활짝 피니,
노랑나비 퍼렁벌레 번갈아 드나든다.
저걸 보면 장주가 물화를 알았나봐,
죽장 짚고 느릿느릿 거닐면서 서성대네.

小園風暖菜花開,
黃蝶青蟲遞去來.
證得莊生知物化[103],
徐携竹杖悄徘徊.

옛날에 검정실로 짠 작은 은낭 너를,
나 혼자서 끌어안고 이곳저곳 다 갔었지.
누우나 서나 네가 꼭 필요해서뿐 아니라,
아버지가 만지시던 손때가 묻어서란다.

疇昔烏繩小隱囊[104],
隻身携汝到殊方.
非唯臥起相須切,
爲是摩挲手澤方.

서남해 바다 물빛 금릉과 맞닿아서,
장사 배가 며칠이면 이곳까지 닿는다네.
경뢰가 바라보인다 그 말 믿지 못했더니,
빽빽하게 모인 섬들 푸르고 험하구나.

西南海色接金陵[105],
商船東來數日能.
未信瓊雷[106]解相望,
叢攢島嶼碧崚嶒.

---

102 吳公(오공): 오공(蜈蚣)으로, 지네를 말한다.

103 物化(물화): 사물과 나의 경계가 허물어져 사물과 내가 하나가 되는 경지를 말한다. 《장자(莊子)·제물론(齊物論)》은 "밤에 장주(莊周)가 나비 꿈을 꾼 적이 있었다. 훨훨 날아다니는 나비가 되어 즐거워하며 흡족해했다. 그런데 장주는 그 나비가 자신임을 몰랐다. 갑자기 잠에서 깨어보니 분명히 장주였다. 장주가 꿈에서 나비가 된 것인지, 나비가 꿈에서 장주가 된 것인지 알 수 없었다. 장주와 나비는 분명히 다를 것이다. 이를 (사물과 내가 일체가 된) '물화'라고 한다."라고 했다.

104 隱囊(은낭): 주머니 모양으로 된 몸을 기대는 도구를 말한다. 곡침(靠枕)이라고도 한다. [原註(원주)] 선인(先人)께서 쓰시던 것이다(先人所嘗御).

105 金陵(금릉): 중국 강소성(江蘇省) 남경(南京)의 옛 이름이다.

106 瓊雷(경뢰): 해협(海峽) 이름이다. 중국 광동성(廣東省) 뇌주반도(雷州半島)와 남해도(南海島) 사이에 위치한 경주해협(瓊州海峽)이다. 뇌주해협(雷州海峽)이라고도 하는데 홍콩 등지나 원남해협을 가려면 반드시 거쳐야 하는 곳이다.

62~71 장기농가 [長鬐農歌][107]

10장(章)

정약용(丁若鏞; 1762~1836) 《다산시문집(茶山詩文集)》(제4권)

보릿고개 험한 고개 태산같이 험한 고개,	麥嶺[108]崎嶇似太行,
단오명절 지나야만 가을이 시작되지.	天中過後始登場.
풋보리죽 한 사발을 그 누가 들고 가서,	誰將一椀熬青麮,
주사의 대감도 좀 맛보라고 나눠줄까.	分與籌司大監[109]嘗.
못노래는 애절하고 논에 물은 넘실대는데,	秧歌哀婉水如油,
아가가 유별나게 수줍다고 야단이야.	嗔怪兒哥[110]別樣羞.
하얀 모시 새 적삼에 노란 모시 치마를,	白苧新襦黃苧[111]帔,
장롱 속에 길이 간직 추석 오기만 기다린다네.	籠中十襲待中秋.
부슬부슬 새벽 비가 담배 심기 알맞기에,	曉雨廉纖合種煙,
담배 모종 옮겨다가 울밑에다 심는다네.	煙苗移揷小籬邊.
올봄에는 영양에서 가꾸는 법 따로 배워,	今春別學英陽法,
금사처럼 만들어 팔아 그로 일년 지내야지.	要販金絲[112]度一年.
호박 심어 토실토실 떡잎이 나더니만,	新吐南瓜兩葉肥,
밤사이 덩굴 뻗어 사립문에 얽혀 있다.	夜來抽蔓絡柴扉.
평생토록 수박을 심지 않는 까닭은,	平生不種西瓜子,
아전놈들 트집 잡고 시비 걸까 무서워서네.	剛怕官奴惹是非.

107 이 시의 번역은 양홍렬 선생의 《다산시문집(茶山詩文集)》(권4) 번역본을 참고했다.

108 [原註(원주)] 麥嶺(맥령): 사월이면 민간에서 식량이 달려 시속에서는 그때를 일러 보릿고개라고 한다(四月民間艱食, 俗謂之麥嶺).

109 [原註(원주)] 大監(대감): 방언으로 재상(宰相)을 대감이라고 한다(方言宰相曰大監).

110 [原註(원주)] 兒哥(아가): 방언에 새 며느리를 아가라고 부른다(方言新婦曰兒哥).

111 [原註(원주)] 黃苧帔(황저피): 노란 모시베는 경주에서 난다. 피는 치마이다(黃苧布出慶州. 帔, 裙也).

112 [原註(원주)] 金絲(금사): 영양현에서 좋은 담배가 생산된다(英陽縣産佳煙).

작기가 주먹만 한 갓 까놓은 병아리들,	鷄子新生小似拳
여리고 노란 털이 깜찍하게 예쁘다네.	嫩黃毛色絶堪憐
어린 딸 공밥 먹는다 말하는 자 누구더뇨,	誰言弱女糜虛祿
꼼짝 않고 뜰에 앉아 성난 솔개 보는 것을.	堅坐中庭看嚇鳶.
어저귀 베어내고 삼밭을 매느라고,	䔢麻初剪牡麻鋤,
늙은 할멈 쑥대머리 밤에야 빗질하고.	公姥蓬頭夜始梳.
일찍 자는 첨지를 발로 차 일으키며,	蹴起僉知[113]休早臥,
풍로에 불 지피고 물레도 고치라네.	風爐吹火改繅車.
상추쌈에 보리밥을 둘둘 싸서 삼키고는,	萵葉團包麥飯呑,
고추장에 파뿌리를 곁들여서 먹는다.	合同椒醬與葱根.
금년에는 넙치마저 구하기가 어려운데,	今年比目猶難得,
잡는 족족 말려서 관가에다 바친다네.	盡作乾鱅入縣門.
송아지가 외밭에 뛰어들지 못하도록,	不敎黃犢入瓜田,
서편 뜰 고무래 옆에 옮겨 매두었는데.	移繫西庭碌碡邊.
새벽녘에 이정이 와 코를 뚫어 몰고 가며,	里正曉來穿鼻去,
동래 하납 배를 챙겨 짐 싣는다 하더라네.	東萊下納[114]始裝船.
마당을 절반 떼어 배추를 심었는데,	菘葉[115]新畦割半庭,
벌레가 갉아먹어 구멍이 숭숭 났네.	苦遭蟲蝕穴星星.
어찌하면 훈련대 앞 가꾸는 법 배워다가,	那將訓鍊臺前法,
파초 같은 배추잎을 볼 수가 있을까.	恰見芭蕉一樣靑.

113 [原註(원주)] 僉知(첨지): 방언에 자기 집 영감을 첨지(僉知)라고 부르는데, 아무런 직첩(職牒)이 없어도 그냥 그렇게 부르고 있었다(方言家翁曰僉知. 雖無職牒, 亦得濫稱).

114 [原註(원주)] 下納(하납): 하납이란 영남의 세미(稅米) 절반을 일본으로 실어 보내는데, 이것을 하납이라고 한다. 이웃이 도망가서 그 부족한 부분을 징수하는 것을 징린이라고 한다(下納者, 嶺南稅米, 半下納日本, 名之曰下納也. 隣有逃亡, 徵其所欠曰徵隣).

115 [原註(원주)] 菘葉(숭엽): 서울 배추도 훈련원 밭의 것이 가장 좋다(京城菘菜, 唯訓鍊院田最佳).

시골 사람 꽃이래야 기껏하면 장독 가에,　　野人花草醬罌邊,
맨드라미 봉선화 그것이 고작이지.　　不過鷄冠與鳳仙.
쓸모없는 바다석류 붉기가 불 같기에,　　無用海榴[116]朱似火,
늦은 봄날 옮겨다가 객창 앞에다 심었다네.　　晩春移在客窓前.

72 동문에서 일출을 보며 [東門觀日出]

정약용(丁若鏞; 1762~1836) 《다산시문집(茶山詩文集)》(제4권)

직녀성이 붉은 비단 장막을 짜 만들어,　　天孫織出紅錦帳,
동해의 푸른 하늘 위에다가 걸어놨네.　　掛之碧海靑天上.
물에 비친 붉은 빛에 어룡이 움직이고,　　赤光照水魚龍盪,
뭇 족속들 일제히 동으로 머리 돌리리.　　萬族齊首盡東嚮.
금고리가 번득이며 잔물결이 일더니만,　　金鉤一閃波細漾,
태양이 불끈 솟고 먼지 하나 없네그려.　　銅鉦畢吐塵無障.
하늘 높이 솟는 모습 만인이 우러러보고,　　宛轉上天人共仰,
노을은 점점 산을 찾아 흩어져 가네.　　碧霞漸散歸峯嶂.
처음에는 장엄한 어가 호위 같더니만,　　初如御駕出宮輿衛壯,
마지막엔 어가 호위 해산한 것과 같아,　　終如御駕上殿收儀仗,
그 옛날 생각하니 소신의 마음 슬퍼지네.　　小臣憶昔心惻愴.

116 海榴(해류): 석류가 해외(海外)의 품종이라는 의미이다. 한(漢)나라 사람 장건(張騫)이 서역에서 들여왔다 하여 해석류(海石榴) 또는 해류(海榴)라고 부른다.

73 장기를 지나면서 진사 정원충과 죽포에서 노닐며 [過長鬐與鄭進士元忠遊竹浦]

이효상(李孝相; 1774~?)《일재유고(逸齋遺稿)》

나그네는 길을 감에 일이 있는 듯,	客行如有事,
나루터 길의 해는 아득하여라.	津路日悠哉.
말을 달려 봉산에 묵고,	驅馬蓬山[117]宿,
물고기 보려 죽포에 왔네.	觀魚竹浦來.
땅은 끊어진 험한 산들에서 다하고,	地窮千嶂斷,
탁 트인 하늘 한쪽은 깊게 열렸네.	天豁一泓開.
바라건대 바람이 날개를 북돋우어,	願借培風翼,
훨훨 떠나 돌아오지 않게 해주었으면.	飄飄去不廻.

74 봉산으로 돌아가는 김순서를 전송하며 [送金舜瑞還蓬山]

홍직필(洪直弼; 1776~1852)[118]《매산집(梅山集)》(권3)

봉산에는 또 소봉대 있으니,	蓬山又有小蓬臺,
대 아래 창명은 만 리 펼쳐졌네.	臺下滄溟萬里開.
나는 그대와 뗏목 타고 가서,	我欲乘桴携爾去,
부상의 구양에서 눈 말리고 오고 싶네.	扶桑晞目九陽[119]廻.

봉산은 장기의 옛 이름이다. 소봉대는 바다에 있는 명승지이다. '구양에서 눈을 말린

117 蓬山(봉산): 장기의 옛 지명이다.

118 洪直弼(홍직필): 조선 후기의 문신이다. 본관은 남양(南陽)이다. 자는 백응(伯應)·백림(伯臨)이고, 호는 매산(梅山)이다. 부친은 판서 홍이간(洪履簡)이다. 순조 1년(1801) 사마시에 응시해 초시에 합격했으나 회시(會試)에서 낙방했다. 이후 성리학에 전념했다. 헌종 4년(1838) 이조에 재학(才學)으로 천거되어 관직에 나아갔다. 장악원주부·황해도도사·경연관(經筵官) 등을 지냈다. 문집으로는《매산집(梅山集)》이 있다.

119 九陽(구양): 해가 나오는 곳인 양곡(暘谷)에서 부상수(扶桑樹)라는 나무가 있다. 이 나무의 위쪽 가지에는 태양이 하나 있고, 아래쪽 가지에는 아홉 개의 태양이 있다. 이 열 개의 태양이 하루씩 돌아가면서 뜬다고 한다.

다'는 말은 《초사·원유》편에 나온다(蓬山, 長鬐號也. 小蓬臺, 在海中絶勝. 晞目九陽, 出楚辭遠遊)

75~84 주희(朱熹)의 무이구곡 시의 운을 따서 봉해의 이름난 열 곳을 노래하며 [拈朱夫子[120]武夷九曲[121]韻題蓬海十地名區]

오형필(吳衡弼; 1826~1904) 《눌암집(訥庵集)》(권1)

소봉대 위에는 선령이 있어, 少蓬臺上有仙靈,
신선 떠나자 대는 비고 물은 절로 맑아졌네. 仙去臺空水自淸.
이 가운데서 진경의 세계 찾고자, 箇裏欲尋眞境界,
고기잡이 노인은 노 젓는 소리와 화창하네. 漁翁相和櫂歌聲.

모포 [牟浦]

모포 앞에 범순인(范純仁)의 배 묶어두길 바라나, 浦前願繫范公船[122],
보리 실은 바람 탄 돛대는 멀리 냇가를 건너네. 載麥風檣遠濟川.
이 포구는 언제 보리 물결 이루나, 此浦何時成麥浪,
궁핍한 마을에 밥 짓는 연기 끊어짐 가장 불쌍하여라. 最憐窮里斷炊煙.

구평 [龜坪]

금 거북 위의 광정봉, 金龜背上廣亭峯,
유독 우뚝 서 있는 만고의 모습이네. 特立亭亭萬古容.
평수는 맑은 낙수의 갈래가 되니, 坪水便爲淸洛派,
성인의 훌륭한 조짐 거듭 나옴이여. 聖人嘉瑞出重重.

---

120 朱夫子(주부자): 남송(南宋)의 유학자인 주희(朱熹; 1130~1200)를 말한다. 송나라의 유학을 집대성하고 체계화하여 주자학을 완성했다. 《사서집주(四書集註)》·《태극도설(太極圖說)》·《주자가례(朱子家禮)》 등 40권에 달하는 저술을 남겼다.

121 武夷九曲(무이구곡): 중국 복건성(福建省)에 있는 무이산(武夷山)의 아홉 굽이의 계곡을 말한다. 일찍이 주희(朱熹)가 이곳에서 《구곡가(九曲歌)》를 지은 것에서 유래한 말이다.

122 范公船(범공선): 이곳의 '범공'은 송나라의 명재상 범중엄(范仲淹)의 아들 범순인(范純仁)을 말한다. 그는 일찍이 기근이 들자 상부에 보고하지 않고 상평창(常平倉)의 곡식을 배로 운반하여 백성들을 구제했다고 전한다. 《송사(宋史)·범순인열전(范純仁列傳)》(권314)에 보인다.

송정 [松亭]

정자 아래 고기 잡는 노인 배 묶어두었는데, 亭下漁翁日繫船,
울창한 소나무 한 그루 천년이나 되었네. 一松鬱鬱老千年.
속인의 눈으로 어찌 아름다운 재질 알겠는가, 俗眼那知材質美,
엄동에도 외로운 절개 지키니 불쌍하지 않네. 歲寒孤節不堪憐.

토기 [兎基]

바다 바위에 위태로이 깃든 토끼 있어, 有兎幾棲海上巖,
가는 가을 털은 점차 아래로 드리우네. 秋毫淡淡漸毿毿[123].
바라건대 요궁의 달로 들어가, 願言移入瑤宮月,
산에 사는 사람의 백옥담 오래 비춰주길. 長照山人白玉潭.

용추 [龍湫]

용이 옛 못에 누우니 못의 물 깊어지고, 龍臥古湫湫水深,
바람과 구름은 늘 앞의 어두운 숲 어둡게 하네. 風雲往往晦前林.
하늘에 꽂힌 거대한 형세는 바다 가로지르고, 揷天巨勢因跨海,
우박과 비 더해지면 수시로 마음 바꾸네. 雹雨佗時變化心.

창주 [滄洲]

뭇 골짜기와 봉우리는 물굽이를 둘러싸고, 萬壑千峯繞水灣,
이 사이에 은자가 사는 문이 있는 듯. 此間疑有隱人關.
나루터에서 주희 선생을 생각하니, 渡頭[124]回憶朱夫子,
마침 저 창주에서 의지와 취향 여유로워지네. 正爾滄洲志趣閒.

나진 [羅津]

직녀가 밤에 강의 물가에 내려오니, 織女夜降河水灘,
부상에서 이어지는 달을 사람들 보려 하네. 扶桑繭月要人看.

---

123 毿毿(남삼): 바람에 나부껴 아래로 드리우는 모양을 말한다.
124 渡頭(도두): 강이나 내 또는 좁은 바닷목에서 배가 건너다니는 곳을 말한다.

이 나루터는 푸른 비단 띠와 같아서, 此津若作青羅帶,
세상의 추운 노인들을 크게 덮어주네. 大庇人間老者寒.

석병 [石屛]

바다 에워싼 푸른 병풍 몇 겹이나 펼쳐지고, 繞海蒼屛幾疊開,
여러 물줄기 늘어선 뭇 산을 돌아 흐르네. 羣山羅列衆流洄.
이 사이에서 먼저 부상의 달을 얻으니, 此間先得扶桑月,
달 속의 항아가 밤마다 오네. 月裏姮娥夜夜來.

용소 [龍沼]

천 길 용소는 절로 깊은데, 千尋龍沼自淵然,
뭇 하천들 멀리 바다로 들어가네. 遙透滄溟朝百川.
용궁에 잠복하는 모습 가장 기이하니, 最奇波宮[125]潛伏勢,
다른 날 바람과 구름 자유로이 하늘 난다네. 風雲異日任飛天.

85 장기 물가에서 일출을 보며 [長鬐浦觀日出]

현찬봉(玄燦鳳; 1861~1918)[126] 《남강유고(南岡遺稿)》(권1)

동쪽의 긴 밤이 열리니, 大東長夜闢,
일렁이는 붉은 파도가 철석이네. 蕩漾赤波翻.
그저 꽃이 현란하게 피는 것 보고, 但看花生眩,
솥에서 요란하게 물 끓는 소리 들을 뿐. 如聞鼎沸喧.
서쪽 하늘에 갑자기 광채가 없어지고, 天西俄沒彩,
바다 밑에선 다시 혼백이 돌아오네. 海底更還魂.

---

125 波宮(파궁): 능파궁(凌波宮)을 말하는데, 용궁(龍宮)의 의미로 쓰인다.

126 玄燦鳳(현찬봉): 대한제국기의 관료이자 학자이다. 본관은 연주(延州)이다. 자는 문가(文可)이고, 호는 남강(南岡)이다. 부친은 중추원찬의(中樞院贊議)를 지낸 현성관(玄聖寬)이다. 10세에 시를 지었고, 의서에도 정통했다. 수륜원주사(水輪院主事)·태의원전의(太醫院典醫) 등을 지냈다. 저서로는 《남강집(南岡集)》이 있다.

온 나라를 사심 없이 비춰주니, 萬國無私照,
하늘의 마음이 여기 있네. 天心這裏存.

86 가을밤 장기 학교에서 느낌이 들어 [秋夜長鬐學校有感]

정헌교(鄭獻敎; 1876~1957) 《지암문집(止菴文集)》(권2)

찬 가을의 객관 등불 아래의 백발노인, 旅燈華髮[127]冷秋光,
암울한 고국 산하에 애간장 끊이네. 故國山河暗斷腸.
평안한 꿈속 혼을 어찌 다시 찾아볼 수 있나, 夢裡魂安那復訪,
눈앞의 천지개벽에 마음 아파할 만하네. 眼前桑劫正堪傷.
빈 섬돌의 귀뚜라미 밤새도록 달 원망하고, 空階怨蟋終宵[128]月,
먼 물가의 놀란 기러기 어디서 서리 얻었는가. 極浦驚鴻何處霜.
하늘에서 부는 서풍은 끝이 없는데, 玉宇[129]西風吹不盡,
미인은 오늘 저녁 먼 하늘 한쪽에 있겠지. 美人今夜一天方.

87 봉성에 묵다가 우연히 읊으며 [宿蓬城偶唫]

한석찬(韓錫瓚; 미상) 《경지암집(敬止庵集)》(권1)

동루의 나팔은 늦게 새벽 알리고, 畫角[130]東樓晚報晨,
짚신 신은 귀객은 세속의 먼지 밟네. 芒鞋歸客躡紅塵.
솔개는 고고한 기러기 배워 억지로 멀리 날고, 鳶學高鴻飛强遠,
닭들은 벼슬아치 따라 서로 따르길 좋아하네. 鷄隨羣丞好相馴.
땅은 다해도 산은 계속 바닷가에 웅크리고, 地盡山仍蹲海口,
하늘가의 구름 반은 성 끝을 누르네. 天空雲半壓城垠.

127 華髮(화발): 노인을 비유적으로 이르는 말이다.
128 終宵(종소): 밤새 또는 하룻밤 동안을 말한다.
129 玉宇(옥우): 우주 또는 하늘을 말한다.
130 畫角(화각): 옛날 군중(軍中)에서 쓰던 대나무나 가죽 따위로 만든 나팔의 일종이다.

호탕한 마음은 술 몇 잔에도 계속 일어나니, 豪情剩發三杯後,
뭇 나무와 서풍이 취한 사람을 놀리네. 萬樹西風戲醉人.

88 동문 [東門][131]

작가 미상

동쪽으로 열린 성문은 바다 비추고, 城門照海正東開,
우뚝 선 배일대의 글자는 장관이네. 壯觀頑顏拜日臺.
푸른 양산 든 귀인들 장난치며 거닐고, 翠蓋青彩遊翫處,
은 안장의 준마는 즐겁게 돌며 노니네. 銀鞍駿馬冶遊回.
자리에서 술 드니 앵무 잔 움직이고, 花筵擧酒鸚盃動,
해지니 퉁소 연주에 봉황 춤추러 오네. 日夕横簫鳳舞來.
가없는 푸른 바다는 무한한 경관이건만, 浩浩滄溟無限景,
누대 오른 나그네의 슬픔은 그지없구나. 登樓遠客摠堪哀.

131 이 시는 장기면 충효관에 소장된 문집 필사본에서 발췌하였는데, 문집명과 작가이름을 알 수 없다.

장기읍성(長鬐邑城) 관련 시

장기읍성은 고려 현종 2년(1011)에 여진족이 해안으로 침입할 것을 대비하여 흙으로 쌓은 성이다. 이후 조선 세종 21년(1439)에는 왜구를 막기 위해서 돌로 다시 쌓았다. 이때부터 동해안의 주요 군사기지로서 왜구를 막는 전초기지 역할을 수행했다. 《신증동국여지승람》 등의 문헌에 의하면, 성의 둘레는 2,980척(약 1,392m)에 높이는 10척이었고, 성내에는 우물 4곳과 연못 2곳이 있었다고 전한다. 현재의 둘레는 약 1.3㎞이고, 성벽의 높이는 약 3.7~4.2m이며, 두께는 아랫부분이 약 7~8m, 윗부분이 약 5m이다. 동쪽·서쪽·북쪽에 문 터가 남아있고, 수구(水口) 1곳, 치성(雉城) 12곳이 있다. 현재 성내에는 우물 5곳과 연못 3곳이 확인되고 있다.

장기읍성 안에 있었던 건물로는 《조선환여승람》과 《장기현읍지》 등의 기록을 보면, 무술 연습장인 양무당(養武堂), 포교와 군교 등 장교들의 집무소인 군 관청, 이속(吏屬)·아전·이방들의 집무소인 인이청(人吏廳), 현감 군수의 직인과 각종 인장을 관리하던 곳인 지인청(知印廳), 부역 등을 징발하던 차역청(差役廳), 동헌인 근민당이 있었다. 이밖에 부속 건물로 조일헌(朝日軒)·조해루(朝海樓)·향사당(鄕射堂) 등이 있었다.

장기읍성은 산 위에 위치하여 산성의 역할도 겸하고 있다. 읍성은 해발 252m 동악산(東岳山)에서 해안 쪽인 동쪽으로 뻗은 해발 약 100m 산 정상의 평탄면에 축조되었는데, 동쪽과 서쪽이 긴 마름모꼴 모습을 하고 있다. 장기읍성은 매우 희귀한 산성의 기능을 갖춘 읍성으로 해안 읍성 연구에 귀중한 자료이다.

아쉽게도 일제강점기 때 읍성 내의 모든 관아 건물들이 일본인들에 의해 파괴되었다. 1991년 경주문화재연구소의 지표조사결과를 근거로 1998년 2월부터 복원공사를 벌이면서 옛 모습을 되찾아 가고 있다.

1 장기읍성을 노래하며 [題長鬐邑城][132]

류수(柳綏; 1678~1755)[133]

외로운 성은 산기슭에 의지하고, 孤城依山麓,
대나무 숲속의 관사는 열려있네. 官居竹裏開.
새벽 창으로 뜨는 해 공손히 맞이하니, 曉窓賓出日,
신선 사는 봉래산에 온 듯 황홀하네. 怳似到蓬來.

2~3 장기읍성을 노래하며 [題長鬐邑城][134]

김시진(金時振; 1840~?)[135]

멋진 누각은 산이 끝나는 곳에 있고, 畫閣山窮處,
가파른 성은 땅이 다하는 곳에 있네. 危城地盡邊.
나그네는 천 리 밖을 떠도니, 客行千里外,
이 몸 칠 년 전에도 이곳 구경했었네. 仙賞七年前.

새벽 빛깔은 해 뜨는 부상에서 가깝고, 曉色扶桑近,
세찬 파도에 바다 신 해약이 물러가네. 驚濤海若[136]遷,

132 이 시는 정확한 출전을 알 수 없다. 본편의 시는 박일천(朴一天)의 《일월향지(日月鄕誌)》 〈구장기읍성(舊長鬐邑城)〉조에 있는 것을 발췌한 것이다.

133 柳綏(류수): 조선 후기의 문신이다. 본관은 진주(晉州)이다. 자는 여회(汝懷)이다. 조부는 류연(柳渷))이고, 부친은 류진운(柳振運)이다. 숙종(肅宗) 31년(1705) 을유(乙酉) 증광시(增廣試)에서 진사에 급제했다. 승정원승지(承政院承旨)를 지냈다.

134 이 시는 출전을 알 수 없다. 본편의 시는 박일천(朴一天)의 《일월향지(日月鄕誌)》 〈구장기읍성(舊長鬐邑城)〉조에서 발췌했다. 이 시는 《장기읍지(長鬐邑誌)》 〈제영(題詠)〉조에도 실려있다.

135 조선 후기의 관리이다. 본관은 삼척(三陟)이다. 자는 성여(聲汝)이다. 고종 원년(1863)에 관직을 제수받았다는 기록이 있다.

136 海若(해약): 바다의 신을 말한다. 《초사(楚辭)·원유(遠遊)》에 보인다.

파릉만 경치가 빼어난 것이 아니니, 巴陵[137]不啻[138]勝,
누구에게 서까래 같은 큰 붓 있을까. 誰有筆如椽[139].

4 장기성에 올라서 [登長鬐城][140]

박일천(朴一天; 1926~1998)[141] 《일월향지(日月鄕誌)》(63쪽)

기나긴 강물은 흘러 바다로 들어가고, 長江流入碧海去,
멀고 먼 청산은 병풍으로 둘러섰네. 青山遙連屛嶂圍.
해를 보니 신라의 지답현이 아니런가, 極日只畓[142]城何是,
노을 진 하늘가에 구름만 피어오르네. 霽天雲邊正依依.

137 巴陵(파릉): 악양(岳陽)의 옛 지명으로, 중국 호남성(湖南省) 북동쪽에 있다. 동정호(洞庭湖)의 물이 양자강으로 흘러나가는 출구에 위치하여 호남성의 관문 역할을 한다. 남북조(南北朝) 시기부터 있어 온 악주성(岳州城) 서문에 있는 악양루(岳陽樓)는 동정호와 양자강을 전망할 수 있는 누대로 유명하다.

138 不啻(불시): '다만…뿐만 아니라'의 의미이다. '시'는 '~뿐'의 의미이다.

139 筆如椽(필여연): 여연지필(如椽之筆)을 말한다. 서까래만 한 큰 붓 내지 엄청난 필력을 가진 것을 말한다. 진(晉)나라의 왕순(王珣)은 꿈속에서 서까래와 같은 큰 붓을 받고는 크게 문장을 발휘할 날이 오리라고 믿었다. 얼마 후 과연 효무제(孝武帝)가 세상을 떠나자, 그의 애책(哀冊)과 시의(諡議) 등을 모두 그가 짓게 되었다고 한다. 《진서(晉書)·왕순전(王珣傳)》에 보인다.

140 이 시는 박일천(朴一天)의 《일월향지(日月鄕誌)》 〈구장기읍성(舊長鬐邑城)〉조에 본인이 직접 지은 시라고 밝히고 있다.

141 朴一天(박일천): 흥해 출신이다. 1952년 초대 민선 포항시장을 지냈고, 포항제철 유치위원회 부위원장으로 포항을 철강 도시로 일구는데 크게 기여했다. 향토사 연구에도 남다른 애정을 보여 1967년 《일월향지(日月鄕誌)》를 발간했다.

142 只畓(지답): 장기(長鬐)의 신라 때의 명칭이다. '지답'은 해가 뜰 때 물이 끓어오르는 모양을 의미하는데, 해가 뜨는 모습을 형용한 말이다.

장기동헌(長鬐東軒) 관련 시

장기동헌은 장기읍성에 있었던 건물이다. 지금은 성내에 그 터만 남아있고, 면행정복지센터 안에 이전하여 보호하고 있다. '동헌'이란 옛날 고을의 수령이 공무를 처리하던 집이나 그 대청을 말한다. 마을에서 가장 중심이 되는 곳이라고 할 수 있다.

---

1 장기동헌을 노래하며 [題長鬐東軒][143]

이언적(李彦迪; 1491~1553)

우뚝 솟은 봉우리들 외로운 성 감싸고, 千峰矗矗擁孤城,
한쪽의 창해는 시야를 환하게 하네. 一面滄海眼界明.
옥루는 조정에 전해졌음을 듣지 못하고, 玉漏未聞傳魏闕,
금빛 동이가 창해에서 솟구침을 처음 보네. 金盆初見踴滄溟.
멀리서도 알겠네, 다하지 않아도 결국 다하고, 遙知不盡終歸盡,
명성 없음 가장 좋아하면서도 명성 쌓음을. 最喜無名却累名.
수레는 신선의 땅에서 갈 길을 잃었는데, 乘輿仙區迷去路,
머리 드니 아득하여 원대한 포부를 부치네. 擡頭縹緲寄遐情.

2~4 장기동헌 시에 차운하며 [次長鬐軒]

봉산이라 한다(號蓬山)

황준량(黃俊良; 1517~1563) 《금계집(錦溪集)·외집(外集)》(권4)

봉래산의 한 조각 성으로 들어서서, 路入蓬萊一片城,

143 이 시는 이언적(李彦迪)의 《회재집(晦齋集)》에 보이지 않아 정확한 출전을 알 수 없다. 본편은 박일천(朴一天)의 《일월향지(日月鄉誌)》 〈구장기읍성(舊長鬐邑城)〉조에 수록된 시를 발췌했다.

주렴 걷으니 산과 바다 두 눈에 훤하네.　　捲簾山海眼雙明.
생각이야 가벼운 학 타고 삼도 다 보고,　　思驂輕鶴窮三島[144],
큰바람 타고 온 천하 다 보았으면.　　擬駕長風破九溟.
세상 밖 이르는 곳마다 모두 절경인데,　　塵外到頭皆勝境,
세상 안에는 무엇이 헛된 이름일까.　　世間何物是浮名.
하늘가 봄빛은 다시 힘입을 바 없어,　　天涯春色還無賴,
세월 보내기 재촉하며 정을 일으키네.　　催送年華惹起情

마음이 강직했던 고려조의 이정언께서는,　　一介麗朝李正言[145],
젊은 시절에 항소 올려 대궐을 진동시켰는데.　　少年抗疏動天門.
장사에서 귀양살이하며 몸 던져 죽지 않고,　　長沙[146]謫宦非投死,
눈 부라리며 노적들의 간담을 서늘케 하셨네.　　怒眼能驚老賊魂.

봄바람 맞으며 먼 길 떠나 청구 끝에 다다라,　　春風行邁極青丘,
끝없이 광활한 푸른 바닷가에 홀로 서 있네.　　獨立蒼茫碧海頭.
흥이 생겨 조각배에서 낚시할 생각을 했다가,　　興入扁舟思把釣,
무심코 남겨두어 내를 건널 뗏목으로 삼았네.　　無心留作濟川桴.

144 三島(삼도): 바다 가운데 있으며 신선이 산다는 영주산(瀛洲山)·봉래산(蓬萊山)·방장산(方丈山) 세 산을 말한다.

145 李正言(이정언): 고려 말의 충신인 이존오(李存吾)를 말한다. 자는 순경(順卿), 호는 석탄(石灘) 혹은 고산(孤山)이다. 우정언(右正言)으로서 신돈(辛旽)의 전횡을 탄핵하다가 공민왕(恭愍王)의 노여움을 샀으나 이색(李穡) 등의 변호로 극형을 면하고 장사 감무(長沙監務)로 좌천되었다. 후에 석탄에서 은둔생활을 하다가 울분으로 병이 나서 죽었다.

146 長沙(장사): 장기(長鬐)의 엣 이름이다.

장기객관(長鬐客館) 관련 시

장기객관은 장기읍성 내에 있던 건물이다. 장기객관은 장기향교와 깊은 관련이 있다. 장기향교는 태조 5년(1396)에 현유(賢儒)의 위패를 봉안하고 지방민의 교육과 교화를 위하여 창건되었다. 임진왜란 때 소실되었다가 선조 33년(1600)에 중건되었다. 영조 원년(1725)에 현감 황익진(黃益鎭)이 마현동(馬峴洞)으로 이전했다. 이후 고종 때 장기군수로 있던 김영주(金永銖)가 장기읍성 내의 객관을 수리하고 위패를 봉안하여 지금의 향교로 전해오고 있다. 1970년에 명륜당을 보수했고, 1975년에 대성전 보수와 단청을 하였다.

지금의 장기향교가 바로 장기객관이 있었던 곳이고, 장기객관을 수리하여 장기향교로 삼았음을 알 수 있다.

---

1 장기객관을 노래하며 [題長鬐客館][147]

홍일동(洪逸童; 1412~1464)[148]

옛 관청은 바다를 누르고 산성에 의지하고,	古軒壓海倚山城,
지친 나그네 난간에 기대어 자니 날이 밝네.	倦客憑欄眠轉明.
비 개이고 맑은 산바람은 북악을 지나고,	雨霽晴嵐橫北嶽,
구름이 걷히자 아침 해가 동해에서 솟구치네.	雲開旭日湧東溟.

147 이 시는 정확한 출전을 알 수 없다. 본편에서는 박일천(朴一天)의 《일월향지(日月鄕誌)》 〈구 장기읍성(舊長鬐邑城)〉조에 수록된 시를 발췌했다.

148 洪逸童(홍일동): 조선 전기의 문신이다. 본관은 남양(南陽)이다. 자는 일휴(日休)이고, 호는 마천(麻川)이다. 조부는 홍징(洪徵)이고, 부친은 절도사 홍상직(洪尙直)이다, 세종 24년(1442) 친시문과에 병과로 급제했다. 개천군사·좌헌납·호조참판 등을 지냈다. 성품이 호방하고 소탈했으며, 시와 풀피리에 능해 명성이 있었다. 저서로는 《마천집(麻川集)》이 있다.

2 장기객관을 노래하며 [題長鬐客館]

문경동(文敬仝; 1457~1521) 《창계선생문집(滄溪先生文集)》(권3)

금빛 담은 높이가 백 장인데, 金墉高百丈,
그림 그려진 기둥 위태롭게 꽂혀있네. 畫棟揷危巓.
몸은 여섯 자라 꼭대기에 있고, 身在六鼇頂,
눈은 세 섬의 연기를 여네. 眼開三島煙.
울창한 동남쪽 다함이 없고, 東南莽不極,
드넓은 하늘과 강물은 끝이 없네. 天水浩無邊.
날렵한 곤계와 붕새에 의지해, 願借鵾鵬翰,
팔방의 모든 곳을 힘차게 나네. 扶搖遍八埏.

3 장기 객사에서 벽의 운을 차운하며 [長鬐客舍, 次壁上韻]

남구만(南九萬; 1629~1711) 《약천집(藥泉集)》(권1)

성은 산 북쪽의 등성마루를 가누고, 城分山北脊,
누대는 바다 동쪽 가를 누르고 있네. 樓壓海東邊.
물은 가없는 하늘 밖에 있으니, 水自極天外,
눈앞에는 당해낼 만물이 없네. 物無當眼前.
세상이 여러 번 크게 변하니, 滄桑多改變,
해와 달은 몇 번이나 바뀌었던가. 烏兎[149]幾推遷.
갑자기 긴 바람 이는 것을 보노라니, 忽見長風起,
파도 빛이 집 처마에 일렁거리네. 波光蕩屋椽.

149 烏兎(오토): 해와 달을 의미하는데, 세월의 의미로 쓰인다.

조해루(朝海樓) 관련 시

조해루는 장기읍성 동문에 있었던 누대이다. 조해루에서 바라보는 동해의 해돋이는 절경이어서 일찍부터 조선 십경(十景) 중의 하나로 손꼽혔다. 육당(六堂) 최남선(崔南善; 1890~1957)은 [조선상식문답(朝鮮常識問答)]에서 장기 일출이 조선에서 최고의 일출이라고 격찬하기도 했다. 회재(晦齋) 이언적(李彦迪; 1491~1553) 선생도 [장기 동헌을 노래하며(題長鬐東軒)]에서 "금빛 동이가 창해에서 솟구침을 처음 보네(金盆初見踴滄溟)"라고 하여 일출 모습을 멋지게 노래한 바 있다.
매년 정월 초하루에는 장기 현감이 가장 먼저 조해루에 올라 해맞이를 하고, 임금이 계시는 북쪽을 향해 4번 절하면서 만수무강과 보국안민을 빌었다고 한다.

---

1 조해루 [朝海樓]

오형필(吳衡弼; 1826~1904) 《눌암집(訥庵集)》(권1)

뭇 하천들 흘러 바다로 들어가고,	百川流入去朝宗,
바다로 향한 동쪽 누대는 북쪽을 따르네.	海向東樓北面從.
만국의 공후들 알현하는 모습으로 따르고,	萬國公侯歸覲勢,
수많은 동료 관리들 몸을 굽히고 펴네.	千般僚友[150]屈伸容.
처마는 양곡과 이어지며 붉은 해를 인도하고,	檐連暘谷[151]賓紅日,
동헌은 봉래에 가까워 적송이 옆에 있네.	軒近蓬萊傍赤松.
동쪽의 태산 아래 어느 곳이 명당일까,	何處明堂東泰下,
나그네는 지팡이 멈추고 《하천》 시를 읊네.	下泉[152]詩誦客停笻.

150 僚友(요우): 같은 일자리에서 일하는 같은 계급의 벗을 말한다.

151 暘谷(양곡): 동방의 해가 뜨는 곳을 말한다.

152 下泉(하천): 《시경(詩經)·조풍(曹風)》에 나오는 시이다. 시는 조(曹)나라 사람들이 주(周)나라의 왕도(王道)가 쇠미함을 걱정하면서 주왕(周王)을 도와 공을 세운 순백(郇伯)을 찬미하는 내용이다.

2 조해루 [朝海樓]

오형필(吳衡弼; 1826~1904) 《눌암집(訥庵集)》(권1)

창해는 몸을 굽혀 앞 누대 빼어나다 말하고,	滄海枉前樓號嘉,
교목처럼 서 있으니 대대로 신하의 가문이네.	立如喬木世臣[153]家.
십 층의 우뚝 솟은 누대는 들판 에워싸고,	十層高起軒圍野,
만 굽이 흘러 파도는 울리고 모래는 구르네.	萬折流鳴波滾沙.
뭇별들 천추를 에워싸며 늘 북극성 향하고,	星盡繞樞常拱極[154],
해바라기는 해를 향해 그때마다 꽃잎 기울이네.	葵將向日每傾花.
언제 주나라 숭상한 노중련의 전철을 밟을까나,	尊周何日魯連踏,
밝은 달 아래 기울어진 난간 밖에서 배회해보네.	明月徘徊檻外斜.

3 조해루 시에 차운하며 [朝海樓韻][155]

작가 미상

장기성 성축은 높은 산을 이루고,	鬐邱粉堞作高山,
누대는 아련히 빛나는 구름 사이에 있네.	樓在炯雲縹渺間.
아련히 돌아가는 차가운 기러기들 모이니,	依長點歸寒雁集,
문 열면 관서마다 관리들 기러기와 장난치네.	開門每廳狎鷗官.
사면의 비취 주렴은 그림처럼 진하고,	四簾翡翠濃如畵,
가없는 넓은 바다가 고리처럼 둘렀네.	萬斛滄溟繞似環.
강한의 근원이 이제야 이름 내려주니,	江漢[156]祖宗名肇錫,
진리 찾는 나그네는 돌아가지 못하네.	尋眞遊客不爲還.

---

153 世臣(세신): 대대로 한 왕가나 가문만을 섬기는 신하를 말한다.

154 拱極(공극): 공신(拱辰)과 같은 말로, 뭇별이 북극성을 향하는 것처럼 덕정(德政)을 펼치는 군주에게 충성을 다하겠음을 말한다.

155 이 시는 이상준의 《장기고을 장기 사람 이야기》(2006)에서 발췌했다(374쪽). 이곳의 주석은 "이 시는 필자가 작가 미상의 문집 필사본에서 찾아낸 것이다."라고 했다.

156 江漢(강한): 장강(長江)과 한수(漢水)를 말한다.

시목동(柿木洞) 관련 시

시목동은 장기면 수성리(水城里)에 있다. '감골' 또는 '감재'라고도 한다. 옛날에는 시령산성이 있었다고 전한다. 감재는 장기현에서 경주로 통하는 행정도로였다. 또 다른 시목동은 장기면 방산리 '감나무골'을 말한다.

《일월향지》 〈시목동〉조에 의하면, 마을 앞에 연못이 있는데, 송림이 울창하여 시인묵객들의 발길이 끊이지 않으며, 세상 사람들은 이곳을 '방산의 선경(芳山之仙境)'이라 한다고 하였다. 이어서 《일월향지》 〈시목동〉조는 시목팔경(柿木八景)[157]으로 동악의 아침 해(東岳朝陽), 증봉의 석조(甑峯夕照), 율오의 청풍(栗塢淸風), 송정의 밝은 달(松亭明月), 응봉의 저녁에 핀 안개(鷹峯宿霧), 관등의 긴 소나무(觀嶝長松), 석암의 시경(石菴時鏡), 망산의 나무꾼이 부르는 노래(望山樵歌)를 소개하고 있다.

---

1 동짓날, 장기 감재에서 눈을 만났다. 그때 관찰사와 절도사가 동행했는데, 경주로 가려고 했다 [冬至日, 長鬐柹峴遇雪, 時觀察使, 節度使同行, 向慶州]

김종직(金宗直; 1431~1492) 《점필재집(佔畢齋集)》(권4)

올해 바닷가의 겨울 포근하고 새로우며,	海澨今冬暖尙新,
나오는 밝은 해는 이른 새벽을 두렵게 하네.	一陽生日怯淩晨.
곰과 표범 깃발이 종횡으로 펄럭이는 곳엔,	熊旌豹纛縱橫處,
순간 꽃이 피어 봄까지 이르네.	造次[158]花開及小春.

157 原註(원주): "어떤 곳에서는 방산팔경이라고 한다(一云芳山八景)."

158 造次(조차): 얼마 되지 않는 짧은 동안을 말한다.

2 감골 [柹谷]

홍세태(洪世泰; 1653~1725) 《류하집(柳下集)》(권7)

빼어난 곳에 앉자 말자,	勝處方爲坐,
여러 명의 관리가 따라오네.	仍兼數吏隨.
외로운 봉우리의 구름은 옅게 나오고,	孤峰雲出細,
작은 개울가엔 물 천천히 흘러가네.	小澗水流遲.
이어진 자취는 비록 서로 섞여도,	漫跡雖相混,
그윽한 마음만은 절로 안다네.	幽襟只自知.
함께 고개 정상에 올 때마다,	每來同峴首,
나는 옛사람들과 기약한다네.	吾敢古人期.

3 시목동을 노래하며 [題柹木洞][159]

작가 미상

나는 샘물과 푸르고 거친 나무,	一幅飛泉樹碧巒,
씨앗이 꽃과 나무에 와서 그 사이에 숨었네.	種來花木隱其間.
일찍이 신령에게 가서 보라하고,	早令仙子如相見,
나들이객은 이 산을 알면 안 되네.	不許遊人識此山.

159 이 시는 출전이 분명치 않다. 본편은 박일천(朴一天)의 《일월향지(日月鄕誌)》〈시목동(柹木洞)〉조에 수록된 시를 발췌했다.

뇌성산(磊城山) 관련 시

뇌성산은 장기면 모포리와 구룡포읍 성동(城洞) 경계에 우뚝 솟은 산이다. 그 형세가 송곳을 세워놓은 듯한 모양을 하고 있다. 높이는 212m이다.

뇌성산은 원래 뇌산(磊山) 또는 뇌산(雷山)이라고 했다. 이곳에 성을 쌓은 후로 뇌성산으로 불렀다. 뇌성산에는 예로부터 칠보(七寶)라고 하는 일곱 가지 귀한 물품이 생산되었다. 바로 뇌록(磊綠)·인삼(人蔘)·자지(紫芝)·오공(蜈蚣; 지네)·봉청(蜂淸; 꿀)·치달(雉獺; 꿩과 수달)·동철(銅鐵)이다. 이 때문에 뇌성산을 칠보산(七寶山)이라고도 불렀다. 조선 시대에는 이 일곱 가지 물품을 조정에 진상했다. 그래서 장기군수를 칠보군수(七寶郡守)라고도 했다.

이중 가장 유명한 것이 뇌록이다. 뇌록은 초록색 암석으로 단청에서 옥색을 내기 위해 사용된다. 안료로 사용할 때는 먼저 잘게 빻아서 가루로 만든 다음 물에 넣고 저어 앙금을 만들고 이를 아교에 개서 사용했다고 한다. 뇌록은 장기에서만 생산되는 것이어서 국가적으로도 귀한 물자였다. 문화재청은 그 역사 문화적 가치를 높이 평가하여 2013년 12월 '포항 뇌성산 뇌록산지'를 국가지정문화재인 천연기념물 제547호로 지정했다.

---

1 뇌성산에 올라서 [登磊山城]

박일천(朴一天; 1926~1998) 《일월향지(日月鄕誌)》(66쪽)

뇌성산 옛터엔 가을 풀이 많고,	磊山城邊秋草多,
광정산 위로는 저문 구름 지나가네.	廣鼎山上暮雲過.
망국의 천년의 한 가련하니,	可憐亡國天年恨,
흥망성쇠가 목동의 노래 한 곡에 있네.	興亡樵童一曲歌.

수양산(首陽山) 관련 시

수양산은 현재 학삼서원(鶴三書院) 맞은 편(대진리 뒷산)에 있는 산이다. 정상에 올라가면 동해가 한눈에 들어온다.

---

1 임진년(1592) 4월 8일, 여러 명의 문인과 수양산 꼭대기에 올라, 느낌을 한 수 읊으며 [壬辰四月八日, 與數三文人登首陽絶頂, 感吟一絶]

이대임(李大任; 1574~1635)[160] 《죽계선생실기(竹溪先生實記)》

두 분의 맑은 지조는 천고의 감동,	二子[161]淸風千古感,
우리는 마침 우연히 좋은 날에 만났네.	吾人偶會適辰良.
산에 오른 것은 경치 보러 옴이 아니라,	登臨不是探雲物,
지금 시름 많아 미쳐보고자 함이라네.	段段[162]時愁轉欲狂.

160 李大任(이대임): 임진왜란 때의 의병장이다. 본관은 창녕(昌寧)이다. 자는 사중(士重)이고, 호는 죽계(竹溪)이다. 부친은. 참의(參議)를 지낸 이국추(李國樞)이다. 장기(長鬐) 출신으로, 임진왜란 때 동래(東萊)가 함락되었다는 소식을 듣고 서방경(徐方慶)·서극인(徐克仁)·이눌(李訥)과 함께 장기와 경주(慶州)에서 많은 전공(戰功)을 세웠다. 임진왜란이 끝나자, 전공으로 장사랑 훈도에 제수되었다. 포항시 남구 장기면에 소재한 학삼서원(鶴三書院)에 배향되었다.

161 二子(이자): 은(殷)나라 말기 나라가 멸망하자 주(周)나라에 귀순하길 거부하며 수양산(首陽山)에 은거하며 살았던 백이(伯夷)와 숙제(叔齊) 형제를 말한다.

162 段段(단단): '여러 가지'의 의미이다.

2 계사의 남쪽에 '수양'이라는 산이 있는데, 여러 사람을 따라 노닐고, 이 산에서 즉흥적으로 지으며 [溪社之南有山曰首陽, 與從遊諸子, 賦其山口呼]

장계훈(張啓勳; 1828~1891)[163] 《치와집(耻窩集)》(권1)

골짜기 위 뭇 산들 사방 푸르게 두르고,	溪上羣山碧四回,
수양산 한 줄기 집을 향해 트였네.	首陽一抹對軒開.
그 이름 이미 삼한에서 널리 알려졌으니,	其名已自三韓得,
이곳에는 진실한 두 군자 올 수 있다네.	此地能眞二子[164]來.
청풍에 곧게 서보니 옛날 그대로인데,	廉立淸風依舊在,
형과 아우님 무덤은 어찌 무너졌는가,	弟兄遺墓向何頹.
머문 사람은 명분 지킨 자취에 느낌 있어,	居人有感求仁[165]跡,
가끔 벽면의 이끼를 살짝 문질러보네.	往往摩挲壁面苔.

163 張啓勳(장계훈): 조선 후기의 유학자이다. 자는 자요(子堯)이고, 호는 치와(耻窩)·진와(眞窩)이다. 본관은 인동(仁同)이다. 조병덕(趙秉德)의 문하에서 수학했고, 과거 공부는 하지 않고 수양 공부에 힘을 쏟았다. 문집으로 《치와집(耻窩集)》이 있다.

164 眞二子(진이자): 은(殷)나라 말에 주(周)나라에 귀순하길 거부하고 수양산(首陽山)에 은거했던 백이(伯夷)와 숙제(叔齊) 형제를 말한다.

165 求仁(구인): 인(仁)을 추구한다는 말로, 명분 또는 본분을 지킴을 말한다. 백이와 숙제는 은나라의 제후국인 고죽국(孤竹國)의 왕자들이었다. 부친이 숙제를 후사로 내세웠으나, 숙제는 형 백이에게 왕위를 양보했다. 백이는 부친의 명을 어길 수 없다며 이를 받아들이지 않고 달아났다고 한다. 이 말은 《논어(論語)·술이(述而)》에서 자공(子貢)이 백이와 숙제에 대해 묻자, 공자가 "인을 구해서 인을 얻었는데, 또 무엇을 원망하리(求仁而得仁, 又何怨?)"라고 한 것에서 유래했다.

만리산성(萬里山城) 관련 시

만리산성은 지금의 포항시 남구 오천읍 갈평리·진전리와 장기면 산서리 경계지대에 쌓았던 토성이다. 지금은 산 능선을 따라 동서 30리에 걸쳐서 흔적이 남아 있다.

산성의 터를 보아서 높이는 10척이고, 성곽의 폭은 약 7척 정도로 추정한다. 이 토성은 지형을 이용하여 축성한 것으로, 동쪽이 급경사를 이룬 자연적인 능선을 따라 흙으로 성벽을 쌓았다. 성벽 주변에는 많은 슬라그(쇠똥)를 수습할 수 있어 성내에서 철기를 다루었던 것으로 보인다. 또 산성 곳곳에 초소병사(哨所兵舍) 터와 일정한 간격으로 같은 넓이의 평지가 있어 병사들이 이용했던 곳으로 추정하고 있다. 이 지방 어르신들의 말에 의하면, 이 성은 울산까지 연결되어 있다고 한다.

1 만리산성을 노래하며 [題萬里山城][166]

임시암(任是庵; 미상)

만리장성은 어느 대에 쌓았는가,	長城何代磊,
진시황제 후의 신라왕이라네.	秦帝后羅王.
굴곡진 산등성이 위,	屈曲山岡上,
길옆에서 비스듬히 가네.	透迤道路傍.
하늘은 낮고 구름은 아득하고,	天低雲漠漠,
땅은 다하고 바다는 가없네.	地盡海茫茫.
성군의 교화가 멀리 동쪽까지 미쳤는데,	聖化東漸遠,
터는 기울고 풀은 반이나 거칠어졌네.	址傾草半荒.

2 무제 [無題][167]

류화계(柳花溪; 미상)

성가퀴 여전하고 땅은 변함없으며,	雉堞依然地不移,
성 위 달은 몇 번이나 차고 기울었나.	城頭片月幾盈虧.
왕과 왕비는 지금 어디에,	金官粉黛今安在,
방초는 여전히 고국의 비통함 머금었네.	芳草猶含故國悲.

166 이 시는 출전이 분명치 않다. 본편은 박일천(朴一天)의 《일월향지(日月鄉誌)》 〈뇌성산봉수대지(磊城山烽燧臺址)〉조에 수록된 시를 발췌했다.

167 이 시는 출전이 분명치 않다. 본편은 박일천(朴一天)의 《일월향지(日月鄉誌)》 〈뇌성산봉수대지(磊城山烽燧臺址)〉조에 수록된 시를 발췌했다.

소봉대(小蓬臺) 관련 시

소봉대는 장기면 계원리 해안에 우뚝 솟아 육지에 이어져 층을 이룬 바위봉우리이다. 한 면은 육지와 닿아있고 나머지 세 면은 바다와 닿아있다. 바닷물이 차면 섬이 되고, 바닷물이 빠지면 육지가 된다. 바위가 우뚝 솟은 모양이 엎드린 거북이 같다고 하여 복귀봉(伏龜峰)이라고도 한다.

서쪽으로 5리 떨어진 곳의 복길봉수대(福吉烽燧臺)는 옛날 전쟁이 일어났을 때 가장 먼저 전황을 알리던 곳이었다. 이 봉수대를 배경으로 남북의 좌우에는 우뚝 솟은 기암과 동해가 그림 같이 펼쳐져 있다. 특히 암벽의 노송은 한 폭의 수채화와 같은 풍경을 자아냈다. 성난 파도가 암벽에 부딪쳐 하얀 거품으로 흩어지는 모습, 복길봉수대 아래에 석양에 돌아오는 고깃배의 모습, 봄에 피는 각종 아름다운 꽃들의 모습, 가을에 단풍이 지는 모습, 겨울에 눈이 쌓인 모습, 먼바다의 물고기를 잡는 배의 물빛은 이곳의 보기 드문 절경이었다고 전한다. 또 이 지역의 한 어르신의 말씀에 의하면, 신라 시대 때 어느 왕자가 소봉대의 풍광에 반해 3일 동안 유람했다고도 전한다. 2003년에는 회재(晦齋) 이언적(李彦迪; 1491~1553)의 [소봉대] 시비가 세워졌다.

소봉대는 장기 지역 유적지 중에 시가 많이 지어진 곳에 해당한다. 이언적·이정(李楨; 1512~1571)·황준량(黃俊良; 1517~1563) 같은 우리 지역에서 이름난 문인들이 들러 시를 남겼다. 시의 내용은 소봉대에서 바다를 바라보며 개인의 웅장한 포부와 염원을 기탁한 것이 많다.

1 소봉대 [小蓬臺]

이언적(李彦迪; 1491~1553) 《회재집(晦齋集)》(권1)

땅이 다해버린 동쪽 바닷가,	地角東窮碧海頭,
이 천지 어느 곳에 삼신산 있나.	乾坤何處有三丘.
티끌 진 많은 고을에 내 딴 뜻 없고,	塵寰卑隘吾無意,
가을바람 타고 뗏목이나 띄우고 싶을 뿐.	欲駕秋風泛魯桴.

2 소봉대를 노래하며 [題小蓬臺][168]

이언적(李彦迪; 1491~1553)

소봉대 아래는 아무것도 없고,	小蓬臺下更無物,
오직 하늘에 닿은 창해뿐이네.	惟有滄溟接太空.
누가 알리 이 내 큰 눈동자로,	誰知此子雙眸大,
하늘 끝 이곳에서 내 가슴 채우려 함을.	籠盡乾端摠入胸.

3 소봉대를 노래하며 [題小蓬臺][169]

이언적(李彦迪; 1491~1553)

소봉대에서 몇 잔 하니 기상이 호탕해지고,	臺上三杯氣便豪,
봉산으로 잠시 머리 돌리니 아득하네.	蓬山回首暫迢迢.
지금에서야 창해의 큼을 깨달으니,	如今如覺滄溟大,
반세기 동안 떠돌며 막걸리만 잔뜩 마셨네.	半世遊觀盡勺醪.

168 이 시는 회재(晦齋) 이언적(李彦迪)의 《회재집(晦齋集)》에는 보이지 않는다. 《조선환여승람(朝鮮寰輿勝覽)》과 박일천(朴一天)의 《일월향지(日月鄕誌)》는 모두 회재 이언적의 시라고 하였다. 본편은 이에 근거하여 수록했다.

169 이 시는 회재(晦齋) 이언적(李彦迪)의 《회재집(晦齋集)》에 보이지 않아 정확한 출전을 알 수 없다. 본편에서는 박일천(朴一天)의 《일월향지(日月鄕誌)》 〈소봉대(小蓬臺)〉조에 수록된 시를 수록했다.

4 소봉대에서 노닐며 [遊小蓬島]

이을규 (李乙奎; 1508~1546)[170] 《호계선생실기(虎溪先生實紀)》(권상)

연무 피는 깊은 산속엔 나무꾼의 흥얼거림,	樵歌煙斷岑,
달 아래 외로운 배엔 어부의 피리 소리.	漁篴月孤舟.
오르는 흥에 술통을 여니,	趁興開樽酒,
가는 비에 국화 핀 가을이라.	黃花細雨秋.

5 달밤에 소봉도에서 노닐며 [月夜遊小蓬島]

장기에 있다(在長鬐)

이정(李楨; 1512~1571) 《구암선생문집(龜巖先生文集)·속집(續集)》(권1)

광활한 바다의 푸른 파도 멀고,	海闊滄波遠,
서리 성하고 붉은 나무는 많네.	霜繁紅樹多.
깊은 밤 소나무와 달 희니,	夜深松月白,
나그네 마음은 어찌할까나.	遊子意如何.

6 소봉대에서 쉬며 [憩小蓬臺]

황준량(黃俊良; 1517~1563) 《금계집(錦溪集)·외집(外集)》(권6)

깎아지른 산은 바다 넘어 대 이루니,	斷山跨海自成臺,
노송 바위 머리에 학이 알 품었네.	松老巖頭鶴化胎.
바다밖엔 응당 삼신산이 제일인데,	海外三山應第一,
누가 소봉래로 잘못 말했나.	何人錯道小蓬萊.

170 李乙奎(이을규): 조선 전기의 문신이다. 본관은 경주(慶州)이다. 자는 문경(文卿)이고, 호는 호계(虎溪)이다. 부친은 이한주(李漢柱)이다. 중종 26년(1531)에 진사가 되고, 1535년 문과 별시에 장원급제했다. 형조좌랑·승문원교리 등을 지냈다. 세 차례에 걸친 중국 사행을 다녀오기도 했다. 문집으로는 《호계선생실기(虎溪先生實紀)》가 있다.

7 회재 선생의 소봉래 시에 차운하며 [次晦齋先生小蓬萊韻]

이덕홍(李德弘; 1541~1596) 《간재집(艮齋集)》(권2)

애석하구나, 선생께서 뱃머리에 뜻 두어, 堪惜先生志棹頭,
돌아와 마침내 단구에 은둔하려 했었네. 歸來終擬隱丹丘.
인간 세상 모든 일 참으로 알기 어려우니, 人間萬事誠難料,
북해의 풍파 속에 공자의 뗏목 탔으면. 北海風波試魯桴[171].

8 소봉래 [小蓬萊][172]

이덕홍(李德弘; 1541~1596) 《간재집(艮齋集)》(권2)

한 점 외로운 언덕 푸른 물결 위로 솟고, 一點孤丘聳碧波,
옥 같은 소나무 전나무 삼대처럼 어지럽네. 瓊松瑰檜亂如麻.
내 와서 연하 속에 들어가 보니, 我來試入煙霞裏,
굳이 뗏목 타고 멀리 돌아볼 것이 있으랴. 遊遠何須更泛槎.

171 魯桴(노부): 직역하면 노나라의 뗏목이란 의미로, 《논어(論語)·공야장(公冶長)》에 "공자가 말하길, 세상에 도가 행해지지 않으면 뗏목을 타고 바다를 떠돌 것이다(孔子曰: 道不行, 乘桴浮于海)"라고 한 것에서 유래했다. 이곳에서는 작가도 공자처럼 세상일이 뜻대로 되지 않으면 먼 곳으로 떠나고픈 마음을 기탁한 것으로 보인다.

172 小蓬萊(소봉래): 현재 경북 포항시 남구 장기면 계원2리에 소재한 소봉대(小蓬臺) 또는 소봉대(小峯臺)를 말한다. 조선 시대에는 장기현 남쪽 10리쯤 되는 지점에 있었다. 예로부터 해안 경관이 빼어난 곳으로 알려졌다. 2003년에 이언적(李彦迪)의 《소봉대》 시비가 세워졌다.

9 서행보·서화익·배사순·홍간청과 소봉대에 올라 바다를 바라보며 [同徐行甫、徐和益、裵士純、洪澣淸登小峰臺觀海]

김현룡(金見龍; 1550~1620)[173] 《수월재선생일고(水月齋先生逸稿)》

아득하고 끝이 없는,	茫茫闊無垠,
바다의 웅장한 장관.	於水大觀云.
모여듦도 이러하니,	朝宗也如此,
합해지는 곳 알겠네.	方知合處分.

10 소봉도에서 읊조리고, 함께 놀러 온 사람들에게 보여주며 [小蓬島, 吟示同遊]

섬은 장기 경내에 있다(島在長鬐境)

조정(趙靖; 1555~1636) 《검간선생문집(黔澗先生文集)》(권1)

한 점이 떠내려와 푸른 바다 만에 솟으니,	浮來一點聳滄灣,
세 섬의 연무와 노을 이 사이에 있는 듯.	三島煙霞宛此間.
동쪽 끝에서 다한 땅은 바다뿐이고,	地盡東隅惟有海,
하늘 밑의 남극에는 더더욱 산이 없네.	天低南極更無山.
큰 고래가 물보라 뿌리면 햇빛은 어두워지고,	長鯨噴雪日光晦,
거함이 바람 몰면 돛단배 그림자 차가워지네.	巨艦駕風帆影寒.
반백 평생에 처음으로 이 장관을 보니,	半百平生觀始壯,
나의 신세가 세상을 떠난 것 같네.	却疑身世出區寰.

173 金見龍(김현룡): 조선 중기의 의병장이다. 연일(延日) 출신이다. 자는 덕보(德普)이고, 호는 수월재(水月齋)이다. 어려서 도량이 남다르고 학문에 힘써 큰 인물이 될 것이라고 추앙받았다. 임진왜란 때 의병을 일으켜 많은 전공을 세웠다. 전쟁이 끝난 후 조정에서 두모포진만호(豆毛浦津萬戶)를 제수하였으나 사양하고, 월동서사(月洞書舍)에서 시문(詩文)을 즐기다가 1620년 세상을 떠났다. 유고로는 《수월재선생일고(水月齋先生逸稿)》가 있다.

11 소봉대 [小蓬臺]

김중청(金中淸; 1567~1629) 《구전선생문집(苟全先生文集)》(권3)

당시 늙은 자라는 힘으로 이길 수 없어,	鰲老當年力不勝,
세 산 한쪽 모퉁이가 무너졌네.	三山一角偃仍崩.
만 리 바다 중간에는 파도 거품 솟구치고,	中流萬里騰波沫,
천 년 동안 가로질러 머물며 땅끝 이어주네.	橫泊千秋接地稜.
오래된 봉대의 신선 자취 불러보고,	喚作蓬臺仙迹古,
올라가 바다 대하니 나그네 마음 경건해지네.	登臨桑海客心兢.
풀이 자라는 암석 사이로 신령한 것 많은데,	草生巖隙多靈異,
모두 남자애가 일찍이 따지 않은 것이네.	摠是童男採未曾.

12 장기 소봉도에서 시를 지어, 연일 원님 한충후에게 주며 [長鬐小蓬島, 吟贈延日韓使君忠後]

신즙(申楫; 1580~1639) 《하음선생문집(河陰先生文集)》(권3)

광활한 바다엔 날 맑고 갈매기 나니,	海闊天晴起白鷗,
잠시 소봉도를 둘러보네.	小蓬島上暫夷猶[174].
오천 태수님 풍류가 있으시어,	烏川太守風流在,
달콤한 술통 잡고 종일토록 노네.	爲把芳樽盡日遊.

174 夷猶(이유): 원래 의미는 '망설이다' 또는 '머뭇거리다'이다. 이곳에서는 '둘러 보다'의 의미에 가깝게 쓰였다.

13 소봉대에서 벽의 시에 차운하여 부윤(府尹)에게 올리며 [小蓬臺次壁上韻, 呈府伯]

병서(幷序)

이채(李埰; 1616~1684) 《몽암집(蒙庵集)》(권2)

경술년(1670) 3월 16일, 우리 부윤께서 신성한 전당에서 향을 피우는 예를 올리고자 이륜당(彝倫堂) 아래에 작은 제단을 만들었다. 구징(耈徵) 이진도(李珍島), 내 동생 이자(李埴), 친척 동생 이암(李巖)은 대독관(對讀官)의 신분으로 현감을 모시고 앉았다. 앉아서 이야기를 나누던 중, 부윤이 고개를 돌려 이렇게 말했다: "대독관 몇 사람이 '기운이 번잡하면 생각이 어지러워지고, 시야가 막히면 뜻이 막힌다고 들었습니다'라고 했다. 근자에 나는 관아의 일로 힘이 들고, 정신과 기운도 성치 않다. 나는 골굴암(骨窟庵)과 석굴암(石窟庵)을 보고, 바다를 따라 동쪽에 와서 소봉도(小蓬島)에 오르며, 이견대(利見臺)에 몸을 두고자 한다. (이것으로) 거대한 물의 끝을 마음껏 봄에, 하늘로는 해와 달의 솟구침을 마음껏 보고, 바다로는 답답한 심사를 뚫어, 맑고 드넓은 기상을 맞이해보고자 한다." 나를 따르는 사람들이 □□□ 이렇게 대답했다: "감히 청하지 못했을 뿐입니다. 실로 바라는 바입니다." 이에 이진도에게 이들과 함께 준비할 것을 부탁했다. 다음날 수레와 인부는 놔두고 말만 몰고, 누추한 옷차림으로 조촐하게 길을 떠났다. (부윤을 모시려고) 함께 간 사람은 안씨(安氏)와 민씨(閔氏) 두 젊은 사람이었다. 우리 두 사람이 가면서 갖고 간 것은 거문고 하나와 피리 하나뿐이다. 저녁 무렵, 불국사에 도착했다. 평평한 들에서 물을 뜨니 사방이 탁 트여 있었다. 밤에 종각에 앉으니, 동쪽에서 산 위로 달이 떠올랐다. 이에 거문고와 피리 부는 사람에게 각자 한 곡씩 연주토록 했다. 맑고 슬픈 곡은 구름을 멎게 하고 운이 애절하여, 둥글고 깨끗한 옥 같은 영대(靈臺)를 흔들고, 세속의 근심을 사라지게 만드니, 그제야 초탈하여 세속을 벗어났다는 생각이 들었다. 다음날 새벽 서둘러 이부자리를 개고 식사를 마친 후 가마를 정비한 다음, 석굴암과 골굴암을 찾았다. 철쭉이 피었고 어여쁜 나무들이 그늘을 이루었는데, 명승지를 찾아가기에는 더없이 좋은 때였다. 두루 둘러보고 고개를 넘어 함께 바다로 갔다. 해가 저물 무렵에 소봉도에 도착했다. 섬은 바다의 빼어난 언덕이다. 서쪽에서 온 산줄기 하나가 다시 이어져서 바다에 떨어진 것이다. 석산이 흙을 진 모습은 엎드린 거북 같다. 푸른 소나무가 줄지어 심어졌고, 맑은 모래가 평평하게 깔려있다. 사방이 탁 트인 것이 만 리를 봐도 막힘이 없었다. 그 언덕은 바다에서 마치 자라 등이 떠내려온 것 같은데, 봉산 경내에 있다. 봉산은 장기(長鬐)의 다른 이름이다. 섬이 '소봉'이란 이름을 얻게 된 것은 이 때문이다. 청하 권(權) 현감, 오천 양(梁) 현감이 약속으로 왔고, 곡강 정(鄭) 태수와 송라 김(金) 독우(督郵)도 소문을 듣고 왔다. 봉산 정(丁) 현감이 주최자로 성대하게 갖추어 모두를 대접하였다. 이에 손님과 주인이 함께 앉으니 잔과 산가지가 마구 오갔다. 현악기와 관악기를 연주하자, 다양한 멋진 노래들이 일어나니, 물속의 교인(蛟人)이 솟아올라 보고, (바다의 신) 해약(海若)이 나와서 듣는 것 같았다. 술자리가 끝나고 산책하니, 소나무 그늘에서 펼쳐진 하늘 끝을 바라보았다. 순간 땅끝에 기운이 개이고 구름이 하늘가에서 걷히자, 둥근 달이 뛰어올랐다. 바다의 물결과 하늘에 빛이 섞이어 위아래가 같은 색이었다. 맑은 빛이 이목을 빼앗고, 대자연의 기운이 마음에 가득 차서 사람들이 몸을 맡겼다. 맑고 높은 곳에서 밝고 아득한 곳에 눈을 두니, 그 경지는 다함이 없는 것이 아득히 속세의 인연을 끊고 신선이 되어 하늘을 나는 것 같았으며, 마음이 상쾌해지고 묵은 때가 깨끗이 사라졌다. 천지간에 어느 장관이 이를 대신할 수 있겠는가.

양 현감이 먼저 짧은 시 한 수를 지었다. 우리 부윤이 이에 차운하고 화답하길 원했다. 이에 배석한 사람들이 나에게 지을 것을 부탁했다. 짧은 서문은 이렇다: 빼어난 곳은 기록하지 않을 수 없고, 성대한 노님은 전하지 않을 수 없다. 이 사람이 황송하게도 명을 받들고 기록함에 글로 남기지 않으면 안 되었다. 이에 이 일을 기록함에 삼가 그 운을 따라 짓는다(庚戌三月之望, 我明府因聖殿焚香之禮, 設小場于彝倫堂之下. 李珍島耈徵及垛之弟垍,族弟壥, 以對讀[175]侍坐. 坐談間, 侯顧謂: "對讀諸人曰; '蓋聞氣煩則慮亂, 視壅則志滯.' 近因朱墨困人, 神氣未旺. 吾欲觀於骨窟[176], 石窟, 遵海而東, 登臨小蓬島, 放于利見臺[177], 縱觀巨浸之際, 天騁望兩曜之湧, 海□以宣暢湮鬱之懷, 導迎淸曠之氣." 從我者□□□作而對曰: 不敢請耳, 固所願也. 仍屬李珍島與之俱. 翼日御匹馬舍車徒, 蕭然韋布之行, 陪行者安,閔兩妙. 曁吾儕二人而行中所隨者一琴一笛而已. 薄晩抵佛國寺, 平挹原郊, 極其通敞. 夜坐

175 對讀(대독): 대독관(對讀官)으로, 과거시험을 담당한 고시관(考試官)을 말한다.

176 骨窟(골굴): 골굴암(骨窟庵)을 말한다. 경주 함월산 기슭에 수십 미터 높이의 거대한 석회암에 나 있는 12개의 석굴을 말한다. 암벽 제일 높은 곳에는 돋을새김으로 새긴 마애불상이 있다.

177 利見臺(이견대): 경상북도 경주시 감포읍(甘浦邑) 대본리(臺本里) 감은사(感恩寺) 터 앞에 있는 신라때의 유적이다. 신문왕이 감포 앞바다에 있는 문무왕의 해중능묘(海中陵墓)를 망배(望拜)하기 위해 지었다고 전한다.

鐘閣, 山月升東, 仍命琴笛, 各奏一曲. 清商[178]遏雲哀韻, 動玉靈臺圓淨, 塵慮消去, 始覺飄然有離世意也. 明曉催蓐食整籃輿[179], 遍尋石窟骨窟. 躑躅[180]方開, 嫩綠成陰, 探勝之行, 正得其時也. 周覽旣踰嶺而幷, 海日向暮, 始達于小蓬島. 島乃海上勝丘也. 西來一條山脈斷而復續落在海中. 石山戴土狀如伏龜, 蒼松列植, 綠沙平鋪, 四望通豁, 萬里無碍, 以其峙於海中有似鰲背之浮來, 而又在蓬山之境. 蓬山乃長鬐別號也. 島之以小蓬得名此也. 德城權使君,烏川梁使君有約而來, 曲江鄭太守,松羅金督郵聞風而至. 蓬山丁使君以主倅盛供, 具以待焉. 於是賓主合席, 觥籌交錯, 淸絲豪竹, 起雜纖歌, 蛟人聳觀, 海若出聽. 酒闌散步, 松陰展眺天根. 俄而氣霽坤倪, 雲斂乾端, 一輪金魄躍出, 溟波水天混光, 上下一色, 淸輝奪眸, 灝氣盈襟, 人之寄跡. 於淸高之地而寓目於虛明. 無盡之境者, 杳然如遺塵絶俗而羽化登仙, 使胸次灑落, 查滓淨盡, 不知天壤之間, 有何壯觀可以代此也. 梁使君先成小詩, 我侯次之而要和, 於陪行者仍屬垛. 小序曰: 勝地不可無記, 盛遊不可無傳, 爾其識之承命, 感悚不可以不文辭. 因敍其事而謹步其韻).

저녁에 높은 대에 오르니, 晩陟高臺上,
가없는 바다와 마주하네. 平臨大海中.
석 잔에 쉽사리 취한 다음, 三盃敢醉後,
멀리 동쪽에 뜬 달 가리키네. 遙指月生東.

178 淸商(청상): 상성(商聲)의 맑고 슬픈 노래를 말한다.
179 籃輿(남여): 주로 산길에 쓰이는 뚜껑이 없고 의자같이 된 가마를 말한다.
180 躑躅(척촉): 철쭉을 말한다.

14 소봉대(小峰臺)

대는 장기현 남쪽의 10리쯤에 있다. 석벽이 가파르고, 앞은 바다에 임해있으며, 푸른 소나무들이 그 위에 우뚝 서 있다. 대체로 절경이다(臺在長鬐縣南僅十里許. 石壁陡峙, 前臨大海, 蒼松離立其上. 盖絶境也)

홍세태(洪世泰; 1653~1725) 《류하집(柳下集)》(권8)

바다를 누르는 가파른 소봉대를 자주 찾고,	壓海危臺餘百尋,
구름 뿌리는 푸른 바다 깊이 거꾸로 꽂혔네.	雲根倒揷碧波深.
물고기와 용은 외로운 봉우리 그림자를 안고,	魚龍暗抱孤峰影,
바람과 비는 처량하게 뭇 나무 소리 만드네.	風雨凄生衆木音.
이곳을 노래한 사람 일찍이 없었으니,	此地無人曾賦詠,
천 년 동안 내가 올라와 주길 기다렸네.	千秋待我一登臨.
어디가 신선 사는 봉래산인지 알고 싶어,	蓬萊欲到知何路,
구름 너머 파도 보니 마음은 만 리를 달리네.	目斷雲濤萬里心.

15 소봉대 아래서 잠깐 쉬다 잠을 자고서 [小峰臺下小憩成睡]

홍세태(洪世泰; 1653~1725) 《류하집(柳下集)》(권13)

구름 낀 찬 날 석벽의 소나무 푸른데,	石壁蒼松雲日凉,
한잠 실컷 자며 내 바쁜 일을 쉬네.	頽然[181]一枕息吾忙.
꿈에 백학이 동쪽으로 날아가니,	夢爲白鶴東飛去,
만 리 창명이 길게 느껴지지 않네.	不覺滄溟萬里長.

181 頹然(퇴연): 원의는 만취해서 곤드라지는 모양을 말하는데, 이곳에서는 실컷 한잠 자는 것을 말한다.

16 겨울비 내리는 가운데 소봉대를 지나가며 [冬雨, 過小蓬臺]

남구명(南九明; 1661~1719) 《우암선생문집(寓庵先生文集)》(권2)

시 지으려고 소봉대에 오르는데,	吟鞭欲上小蓬臺,
차가운 비와 처량한 바람 얼굴을 치네.	冷雨凄風撲面來.
몇 명의 영웅이 일찍이 이곳을 지나갔나,	幾箇英雄曾過此,
지금의 물색이 모두 서로 시기하네.	如今物色摠相猜.
눈은 지척에 빠져있고 구름은 바다 막으며,	眼迷咫尺雲遮海,
귀는 우레와 다투고 파도는 이끼 삼키네.	耳鬪雷霆浪囓苔.
평생 놀고 음미하려는 뜻 헛되이 저버리고,	虛負平生遊賞志,
황급히 도성으로 돌아갈 것 재촉하네.	忽忽催向杜陵[182]迴.

17 소봉대(小蓬臺)

회재 선생이 소봉대로 지은 시가 있는데, 이를 이어서 시를 지었다(晦齋先生有小蓬臺詩試, 演詩意爲此)

강위(姜瑋; 1820~1884)[183] 《고환당수초시고(古歡堂收艸詩稿)》(권2)

장기성에 서니 물이 하늘을 치고,	髻立城頭水拍天,
소봉대 아래는 달과 연무라네.	小蓬臺下月和烟.
자옥산인 회재(晦齋) 선생이 돌아간 후로,	自從紫玉山人[184]返,
풍류가 적막해진 지 200년.	寂寞風流二百年.

182 杜陵(두릉): 당(唐)나라 때 도성인 장안(長安) 남쪽에 있는 언덕을 말한다. 이곳에서는 도성을 의미한다.

183 姜瑋(강위): 조선 후기의 학자이자 개화 운동가이다. 본관은 진양(晉陽)이다. 자는 중무(仲武)·요장(堯章)·위옥(韋玉)이고, 호는 추금(秋琴)·자기(慈屺)·청추각(聽秋閣) 등이다. 신분상의 제약으로 문신이 될 수 없음을 알고 과거를 포기하고 학문과 문학에 전념했다. 민노행(閔魯行)의 문하에서 4년간 수학했다. 민노행이 사망하자 그의 유촉(遺囑)에 따라 제주도에 귀양 간 김정희(金正喜)를 찾아가 5년 남짓 사사했다. 세 번의 중국 여행을 통해 개화파 인사들과 교유했다. 저술로는 《강위전집(姜瑋前集)》 등이 있다.

184 紫玉山人(자옥산인): 회재(晦齋) 이언적(李彦迪)을 말한다. 회재 선생은 자옥산 아래의 옥산서원(玉山書院)에 제향되어 있다. 일찍이 장기면의 소봉대(小蓬臺)를 찾아 시를 지은 적이 있다.

천 년 이어진 뗏목 타는 즐거움에 넋 잃어, 惘然千載乘桴[185]興,
그때 회재 노인은 이 대에 앉았다네. 晦老當年坐此臺.
나 역시 인간 세상에 뜻 없어, 我亦人間無意者,
송림과 석벽 사이에 나루터 물으러 왔네. 松林石壁問津[186]來.

18 소봉대 시에 차운하며 [用小蓬臺韻]

이집로(李集魯; 1846~1920) 《삼소유고(三素遺稿)》(권1)

세상사 오로지 책과 책상뿐, 世事惟書案,
공명은 필요 없는 골짝의 배. 功名視壑舟[187].
풀어진 마음 거둬 내면 따른 지, 放收從近裏,
삼십 이년이나 되었네. 三十二年秋.

185 乘桴(승부): 뗏목을 탄다는 의미로, 잘못된 세상을 탄식하며 다른 곳으로 떠나고 싶은 것을 나타낸다. 《논어(論語)·공야장(公冶長)》에서 "공자가 말하길, 세상에 도가 행해지지 않으면 뗏목을 타고 바다를 떠돌 것이다(孔子曰: 道不行, 乘桴浮于海)"라고 했다.

186 問津(문진): 나루터를 묻는다는 의미로, 보통 학문이나 처세하는 방법 등을 가리키는 말로 쓰인다.

187 壑舟(학주): 골짜기의 배란 의미로, 사람이 사는 것은 영원한 것 같지만 사실은 자연의 규율을 피하지 못하고 죽게 됨을 말한다. 《장자(莊子)·대종사(大宗師)》는 "배를 골짜기에 숨기고 산을 늪에 숨겨 놓고는 이제 완전하다고 생각할지 모르지만, 한밤중에 힘센 이가 등에 지고 달아날 수가 있다. 우매한 자들은 이런 사실조차 모른다(夫藏舟於壑, 藏山於澤, 謂之固矣. 然而夜半有力者負之而走, 昧者不知也)."라는 했다 .

장기목장(長鬐牧場) 관련 시

목장(牧場)은 말을 기르는 곳이다. 조선 시대 말은 교통과 전쟁 등의 용도로 쓰이는 중요한 전략물자여서 국가적으로 목장을 세워 대량으로 사육했다. 이 목장을 지키기 위해 돌로 만든 울타리를 쌓았고, 행정구역상 장기에 있다고 하여 장기목장성이라고 불렀다.
장기목장의 유래는 오래되었다. 《삼국유사》에는 신라 선덕여왕 5년인 636년에 지역 수장의 군마 사육을 기원하기 위해 지금의 대보면 강사리 명월암을 지었다는 기록이 있다. 이와 연관시켜보면 이곳 목장성은 1400년에 가까운 역사를 갖고 있는 셈이다. 조선 시대 때는 《세종실록(世宗實錄)》에도 관련 기록이 보인다. 세종 14년(1432)에 동을배곶에 목장을 설치하고 장기의 고을수령이 감목관(監牧官)을 겸했다는 기록이 있다.
성을 쌓은 것은 200여 년이 지난 효종 6년인 1655년이었다. 축성 당시 둘레 25리, 높이가 10척이나 되었다. 지금의 포항시 남구 구룡포읍 구룡포리 돌문마을[石門洞]에서 눌태리 계곡과 응암산(鷹岩山)을 거쳐 동해면 흥환동 배일리에 이르기는 산등성이를 따라서 쌓은 곳에 해당한다. 장기목장성은 조선 시대 제작된 지도에도 보인다. 1758~1767년에 제작된 《팔도분도》에는 '마성(馬城)'으로, 1767~1776년 사이에 제작된 《조선지도》에는 '목장(牧場)'으로 나온다.
장기목장성은 우리 지역에서 떨어진 울산목장에서 관할했다. 감목관의 관할 하에 군사 244명이 1008필의 말을 방목했다. 목장 안에는 말에게 물을 먹이는 웅덩이 50여 곳과 마구간 19곳이 있었다고 전한다. 현재는 눌태리 등지에 성벽의 잔해가 비교적 온전한 형태로 남아있다. 구룡포읍 읍사무소 정원에 당시 성의 출입문으로 쓰이던 돌문의 일부가 남아있다.
장기목장성은 지역 특성상 연일이나 장기에서 외진 곳에 있었기 때문에 이곳을 지나간 문인들은 많지 않았다. 그래서 관련 시들도 다른 지역보다는 많지 않은 편이고, 목장성을 다스리기 위해 파견된 관리들에 의해 많이 지어진 경향을 보인다. 이 시들을 통해 장기목장에서 말들이 자유분방하게 뛰어노는 말들의 모습, 목장성 인근의 자연환경 등을 잘 알 수 있다. 이런 점에서 장기목장성 관련 시는 우리 지역에서 상당히 신선하고 흥미로운 자료를 제공한다고 하겠다.

1 독포에서 배를 타고 바다를 건너 장기목관에 와서 지으며 [自禿浦乘舟, 涉海到長鬐牧舘作]

홍세태(洪世泰; 1653~1725) 《류하집(柳下集)》(권7)

평소 뜻은 작지 않았고,	素志不自小,
몸은 늙어도 기개는 아직 호탕하네.	身老氣猶豪.
뗏목 타고 공자를 흠모하고,	乘桴慕仲尼,
하급관리로 바다 언덕에 임하네.	薄宦臨海皐.
긴 바람이 나를 데리고,	長風引我去,
거룻배 하나에 만 리 갔네.	萬里一輕舠.
잔을 들어 뱃사공에게 권하고,	持觴勸三老[188],
그대의 뛰어난 조종 솜씨에 의지했네.	仗爾妙手操.
노 젓는 노래 하늘가로 들어가고,	棹歌入天際,
발아래에는 흰 파도가 솟구치네.	脚底翻白濤.
갑자기 함께 나왔다 잠기고,	出沒與齊汨,
뜻대로 하니 삿대 필요 없네.	隨意不用篙.
언덕에 올라 길게 읊조리고,	岸幘一長嘯,
손으로 높은 부상을 어루만지네.	手撫扶桑高.
세 산은 옆으로 반쯤 기울어져 있으니,	三山半欹側,
누가 다시 여섯 자라를 잡을까나.	誰復釣六鰲.
고래는 붉은 해를 일렁이고,	鯨魚蕩赤日,
머리 들어 큰 물결을 뿜어내네.	昻首噴飛澇.
긴 갈기를 베려 해도,	便欲斬脩鬐,
삼 척의 칼이 없음이 애석하네.	惜無三尺刀.
아아 큰 바닷물은,	嗟哉海水大,
큰 것과 작은 것을 숨기지 않음이 없네.	巨細無不韜.
옆에서 보면 모두가 움츠리니,	旁觀盡瑟縮,
내 어찌 도도하게 일어날 수 있으리.	我興何滔滔.

188 三老(삼로): 노 젓는 사람을 말한다.

이에 바다는 눈과 같고, 乃知海若眼,
태산은 가을 짐승의 가는 터럭 같음을 알겠네. 泰山同秋毫.
현묘함도 뛰어난 재주이니, 玄虛亦奇才,
붓 가는 대로 쓰면 사물은 달아날 길 없네. 肆筆物無逃.
떨어진 돛단배 점차 언덕에 가까워지고, 落帆稍近岸,
작은 파도 약간의 바람이 부네. 細浪吹餘飅.
이번 여정은 비록 쉽게 건넜으나, 玆行縱利涉,
배와 노는 어찌 수고롭지 않았겠으리. 舟楫詎不勞.
상여꾼들 잠시 쉬러 가고, 肩輿且就安,
객관에서는 술과 떡을 베푸네. 華舘列酒糕.
살피는 일이 어찌 나의 일이겠는가만은, 考牧豈吾事,
오고 감에 그대들을 수고롭게 했다네. 還往煩汝曹.
혼자 바닷가 험준한 산에서 지은 것이 있으니, 獨有海嶠作,
처량하기가 《이소(離騷)》에 버금가네. 蕭瑟近楚騷[189].

2 장기목관 [長鬐牧館]

홍세태(洪世泰; 1653~1725) 《류하집(柳下集)》(권7)

밤새도록 바람과 파도 세차고, 竟夜風濤洶,
누워있는 높은 누대는 배와 같네. 高樓臥似船.
뭇별들 모두 물에 있고, 衆星都在水,
외로운 달만 하늘을 대하네. 孤月獨當天.
땅은 용구도에 가까우니, 地卽龍駒島[190],
나는 지금 신선 되려 하네. 吾今羽化仙.

189 楚騷(초소): 전국(戰國) 시대 초(楚) 나라의 굴원(屈原)이 지은 《이소(離騷)》를 말한다. 굴원이 충성을 다해 임금을 섬겼으나 도리어 임금이 주위의 간사한 자들의 참소를 듣고 자신을 멀리 한 것 때문에 지었다고 한다.

190 龍駒島(용구도): 중국 청해성(青海省)에 있는 유명한 말 목장이다. 전설에 의하면 어떤 사람이 암말을 이 산에 두고, 봄이 오자 방목했는데 말들이 모두 임신했다. 낳은 망아지들이 모두 뛰어났기 때문에 '용구'라고 했다. 이곳에서는 장기목장성을 가리킨다.

모르겠네, 여길 떠나면, 不知從此去,
하늘 밖 어느 곳과 이어질지. 空外接何邊.

3 장기목관에서 명월암으로 가는 길에서 [自牧館往明月庵途中]

홍세태(洪世泰; 1653~1725) 《류하집(柳下集)》(권7)

구월의 찬바람 나그네 옷에 불고, 九月凉風吹客裳,
고개 들어 남쪽의 높이 비상하는 기러기 보네. 仰看南鴈盡高翔.
한 관리가 일이 있어 오랫동안 말을 타고, 一官有事長騎馬,
올해는 이유 없이 또 서리를 밟네. 今歲無端又履霜.
머리카락 짧아지고 고개 밖의 빛깔 쓸쓸하며, 短髮蕭條嶺外色,
해변의 쓸쓸히 떨어지는 찬 꽃들 향기롭네. 寒花寥落海邊香.
저녁에 뭇 봉우리 안의 작은 절에 묵고, 暮投小刹千峰裏,
몸은 부처님에게 나아가니 마음 즐거워지네. 却喜將身就法王.

4 장기목관 [長鬐牧館]

홍세태(洪世泰; 1653~1725) 《류하집(柳下集)》(권8)

동해 바닷가의 이 목관, 此舘傍東海,
빈 들보엔 제비들 깃들었네. 空梁棲鷾鴯[191].
한가할 땐 어부 불러 대화 나누고, 閑招漁子語,
말 치는 주린 사람 보니 걱정되네. 悶見牧人飢.
사방의 벽엔 바람과 파도 몰아치고, 四壁風濤擊,
외로운 등 속에 안개비 흩날리네. 孤燈霧雨吹.
용들이 거처를 옮기려 하니, 羣龍欲移宅,
구름 기운들 몰래 서로 따라가네. 雲氣暗相隨.

191 鷾鴯(의이): 제비를 말한다. '의'와 '이'는 모두 제비를 의미한다.

5 장기목장의 일을 마치고 바로 출발해 돌아오는 길에서 지으며 [長鬐場事畢, 卽發還, 途中作]

홍세태(洪世泰; 1653~1725) 《류하집(柳下集)》(권8)

삼가며 공자를 스승으로 삼고,	戒得師尼父[192],
곳집 결국 크게 열어 모두 내놓네.	傾困[193]遂大開.
내 마음 비로소 즐거워지나,	吾心方一快,
백성들의 운명 실로 슬퍼할 만하네.	民命實堪哀.
넓은 바다에 옷깃 씻는 것 괴롭고,	海闊煩襟濯,
하늘은 영원하니 큰 뜻 오네.	天長浩氣來.
서풍은 높은 우산에 불어,	西風拂高蓋,
또 울산으로 돌아갈 수 있게 보내주네.	又送蔚山廻.

6 목장의 백성과 병사들을 모집하려 세곡을 면해주고, 여기에 여러 가지 적폐를 없애 그들이 마음 놓고 모여서 생업을 이어나가도록 했는데, 이를 시로 지어 기록하며 [招集牧場民卒, 蠲給稅穀, 且除諸般積弊, 使之安集, 以遂其生, 賦詩記事]

홍세태(洪世泰; 1653~1725) 《류하집(柳下集)》(권8)

복희씨 《주역》이 손익 논한 것 들으니,	羲易[194]曾聞損益論,
천도를 감히 사사로운 은혜로 여겼네.	敢將天道作私恩.
작은 은택은 두루 미치기 어려우나,	固知小澤難周徧[195],
곤궁한 백성들은 잠시 지킬 수 있다네.	且使窮民得保存.

192 尼父(니부): 공자가 기원전 479년 세상을 떠났을 때 노(魯) 애공(哀公)이 내린 첫 번째 시호이다.

193 傾困(경균): 곳집 안에 있는 곡식을 남김없이 내어놓는다는 뜻으로, 마음속에 품은 생각을 숨김없이 솔직하게 다 털어놓고 이야기한다는 의미이다.

194 羲易(희역): 중국 상고 시기 복희씨(伏羲氏)가 만들었다고 하는 역법이다. 후에 《주역》 탄생의 토대가 되었다.

195 周徧(주편): 모든 면에 두루 미침을 말한다.

내 역량이 국사에 도움 될 수 있다면,	吾力可能裨國事,
이 마음은 사람들이 말함에 부끄럽지 않겠네.	此心應不愧人言.
긴 모래밭에서 춤추는 이의 옷소매 실로 졸렬하니,	長沙舞袖誠爲拙,
이 보잘것없는 목장 마음을 비웃네.	笑爾區區一牧村.

7 당현에 올라 목장의 지형을 바라보며 [登堂峴觀牧場地形]

당현은 방목하는 사람들이 신에게 기원하는 곳이다(堂峴卽牧人禱神處)

홍세태(洪世泰; 1653~1725) 《류하집(柳下集)》(권8)

봉우리 하나 홀로 구름 하늘로 나오고,	一峰孤立出雲空,
불룩한 언덕 옆의 뭇 주름진 비단 같네.	培塿[196]旁羅衆皺同.
말은 어느 골짝에서 노니는지 구분하지 않고,	不辨馬游何谷裏,
범은 이 숲에 엎드리고 있는 것 같다네.	還疑虎伏此林中.
산 형세는 반으로 나눠져 다른 주로 가고,	山形半割諸州去,
지세는 전적으로 큰 바다에 임하여 끝나네.	地勢渾臨大海窮.
멍하니 산도깨비가 내 옆으로 온 줄 알았는데,	怳見有崒來傍我,
고송과 청석에 분 요란한 바람이었네.	古松青石霅然[197]風.

196 培塿(배루): 불룩한 언덕을 말한다.
197 霅然(삽연): 비가 요란하게 오는 모양을 말한다.

8 장기목장 [長鬐牧場]

이진구(李震久; 1840~1911) 《석송당유고(石松堂遺稿)》(권1)

천마가 바람 불 듯 울면 장기 땅 열리니,	嘶風天馬地鬐開,
아침에 난초 언덕 걷고 저녁엔 푸른 이끼 밟네.	朝步蘭皐暮碧苔.
한 무리 떼 지어 큰 골짜기 날고,	一隊狉狘[198]飛巨壑,
무수한 무리의 곰과 호랑이 층층 누대를 뛰네.	千群熊虎躍層臺.
가는 털 사이로 불그레한 색 섞여 있으니,	毫毛間雜紅桃色,
그 뜻은 흰 풀뿌리를 내달리는 것이라네.	意思奔騰白草茇.
성 밖 평원의 이웃들 북쪽을 바랄려면,	城外平原隣冀北,
백락이 채찍 잡고 와야만 한다네.	祇應伯樂[199]執鞭來.

198 狉狘((비휴): 들짐승이 무리 지어 달리는 모양을 말한다.

199 伯樂(백락): 춘추(春秋) 시기 진(秦)나라 사람으로. 말을 잘 감별한 것으로 유명하다. 후에 인재를 잘 발견하여 등용하는 사람에 비유하여 쓰이기도 한다.

학삼서원(鶴三書院) 관련 시

장기면 학곡리에 있는 학삼서원은 임진왜란 때 공을 세운 죽계공(竹溪公) 이대임(李大任; 1574~1635)의 학문과 덕행을 추모하기 위해 지은 건물이다. 이대임은 임진왜란 때 창의하여 문천회맹과 팔공산회맹 등에 참가했다. 훗날 공을 인정받아 사후에 가선대부 병조참판에 증직되었다.

'학삼'이라는 명칭은 북쪽 산에서 학 세 마리가 날아와 놀았다 하여 붙은 이름이다. 정조 15년(1791)에 이 지역 유림들의 공의로 학삼향현사를 창건하여 이대임의 위패를 모셨다. 선현 배향과 교육을 담당하여 오던 학삼향현사는 고종 5년(1868) 흥선대원군의 서원철폐령으로 철폐되었다가 1907년에 복원되었다. 1948년 2월에 유림의 공의로 다시 향사하기 시작했고, 학삼서원으로 승격되었다.

학삼서원은 강당의 뒤쪽에 사당이 배치된 전학후묘의 형태이다. 현존하는 건축물로는 사당 경충묘(景忠廟), 강당 경의당(景義堂), 교육공간인 동재, 학습공간인 서재, 문간채 등 5동이 있다. 이중 경충묘에 이대임의 위패가 봉안되어 있다. 매년 가을에 향사를 지내고 있다. 유물로는 이대임의 책판과 문집 등 30여 권의 문헌이 소장되어있다.

흥미로운 것은 학삼서원의 현판 글씨는 이대임의 후손인 이구연(李龜演)이 평소 친분이 있던 김구 선생에게 사당 현판으로 쓸 '경충묘'를 써달라고 부탁해 받은 것이라고 한다.

1. 학삼사 유허비에 차운하며 [鶴三祠遺墟竪碑韻]

김도화(金道和; 1825~1912)[200] 《척암문집(拓庵文集)》(권1)

학산 깊은 곳에 제수 창고의 기둥 있고,	鶴山深處奠倉楹,
굳센 혼백은 분명히 하늘에서 내려오네.	毅伯分明降太清[201].
천년 후 정령위(丁令威)는 새 되어 돌기둥에 돌아오고,	華表千年丁鳥[202]返,
개자추(介子推) 숨은 면산엔 삼월에 두견새 우네.	綿山[203]三月子規鳴.
옛 개암과 감초 같은 생각은 샘물처럼 차갑고,	榛苓[204]舊感泉猶冽,
해바라기와 보리가 마음 흔들어도 돌은 기울지 않네.	葵麥興懷石不傾.
도리어 뜬구름이 해 가리니,	却爲浮雲能蔽日,
괜히 지사의 눈물로 갓끈 젖게 하네.	空敎志士涕霑纓.

200 金道和(김도화): 조서 후기의 학자이자 의병장이다. 본관은 의성(義城)이다. 자는 달민(達民)이고, 호는 척암(拓菴)이다. 안동 출신이다. 김약수(金若洙)의 아들이다. 류치명(柳致明)의 문인이다. 1893년 유일(遺逸)로 천거되어 의금부도사에 임명되었다. 1895년 12월 을미사변과 단발령에 항거하여 안동군내 유림대표로 거의통문(擧義通文)을 발표했고, 의병진의 의병장에 추대되었다. 1896년 태봉전투에 참전했다. 이후 노환으로 은거하면서도 을사조약과 경술국치를 맞아 항의문과 규탄문을 통하여 일제에 항거했다. 저서로는《척암문집(拓庵文集)》이 있다.

201 太淸(태청): 태청궁(太淸宮)으로, 도교(道教)에서 신선이 산다는 세 궁전 중의 하나이다. 이곳에서는 하늘을 이른다.

202 丁鳥(정조): 한(漢)나라 때 요동(遼東) 사람 정령위(丁令威)가 죽은 지 천 년이 지난 뒤에 학으로 변한 것을 말한다. 정령위는 영허산(靈虛山)에서 도를 닦아 신선이 된 후, 천 년이 지난 뒤에 학이 되어 요동으로 돌아왔다. 돌기둥[華表]에 앉아 시를 지었는데, 그 시에 "새여 새여 정령위여, 집 떠난 지 천년 만에 오늘에야 돌아왔네. 성곽은 의구한데 사람들은 아니로세. 어찌 신선 아니 배워 무덤이 총총하뇨."라고 했다.

203 綿山(면산): 춘추(春秋) 시기 진(晉)나라의 개자추(介子推)가 은거한 산이다. 개자추는 진 문공(文公)과 함께 오랜 망명 생활을 하였는데 돌아와서 아무런 보답을 받지 못하자 면산에 숨어 살았다. 진 문공을 그를 산에서 나오게 하려고 산을 태우자 끝내 나오지 않고 나무를 안고 타죽었다고 한다.

204 榛苓(진령): 《시경(詩經)·패풍(邶風)·간혜(簡兮)》에 "산에는 개암나무, 진펄에는 감초, 그 누가 그리운가, 서쪽의 미인이라네(山有榛, 隰有苓. 云誰之思, 西方美人)."에서 유래한 것으로, 일반적으로 한 해가 갈 무렵 도성에 있는 임금이 더욱 그리워진다는 의미로 쓰인다.

2 우연히 학삼서원을 노래하며 [偶題鶴三]

오형필(吳衡弼; 1826~1904)《눌암집(訥庵集)》(권1)

천고의 이름난 마을 학삼이 차지하고,	千古村名擅鶴三,
노학 세 마리 날아 산 남쪽에 내려왔네.	三飛老鶴下山南.
흰 구름의 심사와 푸른 성의 언덕,	白雲心事靑城岸,
밝은 달의 정신과 돌기둥의 난간.	明月精神華表檻.
옥 같은 소리 더 듣고자 석실 열고,	貪聽戛音開石室,
오묘한 춤 보고자 산의 암자에 앉네.	爲看妙舞坐山菴.
은근히 오랫동안 그리는 임 오길 기다리며,	慇懃久待幽人到,
괜히 매화나무 그늘에서 백로 머금어보네.	留枉梅陰白露含.

3 삼가 학삼사 유허비 시에 차운하며 [謹次鶴三祠竪碑韻]

황보집(皇甫鏶; 1853~1930)《노치당집(老癡堂集)》

학산 산 아래의 두 기둥 사이의,	鶴山山下兩楹間,
한 조각 붉은 옥돌은 푸르른 대쪽의 역사.	一片丹珉竹史淸.
천 년의 한식에도 한은 다함이 없고,	寒食千年無盡恨,
백대에도 명문(銘文)의 울림 다함이 없네.	彝銘百世不窮鳴.
바위의 성스러운 위패는 예전 모습을 남기고,	巖中聖位遺前像,
고개 밖의 외로운 성은 끝내 넘어가지 않았네.	嶺外孤城竟不傾.
각이 진 두건만 홀로 고향으로 돌아온 것은,	私第角巾[205]歸老地,
분명 음덕이 비녀와 갓끈을 떨친 것이겠지.	分明蔭德振簪纓.

205 角巾(각건): 각(角)이 진 두건을 말한다.

고석암(古石菴)과 고석사(古石寺) 관련 시

장기면 방산리 망해산(望海山) 자락에 있는 고석암은 지금의 고석사(古石寺)이다. 고석사는 신라 선덕여왕 때 창건되었다. 절의 창건과 관련해서 흥미로운 이야기가 전한다. 신라 선덕여왕 7년(638) 어느 날 경주에 있는 궁궐에 동쪽으로부터 세 줄기의 서광이 비추었는데, 그 빛이 3일간 계속되었다. 선덕여왕은 기이하게 여겨 사자를 보내 그 빛이 나오는 곳을 찾게 했다. 사자는 고석암의 한 괴석에서 빛이 나왔다고 아뢰었다. 선덕여왕이 태사관(太史官)에게 점을 쳐보게 하자, 태사관은 왕기가 서린 길지(吉地)이니 이곳에 사찰을 세워야 한다고 아뢰었다. 이에 선덕여왕은 혜능국사(慧能國師)에게 고석암 터에 사찰을 지을 것을 명했다. 혜능국사는 사찰을 짓는 한편, 빛을 발하는 돌로 석불을 만들어 서쪽으로 향하게 하고 이를 약사여래불(藥師如來佛)이라고 이름하고, 기암괴석이 동해를 바라보며 솟아있는 뒷산을 망해산이라 불렀다고 한다.

1~2 9일 고석암에서 임 원님께서 서생들과 함께 모여서 [古石菴九日任侯與諸生疋集]

오형필(吳衡弼; 1826~1904) 《눌암집(訥庵集)》(권1)

아침에 온 사람들 저물녘까지 앉아있고,	朝陽來者坐斜暉,
구일의 국화는 여린 비췻빛을 비추네.	九日黃花映翠微.
가절에 술과 안주로 손님들 모임 기약하니,	佳節桮盤期客會,
이름난 곳의 풍월은 사람들 돌아감을 말리네.	名區風月挽人歸.
고명한 분들 모셔서 지팡이와 신발 쉬게 하고,	爲待賢侯休杖屨,
좋은 벗 서로 맞이하느라 의관 바르게 하네.	相迎良友整冠衣.
그윽하고 깊은 곳의 고석암,	一菴古石幽深裏,
원숭이 새 소리 없고 낮에도 사립문 닫혀있네.	猿鳥無聲晝掩扉.

흰 구름 이는 이 산은 깊어,	白雲出處此山深,
종일 옷깃을 여미니 도심이 열리네.	終日斂襟[206]開道心.
저물녘에 천천히 걸어서 돌아가다,	緩步斜陽歸去路,
수레를 멈춰 늦단풍 가까이하네.	停車爲愛晩楓林.

206 斂襟(염금): 옷깃을 여미는 것을 말한다.

3 망해산 고석암을 노래하며 [題望海山古石菴][207]

서방경(徐方慶; 미상)[208]

창해를 내려 보니 동쪽은 더 이상 없고,	俯臨滄海更無東,
거울 면이 평평히 펴진 것처럼 색은 같네.	鏡面平鋪一色同.
파도를 보니 천 길이나 푸르고,	觀瀾有術千尋碧,
떠오른 태양 높이 비춰 만 리나 붉네.	出日揚輝萬里紅.
누가 남쪽 오랑캐의 침략을 모두 씻어버리고,	誰能滌盡南蠻侵,
또 대마도(對馬島)의 바람을 잠재울 수 있을까.	且欲傾消對馬[209]風.
하찮은 이 몸 평생 불우하고,	一粟此身生不遇,
검 만지고 길게 노래하며 창천 바라보네.	長歌拊劍仰蒼穹.

4 고석암 [古石庵][210]

작가 미상

바야흐로 봄날 맞아 오늘 옛 절에 와서,	今來古寺始逢春,
물색 새로운 시내와 산에서 즐겁게 노니네.	動喜溪山物色新.
달 감상하고 바람 읊으며 술잔 드니,	賞月吟風仍把酒,
즐거운 흥취는 시인의 마음 뚫어주네.	團欒[211]興味暢騷人.

207 이 시는 출전을 정확히 알 수 없다. 본편은 박일천(朴一天)의 《일월향지(日月鄕誌)》 〈고석암(古石菴)〉조에 수록된 시를 발췌했다.

208 徐方慶(서방경): 임진왜란 때의 의병장이다. 본관은 달성(達城)이다. 자는 군길(君吉)이고, 호는 직재(直齋)이다. 장기현(長鬐縣) 출생이다. 임진왜란이 일어나자 종질 서극인(徐克仁)·죽계(竹溪) 이대임(李大任) 등과 의병을 모집하여 장기현을 지켰다. 후에 곽재우 휘하에 들어가 많은 전공을 세웠다. 이 전공으로 경주판관(慶州判官)·청주판관(靑州判官)에 임명되었다.

209 對馬(대마): 대마도(對馬島)를 말하는데, 이곳에서는 일본 또는 일본 사람을 말한다.

210 이 시는 장기면 충효관에 소장된 문집필사본에서 발췌하였는데, 문집명과 작가이름을 알 수 없다.

211 團欒(단란): 즐겁고 화목한 의미이다.

석남사(石南寺) 관련 시

석남사는 장기면 방산리에 있는 고찰이었으나 지금은 터만 남아있다. 신라 효공왕과 신덕왕 때의 국사를 지낸 낭공대사(朗空大師; 832~916)가 주재하다가 입적하신 사찰이다. 낭공대사는 경문왕 11년(871)에 당나라에 건너가 15년 동안 수도하고 돌아와 효공왕의 존숭을 받고 이곳 석남산사(石南山寺)의 주지로 있다가 별세했다. 현재 석남사지에는 1만여 평 넓은 평지에 십수 동의 건물터 자리가 남아 있고, 곳곳에 분묘가 자리 잡고 있다. 장기 석남사는 울산 석남사와 혼동되어 이 절에서 주재했던 낭공대사의 행적을 울산 석남사의 창건주로 잘못 알려져 있다. 석남사지 끝에는 조선말의 고승 남파대사비가 있다.

---

1 손자 주가 석남사를 보고 보낸 시에 차운하며 [次疇孫石南寺見寄韻]

송시열(宋時烈; 1607~1689) 《송자대전(宋子大全)》(권3)

시 속의 말에 취해서 읊어보고,	醉吟詩上語,
봄날에 온 가슴을 치고 두드리네.	拍拍滿懷春.
나는 세월 가는 줄 모르고,	我不知年數,
그대는 날마다 새로워지네.	伊能要日新.
안연은 정말 배울 줄 알았으니,	顔淵眞可學,
자건을 어찌 가까이 하리.	子建[212]豈須親.
고요한 방에 있음이 가장 좋으나,	最是居幽室,
귀신이 있음을 알아야 하네.	須知有鬼神.

212 子建(자건): 조조(曹操)의 둘째 아들 조식(曹植; 192~232)의 자이다. 부친 조조·형 조비(曹丕)와 함께 시에 능통하여 삼조(三曹)로 불렸다. 처음에는 부친의 총애를 받았으나 지나친 음주와 자유분방한 생활로 부친의 눈 밖에 나면서 동생 조비에게 제위를 빼앗기게 된다. 후에 조비의 견제와 박해를 받으며 불우한 일생을 보냈다. 대표작으로는 《백마편(白馬篇)》·《낙신부(洛神賦)》 등이 있다.

2 석남사에서 새벽에 일어나 [石南寺曉起]

홍세태(洪世泰; 1653~1725) 《류하집(柳下集)》(권8)

산에 동 트니 뭇별들 움직이고, 山曉羣星動,
창가엔 점차 날 밝아오네. 虛窗易得明.
달이 기우니 스님 홀로 일어나고, 月斜僧獨起,
서리 내리니 풍경이 먼저 우네. 霜降磬先鳴.
비바람으로 세상은 어둡고, 風雨人寰晦,
연무와 노을이 절을 맑게 해주네. 烟霞佛地淸.
길을 잃고 여기서 무얼 하는가, 迷塗此何者,
말안장 올려 길 떠나길 또 재촉하네. 鞍馬又催行.

3 저녁에 석남사에 도착하여 [暮到石南寺]

김창흡(金昌翕; 1653~1722) 《삼연집습유(三淵集拾遺)》(권5)

골짜기 다하는 곳에 암자 있어, 溪窮便有菴,
마을 타고 구름 안으로 들어가네. 騎馬入雲嵐.
짧은 대나무는 구름 방아 가르고, 短竹披雲碓,
위태한 삼나무는 불감을 끌어안네. 危杉擁佛龕[213].
마음은 등불처럼 환해지고, 心將一燈炯,
몸은 뭇 봉우리와 함께하네. 身與萬峰參.
절의 모임 어지럽힐까, 恐溷蓮花社,
잔 돌림에 세 번을 넘지 않네. 傳盃莫過三.

213 佛龕(불감): 불상을 모시기 위해 일반적인 건축물보다 적게 만든 집이나 방을 말한다.

4 석남사로 가는 길에 중배와 산을 바라보면서 지으며 [將向石南寺途中, 和仲培望山有作]

김창흡(金昌翕; 1653~1722) 《삼연집습유(三淵集拾遺)》(권5)

산 나오니 또 말 앞에 산이 있어,	出山仍有馬前山,
종일 구름 사이를 도네.	盡日周旋雲靄間.
석남사가 가장 빼어나다 여기지 말라,	莫以石南爲造極[214],
상방은 몇 겹의 관문을 사이에 두고 있다네.	上方[215]猶隔幾重關.

당시 상원사가 극히 높아 오르기 어렵다는 것을 들은 까닭에 이렇게 말한 것이다(時聞上院峻極難登故云)

5 석남사 누각을 노래하며 [題石南寺樓]

정사하(鄭師夏; 1713~1779)[216] 《안분당문집(安分堂文集)》(권1)

산의 좌우로 녹음이 짙고,	綠陰山左右,
여윈 말은 높고 낮은 길 가네.	羸馬路高低.
지금 여정을 수습하고,	收拾今行得,
누각에 올라 시 지어보네.	登樓手自題.

214 造極(조극): 어떤 방면의 학문이나 기능이 최고에 달했음을 말한다.

215 上方(상방): 사찰의 주지(主持)가 거처하는 곳을 말한다.

216 鄭師夏(정사하): 조선 중기의 유학자이다. 자는 학고(學古)이고, 호는 안분당(安分堂)이다. 본관은 영일(迎日)이다. 부친은 동지중추부사(同知中樞府事) 정석중(鄭錫重)이다. 정만양(鄭萬陽)과 정규양(鄭葵陽)의 문하에서 수학했다. 후에 북계정사(北溪精舍)에서 후학들을 가르쳤다. 문집으로 현손 정두영(鄭斗永)이 편집 간행하고, 류치명(柳致明)이 서문을 쓴 《안분당유집(安分堂遺集)》이 있다.

6 석남사로 가며 [往石南寺]

정동환(鄭東煥; 1732~1800) 《노촌공유집(魯村公遺集)》(권1)

산 밖의 무심한 나그네,	無心山外客,
발이 있어 골짜기 안으로 올랐네.	有脚洞中遷.
십 리 맑은 시냇물,	十里淸溪水,
천 겹의 옛 나무와 연무.	千層古樹烟.
들어올 땐 땅이 좁은 줄 알았는데,	入時疑地窄,
곳곳에서 하늘이 둥글게 보이네.	到處見天圓.
온 언덕은 꽃소식 남겨,	滿岸花留信,
웃으며 맞이하니 인연 다한 것 아니네.	笑迎不盡緣.

7 석남사로 가며 [往石南]

정동환(鄭東煥; 1732~1800) 《노촌공유집(魯村公遺集)》(권1)

이 골짜기를 오간 지 수십 년,	此洞去來數十年,
산이 나를 알고 나도 이 고개를 아네.	山知我面我知巓.
내 걸친 백발이 천 줄기로 변했어도,	披余白髮千莖變,
이 청산을 생각하는 마음은 한결같네.	戀爾靑巒一樣[217]全.
땅 신령이 말을 알아듣는다면,	若使地靈能解語,
세상사에서 가장 가련한 일 물어보리.	應詢世事最堪憐.
큰마음은 봄바람을 만나 흩어지고,	雄心向遇春風散,
늙은 매화 잡고 장난치기 가장 좋을 때네.	把弄老梅得意先.

217 一樣(일양): 한결같은 모양을 말한다.

8 석남의 학업을 닦는 벗들에게 주며 [贈石南肄業諸友]

정동환(鄭東煥; 1732~1800) 《노촌공유집(魯村公遺集)》(권2)

괴정의 가을 강물은 옥과 같고,	槐亭秋日水如環,
학문을 말함에 누가 일부만 보는가.	講藝誰窺豹一斑[218].
퇴폐한 풍속은 가축의 즐거움을 모르고,	頹俗不知芻豢[219]悅,
세속의 마음은 다투어 금의환향을 보네.	凡情爭睹錦衣還.
글은 공명을 위한 수단일 뿐,	詞章只是功名計,
예악만이 목숨의 핵심이라네.	禮樂惟爲性命關.
영민하신 임금께서 지금 학교를 높이시니,	聖主郎今崇學校,
옥 같은 숲에서 한 가지 빌려 떨쳐 보세나.	環林肯借一枝攀.

9 가을날 석남사에 올라 [秋日登石南寺]

정헌교(鄭獻敎; 1876~1957) 《지암문집(止菴文集)》(권2)

예로부터 이름난 곳에는 스님들이 머물고,	從古名區僧以留,
스님 머물면 깨끗함 높이니 하물며 높은 가을에야.	僧留尙淨況高秋.
높은 누대 앉으니 물가엔 온통 사람들 소리,	危樓坐水渾人語,
허공에 깃든 구름은 부처님 머리에 그늘 드리우네,	虛空棲雲暗佛頭.
밖에서 보니 모든 신령은 돌에 앉은 사람 싫어하고,	外視皆靈嫌石踞,
전생에 부처님이었던지 산에서 노니는 것 좋아했네.	前生倘釋喜山遊.
무릉도원의 놀라운 일은 마음에 담아둠이 마땅하고,	桃源奇事宜心記,
다시 함께 쉬러 옴을 속세의 나들이객과 상의하네.	重到休同俗客謀.

218 窺豹一斑(규표일반): 부분적인 관찰로 전체를 보는 것을 말한다.

219 芻豢(추환): 풀을 먹는 소나 말, 양 따위와 곡식을 먹는 개, 돼지 따위를 통틀어 이르는 말이다.

관암(冠岩) 관련 시

장기면 영암리(靈岩里)에 있으며, 갓바위라고도 한다. 신령한 바위라고 여겨 마을 이름을 영암리라고 하였다.
《일월향지(日月鄉誌)》〈관암(冠岩)〉조에 의하면, 1900년대 전후로는 바다에 있어 높이가 약 30척, 둘레가 약 20척 되었으며, 사람들이 올라가 낚시를 했다고 한다. 《일월향지》가 나온 1960년 말에는 바닷물이 빠져 바다에 약 20m 떨어진 곳까지 올라오게 되었다고 한다.
장기에 현감(縣監)이 부임하면 소봉대(小蓬臺)·관풍대(觀風臺)와 함께 꼭 둘러보는 곳이었다. 바위 모양이 독특하여 예로부터 보려는 관광객들이 끊이지 않았다.

1 관암을 읊으며 [詠冠巖]

오형필(吳衡弼; 1826~1904) 《눌암집(訥庵集)》(권1)

넓고 큰 바다 섬 위의 으뜸 바위, 滄溟洲上一冠巖,
바다에 있어 모든 입 봉하고 말 없네. 臨水無言口萬緘.
머리는 그저 군자들이 경계 삼길 바랄 뿐, 頭直寧爲君子戒,
완고한 얼굴은 소인들의 참소 받지 않네. 顏頑不受小人讒.
노승처럼 앉아 멀리 산봉우리 보고, 坐如老釋遙看峀,
낚시하는 노인처럼 서서 멀리 돛단배에 읍하네. 立似漁翁遠揖帆.
치각관과 검은 두건 쓴 사람들 오고 간 곳, 豸角[220]烏巾[221]來去地,
엄연히 기상은 가장 비범하다네. 儼然氣像最非凡.

2 관암의 모래사장에 남아서 지으며 [留題冠巖沙灘]

오형필(吳衡弼; 1826~1904) 《눌암집(訥庵集)》(권1)

풍물 즐기고자 짧은 지팡이 짚으니, 爲耽風物短笻携,
시야는 트여 봉래가 하늘 반 밑에 있네. 眼闊蓬萊天半低.
호수와 바다 평평하며 인심은 넉넉하고, 湖海平平人俗厚,
산천은 좁아 세상 길은 미혹되네. 山川窄窄世岐迷.
양포의 아침에 이슬 날림을 취해서 보고, 醉看梁浦朝飛露,
낮에 관암에서 닭 노래함을 가만히 듣네. 靜聽冠巖午唱雞.
끝없는 상념에 잠긴 백발의 산 노인, 白髮山翁多晩念,
오래 앉아 아득한 서쪽 석양 대하네. 悠然坐久夕陽西.

---

220 豸角(치각): 어사(御史)가 머리에 쓰는 관인 치각관(豸角冠)을 말한다. 해치(獬豸)라는 동물이 부정한 사람을 보면 뿔로 떠받는다고 하는 전설에서 유래했다.

221 烏巾(오건): 벼슬하지 않고 은거하는 사람이 쓰는 검은 색 두건을 말한다.

十二
호미곶면(虎尾串面)

대동배(大冬背) 관련 시

대동배는 지금의 호미곶면에 있는 대동배리를 말한다. 이곳은 동해면의 최북단인 발산리(發山里)와 경계를 이루는 마을이다. 학달비현(鶴達飛峴)의 북쪽 해안에 형성된 1리인 대동배(大冬背)와 2리인 장내[長川]와 같은 자연부락으로 이뤄져 있다.
대동배 바닷가 서쪽의 동을배봉(冬乙背峯)이 해변에 우뚝 솟은 곳에 아홉 개의 구멍이 뚫린 바위가 있어 용 아홉 마리가 등천했다는 전설이 고려 충렬왕 때부터 전해온다. 이곳은 세찬 바람과 거센 파도로 바닷물이 구멍으로 들어와 튈 때는 마치 백설이 분분히 내리는 장관을 연출했다고 전한다. 주민들은 영험한 기운이 서려 있다고 생각하여 기우제(祈雨祭)· 풍어제(豊漁祭)·출어제(出漁祭) 등 마을의 중요한 행사를 이곳에서 지내기도 한다.

1 대동배에서 유숙하며 [留宿大冬背]

오형필(吳衡弼; 1826~1904) 《눌암집(訥庵集)》(권1)

호탕한 기질과 재주는 젊은 선비 넘건만,	氣豪才邁靑年士,
몸은 고깃덩이와 송장 같은 백발노인이라네.	肉走尸行[1]白髮翁.
3일 동안 산 그림자 속에서 함께 하고,	三日相從山影裏,
하룻밤을 함께 물소리 속에서 지냈네.	一宵共臥水聲中.
서쪽 봉우리 비에 지루할 정도로 머무니,	支離留滯[2]西峯雨,
갑작스럽게 서쪽 변방의 바람 지나가네.	率爾[3]經過北塞風.
지팡이에 기대 멀리 만 리 내다보고,	遙倚歸筇瞻萬里,
봉래산이 멀지 않은 창공으로 가네.	蓬萊不遠去蒼空.

1 肉走尸行(육주시행): 걸어가는 고깃덩이와 달리는 송장이란 의미로, 몸은 비록 살아있어도 아무런 쓸모가 없는 사람을 이르는 말이다.

2 留滯(유체): 어떤 곳에 오래 머물러 있음을 말한다.

3 率爾(솔이): 갑작스러운 모양을 말한다.

구룡소(九龍沼)와 선유암(仙遊巖) 관련 시

구룡소는 호미곶면 대동배리에 있다. '소(沼)'란 땅바닥이 둘러 빠져 물이 깊게 된 곳을 말한다.

구룡소는 계곡이 아닌 바닷가에 만들어진 소이다. 파도를 따라 작은 자갈이 이리저리 휘둘리며 바닷가 바위를 때리면 오랜 세월에 거쳐 바위는 깎여 접시 모양이 된다. 이곳에 바닷물이 채워지면 '소'가 된다. 구룡소는 바로 이러한 접시 모양의 웅덩이가 아홉 개가 있어 붙여진 명칭이다.

바람이 불고 노도가 아홉 구덩이에 들어와 쳐서 하늘에 치솟을 때면, 번개가 치는 듯한 소리를 내거나 만 명의 사람이 합창하는 듯한 거대한 소리를 낸다고 한다. 또 아홉 구덩이에서 분출되는 흰 거품과 천둥이 치는 듯한 엄청난 소리는 백만 대군이 오가며 일으키는 먼지와도 같다고 한다. 이 지역 고로들의 말에 의하면, 아홉 마리의 용이 이곳에서 등천하였다고 한다. 또 옛 기록에 의하면, 고려 충렬왕(忠烈王) 때 아홉 마리 용이 나타나서 구룡소라고 했다고도 한다.

---

1 구룡소를 보며 [觀九龍沼]

오형필(吳衡弼; 1826~1904) 《눌암집(訥庵集)》(권1)

천둥소리 어느 날부터 해와 별 흔들었나,	霹靂何天撼日星,
지금까지도 떨쳐 나는 모습 다하지 않았네.	至今不盡奮飛形.
세찬 파도 천 길 굴을 말아 올리고,	健濤席卷千尋窟,
둘러싼 돌들 만 겹 병풍을 빙 둘렀네.	危石環圍萬疊屛.
골짜기는 구름 토하여 수놓은 비단 열고,	壑吐雲文開錦繡,
산은 무지개 머금어 단청 걸었네.	山含虹氣掛丹靑.
바라건대 아홉 못 무한한 물이,	願將九沼無限水,
인간 세상에 비 내려 생령들 살려주길.	降雨人間活生靈.

2 선유암을 지나며 [過仙遊巖]

오형필(吳衡弼; 1826~1904) 《눌암집(訥庵集)》(권1)

푸른 이끼 낀 면에는 흰 구름 생겨나고,	蒼苔一面白雲生,
신선이 떠난 빈 바위는 세월 얼마나 흘렀나.	仙去巖空幾歲經.
환각으로 신선이 된 금화의 뼈 어렴풋하고,	幻影[4]依俙金華[5]骨,
한가한 자취는 곡성산의 황석(黃石) 같네.	閒蹤髣髴[6]穀城[7]精.
하늘이 숨긴 땅 외진 무심한 곳에서,	天藏地僻無心處,
비에 씻기고 바람에 닳아도 이름 변치 않았네.	雨洗風磨不變名.
바위마다 속세의 절구 뛰어넘는 돌 있으니,	有石巖巖超俗臼,
지팡이 짚고 와서 말 타고 감에 머뭇머뭇 가네.	來笻去馬爲留行.

3 초봄 바다에 가서 [早春遵海]

바다 만에 구룡소가 있고, 선대도 있다(海灣有九龍沼, 又有仙臺)

이규준(李圭晙; 1855~1923) 《석곡산고(石谷散稿)》

한가로이 오니 만사 뜬 재 같고,	閑來萬事屬浮灰,
흥에 겨워 소요하며 바다 돌다 왔네.	乘興逍遙轉海回.
바위 아래 친구 찾아 붉은 이슬 따르고,	巖下尋朋紅露酌,
하늘가에서 시구 찾으려 비단 종이 펼치네.	天邊覓句錦箋開.
큰 뜻 가진 신룡은 구름 자욱한 못에 숨고,	神龍遠志雲藏沼,
선학의 자취 서린 옛터의 대엔 달 가득 찼네.	仙鶴遺墟月滿臺.

4 幻影(환영): 공상이나 환각에 의하여 눈앞에 있지 않은 것이 있는 것처럼 보이는 것을 말한다.

5 金華(금화): 한(漢)나라 때의 신선 금화자(金華子) 황초평(黃初平)을 말한다. 황초평은 15세 때 양(羊)을 먹이러 나갔다가 도사를 만나 금화산(金華山)의 석실로 들어가 40년간 도를 닦고 신선이 되었다고 전한다.

6 髣髴(방불): '~를 방불케 하다' 내지 '마치~같다'의 의미이다.

7 穀城(곡성): 중국 산동성(山東省) 평음현(平陰縣) 동북쪽에 있는 황산(黃山)을 말한다. 서한(西漢) 때 이상노인(圯上老人)이 장량(張良)에게 "13년 뒤 제북(濟北)의 곡성산 밑에서 황석(黃石)을 보거든, 그 돌이 바로 나인 줄 알라(異日見濟北穀城山下黃石, 卽我也)."라고 한 일화가 있다.

동풍에 꾀꼬리 가까워진 것 알아보니,	認是東風黃鳥近,
금 버들가지 하나 이미 먼저 왔었네.	一枝金柳已先來.

4 구룡소를 노래하며 [題九龍沼][8]

이동연(李楝演; 미상)

바다 깊고 경치 좋은 한 언덕 찾아가니,	探一勝穿海岸深,
부질없이 머문 곳이 구룡소 위로다.	九龍沼上謾筑臨.
바위 돌이 깎아 서서 잡을 수 없고,	巖巖石立攀無術,
그 형용 기이하니 마음 두고 보네.	曲曲形奇看有心.
성난 물결 바위 치니 옥가루 휘날리고,	奮浪搥礒飛玉屑,
긴 바람 굴에 드니 통소 소리 나네.	長風入窟作簫音.
이 깊은 굴에 잠룡이 살진데,	只應這裏潛蛟住,
교활한 큰 자라도 감히 범접하지 못하겠네.	狡悍黿鼉未敢侵.

8 이 시는 정확한 출전을 알 수 없다. 본편에서는 박일천(朴一天)의 《일월향지(日月鄕誌)》 〈구룡소(九龍沼)〉조에 수록된 시를 발췌했다.

해봉사(海蓬寺)와 명월암(明月庵) 관련 시

해봉사는 호미곶면 강사리에 있다. 명월암은 해봉사에 딸린 암자이다. 전설에 의하면, 신라 선덕여왕(善德女王) 5년(636)에 이 지역 수장(收場)의 군마사육(軍馬飼育)을 기원하는 사찰로 창건되었다. 고려 때 폐사(廢寺)된 것을 조선 명종(明宗) 때 이 지역을 지나가던 상선선사(上宣禪師)가 지역 신도들의 도움을 받아 불당(佛堂) 13동의 큰 절로 중건하였다. 당시 승려 40여 명이 이곳에 거주했다고 한다. 약 100년 후인 철종(哲宗) 말에 지방 토호가 나무꾼을 사주한 방화로 5~6동이 소실되고 7~8동만 남았다. 고종(高宗) 말년, 장기 군수(郡守)의 명으로 명월암(明月庵) 하나 남기고 철폐되었다. 1970년에 이마저 불에 타고, 1972년에 다시 건립한 것이 오늘에 이르고 있다. 매월당(梅月堂) 김시습(金時習)이 이 절에 머문 적이 있다고 전한다.

해봉사와 명월암 관련 시는 호미곶면에서 가장 많이 지어졌다. 특히 울산감목관(蔚山監牧官)으로 이곳 장기목장성을 관할했던 홍세태(洪世泰; 1653~1725)가 많이 지었다. 시의 내용은 해봉사와 명월암의 고요한 정취와 절에서 느끼는 개인의 소회와 인생에 대한 회고 등이 많은데, 그 가운데 인생에 대한 깊은 성찰을 보여준다.

---

1 명월암 [明月庵]

홍세태(洪世泰; 1653~1725) 《류하집(柳下集)》(권7)

깊은 산의 작은 암자 하나,	山深一庵小,
고요한 스님들 쓸쓸하고.	寂寞數僧寒.
누워서 보이는 바다의 달,	臥見海中月,
푸른 노송나무에 외롭게 걸렸네.	孤懸蒼檜端.

2-3 명월암 [明月庵]

홍세태(洪世泰; 1653~1725) 《류하집(柳下集)》(권7)

산에 들어와 부처님께 귀의한 것 즐거워,	入山喜依佛,
몸과 마음은 다소 차분해짐이 느껴지네.	稍覺身心靜.
한 점의 티끌에도 물들지 않는,	一塵不曾染,
이것이 청정의 경지라네.	斯爲淸淨境.
깊은 숲에는 봄기운 생기고,	林深春意生,
새들은 서로 경계하네.	禽鳥自相警.
문을 닫고 홀로 가만히 누우니,	閉戶悄獨臥,
고요히 깊은 깨달음이 일어나네.	寥寥發深省[9].
종경이 쉬고 있는 것 보이고,	但見鐘磬歇,
외로운 봉우리엔 낮 그림자 드리우네.	孤峰垂午影.
북쪽 봉우리 홀로 빼어남 드러내고,	北岑表獨秀,
울창한 숲은 가려지고 이지러졌네.	林木鬱蔽虧.
외로운 암자는 깊어 보이지 않고,	孤庵深不見,
밝은 달 나와 비춰주네.	明月出照之.
바다 빛 가득하여 멀리서 비추고,	海色湛遙映,
뭇별들 모두 거꾸로 드리웠네.	衆星皆倒垂.
천 리 안이 분명하여,	了然[10]千界內,
한 오라기 터럭도 앉아서 알 수 있네.	毫髮坐可知.
노승은 내 옆에 있고,	老僧在我傍,
서로 마주하며 말없이 있네.	相對默無辭.
하늘에선 신령한 울림이 생기니,	天虛生靈籟,
나뭇가지가 가만히 소릴 내네.	悄悄鳴樹枝.

9 深省(심성): 어떤 일을 깊이 반성하거나 깨닫는 것을 말한다.
10 了然(요연): 분명하거나 확실한 것을 의미한다.

4 명월암에서 새벽에 일어나 [明月庵曉起]

홍세태(洪世泰; 1653~1725) 《류히집(柳下集)》(권7)

적적한 마음에 잠은 오질 않고,	孤懷不能寐,
한밤에 옷을 쥐고 일어나네.	中夜攬衣起.
지는 달은 불전에 가득하고,	落月滿佛殿,
가을 기운은 물처럼 서늘하네.	秋氣凉如水.
노승이 홀로 경을 울리니,	老僧獨鳴磬,
그 소리 숲속으로 울려 퍼지네.	響出山木裏.
순간 이 세상이 빔을 깨달으니,	頓覺此世空,
세속의 번뇌가 고요히 풀리네.	蕭然釋塵累.

5 월암에서 새벽에 출발하며 [月庵曉發]

홍세태(洪世泰; 1653~1725) 《류하집(柳下集)》(권7)

고요한 절엔 스님이 먼저 일어나고,	院靜僧初起,
서리진 하늘 가 새벽녘 슬프네.	霜天曉角悲.
바다에 떠갈 뜻 감히 말해보고,	敢言浮海志,
들에서 부질없이 시를 지어보네.	空賦在坰詩.
나그넷길 모래 위 갈매기가 이끌고,	客路沙鷗引,
들국화는 가을의 마음 알겠지.	秋懷野菊知.
지척에서 해 뜨는 부상을 보니,	扶桑看咫尺,
해는 가장 높은 가지에 뛰어올랐네.	日躍最高枝.

6 비를 무릅쓰고 명월암을 나가 지으며 [冒雨出月庵作]

홍세태(洪世泰; 1653~1725) 《류하집(柳下集)》(권7)

나그네 오랜만에 문 나가니 흐르는 물 세차고,	久客出門流水忙,
봄 산의 비 머금은 기운에 행장이 젖네.	春山雨氣濕行裝[11].
운해의 아득한 곳을 한 번 바라보니,	試看雲海冥茫處,
뭇 봉우리 사이로 한 점 작은 배 어렴풋하네.	隱約羣峰點小航.

7 오랫동안 명월암에 머물다, 돌아갈 즈음 비가 내리자 즉흥적으로 읊으며 [久滯月庵, 將歸阻雨卽事]

홍세태(洪世泰; 1653~1725) 《류하집(柳下集)》(권13)

푸른 산도 뜻이 있고,	青山亦有意,
가는 비는 사람을 머물게 하네.	小雨欲留人.
누워서 짝지은 새의 말 듣고,	臥聽雙禽語,
그대 돌아가도 봄은 또 온다네.	君歸空復春.

8~9 비 때문에 해봉사에 머물며 [滯雨海蓬寺]

오형필(吳衡弼; 1826~1904) 《눌암집(訥庵集)》(권1)

우리 때에 무슨 인연이 있었나,	吾輩緣何事,
어쩌다 해봉사에 몸을 맡겼네.	偶來寄海蓬.
맑은 달은 암자에 가려있고,	庵中明月隱,
누대엔 맑은 바람이 들어오네.	樓上清風從.
남쪽의 버드나무 따라와서,	隨到河南柳,
율리의 소나무 옆에서 잠자네.	傍眠栗里松.

11 行裝(행장): 길을 떠나거나 여행할 때에 사용하는 물건과 차림을 말한다.

백운 서린 곳엔 산이 푸르고, 山青雲白處,
봄비는 돌아가려는 지팡이 말리네. 春雨挽歸笻.

봉래에는 빼어난 경관 많고, 蓬萊多壯觀,
한걸음에 높은 봉우리 올랐네. 一蹴陟高峯.
북쪽 바다에 은둔하는 사람 있어, 北海逸民[12]有,
동도의 호탕한 사람들이 따르네. 東都豪士從.
그대 백옥을 품고 있음이 가련하고, 憐君懷白玉,
내가 청송과 벗함을 부러워하네. 媿我友青松.
깊은 십 리 산길을, 十里深山路,
오고 감에 이 지팡이와 함께하네. 往還同此笻.

10 다시 해봉사에 와서 [再到海蓬寺]

오형필(吳衡弼; 1826~1904) 《눌암집(訥庵集)》(권1)

어제저녁 무렵 왔는데 오늘은 석양이고, 昨到黃昏今夕陽,
대자리에서 유·불·도의 마음 깊어가네. 一筵儒釋道[13]心長.
구름 낀 암자에 저녁 오니 종소리 분명하고, 雲庵夜入鐘聲定,
사찰의 나무들 봄 되니 꽃 피울 일 바쁘네. 梵樹春生花事忙.
옛날 머물고 간 것은 모두 물과 돌이고, 舊日留行皆水石,
지금은 뭇 숲들 어우러진 언덕 낯에 익네. 此時慣面總林岡.
집에 오니 아이가 평안히 다녀왔는지 물으니, 歸家兒問平安返,
나는 차분히 걸으며 일상의 모습 잃지 않네. 我步從容不失常.

12 逸民(일민): 세상에 나오지 않고 외딴곳에 파묻혀 지내는 사람을 말한다.
13 儒釋道(유석도): 유교·불교·도교를 말한다.

11 명월암에 묵으며 [宿明月庵]

이규준(李圭晙; 1855~1923) 《석곡산고(石谷散稿)》

바다의 외로운 봉우리만 나무를 열고, 海上孤峰秖樹開,
봉래의 밝은 달 가장 먼저 나오네. 蓬萊明月最先來.
부질없이 청산의 나그네 된 것 언제였나, 幾時虛作青山客,
이날 비로소 귀한 거울 같은 대에 임하네. 此日方臨寶鏡臺.
골짜기 입구의 고목엔 두견새 슬피 울고, 谷口鵑聲悲古木,
바위 사이 학 자취는 푸른 이끼에 찍혀있네. 岩間鶴跡印蒼苔.
온 땅의 연무와 노을에 시상 가만히 떠올리니, 烟霞滿地詩情慢,
앞 숲에서 저녁 새 재촉하는 것 알지 못했네. 不覺前林夕鳥催.

12 해봉사 시에 차운하며 [海蓬寺韻]

권석찬(權錫瓚; 1873~1957) 《시암집(是巖集)》(권2)

동쪽 바다 외진 곳의 이름난 곳, 僻置名區海以東,
문득 우 임금이 새로이 공들였음 알겠네. 聊知神禹刱新功.
동네 이름과 정치는 영롱한 달과 합치되고, 坊名政合玲瓏月,
아지랑이 빛은 늘 상쾌한 바람 겸하네. 嵐色常兼灑落[14]風.
천 겁 세월 후에 딴 세상 될 것을, 特地桑溟千刼後,
하늘에서 내리는 꽃비 바라보네. 諸天花雨一望中.
올라와서 감상하니 이처럼 흡족한 것을, 登臨玩賞如斯足,
그대들과 함께 다정하게 손을 잡네. 携手諸君惠好同.

14 灑落(쇄락): 기분이나 몸이 상쾌하고 깨끗함을 말한다.

十三
대송면(大松面)·동해면(東海面)

남성재(南城齋) 관련 시

남성재는 고려의 대신이자 영일 정씨의 시조인 형양공(滎陽公) 정습명(鄭襲明; 1095~1151)을 제사 지내기 위해 그 묘단 아래에 세운 재실로, 오천재(烏川齋)라고도 한다. 정습명은 포은 정몽주와 더불어 우리 지역을 대표하는 문신이자 문인이다.

정습명은 고려 인종(仁宗) 때 향공(鄕貢)으로 문과에 급제해 내시(內侍)에 임명되었다. 인종 때 국자사업·기거주·지제고를 지냈다. 인종 18년(1140)에는 김부식(金富軾)·임원애(任元敳)·최자(崔滋) 등과 함께 열 가지 시대의 폐단을 제기하는 글을 올렸으나 받아들여지지 않자 사직하기도 했다. 1146년 예부시랑이 되어 후에 예종이 된 태자에게 강학했고, 공예왕후(恭睿王后) 임씨(任氏)가 둘째 아들 대령후(大寧侯) 왕경(王暻)을 태자로 세우려는 것을 막고 인종의 신임을 얻어 승선(承宣)에 올랐다. 의종 3년(1149)에는 한림학사·추밀원지주사를 지냈다. 인종의 유명을 받들어 의종의 잘못을 거침없이 간하다가 왕의 미움을 사기도 했고, 김존중(金存中)·정함(鄭諴) 같은 정적들의 무고도 받았다. 후에 병이 들었을 때 김존중이 그의 자리를 차지하자 독약을 먹고 자결했다. 이처럼 정습명은 뜻이 곧고 불의를 참지 못하는 곧은 성격의 신하였다.

조선 경종 2년(1722)에 읍성의 남쪽 구석에 후손들이 처음으로 단을 쌓고 제사를 지냈다. 그러나 영조 18년(1742)에 읍의 이전으로 인해 현재의 위치에 묘단을 새로이 쌓고 돌상과 비석을 세웠다. 1858년부터 수년에 걸쳐 중수했다. 1868년에 대문채를 건립했고, 1897년, 1925년, 1928년에 중수한 기록이 있다. 1939년에는 동재와 서재를, 1962년에는 대문채를, 1965년에는 재사를 개축하는 등 여러 차례 중수와 개축을 거쳐 오늘날까지 이르고 있다. 경북 유형문화재 제302호로 지정되어 있다.

1 남성재를 노래하며 [題南城齋][1] (87쪽)

정승유(鄭昇有)[2]

백대의 구름 여전히 이 누대 지키고,	百世雲仍護此樓,
동남의 산수는 우리 고장이 으뜸이지.	東南山水冠吾州.
높은 산 늘어서고 봉우리 아름다우며,	山高羅立諸峯美,
지류들은 모여 바다로 흘러가네.	水合朝宗各派流.
시월 열흘 동안 제사 지내려 모여서,	定十月旬來會奠,
천년의 자취를 우러르고 다시 수리하네.	仰千年蹟更重修.
수시로 올라 크게 변한 세상 보고,	時登擧目滄桑界,
가을에 고려 때의 바람과 연무에 감개하네.	麗代風煙感慨秋.

1 이 시는 정확한 출전을 알 수 없다. 본편은 박일천(朴一天)의 《일월향지(日月鄕誌)》 〈남성재(南城齋)〉조에 수록된 시를 발췌했다.

2 작가를 《일월향지(日月鄕誌)》는 정승유(鄭昇有)라고 했고, 《영일읍지(迎日邑誌)》는 정기승(鄭基昇)이라고 하였다. 본편은 《일월향지》에 의거하여 수록했다.

대송역(大松驛) 관련 시

대송역은 영일 읍성 옆에 있었던 역참(驛站)으로, 경상좌도(慶尙左道) 송라도(松羅道)에 예속된 7개의 속역(屬驛) 중의 하나였다. 북쪽으로 갈 때 다음으로 들르는 흥해 망창역(望昌驛)과는 30리가 떨어져 있었다.

역참에는 대마(大馬) 1필·중마(中馬) 2필·짐을 나르는 복마(卜馬) 8필이 있었다. 역참을 관리한 인원으로는 역리 31명·노비 32명·시녀 30명이 있었다. 《포항 역사의 탐구》의 저자 배용일 선생의 견해에 의하면, 대송역은 지금의 포항시 남구 괴동동(槐東洞)과 동촌동일 것으로 보고 있다.[3]

1914년 동면(東面)과 남면(南面)이 통합되면서 '대송역'의 이름을 따서 대송면(大松面)이라고 불렀다. 이 명칭은 지금까지 이어지고 있다.

---

3 《포항 역사의 탐구》, 배용일 지음, 포항1대학, 2006년, 137쪽.

1 대송역 [大松驛]

권두경(權斗經; 1654~1725) 《창설재선생문집(蒼雪齋先生文集)》(권4)

채찍을 다그쳐 오천에 도착하니,	催鞭至烏川,
저녁 무렵 대송역에 다다랐네.	暝抵大松驛.
내 동생 남녘 바다에서 일하고,	我弟從漲海,
추복 입은 지 이미 5일 저녁이네.	稅裝已五夕.
내가 간다는 소식 듣고,	聞聲識吾行,
문지방을 나와 쓰러지네.	顚倒出門閾[4].
한 번 귀양살이에 네 번 겨울 지나니,	一謫四經冬,
천 리 멀리 슬피 바라보네.	悵望千里隔.
서로 만나니 기쁨과 슬픔이 더해지고,	逢迎溢歡悲,
촛대를 잡고 서로의 몸을 보네.	秉燭視膚革.
얼굴엔 붉은빛 감돌아 야위지 않았고,	渥丹殊未槁,
수염과 머리털은 또 옛날 그대로이네.	髭髮且依昔.
어려움 속에 다행히 별고 없고,	窮途幸無恙,
이르는 곳에 성은이 가득하네.	所至涵聖澤.
우연히 일을 직간하다,	嬰鱗偶然事,
감히 모두 책임져야 한다고 말했네.	敢云盡言責.
나라에 보답함에 끝나는 시기는 없으니,	報國無窮期,
열심히 노력하여 밝은 덕 닦아야지.	努力勵明德.

4 門閾(문역): 문지방을 말한다. '역'은 '문지방'의 의미이다.

2 대송역 적소에 이르러 [到松驛謫寓][5]

권만(權萬; 1688~1749) 《강좌선생문집(江左先生文集)》(권1)

천지에 슬퍼하고 기뻐함은 골육의 마음이라서,	天地悲歡骨肉心,
베개 가에서 눈길 흘리며 얼굴과 목소리 살피네.	枕邊偸目試容音,
4년 동안 부주에서 머리 하얗게 된 것 가련하니,	還憐四載涪州雪[6],
우리 숙부님 살쩍까지 하얗게 되지 않았으면.	不向程公[7]鬢上侵.

3 대송역 적소를 떠날 때, 짧은 시 한 수 적어 올리며 [辭松驛謫寓, 書呈短律]

권만(權萬; 1688~1749) 《강좌선생문집(江左先生文集)》(권1)

어버이 계신 곳에서 멀리,	欲在庭闈[8]遠,
혼자 적소를 떠나려 하네.	將還謫寓孤.
일신에 양쪽 따르기 어렵고,	一身難兩適,
천 리 길에 누가 도와주나.	千里有誰扶.
독한 기운 더욱 왕성해지고,	毒瘴看逾壯,
은혜의 파도는 감돌지 않네.	恩波苦不紆.
하늘가에서 뜻은 끝없으니,	天涯無限意,
출발함에 더욱 머뭇거려지네.	臨發更踟躕.

5 이 시와 아래의 《대송역의 적소를 떠날 때 짧은 시 한 수를 적어 올리며(辭松驛謫寓, 書呈短律)》는 작가의 숙부 권두기(權斗紀; 1659~1722)가 이잠(李潛)을 변호한 상소로 인해 해남(海南)으로 유배되었다가 다시 영일(迎日)로 이배되자, 당시 작가가 21세 되던 1708년 무렵에 경주(慶州) 등지를 거쳐 영일(迎日)의 배소를 방문하는 과정에 지어졌다.

6 涪州雪(부주설): '부주'는 북송(北宋)의 철학자 정이(程頤; 1033~1107)가 권세가의 눈에 거슬려 유배를 간 곳이고, '설'은 머리가 눈처럼 하얗게 된 것을 말한다. 정이가 부주로 귀양 갔다가 돌아오자, 기색·용모·수염·머리털이 모두 예전보다 나았다. 그의 문인(門人)들이 "어찌 이럴 수 있었습니까?"라고 묻자, 정이는 "학문의 힘입니다. 학문이란 환난(患難)과 빈천(貧賤)에 처하는 것을 배우는 것이지, 부귀영달에 처하는 것은 배울 필요가 없습니다."라고 대답했다. 이곳에서 영일(迎日)에 귀양살이하며 머리가 하얗게 된 것을 말한다.

7 程公(정공): 원래는 북송의 철학자 정이(程頤; 1033~1107년를 말하나, 이곳에서는 영일(迎日)로 귀양을 와 있는 작가의 숙부 권두기(權斗紀; 1659~1722)를 말한다.

8 庭闈(정위): 부모가 거처하는 방이라는 뜻으로, 어버이를 이르는 말이다.

발산(發山) 관련 시

발산은 동해면 흥환리 북쪽, 대보면 대동배리 남쪽에 위치한 어촌 마을이다. 1리인 발산과 2리인 여사(余士) 등 2개의 자연부락으로 나눠진다.

조선 시대에 세워진 흥인군 공덕비에는 발산(鉢山)으로 표기되어 있다. 지형이 바랑(물건을 담아서 등에 질 수 있도록 만든 주머니)처럼 생겼다 하여 바랑골 또는 발미골로 불린다. 그러나 언제부터 '발(發)'자로 바뀌었는지는 알 수 없다. 남동쪽 흥환리와 경계 지점에 있는 봉우재에는 옛 발산봉수대 터가 있고, 동쪽 골짜기에는 발산못이 있다.

---

1 단오절 발산에 올라 채약 시에 차운하여 노래하며 [端午日登鉢山詠採藥韻]

오형필(吳衡弼; 1826~1904) 《눌암집(訥庵集)》(권1)

지팡이 짚고 백운 좇으니 그림자 함께 날듯,	笻逐白雲影共飛,
오늘 산에 오르니 급하게 옷을 걷어 올리네.	登山今日急褰衣.
빼어난 세 가지의 영지는 어디에 있을까,	靈芝何處枝三秀,
우리 백성들 장수하려고 조금만 캐서 돌아오네.	欲壽吾民薄採歸.

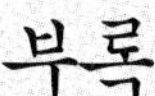

문집 찾아보기

인명 찾아보기

문집 찾아보기

ㅇ

인명 찾아보기

ㄱ

ㅇ

浦項漢詩
포항을 노래한 한시 휘편

초판발행 2021년 5월 14일

편　역 권용호
펴낸이 포항지역학연구회
편　집 이재원
펴낸곳 도서출판 나루
출판등록 2015년 12월 4일
등록번호 제504-2015-000014호
주소 포항시 북구 우창동로80 112-202

ISBN 979-11-974538-0-9 03090